KB068562

역사의 연구

A STUDY OF HISTORY

Volume One

|신축약판|

역사의 연구

A STUDY OF HISTORY

Volume One

아놀드 토인비 지음 | 김진원 엮음

바른북스

이 축약에 대하여

저는 길을 찾는 생애적인 편력(遍歷)의 한 자락에서 '요한이 전한 복음서' 중 영어로는 "World"나 "A world"가 아니라 "The world"로 기록된 "세상(世上)"이라는 말에 특별히 주목하게 되었습니다. 하여 그것을 알기 위해 노력했지만 언제나 그 보고 아는 것이 바울의 말과 같이 희미하고 부분적인 것에서 벗어날 수 없었습니다.

그러던 중 저는 운명처럼 동서문화원(東西文化院)이 1974년에 발행한 「역사의 연구(完譯 全14卷)」를 만나게 되었습니다. 그 이전에 삼성출판사의 「세계사상전집」에 수록된 서머빌의 그 축약본을 읽었으나 별 감흥 없이 지나쳤고, 세상을 앎에 있어 여전히 희미하고 부분적임으로 인해 아픔을 느끼던 저에게 있어서 그것은 문자 그대로 감동과 충격이었습니다. 그래서 저는 열심히 그것을 읽었거니와 우선은 저의 세 자녀도 읽게 되기를 기대하고 있습니다. 『A study of history』는 〈A. J, Toynbee〉라는 천재가 생애를 바쳐 연구한 세기적(世紀的)인 대저(大著)여서 생태적으로 난해한 점이 있지만 그 완역본은 몇 가지 사유로 인해 읽고 이해하기가 어렵다는 문제가 있습니다. 쉬운 것으로 치자면 서머빌의 축약본이 있으나 그에 대한 평가는 상기한 바 희미한 거울에 불과하다는 말로 충분할 것입니다.

그래서 저는 서운함을 넘어 일종의 분심(忿心)까지 일으키는 그 축약에서 벗어나 이 대저의 정수(精髓)를 제대로 짚어내되 쉽게 읽을 수 있는 축약이 고명한 누군가에 의해 이루어지기를 기대하고 있습니다. 그러나 지금까지도 그러한 움직임이 없는 것을 보면 아무도 이 문제에 대해 관심을 갖지 않는 것 같고 그 뜻을 품고 있는 저는 노쇠를 더하고 있습니다. 하여 저는 무식하고 불초(不肖)하며 "배운 후에 무지함을 알았다(學以後知無知)"는 경구도 명심하고 있지만 노쇠가 더하기 전에 이 고통스러운 일을 시작하려 합니다. 고통스럽다는 것은 지식만이 아니라 제 심신마저도 부실하기 때문이거니와 이 일을 응원하는 지성(知性)이 경향각지에 산재해 있음이 확인된다면 저는 「역사의 연구」 1, 2, 3부를 축약하여 수록한 제 1권에 이어 2, 3, 4권도 속히 완성할 수 있을 것입니다.

역사를 기술(記述)함에 있어서 「춘추」에서 시작되었다는 편년체(編年體)를 기전체(紀傳體)로 전환한 것을 상당한 진전으로 여기고 있습니다. 그것은 사마천(司馬遷)의 업적이지만 토인비의 천재에 따른다면 기전체가 아니라 역사에 대한 어떠한 기술(記述)도 그것이 한 나라에 국한된 것이라면 완전한 것이 아니며 이해 가능한 역사 연구의 단위는 한 종(種)으로서의 문명(文明)입니다. 역사는 「사기(史記)」에서의 記, 즉 단순한 기록이 아니라 History에서의 Story인 것이고, 스토리라는 것은 인류가 살아온 이야기이며 인류가 살아온 삶의 모든 관계(關係)와 사상(事象)은 문명 안에서 펼쳐진 것이기 때문입니다. 그 속에는 국가들의 흥망성쇠가 있을 뿐만 아니라 종교와 철학과 신화가 어우러져 있고 그 모든 것에 혹은 씨실로 혹은 날실로서의 삶을 살아낸 역사적인 인물들의 삶이 녹아 있는 것입니다. 이제 우리 모두가 그것들을 이 축약을 통해 만나고 이해하며 느끼게 되기를 기원합니다. 하여 토인비라는 대가(大家)가 말하는 바 영성(靈性)을 증진하여 보람과 긍지로 가득 찬 삶을 살고 장차 초인(超人)의 경지에 도달하기를 희망합니다. 초인이 된다는 것은 관념의 유희(遊戲)나 유토피아적인 환상이 아니라 예수께서 형제라고 부르심에 응할 수 있는 상태 또는 부처께서 깨달으셨다는 열반과 일반일 것입니다. 그리하여 이 사회가, 특히 우리의 젊은이들이 속내를 튼실하게 함으로써 당당하고 뜻으로 충만한 삶을 살기를 기원합니다. 더하여 이 시대를 사로잡고 있는 것으로서 민주주의와 결탁한 산업주의, 물질주의에 편승한 자본주의, 진화론에 입각한 과학주의에 지배당할 것이 아니라 수단에 불과한 그것들을 부리며 누리는 삶을 살기를 기대합니다.

이 축약은 상기한 동서문화원의 역사의 연구 완역본을 텍스트로 하는바 있을 수 있는 저작권에 관한 사항을 의논하기 위해 백방으로 수소문 하였으나 그 주체를 찾지 못했습니다. 이 대저(大著)를 그 어려운 시절에 완역하신 관계자들에게 후학으로서 감사와 경의를 표하며 이후로도 그 저작권에 관계된 분이 있다면 그에 대해 성실히 논의할 것임을 밝혀 둡니다. 이 책의 출판에 큰 도움을 주신 〈바른북스〉의 김 병호 대표를 비롯한 임직원들, 특히 교정과 편집에 열과 성을 다해주신 관계자 여러분께 깊은 감사를 드립니다. 더하여 드러내지 않고 이 일을 도우신 분들께 특별히 같은 마음을 전합니다. 감사합니다.

2017년 盛夏에, 강릉 노암동 우거에서 金 鎭元

D. 기술(技術), 전쟁(戰爭), 정부(政府)

E. 기술(技術), 계급투쟁(階級鬪爭), 고용(雇用)

F. 전도(前途)에 놓여진 난제(難題)

《제13부 ; 역사가의 영감(靈感)》

A. 역사가의 사상적 각도(角度)

B. 역사적 사실(事實)들의 매력(魅力)

C. 역사적 사실들을 탐구하려고 하는 충동(衝動)

D. 역사적 사실들에서 시(時)를 구하는 감정(感情)

E. 역사적 사실들의 배후에 있는 의미(意味)

*1권은 1~3부까지로, 4부부터 다음 권에서 계속 이어집니다.

제1권의 목차(目次)

이 축약에 대하여

Arnold J Toynbee의 연혁과 감사

C. 문명의 비교 연구

《제2부 ; 문명의 발생》

《제3부 ; 문명의 성장》

C. 문명 성장의 과정

1. 성장의 기준

2. 성장의 분석

3. 성장을 통한 분화

〈Arnold J Toynbee〉

1. 연혁

1) 런던의, 조부와 부친은 의사이고 모친과 누이는 역사가인 가정에서 1889년 1월 14일 출생

2) 1911년에 옥스퍼드 Balliol College를 졸업한 후 모교에서 3년 동안 그리스의 언어와 역사를 연구

3) 1915년에 외무부 튀르크 담당관에 임명되어 「1차 세계대전의 전후처리 방안」을 발간

4) 1919년에 영국 정부의 중동관계 전문위원이 되어 〈파리 강화회의〉서 활동한 후 런던대학 교수로 재직 중 맨체스터 가디언의 특파원으로서 그리스-튀르크 전쟁을 취재함

5) 「그리스와 튀르크에 있어서의 서구의 문제」 출간(1922) 「그리스의 역사사상」 및 「그리스 문명과 그 성격」 출간(1924)

6) 1925년에 런던대학 킹스 칼리지의 교수 겸 〈왕립 국제문제 연구소〉의 연구부장이 되어 1952년까지 그 연보(年報)인 「국제문제 대관(大觀)」의 발행을 주관했음

7) 「근대세계에 있어서의 튀르크」 간행(1926), 「평화회의 후 영국 외교의 운영방안」 발행(1928)

8) 1929년에 〈태평양 문제 조사회의〉의 영국 대표로 방일(訪日) 후 기차로 한국을 지나면서 목격한 '백의의 농민'을 이 연구에 수록했음

9) 「중국 여행기」 출간(1931) 「역사의 연구 1~3권」 간행(1934) 영국 학술회원으로 선출(1937)

10) 「역사의 연구 4~6권」 간행(1939) 2차 세계대전의 발발을 예견하여 역사의 연구 초고(草稿)를 미국으로 이송(移送)했음

11) 1947년에 도미(渡美)하여 「역사의 연구」의 나머지 부분을 집필하면서 여러 대학에서 강연

12) 「시련에 봉착한 문명」 발행(1948) 「전쟁과 문명」 출간(1951)

13) 「세계와 서구」 발간(1953), 「역사의 연구 7~10권」 완성(1954)

14) 「역사가의 종교관」 출판(1955), 1958년에 「세계의 종교에 있어서의 기독교」 「동에서 서로」 「세계 일주 여행기」 등을 간행

15) 1959년에 「헬레니즘-문명의 역사」, 「역사의 연구 11~13권」 「역사지도」 등을 간행

16) 1961년, 「역사의 연구-재고찰」 「옥수스 강과 줌나 강 사이」 간행

17) 「미국과 세계혁명」 및 「서양문명의 현실적 실험」 간행(1962) 「토인비 부자의 대화」 발행(1963)

18) 「니제르 강과 나일강 사이」 및 「한니발의 유산」 발행(1965) 「변화와 습관」 및 「우리 시대의 도전」 출판(1966)

19) 1967년, 「친지」 및 「Experiences, 회고록」 발간

20) 「미래에 살다」 간행(1971), 「토인비와의 대화」 발간(1974)

21) 1975년 10월 22일, 향년 76세로 작고(作故)

2. 감사(感謝)를 전함

1) "은인에게 감사하는 것"을 배우게 한 〈마르쿠스 아우렐리우스〉에게 감사함. 그의 「성찰록」은 자기를 가르치고 이끌어 준 이들에게 감사하는 것이 얼마나 귀한 것인지를 깨닫게 했다.

2) 내게 역사에 대한 흥미를 전하여 나를 역사가의 길로 인도하신 모친(母親)께 감사한다.

3) 역사가가 무엇을 할 수 있는지를 깨닫게 한 〈Edward Gibbon〉에게 감사함. 그의 「로마제국 흥망사」는 경탄과 감동 그 자체였다.

4) 역사적 창조자들과 그들의 창작 및 풍경(風景)들에 감사를 표함

(1) 증조부, 〈헨리 토인비〉

다양한 배를 운항하신 선장(船長)으로서 런던 기상청의 해상주임이셨던 그는 나에게 전장범선(全 裝帆船)과 횡범선(橫帆船) 및 항해하신 바다와 여러 항구의 모습을 생생하게 들려주셨다.

(2) 앨버트 기념관 등의 박물관, 켄싱턴 가든의 꽃이 만발한 산책로

(3) 내가 주께서 예루살렘을 왜 세계의 중심으로 삼으셨는지를 알게 해 준 채텀 하우스 옥스퍼드 캠브릿지의 「세계지도」

(4) 〈칼 폰 스프루너〉와 〈데오도르 멘케〉 및 그들이 작성한 독일의 걸작, 세계 최고의 「역사지도」

(5) 내게 하나님의 영광을 계시해 준 것들과 감동한 순간들

- 코린트 만(灣)에서 파르낫수스 산과 헤리코 산 및 아크로 콜린투스를 바라보았을 때
- 살라미스의 어깨를 둘러싼 언저리에서 바라본 아크로 폴리스
- 도모코에서 바라볼 때 공중에 떠 있는 흰색의 올림푸스 정상(頂上)
- 디미자나로부터 등을 돌려 댄 타이에투스 산맥
- 샌프란시스코의 금문교와 그곳의 일몰
- 일본의 세도나이카이(瀨戶內海)와 사슴이 뛰노는 나라(奈良)를 둘러볼 때
- 아토스 반도의 바위산 정상에 점재(點在)한 수도원들
- 중국의 만리장성
- 하우테즈의 바위산에서 로마의 성벽을 바라보면서
- 꿈틀거리며 북유럽 대평원을 내달리는 시벤게르비게 산맥을 보면서
- 미국의 로키산맥과 마천루를 바라보면서
- 서울에서 북경으로 향하는 북대로(北大路)를 달리면서
- 새벽에 크레믈린의 흉상을 보면서
- 해 질 녘의 바이칼 호(湖)에서
- 코네티컷 강과 몽고의 실카 강 및 튀르크의 헤부르스 강과 그 계곡들
- 「에이드」의 무대인 보카즈카레를 보면서

- 아바단의 부두(埠頭)와 정유시설들
- 코른, 샤르트르, 더람의 대성당에서
- 조드푸르의 자색(赭色) 성채와 모스크바 아흐마다바드의 장밋빛 대리석 투조(透彫)를 통해 하늘을 보았을 때
- 리보 수도원의 폐허와 세인트 샤펠(Sainte Chapelle)을 보면서
- 윈체스터 옥스퍼드의 성(聖) 마리아 수도원에 있는 일렉스 나무를 보면서
- 이스탄블의 하기아 소피아 성당에서
- 〈메흐메드 세케뤼 파샤〉의 모스크와 〈아류스 팀 파샤〉의 모스크 타일을 보면서
- 알포의 석루(石樓), 북경의 천단(天壇), 부르사의 모스크를 보면서
- 태양과 날의 피라밋과 푸우크의 건조화에 빠진 도시들
- 니이데-킬리키아 산협 중간의 분수령(分水嶺) 양쪽으로 솟은 타우루스의 병풍 같은 봉우리들
- 루브르 박물관의 안티쿠스 왕의 흉상과 배교자 율리아누스의 입상(立像)을 보면서
- 베를린 박물관에서 이크나톤의 왕후인 〈네페르티티〉의 흉상을 보면서

(6) 책(冊)들
- 〈길버트 머레이〉의 저작들
- 〈루크레티우스〉와 〈브라우닝〉의 시(詩)들
- 〈토머스 아놀드〉와 〈기브〉의 「아랍어 교본」
- 〈Reynold A, Nicholson〉이 이슬람 고전을 번역한 「동방 시문선」
- 〈Arthur Waley〉의 「중국 시 170편」
- 여러 도서관과 그곳의 책들
- 윈체스터 성 마리아 칼리지의 모버리 도서관, 옥스퍼드 벨리올 칼리지 도서관
- 영국 고고학원의 아테네 핀레이 도서관, 〈그리스-로마 연구 진흥회〉의 런던 도서관
- 런던대학의 동양학 도서관, 라워드 성(城)의 롱 갤러리
- 〈Thor Heyerdahl〉의 「콘티키호 표류기」 – 이 책을 통해 노르웨이인의 조상인 바이킹의 업적을 이해하고, 〈시 107:24〉의 말씀을 체험했다.
- 〈창세기 10장〉, 노아의 아들들에 대한 계보(系譜)를 통해 인류의 분파와 그들의 조우가 제기하는 역사적인 문제들을 생각하게 되었는데 〈E. Forrer〉의 「아시리아 제국의 지방 구획」을 읽고 2~5절에 기록된 야벳의 계보로 대표되는 연대가 새로운 것이자 기간의 짧은 것이라는 사실을 깨달았다.
- 〈H. Drummond〉의 「열대 아프리카」는 나에게 마지막 미개인의 생활을 보여주었다.

- 〈Edward Creasy〉의 「15대 세계의 결전」은 내가 세계사의 관념을 갖추는 계기가 되었다.
- 〈어원社〉의 「국민들의 이야기 총서」〈에드윈 베반〉의 「위대한 기독교도 역사가」
- 〈A. J Church〉의 「동방의 이야기」를 통해 헤로도토스의 세계에 들어있는 다양하고도 광대한 풍경을 보게 되었다.
- 〈에밀 쉴러〉의 「예수시대의 유대 민족사」〈캐논 조지 로린슨〉의 「동방 제7의 대제국」
- 〈V. A. Smith〉의 「초기 인도의 역사」〈프리드리히 히르트〉의 「중국 고대사」
- 〈William Tarn〉의 「박트리아와 인도의 희랍인」〈오오넬 스타인〉의 「중앙아시아에 관한 강의」
- 〈Charles Eliot〉의 「힌두교와 불교」〈W, H Prescott〉의 「멕시코 정복사」
- 〈Michael Rostovtzeff〉의 「남러시아에서의 이란인과 희랍인」
- 〈마르코 폴로〉의 「동방견문록」〈헨리 호워드〉의 「몽고인의 역사」
- 〈A. P 모즐리〉의 「마야조각 연구」〈락탄티우스〉의 「박해받은 사람들의 죽음에 대하여」
- 〈Thomas Hodgkin〉의 「이탈리아와 침략자들」〈Charles Oman〉의 「4~14세기의 전쟁 기술」
- 〈빌라르도앙〉의 「콘스탄티노플 정복」
- 〈George Finlay〉의 「로마의 정복에서 근대까지의 그리스 역사」
- 〈Herbert Maxwell〉의 「왕실 컬렉션의 그림으로 보는 여왕 치세의 60년」
- 〈헤로도투스〉의 「미케리누스」〈레오 톨스토이〉의 「전쟁과 평화」〈나오미 미치슨〉의 「밀의 왕과 봄의 여왕」〈L. S Woolf〉의 「정글 속의 마을」〈O. E 룄바이크〉의 「땅속의 거인들」〈게오르게〉의 「Uarda」〈Victor Hugo〉의 「93년」과 「레 미제라블」〈Erckman과 Chatrian〉의 「봉쇄」〈C, G Jung〉의 「심리적 유형」
- 모친은 카롤링거 제국 외에도 비잔틴 제국이 있었음과 노르만족이 영국만이 아니라 시칠리아도 정복했음을 가르쳐 주셨다.

5) 지적(知的)인 일을 수행하는 방법을 깨우쳐 준 사람들
    (1) 〈H. J. Haselfoot〉는 "전체를 파악한 후 세부를 판단하라'는 지적 방법에 대한 교훈을 주었다.
    (2) 〈J. A. Smith〉는 견해가 넓고 창의력이 풍부한 분에게서 듣고 배울 기회를 주셨다.
    (3) 외무성에서 일한 경험을 통해 "지식을 얻는 것은 목적이 아니라 목표를 위한 수단이며 지성은 실제적인 경험을 통해 체득해야 한다"는 사실을 깨달았고 역사가가 공문서를 사료로 활용하려면 그것이 작성된 참된 의미를 간파하거나 그것을 역사적으로 재구성해야 한다는 교훈을 얻었다.

(4) 〈J. S. Mill〉은 자서전을 통해 다른 종류의 지적 작업을 규칙적인 리듬으로 교대함으로써 정신을 신선한 상태로 유지하는 방법을 가르쳐 주었다.

(5) 〈플라톤〉은 교만과 비겁함 없이 위대한 정신의 겸허와 담대함으로 연구에 있어서 지성만이 아니라 상상력까지 사용함으로써 이성이 미치지 않는 영역에서는 신화(神話)에 의지하기를 피하지 않았다. 나는 그에 힘입어 〈C. G. Jung〉의 천재에 의해 다시 명예로운 자리에 오른 시(詩)와 예언의 원천에 다가갈 수 있게 되었다.

(6) 〈Lionel Curtis〉는 인간의 다른 활동들과 마찬가지로 연구에 있어서도 최대의 악은 교만, 즉 자기도취의 Nemesis임을 깨우쳐 주었다.

6) 기술법(記述法)을 알려준 사람들과 책들

(1) 〈아리스토텔레스〉는 역사적인 일화(逸話)로 인사(人事)에 관한 일반적인 명제를 예증하는 방법을 알게 해 주었다.

(2) 〈루크레티우스〉는 동일어의 반복을 피하려면 다른 술어일지라도 관념적으로 같은 의미를 갖는다면 다양하게 사용할 수 있음을 깨우쳐 주었다.

예) 〈Civilization, 문명〉 = 〈Socity, 사회〉

〈Universal States, 세계국가〉 = 〈Ecumenical Empire, 세계제국〉

(3) 고전과 성서(聖書)를 중심으로 하는 고풍스러운 영국식 인문주의의 교육을 시행한 시대에 태어났 음을 감사한다.

(4) 〈M. F. Cornford〉는 「신화적인 역사가 투키디데스」에서 근대 서구의 빈약한 언어로는 표현할 길 이 없는 정신적인 지배자와 권위자를 표현하는 방법으로써 그 첫 글자를 대문자로 쓰는 방법을 알 려 주었다. 예) Hilm(자제), Civilazation(문명), Democracy(민주주의), Law(법칙)

(5) 〈클라렌든〉은 저작을 통해 성서(聖書)의 구절을 인용할 때에는 반드시 그 장(章)과 절(節)을 밝혀야 한다는 것을 알게 해 주었다.

7) 나에게 관념과 직관을 부여해 준 사람들, 기념물, 창작물

(1) "도전과 응전"이라는 용어는 내가 만든 것으로 생각했으나 〈브라우닝〉이 먼저 사용했음을 알았다.

(2) 〈F. J. Teggart〉는 「역사의 이론」을 통해 인문학 연구에 있어서의 첫걸음은 현재로 되돌아 오는 것이고 출발점은 세계의 다른 부분에서 상태를 특수화하는 차이를 관찰하는 것이라고 설파했는데 나는 그를 통해 어느 시점에서 주제로 들어갈 것인가에 대한 답을 얻었다.

(3) 나는 〈Alfred Zimmern〉의 "참다운 역사는 현대사다"라는 설파를 통해 역사를 시대적으로 구분하는 것으로부터 자유롭게 되었다.

(4) 나는 〈Eduart Meyer〉의 「헬라스와 로마」를 통해 서구의 관습적인 시대구분에서 벗어나 헬라스와 로마의 역사는 일체이고, 그 하나의 역사는 자체의 암흑시대와 중세 및 근대를 갖는 완전한 전체이며, 그 일체관은 그 사회에 헬레닉 사회라는 통일적인 명칭을 부여할 수 있다는 것을 깨달았다. 그리하여 하나의 문명이 확인되자 이후로 20개의 사회가 내 시야에 들어왔다. 그리고 그의 「아케메네스 제국」에서는 인간의 집단적 자아의 우상화에 집중된 정신적인 에너지를 해방하고 신을 찾아 숭배하게 하는 것이 세계국가의 기능임을 깨달았다.

(5) 〈폴리비우스〉의 「세계사」는 이 연구에 착수하는 계기를 제공했는데, 나는 "역사의 모든 사건은 같은 방향과 동일한 목표를 향해 인도되어 왔다"라는 그의 통찰에서 중요한 각성을 얻었다.

(6) 나는 1차 세계대전은 〈투키디데스〉와 그의 세대가 자기들이 체험한 것을 우리 시대의 우리 세계에 재현시킨 것이라고 생각했다. 그리고 그 각성을 통해 "모든 역사는 동시대적이다"라는 역사에 있어서의 철학적인 진리를 터득했다.

(7) 〈Alfred Von Kremer〉의 「칼리프 시대의 오리엔트 문화사」〈브라이스〉의 「신성로마제국」

(8) 〈J. B. Burry〉의 「로마제국 말기, 아르카디우스로부터 이레네까지의 역사」

(9) 〈A. H. Lybyer〉의 「슐레이만의 시대, 오토만 제국의 장려한 정치」

(10) 〈C. J. Smuts〉의 「전체론과 진화」〈하이네〉의 「기행(紀行)」〈괴테〉의 「파우스트」

(11) 「헤로도투스」에서는 역사에 있어서의 신의 아이러니를 생각했고 「에스킬루스」에서는 인간은 고통을 통해 배우며 그것이 신이 인간을 위해 정한 변함없는 법칙이라는 사실을 깨달았다.

(12) 〈제임스 1세〉 시대 「흠정역 성서」의 예스러우나 익숙한 음악적 효과를 지닌 문체는 지성을 통해 스며들고 감성에 작용하여 우주 곳곳에 스며있는 신비한 신의 존재를 깨닫게 했다.

(13) 〈John Milton〉의 「실낙원」은 내게 신정론(神正論)의 관념을 확정해 주었고 〈이븐 할둔〉의 「무카다마트」는 나를 새로운 세계로 인도하여 역사연구에의 비전을 품게 했다.

(14) 〈성 아우구스티누스〉의 「신국(神國)」〈앙리 베르그송〉의 「도덕과 종교의 두 원천」

8) 도움을 베풀고 호의를 보여준 분들과 단체들에 감사한다.

제1부

서론

A. 역사적 사고(思考)의 상대성

1. "모든 사회적 활동은 시대적 조류의 지배를 받는다"는 명제

〈크세노파네스〉는 "에티오피아인이 검은 피부와 사자코인 자기들의 모양대로, 트라키아인이 파란 눈과 붉은 머리인 자기들의 모습대로 신(神)을 그리듯이 동물들도 할 수만 있다면 신을 자기 모습처럼 그릴 것이다"라고 주장했는데, 이는 역사적 사고도 시대적 사상이나 조류의 영향을 받는다는 사실을 증명하는 것이다. 현대 서구사회의 지배적인 사상과 조류는 경제에서의 산업주의와 정치에서의 민주주의인바 서구의 역사 연구도 지금까지 그 영향을 강하게 받았다. 근대 산업주의와 그 조직은 분업에 있어서는 인간적인 면이 있지만 그 과학적 사고방식을 인간의 생활에 적용함에 있어서는 분명히 비인간적인 점이 있다. 그것은 다수의 노동력을 기계적으로 조성하고 원료를 투입하여 특정한 물품을 지속적으로 생산하되 그 능력을 최대화한다는 산업주의의 특성 때문인데, 그것은 서구에서 논리적 사상만이 아니라 실천적 생활에도 큰 영향을 끼쳤다. 한 예로 나는 어느 유명한 교수의 서재에서 책이라고 불릴만한 것은 점점 사라지고 책의 모양은 갖추었으나 근대 산업주의 조직 자체인 과학 관계의 정기간행물이 들어차고 있음을 보았는데, 과학연구에 있어서 최초로 자료를 공급할 때 근대 산업주의적인 방법을 사용하는 것은 나쁘다고 할 수 없으나 생명이나 인간의 활동에 관한 연구에까지 그 방법을 적용하는 것은 곤란하다.

2. 근대의 서구적 역사 연구는 어떠했는가?

〈Theodor Mommsen〉은 귀중한 역사적 사고로서「로마 공화정사」라는 걸작을 낳았으나 그의 역사적 사고라는 유서 깊은 왕국도 서구의 근대적 산업주의에 정복되어 스스로 그 걸작을 부끄럽게 생각했다. 그래서 이후로는 역사적 사고가 아니라 근대 산업주의적인 방법을 채용하여「라틴 비명전집(碑銘全集)」과 같은 저작에 몰입했는데, 그의 천재로 인해 그것이 그의 기념비적인 저술로 되기는 했으나 그의 그런 변화는 스스로 지적 노동자로 변하여 근대 산업주의 조직의 지배를 받았음을 의미하는 것이다. 그리하여 몸젠과 랑케 이후의 역사 연구는 비문, 문서, 회화 등의 사료(史料)들을 산업주의에 입각한 분업을 활용하여 집성(集成)하거나 학술지에 발표하는 데 주력하는 것으로 변질되었다. 그리고 일부 역사학 교수들은 연구실을 Seminar가 아니라 Laboratory(실험실)라고 부르며 독창적인 연구는 미확정인 사실을 발견하거나 입증하고 나아가 그러한 연구 결과를 학술지나 역사총서에 발표하는 것이라고 생각하게 되었다. 그 결과 한 사람의 연구에 의한 역사서를 가볍게 여기는 경향마저 생겨났는데, 그것은 세계사 부문에서 특히 심했고 가볍게 여김을 받은 대표적인 예는 〈H. G. Wells〉이다.「역사개관」을 저술한 그는 역사라는 시간과 공간의 기나긴 여로(旅路)에서 하나의 상상적인 경험으로 인류의 모든 생활을 마음속에서 다시 살아서 위와 같은 교수들이 감히 생각하지도, 기도하지도 못했던 것을 성취했다. 웰스가 자기들의 분야에서 저지른 사소한 오류를 애써 찾아 비판하기에 급급했던 그들은 고고학적인 관점에 매몰되어 있었던 것이고 웰스와 그의 역사개관을 더 잘 이해한 것은 역사가들이 아니라 일반인들이었다.

3. 산업주의가 역사적 사고에 끼친 영향

원재료의 제품화에 지나치게 집중한 결과 그 제품이 인간의 삶에 어떤 가치를 줄 것인가라는 본분에서 벗어나 제품의 생산 그 자체를 가치 있는 것으로 생각하게 되는 것은 산업주의의 일반적인 경향이다. 근대 유럽의 역사가들도 산업주의의 영향으로 그런 경향에 빠져 역사 연구에서의 균형을 상실하는 병적인 상태가 자기들의 정신에 내재할 수 있다는 사실을 간과했고 그 결과로 역사적 사실에 대한 병적인 과장을 재생하기에 이르렀다. 그 단적인 예는 대부분의 역사가들이 문명사에 있어서 역사적 두 강국인 프톨레마이오스 왕조와 셀레우코스 왕조 중 전자의 역사를 문명사적으로 더 중요하고 흥미롭게 여기는 것이다. 그것은 건조기후인 상(上)이집트에서 사료로서의 파피루스가 대량으로 출토되었으므로 학자들은 근대 산업주의적인 태도로 제품을 출시하듯이 그에 대한 논문을 학술지에 기고하기 위해 역사가 아닌 파피루스에 우르르 몰려들었기 때문이다. 프톨레마이오스 왕조는 헬레닉 문명과 이집트 문명을 결합하여 이집트의 이시스 숭배와 모종의 사회 경제적 조직을 로마제국에 전한 것 외에는 주목할 만한 성과를 낳지 못했다. 그러나 셀레우코스조는 헬레닉 문명과 시리악 문명을 결합하고 여러 도시국가를 국왕신권(國王神權)의 원리로 묶어 로마제국의 원형을 제시했고 가장 넓고 활발한 인류의 활동 무대로서 미트라교, 그리스도교, 마니교, 이슬람교 등 거의 모든 결합종교가 발생하는 터전이 되었으며 단명했지만 거기에서 기원한 여러 운동은 인류에게 지속적인 영향을 끼치고 있다. 위와 같은 학자들은 그 두 왕조에 대하여 문명사적인 중요성이 아니라 사료와 들인 노력의 양에 따라 그 중요성을 결정한 것인데 여기에 있어서 「시론」과 「세계사 연구」로 빛나는 〈E. Meyer〉의 지적[1]은 매우 의미심장하다.

---

1.   독일의 교수, 고대사 연구자(1855~1930). "… 도공은 사용하는 흙의 노예가 된다는 뜻의 이 경향

학문에 있어서는 무생물을 생명체로 취급하는 유정화(有情化)와 생명체를 무생물로 취급하는 비정화(非情化)의 기법을 사용하는 것은 보편적인 현상이지만, 행동 부문에 있어서의 유정화와 사상 부문에 있어서의 비정화는 모두 오류에 빠질 위험이 있으므로 상식적인 사람은 온상(溫床)을 공장 관리의 원칙대로 운영하기는 해도 공장을 온상 관리에 적용하는 원리로 관리하지는 않는다. 여기서 역사가의 Seminarium은 생동하는 사람의 살아있는 사상을 키우는 온상이고 자연과학자의 Laboratory는 기계적인 작업으로 생명이 없는 원료에서 제품을 생산하는 작업이라고 할 수 있는데, 산업주의의 영향으로 역사적 사고에 자연과학적인 연구 방법을 적용하는 것은 반드시 비정화의 오류를 초래한다. 이에 대하여 〈A. R. J. Turgot〉에 이어 〈H. L. Bergson〉도 인간지능의 메커니즘은 물리적 자연에 대해서는 그에 작용하기 편리하도록 이해를 분산시키는 구조로 되어 있지만 그것은 동시에 생명을 느끼되 그것을 전체로 느끼기를 갈망하는 능력을 가지고 있다는 것을 시사(示唆)한 바 있다. 그러므로 역사가의 마음에도 생명을 전체로 바라보며 전체로서 이해하려는 본능이 존재한다고 생각할 수 있음에도 산업주의적인 역사사고(歷史思考)는 어째서 지속되는 것일까? 그 이유는 역사적 사고에 적용됨에 있어서 산업주의만으로는 극단적인 분업이므로 모든 역사가가 그것을 곧바로 거부했겠지만 불행하게도 거기에 주권국가주의가 가세했기 때문이다. 현대 서구사회에 있어서 주권국가주의(主權國家主義)는 지배적인 조류이자 주도적인 사상으로 자리 잡은 후 곧바로 그 유추(類推)로서 역사가의 사고(思考)에 분업의 강요라는 모독을 가하고 있는 산업주의와 함께 역사가의 충성을 강요하면서 지금까지의 역사적 사고에 무슨 비전이라도 있는 것처럼 호도(糊塗)하고 있는 것이다.

은 명백한 오류이므로 역사 연구에서 부득이 산업조직적인 방법을 사용하더라도 성공하는 산업인을 본받으면 그 오류를 시정할 수 있다. 그들은 원재료의 양이 아니라 시장의 Needs와 이익에 따라 원재료의 사용 여부를 결정한다. 그들은 원재료의 주인이지 노예가 아닌 것이다."

4. Nationalism - 국가주의

내셔널리즘은 부족주의라는 병에 걸린 민주주의가 기도(企圖)하는 것에 의해 발생하는 심리적인 산물인데, 민주주의는 서구의 부족적(部族的)이고도 호전적인 성향으로 인해 그와 반대되는 정신인 부족주의와 공존하기 위해 그것과 융합하려는 시도를 해야 했고 그 결과로 양자가 이룬 기묘한 타협은 내셔널리즘을 낳았다. 그리하여 전체 사회의 한 부분적인 존재에 불과한 하나의 사회를 전체의 사회인 것처럼 느끼고 생각하며 행동하게 하는 것을 요체로 하는 내셔널리즘은 드디어 산업주의와 더불어 서구사회의 실질적인 지배자로 등장했다. 그리고 그 두 지배자는 서로 협력하여 서구의 8대 강국을 낳았는데, 그것들은 스스로 일별(一瞥)하여 타국들에 지속적인 영향력을 행사하며 사회 전체가 자국을 추축(樞軸)으로 회전하는 것처럼 보였으므로 스스로를 하나의 독립된 세계라고 생각하게 되었다. 그러나 역사적으로 강대국은 언제나 둘 이상이었다는 사실만으로도 그것은 명백한 오류임을 알 수 있다. 그럼에도 정치와 경제만이 아니라 문화적으로도 자족한다는 믿음은 자국을 다른 사회 전체와 대체할 수 있는 존재로 생각하게 했는데, 그런 경향은 역사가에게도 파급되어 그들의 사회적인 감정을 특정 국가에 고정시키게 했다. 국가주의는 얼핏 보기에 인류 공통의 소망인 비전의 통일과 산업주의가 요구하는 분업의 원칙을 조화시킬 수 있다는 전망을 어느 정도 제공하기는 했다. 그래서 내셔널리즘에 빠진 역사가는 지성(知性)으로는 산업주의적인 원리로 세계사를 설명하는 것이 불가능에 가깝다는 사실에 수긍하고 있지만 세계사가 아니고는 통일성을 찾을 수 없다는 진리를 인정하게 하는 것은 감정적으로 그들을 역사가이기를 포기하게 하고 그 시야에서 빛을 빼앗는 일이다. 그러므로 산업주의에 빠진 역사가에 있어서 내셔널리즘에 입각한 연구[2]는 자기들의 위와 같은 지성과 감정을 조화시키는 것이어서 매력적이었다. 그래서 그들은 자기들의 전문적인 경험과 심리적 갈등 및 시대적인 정신에 따라 내셔널리즘의 역사세계로 끌려들어 마침 기다리고 있던 편만(遍滿)한 내셔널리즘과 산업주의적인 방법으로 구비된 풍부한 사료에 힘입어 스스로와 일반인이 보기에는 놀랄만한 성공을 거두었던 것이다. 프랑스의 저명한 역사가로서 「갈리아에서 프랑스로, 우리의 역사적 기원」을 저술한 〈Camllie Julian〉의 케이스를 보면 그는 정신적으로는 프랑스에서 인간 생활의 모든 체험을 구하고 프랑스에만 집착하고 열광하여 프랑스를 역사적으로 치켜세우려 했으며 물질적으로는 국경과 판도(版圖)로서의 프랑스에 대해 "프랑스는 완전한 자급자족의 나라로서 다른 모든 세계로부터 독립적이다"라고 주장하면서 모든 세계사와 심지어 유럽의 신석기 시대와 로마제국의 역사까지도 프랑스의 입장에서 설명하려고 했다. 그의 그런 시도는 세계의 일부에 불과한 한 국가와 한 국민을 세계와 전 인류에 대체시키려는 것으로서 명백한 오류(誤謬)지만 그것이 오류라는 사실은 프랑스가 그 중심과 넓이를 같이하는 정도에 있어서 서구사회와 유사했기 때문에 쉽게 드러나지 않았다.

5. 시대적인 기조의 변화

위와 같은 역사적 사고는 모든 독립국은 자국을 독립적인 세계 또는 세계의 중심으로 여기거나 그렇게 만들려는 열망을 가지고 있다는 현대의 시대적인 기조(基調)를 바탕으로 한다. 내셔널리즘에 입각한 역사사고(歷史思考)는 강대국에

---

2. 구체적으로는 "세계는 아니되 어떤 의미로는 세계적이고 작아서 다루기 용이한 8대 강국 중의 하나"를 역사 연구의 단위로 삼는 것.

는 억지라 해도 어느 정도로는 적용할 수 있지만 규모가 작은 나라와 신생국[3]에는 적용이 불가하다. 그래서 1875년 이후로 구시대의 기조는 점차 사라졌고, 이어서 약 반세기 동안에 서구의 8대 강국 체제는 국가 간의 관련성 증대라는 방향으로 전환되었으며, 그에 따라 국가세계주의가 사라지는 새 시대가 도래(到來)했다. 이에 따라 우리는 "시대적 기조의 변화는 앞에서 제기한 명제에 따라 종래의 산업주의와 국가세계주의에 편승한 역사적 사고를 변화시킬 것인가?"라는 의문을 품게 되는데, 실행에 있어서는 근대 산업조직에 동조되고 비전은 국가주의의 관념에 빠졌던 서구의 역사가들도 그 변화에 따라 역사적 사고와 시야 및 활동에서 변화를 일으킬 것이 틀림없다. 그리하여 그들은 국가적 경계라는 제한에서 벗어난 지형 속에서 이해 가능한 역사 연구의 새 분야를 발견하고 정력을 보다 큰 규모의 정신적 활동에 적응시킨다는, 연구 방법에서의 변화를 일으킬 것이다. 그러나 새 시대의 서구의 역사가가 새로운 연구 분야를 발견할 것이라는 전망에 있어서 우리는 이해 가능한 연구 분야는 무엇이며 그것을 찾을 수 있는가? 및 그것은 절대적인 것일 수 있는가? 라는 의문을 품게 되는바 이후로 역사적 사고에 있어서의 상대성은 고정불변의 것이 아니라는 사실에 입각하여 그것을 찾아보자.

---

3.   산업주의와 Nationalism은 1875년까지 서구에서 강대국을 일으키는 방향으로 작용했으나 이후로 전자는 전 세계로 확산되었고 후자는 민족의식을 제고하여 여러 신생국을 출현시켰다.

B. 역사 연구의 분야

1. 논증 - 한 국민국가는 이해 가능한 역사 연구의 분야가 아니다

1) 왜 국민국가이고 왜 영국인가?

우리는 앞에서 〈카뮈 줄리앙〉의 프랑스 역사 연구를 사례로 하여 근대 서구 역사가들의 통상적인 연구 분야는 국민국가였음을 밝히고 역사 연구에 있어서의 상대성은 고정불변의 것이 아니라는 사실에 입각하여 절대적이고 이해 가능한 역사 연구의 분야를 찾을 희망을 품게 되었다. 이제 역사적 이력과 독특한 특징 때문에 근대 서구의 역사가들이 이상적인 역사 연구의 단위로 생각할 수 있는 하나의 국민국가인 동시에 하나의 강대국인 영국을 표본으로 삼아 한 국민국가는 정말로 이해 가능한 역사 연구의 분야가 될 수 있는지를 탐구해 보자.

영국의 역사는 연속성의 손상이나 본체의 변형 없이 스스로 그 역사의 중요한 일부인 대영제국을 건설했고 프랑스에 필적하는 긴 역사와 서구에서 프랑스에 맞먹는 역사적 중요성을 가지고 있다는 이력과 이 연구에 도움이 되는 것으로서 다음과 같은 특징이 있다. 즉, 영국은 섬이라는 지리적 요인으로 서구에 있어서 개별성을 부여받았고 가장 창조적이고 강력했던 시대에는 정책적인 요인에 의한 고립[4]을 유지하는 등 가장 현저한 역할을 수행한 나라였다. 이러한 영국이 이해 가능한 역사 연구의 단위로 인정되지 않는다면 그 어떤 국민국가도 그 자리를 차지할 수 없을 것이므로 우리는 국민국가인 영국을 이 탐구의 표본으로 삼는 것이다.

---

4.   그것은 대륙의 정치에 대해 초연했던 것이 아니라 유럽을 넘어서는 세계까지 꿈꾸는, 정책적인 고립이자 가장 현저한 인퇴였다.

2) 영국에 있어서의 역사적 전환 및 분석

영국은 그 역사에 있어서 다음과 같은 일곱 가지의 역사적 전환을 겪었다. 그 것은 〈영웅시대의 종교에서 탈피한 것으로써 6세기 말에 이루어진 기독교로의 개종〉〈11세기에 성취된 봉건제도의 확립〉〈15세기의 3/4분기에 단행된 종교 개혁〉〈16세기의 3/4분기에 시작된 해적 행위의 시대에서 해외무역과 보호령 획득 및 영어 사용권의 확대로 이어진 해외로의 확장〉〈17세기의 4/4분기에 이 룬 책임제 의회정치 확립〉〈18세기의 4/4분기에 달성한 근대적 산업조직〉 등인 데, 고립의 정도가 점차 줄어드는 그 단계들을 차례대로 살펴보자.

〈기독교로의 개종〉은 고립의 땅에서 몇몇 만족 지역사회를 발현시키고 그들 을 서구의 공동생활에 통합한 사업으로서 영국 역사의 모든 면에 있어서의 시 작임과 동시에 고립에서 탈피했다는 직접적인 증거이다. 〈봉건제의 확립〉은 영 국사에 있어서 하나의 중대한 전환이지만 그것은 스칸디나비아 민족이동의 일 부였던 데인인(人)의 침입에 의해 발아(發芽)되었고 노르만의 영국 정복에 의해 성숙의 길로 들어선 것으로서 그 전체적인 면은 바이킹과 스칸디나비아인의 민 족이동 및 프랑스의 봉건제 등을 언급하지 않고는 설명할 수 없는 것인데, 이 사실은 이미 국민국가로 확립되었지만 영국은 독립적인 역사 연구의 단위가 되 지 못한다는 것을 의미하는 것이다. 〈르네상스〉도 영국사에 있어서 매우 중대 한 사건이지만 이 또한 영국 고유의 것이 아니다. 정치와 경제에 있어서의 르네 상스는 북부 이탈리아에서 1275년부터의 2세기 동안에 절대주의와 휴머니즘 의 세력균형이 모종(苗種)처럼 배양되어 있었기 때문에 알프스를 넘어 그 북쪽 에서 이식될 수 있었다는 사실은 잘 알려진 상식이다. 〈종교개혁〉도 역시 영국 고유의 사건이 아닌 것으로서 과거를 바라보면서 이미 사멸한 구세계에 집착하 는 서부 지중해의 에피메테우스적인 남방인(南方人)의 지배로부터 벗어나려는, 앞날을 바라보면서 신세계로 신호를 보내고 있던 프로피메테우스적인 서유럽

북방인의 보편적인 운동이었다. 〈해외로의 확장〉을 보면 그것은 신세계 쟁탈전으로 대표되는 것으로서 여기에서도 영국은 선두가 아니라 뒤늦게 뛰어들어 선발 강국들과 수 세기 동안 싸워서 전리품을 획득한 것이다. 그러므로 영국의 해외 진출의 역사는 독자적인 것으로서가 아니라 유럽 각국들의 그 쟁탈전에 대한 평가를 통해서만 이해할 수 있다. 그리고 통상적으로 영국에서 발생하여 세계로 퍼진 것으로 알려진 〈제6, 제7의 사건〉은 이 연구의 목적에 있어서 매우 중요한 것이므로 이에 대한 두 권위자의 판단에 따르는 것이 좋을 것이다. 〈액턴경(卿)〉은 「헨리 4세와 리슐리외에 관한 강연」에서 "일반적인 역사는 하나의 국민적 요인이 아니라 보다 다양하고 광범위한 요인들에 좌우된다. 프랑스 근대 왕제(王制)의 시작은 영국에서의 동일한 운동의 일부였으며 부르봉가와 스튜어트 왕가는 결과는 다르지만 같은 법칙을 따랐다"라고 설파했는데, 이는 영국의 의회제도는 영국 고유의 것이 아니라 영국과 프랑스에서 동시에 작용한 힘의 소산이라는 사실을 말하는 것이다. 산업혁명의 기원에 관한 최고의 권위자인 〈Hammond 부처(夫妻)〉는 그것을 다음과 같이 요약하고 있다. "신세계의 발견으로 대서양은 무역에 있어서 지난날의 지중해처럼 중요해졌는데, 그 지역의 영국 식민지는 금광이 없고 생활물자가 부족했으므로 그곳의 원재료와 본국의 생활물자를 교환해야 했다. 그러므로 그것은 신세계를 정치적으로 이용했던 스페인이나 금을 얻는 곳으로 활용했던 타국들과 달리 영국의 산업화를 촉진했다. 또 영국은 17, 18세기에 일어난 전쟁에서 지리적인 이점 때문에 피해를 덜 입었고 17세기의 정치, 종교적 투쟁의 결과로서 통상에 유리한 정치 및 국가조직을 형성했다. 나아가 관습법과 통상의 자유 및 상업 성향의 귀족이 존재했던 것과 스튜어트 왕조에서의 쓴 경험에서 말미암은 정부의 통제에 대한 불신감과 종교적 관용정신 등은 산업화에 있어서의 영국 고유의 이점이었고, 18세기에 정치와 종교에 있어서의 정체(停滯)는 대중의 관심을 산업으로 집중시켰다. 그리고 그 집중은 수학의 부흥 및 자연과학적인 발견들에 힘입은 기계의 발명으로 이어졌다." 이것은 산업혁명이 영국에서 일어나게 한 영국 특유의 요인들을 잘 설명한 것이지만 동시에 그것들의 대부분은 영국에서만의 사건이 아니라 유럽 전체의 역학적인 관계 및 세력균형의 관계에 따른 일반적인 요인이라는 것을 말하는 것이다.

3) 결론

살핀 바와 같이 영국은 최근의, 가장 영국적인 사건에 있어서도 이해 가능한 역사 연구의 단위가 아닌 것인바 세계적인 산업화와 수송수단의 발달에 따른 거리의 단축 및 세계적인 유대가 증진되고 있으므로 이후로 세월이 흘러도 하나의 국민국가가 이해 가능한 역사 연구의 단위로 인정되는 일은 없을 것이다. 그러므로 이 고찰에 있어서 "민중은 국가나 어떤 정치적인 집단에 의해서가 아니라 모든 사회상(社會相)과 문명 전체를 통해 일체의 풍습과 생활을 얻는다. 그러므로 한 나라, 한 사회의 역사를 설명하려면 먼저 그것이 속한 사회 일반의 기원과 본질을 탐구해야 하는 것이다"라는 〈J. A. Gobineau〉의 설파는 의미심장한 것이다.

2. 영국을 그 일부분으로 하는 분야

1) 단서와 통찰

위의 검토에서 우리는 '영국의 역사는 영국만의 역사가 아니라 영국이 그 일부이고 영국을 일부로 하는 그 무엇의 역사이며 영국인의 경험은 영국인 외에도 다른 여러 국민이 함께 겪은 경험이다'라는 단서를 얻을 수 있고, 거기에서 유추하여 이해 가능한 역사 연구의 분야는 영국과 같은 국민국가가 아니라 영국과 유사한 여러 지역사회를 포괄하는 사회일 것이라고 생각할 수 있다. 더하여 우리는 앞에서 인용한 액턴 경의 강연에서 사회 전체와 그 일부의 관계에 있어서 역사를 움직이는 힘은 한 국가의 국민적인 것이 아니라 보다 크고 넓은 그 무엇을 원인으로 발생한다는 통찰에 이르게 된다. 모든 부분에 동시에 작용하되 사회 전체에 통하는 그 힘은 그 작용을 포괄적으로 관찰해야 그것이 각 일부에 끼치는 영향을 이해할 수 있는바, 그것은 각 부분은 그 힘의 전반적인 작용에 의해 각각 다른 영향을 받으며 같은 원인에서 발생한 힘에 대한 반응과 공헌도 서로 다르기 때문이다. 사회가 어떤 문제에 봉착했을 때 발생하는 도전(挑戰)은 시련을 주어 그 사회를 분화시키는데 그 도전에 대한 분화된 사회의 대응은 정확, 독특, 유익한 것이거나 불완전, 범상, 유해한 것으로 각각 다를 것이고 그 결과로 각 사회는 진보하는 새롭고 큰길을 발견하거나 낙오나 무리함으로 인한 위축을 초래한다. 분명한 것은 특정한 시련을 겪고 있는 여러 구성원 일방이 하는 행동의 의의는 다른 구성원들의 다양한 행동에 대한 고려와 지속되는 시련은 전체 사회의 생애에 연관되어 있다는 인식이 있어야 이해할 수 있다는 사실이다. 역사적 사실을 해석하는 이 방법은 현대에서의 영국의 역사는 영국과 더불어 넓은 사회를 이루는 다른 나라들을 하나의 전체로 다루어야 하고 중세에서의 베네치아 역사는 밀라노와 제네바 및 피렌체 등 북부 이탈리아의 도시국가들이 이루었던 전체로서 파악해야 하며 고대에서의 아테네의 역사는 테베, 고린도, 스파르타 등 고대 그리스의 도시국가 모두를 포함하는 사회의 역사로 보아야 한다는 것이다. 이것은 각국의 역사를 한 테마의 변주곡이나 화음이라고 한다면 그것은 그들이 어우러져 만들어 내는 오케스트라 전체로 이해해야 한다는 의미인 것이다.

2) 고대 그리스 도시국가들의 역사에서의 예증

기원전 725~325년에 있어서 이 사회 공통의 문제는 인구증가였는데, 그에 대해 고린도와 칼키스는 해외에의 영토 획득, 스파르타는 생활 양식의 군국주의로의 변화, 아테네는 사회적인 변혁으로 대응했다. 주민이 희소하거나 저항이 약한 남부 이탈리아와 시칠리아 등에 농업 식민지를 개척한 고린도와 칼키스의 정책은 헬레닉 사회가 사회의 기본적인 성격을 변화시키는 일 없이 지리적으로 확장하는 데 기여한 가장 정상적인 방법이었고 멀리 해외로 갈 것 없이 가까운 이웃인 메세니아를 정복한 스파르타의 정책은 전쟁을 지속하려고 나라 전체를 군국화(軍國化)하고 그를 위해 소멸 중이던 제도를 강화해야 했던 비정상적이고 막다른 골목으로 향하는 방법이었다. 마지막으로 수출 위주의 농업과 제조업을 육성하고 그로 말미암은 신흥계급의 정치적인 지위를 인정하는 정치 제도를 확립하는 등 사회적인 변혁을 단행한 아테네의 정책은 "아테네는 헬라스의 학교다"라는 ⟨Pericles⟩의 말과 같이 헬라스 사회[5]를 크게 확장시키고 새롭게 전진시킨 비범하고도 창조적인 방법이었다.

우리는 여기서 한 결론을 얻게 되는데 그것은 그 기간의 고린도, 칼키스, 스파르타, 아테네 등의 역사는 각각을 별개로 하는 연구로는 이해할 수 없고 그 사회 전체를 하나로 연구해야 각국의 역사적 의의와 다음 세대에서의 추이 등을 이해할 수 있다는 것이다. 이를테면 정상에서 벗어난 스파르타와 아테네를 헬레닉 사회 전체가 직면한 문제에 대한 지방적인 반응으로 보지 않고 각국의 고유한 역사로 이해하려고 하면 그 두 나라와 그 인민들은 처음부터 특별한 천부적 자질을 가지고 있었다고 이해해야 하는데, 그것은 여러 역사적 증거에 반하는 것이자 특별한 가정이 있어야 성립되는 억지이다. 그 두 국민의 특별한 방법은 후천적인 것으로서 그 기원은 전체적인 헬라스 안에서만 이해할 수 있는

---

5. 「헬라스」는 최초에 그리스 북부의 한 지명이었으나 뒤로는 "그리스어를 사용하는 지역" 또는 "그리스인의 나라"라는 뜻으로 썼다. 이어서 헬레닉사에 있어서의 이 단계를 "헬레니즘의 시대"라고 부르지만 학문적으로는 "아티카의 시대"라고 부르는 것이 타당하다.

것인데, 그것은 개개의 도시국가가 아니라 헬라스 사회 전체가 이해 가능한 하나의 연구 분야이기 때문이다.

3. 연구 분야의 확장

우리가 위에서 얻은 결론은 이해 가능한 역사 연구의 분야는 분명히 존재하지만 종래의 연구 분야인 국민국가는 그 분야의 일부일 뿐이라는 것이다. 여기에 있어 국민국가는 시간적으로나 공간적으로 뚜렷한 실체임에 반해 앞에서 찾아낸 연구 분야에 대한 우리의 정의는 소극적이었으므로 이제는 그것을 구체적으로 정의해야 한다. 그러려면 종래의 연구 분야인 한 국민국가의 역사를 시·공간적으로 확장시켜 고찰(考察)해야 하는바 여기에 있어서도 영국은 좋은 표본이 된다.

1) 영국사의 공간적 확장

여기에서 우리는 이해 가능한 역사 연구 분야의 공간적 한계는 어디까지인가? 이해 가능성이 최대에 달하는 한계선이 있는가? 그 선을 넘으면 완전히 다른 분야가 나타나는가? 등을 알아볼 것인데 이를 위해 위에서 살핀 영국사에서의 7대 사건을 역순으로 재검토해 보자.

〈산업혁명과 근대적 산업조직의 확립〉에 있어서의 영국사는 유럽만이 아니라 열대 아프리카, 아메리카, 러시아, 레반트[6], 인도, 중국, 극동 등의 경제적인 상황과도 연관되어 있으므로 영국사의 이 단계에서의 이해 가능한 연구 분야는 세계적이다. 그러나 〈의회제도의 확립〉에 있어서는 영역이 크게 좁아지는데 그 이유는 정치적인 연관성과 동일한 정치적 법칙이 작용하는 영역은 경제적인

---

6.   Levant, 그리스와 이집트 사이의 동지중해 연안지방. 좁게는 레바논과 시리아를 지칭한다.

그것보다 좁기 때문이다. 영국 스튜어트 왕조에 적용되었던 의회주의의 법칙은 프랑스 부르봉 왕조에도 똑같이 적용되지만 러시아의 로마노프 왕조, 중국의 청조(淸朝), 튀르크의 오스만리 왕조, 인도의 티무르 왕조 등에는 적용되지 않는다. 당시 영국의 정치적 역사는 프랑스 및 신세계의 일부와는 연관성을 갖지만 위에 언급한 나라들에는 다른 정치적 법칙이 적용되고 있었는데, 이 두 그룹 사이에는 지리적인 경계보다 더 깊고 예리한 정치적인 경계선이 존재하는 것이다. 영국이 16세기의 3/4분기부터 참가한 해외로의 확장은 그때까지 거기에 참가하지 않았던 독일과 이탈리아 및 참가가 미약했던 덴마크, 스웨덴, 쿠를란드[7]를 제외하면 대서양과 북해에 인접한 모든 나라가 참가한 사건이었다. 그러므로 이 문제는 세계적인 세력균형의 문제로 다루어야 하는데, 당시에는 중서 유럽의 국가들만 그에 필요한 힘을 가지고 있었으므로 이슬람 및 극동 국가들의 참가는 늦었거나 미미했던 것이다. 다음으로 영국의 〈종교개혁〉에 있어서의 연구영역은 동시대의 모든 기독교 세계로 확대되는 것이지만 5세기에 분열된 이후의 네스토리우스파[8]와 그리스도 단성론[9] 및 11세기에 대분열을 일으킨 이후의 그리스 정교회 등 영국교회와 다른 분파까지 포함시킬 필요는 없다. 〈르네상스〉는 북부 이탈리아에서 자라난 사상과 제도의 묘목이 영국 독일 프랑스 스페인 폴란드 등 알프스 이북의 나라들과 그들의 해외 식민지로 이식되어 탄생한 것으로서 이 또한 영국 고유의 것이 아니므로 이에 대한 연구도 그 모두

---

7. Courland. 발트해에 연한 구 공국. 러시아의 한 주가 되었다가 1918년에 라트비아에 합병되었다.

8. 콘스탄티노플의 대주교인 〈네스토리우스〉가 그리스도는 신성과 인성을 따로 갖는다고 주장하여 기독교에서 헬라스적인 요소를 배격하고 유대교 및 시리아적인 요소를 강화하려고 일으킨 기독교의 한 종파. 에페소스 종교회의(431년)에서 이단으로 판정. 페르시아와 인도를 거쳐 중국에서는 경교로 불리면서 '프레스터 존 설화'의 근거가 되었음.

9. 콘스탄티노플 대수도원 원장이었던 〈에우티케이스〉가 네스토리우스에 반하여 일으킨 종파. 그의 "그리스도는 신성과 인성이 일체로 복합된 단일성이다"라는 주장은 그리스도의 인성을 부정하는 것이어서 카르케돈 공회(451년)에서 이단 판정을 받았다.

를 아우르는 것이어야 한다. 다만 이슬람교로 개종한 그리스, 베네치아나 제노바 등과 밀접하게 접촉했으나 문화적인 영향은 거의 받지 않았던 튀르크, 무굴제국의 예술과 건축의 영향을 일시적으로만 받은 이슬람교 인도, 르네상스를 알지 못한 힌두교 인도와 극동사회 등은 영국의 르네상스 연구와 무관하다. 〈봉건제도〉도 영국에서의 그것은 명백한 서구적인 현상이므로 서구사회 전체로서 살펴야 하지만 비잔틴 사회, 이슬람 세계, 이슬람권 이집트, 튀르크 등에서의 봉건제도는 종류가 다른 것이므로 별개의 제도로 연구해야 한다. 마지막으로 〈기독교로의 개종〉을 보면 6세기의 영국은 켈트 외변의 극서 기독교로 개종하거나 아일랜드인이나 웨일즈인과 연합하여 제3의 별세계를 만들 수도 있었는데, 그런 상황에서 이루어진 영국의 선택[10]은 정교와 극서 기독교 세계 및 네스토리우스파 기독교, 그리스도 단성론파, 이슬람 사회, 불교사회 등과 확연히 결별한 사건이었다.

2) 판도(版圖)와 명칭

우리가 찾으려고 하는바 영국을 포함하고 영국에 관한 한 이해 가능한 역사 연구의 분야인 사회는 영국사의 중요한 7대 사건에 대한 검토에 있어서 정치, 경제와 문화 등 각각 다른 척도에 따라 서로 다른 횡단면을 만든다는 것을 알 수 있다. 그 횡단면을 '판도'라고 칭한다면 위의 세 척도에 따른 영국의 판도는 현대 – 1657년 – 1475년 – 775년으로 올라가면서 점점 좁아진다. 가장 위에 있는 775년의 판도는 샤를마뉴의 통치 권역과 로마제국을 계승한 브리튼의 국가들인데, 그것은 실질적으로 로마제국이 갈리아라고 부르던 지역[11]이다. 그리고 피레네 산맥 남서부의 이베리아 반도는 이슬람권, 유럽 동북부는 만족 사회, 영

---

10.   영국이 아우구스티누스의 전도에 응해 기독교로 개종한 것.

11.   알프스 이북, 이탈리아 북부에서 도버 해협을 건너 영국 남부까지와 라인강 남동부에 있던 로마제국의 작은 근거지까지.

국의 북서 외변은 극서 기독교 사회, 이탈리아 남부는 비잔틴 사회로서 그 판도에 들지 않는다. 후고(後考)하는 바와 같이 오스만리는 그 방면의 사람들을 프랑크족이라고 불렀고 동방의 기독교도들은 Frangia, 이슬람교도들은 Feringhistan이라고 불렀다는 기록을 남긴 그곳은 실제로 샤를마뉴가 정치적으로 지배하는 오스트라시아 프랑크족의 국가였으므로 그 판도를 프랑크족의 세계라고 부를 수도 있을 것이다. 그러나 그 명칭의 기준인 샤를마뉴의 영토는 그 판도 내의 어떤 단일국가보다 크지만 그 판도의 현 영역보다는 작으며 롬바르드족은 그에 잠시 편입됐었고 영국은 한 번도 편입되지 않았다. 그리고 근간에 그 판도에 속한 국가들이 특이한 약진과 그로 인한 오만으로 그때까지 그 판도에 대한 유일하고도 공통의 것이었던 그 이름은 더 이상 사용하지 않게 되었다.[12]

이제 이 연구를 진행하려면 위에서 찾은 영국을 아우르는 그 사회와 앞으로 찾아야 할 사회에 합당한 이름을 붙여야 하는데 전자에 있어서는 우선 Europe, 즉 구라파(歐羅巴)의 구(歐)와 그 중서부의 서(西) 및 그 사회의 근간인 기독교를 합하여 그것을 서구 기독교 사회라고 칭할 수 있을 것이다. 그러나 종교개혁 이래로 종교적 충성이 그 사회의 통일적이고도 주된 요인이 아니게 된 것에 더하여 그 사회의 내적 분화의 요인으로 바뀐 것을 고려한다면 거기에서 기독교라는 말을 빼고 간략히 〈서구사회〉라고 부르는 것이 합당하다. 지리적이고 정치적이며 종교적인 함의(含意)가 있는 이 서구사회라는 명칭의 발견은 거기에 문화적 요인에 대한 고려를 더하면 우리에게 서구사회와 같은 종(種)에 속하는 네 개의 사회를 식별할 수 있는 길을 열어준다. 그 넷은 〈비잔틴 사회〉와 비근(卑近)한 유럽과 러시아의 〈정교 기독교 사회〉 대서양에서 북아프리카와 중동을

---

12. 그 국가들의 약진이 세계를 압도하자 그들은 자기들이 문명사회 자체이고 자기들에 필적할 다른 사회는 없으며 그 다른 사회는 자기들 뜻대로 처분해도 무관한 원주민(Natives)에 불과하다는 오만에 빠져서 전 인류의 한 부분인 자기들의 내적 구분으로서의 각국의 분별을 인류 전체의 분류인 것으로 착각했다.

비스듬히 가로질러 중국의 만리장성 밖으로 이어지는 건조지대의 〈이슬람 사회〉 건조지대 남동부인 열대 아대륙(亞大陸)의 〈힌두-인도사회〉 건조지대와 태평양 사이의 온대와 아열대 지역의 〈극동사회〉 등이고 더 자세히 살피면 이에 더하여 기독교와 불교계(佛敎系)의 화석화된 유물로 여겨지는 사회들을 식별할 수 있다. 기독교계로는 아르메니아, 메소포타미아, 이집트, 에티오피아의 〈단성론파 기독교〉 쿠르디스탄과 말라바르의 〈네스토리우스파 기독교〉 이스라엘의 〈유대인과 바리새파〉가 그것이고 불교계로는 티베트와 몽골의 〈라마교적 대승불교〉 스리랑카, 미얀마, 태국의 〈소승불교〉 인도의 〈자이나교〉 등의 사회이다.

3) 진실과 과제

위에서 우리는 영국에서 출발하여 영국을 포함하고 다른 것과 구별되며 자체로 이해 가능한 역사 연구의 단위로서의 서구사회와 동종의 다른 사회들을 찾아냈다. 775년의 그 사회들은 본질과 수에 있어서 지금과 다르지 않고 서구사회의 정치·경제적인 압박에도 불구하고 후자(後者)들 대부분이 독자적인 문화를 지키고 있음에도 종래의 연구는 각 개별국가와 그들 간의 이른바 국제관계에만 집중했다. 그러나 역사적 지식과 그에 대한 이해를 증진하려면 앞에서 찾은 사회들[13] 사이의 관계에 대한 연구에 집중해야 할 것인바 그렇게 하려면 연구 분야를 시간적으로 확장해야 한다.

4) 연구 분야의 시간적 확장

진행 중인 현재와 도래하지 않은 미래의 역사를 연구하는 것은 다른 문명에서 살게 될 후대 사가(史家)의 몫이므로 연구 분야의 시간적 확장에 있어서 우리에게 허용되는 것은 과거뿐이다. 앞에서 서구사회와 동종 사회들의 지리적 판

---

13. 이하 문명과 동의어로 사용한다.

도를 확정한 것에 이어 역시 서구사회를 표본으로 그것의 시간적 시점과 종점을 결정하려는 이 과거로의 시간적 확장은 서구사회의 지리적 판도가 언제 형성되었는지를 밝히는 것으로 시작할 수 있는데, 그에 있어서 775년경부터 이루어지기 시작한 서구사회의 지리적 형성의 기초로서의 주축(主軸)과 횡축(橫軸)은 우리에게 중요한 단서를 제공한다. 지난날 카롤링거 왕조 프랑크 왕국의 중핵인 오스트라시아의 수도였고 지금은 프랑스와 독일 국경의 중요한 요새로 되어 있는 메츠(로타링기아 근처의 로렌)를 기점으로 775년부터 시작된 주축과 횡축은 양 방향으로 팽창하여 근세에 서구사회의 판도를 형성했다. 주축은 메츠를 중심으로 동북으로는 샤를마뉴가 단행한 라인강 교두(橋頭)에서 엘베강까지의 진출(772~804년)로, 남서로는 역시 샤를마뉴의 피레네 산맥 돌파(778년)로 시작되었고 베르됭 조약(843년)에 의한 샤를마뉴 영토의 삼분(三分)으로 시작된 횡축은 메츠를 중심으로 서북 및 남동으로 뻗어 나갔다. 이 지리적 분석, 특히 로마제국의 중요한 방위선의 하나였다가 서구사회의 지리적 중핵이 된 횡축에 대한 분석은 서구사회의 역사를 시간적으로 확장하여 그 기원에 이르게 하는 하나의 단서를 찾게 한다. 그리고 그 단서는 우리로 하여금 시간적 확장이 775년에 이르면 그 판도에 당시의 사회와 로마제국이 겹쳐지며 그 두 사회의 겹침에서 드러나는 여러 역사적 요소의 기능과 중요성은 역사적인 관점에 따라 다르게 평가된다는 것을 알게 한다. 주축은 남서로 뻗어 상기와 같이 피레네 산맥을 넘고 13세기에 카스티야를 정복하여 과달키비르 하구(河口)에 다다른 후 대서양을 건너 남아메리카에 라틴계 제국(諸國)을 건설했으며, 동북으로는 샤를마뉴가 엘베강까지 진출한 때로부터 2세기 안에 발트해의 비스툴라 강과 카르파티아 산맥에 이르러 스칸디나비아와 폴란드 및 헝가리를 편입한 후 동진 중이던 러시아의 서구화를 달성함으로써 17세기 말에 태평양 서안에 도달했다. 횡축의 기원은 상기와 같이 베르됭 조약이고 그 기선은 로마제국의 중요한 한 방위선과 일치한다. 샤를마뉴가 죽은 후 그 영토를 분할[14]할 때 장손(長孫)인 로테르는 알프스 산맥을 무시하고 조부의 두 수도인 로마와 아헨[15]을 고집함으로써 북부 이탈리아와 라인란트 및 네덜란드를 통합하여 두 도시를 띠처럼 잇는, 근대 유럽의 정치지도로는 진기한 형태의 영토를 차지했다. 이렇게 형성된 횡축은 북서로는 로마에서 알프스 산맥을 넘어 메츠와 아헨을 지나고 영불해협을 건너 Roman Wall[16]에 이른 후 영국을 거쳐 멕시코를 제외한 북미 전역을 영어 사용자로 채우고 북대서양에서 세계의 모든 바다로 뻗어 서구문화와 영국발 커뮤니티를 아시아 남단에 심어 태평양의 일부를 영유(領有)했으며, 남동으로는 중세에 북부 이탈리아에서 남부 이탈리아와 시칠리아에 도달한 후 십자군에 의해 그 동쪽의 배후지와 베네치아에 도달했고 이어서 무역과 〈마르코 폴로〉를 통해 인도와 북경에 이르렀다.

여기서 로만 월과 로테르의 영토를 다시 보면 그것은 서구사회의 첫 장(場)인 775년 이전으로 올라가면 서구사회의 요소는 작아지고 거기에 역시 약화된 로마제국과 그에 속했던 사회가 나타난다는 증거가 된다. 이것은 서구사(西歐史)에 있어서의 시간적 확장의 한계를 나타내는 것이며 로테르의 분할지에 의한 횡축이 서구사회의 기원이 된 것은 배후에서 그곳의 국경으로 뻗어 온 교회와 무인 지대에서 역시 그 국경으로 쇄도한 만족(蠻族)이 그곳에서 만나 새 사회를 탄생시켰기 때문이다. 그 시점에는 이 지역에 사그라지는 헬라스 문명 및 기독교와 만족이라는 두 기운이 엉켜 있었으므로 헬레닉 문명을 연구하는 역사가와 서

---

14. 당시의 서구는 그 분할로 표출된 주권국가주의와 로테르의 선택에서 드러나는 제국주의가 대립했던 듯한데, 로테르는 위와 같이 로마제국의 중요한 방위선을 장악하여 대제국을 건설하려고 했는지도 모른다. 다른 두 손자는 독일의 나머지와 현재의 프랑스 지역을 차지하여 독일, 프랑스, 이탈리아의 기원이 되었다.

15. 독일 서부, 네덜란드와 벨기에에 근접한 지방.

16. 로마제국이 BC 2세기부터 잉글랜드 북부를 동서로 가로질러 구축한 성벽.

구사 연구자는 거기에서 각각 자기의 것에 집중할 것이다. 우리는 앞의 공간적 확장에서 이해 가능한 역사 연구의 분야는 공간적으로 어떤 하나의 국민국가보다 크지만 전 지구나 전 인류보다는 좁다는 결론에 도달했듯이 그 시간적 확장에 대한 이상의 고찰에서도 어떤 결론을 얻을 수 있을 것이다. 명확화를 위하여 위의 두 연구자를 살펴보자. 서구사 연구자는 엉켜 있는 두 기운 중 저변에 있는 기독교회와 만족에 집중하여 기원전 2~1세기에 일어난 한니발 전쟁의 충격으로 인한 그리스-로마 세계의 대변혁을 고찰함으로써 다음과 같은 결론을 얻을 것이다. "로마제국은 왜 북서로 길게 뻗어 대륙 서부의 한 모퉁이를 끌어들였는가? - 카르타고와의 생사를 건 싸움 때문에 그 방면으로 끌려들었다" "왜 국경으로서 더 좋은 조건을 갖춘 발트해와 비스툴라 강과 드네스트르 강을 잇는 선까지 나가지 않고 라인강에서 멈추었나? - 2세기에 걸친 전쟁과 혁명으로 활력을 잃었기 때문이다" "왜 만족에게 국경을 돌파 당했나? - 문명 대 야만의 국경에서의 대치가 장기화되면 야만이 유리해지는 경향이 있기 때문이다" "기독교회는 어떻게 월경(越境)하여 만족과 만났는가? - 물질적으로는 로마제국이 한니발 전쟁으로 인한 황폐화에 대응하려고 기독교도 오리엔트인을 농노로 끌어왔고 정신적으로는 좌절하여 영혼이 상한 헬레닉 사회의 지도자들이 기독교에 관대했다" 등이 그것인데, 그는 "나는 충분히 멀리 왔다, 지나칠 정도로 그리스 로마적인 연구였다"라고 생각하여 거기에서 멈출 것이다. 그러나 그는 그 연구가 헬레닉사 연구자들에게는 별로 중요하지 않은 것임을 알아야 할 것인바 그들의 연구는 다음과 같을 것이다. 그들은 마르쿠스 아우렐리우스에 이르기까지 헬레닉 사회의 모든 사상가가 내적 프롤레타리아트[17]의 존재를 무시했던 것에서 알 수 있듯이 헬레닉 사회에는 한니발 전쟁이 끝날 때까지 내적 P가 존재하지 않았다고 지적하면서 기독교와 만족은 모두 헬레닉 사회의 하층민으로

17.　〈Prolétariat〉 이하 "P"로도 표기한다.

서 최후의 단계에서 출현한 내적, 외적 P에 불과한 것으로 무시한다. 더하여 한
니발 전쟁으로 인한 사회적 암증(癌症)의 발생 원인과 결과를 연구하여 "기독교
와 만족전단(蠻族戰團)은 그 때문에 들어온 병적인 증상일 뿐이고 헬레닉 사회의
창조적인 시대를 끝나게 한 것은 한니발 전쟁이다"라고 선언할 것이다. 그러나
그들은 〈Edward Gibbon〉이 「로마제국 쇠망사」를 끝내면서 "나는 야만과 종교
의 승리를 기술했다"라고 했듯이 나타난 결과보다는 한니발 전쟁 전에 일어난
사회적 변화와 그 원인에 집중해야 한다. 이 두 연구자는 시간적으로는 겹쳐 있
지만 본질은 다른 두 역사를 연구함에 있어 각각 자기 것의 끝과 자기 것의 시
작을 찾으면서 자기 것이 아닌 것은 애써 버려야 하는데, 이 사실은 "이해 가능
한 역사연구 분야의 시간적 확장은 그에 속하는 어느 한 나라의 그것보다는 앞
서고 길지만 그 종(種)으로서의 문명사회(文明社会)보다는 늦고 짧다"라는 결론을
도출하는 증거가 되는 것이다.

5) 역사의 연속성 - 용어로서의 의미

서구의 역사가들은 서구사회의 기원과 연령에 대해 생명과학적인 유추에서
얻어지는 역사의 연속성이라는 매력적인 용어를 사용하고 있는데, 그 용어는
역사적인 변화는 늘 일정하다거나 그 변화의 폭은 극히 좁다는 의미로 사용되
어서는 안 되며 "역사의 …"라는 말은 "단위사회 내의 역사적 각 장(章)에서의
…" 및 "사회들 사이의 관계에 있어서의 …"로 구분해서 사용해야 한다. 이때
전자(前者)는 한 사람의 생애에 있어서의 연속적인 경험과 비슷하고 후자(後者)
는 세대에 있어서의 모자관계(母子關係)와 유사한데, 이 모자관계는 생명체로서
의 일반적인 연속성과 각 개체로서의 경험에 있어서의 불연속성을 갖는다. 즉
자(子)는 모(母)의 신체적인 특질을 승계하고 성장기에 감정(感情) 의식(意識) 심상
(心想) 등에 지대한 영향을 받지만 별도의 개체로서의 출생 삶 죽음 등의 경험은

모자간 생명의 연속성에 커다란 심연(深淵)을 만드는 것인데 위 양자(兩者)도 바로 그런 관계에 있는 것이다.

4. 결론과 실상(實狀)으로서의 국가

이상의 고찰을 통해 우리는 다음과 같은 잠정적인 결론을 얻을 수 있다. 첫째는 고비노 백작의 "사회는 닮은 사상(事象)하에 같은 본능으로 살아가는 민중의 결합이고 자연의 법칙에 따라 생멸하는 주권적인 영역은 그것의 한 단편일 뿐이다"라는 설파와 같이 이해 가능한 역사 연구의 분야는 공간적·시간적으로 모든 종류의 정치적 공동체보다 넓고 긴 사회라는 것이다. 다음은 정치적 공동체로서의 국가는 전체인 사회의 불가분한 일부로서 사회가 현현(顯現)시킨 하나의 실체일 뿐 자체적으로 독립한 실체가 아니며 그것을 내포하는 사회보다 공간적으로 좁고 시간적으로 짧은 것이므로 역사가의 연구 대상인 요소는 사회뿐이라는 것이다. 셋째는 다양한 개별적인 국가들을 내포하는 사회는 이해 가능한 역사 연구의 한 분야가 된다는 점에서 독립적인 실체이고 한 문명의 대표로서 타 문명들과 관계를 맺는다는 것이며, 넷째는 역시 전 지구 및 전 인류의 일부로서의 사회는 그것이 그 일원으로 참가하는 모든 문명에 비해 존재 기간이 짧다는 것이다. 그리고 마지막으로는 문명 간의 시간적 관계에 있어서의 연속성은 한 문명의 각 장끼리의 상호관계보다는 약하지만 결코 무시할 수 없는 관계를 갖는다는 것이다. 이러한 잠정적인 결론에 비추어 우리는 "역사 연구에 있어서의 진정한 관심은 문명 사회사의 내·외적인 면 모두에 두고 그것을 시·공간적으로 살펴야 하는데 내적인 면은 한 사회의 역사적인 각 장(章) 및 공동체들 자체의 역사이고 외적인 면은 문명들의 상호관계에 대한 관계의 역사다"라는 결론을 추가적으로 얻는다.

학문의 본질은 자료의 수집 및 정리와 사실의 발견 및 해석이라는 두 활동의 율동적인 교체에 의한 전진이다. 정신은 수집하여 정리된 자료가 쌓이면 그를 통해 종합과 해석을 이루어야 하고 그것은 다시 추가적인 자료의 수집과 정리를 촉진하는데 그 과정은 반복적이다. 정반합(正反合)인 것이다. 우주는 끝이 없고 역(易)의 말처럼 모든 것은 변하므로 그 반복은 끝이 없다. 하나의 반복적인 리듬이고 그 리듬은 모든 사고의 본질이다. 자연과학과 인문과학만이 아니라 역사학에서도 그러하며 역사 그 자체와 역사적 사고에서도 그러하다. 이러한 통찰(洞察)에 있어서 〈F. Abraham〉의 다음과 같은 지적은 매우 유용하다. "지식만 누적한 학문의 분비물 때문에 참된 학문이 질식할 수 있다. 전문화는 필요하지만 그것은 사실을 누적하는 데 사용해야 하고 진보를 위해서는 사색과 상상력이 필요하다. 데이터를 얻기는 쉽지만 법칙을 세우기는 어렵다. 인문학자는 선인들의 일반화를 성급하다고 비난하지만 진보를 위해서는 잠정적이라도 그것이 불가피하다. 데이터와 함께 아이디어가 있어야 한다. 일반화는 연구의 시금석이자 자극제이고 학문은 끝없는 변화와 발견에 따르는 지속적인 수정(修正)에 의해 진보한다. 그러므로 한때의 변화를 두려워하거나 과신하면 안 된다. 루크레티우스가 설파한 바와 같이 끝없이 명멸하는 생명은 일시적인 것이므로 비판(批判) 유전(流轉) 교체(交替) 등 학자의 보편적인 덕목도 불변의 법칙인 것은 아니다."

　학문의 본질과 리듬에 있어서의 이러한 진실에도 불구하고 이 연구를 진행하려면 부득불 선인들을 비판하는 결과가 초래될 것이므로 우리는 〈여호수아〉와 〈솔로몬〉이 아무리 큰일을 행했다 해도 〈모세〉와 〈다윗〉을 능가할 수 있는가?' '선인의 업적으로 은택을 입은 후학이 선인을 비판할 수 있는가?'라는 고민에 빠지게 되지만 그것은 시대와 학문의 일이자 반복적인 일인 것이고 〈액턴경〉을 비롯한 동시대의 사가들도 〈기번〉이나 〈볼테르〉와 같은 선인들을 비판했음에 비추어 비판하는 자도 곧 비판받는다는 사실을 위안으로 삼을 수 있으리라. 역사적 사고에 대한 산업주의의 비극적인 영향은 「로마 공화국사」로 빛나는 〈몸젠〉을 라틴 고비명(古碑銘)과 로마법 연구가로 변화시키고 근대 서구의 가장 위대한 역사가인 〈액턴경〉까지 그 시대정신으로 지배했다. 그는 위대한 착상(着想)으로서 「자유의 역사」의 저술에 착수했다. 그것은 역사에 있어서 이해 가능한 전체에 대한 비전이었는데, 그의 타고난 완벽주의 탓도 있지만 궁극적으로는 근대 산업주의적인 연구방법 때문에 그는 죽기까지 자료적(資料的)인 초고(草稿)에만 매달려 있어서 그 비전의 단편은 그가 죽은 후에 후학들의 그에 대한 다양한 논문으로 정리되었을 뿐이다. 「자유의 역사」는 〈볼테르〉와 〈기번〉 및 〈튀르고〉의 시대였고 그 시대의 법에 따랐다면 분명히 간행되었을 것인데, 그것은 보다 대담했던 〈몸젠〉이 성급한 일반화의 위험을 감수하며 「로마 공화국사」를 간행했던 것으로 보아 명백하다. 〈액턴 경〉과 「자유의 역사」에 대한 〈J. N. Figgis〉의 다음과 같은 평(評)은 시사(示唆)하는 바가 크다. "그가 계획한 「자유의 역사」는 모든 천재의 지능을 합하고 모든 장수자의 수명을 합하여 연관된 모든 학자의 자료와 저작을 참고해야 달성 가능한 과제였다. 그래서 그는 그것을 완성시키지 못했지만 그 자신도 느꼈을 것처럼 결국 그의 생애 자체가 곧 그 저술이었다." 그의 명성은 「케임브리지 근대사」로 빛나지만 스스로 계획하고 착수한 그 대(大)합동저작이 완성될 때까지 살지 못했으므로 그는 여기에서도 불행했다. 그러나 우리는 그가 공동 집필자들에게 보낸 서한의 다음과 같은 일절에서 그의 비전을 볼 수 있다. "세계사는 각국의 역사를 모은 것이 아니라 끝없이 변화하고 계속 발전하는 것이며 기억해야 할 짐이 아니라 영혼에 대한 계시입니다. 각국의 움직임은 세계사의 지속적인 움직임에 종속되는 것이므로 각국의 역사는 각국이 인류의 공통적인 운명에 공헌하는 바에 따라 보다 높은 사상에 종속하는 것으로 기록되어야 합니다."

C. 문명의 비교 연구

1. 문명(種) 사회의 조사

1) 작업 계획

위에서 우리는 이해 가능한 역사 연구의 분야는 독립적인 실체인 동시에 한 종(種)의 대표인 사회이고, 종(種)은 원시사회에 대(對)하는 것으로서의 문명사회이며, 사회는 그 분화된 것으로서의 국가와는 다른 것이라는 사실을 확인했다. 그러나 역사에 대한 이해를 증진하려는 이 연구를 진행하려면 전 세계에 존재했거나 현존하는 문명들을 찾아야 하는바 이에 대하여 우리는 다음과 같은 연구 방법을 사용할 수 있다. 첫째로는 서구, 정교 기독교, 이슬람, 힌두, 극동사회 등 앞에서 확인한 종(種)의 다섯 대표에 대한 고찰에서 출발하되 확인된바 서구사회는 헬레닉 사회의 자(子) 사회라는 사실에 비추어 다른 사회들도 모(母) 사회를 갖는지를 조사할 수 있다. 이어서 앞에서 살핀 문명의 화석화된 유물들을 조사하여 미지의 문명을 확인할 단서를 찾되 여기에서 성공한다면 사멸한 사회에 앞선 사회가 존재하는지 존재한다면 어떤 관계인지를 파악할 수 있을 것이다. 이어서 다시 성공하여 종(種)의 표본을 늘릴 수 있다면 연구 방법을 계보의 방법에서 비교의 방법으로 바꾸고 고고학의 성과를 차용하여 단서도 없는 문명의 대표 및 그것과 어떤 관계를 갖는 다른 사멸한 문명이 있는지를 조사할 수 있다. 이를 실행하기 전에 문명들에 있어서 모자관계의 증거는 무엇이며 그 우선순위는 어떠한지를 미리 밝혀두어야 하는데, 그것은 앞에서 모자관계의 특정적인 예로 주목했던 헬레닉 사회와 서구사회의 관계를 분석함으로써 얻는 경험으로 확정할 수 있다.

그것을 분석해 보면 관계의 본질이라고 여겨지는 사회적 현상으로서 세계국가, 교회, 만족전단(蠻族戰團) 등이 출현하는데 이들은 명확하고도 현저하므로 사회 간의 관계에 있어서 이들이 나타나면 그 두 사회는 모자관계에 있다고 인정할 수 있다. 그 현상 중 최초로 출현하는 것은 세계국가인데, 서구사회의 역사에서 거슬러 오르면 만나게 되는 로마제국은 헬레닉사의 최종 단계에서 사회 전체를 단일의 정치적 공동체로 통합한 세계국가였다. 헬레닉 사회의 여러 지방 국가가 로마제국에 통합된 것과 로마제국이 다양한 지방 국가로 분열된 것은 하나의 첨예한 대비(對比)인데 그 흐름은 지방 국가들 - 쇠퇴의 시작인 한니발 전쟁 이후의 동란시대 - 로마제국의 성립[18] - 공백시대(空白時代)[19] - 서구사회의 탄생이었다. 제2의 현상인 교회의 출현에 있어서 헬레닉 사회와 서구사회의 그것은 기독교였다. 헬레닉 사회의 세계국가였던 로마제국은 그 시점에서 표면적인 지배력을 유지한 지배적 소수자와 저변에서 압력을 가하던 내적 P 및 국경 밖에서 압박하던 외적 P를 붕괴 중이던 헬레닉 사회로 통합하고 있었다. 그것은 크고 풍성했지만 일종의 사상누각(沙上樓閣)으로서 뿌리가 썩은 고목 또는 산송장에 지나지 않았음에 반해 그 체제 안에서 성장하고 그 조직을 자기의 기반으로 삼은 기독교회는 로마제국의 세계성(世界性)을 체득했다. 그 세계성은 로마제국의 세계성에 미치지는 못했으나 자발적으로 참여한 내적 P들의 충성심만은 확실하게 지배했다. 그리하여 안팎의 P들이 강압적이고 이국적인 제도로 여긴 세계국가는 붕괴되었으나 기독교회는 넘치는 활력으로 로마제국을 반려(伴侶)로 삼은 옛 사회가 쓰러지면서 남긴 번데기로써 소멸된 사회와 같은 종(種)이자 그것과 모자관계에 있는 서구사회를 탄생시켰다. 쇠퇴하는 사회에서는 내

18.　지배적 소수자가 출현했고 헬레닉 사회의 쇠퇴를 일시적으로 저지했으나 그것의 종국적인 파멸을 확정한 사건.

19.　이 빈자리를 헤집고 들어온 기독교와 만족은 내적·외적 프롤레타리아트들이었는데, 이 양자의 역할은 중요성에 있어서 차이가 크다.

적 P의 피난처였고 역사의 흐름에 있어서는 새로 태어나려는 사회의 번데기로서 야누스(Janus)와 같았던 기독교회는 헬레닉 사회와 서구사회에 각각 다른 기능으로 개입하여 그 두 사회가 모자관계를 갖게 했던 것이다. 그러므로 세계교회 현상은 특정한 두 사회가 모자관계를 갖는다는 사실의 또 다른 증거이다. 이러한 세계교회의 정체(正體)는 그것이 몸담은 사회의 창조력이 쇠퇴하고 있다는 악조건 속에서 발현한 새로운 창조력의 맹아(萌芽)인 것인데, 중요한 점은 그 인스피레이션이 외래의 것이라는 사실이다. 제3의 현상은 민족이동으로 인한 만족전단(蠻族戰團)의 출현인바 헬레닉-서구사회에서의 그것은 북구(北歐)의 삼림지대에서 몰려온 게르만족과 슬라브족, 유라시아 스텝에서 쇄도한 사르마티아족과 훈족, 아라비아 반도의 아랍족, 아틀라스 및 사하라 사막에서 발동한 베르베르족 등이다. 그들은 헬레닉 사회의 공백기를 자기들의 영웅시대로 만들고 로마제국의 후계국가[20]를 창건하여 교회와 함께 그 공백시대를 지배했다. 그러나 그것들은 단명했고 창조성도 미미해서 오스트라시아와 웨식스를 제외하면 모두 로마제국의 공격이나 골육상쟁 또는 이스마일적인 생존경쟁으로 멸망했다. 그 과정을 보면 첫째로 로마제국은 최후의 불길이었으나 그 가련한 불나방을 태워버리기에는 충분했던 공격으로 반달족과 동고트족을 타도했고, 서고트족은 프랑크족의 일격에 더해진 아랍족의 타격으로 멸망했으며, 주피드족은 아바르족과 롬바르드족의 합동공격으로 쓰러졌다. 브리튼 7왕국의 상쟁에서는 웨식스가 다른 여섯 나라를 섬멸했다. 그리고 살아남은 몇 나라도 이후에 갑자기 타락하여 창조성을 발휘한 새 정치세력에 의해 일소되었는데 롬바르드 왕조가 카롤링거 왕조에, 우마이야 왕조가 아바스 왕조[21]에 압도된 것이 그 예

---

20. 민족이동의 포말적(泡沫的)인 산물로서의 새로운 제도.

21. 알렉산더 대왕이 주도한 헬라스 사회의 침략으로 중단된 오리엔트 사회의 고유성을 재흥(再興)하려는 운동의 산물이었다.

이다. 예외로 프랑크족이 세운 로마제국의 후계국가였던 오스트라시아는 교회의 은혜로 퇴폐에서 구조되어 카롤링거조의 토대가 되었다가 카롤링거조가 쓰러지자 그 폐허에서 서구의 여러 지방 국가로 재생했고 브리튼 6국을 통합한 웨식스는 잉글랜드 왕국에 편입됨으로써 영국의 토대가 되었다.

세계국가의 출현은 그 사회의 몰락에 대한 비정한 경고인바, 사상누각(砂上樓閣)인 세계국가가 민족이동이라는 대홍수에 밀려났을 때 그 황량하고도 위태한 곳에 임시로 세운 오두막에서 얼마의 수명을 기대하겠는가? 그리고 만족 후계국가는 그 몰락의 한 단면에 불과하므로 이들은 부차적인 증거일 뿐이며 그 모자관계의 확실하고도 궁극적인 증거는 외래적인 교회의 출현이다. 그러므로 우리는 살펴서 외래적인 교회를 찾으면 두 사회가 모자관계에 있다는 사실을 인정하고 나아가 세계국가와 후계국가를 찾으면 그것을 더욱 확증할 수 있다. 그러나 부차적인 두 가지는 있지만 외래적인 교회가 없다면 우리는 배후에 더 오래된 사회가 있거나 그 두 사회의 관계는 그다지 밀접하지 않다고 판단해야 한다. 서구의 역사가들은 만족의 역할을 과대평가하고 역사의 연속성이라는 명제를 독단적으로 적용했기 때문에 그 궁극적인 증거와 부차적인 것의 증거 능력을 동등하다고 생각했다. 책임제 의회정치는 튜턴족의 자치제에서 발달한 것이라는 주장이 대표적인 것이지만 그 실상은 다음과 같다. 이른바 원시 튜턴족의 자유는 그것이 존재했다는 증거가 불충분하지만 있었다고 해도 그것은 거의 모든 시대의 모든 만족에게 있었던 유치한 수준의 것일 뿐이고 그마저도 민족이동 이후로는 지속되지 못한 것으로 보인다. 그것은 튜턴족 만족전단의 수장은 어디까지나 군사적 모험가였고 본질적으로 전제주의였던 후계국가는 그 최후의 것이라 해도 서구의 의회제도가 시작되기 수 세기 전에 소멸되었기 때문이다. 19세기 서구의 역사가들이 위와 같이 생각하게 된 다른 요인으로는 인종적 결정론(決定論)이 있다. 스스로 만족의 후예였던 그들은 자연과학이 밝혀낸 현상에서 잘못 유추하여 침체되고 고착화된 사회나 종족에 다른 혈통이 혼합되면 새로운 에너지를 방출하는 사회적 결합이 이뤄진다는 잘못된 신념에 빠졌고 그것은 마침내 악질적인 인종적 결정론을 초래했다. 그러나 서구사회를 잉태한 것은 만족과 만난 기독교뿐이었던바, 그 과정에서 소멸된 만족은 서구사회와 무관한 것으로서 그들의 영웅시대는 헬레닉 사회사(社會史) 에필로그일 뿐 서구사회의 프롤로그는 아닌 것이다.

문명 간의 모자관계에 있어서 주목해야 할 또 다른 징후는 문명의 본거지가 이동되는 것이다. 헬라스 사회 최초의 기선은 에게해역(海域)에 위치한 본거지였으나 이후로 국경으로써 헬라스 사회의 전진의 한계가 된 로테르의 선은 후에 서구사회의 확장의 기선(基線)이 되었다가 종국에는 서구사회의 본거지가 되었다. 이것은 모사회(母社會)에서 자사회(子社會)로 이행하면 본거지가 변한다는 뜻인데, 이 사실은 앞뒤의 문명과 그 관계를 조사하면 연구 대상으로서의 〈문명종〉을 찾을 수 있음을 말해 주는 것이다.

2) 계획에 따른 작업

위에서는 표본으로서 서구사회를 조사했는데, 여기에서는 〈정교 기독교 사회〉〈이란사회〉〈아라비아 사회〉〈시리악 사회〉〈인도사회〉〈중국사회〉〈화석화 사회〉〈미노스 사회〉〈수메릭 사회〉〈히타이트 사회〉〈바빌로닉 사회〉〈안데스 사회〉〈유카탄 사회〉〈멕시코 사회〉〈마야사회〉〈이집트 사회〉 등을 차례로 조사한다.

(1) 정교 기독교 사회

서로마 제국은 게르만족 용병대장 〈오도아케르〉에 의해 476년에 멸망했는데, 카롤링거조 프랑크 왕국의 〈샤를마뉴〉는 AD 800년에 슬라브족과 사라센을 정복하여 그것을 재건한 후 독일 왕 〈오토 1세〉로서 신성로마 제국(962~1806)

을 창시하고 교황의 대관(戴冠)을 받았다. 흔히 비잔틴 제국이라고 부르며 정교 기독교의 본산이었던 동로마 제국은 330년에 창건된 후 오스만리에 의해 1453년에 멸망되었다. 이 두 제국은 본거지의 이동에서만 다른 양상을 보이는데 그 것은 한 사회가 둘 이상의 자사회를 낳을 수 있다는 사실을 입증하는 것이다. 이제 이 다른 양상을 보인 지리적 이동과 두 사회를 나뉘게 한 요인인 교회의 분열을 살펴보자.

아나톨리아를 거점으로 하는 정교 기독교 사회의 지리적 이동은 각 기선에서 출발한 서구사회의 그것에 비해 방향은 다르고 정도는 작다. 즉 서구사회는 로타링기아를 향해 북서진하여 Roman Wall까지 진출한 반면, 정교 기독교 사회는 콘스탄티노플에서 아나톨리아 내부를 지나 케사리아 마자카를 비스듬히 횡단하는 선을 따라 동북으로 진행했다. 그 후 조지아를 끼고 카프카스 산맥을 넘어 유라시아 스텝을 바라보는 알라니아에 발판을 구축했으나 거기에서 제자리걸음을 하다가 유대교도와 이슬람교도에 의해 저지되었다. 유라시아 스텝은 이른바 마른 바다여서 대상(隊商)들은 그 바다와 비슷한 이동성을 활용하여 멀리 태평양으로 진출했음에도 정교 기독교 사회는 그러지 않았던 것인데, 그것은 서구사회가 이베리아 반도라는 발판에서 멈추지 않고 남대서양을 건너 라틴 아메리카로 진출한 것과 비교되는 것이다. 정교 기독교 사회의 북서로의 진출은 발칸반도를 넘자 곧바로 중부 유럽에서 서구사회와 경쟁에 돌입[22]했는데 그 경쟁은 이교도인 마자르 유목민이 헝가리 평원으로 침입한 사건으로 잠시 중단되었으나 10~11세기에 헝가리인 및 폴란드인과 스칸디나비아인이 서구사회의 일원이 되면서 경계가 고정되었다. 그리고 그 사회는 콘스탄티노플과 보스포루

---

22. 그것은 로마 교황은 불가리아의 로마 가톨릭화에 주력했고 동로마 제국은 모라비아 및 보헤미아의 슬라브인에게 전도하려고 〈키릴〉과 〈메토디우스〉를 파견했기 때문이었다.
   * 모라비아는 슬로바키아의 모라강 주변, 보헤미아는 체코 프라하 주변의 엘베강 상류.

스 해협을 중심으로 하여 좌로는 해상으로, 우로는 육상으로 진출했다. 해상으로는 헬레닉 사회의 본거지를 향해 다르다넬스 해협과 에게해를 건너 이탈리아 남부에 이르러 기독교도와 이슬람교도의 틈새에 발판[23]을 마련했고 육상으로는 보스포루스 해협과 흑해를 건너서 헬레닉 사회가 가보지 못한 곳까지 진출했다.

기독교회가 로마 가톨릭 교회와 정교 기독교 교회로 분열된 것은 3세기 이상의 기간에 걸쳐 두 사회 공통의 번데기가 나뉘어서 사회를 분열시키고 그것으로써 격(格)이 다른 사회의 종교가 된 사건으로서 다음과 같은 중요한 대립과 충돌을 야기(惹起)했다. 그 첫째는 8세기에 있었던 로마 교황청과 우상 파괴주의자의 충돌인데, 예배에의 성상(聖像) 사용을 허용한 로마 교황청에 대한 맹렬한 반대가 일어나자 〈시리아인 레오〉는 우상 금지령[24]을 내렸고 그것은 교회 분열의 제1의 원인이 되었다. 다음은 콘스탄티노플 총주교도 하나의 인격체이므로 교회와 교황의 권위에 복종해야 한다는 것에 대한 싸움이었던바 그것은 기실 9세기에 시작된 남동유럽에 대한 종교적 지배권 다툼의 일환이었다. 제3의 충돌은 11세기에 발생한 신학적인 교의에 관한 두 교회의 새로운 대립이다. 동로마 제국은 이탈리아 남부와 그곳의 라틴족에 대한 지배를 유지하기 위해 노르만족을 불러들였는데 그들은 그곳에 자기들의 국가를 세우려 하여 그 구실로 로마 교황청에 대한 지지를 표명했다. 동로마 교회는 이를 기화(奇貨)로 삼아 1054년에 로마 가톨릭 교회와 결별하여 정교 기독교로 출범했다. 교회의 이 분열은 바로 문명의 번데기가 분열한 것으로서 헬레닉 사회라는 공통의 모(母)로부터 서구사회와 정교 기독교 사회라는 성격이 다른 두 사회를 출현시킨 사건

---

23. 노르만족은 11세기에 그 전초지를 점령하여 기독교회의 것으로 돌렸다.

24. AD 717~741년을 재위한 〈레오 3세〉가 반포한 우상 금지령은 로마제국의 망령을 재현시키는 출발이었는데, 서구사회에서는 그에 앞서 〈샤를마뉴〉가 시도했으나 실패했다.

이다. 이후 로마 가톨릭 교회는 교황의 권위를 빌어 중앙집권화에 성공했으되 곧바로 그 권위에 도전할 기미를 보인 신성로마 제국을 굴복시키고 서구사회가 여러 지방 국가로 분립하는 것을 수 세기 동안 방해했다. 그러나 정교 기독교 교회는 동로마 제국만이 아니라 이후의 주권국가들에 있어서 국가의 일부로서 의존적이었다.

(2) 이란 및 아랍사회

다음에 검토할 현존 사회인 이슬람 사회에서도 위 두 사회의 배경으로 나타나는 것과 유사한 세계국가와 세계교회 및 민족이동이 나타난다. 그 세계국가는 바그다드의 아바스조 칼리프국이고 세계교회는 이슬람교이며 민족이동은 붕괴기에 그 세계국가의 영토를 유린한 유라시아 스텝의 튀르크족과 몽골족 유목민, 사하라와 아틀라스 고지의 베르베르 유목민, 이라크를 침략하고 북서아프리카를 습격한 아라비아 반도의 아랍 유목민 등이다. 이 사회의 중간 공백기는 975~1275년인데, 이 기간은 민족이동과 아바스조 칼리프국의 단명한 후계국가들이 차지하고 있었다. 우리는 이상의 일별(一瞥)에 따라 현존 이슬람 사회도 모사회를 가지고 있다는 사실을 확인하는 것인바 이슬람교의 지리적 분포와 이슬람 사회의 여러 분파를 고려하면 그 모사회는 하나가 아니라 자매가 있는 사회일 것이라는 생각을 하게 된다.

위에서 찾아낸 바그다드의 아바스조 칼리프국은 그 확인되지 않은 모사회의 단독적인 자사회가 아니다. 13세기에 시작된 이슬람 사회의 요람은 아나톨리아 아제르바이잔 호라산 아프가니스탄 힌두스탄 등이 일련의 연쇄를 이루는 곳으로서 마르마라 해의 아시아 쪽 오지에서 갠지스 강 삼각주에 이르는 길고 좁은 지역인데 그 중심부는 동북방으로 뻗어 옥수스 강과 약사르테스 강 유역을 포함하고 있다. 13세기 말에 출현한 이슬람 사회의 거의 모든 나라는 이 지대에 자리 잡고 있지만 두드러진 예외는 모로코의 사리피아 제국이다. 이 지리적 격리는 특이하지만 현재 이슬람 세계를 양분하는 중요한 기준은 수니파와 시아파의 이상한 지리적 분립이다. 시아파 지역은 페르시아 전역과 트란스코카시아, 이라크, 인도와 야만(野蠻)의 전초지(前哨地)로서 그 길고 좁은 요람의 중심인 아제르바이잔과 호라산은 현재 페르시아의 한 주(州)로 되어 있다. 그것은 하나의 쐐기처럼 수니파 지역을 중앙아시아 및 인도와 페르시아의 서쪽 경계에서 모로코의 동쪽 경계까지에 걸친 아시아와 유럽 그리고 구(舊)오스만 제국의 영토 및 모로코로 분리시키고 있다. 그것은 왜이며 무엇을 의미하는가? 그것은 이스마일의 혁명 때문이었고, 그 혁명은 오스만 제국의 정책과 구성을 변화시킨 후 우리가 찾으려는 사회를 출현시켰다. 사파비 왕조의 이스마일(1500~1524)은 시아파와 수니파 신도(信徒)를 분리하는 혁명을 단행했는데, 그로 인해 이슬람 세계의 어디에나 산재하되 어디에서나 피지배적 소수파였던 시아파는 적어도 사파비 왕조에서는 지배적인 세력이 되었다. 그 흐름은 남서 이슬람교국들에 전파될 수도 있었으나 그것은 수니파 자체와 수니파의 나라인 오스만 제국으로서는 용납할 수 없었다. 그때까지 정교 기독교 사회의 영토 안에서 확장 중이던 오스만 제국은 다른 변수가 없었다면 스스로도 속하는 새로운 이슬람 사회의 발상지인 아제르바이잔과 여타의 나라들로 향하거나 북서의 서구 기독교 사회로 향하리라고 여겨졌다. 그러나 이스마일의 혁명은 그 길을 가로막고 나아가 오스만 제국으로 하여금 발길을 돌려 그 혁명의 물결이 남서 이슬람교국들로 번지는 것을 막지 않으면 안 되게 했다. 그래서 오스만 제국은 16세기 중반에 그 구성에 있어서 큰 변화를 일으켜 시리아에서 예멘, 이라크에서 알제리에 이르는 아랍권의 여러 나라를 합병하여 제국의 중심을 이동시켰는데 그것은 아나톨리아의 오스만리가(家) 및 길란의 사파비가(家)의 궤도 밖에 그와 인접한 이슬람 사회로서 아랍의 이슬람교국들이 있었음을 말해 주는 것이다. 그리고 더 깊이 살피면 그것은 그 아랍의 이슬람교국들 특히 시리아와 이집트는 우리가 앞에서 찾은 현존 이슬람 사회의 모사회와는 별개인 사회의 고장이었음을 말해 준다. 그러므로 우리는 여기서 두 사회 사이의 관계가 아니라 세 사회 사이의 관계가 있음을 확인하는 것인바 그것은 헬레닉 사회가 서구사회와 정교 기독교 사회라는 쌍둥이를 낳은 것처럼 어떤 미확인 사회가 현존 이슬람 사회의 두 모사회를 낳았다는 사실을 증명한다. 그 미확인 사회는 후에 살필 것이지만 이제 막 찾은 현존 이슬람교 사회의 두 모사회는 같은 세 사회 사이의 관계를 갖는 〈헬레닉 사회 = 서구사회 + 정교 기독교 사회〉라는 등식에 대비하여 그 대략을 살핌으로써 그 이름을 지어보자.

그 관계는 〈헬레닉 사회 – 미확인 사회〉와 〈서구사회 – 이란[25]과 튀르크의 이슬람 사회〉 및 〈정교 기독교 사회 – 아랍권의 이슬람 사회〉 사이의 유사성(類似性)인데, 특히 뒤의 두 대비는 정치와 언어 및 군사 부분에서 두드러진 유사성을 갖는다. 13세기에 〈Mamluk 왕조〉가 세운 카이로의 아바스조 칼리프국은 바그다드 아바스조 칼리프국의 망령(亡靈)으로서 8세기에 〈레오〉가 로마제국의 망령으로 콘스탄티노플에 세운 동로마 제국과 유사하다. 이 둘은 모두 조심성, 능률성, 지속성에서 닮았는데 그것은 샤를마뉴 제국과 이란지역의 티무르 제국이 확장성, 모호성, 단명성에서 닮은 것에 대비된다. 언어에 있어서 이란지역이 두 지역 공통의 언어인 아랍어 대신 페르시아어를 발견한 것은 서구사회가 정교 기독교 사회와 공동의 고전어인 그리스어로부터 라틴어를 발달시킨 것과 닮았다. 그리고 16세기에 이란지역의 이슬람 사회가 아랍지역의 이슬람 사회를 정복하여 흡수한 것은 12~13세기에 서구사회가 십자군을 통해 정교 기독교 사회를 침략한 것과 유사한데, 그 침략이 절정에 이른 13세기 초의 제4차 십자군이 콘스탄티노플을 공격했을 때 정교 기독교 사회는 쓰러질 뻔했다. 그것이 1517년에 아랍지대의 이슬람 사회를 덮친 운명이었는데 오스만 파디샤 〈셀림

---

25. "페르시아"로 표기할 수도 있음.

1세〉의 침공으로 맘루크 정권은 타도되고 아바스조 칼리프국은 종말을 맞이했다. 우리는 이제 이 양자의 존재를 확인하고 구별함으로써 목적을 달성했다. 그 두 사회의 중심지에 따라 이들을 이란사회와 아랍사회로 명명(命名)하자.

(3) 시리악 사회

우리는 위에서 현존 이슬람 사회는 모에 해당하는 이란사회와 아랍사회를 천천히 그러나 무리하게 통합한 것이라는 사실을 밝혔는데, 그것은 우리로 하여금 앞에서 작업 계획에 따라 영국사를 시간적 및 공간적으로 확장함으로써 서구사회와 헬레닉 사회를 찾아낸 것과 같은 과정으로 이란 및 아랍사회의 지평선 너머로 사라진 사회를 찾아 나설 수 있게 한다. 그것은 거기에 〈바그다드의 아바스조 칼리프국으로 대표되는 세계국가〉와 그 〈세계교회로서의 이슬람교〉 및 〈세계국가의 영토를 유린한 만족의 민족이동〉이라는 모자관계의 단서가 나타나기 때문인데, 그 단서들을 헬레닉 사회의 그것들과 같은 방정식으로 주목하면 우리는 그 두 세계국가의 생성 방법에 차이가 있음을 알 수 있다. 차이는 헬레닉 세계의 세계국가는 로마제국이고 로마는 역내(域內)의 많은 지방 국가들의 파괴적이고 생존경쟁적인 전쟁을 통해 출현했으나 찾으려는 사회에서는 바그다드의 아바스조가 유일한 세계국가인지 알 수 없고 그 세계국가는 로마제국과는 달리 다마스커스의 우마이야조를 대체하여 출현했다는 것이다.

아바스조 칼리프국의 정체를 밝히고 이란 및 아랍사회의 참된 모사회를 찾으려는 이 검토는 그 칼리프국과 다마스커스 우마이야조의 관계를 밝히는 것에서 출발할 수 있다. 그것은 성격에 있어서 로마제국의 만족 후계국가인 우마이야조는 자기와 같은 성격의 다른 국가들이 로마제국의 응징 또는 동류들의 싸움으로 멸망했음에 반해 수도를 다마스커스에서 바그다드로 옮긴 후 멸망하지 않고 아바스조에 의해 대체되었다는 예외적인 종말을 보였기 때문이다. 로마제국이 약화되었을 때 아랍의 무인지대에서 그 방면으로 돌입한 원시 이슬람교도 만족전단은 한쪽으로는 로마제국의 시리아와 이집트를 다른 쪽으로는 사산제국의 영토를 정복했다. 사산제국은 이라크와 이란을 지배하고 있었으므로 그 합병은 창시자인 〈무아위야(656~680)〉가 시리아의 기지에서 조직한 로마제국의 아랍족 후계국가의 성격을 변화시켰는데 우마이야조가 그 크고도 이질적인 세력을 떠안은 것은 그 제국이 특이한 최후를 맞이한 원인이 되었다. 우마이야조 칼리프국은 그 합병으로 인해 수도를 바그다드로 옮기고 두 지역을 사회 문화적으로 통합해야 했는데, 〈우마르 2세(717~720)〉와 〈히샵(724~743)〉이 그것을 시도하기는 했으나 전체적으로는 그 일에 소극적이었다. 그러나 후술(後述)하는 바와 같이 원래 사회 문화적인 유대(紐帶)를 가지고 있던 그 두 지역에는 그때 이미 통합의 기조가 나타났으므로 우마이야조는 아바스조로 대체된 것이다. 즉 바그다드의 아바스조 칼리프국은 치열한 생존경쟁이 아니라 우마이야조의 영토를 획득하여 일거에 건국한 것이었는데, 그 두 지역의 그러한 기조는 우마이야조가 불식(拂拭)하기에 성공한 구(舊)로마 지역과 사산제국 지역이 분할된 역사에서 유래하는 것이다. 그것은 멀리 아케메네스 제국에서 시작되는바 신바빌로니아 제국은 고래(古來)로 페르시아계의 신인 〈마르둑〉을 섬겼지만 〈나보니두스〉[26]는 〈라마시 마르둑〉을 암살하고 왕위에 올라 〈Sin〉을 섬기게 했다. 이에 민중의 마음은 페르시아로 향하게 되었고 성서(단5;1~4)에서와 같이 신바빌로니아 제국은 〈벨사살〉 때 페르시아의 〈키루스 2세〉에 의해 급격히 멸망했다. 그리하여 출범한 아케메네스 제국은 이후 자만에 빠져서 헬레닉 사회를 공격했는데 그것은 마침 강성하던 알렉산더 대왕에 의한 마케도니아의 반격을 초래하여 〈다리우스 3세〉에 이르러 이수스의 전투(BC 333년)로 패망했다. 그리하여 마케도니아가 아케메네스 제국이 장악했던 지역을 지배하게 되었고, 알렉산더 대왕이 요절한 후 그 판도를 카산드로스(마케도니아) 리시마쿠스(소아시아) 안티고

---

26. Nabonidos. 벨사살의 부, 기존 왕가와 다른 혈통으로서 새로운 왕가를 창시했음.

누스(중앙아시아) 프털레마이오스(이집트와 시리아) 등 알렉산더 휘하의 네 장군이 분할 통치했으며, 이후 지난날 아케메네스 제국의 시리아 지역은 셀레우코스 왕국[27]이 차지했다. 그 후 폼페이우스[28]가 오리엔트 작전으로 셀레우코스 왕국을 멸망시키는 와중(渦中)에 그곳의 여러 나라가 일으킨 반란 때문에 로마는 아케메네스 제국 영토의 절반만을 차지했는데, 그때 그어진 분할선(分割線)은 여러 사건[29]에도 불구하고 우마이야조 칼리프국의 시대까지 남아 있었다. 로마제국의 시리아와 이집트의 영역과 사산제국의 영토는 원래 동일한 아케메네스 제국의 영토로서 사회적으로나 문화적으로 하나였다. 그래서 분할되어 1000년 이상이 지나 우마이야조에 의해 정치적으로 통일되자 곧바로 사회 문화적 통합의 기조가 강하게 일어났고 우마이야조를 대신하여 아바스조가 거기에 부응했던 것이다. 즉, 아케메네스 제국은 우리가 찾으려는 사회의 세계국가였던 것인바 그것이 헬레닉 사회와의 충돌로 급하고도 격하게 중단되자 외침에 의한 마비상태로서의 중간 공백기를 겪어야 했으나 침입자를 쫓아내자마자 중단된 생활의 재개와 세계국가의 재건이 일어난 것이다. 아바스조 칼리프국은 지리적 판도만이 아니라 행정의 기술, 나아가 사회와 정신적 생활의 내적 현상까지도 아케메네스 제국과 닮아 있는데 그것도 위와 같은 이유 때문인 것이다. 이로써 우리는 우리가 찾으려는 사회의 세계국가인 아바스조 칼리프국과 아케메네스 제국이 떨어져 있는 하나임을 확인했고 그에 힘입어 아바스조 칼리프국에서 찾지 못한 세

---

27. 알렉산더의 또 다른 부장으로서 바빌로니아를 통치한 셀레우코스(BC358~280)는 알렉산더가 죽은 후 많은 지역을 공략하여 시리아 왕국이라고도 하는 셀레우코스 왕국(BC312~63)을 창건했음.

28. BC 106~48. 로마의 장군, 정치가. 카이사르 및 크라수스와 함께 삼두정(三頭政)을 펼치면서 카이사르와 대립했으나 패하여 암살당했음.

29. 로마 쪽의 유대인과 오리엔트 민족들이 가끔 일으킨 반란들. 〈Crassus〉의 크지 않은 패배에 이은 〈헤라클리우스〉의 결정적이 아닌 승리, 로마가 치른 아르사케스조 및 사산제국과의 빈번하고도 치열했던 전쟁 등.

계국가의 출현에 선행하는 동란시대를 아케메네스 제국 이전의 어느 시점에서 찾을 수 있게 되었는데 앞에서 보았듯이 아케메네스 제국은 출현이 특이했던 만큼 그 동란시대와 종결 또한 특별하다. 우리가 찾으려는 사회에서 헬레닉 사회의 세계국가가 되기 전에 로마가 했던 역할, 즉 생존경쟁에서 여타의 지방 국가를 타도하는 역할을 수행한 것은 아시리아였다. "아시리아는 520년에 걸쳐 상(上)아시아를 지배했는데, 거기에서 벗어나려는 항쟁을 시작한 것은 메디아였다"라는 기록[30]과 같이 아시리아는 그 지역의 엘람, 남유다, 북이스라엘, 메디아, 바빌로니아 등 지역적인 국가들을 억압하거나 멸망시키면서 세계국가로의 길을 달렸으나 극단적인 군국주의로 성서에 기록된 '요나의 경고'에 이은 '나훔의 선포'를 받고 예루살렘에서의 사건[31]으로 약화되어 바빌로니아에 의해 극적으로 멸망했다. 이어 신바빌로니아 제국도 상술한 바와 같이 종교적인 문제로 급격히 멸망하자 아케메네스 제국은 아시리아가 뿌린 씨앗의 열매를 거두는 것으로서 우리가 찾으려는 사회의 세계국가로 등극했던 것이다. 아케메네스의 근본은 이란고원 남서부의 외진 곳인 파르스에 위치한 후진적인 소국[32]이었는데, 아시리아가 기원전 655~639년에 엘람을 멸망시키자 잽싸게 페르시아 저지(低地)의 평원을 차지하고 〈수사〉로 천도함으로써 그와 같이 강성하게 되었던 것이다.

이상으로 우리는 동란시대 – 세계국가 – 외침과 민족이동의 중간 공백시대 – 세계교회 – 두 사회의 출현을 순차적으로 겪은 어떤 사회를 확인했는데, 이제는 그 사회의 인스피레이션이 어디에서 기원했는지를 언어와 문자 및 문학과 종교라는 거울로 살펴보고 그 이름을 지어보자. 우리가 찾는 사회에 있어서 아시

---

30. Herodotos의 「역사」에 나오는 기록.
31. 산헤립(Sennacherib)의 아시리아 군 185,000명이 몰살된 사건. 〈왕하 19장〉 〈이사야 37장〉을 참조할 것.
32. 〈페르시아〉와 〈페르시아어〉도 이 〈Pars〉와 〈Pars語〉에서 유래했음.

리아는 마케도니아와 같이 외부에서 왔다가 밖으로 사라진 침입자에 불과하므로 결론적으로 말한다면 우리가 찾는 사회는 아시리아가 속했던 사회와는 다른 사회이다. 실제로 아시리아가 멸망한 후 그 지역과 후기 아시리아인의 사회에서 아시리아의 아카드어와 설형문자(楔形文字)는 아람어 및 표음문자로 대체되면서 기원전 마지막 세기에는 소멸되었다. 아케메네스인과 페르시아인 및 메디아인은 모두 동족으로서 공히 아람어에 설형문자와 아람 표음문자를 사용했는데, 여기에서도 설형문자는 점차 사라졌고 아람어도 이란어 속으로 파고들었다. 아람어가 아카드어를 대신한 것은 같은 세미어족(細微語族)이어서 이상할 것이 없지만 그것이 근친성(近親性)이 없는 인도유럽어족의 이란어와 섞인 것과 아바스조 칼리프국의 시대에 페르시아어가 아람어에서 어휘를 차용하여 아람 표음문자로 바뀐 것은 무엇을 뜻하는가? 그것은 그곳에서 시리아와 이란의 문화가 융합되고 있었다는 언어적인 증거이고 거슬러 올라 동란시대에 〈이란의 차라투스트라〉와 〈유대 및 이스라엘의 예언자들〉이 같은 인스피레이션을 가지고 있었다는 것은 그 종교적인 증거이다. 그러나 문학적 증거를 살펴보면 동란시대를 넘어 성장의 시대에는 이란은 시야에서 사라지고 대서양과 인도양을 발견하고 표음문자를 가진 〈솔로몬〉과 〈히람〉 시대의 시리아 사회가 모습을 나타낸다. 그러므로 우리는 찾고자 하는 이 사회를 〈시리악 사회〉로 명명할 수 있다.

다음으로 이 시리악 사회의 세계교회인 이슬람교를 보면 기독교로 인해 헬레닉 사회가 서구사회와 정교 기독교 사회의 공동의 모사회가 된 것처럼 시리악 사회는 이슬람교 때문에 이란과 아랍사회의 모사회가 되었다. 그러나 기독교는 외래적 인스피레이션, 즉 시리악 사회 기원의 종교인데 반해 이슬람교는 시리악 사회 고유의 종교이다. 교조(敎祖)인 무하마드는 종교적인 영감(靈感)을 시리악 사회의 종교인 유대교와 시리악의 요소가 우세해진 이단적 기독교인 네스토리우스파에서 받아들였고, 이슬람교의 성장도 이슬람교도가 헬레니즘을 몰아낸 뒤에 조성된 시리악적인 환경에서 이루어졌다는 점에서 그러하다. 기독교는 시리악의 싹이 헬레닉의 신비주의적인 종교와 철학을 동화 흡수하여 조직화에 성공한 후 거기에 헬레닉 사회 고유의 것들을 종합하여 헬레닉 사회에 속한 프롤레타리아트 조직으로 성장했다. 헬레니즘은 이슬람 신학에도 외래적인 첨가물로서의 영향을 끼쳤으나 이슬람교는 본질적으로 시리악 사회 고유의 인스피레이션에서 출발했다는 점에서 기독교와는 큰 차이를 가지고 있다.

지리적 이행을 보면 이란사회는 그것이 크다는 점에서 서구사회를 닮았고 아랍사회는 그것이 작다는 점에서 정교 기독교 사회와 닮았다. 시리악 사회의 영역을 크게 잡아 그것이 이란고원 서단의 메디아인과 페르시아인의 고향까지라고 해도 그 기선이 아나톨리아의 오지(奧地)에서 아제르바이잔과 호라산을 거쳐 벵골만(灣)에 이르는 지대에 있고 동북으로는 옥수스 강과 약사르테스 강 유역으로 돌출한 이란사회의 판도는 모사회의 판도와 겹치지 않는다. 그러나 시리아와 이집트에 있는 아랍사회의 본고장은 시리악 사회의 판도 전체와 겹치면서 그것을 내포하고 있다.

(4) 인도사회

우리가 다음으로 검토할 것은 현존하는 힌두사회에 선행한 사회를 찾는 일인데 여기에서도 힌두사회의 역사를 거슬러 올라가면 찾으려는 사회의 세계국가인 굽타제국, 세계교회로서의 힌두교, 훈족의 민족이동, 후계국가들이 차지한 공백시대 등을 확인할 수 있다. 굽타제국은 350년에 건국되어 390년에 세계국가로서의 기틀을 다졌고 제2차 훈족의 침입(470년)으로 기능을 상실한 후 475년에 멸망했다. 불교는 아쇼카 대왕 이래로 700년간 인도의 지배적인 종교였으나 힌두교는 힌두철학의 아버지로 불리는 샹카라가 800년경에 활동을 시작한 이후로 불교를 몰아내고 지배적인 종교로서 인도사회의 세계교회가 되었다. 굽타제국의 몰락에 있어 훈족은 사산제국과 로마제국만이 아니라 민족이동으로 굽타제국의 전토를 짓밟고 협력자인 구르자라족과 함께 서북인도에 굽타제국의 후계국가들을 세웠는데, 475~775년으로 추정되는 그 사회의 공백시대를 차지하고 있던 그 후계국가들은 9세기부터 지금도 식별할 수 있는 여러 개별국가로 분립하기 시작했다.

우리는 앞에서 시리악 사회를 찾는 데 있어서 그 사회의 역사적인 복잡성 때문에 다소 어려움을 겪었는데 그것은 아시리아의 군국주의와 헬레닉 사회의 침입으로 말미암은 것이었다. 헬레닉 사회가 우리가 찾으려는 힌두사회의 모사회를 침입한 것은 널리 알려진 사실이지만 알렉산더의 원정은 문화적인 영향이 거의 없었으므로 인도에 대한 헬레니즘의 침입은 박트리아국으로부터 시작되었다고 볼 수 있다. 그리스인 〈데메트리우스〉가 아케메네스 제국의 후계국가로서 옥수스 강과 약사르테스 강 유역에 건설한 박트리아국은 기원전 190년에 힌두쿠시 산맥[33]을 넘어 인도로 침입하여 1세기까지 그 산맥의 남동쪽을 지배했고, 이후로는 헬레닉 성향의 〈사카족〉〈파르티아족〉〈쿠샨족〉의 침입이 있었다. 기원전 2세기 말경에 침입한 두 종족 중 사카족은 390년까지 카티아와르를 지배했으며 파르티아족은 그리스인과 합동하여 인더스 유역을 지배하다가 동시에 쿠샨제국에 합병되었다. 이후 1세기에 침입한 쿠샨족은 쿠샨제국을 건설하고 힌두쿠시 산맥의 양쪽 사면을 3세기까지 지배했는데 이 일련의 헬레닉 사회의 침입은 상기한 굽타제국의 등장으로 끝났다. 여기서 우리는 시리악 사회에 있어서 아바스조 칼리프국의 원형으로서 아케메네스 제국을 찾았듯이 굽타제국 이전, 즉 헬레닉 사회의 침입으로 중단되기 전의 세계국가를 인식할 수 있는 바 그것이 바로 마우리아 제국이다. 마우리아 제국은 기원전 323년에 〈찬드라굽타〉가 건국한 이후 아쇼카 대왕 때 강성했으나 그리스인 데메트리우스를 비롯한 헬레닉 사회의 침입 후에 찬탈자 〈프샤미트라〉에 의해 멸망했는데, 우리

---

33. 파미르 고원에서 아프가니스탄을 가로질러 이란을 향해 뻗어 있는 산맥.

는 그 마우리아 제국을 넘어 여러 지방 국가들의 파괴적인 전쟁으로 얼룩지고 그 사회를 곤경에 빠뜨린 동란시대를 보게 된다. 〈고타마 싯타르타〉와 동시대의 인물인 마가다 왕 〈아자타샤트루〉가 코살라와 바이살리를 정복한 것과 고타마의 카필라바스투 도시국가가 멸망한 것은 그 파괴적인 전쟁의 단편이며 〈고타마〉와 〈마하비라〉[34]의 생애와 삶에 대한 태도 및 동시대 민중의 고행과 순례적인 구도행(求道行)은 그 사회가 곤경에 빠졌다는 사실을 확증하는 것이다. 그리고 더 올라가면 브라만교의 경전인 「베다」에 기록되어 있는 그 사회의 성장시대를 만나게 된다. 이리하여 우리는 드디어 힌두사회의 모사회를 찾은 것인데 그것을 〈고대 인도사회〉라고 명명한다.

그 사회의 세계교회인 힌두교는 상기와 같이 800년경부터 불교를 대체하기 시작했는데, 힌두교는 그 인스피레이션이 고유의 것이라는 점은 기독교와 다르지만 외래적인 첨가물이 섞였다는 점은 이슬람교와 동일하다. 힌두교는 대승불교에서 우상(偶像)과 승원제도(僧院制度)를 차용했는데 그것이 베다와의 차이를 발생시켰다. 원래 헬레닉 사회의 것인 우상의 사용은 대승불교를 거쳐 힌두교에 유입된 것으로 보인다.

이 사회의 지리적 이행을 보면 그것이 별로 크지 않다는 점에서 시리악 사회의 자(子)에 해당하는 아랍사회의 그것과 유사하다. 왜냐하면 그 사회의 본거지는 인더스 강과 갠지스 강 유역이었으나 그 세계국가 시절에 이미 인도 아대륙 전체로 확장되었고 힌두사회에서의 확장은 인도네시아와 인도차이나로 퍼진 것뿐이기 때문이다.

(5) 중국(Sinic)사회

이제 동향하여 현존 극동사회의 배경을 살피면 거기에도 문명의 모자관계에 대한 네 가지 증거가 있음을 알 수 있다. 그 세계국가는 진의 정(政)이 기원전

---

34. BC 448~348. 자이나교의 창시자.

221년에 마지막으로 제나라를 멸망시키고 전국시대를 종식하여 시황제(始皇帝)를 자칭한 때부터 전한(前漢)과 후한(後漢)까지 약 4세기를 이어온 제국이다. 후한은 공식적으로는 221년까지 존속했으나 유라시아 스텝 유목민의 민족이동이 그보다 1세기 전에 시작되었으므로 실질적으로는 172년 이전에 무너진 것으로 보아야 한다. 한제국(漢帝國)으로 진입한 대승불교는 그 세계교회로 성장하여 현존 극동사회의 번데기가 되었으며, 상기한 민족이동은 1세기에 한제국의 영토를 분열시키고 서진(280~317)이 재통일할 무렵에 그 사회를 황하유역으로 남하하게 했다. 그리고 그로 인한 공백시대는 후한이 무기력해진 마지막 50년부터 삼국시대로 알려진 토착 후계국가에 의한 50년에 걸친 분할의 시기와 서진이 재통일한 이후의 만족 후계국가 시대까지이다.

다음으로 이 사회의 동란시대를 살피기 위해 그 이전의 역사를 더듬어 보자. 중국인들은 자기네 역사의 시작으로서 전설적인 삼황오제의 시대를 주장한다. 삼황(三皇)은 어렵(漁獵)을 가르치고 팔괘를 만들었다는 〈천황 복희씨〉와 인신우두(人身牛頭)로서 경작을 가르치고 백초(百草)를 맛보아 약초를 찾았으며 팔괘를 겹쳐서 육십사괘를 만들었다는 〈지황 신농씨〉 및 불을 사용하는 법과 음식을 조리하는 법을 가르쳤다는 〈인황 수인씨〉이다. 오제(五帝)는 수인씨(燧人氏)를 대신하여 삼황의 하나로도 칭해지는 〈황제〉 황제의 손자로 고양에 나라를 세웠다는 〈전욱〉 그 뒤를 이은 〈고신씨 제곡〉 성덕을 갖춘 이상적인 군주라는 〈도당씨 제요〉 성은 우이고 이름은 중화(重華)로서 요(堯)와 더불어 태평성대를 열었다는 〈순(舜)〉이다. 그 아래는 하(夏)이고 〈탕왕〉이 황하 중류에 세운 은(殷)나라[35]와 그 속국으로서 문왕을 이은 무왕이 증조부(태공)가 기다리던 현인이라 하여 태공망

---

35. 황하 중류의 부족국가로서 30대 주왕 때에 주 무왕에 의해 멸망. 상(商) 지방을 본거지로 하여 황하의 상류와 하류를 왕래하는 교역을 주업으로 했으므로 '상업(商業)'이라는 말의 유래가 되었다.

(太公望)이라고 부른 〈강태공, 呂尙〉의 도움으로 창건한 주(周)나라[36]이다. 「춘추(春秋)」는 〈공자〉가 은공(隱公)에서 애공(哀公)까지 기원전 722~481년의 노나라 역사를 기록한 역사서인데, 여기에 동주(東周)로부터 진나라가 한(韓) 위(魏) 조(趙)로 삼분된 기원전 770~403년의 역사가 나타나 있으므로 그 시대를 춘추시대라고 한다. 한나라의 유향(劉向)은 유세가인 소진과 장의 등의 변설과 책략을 「전국책(戰國策)」으로 집성했는데, 거기에 공자의 사망(BC 479)으로부터 제나라의 멸망과 진(秦)의 통일(BC 221)까지의 역사가 기록되어 있으므로 그 시대를 전국시대라고 칭한다. 춘추시대에 주나라가 14개국으로 분열됨으로써 봉건제가 붕괴된 때부터 전국시대[37]까지는 이 사회의 동란시대인데, 공자의 출생에 앞서서 시작된 동란과 그로 인한 군국주의는 자살적인 정책과 파괴적인 전쟁을 초래했다. 기원전 546년에 개최된 14개국의 군비축소회의도 실패했음을 알고 있는바 우리는 공자의 현세적인 보수주의와 노자의 초연(超然)한 무위정적주의(無爲靜寂主義) 속에서 시대의 같은 징후를 볼 수 있다. 이 두 성현이 탄생했을 때 태양은 천정을 지나고 있었고 그들은 이미 성장의 시대가 과거의 것으로 되어 있음을 깨달았던 것이다. 그들이 에피메테우스와 같이 과거를 회상(回想)하며 파멸의 도시에 이별을 고하는 기독교도처럼 의식적으로 등을 돌린 이 사회에 어떤 이름을 붙여야 할 것인가? 이 사회는 중국(Sinic)[38]사회라고 부르는 것이 좋을 것이다.

---

36. 도읍은 서안 근처의 '종주'라고도 하는 호경. BC 1050~256년. 최초의 봉건국가. BC 771년에 견융족의 침입으로 지금의 낙양 근처인 낙읍으로 천도했는데 그 전후를 나누어 서주(西周)와 동주(東周)라고 부른다.

37. 당시의 7대 강국인 〈진, 제, 초, 연, 조, 위, 한〉을 '전국칠웅'으로 칭한다.

38. 라틴어로 진(秦)이 건설한 세계국가의 영토는 Sinica, 그 주민은 Sinea라 한다. 진은 로마와 마찬가지로 생존경쟁에서의 유일한 잔존자로서 세계국가가 되었으나 그 승리는 완전한 것이 아니었다. 진제국은 날이 밝자 곧바로 무너져 그 군국주의의 성과는 아시리아 군국주의의 승리가 아케메네스 제국에 의해 거두어진 것과 같이 한제국에 의해 거두어졌다. 그러므로 Sinica와 Sinea라는 이름은 적절한 것이 아니지만 Sinea는 Chinese의 어원이어서 사용하기에 편리하다. 그러나 우리말로는 '중국'이라고 하는 것이 좋다.

이 사회의 세계교회인 대승불교는 그 인스피레이션이 외래의 것인 점에서 기독교와 같고 이슬람교 및 힌두교와는 다르다. 대승불교는 그리스계의 왕이 지배하는 박트리아국과 친(親)헬레닉 성향의 쿠샨제국이 잇달아 지배한 인도사회에서 탄생하여 타림분지로 진출했고 이후에 중국사회가 그곳을 두 번째로 편입했을 때 그것을 문호로 하여 중국사회로 들어갔는데, 중국사회의 내적 P는 그것을 자기들의 구미에 맞도록 수정하여 자기들의 종교로 삼았다.

이 사회의 지리적 이행은 그것이 크지 않다는 점에서 아랍사회 및 정교 기독교 사회와 닮았다. 즉 본거지인 황하 유역에서 양자강[39] 유역으로 확대했고 그곳이 극동사회의 본고장을 포함했던 것을 계기로 자사회에서 남동방면으로는 대륙의 동남해안[40]까지, 동북방면으로는 한국을 거쳐 일본으로까지 확대했다.

(6) 화석화 사회

우리는 지금까지 다섯 현존사회를 조사하여 그 모사회인 헬레닉 시리악 인도 중국 등의 사회를 찾았는데 이후로는 화석의 형태로 현존하는 사회들[41]을 조사하여 그 배후에 무엇이 있는지를 알아보자. 이를 통해 우리는 그 사회들의 모

---

39. 티베트 고원에서 발원하여 중국 동해까지 800km를 흐르는 중국 최장의 강. 양자강은 본래 양주에서의 국지적인 명칭이었던 것이 외국인에게 그 강 전체를 의미하는 것으로 관용(慣用)된 것인데, 중국인들은 그 전체를 '장강(長江)'이라 하고 청해성에서 통천하를 거쳐 사천성의 민강(岷江)까지를 '금사강(金砂江)', 그 이하를 '江'이라 불렀다. '江'은 '물이 일함' 또는 '사람이 일할 수 있는 물'이라는 뜻으로서 민강 이하를 지칭하는 고유명사였다.

40. 근년의 절강성, 복건성, 광동성, 광서성에 해당하는 이 연해 지역은 정치적으로는 한나라에 병합되었지만 중국사회의 말미에까지 그의 완전한 일부는 아니었다. 오늘날에도 다른 중국인이 한인이라고 자칭하는 것에 반해 이들 각 성의 주민들은 자신을 당인(Tang People)이라고 부른다. 이 명칭은 당대(618~907)에까지 남지나해 연안의 주민이 중국사회의 외부에 있었다는 것을 말해 준다. 한편 당대에 '만단(蠻蛋)'을 영남인이라는 뜻으로 사용했으므로 그 Tang은 '蛋의 Tan'일지도 모르는바, 蛋은 '새의 알'로서 〈AI(알)〉 즉 '하나님'을 뜻하는 것일 수 있고 Tan을 蛋이 아니라 檀으로 쓴다면 '단지파'나 '단군(檀君)'과 연계할 수도 있다. 향나무나 박달나무를 뜻하는 檀은 '레바논의 백향목'이나 '노아의 고페르 나무'와 관계되는지도 모른다.

41. 유대인 배화교도, 기독교 이단인 네스토리우스파와 그리스도 단성론파, 인도의 자이나교도 및 실론과 미얀마의 소승불교도, 티베트와 몽골의 라마교적 대승불교도 및 밀교적 대승불교도.

사회를 찾거나 사회지질학적인 관점에서 둘 이상의 사회가 충돌하여 발생시킨 단층과 사회적 기형화(畸形化)나 성층화(成層化)에 대한 약간의 깨달음을 얻을 수 있을 것이다. 이슬람교의 박해로 8세기경에 인도로 옮긴 〈유대인 배화교도〉[42]는 아케메네스 제국이라는 형태로 발전도상에 있던 시리악 사회가 헬레니즘의 침입으로 급격히 중단된 것으로 말미암은 시리악 사회의 화석이다. 〈기독교의 두 이단종파〉[43]는 외세의 침입에 대한 시리악적인 반응의 유물일 뿐인바 그들이 일으킨 반응은 정복된 사회의 내적 P의 형편[44]을 말해 준다. 그 두 기독교 이단종파는 헬레닉 사회의 혼합주의[45]와 그 적용에 대해 잇달아 일어난 시리악 사회의 양자택일적인 항의였다. 환언하면 그 두 이단종파는 시리악 사회 기원의 종교를 시리악 사회의 유산으로 못박아두려는 기도(企圖)였는데 5세기에 이르러 기독교는 헬레니즘과 더욱 견고히 결합되었으므로 그것을 어떻게 변형시켜도 헬레니즘에 반항하는 운동에 있어서의 효과적인 도구가 될 수 없었다. 그러므로 그 두 운동은 실패할 운명이어서 그 사회의 화석으로 남았고 그 과업은 헬레니즘의 요소를 과감히 배격하고 더욱 철저한 시리악화를 달성한 이슬람교를 통해 달성되었다. 마찬가지로 〈인도의 자이나교도〉와 〈스리랑카, 미얀마, 태국의 소승불교도〉는 마우리아 제국의 통치로 발전 중이던 인도사회의 화석이다. 이후 박트리아국을 시작으로 하는 일련의 헬레니즘의 침입으로 정상적인 발전이 중단된 인도사회가 대승불교와 헬레니즘에 물든 힌두교에 대항함에 있

---

42. 페르시아계 조로아스터교도, 〈파르시교도〉라고도 함.

43. 〈네스토리우스파 기독교〉와 〈그리스도 단성론파〉

44. 그것은 정복된 사회의 내적 P가 침입해 온 사회의 내적 P와의 동화에 저항할 힘은 있었으나 그 힘이 외래세력을 몰아내고 중단된 발전을 재개할 만큼 강하지는 못했다는 것이다.

45. 시리악 사회에서 싹튼 기독교를 헬레닉 사회 내적 P의 제도로 하여 헬레닉 사회의 자(子) 사회로서의 새 사회를 탄생시키는 번데기로 만들려고 한 것.

어서 본토에 남은 자들은 브라만교[46]를 고쳐 자이나교[47]를 만들었고 고유의 소승불교를 지키려고 했던 자들은 스리랑카나 미얀마 또는 타일랜드로 이주했다. 티베트와 몽골의 〈라마교적 대승불교〉와 〈밀교적 대승불교〉는 쿠샨제국에서 헬레니즘의 영향을 받은 후 중국사회에서 개화 중이던 대승불교를 인도사회의 종교로 되돌리려 한 헛된 노력의 유물에 불과하다. 특히 미온적이어서 아무런 성과를 올리지 못한 밀교적 대승불교[48]는 그 전체적으로 인도적인 성향 때문에 힌두교의 선구자 역할을 했던바 인도사회의 내적 P들은 그것에 의해 토착 세계교회를 형성했던 것이다.

(7) 미노스 사회

우리는 앞에서 현존사회를 거슬러 올라 자사회를 남기고 소멸한 사회들을 찾아냈는데 그것은 우리로 하여금 거기에서 더 올라가 그 사회들의 배경을 조사하여 그에 선행하는 사회를 발견할 수 있다는 희망을 품게 한다. 그래서 먼저 헬레닉 사회의 배경을 바라보면 거기에서 세계국가와 민족이동 및 공백시대와 세계교회 등 보다 오래된 사회가 있었다는 증거를 찾을 수 있다.

그 〈세계국가〉는 미노스왕의 해양 지배를 표현한 헬레닉의 전설에 에게해의 해상제국으로 나타나며 고고학으로는 크노소스와 파이스토스 궁전의 상부 지층에 그 증거를 남기고 있다. 그 〈민족이동〉은 「일리어드」와 「오디세이」에

---

46. 불교에 앞선 성장기 인도의 종교로서 베다 신앙을 중심으로 희생, 고행, 결백 등을 주지로 한다. 근본 경전은 지식을 의미하는 Veda인데 리그베다, 사마베다, 야주르베다, 아타르바베다 등으로 이루어진 베다는 신의 계시를 시적으로 표현한 것이다.

47. 시작은 BC 6세기경에 개조인 〈마하비라〉에 의해서이며 엄격한 계율생활과 고행의 실천으로 윤회에서의 해탈을 설파했다. '자이나'는 '승리자'라는 뜻인데 2세기경에 두 파로 나뉘었다.

48. 헬레니즘이 만연했을 때 베다와 자이나교 및 샹카라의 철학 등 어디에도 마음을 두지 못하여 불교를 그리워하던 부류들의 유산에 불과한 것. 이들은 중국에서 화려하게 개화한 대승불교를 인도로 끌어들이려 했는데, 그를 위해 인도와 중국의 중간 지점인 티베트를 거점으로 삼았고 이후 몽골까지 진출했다. 그들은 경전을 다라니(眞言) 즉 싯타르타의 말 그대로 기록했는데 그 뜻을 현지인에게 전하는 과정에서 밀의화(密意化)되었으므로 이후 밀교로 인식되었다.

서 흔적을 볼 수 있는데, 이 두 저작은 헬레닉 사회의 가장 오래된 문학적 기념비로서 '트로이의 포위전'과 '테베에 쳐들어온 일곱 용사'라는 두 전설을 소재로 한 서사시들의 정수인 것으로 보인다. 그것은 우리가 찾으려는 민족이동[49]에서 영감을 얻었는데 고고학적 증거도 그 민족이동을 증명하고 있다. 아카이아인과 유럽 오지의 만족들은 후기 미노스 시대 제2기 말엽에 크레타 섬의 해상제국을 정복하고 궁전들을 파괴[50]했는데 그로 인해 발생한 섬 주민과 침입자 및 승리한 자와 피정복민이 어우러진 인간의 홍수는 이집트 신제국과 히타이트 제국으로 쇄도했다. 히타이트 제국은 그로 인해 멸망했으나 신제국은 그것을 극복하고 위와 같은 기록을 남겼는데 그 기록은 그 두 격동의 시기를 기원전 1230~20년과 기원전 1200~1190년으로 잡고 있다. 이러한 사실들은 미노스 사회가 소멸한 때로부터 헬레닉 사회가 출현한 때까지의 공백시대를 기원전 1425~1125년으로 볼 수 있게 한다.

미노스 해양제국의 판도에 있어서 크레타 섬에서 발생한 물질문명이 기원전 17세기 말에 에게해를 건너 Argolid로 퍼진 후 기원전 15세기 말의 대 격동 이전에 펠로폰네소스와 그리스의 중부에까지 전해졌다고 추측할 수 있고 이집트의 벽화에 그려진 Kefiu 국 사신의 모습에 크레타적인 특징이 드러나 있는 것은 두 나라가 교류하고 있었음을 말해 준다. 그 사회의 세계국가인 미노스 해양제국은 중기 미노스 시대 제3기 초엽에 크노소스와 파이스토스에 새 궁전을 건설함과 동시에 건립된 후 상기와 같이 기원전 1400년경에 멸망한 것으로 여겨지는데 지층을 분석하면 그 사회 이전은 신석기 시대였음을 알 수 있다. 이러한 사실을 고려한다면 그 사회의 모든 기간과 모든 업적을 포괄하는 이름으로는 〈미노스 사회〉가 적합하다.

---

49. 그 민족이동은 이집트 신왕국의 제18~20왕조의 공식 기록에도 나타난다.
50. 학자들은 그 시기를 BC 1400년경으로 잡고 있다.

그 사회에서 헬레닉 사회로의 〈지리적 이행〉을 보면 미노스 사회의 본고장은 크레타 섬과 키클라데스 섬이고 거기서 도해(渡海)하여 그리스의 에게해 연안까지 퍼졌는데 헬레닉 사회의 발상지는 그 연안지역과 아나톨리아 서해안을 포함하고 있으므로 지리적 이행은 헬레닉 사회에서 정교 기독교 사회로의 이행보다 서구사회로의 이행에 더 가깝다. 모자관계의 가장 결정적인 증거인 〈세계교회〉는 어떨까? 이 두 사회 사이에 종교적인 연속성이 있다고 생각할만한 현상들이 있는바 그것들을 살피면 미노스 사회의 세계교회를 확인하는 실마리를 찾을 수 있을 것이다. 첫째는 신전이 위치한 장소[51]가 같다는 것인데 이들 신앙의 본질은 어디까지나 지방적이었고 지방에 뿌리박고 있었기에 살아남았음을 시사(示唆)할 뿐인 이 특징은 그 속에서 세계교회의 흔적을 찾을 수 없다는 것을 말해 준다. 같은 연속성이 델로스와 엘레우시스 및 델피의 신전에서 발견되는바 신성한 장소를 숭배하는 것은 범 헬레닉적인 현상이므로 위의 현상보다 중요한 것 같지만 주요한 범 헬레니즘의 표현인 올림포스의 판테온[52]에는 미노스적인 것이 존재하지 않는다. 그 판테온의 고전적인 형태는 호메로스의 서사시에서 유래한 것인데 우리는 여기에서 미노스 해양제국 붕괴 후 유럽 오지에서 미노스 세계로 남하한 만족의 형태를 모본(模本)으로 하는 신들을 보게 된다. 제우스는 아카이아족의 대장군이고 기타 올림포스의 신들은 그의 전단(戰團)들인데 이 신성한 모험가들은 제우스에서 비롯된 인간 국왕들과 마찬가지로 도적행위로 그 지위를 쌓은 것이다. 제우스는 무력에 의해 크로노스와 대체된 찬탈자로서 올림포스를 지배함으로써 우주를 장악했으나 이후 해양과 대지를 포세이돈과 하데스에게 할양하고 자기는 천상(天上)을 차지했다. 이 만신전은 철저히 아

---

51.   헬레닉의 도시국가들은 여신을 숭배했는데 그 신전의 위치는 미노스 인이 그리스의 일부를 지배할 때 세운 궁전의 위치와 같았다.

52.   한 사회의 모든 신을 모시는 제신전(諸神殿), 즉 만신전(萬神殿)

카이아적인 동시에 미노스 이후의 것이고 그 신들에 밀려난 옛 신들에서는 미노스인이 섬기던 신의 반영조차 찾을 수 없다[53]. 튜턴족의 예[54]에서와 기독교가 오딘 및 에기르 숭배와 달랐던 것에서 보듯이 만족이 쇄도했을 때 미노스 사회에 모종의 세계교회가 있었다면 그것은 올림포스의 만신전 숭배와는 달랐을 것이 명백하다. 다음으로는 미노스 사회 세계교회의 존재에 대한 드문 증거 중에서 해석이 어렵지만 직접적인 증거인 고고학적 발견에 주목하는바, 〈Evans, Sir Arthur〉는 거기에서 놀란 만한 결론을 도출했다. 그것은 그것이 정신적인 요소가 우세하고 개인적인 면이 강한 일신교적인 종교로서 그 신앙은 기독교와 이슬람교의 그것과 유사하되 그리스적인 것과는 거리가 멀며 '네스토르의 반지'에 있어서 여신의 머리 위에 있는 번데기와 나비가 부활과 재생을 상징한다는 것이다. 그리고 그 여신은 사회 공통의 최고의 신이자 모습을 바꾸어 끊임없이 나타나는 보편적인 신으로서 신자 가까이에 있으되 저승에서도 신자를 수호한다는 것이다. 그것은 미노스의 예술에서 아기를 찬양하는 신성한 어머니로 나타나 있는데 그리스의 문학에는 그들이 사후의 생활을 믿었다는 사실에 대한 다른 증거가 있다. 문학의 예를 들면 「오디세이」에서 엘리시움(Elysium)에서의 생활을 말한 것은 호메로스가 통상적으로 하데스(Hades)에서의 사후의 생활을 말하는 것과 모순되는 것[55]이다. 그리고 헬레닉 사회의 전설은 〈크레타 섬의 제우스〉에 관한 것을 보존하고 있는데 그것은 〈올림포스의 제우스〉와 동일한 신이 아니다. 그것은 습격하여 왕국을 빼앗아 길이 행복하게 통치하는, 한창

---

53. 그리스 신화의 크로노스와 타이탄은 제우스와 올림포스의 신들을 과거에 투영한 것일 뿐이다.

54. 튜턴족은 고유의 종교를 그들 대부분이 민족이동을 시작하기 전에 로마제국 북변의 무인지대에서 포기했고, 스칸디나비아에 머물며 고유의 종교를 유지·발전시킨 그들의 동족도 이후의 민족이동 중에 그것을 포기했다.

55. 엘리시움은 선인(善人)이 사후의 삶을 사는 곳이고 하데스는 지하세계. 전자의 그림자 같은 세계는 민족이동 중인 만족의 무상한 삶을 재현한 것인 반면 후자는 축복받고 교양 있는 해양민족으로서의 미노스인이 자기들의 세계가 완전하게 되었을 때의 이상을 표현한 것이다.

나이의 완전무장한 전단의 수장이 아니라 갓난아기로서 님프의 양육을 받아 야수의 젖을 빨며 또한 탄생했으되 곧 죽는 존재이다. 여기에서 우리는 다음과 같은 의문을 품게 된다. 그의 기장(旗章)은 양날의 도끼[56]였고 그의 삶과 죽음은 디오니소스[57]의 그것에 재연되어 있는 것일까? 그리고 고전 그리스의 신비교(神 祕敎)는 근대의 마술과 마찬가지로 지평선 너머로 사라진 사회의 종교적인 잔존 물일까?

서구의 종교사에 대해 하나의 상상을 해 보자. 만약 기독교 세계가 바이킹에 정복되고 그 지배에 들어 그들의 신앙으로 개종했다면 〈에기르〉를 숭배하는 사 회의 지하세계에서 수 세기에 걸쳐 그 미사의식(Missa儀式)이 신비적으로 행해졌 을 것이지만 그 사회가 성장했을 때 개종자는 스칸디나비아 민족이동의 유산 인 그 종교에 만족할 수 없어서 정신생활의 새로운 떡을 갈구했을 것이다. 그리 고 이러한 정신적인 기근에 즈음하여 그것이 땅속에 묻혀있던 보물로서 재발 견되고 더하여 어떤 종교적 천재가 기독교의 의식에 핀인이나 마자르인으로부 터 전해진 의식(儀式)[58]을 이국적으로 결합하여 그 요구에 부응하게 했을지도 모 른다. 우리는 이 가상(假想)된 서구의 종교사에서 유추하여 헬레닉 사회의 종교 사를 전통적인 엘리우시스의 신비교 의식의 부활에 이어 트라키아의 디오니소 스 축제와 미노스 신비교[59]가 혼합된 오르피즘[60]이 탄생했다는 것으로 재구성

---

56. 미노스 세계 어디서나 볼 수 있는 종교적 상징.
57. 트라키아의 신으로서 헬레닉 사회의 역사 과정에 있어서 '엘레우시니아 신비교'의 신과 동일시되 었다. 엘레우시니아 신비교는 엘레우시스에서 '데메타 여신'의 제전으로서 신비적인 의식을 격년 으로 거행했다.
58. 서구사회에서는 이 옛 종교의 잔재가 허망한 마술로 치부되어 일소되었다.
59. 신의 아들 〈자그레우스〉의 탄생과 죽음 및 부활을 주지(主旨)로 함.
60. 오르페우스교. 윤회와 응보를 믿는 신비적, 밀교적인 종교로서 불교에 영향을 끼친 듯함. 본문에 는 '종교적 천재에 의해 창조된 사변적인 종교'로 되어 있음. 이 운동에 기인하여 BC 7~6세기에 헬레닉 사회에서 일어났다는 종교 부흥에는 전통적으로 크레타의 예언자인 〈크노소스의 에피메 니데스〉가 결부되는데, 그는 '죽어서 부활하는 미노스에 있는 제우스의 기둥'에 대한 믿음에 분개

할 수 있다. 고전시대의 헬레닉 사회가 필요로 했지만 판테온 숭배에서 얻지 못한 정신적인 양식을 엘레시우스 밀의교와 오르피즘 교회가 제공한 것은 명백한 것인데, 올림포스 신앙에는 존재하지 않으나 그 두 종교가 함께 가졌던 중대한 요소는 초월적이고 피안적(彼岸的)인 정신이다. 그것은 사회의 청춘기와 성장기가 아니라 동란시대에 생기는 종교에 당연히 존재할 것으로 기대되는 정신인 동시에 우리가 쇠퇴 중인 사회의 내적 P가 창조하는 세계교회의 특징이라고 인정한 정신인데, 이것은 대승불교와 가톨릭 교회 및 이슬람교에서 이미 검토한 것이다. 그리고 이들 교회는 번데기로서 새로운 사회에 봉사되어 거기에 이 중요한 요소를 남겼는데, 이로써 그 임무를 수행하기 위해 출현한 것처럼 보이는 교회에 의해 생겨나는 다른 사회에 같은 종교적인 요소가 전해지는 것을 볼 때 이 오르피즘 교회가 옛것인지 아니면 새로운 것인지를 생각하지 않을 수 없다. 여기서 싹튼 씨는 새로 뿌려진 것이 아니라 오랫동안 묻혀있던 것이 적당한 때에 싹튼 것인지도 모른다. 그것은 죽은 왕들과 함께 오랫동안 이집트의 모래 속에 묻혀있던 씨앗이 영국에서 싹튼 것과 닮지 않은 것도 아닌바 이슬람교 시아파 신앙의 부활[61]이 그렇고 마니교의 재현(再現)[62]도 그런 것이라고 생각된다. 이러한 점에서 유추하여 고대 밀의교나 오르피즘 교회 안에서 헬레닉 사회가 무덤으로부터 불러낸 미노스 세계교회의 망령을 보는 것은 환상이 아니다. 이것

하여 「미노스」라는 시에서 동포인 크레타인을 매도했다. 그것이 〈디도서 1:12〉에 "그들 가운데서 난 예언자가, 그레데 사람은 언제나 거짓말쟁이요 악한 짐승이요 배만을 위하는 게으름뱅이라 하니"라는 말씀으로 기록되었다. 헬레닉의 종교 개혁자들은 그 기둥을 무덤으로 오해했으나 실제로는 베텔, 즉 신이 거하는 장소였다.

61. 시아파 신앙은 부와이 왕조, 카르마트파, 파티마 왕조와 함께 시리악 사회의 무덤에 파묻힌 지 4~5세기 후에 이란 사파비가의 이스마일 왕에 의해 부활되었다.

62. 마다우라의 아우구스티누스 시대 이후로는 거의 그 소리가 들리지 않게 되었던 마니교는 〈아시시의 성 프란체스코〉 시대에 Catharism의 형태를 본떠 은밀하게 재생한 것으로 여겨진다.
※ 카타리즘-중세 기독교에 있어서 아르비파 등 11~12세기에 남구(南歐)의 여러 나라에서 발흥한 이원론적인 이단의 총칭. 초기 마니교의 흐름을 흡수한 것으로 인정된다.

이 헬레닉 사회가 미노스 사회에 대해 자(子)의 관계에 있다는 증거지만 이것을 정당화하려면 그 교회는 멸망당한 것이 아닌 이상 부활할 필요가 생긴 이유가 무엇이었는지를 밝혀야 한다. 헬레닉 사회는 종교적인 필요 때문에 호메로스의 시에 반영되어 있는 판테온을 종교의 고전적인 형태로 받아들여야 했는데 그러기 위해서는 아카이아인을 자기들의 양부모(養父母)로 인정해야 했다. 그에 있어서 문제는 아카이아인의 침략 파괴 살인 등의 이력이었는데, 문명화의 도상에서 그것을 옹호하거나 묵과할 수 없었던 그들은 부득불 아카이아인을 단죄할 수밖에 없었다. 그것은 곧 스스로 모(母)를 살해하는 것이었으나 판테온에 종교로서의 수월적(秀越的)인 요소[63]가 없었음으로 인해 고심하던 그들은 상기한 미노스 사회의 사라져간 종교에서 그 두 문제를 해결하는 방법을 찾았다. 이것이 바로 그 재생(再生)의 이유이자 두 사회가 모자관계에 있다는 증거인 것이다.

그러면 미노스 사회는 자사회로서 헬레닉 사회만 낳았을까? 먼저 가까운 곳에서 시작하여 앞에서 찾아낸 시리악 사회의 배경을 돌아보면 거기에 세계교회의 증거는 없지만 위와 같은 세계국가와 민족이동이 있었음을 알 수 있다. 도리아인에게 쫓긴 아카이아인과 미노스인은 난민의 혼합 군중을 이루어 아나톨리아에서 핫티제국을 무너트리고 이집트 신제국을 습격했다. 이것은 그 침공을 막아낸 이집트의 기록이지만 어쨌든 그들의 일부는 핫티제국의 서남해안, 즉 후에 헬레닉 사회의 본고장의 일부가 된 아이올리스와 이오니아에 정착했다. 이집트에서 쫓겨난 일부는 훗날 시리악 사회 본고장의 일부가 된 Phillistia에 정주(定住)했는데, 그들은 해안과 내륙평지와 산악지대의 경계선에서 히브리유목민[64]과 만났다. 또 그 위의 지역과 레바논 산맥 남쪽에 정주한 페니키아인은 필리스티아에 정주한 자들이 배로 이동한 것으로 인해 충돌을 면했고 비슷

---

63. 탄생, 죽음, 부활 등 초월적이고도 피안적인 정신.
64. 이들은 당시에 출애굽하여 이집트의 속령(屬領)이었던 시리아의 무인지대를 떠돌고 있었다.

한 시기에 남쪽으로 이동 중이던 아람 유목민의 침입을 레바논 산맥이 막아 주었으므로 무사할 수 있었다. 그리하여 아카이아인과 도리아인이 촉발한 대 동요(動搖)가 진정됨에 따라 그 일대에서 위 네 종족이 주도하는 시리악 사회가 출현하기 시작했던 것인데 그 사회가 어떤 선행 사회와 관계되어 있다면 그것은 미노스 사회이다. 그 관계는 미노스 사회에 대한 헬레닉 사회의 관계 그 이상도 아니고 그 이하도 아니었는데, 시리악 사회는 미노스 사회로부터 〈표음문자〉와 〈원양항해(遠洋航海)의 취미와 기술〉을 계승했고 종교적으로도 직접적이거나 헬레닉 사회를 통한 영향을 받았을 것이다. 이에 대해 시리악 사회의 세계국가는 이집트 신제국이고 유대인의 유일신 사상도 이집트에서 유래한 것이라는 반론[65]을 제기할 수 있으나 그런 관계를 정당화하는 증거는 없고, 미노스 이후의 민족이동에 앞선 2세기 동안 이집트와 시리아의 지배권을 다툰 아나톨리아의 핫티제국이 대표하는 사회도 그런 증거를 가지고 있지 않다. 거슬러 올라 시리아를 수 세기 전에 지배한 수메르-아카드 제국[66]이 대표하는 사회도 이후에 이집트와 히타이트에 정복되었는데 그 문화와 언어를 살펴보면 거기에도 그런 증거는 없다. 함무라비 사후 700년까지도 동남아시아의 외교와 통상에 있어서의 국제어였던 설형문자를 사용하는 아카드어는 시리아의 역사 위에 드리운 암흑이 걷히자 시리아에서 사용되었다는 흔적도 남기지 않은 채 표음문자[67]로 바뀌

---

65. 이 반론은 당시에 이집트가 시리아 지역을 지배했고 히브리인은 400년간 이집트 땅에서 살았으며 이집트에서 〈이크나톤의 일신교〉가 발현했었다는 사실을 근거로 삼고 있을 것이다.
    ※ 이크나톤-이집트 제18왕조의 왕으로서 BC 1375~58년간 재위한 〈아멘호텝 4세〉의 별칭. 이집트의 성기(盛期)에 즉위하여 철저한 종교개혁으로 유일신 신앙을 확립하려고 했으며 이집트 역사상 최초로 개성을 발휘한 인물로 인정되고 있다.
66. 〈Ur-Nammu〉가 우르 땅에 세운 수메르 왕조(BC 2295~2180년)에 의해 건설되어 〈함무라비, BC 1947~05년〉의 시대에 바빌론의 아모리 왕조에 의해 재건되었다.
67. 연구자들은 고고학자들이 발굴한 미노스 문자를 표음문자의 효시(嚆矢)로 여기고 있다.

었고 그처럼 오래 계속되었던 문화적 각인(刻印)[68]도 깨끗이 사라졌다. 미노스 사회의 영향이 지배적이었던 것이다.

(8) 수메릭 사회

앞에서 헬레닉 사회와 시리악 사회의 공통의 모(母)인 미노스 사회를 찾을 때 하나의 착시현상으로서 수메르-아카드 제국이 시리악 사회를 낳은 사회의 세계국가였다고 생각하게 하는 요인이 있었다. 그것이 사실이 아님을 밝혔지만 그로 인해 우리는 그렇다면 수메르-아카드 제국이 대표하는 사회는 무엇이고 그 자사회가 있다면 그것은 무엇일까?라는 의문을 품게 된다. 이에 대하여 우리는 인도사회의 베다 신앙도 헬레닉 사회의 올림포스 신앙과 같이 민족이동을 단행한 만족에게서 유래했다는 단서를 가지고 있는데, 그것은 민족이동이 일어나려면 몰락하여 그 통로를 마련해 주는 세계국가가 있어야 한다는 공식에 따라 그와 관계있는 세계국가의 실체를 밝히는 데 도움이 된다. 인도에서의 민족이동은 헬레닉 사회의 여명기(黎明期)에 에게해 지역에 나타나 미노스 해양제국을 붕괴시킨 아카이아인과 같은 성격을 가지고 인도 서부에 나타난 아리아인의 이동이었다.

아리아인의 인도-유럽어가 유럽과 인도 및 이란에 분포한다는 사실은 우리로 하여금 아리아인이 유라시아 스텝에서 발하여 옥수스 강과 약사르테스 강을 건너고 힌두쿠시 산맥을 넘어 인더스 강과 갠지스 강 유역에 이르는 경로를 통해 인도로 들어갔음을 알게 한다. 그 길은 박트리아의 그리스인(BC 2세기)과 쿠샨인(1세기) 및 가즈나의 마흐무드와 페르가나의 바부르 등이 인도로 침입할 때 (11~16세기) 걸었던 길이다. 이집트의 기록은 아리아인은 기원전 20세기 초에 대

---

68. 그 문화는 전성기에 그 세계국가 권역의 모든 국민 및 이라크 문화 발상의 본고장 밖에 있는 모든 나라에 깊은 각인을 남겼고, 이집트의 기록에 의하면 BC 16~13세기에 시리아인의 풍습과 습관에 깊이 새겨져 있었다. 이 각인은 그처럼 오래 지속되었음에도 최초의 시리악 사회가 희미하게 관련되었던, 수메르-아카드 제국을 세계국가로 하는 사회에도 재현되지 않았다.

초원에서 출발한 후 둘로 나뉘었고 그 일파가 남서향하여 이란과 이라크를 거쳐 시리아로 들어가 기원전 17세기 초에 이집트로 밀어닥쳤다고 밝히고 있다. 우리는 그로부터 3000년 후에 일어나 그 내용이 비교적 잘 알려진 튀르크족의 이동이 같은 경로로 이루어졌음을 알고 있으므로 그것을 조사하면 아리아인의 민족이동에 대해 좀 더 많은 것을 파악할 수 있을 것이다. 튀르크족은 11세기에 아리아인과 같은 곳에서 출발하여 같은 동남향로(東南向路)로 이동했다. 그중의 일파인 셀주크 튀르크족은 11세기에 옥수스 강에서 지중해와 흑해로 진출하여 첫 십자군을 촉발시켰고, 살라딘 제국[69]에 복종했던 튀르크족 맘루크 전단은 13세기에 살라딘의 이집트 지배를 종식시키고 이집트와 시리아에 대한 지배를 확립했다. 이집트인은 3000년 전에 똑같이 이집트로 밀어닥친 아리아 만족(蠻族)의 영장(領將)들을 힉소스[70]라고 불렀는데, 이들의 제국은 살라딘 제국처럼 단명했지만 광대한 지역[71]을 지배했다. 힉소스 왕조는 그 지배를 받다가 이집트 신제국을 건설한 토착 군주국에 의해 기원전 1580년경에 축출되었으나 시리아에서는 아리아인의 군소 군주들이 힉소스 제국의 영토를 계승하고 아리아적인 요소를 계속 유지했다는 증거[72]가 있다. 인도로의 경로를 보면 시리악 사회의 외적 P였던 당시의 튀르크인은 바그다드의 아바스조 칼리프국[73]이 몰락하자 그 버려진 땅을 차지하려고 인도로 쇄도했는데, 몰락한 그 세계국가의 인

---

69. 이슬람교도 살라딘이 이집트에 건설한 아이유브 왕조의 살라딘 제국으로서 십자군을 격파한 후 예루살렘을 회복하고 3차 십자군과 화평을 맺은 대국이었으나 단명(1169~93년)했음.

70. 혼합의 무리.

71. 이집트와 시리아 및 메소포타미아.

72. 재산의 일종으로서 '양성된 노예'를 뜻하는 튀르크어의 Mamluks가 아리아어 Maryanni로 계속 사용된 것, 위의 군소군주들이 계속 아리아적인 명칭으로 불린 것, 메소포타미아 미탄니의 왕국들이 〈미트라, 바루나, 인드라, 나사티야〉 등 아리아의 신을 숭배한 것 등.

73. 시리악 사회 최후의 단계에서의 세계국가로서 트란스옥사니아에서 이집트까지의 영토 및 인더스 강 유역의 영토를 가지고 있었다.

도 지역에는 해안에서 물탄 이북의 지역으로 뻗어 있으되 트란스옥사니아로부터 힌두쿠시 산맥을 넘는 통로가 있었다. 그리하여 튀르크인의 물결은 몰락한 세계국가로부터 모든 방향으로 퍼져나간 것인데, 여기서 주목할 것은 기원전 21세기에 형성된 서남아시아의 정치지도(政治地圖)가 튀르크족이 이동하던 때의 그것과 매우 유사하다는 사실이다. 그것은 그곳에 수도는 이라크에 있고 영토는 바그다드의 아바스조 칼리프국에 필적하는 세계국가가 있었음을 의미하는 것이다. 그것이 바로 수메르-아카드 제국인바 앞에서 기술한 이 일명 사계제국(四季帝國)은 기원전 1905년에 재건자인 함무라비의 죽음으로 붕괴를 맞이했고 이후 이집트 신제국이 건설될 때까지 그 시리아 지역을 힉소스인이 지배했던 것이다. 이것은 힉소스 제국이 수메르-아카드 제국의 시리아 지역 후계국가였다는 뜻인데 이 사실에 비추어보면 아리아인은 시리아와 이집트로만이 아니라 인도로도 이동다고 생각할 수도 있다.[74] 이에 대해서는 상술(上述)한 바와 같이 수천 년을 격리하는 두 제국의 판도에 있어서의 유사성 외에도 수도의 유사성과 고고학적인 증거가 있다. 판도로 보면 수메르-아카드 제국의 우르와 바빌론[75]은 각각 유프라테스 및 티그리스 강 유역과 그 만구(灣口)에 위치했다는 점에서 아바스조 칼리프국의 바스라 및 바그다드와 닮았다. 고고학적인 증거는 인도의 모헨조다로와 하라파[76]의 고대 유물이 수사와 우르의 그것과 유사하다는 것인데 이에 따르면 모헨조다로 사회의 존속기간은 기원전 3250~2750년으로 비교적 길다. 그것은 사회 간의 교류에 있어서 거기에 문화적 동질성이 있고 그 중 우세한 사회가 세계국가를 건설하면 다른 사회는 그 속령이 된다는 상정을

---

74. 이것은 튀르크족이 인도로 침입한 것은 그곳에도 몰락한 아바스조 칼리프국의 영토가 있었기에 가능했다는 사실에 의해 지지된다. 그리고 아리아인의 다른 일파는 시리아와 이집트로 침입하여 힉소스라는 별명을 얻었다.

75. Monhenjo Daro와 Harappa. 이들은 수메르-아카드 제국의 초기 및 후기의 수도였다.

76. 전자는 인도의 북서 인더스 강 하류의 신드에, 후자는 펀자브 지방에 위치한다.

가능하게 한다. 더하여 아바스조의 영토는 페르시아만을 지나 티그리스-유프라테스 강 하구까지 해로로 이라크에 있는 그 칼리프국의 정치적 중심지와 연결되어 있었다는 영토지리적인 특성과 페르시아인이 페르시아만을 주름잡던 해양민족이었다는 사실은 우리로 하여금 다음과 같이 추측할 수 있게 한다. 그것은 수메르인은 페르시아만에서 출발하여 인도양을 탐험하고 인더스강 델타지대를 발견한 후 거슬러 올라 자기들의 본거지와 닮은 곳에 식민함으로써 해외에 새로운 터전을 마련했다는 것이다.

이로써 아리아인의 시리아와 이집트 및 인도로의 민족이동과 그에 앞선 수메르인의 인도로의 진출을 밝혀냈는데, 위의 상상과 추측이 맞는다면 우리는 아리아인의 민족이동과 베다교의 창시는 수메르-아카드 제국이 몰락한 후의 공백시대에 발생한 사건이고 인도사회는 그 제국이 속했던 사회에 대해 자의 관계에 있다고 확정할 수 있다.

지금까지 베다 신앙을 단서로 인도사회의 배경에 존재했을 어떤 사회에 대한 증거들[77]을 살폈는데, 더하여 그것을 바탕으로 그 전에 있었을 동란시대 및 성장과 창조의 시대를 확인하고 그 실체를 찾아서 이름을 붙일 수 있을 것이다. 우리는 우선 그 사회의 동란시대를 대체로 잘 알려져 있는 수메르 제국 및 아카드 왕조의 군국주의를 살피는 것으로 확인할 수 있다. 라가시 왕국의 〈우르카기나〉는 민중혁명을 주도하여 여러 지방의 사제계급을 몰아내고 권력을 장악했는데, 그를 타도하고 두각을 나타낸 것은 움마의 〈루갈자게시, BC 2677~53〉였다. 그는 〈에레크-우르크〉와 함께 수메르 제국의 대표적인 군국주의자였는데 그 둘을 타도한 것은 아카드 왕조의 군국주의자였던 〈사르곤, BC 2652~2597〉이었다. 〈나람신, BC 2572~17〉은 선조인 사르곤과 더불어 아카드 왕조의 위대한 정복자로 알려져 있다. 이러한 사실들은 그 사회의 동란시대

---

77.   수메르-아카드 제국이라는 세계국가, 아리아인의 민족이동, 세계교회로서의 베다 신앙 등.

를 말하는 것인바 실제로 그 사회의 지방 국가들은 상호적인 투쟁을 거듭하다가 피폐해져서 그들의 본거지[78]가 구타이 만족[79]에게 짓밟혔고 그 이후에 세계 국가[80]가 출현했다. 더욱 과거로 올라가면 이 사회에는 위의 라가시와 움마 외에도 여러 도시국가가 상쟁하고 있었으나 그것이 군국주의와 파괴적인 것으로 되기 전에는 성장과 창조의 시대가 있었다. 〈수메르-아카드〉라는 용어는 그 사회가 기원과 언어를 달리하는 두 민족의 합성체였음을 말해 주는데, 언어의 차이를 분석하면 거기에 수메릭적인 요소가 더 강하다는 사실을 알 수 있다. 아카드어는 세미어족(細美語族)의 언어인 반면 수메르어는 그것과는 완전히 다른 교착적(膠着的)인 구조의 언어이다. 그리고 수메르 말만이 아니라 아카드 말로도 쓰여 있는 설형문자를 세밀히 검토하면 그것은 원래 수메르 말을 전달하기 위해 발달되었으나 후에 아카드 말에도 적용되도록 개변(改變)된 것임을 알 수 있다. 더하여 거슬러 올라가면 아카드어는 사라지고 성장시대에는 수메르어만 남으므로 언어적 주체는 수메르이다. 그러므로 우리는 이 사회, 즉 인도사회의 모사회를 〈수메릭 사회〉라고 명명(命名)한다

(9) 히타이트 사회

우리는 앞에서 창조와 성장기의 인도 베다 신앙이 민족이동으로 인한 외래적인 인스피레이션에 의한 것이라는 사실을 단서로 아리아인의 민족이동을 추적하여 인도사회의 모사회인 수메릭 사회를 찾아냈는데, 그 사회의 공백시대[81]에는 아리아인의 이동[82] 외에도 다른 두 민족이동이 있었다. 수메릭 사회는 긴 역

---

78. 이라크의 본거지이다.

79. 이란고원의 구릉(丘陵)지대를 본거지로 했던 만족.

80. 앞에서 언급한 〈Ur-Nammu〉의 〈수메르-아카드 제국〉

81. 그 사회의 마지막인 것으로서의 '수메릭 세계국가'가 함무라비의 사망으로 인해 몰락함으로써 생긴 공백시대.

82. 아리아족이 유라시아 스텝에서 시리아 및 인도에 이르는 길로 분산한 것.

사에 걸맞게 그 문화를 서로는 아라비아 사막을 돌아 시리아로, 남동으로는 페르시아만을 지나 인더스 유역으로, 북동으로는 이란고원을 넘어 트란스카스피아까지 전파시켰고 그에 더하여 북서로 타우루스 산맥을 넘어 아나톨리아 고원의 동단[83]까지 전파했다. 그곳에서 출토된 고고학적 증거는 아시리아 정권의 상업용 식민지가 그곳에 있었음을 말해 주는데, 그곳의 통치자와 상인 사이에 분쟁이 발생하자 〈사르곤〉이 기원전 27세기에 상인들의 요청으로 그곳으로 진군했다는 것은 알려진 사실이다. 이어서 그곳을 지배하던 함무라비의 수메릭 세계국가가 무너지자 그 카파도키아의 영토는 북서쪽 국경 밖의 무인지대에서 쇄도한 만족이 점거했고, 그 방면의 주요 만족 후계국가였던 핫티의 〈무르실 1세〉는 기원전 1750년경에 바빌론에까지 침입하고 약탈하여 함무라비 왕조에 최후의 일격을 가했다. 그 무르실 1세가 귀환하자 이라크에 생겨난 정치적 진공상태를 채운 캇시인 만족[84]은 기원전 1749년부터 1173년까지 바빌론을 지배한 왕조를 건설했다. 이 두 민족이동에 대한 이집트의 기록은 서남아시아에서 새로이 생겨난 사회를 감지하게 한다. 위 두 만족에 의한 이중의 재액은 그 지역에 암흑을 초래했는데 그것을 제거한 것은 이집트 신제국의 〈토트메스 3세, BC 1480~50〉였다. 기록에 따르면 그는 수메릭 사회의 구토(舊土)로 침입하여 수메르-아카드 제국의 영토인 시리아권의 카파도키아와 무인지대였던 아나톨리아를 정복했다. 그 후 기원전 14세기에 이집트가 이 지역에 대한 지배력을 상실한 때부터 이 두 지역을 중심으로 새로운 사회가 출현하기 시작했는데 그것은 어떤 사회였을까?

그 사회는 수메르-아카드 제국의 문물을 전폭적으로 수용했지만 그 두 사회의 모자관계에 대한 증거는 없다. 그 사회는 수메르-아카드 제국의 점법(占法)을

---

83. 이곳은 뒤에 카파도키아로 명명되었다.

84. 이들은 그 제국의 북동국경 밖에 있는 이란고원 주변의 무인지대에서 침입했다.

답습했으나 그것은 종교가 아니라 일종의 마술로서 그 내적 P의 원시적인 미신을 어설프게 가다듬은 것에 지나지 않는다. 그 사회의 신에 대한 묘사나 예배 양식을 보면 수메르-아카드 제국에서 유래한 것은 없는바 그것은 토착적인 것이거나 침입한 만족의 것 또는 양자의 혼합 내지는 융화에 의한 것일 것이다. 그리고 그 사회에는 언어를 달리하는 여러 지방 국가가 있었음이 밝혀졌는데, 처음에는 아카드 말과 설형문자를 사용했으나 후에는 적어도 다섯 종에 달하는 방언에 쓰이도록 그것을 개수(改修)했고 각 지방 국가는 자국어 문학을 발달시키려고 수메르-아카드의 작품을 번역하기도 했다. 그리하여 여러 지방의 속어가 그들이 고안한 그림문자로 상통하게 되었을 때 새로운 사회를 위한 문학적 독립이 완성되었던 것인데 그 중 최고(最古)의 언어인 Khatti-Li어는 지금까지 알려진 어떤 언어와도 근친성이 없다. '핫티'라는 이름은 기원전 15세기 초에 세력을 확장하여 Khattusas(핫투사스), 즉 지금의 Boghazkiöi(보가즈키외이)를 수도로 하여 그 사회를 지배한 지방 국가에서 따온 것으로서 바로 성서에 '헷족속'으로 기록된 히타이트(Hittite)의 원형이다. 그러므로 이 핫티제국이 주도권을 행사한 지역의 모든 국가와 모든 국민 및 그 언어를 포함하는 사회의 이름으로는 〈히타이트 사회〉가 가장 적합하다.

이 히타이트 사회의 종말은 어떠했으며 과연 자(子)에 해당하는 사회를 남겼을까? 그 사회를 주도한 핫티제국은 그 사회의 운명을 결정했다. 이집트 신제국은 〈아멘호텝 4세, BC 1370~52〉 때 시리아에 대한 지배력을 상실했고 〈숩빌류루마〉[85]는 그 혼란에 편승하되 무력과 온갖 기만을 교묘히 사용하여 시리아 북부와 메소포타미아의 미탄니 왕국에 대한 지배권을 장악했다. 그러나 그것은 이집트와의 파멸적인 전쟁을 초래했는데 후계자들이 떠안은 치명적인 유산으로서의 그 전쟁은 약세였던 핫티제국에 더 큰 타격을 주어 그 사회를 오랫동

---

85. 핫티제국의 왕, 재위 BC 1380~64.

안 괴롭혔다. 양국은 기원전 1278년에 시리아를 분할하는 조건으로 정전(停戰)했으나 제국주의의 습성을 버리지 못한 핫티제국은 곧바로 아나톨리아 서부를 정복했다. 그러나 그 무모한 모험은 미노스 이후의 민족이동을 초래했는데 핫티제국은 그 파도에 밀려 분쇄되고 그 사회도 폐허에 묻혀버렸다. 그리고 그 사회의 피난민은 헬레닉 사회와 시리악 사회라는 새로 태어나는 요람 사이의 아늑한 은신처로서 시리아 북부와 킬리키아에 식민지를 건설하여 명맥을 유지했으나 그것도 5세기 후의 잘못된 선택으로 끊어져 버렸다. 그들은 페니키아인과 그리스인이 지중해에 대한 패권전쟁을 벌이자 그 경쟁에 참가하여 에트루리아에 새 식민지를 건설했으나 그 작은 성공은 그들이 헬레니즘에 동화되는 시작에 지나지 않았고 그 사회의 아시아 지역도 아시리아인과 아람인에 의해 시리아권에 편입되었다. 그리하여 수메르-아카드 제국의 유허(遺墟)에서 모사회 없이 출현한 히타이트 사회는 성숙하지도, 자사회를 남기지도 못하고 사라져 버렸다.

(10) 바빌로닉 사회

우리는 수메릭 사회의 인도로의 확장과 아리아족의 민족이동으로 인도사회가 출현한 것에 더하여 다른 민족이동의 결과인 핫티제국과 캇시트 왕조를 고찰했고 그를 통해 수메릭 사회는 몰락하면서 자사회인 인도사회와 성숙하지 못한 히타이트 사회를 출현시켰음을 확인했다. 그러면 그 수메릭 사회의 본토는 어떻게 되었을까? 그곳에서는 히타이트 사회와 어깨를 나란히 하여 바빌로니아 아시리아 엘람 등으로 구성된 사회가 출현했다. 이 사회는 수메릭 사회와의 관계가 매우 밀접했지만 시리악 사회의 세계국가인 아케메네스 제국에 흡수되어 자사회를 남기지 못하고 소멸되었으므로 수메릭 사회의 잔존물로 여겨진다. 그러나 여기에서는 그것을 기원전 15세기에 이라크 땅을 영유한 이 사회를 〈바빌로닉 사회〉라고 명명해 두자.

이 사회는 수메르-아카드 제국의 붕괴에 즈음하여 수메릭 사회로부터 약간의 변화를 시도했다. 그 결과로 정치에 있어서는 독립적인 도시국가 체제에서 벗어나 좀 더 크고 강한 나라들이 출현했고 언어에 있어서는 바빌로니아와 아시리아에서 아카드 말이 공용어로 쓰이기는 했으나 활어(活語)였던 수메르어는 사라졌으며[86] 엘람의 정치적 독립에 이어 엘람 말도 일상 용어로서의 지위를 회복했다. 이런 변화에도 불구하고 종교는 실질적으로 동일했는데 바빌로닉 사회의 종교는 프롤레타리아트의 종교가 아니라 지배자의 종교로서 수메르-아카드 제국의 국가종교와 동일했다. 다른 사회에서 발현된 내적 P의 종교적 정신과 근사하지만 그 종교의 두 특징인 탐무즈 숭배와 회개시편(悔改詩篇)도 새로운 종교운동으로 볼 수는 없다. 여러 곳에서 탐무즈, 앗티스, 아도니스, 오시리스 등 비슷한 숭배가 나타나는 것은 수메르인의 신앙이 아나톨리아와 시리아 및 이집트로 전파되었기 때문이고 신의 수메르어 표기인 〈Damu-zi〉가 〈성실한 아들〉을 뜻한다고 해서 탐무즈 숭배를 동란시대 수메릭 사회 내적 P의 종교라고 생각할 수도 없다. 그것은 식물신화였던 탐무즈-이스타르 신화가 성신신학(星辰神學)에 들어가 신의 아들이라는 관념을 형성시킨 이후 여러 종교가 그 영향을 받은 것이라고 생각해야 한다. 올림포스의 판테온과 마찬가지로 바빌로니아의 판테온도 당시 수메릭 사회의 지배적 소수자의 생활과 인생관을 반영한 것이며 신들의 관계는 정치적인 사실을 신학적인 용어로 변환시킨 것에 지나지 않는다. 동란시대의 수메릭 사회는 벨[87]은 자기의 신전을 지배하는 나라를 모든 사회의 정치적 지배자로 삼는다는 것을 믿고 지켰다. 수메르-아카드 제국의 바빌로니아판 수메릭 사회는 정치적으로 〈바빌론에 수도를 둔 세계국가〉였으므로 〈바

---

86. 수메르의 말은 사라졌으나 기록 수단으로 여전히 사용된 아카드어는 수메르 말의 고전적인 배경을 알아야 사용할 수 있었으므로 아카드 말과 설형문자는 사어(死語)로서 계속 연구되었다.

87. 니푸르의 주신(主神)인 엔릴.

빌론의 마르둑〉을 모든 지방 신의 수위(首位)에 두었고 〈함무라비〉를 이은 〈삼수일루나, BC 1904~1867〉의 시대에는 정치적 현실을 반영하여 마르둑을 엔릴과 동일시했다. 그 사회는 기원전 15세기에 아시리아와 바빌로니아 및 엘람으로 분립되었으나 종교는 정치적인 필요에 따른 사소한 변경[88]이 있었을 뿐이다. 바빌로니아와 아시리아의 종교는 실질적으로 동일했으며 그것들은 공히 그 세계국가 최후 단계의 종교와 동일했던 것이다.

이 사회의 종말을 보면 그것은 하나의 불길한 사태로서 아시리아의 군국주의가 일어난 것에 기인했다. 수메르-아카드 제국의 몰락으로 말미암은 아리아인 히타이트인 캇시인 등 만족의 난입(亂入)과 약탈은 거기에 압도당하지 않기 위한 초인적인 노력을 요구했다. 아시리아는 길게 지속된 그 시련을 극복하여 기원전 15세기에 미탄니의 지배로부터 벗어났고 기원전 11세기에는 드디어 확장 중이던 아람제국에 정면으로 맞서게 되었다. 그리하여 아시리아는 신생 바빌로니아 사회의 주도자로 성장했으나 그 오랜 시련을 극복하면서 어쩔 수 없이 군국주의에 빠졌다. 아시리아는 그 방법으로 모든 외세를 몰아내고 바빌론을 꺾은 데 이어 엘람까지 분쇄했으나 가지 말아야 할 길을 감으로써 그 보수와 형벌을 받았다. 앞에서 살핀 바와 같이 그 군국주의는 동란시대의 시리악 사회와 발생 중이던 바빌로닉 사회를 극심히 괴롭혔지만 가장 결정적인 피해를 끼친 것은 바로 자신이었다. 바빌로니아와의 간헐적인 투쟁은 백년전쟁에서 극에 달해 먼저 넘겨졌던 바빌로니아는 나중에 니네베를 영구히 소멸시켰다. 그러나 바빌로니아도 그 투쟁에서 힘을 소진했으므로 3/4세기만에 키루스[89]에 의해 정치

---

88. 각국에는 바빌로니아의 〈마르둑 벨〉 아시리아의 〈앗슈르〉와 같은 지방 신을 주신으로 하되 다른 나라의 신까지 모시는 만신전이 있었는데, 타국의 신은 명칭이나 교리 및 의식에 별다른 변경을 가하지 않고 자기들 신의 아래에 두었다. 바뀐 것은 바빌로니아에 카시트 왕조가 들어서자 〈마르둑 벨〉을 카시트어로 〈하르베〉라고 부른 것뿐이다.

89. 아케메네스 제국의 키루스 대왕. BC 538년에 침공하여 바빌론에 입성했다.

체제를 잃은 데 이어 기원전의 말엽에는 그 정체성도 상실했다. 아케메네스 제
국은 바빌론과 수사[90]의 지배를 받다가 수사에 이어 바빌론까지 타도했지만 그
종국적인 사명은 바빌로닉 사회가 아니라 시리악 사회를 위한 세계국가의 역할
을 하는 것이었다. 그리하여 바빌로닉 사회는 5세기에 걸쳐 차츰 시들어 가다
가 기원이 시작되기 전에 완전히 소멸되었다.

(11) 안데스 사회

지금까지는 소멸한 사회를 찾는 데 있어 현존 사회의 모사회, 근친관계, 유물
이나 화석 등을 조사했으나 이 항의 연구를 종결하려면 마지막으로 문학이나
고고학적인 자료에 흔적을 남긴 사회까지 검출해야 한다. 우리는 앞에서 시리
악 사회를 공통의 모로 하는 이란사회가 아랍사회를 합병함으로써 현존 이슬
람 사회가 형성된 사실을 알아냈는데, 스페인 정복자의 기록과 고고학적인 조
사에 따르면 신세계에도 16세기에 서구사회에 합병된 두 사회가 있었음을 알
수 있다. 스페인인이 그곳에 발을 디뎠을 때 그들은 두 사회[91]를 발견했다. 태평
양을 건넌 정복자들은 그 두 사회가 정복에 의해 소멸되려 할 때 원주민으로
하여금 그 역사를 기록하게 했으나 그것은 그 사회의 전모(全貌)를 밝히기에 충
분치 않았다. 그렇지만 우리는 가능한 모든 자료를 분석하여 압도적인 외래의
힘에 의해 급격하게 중단된 그 역사의 이력을 살필 수 있다.

정복자가 상륙했을 때 멕시코와 유카탄 반도에 걸친 사회는 세계국가가 형

---

90. 엘람의 수도.
91. 각각 〈멕시코의 여러 호수에 있는 분지에서 유카탄 반도에 이르는 중앙아메리카 지역〉 및 〈안데스
고원과 그 서사면(西斜面)에서 남미대륙의 태평양 연안 지역〉에 있었던 사회. 후자는 지금의 콜롬
비아에서 에콰도르와 칠레 북동부를 지나 아르헨티나 북서부까지의 좁고 긴 지역을 차지했으나
셀바스(북동부)와 캄푸스(동부) 및 팜파스(동남부)를 넘어 그 대륙의 동해안으로는 진출하지 못했
다. 이것은 인류가 처음에 아일랜드에서 아이슬란드와 그린란드를 거쳐 데이비드 해협으로 이어
지는 길이 아니라 유라시아 대륙 북동단의 시베리아 추코트 반도에서 베링 해협을 건너 아메리카
대륙의 동해안으로 이어지는 길을 걸었음을 말하는 것이다. 콜럼버스도 대서양이 아니라 태평양
을 건넜는데, 서구인이 대서양을 건넌 것은 그 후의 일이다.

성되려고 하는, 동란시대의 막바지에 있었고 남미대륙의 안데스 고원과 태평양 연안에 전개된 사회는 동란시대가 지나고 세계국가가 겨우 형성된 때였다. 후자의 세계국가였던 잉카제국은 그때에 이미 그 사회의 모든 타국을 일소하고 안데스 고원의 키토(Quito) 이북을 제외한 모든 땅과 모든 국민을 하나의 체제로 조직했다. 그러나 그 사회는 바로 그때 정복당해 스페인 페루 총독의 지배로 떨어졌는데 우리는 그 사회를 〈안데스 사회〉라고 명명할 수 있다. 그리고 전자의 세계국가로 예상되는, 테노크티틀란을 수도로 하는 아즈텍 제국은 아시리아에 못지않은 군국주의로서 1375년 이래로 유혈과 파괴를 자행하여 그 사회를 괴롭히고 있었다. 그때 스페인인은 아즈텍 제국을 멸망시키고 스페인의 멕시코 총독체제를 그 사회의 세계국가로 뒤집어 씌웠는데 우리는 이 사회를 〈중앙 아메리카 사회〉로 명명하고 다음 항에서 고찰할 것이다.

치무왕국[92]을 합병함으로써 명실 공히 세계국가의 지위에 오른 잉카제국은 스페인인에 의해 급격히, 폭력적으로 파국을 맞이할 때까지 약 100년 동안 안데스 사회의 세계국가로서의 지위를 누리며 그 기능을 수행했다. 치무와 나스카로 대표되는 그 사회는 문화적으로 우월했던 연안 저지대와 본래의 중핵이었던 내륙 고원지대로 이루어져 있었다. 전자에서는 안데스를 대표하는 문화가 1~5세기에 최고조에 달했는데, 고원지대를 평정한 세력이 쿠스코에서 잉카왕조를 창건한 것은 12세기 초였다. 창건자를 계승한 〈쿠로에 유팡키, 1140~1195〉와 〈마이타 카팍, 1195~1230〉은 본거지인 쿠스코에 티티카카호반의 분지를 더하고 페루 남단의 모쿠에추아까지 장악하여 제국의 기초를 다졌다. 이후로 300년에 걸쳐 세력을 강화한 군국주의는 〈잉카 파차쿠텍〉의 시대(1400~1430)에 치무왕국을 정복하여 세계국가를 건설했는데 그 치무왕국이

---

92. 페루 해안의 북단에 위치한 치무는 안데스 문화의 발상에 있어서 그 남단의 나스카보다 더 중요한 곳이었고 그곳의 치무왕국도 잉카제국에 버금가는 강국이었다.

잉카제국에 합병된 시기는 1430년 이후인 것으로 추정된다. 잉카제국의 치무왕국 합병은 문화적으로나 물리적으로 확연히 다른, 해안지방의 오래된 요소와 고지대의 새로운 요소를 정치적으로 통일한 것이었다. 그러므로 우리는 이전의 성장시대를 끝내면서 AD 900년과 1000년 사이의 어느 시점에서 시작되었을 이 사회의 동란시대를 상정(想定)하는 것이다.

안데스 사회의 동란시대와 그에 선행하는 성장시대는 해안지방과 고원지대 모두에서 발현되었다. 안데스 문화가 먼저 일어난 연안 저지의 치무와 나스카는 1~5세기에 창조활동을 했는데, 그 문화에 있어서 도기(陶器)의 형태와 도안 및 얼굴의 조형적인 묘사는 그리스 초기의 예술품에 비견된다. 그 후 해안지방이 문화적 우월성을 앞세워 고지대로 진출하자 6세기부터는 고지대에서도 창조활동이 시작되었다. 그리하여 고지대가 티티카카호 남변에 있는 티아우아나코의 거석(巨石)으로 대표되는 예술과 건축 및 정치와 군사적인 면에서 저지대보다 우월해지는, 그 사회 성장의 2기가 도래했다. 그러나 그로 인한 충돌은 동란시대를 초래했고 그것은 경력이 짧은 고지대의 문화를 다시 원시적인 수준으로 저하시켰다. 이후로 해안지방은 고지대에 대한 문화적 우월을 잃지 않았으나 불행은 고지대에서 과거의 군사적인 우월성을 되살린 군사적 천재인 〈잉카 파차쿠텍〉이 탄생한 것이었다. 그리하여 고지대의 동란시대를 평정한 잉카제국이 역시 해안지방의 동란시대를 끝낸 치무왕국을 정복함으로써 그 사회의 동란시대를 종결했다.

(12) 중앙 아메리카 사회

16세기에 스페인인에 의해 발견되고 우리가 앞에서 명명(命名)한 이 사회의 배경을 바라보면 시리악 사회사의 흐름[93]과 유사한 〈마야 제1제국〉 - 〈마야 제2제국〉 - 〈유카탄-멕시코 사회〉 - 〈중앙 아메리카 사회〉라는 흐름을 볼 수 있다.

---

93. 〈이슬람 사회〉-〈이란 및 아랍사회〉-〈아바스조 칼리프국〉-〈아케메네스 제국〉-〈시리악 사회〉

여기에도 사료(史料)가 부족하다는 난제가 있으나 고고학적인 증거에 역사가의 직관을 더하여 살펴보자.

고고학적인 증거에 의하면 마야 제1제국은 지금의 과테말라와 온두라스를 판도로 하여 200~300년 동안 번영하다가 7세기 말에 불가사의하게 멸망[94]했는데 그 원인은 전쟁이나 폭력이 아니라 모종(某種)의 인간적인 요인이었으리라고 추측할 뿐이다. 전쟁의 흔적은 후에 멕시코 사회를 만든 만족과 대치한 북서 변경에서만 나타나는 것으로 보아 매우 평화로웠던 이 나라[95]는 그 만족의 침공을 피하여 식민지였던 유카탄으로 이주한 후 공백기를 거쳐 〈유카탄 사회〉를 형성했다. 이 사회를 주도한 것은 마야족이므로 이를 마야사회로 부르는 것이 합당한데, 뒤의 〈유카탄 국가연합〉과 구별하기 위해 〈마야 제1제국〉이라고도 한다. 연구자들은 그 사회가 파멸한 원인으로서 토양의 지력 고갈과 밀교적(密敎的)인 종교의 혼란을 들고 있는데, "마야인의 반복적인 화전농업(火田農業)은 지력을 고갈시켜 강인한 잡초가 멍석처럼 지표를 뒤덮었다"는 것과 "그 사태를 종교적인 문제로 생각한 민중을 대함에 있어 밀교적인 종교의 사제였던 통치자들이 혼란에 빠졌다"는 것이다. 그리고 유카탄으로 이주하여 세 도시의 연합을 이룬 마야 제2제국[96]은 약 200년 동안 평화를 누린 후 동란시대에 돌입했다. 일설에 따르면 그 유카탄의 도시국가들은 동란에 임하여 멕시코 용병을 불러들였는데, 이후 세력을 강화한 용병들은 지배력을 행사했고 멕시코 사회는 그들을 활용하여 12~13세기의 어느 시점에 유카탄 사회를 정복했다. 그리하여 그 두 사회는 중앙 아메리카 사회로 통합되었고 그 세계국가를 형성하려는 동

---

94. 대도시였던 그 수도와 다른 도시들은 버려져서 열대성 삼림으로 덮인 상태로 발굴되고 있다.

95. 이 사회는 천문학과 서각예술(書刻藝術)이 특별히 뛰어났던 것으로 밝혀졌다.

96. 이 제국으로 대표되는 국가연합 체제의 유카탄 사회는 중앙 아메리카 북부의 만족이 이룩한 〈멕시코 사회〉와 함께 11세기 이전에 출현했다.

란으로 사회적 위기가 고조됨으로써 상기와 같은 역사가 진행된 것이다.

이제는 종교 현상과 지리적 전이(轉移)를 통해 마야사회에 대한 유카탄과 멕시코 사회의 관계를 알아보자. 마야사회의 밀교적인 종교는 유카탄 사회와 멕시코 사회로 전파되었으나 그것은 수메릭 사회의 종교가 바빌로닉 사회로 이행되었던 것과 같은 것으로서 그 변형과 내적 P의 활동이 없었으므로 거기에 사회적 모자관계는 성립되지 않는다. 멕시코 사회는 물려받은 종교조차 보존하지 못하고 퇴화시켰는데 그것은 산 사람을 제물로 바칠 정도로 야만(野蠻)화 되었다. 종교 활동에 있어서 두 사회의 그것은 마야 종교의 재현이나 이행 또는 답습(踏襲)이었을 뿐 세계교회 현상에 의한 진보는 아니었던 것이다. 지리적 이행을 보면 멕시코 사회는 마야사회가 최대로 확장했던 영역까지 확장했고 유카탄 사회는 마야사회가 내포했던 경계 내부로 전이했다는 점은 다르지만 마야사회의 본거지가 과다한 강우와 식물의 지나친 번식으로 고통 받은 것에 비해 두 곳모두 물과 나무가 부족했다는 점은 동일하다. 그래서 마야사회의 경계 밖 무인지대에서 마야의 문화적인 영향을 받던 만족과 그 제1제국의 본거지에서 변두리로 피난한 자들에 의해 두 개의 새로운 사회가 창조되었을 때, 그들은 새로운 환경에 적응하기 위해 생활양식을 현저하게 바꾸어야 했다. 이러한 사실들로 볼 때 마야사회와 후행한 두 사회 사이에 모자관계는 없다.

(13) 이집트 사회

이 사회는 일별(一瞥)하여 그 존속기간은 서구사회의 세 배나 되고 다른 사회와 어떠한 모자관계도 가지지 않으며 피라미드로 불멸성을 자랑하지만 역사의 반은 매장되지 않은 시체와 같은 사회로서 기원전 4000년경 나일강 하류에서 출현하여 5세기까지 존속했다. 그리고 이 사회는 자기의 불멸성을 돌에서 찾고 돌에서 발견했는데, 그 피라미드는 4~5천 년에 걸쳐 그 건조자의 존재를 침묵으로 증명해 왔고 앞으로도 인류보다 오래 살아남아 그 사회의 존재를 증명할 것이다. 이 사회에 대해서는 다음 항에서 상고(詳考)한다.

2. 문명(種)의 잠정적 분류

1) 문명(種)의 분류

이상의 조사에서 우리는 세계교회의 존재 및 지리적 이행의 정도라는 두 척도를 사용하여 19개의 문명(종, 사회의 대표)을 찾아냈는데 우리의 방법에 따르면 정교 기독교 사회는 그 본체와 러시아의 분지로, 극동사회는 역시 그 본체와 한국 및 일본의 분지로 나누어야 하므로 그 수는 21개로 늘어난다. 그리고 이 두 척도를 통합하여 〈세계교회로 인한 관계가 없고 영토도 겹치지 않는 것〉으로부터 〈종교를 그대로 답습하고 영토도 완전히 내포된 것〉의 순서로 재배열하면 그것들에 특정한 자리매김[97]을 할 수 있다. 그런데 여기에는 수메릭 사회와의 관계가 지나치게 밀접한 바빌로닉 사회를 하나의 독립적인 사회로 인정할 수 있는지에 대한 의문이 발생한다. 이것은 위 배열에 있어서 서구 이외의 사회들에 대해서는 우리의 판단 기준[98]을 다소 전진적으로 적용하여 그 사회들의 독립성을 유추적으로 인정했기 때문에 생겨난 것으로서 연구를 진행하기 전에 밝혀두어야 할 의문이다.

---

97. 앞의 척도에 있어서 〈전후 모두와 무관한 것〉 〈후행 사회와만 관계가 있는 것〉 〈선행 사회가 민족 이동의 영향만 끼친 것〉 〈세계교회를 통해 자 관계에 있는 것〉 〈선행 사회의 지배적 소수자의 종교를 그대로 답습하여 모자관계보다 깊은 관계에 있는 것〉이고, 뒤의 척도로는 〈발상의 본고장이 선행 사회의 영토와 겹치지 않는 것〉 〈일부만 겹치는 것〉 〈선행 사회의 본고장이 아닌 영토 안에 있는 것〉 〈완전히 선행 사회 본고장 안에 있는 것〉의 순서로 배열하는 것.

98. (이집트 및 안데스 사회) (중국, 미노스, 수메릭, 마야사회) (인도, 히타이트, 헬레닉 사회) (서구사회) (정교 기독교 사회의 러시아 분지, 극동사회의 한국 및 일본분지) (정교 기독교 및 극동사회) (이란사회) (아랍 및 힌두사회) (멕시코 사회) (유카탄 사회) (바빌로닉 사회)로의 배열.

2) 의문과 대답

위와 같은 이유로 문명(種)을 위와 같이 확정하는 것에 대해서는 어떤 의문[99]
이 제기될 수 있을 것인데, 이집트 역사를 거슬러서 검토하면 그런 의문을 정당
화하는 것 같은 사실들이 발견되기도 한다. 이제 이집트의 역사를 그 발자취가
보이지 않는 기원전 17세기 초까지 거슬러서 살펴보자. 먼저 4000년이라는 이
집트 사회의 긴 존재기간 중 제4, 5왕조 시대에 전성기를 맞이한 천여 년에 걸
친 성장과 발전의 시대를 보면 가공할만한 자연환경을 극복하고 소택지(沼澤地)
를 개척한다는 놀라운 사업을 이루며 피라미드 축조라는 거대한 토목사업에
필요한 노동력을 동원하고 조정한 능력은 그 사회가 당시에 발전의 절정에 달
했음[100]을 말해 준다. 또 피라미드 Text[101]는 그 시대가 두 종교운동[102]의 창시
와 충돌 및 상호작용의 첫 단계를 보게 된 때였음을 증언하고 있는바, 우리는
그 사회의 쇠퇴기가 시작된 시점에서 역사의 일반적인 진행과 마찬가지인 쇠퇴
의 징후가 나타나기 시작했음을 알 수 있다. 기원전 2424년경에 절정에 달했던
동란시대[103]는 기원전 2070~2060년에 끝났고 이어서 세계국가[104]가 출현했다.

---

99. '여러 증거가 있으므로 이집트 사회에 선행한 사회의 존재를 인정해야 하지 않는가?' '바빌로닉 사
회는 독립적인 사회가 아니라 수메릭 사회의 한 단면이 아닌가?' '위의 배열에 있어서 서구 이외의
모든 사회는 이미 화석화한 사회가 아닌가?'라는 의문들.

100. 실제로 이집트 제4, 5왕조의 시대는 그 역사와 특색 있는 업적만이 아니라 정치와 행정 및 예술에
있어서 절정기였다.

101. 고(古)왕국 제5, 6왕조의 피라미드 묘실 벽에 있는 사자숭배(死者崇拜)나 매장에 관한 기록으로
서 고왕국 시대의 사상(事象)에 대한 가장 중요한 사료임.

102. 두 종교는 태양신 Re 및 오시리스 숭배인바 이 종교운동은 이집트 사회가 쇠퇴기에 돌입했을 때
성숙했다.

103. 연합왕국이 여러 지방 국가로 분열되어 파괴적인 내전이 빈발한 것은 그 도래의 증거인데, BC
2424년경에 헤라클레오 폴리스의 지방적 군주들은 〈멤피스의 마지막 정통파라오〉의 오랫동안
이름만 유지하던 왕위를 빼앗았다.

104. 세계국가는 지방 국가였던 제11왕조의 어느 왕이 창설했으나 그는 "두 토지의 통합자"라는 칭호
를 얻었을 뿐이고 실제적인 통합을 이룬 것은 제12왕조였다.

이후로 로마제국의 안토니우스 시대 및 30참주(僭主) 시대에 비견되는 시대를 지나고 12왕조의 분열로 인한 공백시대에 힉소스족의 이집트 침입이라는 민족 이동이 일어났던 것이다. 이것은 일견 "우리는 이집트 역사의 배경을 더듬어 거기에 이집트 사회와 관계있는 선행 사회가 있다는 증거를 찾은 것이므로 그것을 나일사회라고 하자"고 말할 근거가 될 듯하지만 이집트 역사를 거기로부터 하향하여 검토하면 새 사회를 탄생시키는 번데기로서의 세계교회는 발견되지 않는다. 그러므로 우리는 위의 추정을 수용할 수 없는 것이다.

이후의 이집트 역사를 개관하면 그것은 "만족 후계국가가 타도되고 힉소스족은 구축(驅逐)되어 공백시대가 되돌려진 후 테베의 제17, 18왕조라는 세계국가가 재건되었다"는 것인데, 이 구체제의 회복은 다음과 같은 추정에 비견될만한 사건이다. 그것은 "로마제국은 유스티니아누스 대제가 침입한 모든 만족[105]을 전멸시킴으로써 세계국가를 회복하여 오랫동안 존속하다가 5세기에 도처에서 붕괴되었지만 그 이후에 오도아케르와 테오도리쿠스[106]의 관용(寬容)으로 로물루스의 후예가 로마제국을 재건했다"는 것인데, 이 이상하고도 놀라운 세계국가의 재흥은 이크나톤의 실패한 혁명을 빼고는 기원전 16~ AD 5세기 사이에 이집트 사회에서 일어난 유일하고도 유의미한 사건이었다. 이집트 사회는 그 긴 존속기간 동안 오랜 회춘기와 더 오랜 회복기를 거치면서 붕괴와 회복을 몇 번이나 반복했는데, 이것으로 볼 때 그러한 진행은 상기한 이집트 세계국가의 에필로그일 뿐 새로운 사회가 생성 및 소멸한 과정이었던 것은 아니다. 다시 말해, 그것은 살아있는 새 나무가 아니라 죽은 고목의 거대한 몸통이 완전히 썩을 때까지 몇 번이나 고쳐 세워진 것이었다. 그러나 이집트 사회에 있어서 앞

---

105. 반달족(아프리카) 동고트족(이탈리아) 서고트족(스페인) 프랑크족(갈리아) 앵글족(영국) 등.

106. 전자는 게르만족의 수령으로서 로마제국을 멸망시키고 이탈리아 왕이 된 자. 후자는 동고트 왕국의 개조로서 493년에 이탈리아를 정복한 자.

시대의 쇠퇴기에 그 내적 P의 오시리스 숭배에 의한 세계교회 현상이 있었다는 사실은 우리의 위와 같은 판정을 비판하는 근거가 될 수 있을 것인바 결론적으로 그것이 힉소스족을 끌어안을 수 있었다면 이집트의 내적 P는 새로운 사회를 창조할 수 있었을 것이다. 이집트 사회의 2대 종교는 고유의 종교로서 지배적 소수자의 태양신(Re) 숭배와 외래의 것으로서 내적 P들의 오시리스 숭배였다. 전자는 〈천상의 태양신〉과 〈서로 대립하는 것으로서 출현했다가 지하로 숨는 식물의 영(靈)과 식물을 지상으로 출현시키는 나일강의 영〉으로 구성되는데, 이 대립의 본질은 신에 관한 관념에 있어서의 상위(相違)가 아니다. 두 영(靈)은 두 정치적인 중심의 표상이고 대립은 그 두 지역이 낳은 정치적 갈등의 표현일 뿐이며 태양신은 대립의 결과로 성립된 지배권을 의미하는 것이다. 왕에 의해 보호되는 호화롭고 권위 있는 국가신앙으로서의 이 태양신 숭배는 당연한 귀결로서 정치화되었는데 그 과정은 왕은 Re의 아들이 되고 그 Re가 왕의 모습을 취하게 되었을 때 완성되었다. 이 두 숭배의 본질적인 차이는 신자에게 제공하는 사후세계가 다르다는 것인데, 오시리스는 서방이나 지하에 있는 망령의 세계에서 사자들을 지배했고 Re는 합당한 돈만 내면 신자를 죽음에서 구하고 산채로 승천시켜 신이 되게 했다. 그런 차이를 지닌 한 사회의 두 종교로서 피치 못한 상호적인 작용에 있어서 Re의 빈사성(瀕死性)과 오시리스의 미숙성(未熟性)은 복잡한 사회적인 문제를 발생시켰다. 전자에 있어서 신격화에 필요한 대가[107]는 점점 비싸져서 피라미드 건조에 이르러 Re의 구원(救援)은 민중을 압박하여 그 비용을 조달할 수 있는 지배자의 전유물이 되었는데, 지난날 창조적으로 활용되던 에너지가 그 당치않은 사업으로 돌려지자 먼저는 정치 경제와 예술이 쇠퇴했고 나중에는 오시리스교의 세력이 증대되었다. 오시리스가 제공하는 내세는 Re의 그것에 비해 초라했으나 폭정과 압제에 시달리던 민중에게는

---

107. 그것은 물질적인 장비로 계산되는 것이었다.

하나의 위안이었으므로 그들은 더욱 연연(戀戀)히 오시리스에 귀의했다. 오시리스교의 세력은 그로 인해 증대된 것인데, 그것은 압제는 견딜만한 수준을 넘고 사회는 지배적 소수자와 프롤레타리아트로 분열하려고 했던 징후(徵候)였다. 그것을 간파한 태양신의 사제(司祭)들은 Re를 오시리스에 동화시키는 동시에 오시리스를 Re 편에 넣어서 그것을 무력화하려고 했는데, 그 거래로 오시리스는 Re 숭배에 동참하여 대중을 위한 사자의 신격화를 획득했다. 그 시발(始發)은 피라미드 텍스트[108]에 나타나 있지만 제5왕조까지는 왕이 그것을 독점한 것으로 보아 그 완성은 사자(死者)의 서(書)[109]가 만들어진 기원전 4세기 이후의 일이며 제18왕조[110] 때 널리 행해진 이후 그 역사의 에필로그 기간에 이집트 사회의 종교생활을 지배했다. 이렇게 시작된 이집트 사회의 종교적 변화의 흐름은 지배적 소수자의 태양신에 대한 환멸(幻滅)과 정의의 구현을 바라는 동란시대의 사회적인 대망(待望)에 따라 오시리스교를 세계교회로 만들려는 기운을 일으켰다. 그것은 힉소스족의 침입과 그들이 세트 신 숭배를 고수한 것에 더하여 Re와의 야합(野合)으로 인한 오시리스의 종교적 불모화(不毛化)로 좌절되었는데, 그 사실은 오시리스교는 Re를 받드는 사제들의 교활(狡猾)한 책략으로 인해 종교로서의 생명을 잃었음을 의미한다. 동란시대의 사회적 대망(待望)은 Re는 거석(巨石) 건조물이 아니라 정의의 구현을 요구한다는 기조를 일으켰고 그에 따라 왕의 신에 이어 민중의 신까지 도덕성을 추구하게 되었는데, 동란시대의 그 기운은 예언적인 문학의 단편들에 나타나 있다. 그 문헌들은 회의(懷疑)에서 염세(厭世)를 거쳐 희망으로 향한다는 점에서 동란시대 시리악 사회의 문학[111]과 흡사하다. 그리하

---

108. 오시리스화된 태양신 숭배의 기도문.

109. 만민을 위한 신에게 도달하는 길.

110. 공백시대 후의 재건기(再建期)

111. 이스라엘의 「예언자의 서(書)」와 조로아스터교의 경전 등.

여 오시리스는 모든 사자(死者)를 내세에서 도덕적으로 심판하여 합당한 자에게는 자기와의 합일(合一)을 통해 불사(不死)의 행복을 준다는 것으로써 왕이 독점하던 불멸(不滅)을 민중에게도 제공하여 사후의 행복을 민주화했다. 그 오시리스 숭배의 중심지는 제12왕조 시대에 아비도스의 옛 무덤[112]에 놓이게 되었는데, 그리하여 순례지가 된 그곳에서는 해마다 수난극(受難劇)이 상연되었다. 여기서 우리는 이집트 세계교회의 흔적을 보는 것이지만 오시리스교는 그 미숙성(未熟性) 때문에 힉소스족을 외적 P로 사로잡지 못하고 재건된 세계국가로 인해 기회를 놓쳐버렸다. 미숙(未熟)한 종교를 가진 이집트의 내적 P와 태양신의 빈사화(瀕死化)로 고심하던 지배적 소수자들은 잔학하고 가공스러운 힉소스족의 침입에 광신적으로 반응하여 자기방어적으로 융합[113]했고 그로 인해 힉소스족은 구축(驅逐)되고 제18왕조의 세계국가가 재건된 것이다. 그것은 Re 사제들의 득세, 오시리스의 죽음과 이집트 세계교회의 유산(流産), 이집트 사회의 무생명(無生命)으로의 고착화를 초래했다. Re의 사제들은 이집트의 내적 P가 고심하여 획득한 오시리스적 불사의 관념을 이용하여 치부하고 교회와 국가의 정치적 결합을 유도함으로써 세력을 강화했다.[114] 기원전 16세기의 그 함께 할 수 없고 함께 해서도 안 되는 존재들의 방어적인 융합에 의한 이집트의 재건은 단순한 세계국가의 복구가 아니라 이미 죽었기에 매장(埋葬)해야 할 이집트 사회의 시체에 성장의 기회를 놓쳐버린 미발달의 오시리스교를 뒤섞어 어떤 돌보다 견고한

---

112. 연합왕국 제1, 2왕조의 잊어버린 왕들을 장사한 무덤으로써 신성한 곳으로 여겨졌다.

113. 상기한 Re 사제들의 계략에 의한 것으로써 두 종교는 부자연스러운 신성동맹을 이루었다.

114. 교활한 Re의 사제들은 오시리스의 불사의 관념을 빼앗는 대신 그것을 교묘히 이용했다. 그들은 불의한 자들도 부족함을 부적(符籍)으로 보충하면 오시리스의 왕국에 들어갈 수 있다고 가르치고 그 부적을 대중적인 가격으로 박리다매했는데, 그것은 전에는 국왕이 피라미드 축조라는 대가로 얻은 불사의 행복을 몇 줄의 경문을 적은 싸구려 부적으로 얻게 한 것이었다. 그들은 그렇게 세력을 강화했는데, 〈아몬 Re의 테베 신전 제사장〉은 BC 11세기경에 국왕 람세스를 몰아내고 왕으로 군림했다.

사회적 콘크리트를 만든 것으로서 "나는 부활이요 생명이다"라고 외치던 오시리스가 스스로 미라와 다름없음을 고백한 것이었다. 그 사회적 콘크리트가 생명이 없는 것이었음은 〈이크나톤〉[115]의 실패로 증명되었는데, 신과 사람 및 생명과 자연에 대한 새로운 관념으로서 유일신의 관념을 터득한 그는 절체절명의 시대적인 요구에 따라 생명이 있는 세계교회로서의 아톤신(神)의 교회를 만들려고 했다. 거기에 있어서 심원한 종교심을 상실하여 원시적인 마술에 빠져버린 당시의 민중은 빵 대신 돌을 얻고도 만족하는 상태로 전락했기 때문에 그는 종교적 창조의 기적을 명령과 강요에 의해 즉석에서 실현시키려고 했다. 그러나 생명 있는 세계교회는 본래 그런 방법으로 창조되는 것이 아니므로 그런 방법밖에 없었다는 것은 그의 시도가 처음부터 실현불능의 것이었고 그 사회는 이미 죽어 있었음을 증명한다. 이미 죽은 사회는 한 개인의 활력에 의해 부활할 수 없었던 것인데, 왕의 권력과 인간적인 덕망을 갖춘 그 천재도 그와 민중 사이에서 기득권을 즐기던 사제계급의 밀집진(密集陣)을 돌파할 수 없었던 것이다. 바다가 영혼만이 살아 움직일 수 있는 수면〈창1:2〉에 함부로 몸을 던진 〈쿠르티우스〉를 삼켜버린 것처럼 정복당해 창조력을 잃어버린 대지도 이크나톤을 삼켜버렸던 것인데, 그것이 바로 이집트 사회는 둘로 나뉠 수 없다는 사실의 결정적인 증거인 것이다.

　이로써 이집트 사회는 둘로 나누어야 하지 않는가? 라는 의문에는 이집트 사회에 대한 조사를 겸하여 길게 답했지만 우리는 이에 더하여 앞의 다른 의문들[116]에도 답해야 한다. 우리는 바빌로닉 사회는 수메릭 사회의 종교를 거의 그대로 답습(踏襲)했고 수메릭 사회의 내적 P가 창조한 것으로서 두 사회를 매개하는 세계교회적(世界敎會的)인 종교가 없다는 이유로 바빌로닉 사회를 하나의 독

115.　제18왕조의 〈아멘호텝 4세, BC 1370~52〉
116.　각주 99의 제2, 제3의 의문.

립적인 사회로 인정하기를 망설이기까지 했으므로 비판자들은 그 답을 요구할 권리가 있다. 사실 우리가 공들여 찾아서 앞에서와 같이 배열한 문명(種)의 사회들은 서구사회를 중심으로 위와 아래가 성격이 다른 것인데 다른 사회와의 관계에 있어서 위의 것들은 거의 관계가 없고 아래의 것들은 관계가 너무 밀접하다. 그렇기 때문에 비판자는 그 아래 것들의 사회로서의 독립성에 대해 문제를 제기할 수 있는 것이다. 그러나 우리의 연구 방법은 어디까지나 경험적이므로 일단 애써 찾은 이 말들을 모두 달리게 하자. 혈통이 나쁘거나 자격이 없는 것은 낙오할 것이므로 의문은 연구가 진행됨에 따라 자연히 밝혀질 것이다. 이르기를 "Solvitur eundo - 가는 것에 의해 해결된다"라고 했다.

3. 문명(種)의 비교 가능성

우리는 지금까지 많은 고정관념과 비판을 극복하고 이해 가능한 역사 연구의 단위는 일 국민국가가 아니라 문명(種)으로서의 사회라는 사실을 확립했다. 이제부터는 확정한 사회들의 능력을 시험하고 각각의 업적을 비교[117]할 것이다. 그러나 여기에 있어서도 여러 사유[118]로 인해 그 비교 연구가 불가능하다는 반론이 제기될 수 있으므로 진행에 앞서 그것을 논박(論駁)해야 한다.

1) 문명과 원시사회의 구별

첫 반론의 논지(論旨)는 문명 간에는 서로 이해 가능한 역사 연구의 분야라는 공통점밖에 없다는 것인데, 이에 대해서는 이해 가능한 역사 연구의 분야

---

117. 시험과 비교의 항목은 그것들의 발생, 성장, 분열과 붕괴, 세계국가와 세계교회, 영웅시대, 시간적·공간적 접촉 등이다.

118. 〈각 사회는 이질적임〉 〈모든 사회는 별 차이가 없음〉 〈사회들 간의 시 공간적인 간격이 큼〉 〈문명들은 내재적 가치가 다름〉 〈역사적 사실에 관한 자료는 처리하기가 곤란함〉 등.

인 사회는 하나의 속(屬, Genus)을 이루고 있으며 21개의 문명은 그 가운데서 하나의 특별한 종(種, Species)을 구성한다고 답하면 족할 것이다. 인류의 모든 사회는 종의 사회와 원시사회로 구성되는데, 양자를 구별하기 위해 전자를 문명사회(Civilizations)라고 부르는 것이고 인류학자들이 완전하지는 않더라도 650개의 원시(種)사회를 찾아낸 것은 그것 또한 이해 가능한 역사 연구의 분야임을 입증한 것이다. 그러므로 소수의 특별한 종인 21개 문명은 이해 가능한 역사 연구의 분야라는 일반적인 공통점 외에도 당연히 비교 가능한 공통의 특징을 갖는다. 원시사회와 문명사회는 그 수, 존속기간, 판도(版圖), 인구 등에서 큰 차이가 있는바 그것 때문에 '이 연구는 문명(種)에 관한 것이지 그런 요소들에 대한 것이 아니지 않느냐'고 반문해도 문명 간의 비교 가능성은 제한되지 않는다.

2) 문명의 단일성을 주장하는 설의 오류 – 제2의 반론에 대한 논박

서구문명의 전 지구적인 확대는 정치 경제적인 면에서의 세계적인 단일화를 촉진하고 있기는 하지만 최근에 시작된 그 흐름은 확정적인 것이 아니고 언제까지 지속될지도 알 수 없다. 그럼에도 서구의 역사가들은 "우리는 긴 시련 끝에 모든 피조물이 갈망하던 신의 아들들의 영광(롬9;18~22)으로써 전 인류를 망라(網羅)하고 모든 문명을 통합하여 세계의 지배를 실현함으로써 서구문명이라는 단일의 문명을 달성했다"고 생각하며, "어느 곳의 어떤 문명도 서구에서 유래한 것이므로 그것들은 별도의 문명(種)이 아니라 서구와 일체다"라고 주장한다. 이런 생각과 주장은 자아중심적인 망상, 불변의 동양(東洋)이라는 그릇된 믿음, 문명의 성장은 직선적인 운동이라는 착각에 의한 왜곡으로서 역사가적인 시야의 제한이나 강요된 사고방식이 아니라면 성립될 수 없는 것이다. 근대에 있어서 서구화는 정치와 경제면에 있어서는 과연 매우 현저하므로 일견 그 주장이 타당한 것 같지만 볼 줄 아는 사람이 보면 문화면에서는 사회마다 고유한 특성이 역연(歷然)하다. 그러므로 그런 주장을 하는 자들은 원주민이라는 용어를 경멸적인 의미로 사용하는 것[119]에서 보듯이 눈가림을 당했거나 스스로 색안경을 낀 것과 같은 견해를 가지고 있는 것인데, 그들은 자기들이 경제적 그물을 뒤집어씌운 지역의 원주민을 감정과 문화와 영혼이 없는 야수(野獸)나 멋대로 처리해도 되는 지역적인 동식물 정도로 여기면서 그들의 문화적인 진면목과 그 땅 본래의 불(Native Fire)은 외면하고 있는 것이다. 그리고 문명의 단일성을 주장하려면 인류의 역사에 존재하는 두 연속성[120]의 차이를 무시해야 하는바 그들이 서구사를 설명하는 방법에서 그것을 살펴보자. 그들은 문명사를 서구사와 동일시하여 그것을 〈서구사 초기의 한 장(章)인 헬레닉사〉 - 〈그 이전의 장인 미노스사〉 - 〈신석기 시대〉 - 〈구석기 시대〉라는 한 줄기의 직선적인 흐름으로 처리하되, 헬레닉 사회의 내적 P에게 기독교를 창조시킨 생명의 씨앗을 제공한 시리악 사회라는 수원(水源)은 무시할 수 없으므로 그것을 팔레스타인에서 발(發)하여 그리스-로마에서의 본류에 더해진 예외적인 흐름으로 취급한다. 나아가 사회현상을 프로크루스테스적으로 이해하는 그들은 자기들의 그림에 맞지 않는 것은 묵살하거나 반 야만과 쇠퇴(Decadent) 또는 무의미한 불변의 동양으로 처리[121]해 버리는 것이다.

우리의 21개 문명 중 7개가 발굴되지 않았던 때에 프리드먼이 문명의 단일

---

119. 영어의 Natives, 프랑스어의 Indigenes, 독일어의 Eingbornen 등.

120. 관계있는 두 사회의 역사 및 한 사회의 역사의 각 장에서 발생하는 연속성.

121. "서구사회는 인류사회의 극치로서 대문자 C의 Civilization으로 표기할 수 있는 유일의 것이다. 시리악 사회는 헬레닉 사회의 내적 P들에게 기독교의 맹아를 전한 것 외에는 무의미하다. 시리악 사회의 내적 P들이 헬레니즘을 구축(驅逐)하고 시리악 사회 고유의 것으로 창조한 이슬람교도 하나의 세계교회지만 역시 별 의미는 없다. 우마이야 및 아바스조 칼리프국이 정치적 역할로서 그리스의 지배를 일소하고 아케메네스 제국에 이어 시리악 사회의 세계국가가 된 것도 중요하기는 하지만 문명사적으로는 무의미하다. 정교 기독교 사회는 서구사회의 파생적인 존재일 뿐이다. 인도사회는 힌두사회에 묻혔고 중국사회는 극동사회에 갇혔다. 마야, 유카탄, 멕시코, 안데스 사회는 문명화에 실패한 별세계로서 서구, 즉 문명과는 무관하다" 등등.

성을 주장한 것은 가벼운 과실이라 할 수 있다. 그러나 그에 앞서 정보가 훨씬 적었던 때에 〈고비노〉가 훌륭한 역사적 직관으로서 "문명은 하나의 종(種)으로서 첫 자(字)를 대문자 C로 쓰는 단일한 문명은 없다"라고 설파했음에도 프리드먼의 주장이 널리 수용되고 있는 것은 아이러니인바, 그 주장을 떠받치는 첫째의 사상적 기초는 서구의 자아중심적인 망상[122]이다. 예로써 지난날에는 예수의 탄생에 예물을 바친 삼인 중 일인은 흑인이라고 생각했고 중세에는 이슬람의 침공을 막아줄 자로서 〈동방 기독교의 대표자인 프레스터 존〉을 대망(待望)했으며 18세기에는 흑인을 노예로 학대하면서도 극동의 문화를 찬탄했다. 그러나 우리는 중국과 극동의 예술가나 철학자를 〈토인, Native〉의 울타리에 가두어 버리고 우리 문명의 모체인 헬레니즘을 찬미하지 않고 있는바 인문학으로 향하는 문을 닫는다면 우리는 신의 은총에서 떠나 타락에 빠질 것이다. 더 우스꽝스러운 예로서 통상을 요구한 영국의 조지 3세에 대한 청나라 건륭제(乾隆帝)의 답신을 보자. "짐은 문명의 혜택을 사모하는 그대의 겸허한 소망으로 청원서와 공물을 지참하고 원험로(遠險路)를 달려온 사절의 노고를 생각하여 알현을 허했노라. 그러나 그대의 청원을 허할 수 없는 것은 그대가 우리 천조에 대한 존경의 염(念)으로 우리 문명을 배우려는 열망을 품었다 해도 예식 및 법과 전통이 크게 다르므로 우리의 관습과 풍습을 이방에 이식하지 못할 것이기 때문이다. 광대한 천하를 통치하는 짐은 선정을 베푸는 것만을 목표로 하며 우리 천조에는 모든 것이 풍부하고 짐의 소유는 넉넉하여 더 이상 필요한 것이 없으나 그대의 공물을 수납하는 것은 그대의 겸허한 뜻을 가상히 여기기 때문이다……." 참으로 엉뚱하지만 이것은 같은 상황이라면 서구의 어떤 군주라도 그렇게 했을 것을 시사(示唆)하는 것인데, 같은 이치로 비 서구인

---

122. 이것은 인류의 뿌리 깊은 자아중심성이 서구문명의 정치 경제의 전 지구적인 확대에 힘입어 발생시킨 것인데, 그 확대는 항구적이라고 단정할 수 없고 문화면까지인 것은 아니며 근대에 들어 심해진 것으로서 다른 문명에 속한 사람들도 그렇게 생각했을 수 있다는 점에서 일종의 환상이자 미치광이 같은 생각이다.

을 토인이라고 비하하는 서구인의 태도도 후에는 똑같은 웃음거리가 될 수 있다는 사실을 반증하는 것이다. 그리고 프랑스령 모로코의 이슬람교 수장이 유럽으로부터 귀향하면서 "아! 다시 문명으로 돌아가는 즐거움이여!"라고 외친 것이 웃음거리가 된 바 있지만 훗날 서구인의 동일한 외침도 같은 웃음거리로 변할지 모른다. 다음은 1차 세계대전 후 영-러 협약에 대한 영국과 페르시아 정치가의 대화이다.

⟨페르시아인⟩–"그 회의에서 왜 페르시아를 희생양으로 삼았는가?"

⟨영국인⟩–"그때 러시아가 독일 편에 서거나 중립을 지켰다면 대영제국, 즉 문명은 파멸되었을 것이므로 문명을 지키기 위한 부득이한 선택이었소"

⟨페르시아인⟩–"당신들은 생각했던 것보다 훨씬 악질적이고 그 몰인정은 상상을 초월하는군요. 당신은 당신들의 탐욕과 투쟁이 초래한 파국으로부터 아무 가치 없는 유럽을 구하려고 페르시아가 인류를 위해 지키고 있는 보물을 희생시켰노라고 뻔뻔하게 말하는군요. 그러나 나와 모든 페르시아인의 열망은 무가치한 유럽은 망하더라도 문명 그 자체인 페르시아가 보존되는 것이오."

그리고 본인(원저자)은 매우 뜻깊은 것으로 여겨 참석한 어느 역사 연구회에서 연구 과제로서 「굽타제국 시대 인도의 정치와 사회에 대한 연구」가 소개되자 낄낄거리는 소리에 이어 폭소가 터지는 것을 보고 크게 놀란 적이 있다. 위와 같은 주장의 또 다른 기초인 '불변의 동양'이라는 용어[123]는 하나의 개념으로서 "이 세 문명은 모두 같은 정도로 서구문명과 다르되 서로 구별이 불가하고 어쩌면 미노스와 헬레닉 문명을 제외한 모든 사멸한 문명과의 구별도 불가할 것이다"라는 억설(臆說)을 유발시켰다. 건드리기만 해도 넘어지는 이 비속한 오류는

---

123. 자아중심적인 환상이 현존하는 3대 문명(극동, 이슬람, 힌두사회)을 단순히 'Orient'라는 정체불명의 용어로써 혼동시키는 하나의 표어.

서구의 두 사상적 혼란[124]에서 기인한 것으로 생각된다. 일반적인 혼란의 관점에서 일별(一瞥)하는 서구 역사가는 "동양은 무책임한 전제정치(專制政治)가 정태적(靜態的)으로 반복된 사회다"라고 단정하지만 그 사회의 문화와 생활을 주의 깊게 살피면 그 일별은 중요하지 않을뿐더러 정확하지도 않음을 알 수 있다. 또 하나의 사상적 혼란은 종교에서 기인한 것인데, 서구에서 기독교가 발생한 것은 하나의 역사적 우연이고 그 인스피레이션은 이른바 시리악 사회의 토인(土人)에서 유래한 것이므로 서구의 자랑거리가 아니다. 그럼에도 그들은 그로 말미암은 자기들의 변화를 자랑하며 잘못된 사상의 기초로 삼고 있는 것이다. 기독교적인 전통에서 성장한 서구인[125]이 북아라비아 스텝의 트란스요르단 지방에서 구약성서의 기록과 다름없는 목축민을 보았다면 그들은 그것을 '불변의 동양'에 대한 증거라고 할 것이다. 그러나 그것은 손바닥 같은 땅을 보고 세계의 반이나 되는 광대한 땅에 대해 조잡한 판단을 내린 것인데, 그 방법으로라면 서구의 고대사가(古代史家)가 알프스 산중에서 전통적인 목자(牧者)를 보고 불변의 서양을 주장한다면 뭐라고 말할 것인가? 그러한 사상의 마지막 기초로서 "문명의 성장 과정은 직선적인 운동이다"라고 하는 속단은 「마법의 콩 줄기」라는 동화의 원시적인 상상과 다르지 않다. 문명의 단일성을 주장하는 사람들은 문명과 역사를 의연(依然)히 동화의 "콩 줄기는 끊임없이 성장하여 하늘에 닿는다"는 이미지로 생각한 것이지만 자연과학과 진화론은 일찌감치 버드나무 줄기와 같은 사고방식을 채택했다. 버드나무는 처음에는 한 줄기로 곧게 뻗지만 그것이 꺾이거나 잘리면 여러 줄기를 비스듬히 뻗는데 그 대부분은 처음의 줄기처럼 부러지거나 꺾이지만 몇 줄기는 살아서 목표대로 성장하고 새 줄기를 내는 것이다.

---

124. "기본적으로 정치의 사회인 서구의 정신은 관심을 정치면에 집중한다"라는 일반적인 혼란 및 서구인이 기독교를 발생시킨 것과 그로 인한 변화와 영향에서 기인하는 특수한 혼란.

125. 원저에는 "기독교적인 전통에서 성장한 서구인의 마음에는 동양문학의 대표인 구약성서에 나오는 '족장들의 이야기'가 깊이 새겨져 있다"라고 되어 있음.

이 연구에서는 앞에서 시사했듯이 도전과 응전 및 문명의 발생과 성장에 있어서의 진화적인 관념을 훌륭하게 밝힌 이 개념을 채용할 것인데, 진행에 앞서 그 동화적인 사고방식으로 왜곡된 사상의 대표로서 서구의 역사적 시대구분을 살펴보자. 역사의 기원이 그다지 오래되지 않았듯이 세상의 종말도 멀지 않은 것으로 생각했던 초기 기독교도들은 구약과 신약이라는 성서의 구분에 따라 역사적 시대는 주전(主前, Before Christ) 및 주후(主後, Anodomini)로서 야누스와 같은 두 얼굴의 연대(年代)로만 구분했고 사회적 연대는 헬레닉 사회를 내적 P들의 자기중심적인 세계관을 반영하되 교회의 성립을 기준으로 구시대와 신시대로 구분했다. 서구의 역사가들도 직선운동식 성장론에 입각하여 서구사회를 고대(헬레닉 시대)와 근대(서구시대)로 구분했으나 오래지 않아 그 구분이 충분치 않음을 깨닫고 해결책으로 낚싯대를 늘리는 방식과 같이 중간에 중세를 삽입했다. 그들은 그것으로 충분하리라고 생각했으나 자기들의 방법이 Danaides의 물통이나 Sisyphus의 돌덩이처럼 달성 불가능한 것임을 알지 못했다. 그러므로 서구사회를 고대-중세-근대로 구분하는 것은 재고(再考)[126]해야 한다. 그러나 여기서 이것을 언급하는 것은 그 해결책을 제시하려는 것이 아니라 문명의 직선운동식 성장론을 근거로 하는 편의적인 방법으로 서구사회를 위와 같이 구분하는 것은 합리적이지도, 충분하지도 않으며 오히려 오도적(誤導的)이라는 사실을 지적하려는 것이므로 그 보완 방법은 이후의 연구를 통해 찾기로 하자.

---

126. 서구사회를 〈고대-중세-근대〉로 구분하는 것은 그것을 〈헬레닉 시대-서구의 중세-서구의 근세〉로 표기한다는 것이지만 서구사가들이 사회사의 한 장에서 다른 장으로의 이행인 중세와 근세의 분기점으로 삼은 1475년의 사건은 1075년이나 1875년에 일어난 사건보다 특별한 것이 아니다. 그러므로 서구사는 675년, 1075년, 1475년, 1875년을 기준으로 1~4기로 구분해야 하지만 그것은 미노스 사회와 헬레닉 사회도 다시 각각 몇 기로 구분해야 한다는 문제를 발생시킨다.

3) 모든 문명(種) 사회의 철학적 동시대성(同時代性)

문명 간에는 큰 시간적 간격이 있으므로 비교연구가 불가능하다는 제3의 반론에 대해서는 "시간은 상대적인 개념이고 문명의 시간은 인류의 시간에 비해 극히 짧다"라는 철학적 동시대성의 개념으로 논박(論駁)할 수 있다. 시간의 상대성에 있어서 문명사의 6000년은 인간의 수명으로서의 6000년이 아니라 문명의 이력에 있어서의 6000년인 것인데, 〈미노스 - 헬레닉 - 서구〉 〈미노스 - 헬레닉 - 정교 기독교〉 〈미노스 - 시리악 - 이슬람〉 〈수메릭 - 인도 - 힌두〉 등 문명사회는 가장 긴 것이라 해도 3대에 불과하다. 그리고 그 마지막 것은 현존하는 것이고 〈James Jeans〉가 각각의 수명을 지구는 20억 년, 생명체는 3억 년, 인류는 30만 년, 문명은 6000년이라고 밝힌 바 있으므로 종(種)의 대표를 서로 비교하는 것은 무리가 아니다. 문명의 6000년은 문명의 시작으로부터 현재까지를 뜻하는 것으로서 역사라는 말의 동의어이지 연대(年代)적인 의미를 가지는 것은 아니다. 그러므로 역사에 있어서 유의미한 시간의 척도는 〈문명이 현재까지 존속한 시간〉에 대한 〈세대수로 표시되는 문명의 평균 존속기간〉 및 〈인류의 존속기간〉의 비율인 것인데, 이 척도에 의하면 길어야 3대를 넘지 않으면서 30만 년의 마지막 6000년에 집중되어 있는 21개의 문명은 모두 같은 시대에 존재하는 것으로 보아야 한다.

4) 모든 문명의 철학적 등가치성(等價值性)

우리는 제4의 반론[127]에 관하여 제기될 수 있는 문명의 가치에 관한 의문[128]에 대해서도 문명의 단일성에 대한 것과 같은 논조(論調)로서 "가치는 주관적

---

127. "문명의 내재적인 가치는 모두 다르므로 그 내재적 가치까지 비교하는 것은 불가능하다"라는 반론.

128. "모든 문명을 가치 있는 것과 그렇지 않은 것으로 구분해야 하는 것이 아닌가?", "가치 있는 문명이 하나밖에 없다면 문명이 단일하다는 주장을 수용해야 하는 것이 아닌가?"라는 의문.

인 관념이므로 그 경중(輕重)을 가릴 수 없고, 서로 상대적인 모든 문명의 가치는 그 여정에 있어서 등가치적이다"라고 답할 수 있다. 나아가 문명을 비교 연구하는데 필요한 가치의 척도를 얻으려면 가치에 관한 문명들의 비교에 더하여 각 문명이 목표를 달성한 정도와 원시상태에서 벗어난 정도를 비교하고 측정해야 한다. 문명은 정지 또는 역주행의 정적인 상태에 있는 것이 아니라 동적인 진화의 운동이므로 그 비교와 측정은 일방통행로에서 경주하는 자동차의 실력과 성능을 측정하는 것[129]과 같이 종합적이어야 하는바, 주목할 것은 그 자동차들이 앞으로 달려야 할 길에 비교한다면 달려온 거리의 현재적인 차이는 무의미하다는 것이다. 이것은 바로 이 문명의 비교 연구에 적용되는 것으로서 모든 문명은 함께 달리고 있거나 달렸던 동료로서 철학적으로 등가치적이고 비교가 가능하다는 사실을 입증하는 것이다.

5) 이 연구에서 만나는 사실의 비교 가능성

문명의 비교 연구에 대한 마지막 반론은 "역사는 사실이나 사건의 연속에 불과하고 모든 역사적인 사실과 사건은 본질적으로 유일무이의 것인바, 자료처리의 곤란 등으로 인해 그것들을 비교 연구하는 것은 불가능하다"는 것이다. 그러나 모든 역사적인 사상(事象)은 유일무이하지만 어떠한 범주로 분류할 수 있다는 이원성(二元性)을 가지고 있다. 그리고 생명체에만 사용하는 Individual(특유의 …, 개개의 …)이라는 용어를 보면 거기에는 Common Individual(평범한 인간) 및 Nameless Individual(무명인사)과 같이 '유일무이'에 더하여 '어떤 범주에 속(屬)한다'라는 이원적인 의미가 내포되어 있다. 우리는 생명분야의 연구에 있어서 비교 연구가 활성화되어 있고 인류학자들도 원시사회를 연구함에 있어서 그 방

---

129. 자동차 경주에서는 '각 자동차는 얼마를 달렸는가?', '그 거리의 차이는 어떠한가?', '그 무리는 전 구간 중 어떤 위치에서 달리고 있으며 얼마를 달렸고 얼마가 남았는가?' 등을 종합적으로 측정함.

법을 활용하고 있음을 알고 있다. 역사는 반복하는 것이 아니지만 인간의 행위에는 조화와 반복의 요소가 있는 것이고 역사적 사실은 생명은 아니더라도 생명의 현현(顯現)이므로 비교 연구가 가능한 것이다. 서구에서는 역사가들이 비교 연구를 반박하고 있는 동안에도 많은 산업, 특히 보험에서는 통계와 평균을 구하는 비교 연구를 통해 많은 성과를 올리고 있다. 그러므로 우리는 이 근대의 선구자들을 따라서 문명의 비교 연구를 시작하되 그 첫걸음으로 문명의 기원을 탐구해 보자.

제2부

문명의 발생

A. 문명의 발생에 관한 문제

위의 고찰에서 우리는 종교의 기원과 지리적 분포라는 두 기준에 의해 21개 문명의 대표를 확인하고 그것을 앞의 기준에 따른 5종과 뒤의 기준에 따른 4종으로 분류하여 종합한 후 선행문명에 대한 관계의 정도에 따라 11등급으로 자리매김하고 배열했다. 그것들은 다시 연고문명(緣故文明)과 무연문명(無緣文明)으로 나눌 수 있는데, 연대적(年代的)으로 보면 문명(種)사회의 영아기(嬰兒期)에 속하는 무연문명[130]은 6개뿐이다. 이들의 발생을 보면 연고문명은 구세계(舊世界)에서는 과거 3000년간, 신(新)세계에서는 과거 2000년간 각각 8개와 2개가 발생했으나 무연문명은 같은 기간에 하나도 출현하지 않았다. 이것은 문명의 무연고적 출현 양식은 문명 출현의 새로운 양식인 연고문명에 의한 방식이 작동함과 동시에 사라졌음을 뜻하는 것인데, 그 이유는 무연문명은 활동 중에는 방사(放射)와 인력(引力)으로 다른 문명의 출현을 방해하지만 분해와 붕괴를 통해서는 연고문명의 발흥(發興)을 촉진하기 때문이다.

연고문명이 출현하는 방식을 보면 무연문명의 창조적 소수자가 창조력을 상실하면 내적 P와 주변의 만족은 저항하게 되고 사회는 지배적 소수자와 내적·외적 P로 분열되는데, 그 사회와 심적으로 분리된 내적 P는 방사와 인력의 기능을 상실하고 힘으로 지배하려고 하는 지배적 소수자의 압제력이 약화될 때 그 분리를 완성함으로써 새로운 연고사회를 출현시키는 것이다. 그러면 무연사회의 출현은 어떨까? 우리는 〈James Jeans〉의 연구에 의해 원시사회가 최초의 문명보다 29만 4000년이나 앞서서 시작되었음을 알고 있거니와 무연문명은 말 그대로 1세대의 문명이므로 연대학(年代學)이나 진화론(進化論)의 관점에서 보더라도 미개사회의 돌연변이에 의해 출현했음이 분명하다. 그러므로 이러한 상

---

130. 이들은 모두 연대적으로 문명(種)사회의 영아기에 속한다.

정(想定)을 우리가 관찰한 문명 출현의 두 양식에 적용시키는 조건에서 문명은 어떻게, 왜 출현했는지를 알아보자.

B. 문명 발생의 성질

문명이 어떻게 발생했는지를 탐구함에 있어서 무연문명의 발생방식, 즉 돌연 변이의 양식은 더 크고 더 현저한 변화가 동반되었을 것이므로 이 양식을 그 각도에서 검토한다면 우리가 여기서 연구하고 있는 현상의 일반적인 성질을 어느 정도 간파할 수 있을 것이다. 이 돌연변이의 정도는 공존하는 미개한 종(種)과 문명사회의 차이에 의해 측정할 수 있는데, 우리의 당면한 과제는 당연한 것으로 여겼던 그 차이의 특성을 탐구하는 일이다. 이 차이는 제도의 유무에 있는 것이 아니며 문명은 분업의 정도에 의해 미개사회와 구별되는 것이 아니다. 왜 냐하면 사회의 밑바탕을 이루는 관계들의 매개체인 동시에 속(屬) 전체의 속성 인 제도(制度)는 미개와 문명의 공통적인 성질[131]이고 미개사회에도 원초적인 것 일지라도 분업[132]이 있었기 때문이다. 사회생활의 일반적인 특징인 분업은 제도 의 존속을 위한 필요조건인데 미개사회에서 거의 일체화되어 있는 제도와 분업 기능자의 관계는 문명화될수록 구별성이 강해진다. 그러나 어느 시대에나 제 도는 전문가에 의해 유지되고 전문가는 그 활동을 통해 상징적인 의의와 권위 를 갖게 되는 것이며 분업에 의한 전문가로서의 성취를 자기의 성취로 일체화하 는 것[133]은 사회적 본질이다. 우리는 서구인이 이론과학에서의 아인슈타인, 응

---

131. 〈매년 반복되는 농경주기에 기초한 종교들〉〈Totemism〉〈Tabooism〉〈성년식 제도〉〈연령별, 성별 격리제도〉 등이 미개사회 자체의 특징적인 제도이다.

132. 전문화되지 않은 팔방미인과 같은 원시사회의 족장도 그 사회적 환경에서는 일종의 전문가였고, 〈절름발이 대장장이 헤파이스토스〉와 〈장님 음유시인 호메로스〉는 부득이한 분업화의 신화적인 예였으며, 〈머얼린〉은 유명한 마술사였다.

133. 문명사회에서는 제도나 관직을 거기에 참여하는 개인과 구별함으로써 비개인적인 관계를 고착화 하려는 의식적인 노력이 있지만 그 일체화의 경향은 좀처럼 없어지지 않는다. 미국에서는 돌파구 로서 로터리 클럽, 자선단체인 엘크스, 콜럼버스 기사단, 미국 혁명의 딸들, KKK단 등이 결성되었

용과학에서의 마르코니, 모험에서의 린드버그, 육체적 기능에서의 유명한 선수들, 육체미에서의 배우들의 성취를 일체화하는 것을 보거니와 이 소수자와 다수자의 분업은 사회 자체에 내재되어 있는 것이다. 그러나 사회의 발전에 있어서 분업은 충분하지 않고 오히려 폐해를 낳기도 하는데, 분업의 부족함을 보완하고 폐해를 제거하는 것은 〈미메시스 - 편견 없는 사회적 모방〉 즉 모든 사회생활의 특성으로서 가치 있는 것을 모방하여 그 능력 감정 사상 등을 획득하는 것이다. 그것은 미개사회에서는 과거나 조상으로 향하여 관습의 덩어리(Cake of Custom)를 만드는데 그 관습의 지배로 인해 사회는 침체된다. 그러나 문명도상(文明途上)에 있는 사회에서는 미메시스가 개척자나 창조적인 인물에게로 향하여 관습의 덩어리는 파괴되고 사회는 변화와 성장의 동적인 상태로 돌입한다. 동적인 운동과 정적인 상태의 이 대조 속에서 문명과 미개사회의 차이를 보는 것이지만 그 차이는 영구적이거나 근본적인 것은 아니다. 흔히 그 역사의 말미에서 정적인 상태를 보이는 미개사회도 이전에는 동적이었던 때가 있었던 것인바 인류는 사회를 통해서 인간이 된 것이므로 인류가 만든 미개사회는 인간에 선행하는 것이고 반수적(半獸的)인 인류의 인간으로의 변이[134]는 미개사회의 비호(庇護)로 말미암아 달성된 것이다. 미개사회는 위아래로 이어진 벼랑만 있는 산허리의 바위 선반에 누워있는 사람에, 문명사회는 〈에페소스의 잠자는 사람들〉[135]의 동료지만 방금 일어서서 절벽을 오르기 시작한 사람에 비유할 수 있

고 영국과 영연방에서 국왕의 왕관을 대하는 태도도 같은 부류이다.

134. 이 변이는 문명의 비호(庇護)하에 오늘날까지 달성한 인간의 어떠한 진보보다 깊은 변화이자 큰 진전이었다.

135. 성경에 '에베소'로 기록된 Ephesos는 튀르크 남서부에 있었던 고대 그리스의 식민도시로서 BC 7~6세기에 번성하여 인구가 25만여 명에 이르렀다고 함. 페르시아의 〈Croesus〉는 그곳에 그리스 신화에서 제우스와 레토의 딸인 〈아르테미스〉의 신전(神殿)을 건축했는데, 그것은 BC 356년의 화재로 소실되었다. 그 후 알렉산더 휘하의 장군이었던 〈리시마쿠스〉가 BC 325년에 재건한 〈아르테미스 신전〉은 지금도 세계 7대 불가사의로 여겨지고 있다. 기독교와 이슬람교의 성지로서 에페소

다. 그러나 전자는 거기까지 오르는 중에는 활동적이었고 후자도 이제 막 오르기 시작한 것이므로 우리는 전자는 무능력자이고 후자는 능력자라고 단정할 수 없다. 우리는 앞에서 문명을 일방통행로를 달리는 자동차에 비유했는데, 그 일방통행로에 들어선 자동차는 출구를 통해 그 길을 빠져나가야 하지만 역주행으로 퇴출당하거나 치명적인 사고를 일으키기도 한다. 마찬가지로 이 벼랑을 오르는 자의 비유에 있어서도 벼랑의 선반에 누워있는 자들의 수많은 동료들은 추락했거나 그 아래의 바위에서 반사반생(半死半生)의 상태에 놓여 있는 것이다. 그러므로 누워있는 자들도 거기까지 오르는 중에는 활동적인 소수자였던 것인바 이 비유가 의미하는 것은 정적인 상태의 미개사회와 문명과정에 있는 사회의 대조는 영구적이거나 근본적인 차이가 아니라는 것이다. 우리가 보고 있는 정지상태의 미개사회는 모두 언젠가는 동적이었고 문명도상에 있는 사회도 언젠가는 중지될 것이 틀림없다. 그러나 어떤 자는 인간의 노력이 지향하는 목표인 초인(超人)으로의 변이(變移)를 달성하여 안식상태(安息狀態)로 들어가는 반면 다른 자들은 그 목표에 도달하기 전에 후퇴를 시작하여 출발점인 미개사회로 돌아갈지도 모른다. 그 노력에 실패한 자들의 실패 직전의 상태는 그 노력이 성공했기 때문에 오늘날까지 존속한 미개사회와 같이 정적(靜的)이다. 오늘날 우리가 보는 미개사회는 그것이 지금에 도달하기 위해 치른 노력의 피로를 회복하는 중이므로 죽은 정지가 아니라 살아서 잠자는 정지이고 그 이전의 문명은 그것이 빠져 있던 상태를 극복하지 못해 생명을 잃었기에 죽은 정지이다.

　위에서 우리는 목표로 했던 미개사회와 문명 간의 영구적이고 근본적인 차이를 발견하지는 못했으나 이 탐구의 목적인 문명 발생의 성질은 어느 정도 밝

스에 있는 '7인의 잠자는 사람의 동굴'은 관광의 명소로 되어 있는데, 거기에는 다음과 같은 전설이 전해지고 있다. 그것은 7인의 기독교도가 박해를 피해 동굴로 들어가자 박해자들이 동굴 입구를 막아버렸는데 200년 후 지진으로 그 벽이 무너지자 그 7인이 동굴 밖으로 걸어 나왔다는 것이다.

힐 수 있었는데 그것은 무연문명은 미개사회의 정적(靜的)인 상태를 동적(動的)인 상태로 이행시키는 돌연변이에 의해 출현한다는 것이고 그 이행의 공식(公式)은 연고문명의 출현양식과도 일치한다는 것이다. 왜냐하면 동적이었던 문명의 창조적 소수자는 스스로 창조력을 상실하거나 문명이 정적인 상태로 돌입할 때 붕괴로 향하는 문명의 지배적 소수자로 퇴화하고 내적 P들은 그에 대한 동적인 반응으로 그 소수자로부터 분리하는데 이 분리와 원시사회에서의 돌연변이는 공히 정적인 상태에서 동적인 상태로 이행하는 것이기 때문이다. 이로써 우리는 모든 문명에 있어서의 발생의 성질을 이해할 수 있게 된 것인데, 이제는 그에 대한 학설들을 표창(表彰)하고 그중에 우리가 채용할 것이 있는지 알아보자. 〈J. C. Smuts〉[136]는 "인류가 다시 전진을 시작했음은 분명하다. 기반은 흔들리고 이완되었으며 모든 것이 유동적으로 변했으나 인류라는 대상(隊商)은 천막을 걷고 다시 전진을 시작했다"고 피력했는데 그 전진의 재개는 우리의 비유에서 쉬던 자가 절벽을 다시 오르는 것과 같은 것이다. 그 절벽의 평평한 곳과 경사면은 생명의 단초(端初)에서 인간으로 진출한 여정과 같이 무수하며 그 기어오름에 있어서의 동적인 상태와 정적인 상태의 교대도 그에 대응하여 같은 리듬으로 반복하는 것인바 스머츠는 Holism 철학[137]에서 관찰자들이 우주의 본질에 있어서의 근본이라고 인식한 그 리듬을 "진화를 촉진하는 것은 유기체로서의 전체이고 그 유기체는 통일의 경향으로서 융화와 조화 및 통합을 지향한다"고 확인한 바 있다. 심리학자인 〈Gerald Heard〉는 "모든 진화는 억압으로부터 표현으로의 이행이며 이완과 긴장의 연속적인 교대이다. 생명은 집중과 확장의 끊임없는 과정이고 그 과정은 시간 자체의 수축과 확장인 동시에 우주를 움직이는 리듬으로서의 끝없는 교호적(交互的)인 파장

---

136. 1870~1950년. 남아프리카의 네덜란드계 정치가, 철학자, 장군. 1차 세계대전 후 윌슨과 함께 국제연맹 창립을 주도했다.

137. 진화를 촉진시키는 결정적인 힘은 유기체와 같은 전체이지 그것을 구성하는 부분들이 아니라고 하는 설. 적체론(積體論)으로 번역된다.

이다"라고 주장했고, 인류학자인 〈J. Murphy〉는 "Bosanquet가 '이성은 전체성의 정신이자 전체성으로 향하는 노력이다'라고 설파했듯이 원시인의 본성이나 심리에 있어서의 하나의 근본적인 특성은 통일성을 추구하는 것인바, 인간 정신의 특징적인 활동은 사상에서의 전체성을 확립하는 것과 경험을 일관성 있는 하나의 전체로 조직하는 데 들이는 노력이다. 인간 정신에의 이 경향이 진화의 일반적인 과정에서의 하나의 특수한 사례임을 밝힌 것은 스펜서의 천재적인 업적이거니와 그것은 '모든 사상(事象)은 연속적인 통합과 분화를 통해 불명확하고 두서없는 동질성에서 명확하고 정리된 이질성으로 이행한다'는 것이다. 그러므로 문명 속에서 일어나고 문명으로 향하는 진보는 연속적인 통합과 보다 포괄적이고 명료한 전체성을 형성하는 과정에서 이루어지고 그 과정들은 연속적인 분화에 의해 연결되는 것이다"라고 설파했다. 우리는 이 리듬이 〈Saint Simon〉에 의해 문명의 역사 속에 지적되어 있음을 발견하는데, 그는 역사를 조직의 시대와 비판의 시대가 교차하는 작용의 연속이라고 보았다. 그로부터 멀리 Empedocles[138]로 거슬러 올라가면 그 리듬이 물리적 우주에의 조수(潮水)의 간만(干滿)으로 지적되어 있음을 발견하거니와 우주에서 일어나는 변화를 서로 보완하면서도 상반하는 두 힘의 교호작용(交互作用)으로 본 그는 통합하는 힘을 〈사랑〉이라 부르고 붕괴시키는 힘을 〈미움〉이라고 불렀다. 엠페도클레스의 이 사랑과 미움이라는 우주 리듬의 두 교대하는 힘(位相)은 극동사회의 사상가들에 의해 〈음양(陰陽)〉으로 명명되었는데, 헬레닉 사회와 중국사회가 서로 교류하지 않았음에도 그 정의(定意)가 매우 유사한 것은 놀라운 일이다. 장소로서는 볕의 있고 없음, 물질로서는 물과 불로 인식되는 그 음(陰)과 양(陽)은 우주의 위상(位相)으로는 상대적인 계절을 의미하는바 그 계절의 변화는 음과 양의 관계적인 상호변화에 대한 중국의 사상을 시사하고 있다. 그것은 각각 교

---

138. 고대 그리스 철학자(BC490?~430). 우주만물은 불생, 불멸, 불변의 원소인 흙, 물, 공기, 불로 이루어지며 이들이 사랑과 미움의 힘으로 결합 및 분리되어 만물이 생멸한다고 주장했다.

대하여 상대를 밀어내고 우위(優位)에 서지만 각각의 최고조에서도 타(他)를 매몰시키지는 못하며 일방이 만조에서 간조로의 변화를 시작하면 영원한 적대자이자 협동자로서의 타방(他方)은 발흥을 시작하여 최고조에 도달한다. 이러한 교호작용은 순환하며 반복하는 것으로서 존재양식에 있어서 정(靜)의 상태인 음은 처음의 것이고 동(動)의 상태인 양(陽)은 나중의 것이므로 〈양-음〉이 아니라 언제나 〈음-양〉이다. 송대(宋代)에 일어난 사회적 르네상스로 유교가 재흥하자 그 5대 철학자들은 음양사상을 형이상학적인 용어로 체계화했는데, 〈소옹(邵雍)〉[139]은 수(數)에 의한 우주관이자 자연철학인 상수설(象數說)을 주창하면서 "운동의 시초에 양이, 그 종말(終末)에 음이 생기고 정지의 시초에 유(柔)가, 그 종시에 강(剛)이 생겨서 정과 동, 음과 양, 유와 강은 끊임없이 교대한다"라고 설파했다. 그리고 5대가(大家) 중 최후의 인물로서 가장 저명한 〈주희(朱熹)〉[140]에 의하면 음양의 리듬은 폐호흡의 율동과 같아서 음과 양은 수축과 확장이고 양은 발산하고 음은 변환한다. 그리고 양자(兩者)가 순수한 상태에 있는 경우는 극히 드물고 어느 쪽이나 가장자리에서는 겹쳐있다. 그 음양은 물질적인 실체가 아니라 우주의 근본원리인 이(理)의 운행에 관련된 추상(抽象)인데, 이(理)는 기수(騎手)가

---

139. 북송의 학자(1011~77). 이지재(李之才)로부터 하도(河圖) 낙서(洛書) 도서(圖書) 선천상수(先天象數)의 학문을 배우고 상수(象數)에 의한 신비적인 우주관과 자연철학을 설파하여 이정(二程)이라고 하는 정호와 정이 및 주자(朱子)에게 큰 영향을 끼쳤음. 저서로는 관물편(觀物篇) 이천격양집(伊天擊壤集) 황극경세(皇極經世) 등이 있다.
   ※ 하도-복희씨의 때에 황하의 용마가 지고 나왔다는 55점의 그림. 낙서와 함께 주역의 기본 이치(理致)
   ※ 낙서-하나라 우왕이 홍수를 다스릴 때 낙수에서 나온 거북이 등에 그려져 있었다는 45개의 점으로 이루어진 9개의 무늬. 팔괘와 우왕이 정한 정치·도덕의 아홉 원칙으로서 서경(書經)의 홍범(洪範)에 기록되어 있는 홍범구주(洪範九疇)의 근원이다.
140. 송대(宋代)에 철학을 집대성한 유학자(1130~1200). 그의 학문은 송나라 주무숙, 정명도, 정이천, 나예장, 이연평 등의 학, 도, 불학을 집대성한 것으로서 우주에는 이(理)와 기(氣)라는 이원(二元)이 있고 그 실천 강목은 거경(居敬)과 궁리(窮理)의 2대강(大綱)이라고 함. 주요 저서는 사서집주, 근사록, 주자문집 등.

말을 타듯이 음과 양을 타고 있는 것이다. 유능한 중국 및 극동사상 연구자인 Meadows는 그것을 "그 근본원리는 영원으로부터 작용하는 것으로서 그 능동적 확대 운동에서 적극적 요소로서의 양이, 수동적 수축운동에서 소극적 요소로서의 음이 발한다. 양의 운동이 극에 달하면 음의 작용으로 변환되고 다시 그 음양의 변환은 동일 반복하되 각자는 자기의 근원을 상대의 내면에 두고 있다"라고 설명했다.

위에서 보듯이 다양한 관찰자가 우주 리듬의 정적인 상태와 동적인 활동의 교호작용을 갖가지 상징으로 설명했으나 〈陰-陽〉은 그 리듬을 심리적이거나 기계적인 비유에 의하지 않고 직접적으로 가장 적절하게 표현하고 있다. 그러므로 우리는 이후로 극동문명이 만들어낸 상징을 사용할 것인바 그것은 성서와 파우스트에서도 현저하게 드러나 있다. 우리는 「마그니피카트」로 알려진 「성모송가(聖母頌歌)」[141] 속에서 양으로 이행하는 음의 노래를 듣는 것이며, 「신비한 무리들의 합창」[142]에서는 모든 행함을 마치고 다시 음으로 돌아가는 양의 기쁨에 찬 노래를 듣는 것이다. 또한 〈대지(大地)의 정(精)〉이 그런 정신적 투쟁의 강렬함으로써 그 힘을 일으키는 파우스트에게 발(發)하는 선포[143]에서는 교대하는 리듬 그 자체의 고동(鼓動)을 듣게 되는 것이다.

---

141. 〈눅 1:46~48〉을 참조할 것.

142. 파우스트 제2부의 클라이맥스. "모든 무상한 것은 영상일 뿐, 미치지 못하는 것 여기서 실현되고 설명할 수 없는 것도 여기서는 성취된다. 영원한 여성은 우리들을 끌어 올린다."

143. "생명의 조수에, 사업의 폭풍에 몸을 맡기고 달려 오르고 달려 내려오며 저리로 가고 이리로 온다. 탄생과 분묘, 영원한 해원(解冤), 변전하는 생동, 작열하는 생명. 이리하여 나는 웅성거리는 시간의 베틀에 앉아 신의 찬연한 옷을 짜고 있는 것이다."

C. 문명 발생의 원인

우리는 Meadows가 멋지게 요약한 극동문명에서의 통찰(洞察), 즉 "문명 발생의 성질은 전 우주의 보편적이고도 율동적인 맥동의 특수한 고동(鼓動)이다"라는 것을 이해하게 되었는데, 이것은 우리가 이 문제에 관한 한 헤라클레스의 기둥[144]에 도달했음을 의미하는 것이다. 그러므로 우리는 이제 문명 발생의 성질에 관한 문제에서 벗어나 문명 발생의 원인, 즉 "문명은 왜 그때 그곳에서 발생했는가?"라는 의문을 탐구해야 한다. 우리는 그 의문에 대하여 "무엇이 29만년 이상의 기간 동안 문명의 발생을 억제했는가?"라는 소극적인 요인과 "그렇다면 인류는 무엇 때문에 6000년 전에 벌떡 일어나 현상을 초월하려는 동적인 노력과 행위를 개시했는가?"라는 적극적인 요인을 탐구함으로써 답할 수 있을 것이다.

1. 소극적 요인 – 타성(惰性)

인류학자인 〈J. Murphy〉는 유명한 저작에서 타성의 본질을 통합과 분화의 움직임으로 명쾌하게 밝힌 바 있으므로 이것을 고찰함에 있어서는 그의 설명에 따르는 것이 좋을 것이다. 그에 있어서 통합(統合)은 현상의 유지이고 분화(分化)는 변화의 요구이다. 현상의 유지는 생명체에 있어서는 휴식인 것인데, 에너지가 절약되므로 안정적인 거기에는 다른 충격만 없다면 그 변화 없는 휴식을 지속하려는 경향인 '본능의 통합'이 있다. 그에 따르면 그렇기 때문에 곤충

---

144. 지브롤터 해협 동단의 양쪽에 솟아 있는 2개의 해중석각. 헤라클레스가 잡아 일으켰다고 전해지는데 고대에는 그곳을 세계의 끝이라고 믿었다고 함.

과 벌레의 중간적 존재인 Peripatus, 원시적인 척추동물인 활유어(蛞蝓魚)나 유대류(有袋類) 동물과 같은 고대의 생물이 현존하는 것이고 구석기 시대가 그토록 오래 지속된 것이다. 그는 인류가 원시적인 상태에서 휴식하고 있던 음(陰)의 시대를 〈관행의 통합〉 그 이전에 아인간(亞人間)으로 휴식하던 단계를 〈본능의 통합〉이라고 부르고 있다. 그는 미개사회의 습관에 미치는 타성(惰性)의 영향에 대하여 "원시인의 정신적인 능력 부족은 습관을 만들어 강화하게 하고, 거기에 안정과 휴식의 욕구가 더해져서 본능의 통합이 이루어지며, 거기에 거듭 자기보존의 욕구가 더해지면 타성으로 굳어지는 것이다. 이렇듯 타성으로 귀결되는 것이자 음으로서 정(靜)이며 안정의 추구인 동시에 현상의 유지인 통합은 변화나 분화를 강하게 배척하는 경향이 있으므로 인류를 까마득한 세대를 통해 문명이 없는 부족적(部族的)인 상태로 정체시킨 것인데, 이것이 바로 30만 년에 가까운 인류의 원시시대를 설명하는 것이다"라고 설파했다. 그러면 최근 6000년 동안에 인류의 일부가 타성을 정복하고 음의 상태를 돌파하여 양의 활동으로 뛰쳐나간 것은 무슨 까닭일까? 소극적인 요인으로서의 타성 자체와 그 중요성을 인정할수록 인류를 다시 전진시킨 적극적인 요인은 그것이 무엇이든 보다 커다란 계기를 갖는 것이라는 것을 인정하지 않을 수 없다.

2. 생각할 수 있는 적극적 요인

우리는 인류의 일부를 관행의 통합이라는 음의 상태에서 문명의 분화라는 양의 활동으로 이행하게 한 적극적인 요인을 그러한 이행을 성취한 인종이나 그 이행이 일어난 환경의 특별한 성질 또는 그 인간들이 Microcosm과 Macrocosm의 상호작용에 직면했을 때 발휘한 재능 속에서 발견할 수 있을 것이다. 이 탐구에 있어서 우선적으로 검토해야 할 것은 서구의 인종론과 헬레닉 사회의 환경론인데 전자에는 일반적이고 추악하며 현저하기까지 한 자기애적(自己愛的)인 요소가 내포되어 있지만 후자는 보다 합리적이자 인도적인 동시에 편견이 없으면서도 상상력이 풍부하다. 이제 우리는 이것들을 살펴서 얻는 것을 위에서 살핀 극동문명의 통찰(洞察)에 결부하여 〈도전과 응전의 개념〉을 도출할 것이다. 그리하여 우리는 인종 및 환경적 요인은 문명 발생의 적극적인 요인이 아님을 밝히고 앞에서 사용한 연구 방법의 오류를 시정할 것이다. 그 후로는 신화에 주목했던 플라톤을 본받아 먼저는 〈신화에서의 만남들과 그 구상〉을 분석하여 〈도전과 응전의 작용〉을 밝히고 이어서 〈문명 발생에 있어서의 도전과 응전〉을 개관하기로 하자.

1) 인종과 환경

(1) 인종

① 인종이론과 인종감정

서구에는 사회적인 현상을 인종론으로 설명하는 풍조(風潮)가 있지만 인종이라는 말은 종(種) 속(屬) 문(門) 강(綱) 목(目) 등 생물의 분류에 있어서 타와 구별되는 일군의 고유한 성질을 표시하기 위해 사용하는 용어임을 유념해야 한다. 인종적 요소는 특정 인간의 사회에 내재하는 독특한 심리적 정신적인 성질로서 그 사회를 문명화하는 적극적 요인으로 판명될지 모르지만 심리학은 아직 영아기의 학문이고 서구적인 풍조에서의 인종에 대한 논의는 황당한 가정[145] 위에서 진행된 것이므로 그러한 믿음은 인간의 사고에 대해 그 가정을 무의식적으로 인정하고 그에 기초한 주장을 비판 없이 수용하게 하는 오류를 초래한다. 인종 간의 육체적인 차이에 관한 우리의 지식은 인간의 정신에 관한 지식에 비해

---

145. "인종에 따른 정신 및 심리적, 육체적 특징 사이에는 명확하고도 영구적인 상관관계가 있다"라는 가정.

그다지 나을 게 없으므로 "인종 사이의 신체적인 차이는 정신적인 면에 있어서의 변하지 않는 차이를 증명하는 것이다"라고 주장하는 것은 미지(未知)의 것을 다른 미지의 것으로 설명하려는 것인 동시에 서구의 잘못된 인종감정이 의사지적(疑似知的)으로 반영된 편견일 뿐이다. "구스인이 그 피부를, 표범이 그 반점을 변하게 할 수 있느냐 …"[146]라는 수사적인 의문은 후천적인 특성은 유전되지 않는다는 생물학적인 명제를 시적으로 표현한 것이지만 산문적인 표현이 그 논조에 확실성을 부여하는 것은 아니다. 과학적인 명제와 무관한 편견인 그 인종이론에 대한 신념은 서구사회 특유의 것이 아니라 서구사회의 전 지구적인 확대로 말미암은 악질적인 부산물일 뿐이다. 그것은 주민의 육체적인 차이가 현격하고 매우 이질적인 두 사회가 좋지 않은 관계로 접촉할 때 발생하는데, 그런 접촉을 경험한 백인종은 스스로 범한 과오[147]를 통해 그 인종적 편견을 강화하고 악화시켰던 것이다.

② 서구인의 인종감정에 있어서의 프로테스탄트적인 배경

이러한 서구의 인종감정은 영어권 프로테스탄트교도의 인종관념과 종교 활동에 의해 강화되고 확산되었다. 그 프로테스탄트 운동[148]에 뒤따른 해외 식민지 쟁탈전에서 승리한 영어권 프로테스탄트교도들은 살만한 원시인의 땅과 저

---

146. 〈렘 13:23〉 구스인은 현재의 에티오피아인.

147. 백인종으로서 서구사회를 주도한 코카서스인은 아메리카와 동남아프리카에의 아프리카 흑인, 동남아프리카에서 인도계의 흑색 제 인종, 오스트레일리아에서 Black Fellow로 알려진 토인, 뉴질랜드에서 폴리네시아의 마오리인, 오스트레일라시아와 북미대륙의 태평양 연안에서 극동의 황인종 등과 그런 접촉을 했으며 그들이 범한 과오는 타 인종을 지배하며 지배권을 남용했으되 형세가 역전되는 것을 두려워한 것이다.

148. Protestantism은 루터, 츠빙글리, 칼뱅 등이 주도한 종교운동의 중심 사상인 동시에 그로 인해 성립된 종교적 신조의 기초가 된 교의이다. 루터파, 개혁파, 침례파, 회중파 등으로 구분되는 이들은 가톨릭의 일부 교리와 전승에 반대하여 〈믿음에 의한 의인(義認)〉〈성경 중시〉〈만인 사제설〉등을 주장하며 종교개혁으로 16세기에 로마 가톨릭에서 분리하여 Protestant 교단으로 총칭되는 기독교 교단을 형성했다.

항이 약한 사회 대부분을 장악했다. 특히 영국 프로테스탄트들은 7년 전쟁[149]의 결과로 북미대륙에 두 정부를 수립하고 인도에 대한 통치권을 확립함으로써 자신들에서 기인한 악질적인 인종감정의 발흥에 결정적인 역할을 했다. 인류에게 큰 불행을 초래한 서구의 이 악질적인 사조(思潮)는 그 기질과 태도와 행동을 구약성서에 의해 인도받았다. 시리악 사회의 두 종교적 천재인 〈모세〉와 〈성 아우구스티누스〉는 선민사상(選民思想)과 예정론(豫定論)으로 유대교와 기독교에 합당한 공헌을 했지만 그것이 구식 시리악 문명의 신탁(信託)으로서 프로테스탄트교도, 특히 Bible Christian[150]에게 접목되자 명료하고도 혹독한 결과가 초래되었다. 그 구시대적인 프로테스탄트들은 스스로를 여호와의 선민, 영적 이스라엘 백성으로 여기고 "우리는 모세와 여호수아처럼 신의 뜻에 따라 신이 약속한 땅을 정복하는 것이므로 그에 반하는 자들은 죽이거나 복종시켜야 한다"[151]고 믿어 그대로 행동했다. 그들은 믿음과 행동에 있어서 스페인계 기독교도 해외 식민자와 큰 차이를 보였는데 그것은 성서의 번역에 있어서 고트족에게 전도한 〈Ulpilas〉와 〈M. Luther〉와 같은 성경 영역자(英譯者)들의 대비에서 명확히 드러난다. 울필라스는 "고트족은 아니라도 호전적인 기질이 강하므로 …"라면서 그들의 성경에 사무엘서와 열왕기를 넣지 않았는데 그런 관점에서라면 루터는 사무엘서와 열왕기만이 아니라 여호수아서와 사사기(士師記)까지 넣지 말았어야 했다. 후자가 그리하지 않은 결과는 식민지에서 저지른 프로테스탄트교도의 다음과 같은 악행으로 나타났다. 신세계에 식민하여 영어를 상용한 프로테스탄트교도는 아메리카의 이른바 토인(土人)과 들소를 전멸시킨 반면 스페

---

149. 영국이 프로이센과 연합하여 오스트리아, 프랑스, 러시아, 스웨덴 연합과 1756년 이후 6년간 싸운 전쟁.

150. "성경을 글자 그대로 믿어야 한다"고 주장하는 Cristian. 성서주의자.

151. 〈수 11:8〉을 참고할 것.

인 기독교도는 카리브 제도(諸島)의 원주민을 전멸시키기는 했으나 대륙에서는 아즈텍과 잉카제국의 통치를 계승한 것에 만족하여 원주민을 통치하되 기독교로 개종시키고 통혼하기까지 했다. 그러나 영국 프로테스탄트교도들은 아프리카 흑인을 신대륙에 노예로 파는 장사를 시작하여 유트레히트 조약에서 그 장사의 독점권을 하나의 이권으로 챙기기까지 했다. 스페인과 포르투갈의 식민자도 노예를 사기는 했으나 그것은 대규모 노예 농업으로 비극을 크게 연출한 영어를 사용하는 프로테스탄트의 나라[152]와는 달리 규모가 작았다. 영국 프로테스탄트교도는 인도인에 대해 스페인인이 멕시코와 페루 원주민에게 했던 것처럼 자기들의 지배만을 강요했으나 양자의 태도가 달랐던 것처럼 결과도 다르게 나타났다. 영국 프로테스탄트교도의 인도 지배자는 동시대에 비유럽인을 지배했던 다른 유럽인들과는 달리 그들이 지배하던 민중으로부터 초연(超然)해 있어서 지배자의 종교로 개종하거나 통혼하여 영국인과 동화한 인도인은 매우 적었다. 영국인들은 인도의 카스트 제도를 기꺼이 받아들였을 뿐만 아니라 태도로 보건대 그것이 없었다면 자기들의 편의를 위해 유사한 제도를 만들기까지 했을 것으로 여겨진다. 개종시키는 것이 아니라 전멸시킴으로써 자기들의 교의를 지키려고 했던 광신적인 프로테스탄트의 에피소드와 같은 사례가 있다. 무솔리니의 파쇼가 판치던 이탈리아 왕국이 상원의원 한 사람을 영국에 파견하여 홍보활동을 하게 했는데, 영국인들이 그에 대해 "파쇼나 하는 놈들이 …"라는 내심을 드러내면서 냉랭한 반응을 보이자 그 상원의원은 곤혹스러워 했지만 나중에 영국인이 자기들의 말로 인쇄된 성경을 가진 아메리카 인디언을 전멸시켰다는 사실을 알고는 "우리보다 더한 살인마 놈들이 …"라고 비웃듯이 환하고도 묘한 미소를 드러냈다.

이러한 인종감정은 어떤 변화를 거쳐 무엇을 남겼을까? 그 구식 시리악 문명의 신탁(信託)이 프로테스탄트교도에게 주입한 악질적이고도 열광적인 인종감

---

152. 미국을 지칭한다.

정은 프로테스탄티즘 자체가 합리주의를 거쳐 불가지론(不可知論)으로 전이됨에 따라 상당히 감퇴되기는 했다. 그러나 영어를 사용하는 백인의 신생 사회는 벌써 인종차별이라는 새로운 카스트 제도에 사로잡혀 있고 잇따른 인종감정의 각 단계는 그에 부응하는 온갖 인종이론으로 서구의 사상에 흔적을 남겼다. 전자에 있어서 인종감정은 노예제도 폐지와 노예매매 금지 등으로 상당히 완화되기는 했으나 사상의 기저에는 아직도 내재적인 인종감정과 인종차별이 잔존하고 있어서 기왕의 형세가 신(新) 카스트 제도로 굳어질 조짐을 보이는 것이며 후자에 있어서는 영어권 프로테스탄트교도 중에 아직까지도 구약성서에서와 같은 의미로 자기들을 선민이라고 생각하는 Fundamentalist[153]가 있다. 영국인 이스라엘 기원설(起源說)을 상징적 또는 비유적인 의미로 믿고 있는 초월론자(超越論者)들은 영어를 사용하는 백인종이 육체적으로 이스라엘의 자손이라고 강조하지는 않지만 영적으로는 선민(選民)인 이스라엘을 계승했다고 주장하는데 그 교리는 「Recesional」[154] 속에 여실히 나타나 있다. 나아가 하나의 지적 기행(奇行)으로서 그 인종감정을 합리성으로 위장하여 주장하려는 시도가 있었는데 〈고비노〉는 Nordic Man(북구인)을 그 현학적인 미신의 대좌(臺座)에 올려놓았다. 〈니체〉는 백인의 한 변종으로서 금발(金髮) 벽안(碧眼) 장두(長頭)를 특징으로 하는 북구인을 금발수(金髮獸)라는 애칭으로 부르기도 했는데, 그들은 인류에 있어서 조금이라도 가치 있는 모든 업적은 북구인이 이룬 것이라고 주장한다. 프랑스 혁명에 참여한 어떤 현학자(衒學者)는 그 혁명[155]을 정당화하려고 "골

---

153. 프로테스탄트교도 중 앵글로 색슨계 영국인, 아프가니스탄인, 아비시니아인 등 성경을 글자 그대로 믿어야 한다고 주장하는 일파. 영국인 이스라엘 기원설을 믿는 자들은 아시리아에 사로잡혀 돌아오지 못한 열 종족이 자기들의 육체적인 조상이라고 믿고 있으며, 앵글로 색슨족은 이스라엘의 한 지족(支族)이라는 전설이 있다.

154. 〈러드야드 키플링〉이 빅토리아 여왕의 즉위 60년(1895) 축전에 바친 애국시(愛國詩)

155. 1789~99년. 재정난 해결을 위한 삼부회의가 열리자 민중대표로 성립된 국민회의와 그 운동은 바스티유 감옥 습격을 계기로 혁명으로 발전되었는데, 그 결과로 인권선언과 입헌군주제 헌법이

인은 14세기에 걸친 굴복 끝에 라인강 지역을 불법적으로 지배하던 프랑크족을 몰아내고 정당한 자기 땅을 탈환했다"고 주장했는데, 고비노의 북구인 이론은 이 혁명가의 고전적인 자만심을 과학적으로 반박한 것[156]이다. 그때 때를 맞춘 듯 언어학에 있어서 하나의 과학적인 발견인 인도-유럽어론[157]이 성립되었는데, 고비노는 재빨리 그것을 차용하여 "같은 언어를 사용하는 모두는 같은 혈통이다"라고 추론함으로써 그 황당무계하고 어디로 뛸지 모르는 산토끼 같은 인종이론을 만들었다. 고비노는 이 가설을 이용하고 출발점으로 삼아 프랑스 정치에 있어서의 혁명파와 반혁명파 사이의 현학적인 논쟁 중에 이 역사적인 인종이론을 만들고 그것을 「인종 불평등론」이라는 도발적인 제명을 붙인 책에서 소상히 설명했는데 이후 숱한 야심가들이 그것을 표절(剽竊) 또는 개작했다. 먼저 독일의 어느 언어학자는 인도-유럽어(語)에서 유럽을 German으로 바꾸어 때마침 프로이센 왕국이 점령한 유럽 북부평원이 인도-게르만어의 발상지라고 주장했고 어떤 영국인 독일주의자는 그 산토끼 사냥에 참가하여 모든

제정되었고 1792년에는 왕권을 정지하고 공화정을 선언했음. 이후로 혁명이 격화되어 루이 16세가 처형되고 산악당의 공포정치와 테르미도르의 반동에 이은 총재정부를 거쳐 나폴레옹에 의한 '브뤼메르 쿠데타'에 이르러 종결되었으나 이 혁명은 절대왕정과 앙시앵 레짐의 봉건적 사회체제를 종식시키고 민주주의를 성립시키는 단서를 열었음. Text에서는 "귀족계급이 농민에게 영지를 빼앗기고 코블랑으로 피난한 사건"으로 되어 있다.

156. 고비노는 "프랑스 귀족은 프랑크인의 자손이고 프랑스 민중은 골인의 후예인바, 골인이 문명화된 것은 프랑크인이 몸속에 흐르는 북구인의 피를 당신들에게 주입해 주었기 때문이다. 최초의 그리스-로마인도 북방의 강건한 금발 벽안의 북구인이었는데, 이후 로마인의 체력 고갈로 인해 문명이 쇠퇴한 것이다. 그러므로 이제 프랑크인이 그 북구인의 역할을 할 때가 되었다"라는 주장을 폈다.

157. 고대 그리스어, 라틴어, 페르시아어, 북부 인도어, 아베스타의 고전 이란어 및 베다의 고전 산스크리트어 등 유럽의 거의 모든 국어는 모두 하나의 큰 어족에 속하는 것으로서 상호 간에 관계가 있음이 밝혀졌는데, 이 같은 어족의 여러 언어들이 〈우르시프라헤〉 즉 원시 아리아어와 인도-유럽어에서 파생되었다고 추론한 것은 틀리지 않았지만 그런 언어를 사용하는 사람들 간에 언어와 같은 정도의 혈연관계가 있고 그 모두가 원시 아리아인이나 인도-유럽인의 자손이라고 추론하는 것은 옳지 않다.

위대한 인물과 국민 및 문명을 그 금발수의 입으로 거두어들이고 〈샤를마뉴〉와 〈금발의 메넬라우스〉[158] 나아가 북구인 중에서 〈단테〉와 〈예수〉의 조상도 찾았다고 떠벌였다. 칼날 부딪치는 소리 때문에 대서양을 건넌 그 토끼는 미국에서 큰 소동을 일으켰는데, 남부[159]로 뛰어든 고비노의 산토끼는 북구인주의의 복음을 남부인의 마음에 심어 그들을 악질적인 인종감정에 감염시켰다. 북구인주의가 "남부는 결코 패한 것이 아니다. 다시 싸우면 반드시 이길 것이다!"라고 선언하자 남부인은 약동하는 가슴으로 "우리 혈통은 순수하므로 내 힘은 일당백이다!"라고 외쳤던 것이다. 한편 북부[160]에서는 동일한 복음이 프로테스탄트교도의 마음에 신벌(神罰)에 대한 공포[161]를 부활시켰는데, 그로 인한 아메리카주의[162]의 혼란을 극복하는 방안을 찾던 그들은 인종론을 기반으로 사이비과학적인 이설을 만들어 냈다. 그것은 "인간의 육체와 정신은 엄밀히 결합되어 있고 육체적인 특성은 변하지 않는다. 그러므로 아메리카의 북구적인 순수성을 지키기 위해서는 칼빈 신학이 '인간의 노력으로는 원죄를 씻거나 멸망되도록 정해진 인간을 구원할 수 없다'고 가르치는 바와 같이 더럽혀진 육체와 파멸한 영혼을 가진 인간은 사회에서 배제시켜야 한다"는 것인데, 이 이설을 가진 정통 프로테스탄트 신학은 〈Robert M. Grant〉와 〈John L. Stoddard〉의 저술에 서술되어 있다. 그 이설을 정책적으로 반영한 것은 1921년과 1924년의 이민(제한)법이고, 근세 서구의 인종감정을 지적으로 가장 미묘하게 표현한 것은 한 영국 인류학자의 전파설(傳播

---

158. 그리스의 전설에서 아가멤논의 동생이자 헬렌의 남편.

159. 남북전쟁이 끝나자 알프스와 지중해계 유럽인의 대량 이민으로 '북부의 양키'는 그들과 혼혈했으나 남부는 처음부터 강했던 북구계 혈통을 그대로 유지했다.

160. 북부에서는 유럽전쟁의 심리적인 영향으로 국민감정이 고조되고 충성심이 증진되고 있었다.

161. 〈Pilgrim Fathers〉의 자손을 괴롭힌 죄에 신벌이 내려질 것이라고 믿는 프로테스탄트의 본능적인 공포.

162. "신세계로서의 아메리카는 아메리카의 정신으로 어떠한 이주민도 아메리카인으로 변화시킨다"라는 것.

說)이다. 이 학설은 영국인 이스라엘 기원설이나 북구인주의에 노골적으로 드러나 있는 자기중심주의를 과학적으로 온건하게 서술하고 있으므로 거기에서 자기중심주의를 찾아낸다면 놀라운 일이다. 앞에서의 모든 인종이론에서 인간의 유의미한 모든 업적을 이룩한 능력은 그것을 주장하는 자들을 포함하는 인류의 일부분에 독점[163]되어 있지만, 이들의 주장은 그 무비(無比)한 가치를 독점하는 권리를 자기의 조상이 아니라 4000~5000년 전에 살았던 인류의 일부분에 부여하고 있다. 그들은 피라미드를 축조한 고대 이집트인이 바로 독특한 재능과 창조력을 가진 선민으로서 문명을 만들었고, 그들의 자손인 태양의 후예는 그 문명을 지구의 절반에 이르도록[164] 퍼뜨렸다고 주장한다. 더하여 그 문화의 역군(役軍)이 통과한 곳에는 농경과 관개기술(灌漑技術), 카스트와 전쟁의 제도, 석상예술, 태양숭배 등이 증거로 남았다고 말한다. 그러나 그렇게 창조되고 전파된 '문명'도 전한 자보다 오래 존속할 수 없었기 때문에 오늘날 그 흔적은 희미하며 전한 곳에서 전한 것을 지키던 수비대가 소멸되자 토착민들은 그 신과 같은 자들에게서 전수 또는 강요받은 문명을 유지하지 못했다. '태양의 문명'은 별안간 개화하여 짧은 꽃의 계절을 즐기고 자갈밭에 뿌려진 씨처럼 곧 퇴화했던 것이다. 전파론은 방대한 고고학적 증거를 구사(驅使)하고 있지만 그들은 공히 신의(信義)를 구현함에 있어서 속된 디자인을 사용하고 있으므로 논지(論旨)는 북구인주의를 새로운 의상으로 단장한 것에 불과하며 고고학적 장식도 고비노의 언어적인 장식과 마찬가지로 불확실한 것이다. 전파론자가 자기들의 보화를 북구인이 아니라 고대 이집트인에 둔 것은 심리학자가 전이(轉移)라고 부르는 심리적인 조작에 불과한 것인바, 그들은 인종이론을 만들려는 충동의 근원

---

163. '영국인 이스라엘 기원설'은 영국 태생의 영국인에, '북구인주의'는 금발 벽안 중간형 두개골의 백인에, '여타의 인종론'은 백인종에 그 독점권을 부여하고 있다.

164. 그들은 문명이 이집트에서 이라크로, 이라크에서 인도 및 중국으로, 인도에서 인도네시아로, 중국에서 페루로 전파되었다고 한다.

인 자기중심적 감정을 배제하지 않았기에 지적 오류에 빠졌던 것이다. 태양의 운행과는 반대로 수에즈에서 파나마로 문명의 빛을 전파했다는 '태양의 후예'는 바로 같은 빛을 발트해의 햇빛 찬란한 연안에서 암흑 같은 지중해 연안으로 전했다는 북구인의 유령인 것인바 미세한 부분까지 유사한 양자(兩者)에 있어서 그 빛은 언제나 단명했다. 그 주장대로라면 열등인종은 북구인과 이집트인이라는 원숭이에게서 떠온 새로운 살점에 의해 활력을 회복하는 것이므로 그들이 말하는 문명의 태양은 나날이 새로이 떠올라야 하는데 그 유인원(類人猿)의 활력이라는 저장이 바닥나면 불쌍한 인류는 어떻게 될 것인가?

우리는 위에서 여러 인종이론을 비판적으로 살펴보았는데 이제는 몇 가지 결정적인 증거로 그것이 허구임을 밝혀보자. 첫째로 서구사회의 초기에는 그와 같은 인종감정이 없었고 일부 지역에는 지금도 없다는 사실이다. 서구에 있어서 중세까지는 인류를 기독교도와 이교도로만 분류했는데, 기독교도가 되는 길은 모든 이교도에게 열려 있었다. 중세 서구사회는 세 동방박사 중 일인을 흑인이라고 생각할 정도로 관대했고 근대에도 구교도인 스페인인과 포르투갈인이 아메리카에서 이룩한 서구사회와 서구문명의 선두주자인 프랑스는 인종감정에 빠지지 않았다. 전자는 전 인류를 기독교도와 이교도로 구분했고 후자는 그것을 서구문명의 근대 프랑스판을 가졌는지의 여부로 나누었는데, 프로테스탄트적인 인종주의자들이 도처에서 〈원주민〉을 축출하거나 도살하고 있을 때 그들은 원주민들과 어울리며 동화했던 것이다. 더하여 반대적인 인종차별도 있었는데 우마이야조 칼리프국의 지배계급이었던 본래의 아라비아인은 스스로 〈검은 사람〉이라 하여 그것을 자기의 인종적인 우월을 의미하는 것으로 삼고 피지배 계급인 페르시아인과 튀르크인은 〈붉은 사람〉이라고 불러 열등한 인종을 의미하는 것으로 했다. 더하여 모든 백인 이슬람교도는 흑인을 사위로 맞이할 정도로 인종적인 편견을 가지고 있지 않았다.

③ 인종과 문명

생물학 연구에서는 "인간의 피부에 숨어있는 색소는 모두 질적으로 동일하고 피부색의 차이는 그 양의 단순한 차이에 의한 것이다"라는 것을 사실로 밝히고 있으므로 널리 퍼진 피부색에 대한 인종론자의 믿음은 근거 없는 선입견인 동시에 불합리한 편견이다. 그들이 문명을 창조하는 능력을 가진 유일한 종족이라고 주장하는 북구인은 타 인종에 비해 피부와 눈 및 모발의 색소가 적지만 〈적색 인디언〉이 그들을 혐오하는 의미로 '창백한 얼굴의 인간'이라고 부른 것과 〈리빙스턴〉이 "오랫동안 흑인 속에서 지내다가 내 몸을 보니 마치 무슨 기형을 보는 것 같았다"라고 고백한 것을 보면 인종의 피부색에 따른 구분은 개인적인 능력이나 사회적 창조력이 아니라 외형적이고도 상대적인 것을 기준으로 삼은 것이다. 이것은 은연중에 사회에 있어서 다수인 피부색을 더 정상적인 것으로 생각한다는 사실과 육체적인 특징에 있어서 그것이 정상인가의 여부는 다분히 상대적인 개념이라는 것을 의미하는 것이다. 백인의 직모와 흑인의 곱슬머리라는 모발에 있어서의 차이에서도 마찬가지여서 흑인 여성은 백인 여성을 닮으려고 부지런히 머리를 곧게 펴는 반면, 백인 여성은 유행에 뒤지지 않으려고 머리를 파형(波形)으로 다듬기에 분주하다. 일본인은 체모에 민감한데 그 이유는 다인종 사회인 일본의 지배종족인 무모인종(無毛人種)이 좁은 지역에 가두어 버린 〈아이누족〉이 털북숭이이기 때문이다. 유럽인이 인간을 피부색으로 구분하는 것처럼 일본인은 체모로 구분하는 것인데, 유럽의 그 〈북구인〉은 〈홋카이도의 아이누〉 〈오스트레일리아 토인〉 〈실론의 베다족〉 〈남인도 닐기리 고지의 토다인〉과 같은 무리에 속한다. 그러므로 다모성(多毛性)을 기준으로 한다면 북구인은 비상한 다모성 때문에 피부색을 기준으로 했을 때와는 달리 다른 인종으로 분류될 것이다. 이에 대해 북구의 인류학자는 "그들은 그렇게 멀리 격리되어 있는데 무슨 소리냐?"라며 격분할 것이지만 우리는 "일본인의 다모인종

열등설에 따른다면 다모인종은 유인원에 가장 가깝고 그 유인원에서 가장 먼저 분화한 인종은 열등했으므로 나중에 분화했으되 우등한 무모인종에 의해 먼 구석으로 밀려난 것이다"라는 대답을 제시할 수 있다. 위의 두 기준과 같은 정도로 인종감정을 자극하는 것은 인간의 체취(體臭)이다. 육식을 위주로 하는 서구인에게는 특유의 체취가 있는데, 채식 인종은 서구인이 스스로는 느끼지 못하는 그 체취에 강한 역겨움을 느끼는 것이다.

이와 같이 서구의 인종주의자들이 인종 분류에 있어서 신체적인 특징을 기준으로 삼은 것은 큰 오류로서 서로 공존이 불가능한 결과를 초래할 뿐이다. 더하여 그들은 피부색을 기준으로 인종을 구분함에 있어 유색인종은 백색인종처럼 세분하지 않았는데, 그 불합리성을 수용한다고 해도 다섯 색깔의 인종들[165] 중 한 인종이 단독으로 10개, 세 인종이 공동으로 2개, 두 인종이 함께 9개의 문명을 창조했다는 사실은 "문명은 일반적으로 복수 인종의 창조적인 공헌에 의해 발생하는 것이다"라는 사실을 문명의 발생에 관한 하나의 법칙으로 성립하게 한다. 그런데 흑인종이 지금까지 단 하나의 문명에도 참가하지 못했다는 사실이 인종적인 원인에 의한 문명 발생론을 고수하는 근거가 될 수 있겠는가? 그에 대한 우리의 대답은 "문명이라고 부르는 인간의 사회는 천문학적 확률로 어림해 봐도 지나온 6000년의 8300만 배의 여명(餘命)을 가지고 있으므로 다섯 주자는 인류의 역사라는 마라톤에서 출발신호 후 달려야 할 시간의 8300만 분의 1밖에 쓰지 않았다. 다른 인종들은 앞서거나 뒤서거나 달리고 있음에 반해 흑인종은 아직 출발도 하지 않은 것이지만 앞으로 그 긴 경주에서 어떤 일이 일어날지 알 수 없다"라는 것이다. 실제로 흑인종은 그들을 달리지 못하게 한 특별한 환경적인 원인을 가지고 있었는데, 프랑스의 〈Maurice Dela-fosse〉는 그것을 "… 비교적 위선적이지 않은 방법으로 표현했지만 고비노 일파

---

165. 백색, 황색, 갈색, 적색 및 흑색인종.

가 아프리카 흑인을 지적으로 열등하다고 주장한 것은 합당치 않다. 아프리카 흑인은 늑대 소년처럼 다른 인종과 격리되어 있었으므로 기회를 놓쳤을 뿐이고 그들에 있어서 지금이 끝인 것은 아니다. 그들은 이제 막 외부 세계와 접촉을 시작했고 바야흐로 이제 문명 창조라는 레이스에 참가한 것이다"라고 설명하고 있다. 더하여 흑인종 외에도 지난날 문명 창조에 크게 공헌했던 인종의 일부가 문명에 전혀 참가하지 않았던 인종과 같은 원시상태로 잔존하는 예가 있다. 다모인종인 북구인의 친척으로는 〈홋카이도의 아이누〉 〈오스트레일리아 토인〉 〈베다인〉 〈토다인〉 등이 있고, 코카서스계 백인의 친척으로는 〈아프리카의 금발벽안 고지인〉 〈알바니아의 금발벽안 미개 고지인〉 〈코카서스의 고지인〉[166] 〈쿠르디스탄의 고지인〉 〈아프가니스탄과 인도 경계지역의 고지인〉이 있으며, 중국 및 극동문명을 창조한 황인종의 친척으로는 〈중국 남해안과 양자강 사이의 산지에 산재하는 황색 미개인〉 〈인도차이나 반도 내륙의 야만인〉이 있다. 더하여 잉카족의 친척인 〈칠레 아라우카니아의 미개인〉과 〈아마존 지역과 푸에고 제도(諸島)의 야만인〉 인도 및 힌두문명을 창조한 갈색인종의 친척인 〈브힐인과 곤드인 등 내륙의 미개인〉과 〈수마트라와 보르네오의 인두(人頭)를 사냥하는 인종〉 그리고 마야인과 톨텍인의 친척인 〈북미의 거룩한 야만인〉[167]이 발견된다. "이룩한 문명이 없으므로 흑인은 인종으로서 무능하다"라고 주장해 온 서구의 인종주의자는 이러한 상황에 대해 "위 표본들은 실제로는 문명을 창조한 자들과는 다른 종족일 것이다"라고만 답할 수 있을 것인바 그런 대답은 그들이

---

166. 이들은 백인종의 훌륭한 표본이어서 서구의 인종학자들은 코카서스인을 무색인종의 모든 혈통을 지칭하는 학문적인 용어로 사용한다는 쓸데없는 짓까지 했다.

167. 'Red Skin'으로 유명한 북미 인디언. 〈루소〉가 자기의 저작에서 처음으로 사용한 후로 18세기 후반부터 낭만주의 시대 초까지 유럽 문학에서 소박하고 순정적인 원시인의 이상적인 전형으로 찬양되었다.

인종이론에의 절대적인 명제로 삼고 있는 가정[168]에 정면으로 반하는 것이다. 그뿐만 아니라 우리는 그 궁색한 대답에 대해 "아직까지 미개한 상태로 남아있는 종족은 먼저 인접 문명에 동화된 동족의 잔존자이고 그 동화작용은 여전히 진행 중이다"라는 또 다른 강력한 증거를 제시할 수 있다. 예를 들면 〈스코틀랜드 고지인〉은 현재 서구사회의 당당한 주역으로 되어 있지만 과거에는 미개인이었고 다소 미개한 수준에 있는 〈알바니아인〉이나 〈리프 산맥의 주민〉은 현재 서구에 동화되는 중이므로 다음 세대에는 누구도 그들을 미개인이라고 하지 못하게 될 것이다. 이것은 모든 문명에서 일어나는 현상인바 판도를 넓히고 미개인을 동화시켜 인력을 증강시키는 것은 문명의 생활과 활동에 있어서의 본질이다. 그러므로 엄연한 현실인 이 동화작용은 인종적인 원인에 의한 문명 발생론을 고수하는 한 이해할 수 없는 것이 된다. 상술(上述)한 Delafosse의 명쾌한 통찰에 따른다면 우리는 인종론자의 황당한 문명 발생론을 버리고 이 법칙을 더욱 확신하게 되는 것인데, 이 법칙은 우리가 이미 주목했던 법칙[169]의 필연적인 결과로서 발견될 수도 있었다. 추력과 인력에 의해 인간과 물품 및 문화는 그 유입 유출 이동 교류 등이 영구히 이루어지는 것인바, 그 운동이 바로 생활이 영위되고 있는 곳이라면 어디서나 활동하고 있는 생명의 숨결인 것이다. 이것은 인종에도 예외가 아니어서 인종의 혼합도 매우 다양한 인종적인 요인이 갖가지 비율로 복잡하게 이루어졌는데, 〈R. B. Dixon〉 등 진지하고 용기 있는 학자들은 "순수한 인종적 혈통은 현재적으로는 존재하지 않으며 인종적인 특징은 분류를 위한 계발적(啓發的)이고 추상적인 개념이다"라는 사실을 인정하고 있다. 널리 알려진 인종 혼합의 증거가 〈수메릭과 인더스 문명의 본고장〉 〈이집

---

168. 각주 145를 참조할 것.

169. "문명은 주변의 인간에 대해 원심적(遠心的)인 추력을 방사하는 동시에 구심적인 인력을 발휘한다" 고 하는 법칙.

트 문명의 본거지〉〈서구권〉등에서 밝혀졌는데, 표본으로 뒤의 두 사례를 살펴보자. 이집트에서 수렵으로부터 목축과 초보적인 농경으로 전환한다는 중요한 문화적 이행을 달성한 종족은 백인의 지중해 종족 중 이집트에 거주한 〈바다르족〉이었는데, 거기에 〈남쪽의 흑인〉〈서북방의 지중해 종족〉〈동북방의 아르메노이드 알프스 종족〉이 순차적으로 유입하여 인종의 혼합이 이루어졌다. 서구권에서는 그 지역의 인종에 대한 연구가 과학적으로 시행되었으므로 더욱 확실한 증거를 볼 수 있는바 셋으로 나뉘는 백인종의 순수한 표본은 극히 제한적인 지역[170]에서만 찾을 수 있으나 유럽의 네 대국과 세계 3대강국은 모두 혼혈사회[171]이다.

우리는 지금까지 문명의 발생은 인종적인 요인에 달려 있지 않다는 것을 사실로 입증했고 그로써 "인류의 사업과 업적의 차이를 인종적인 요인으로 설명하는 것은 우행(愚行)이 아니면 기만이다"라고 선언할 수 있게 되었다. 그러나 우리는 아직 문명 발생의 참된 원인을 찾지 못했으므로 이 문제에 더 가까이 접근하기 위해 모든 인종론의 발원지인 유대교와 기독교의 사상[172]을 살펴보자. 유대교도는 "우리는 율법을 가지고 있는 여호와의 선민이므로 이방인에 비해 무한히 우월하다"는 것을 진심으로 믿었는데, 그 큰 차이를 당연한 것으로 만들기 위해서는 그에 상응하는 원인을 자명한 일로서 가정해야 했다. 그들의 신념

---

170. 〈순수한 북구인〉은 스웨덴에서, 〈순종 알프스족〉은 슬로바키아와 사보이 및 세벤누와 브르타뉴에서, 〈순전한 지중해족〉은 사르디아와 코르시카에서 찾을 수 있을 뿐이다.

171. 〈영국〉은 북구족과 지중해족, 〈독일〉은 북구족과 알프스족, 〈이탈리아〉는 지중해족과 알프스족, 〈프랑스〉는 세 종족 모두의 혼합. 〈러시아〉는 독일과 유사하고 〈일본〉은 황인종과 폴리네시아계 백인종의 혼합이며 〈미국〉은 인종의 도가니이다.

172. 이 신학 체계를 만든 사람들이 다양한 사람들의 각기 다른 분야에서의 사업과 업적 속에서 경험적으로 관찰되는 차이를 설명 없이 방치할 수도, 모조리 설명할 수도 없어서 궁극적으로는 그것을 어떤 분화적인 행위의 결과로 설명해야만 하는 상황에 직면했다는 것은 주목할 만한 일이다. 〈파우스트〉가 독백의 말미에서 말하고 있는 것처럼 그들은 태초에 행위가 있었다는 것을 알아차린 것이다.

으로는 그들이 〈선민〉이기에 특수한 종족인 것인바 오늘날 그들을 있게 한 신의 선택은 변할 수 없는 것으로서 〈여호와〉와 〈아브라함〉 사이의 계약으로 실현된 것이다. 그러나 그 계약이 부여한 특권이 박탈될 수 있는 것이라는 사실은 그 증거인 육체적인 검정(檢定) 속에 상징되어 있다. 그 각인은 피부색이나 신장과 같이 고정적인 것이 아니라 할례(割禮)라는 임의적이고 인위적인 검정인 것이다. 그리고 여호와의 선언[173]과 같이 계약의 특권은 불변이라고 하는, 남의 질투를 살 만한 인종적인 개념이 그들의 의식 속에 스며들었고 계약이 영원하다는 선언은 〈시 105:8~10〉[174]과 같이 늘 반복되고 있다. 그러나 그들은 여호와의 선택은 〈메대와 파사의 법률〉[175]처럼 변할 수 없는 것이 아니고 자연법(自然法)과 같이 불변인 것도 아님을 늘 마음속 깊이 의식하고 있었다. 그리고 그들의 자기만족(自己滿足)은 〈세례 요한〉의 "속으로 아브라함이 우리 조상이라고 생각하지 말라 내가 너희에게 이르노니 하나님이 능히 이 돌들로도 아브라함의 자손이 되게 하시리라"[176]는 폐부를 찌르는 한 마디에 대해 무감각했던 것은 아니다. 〈요한〉의 이 선포는 인종설의 오류에 대한 심원한 비판인바, 유대교도는 그 오류에 완전히 빠지지는 않았지만 선민사상(選民思想)의 근저를 이루는 개념은 끝내 북구인의 정신에 도달했다. 인류를 자기들과 이방인으로 구분하는 유대교도의 방식은 〈멸망 받도록 준비된 진노의 그릇〉과 〈영광 받기로 예비하신 긍휼의 그릇〉으로 양분하는 바울의 방식[177]으로 재현되어 구분하는 선(線)은 공동체

---

173. 〈창 17:7〉 "내가 내 언약을 나와 너와 네 대대 후손의 사이에 세워서 영원한 언약을 삼고 너와 네 후손의 하나님이 되리라."

174. "그는 그 언약 곧 천대에 명하신 말씀을 영원히 기억하셨으니 이는 아브라함에게 하신 언약이며 이삭에게 하신 맹서며 야곱에게 세우신 율례 곧 이스라엘에게 하신 영영한 언약이라."

175. 〈단 6:12〉를 참조할 것. 이 말은 "변하기 어려운 제도나 관습"을 의미하는 관용구로 쓰이고 있음.

176. 〈마 3:9〉

177. 〈제2의 이사야〉가 바울에 앞서 유대인에게 인종적인 편견을 버리라고 경고했음을 유념할 것.

사이에서 개인 사이로 옮겨졌지만 밑바탕에 있는 개념은 변하지 않았다.[178] 이와 같이 의지에 의한 하나의 행위를 배경에 있는 제1의 원인으로 가정하는 한 신학자들이 신의 예정은 변하기 어려운 것이라고 정해 놓은 것도 허사였다. 그것은 전능한 힘이 자기의 결정을 취소할 수 없다고 믿는 것은 논리적으로 불가능했기 때문인데, 바울의 주장이 완전히 효력을 잃은 적은 결코 없으며 마침내 〈카르타고의 Augustinus〉와 〈라틴인 Calvin〉의 정신을 거쳐 북구인의 정신에 도달했던 것이다. 근대 서구의 인종론자는 그 영벌과 은총을 검은 피부와 흰 피부로 바꿔놓음으로써 그들의 캘빈주의를 합리화하고 신이 만들어 놓은 원인을 없앰으로써 캘빈주의를 삭제했던 것인데, 그 결과로 나타난 것은 과학이 아니라 미신이었다. 유대교나 기독교 신학자들은 충분한 원인을 구하는 자기들의 지적 요구를 신의 행위를 가정하는 것으로 만족시킴으로써 인간의 사업과 업적에서의 공동체나 개인 간의 차이를 인종으로 설명한다는 오류에 빠져들지 않았다. 그들은 진심으로 믿고 이 가설을 세운 것이지만 "신이 존재하지 않는다면 지어낼 필요가 있다"고 한 〈볼테르〉와 마찬가지로 〈플라톤〉은 「국가론」에서 해학적이고도 냉소적인 기분으로 "고상한 거짓말"을 제안함으로써 그 가설을 "사회적 편의가 요청하고 국가적 이익이 정당성을 인정하는 경건한 기만"이라고 찬양했다. 플라톤이 이 한 구절에서 분명히 말하는 것은 "인간의 능력과 업적의 차이를 인종설로 설명하는 것은 계획적이고 냉혹한 기만이 아닌 이상 합리적인 정신으로는 불가능한 것으로서 차이의 원인인 가문과 교육의 효과를 인종의 차이로 돌려놓는 것인 동시에 사회적, 정치적 행동이라는 실제적인 분야에의 어떤 효과를 노린 타산적인 목적을 가진 기만이다"라는 것이다.

인종설이라는 기만은 이처럼 플라톤에 의해 결정적으로 폭로되었으므로 우

---

178. 유대교도와 이방인의 구분은 '여호와의 선택에 의한 것'으로 되고, 저주받은 자와 선택된 자의 구분은 '신의 예정에 의한 것'으로 되었다.

리는 이제 "문명의 발생은 인류의 분파에 따른 특별한 인종의 능력이 아니라 전 인류와 모든 생명체의 사업과 업적 속에 나타나는 편재적인 힘에 의한 것이다"라는 진실을 볼 수 있게 되었다. 우리는 그 힘을 초월적인 제1의 원인으로 생각하여 〈신〉이라 해도 좋고 부단한 창조의 내재적인 원천으로 보아 〈창조적 진화〉 또는 〈H. L. Bergson〉의 Elan Vital, 즉 〈생명의 약진〉이라고 해도 좋다. 그 힘을 인식하는 것은 이 연구에 있어서 매우 계발적(啓發的)이지만 이것만으로는 아직 이 탐구의 직접적인 목적에 도달하지 못했음을 인정하지 않을 수 없다. 그러므로 우리는 의연히 지난 6000년 동안에 인류의 일부를 뒤흔들어 〈관행의 통합이라고 불리는 음(陰)의 상태〉로부터 〈문명의 분화라고 하는 양(陽)의 상태〉로 이행시킨 적극적인 요인을 찾아내야 한다. 〈인종〉이라는 것이 이 요인과 동일시되기에 너무나 작은 현상이라면 "해를 악인과 선인에게 똑같이 비추게 하며 비를 의로운 자와 불의한 자에게 고루 내려주시는 신"[179]은 너무나 크다. 도처에서 볼 수 있는 신의 사업은 영원히 계속되는 것인바 모든 생명과 인간성 전체에 자신을 구현하는 신의 힘이 특정한 때와 장소에서 인류의 전부가 아닌 일부에게만 자극을 주는 미지수 같은 것일 수는 없는 것이다. 그러므로 우리는 이 탐구를 계속하지 않으면 안 된다.

(2) 환경

위에서 논한 바와 같이 서구인은 15세기 말 이래의 세계적인 팽창으로 세계 각지에서 그럴만한 인종적인 특징과 차이를 발견함으로써 품게 된 의문과 정신적인 문제에 대해 별다른 고민 없이 늘 곁에 있어서 쉽게 써먹을 수 있는 자기들의 신학을 재료로 하여 즉석에서 인종개념(人種槪念)을 만듦으로써 저희들의 만족감을 채웠다. 우리는 앞에서 그것이 허위이자 기만임을 입증했으므로 이제

---

179. "이같이 한즉 하늘에 계신 너희 아버지의 아들이 되리니 이는 하나님이 그 해를 악인과 선인에게 비추시며 비를 의로운 자와 불의한 자에게 내려주심이라" 〈마 5:45〉

는 "문명의 발생은 환경적인 요인에 달려 있다"라는 주장을 검토해야 한다.

 헬라스인도 8세기 말에 이룩한 지리적 팽창으로 서구인과 같은 문제에 직면했는데, 그들은 자기들과 이웃의 차이를 갖가지 환경이 인간성에 미치는 영향의 차이로 이해하려고 했다. 그것은 서구의 인종론에 비해 상상력이 풍부하고 보다 합리적이면서도 인도적이었으며 편견을 갖고 있지도 않았다. 서구보다 4세기쯤 빨리 그 지적(知的)인 문제에 직면한 헬라스인의 해답은 서구에 비해 조잡하기는커녕 실제로 모든 점에서 훌륭했는데, 거기에 인종론의 추악하고도 현저한 특징인 자기애적인 요소가 없었음은 주목할 만한 일이다. 가장 오래된 제도가 혈족관계로 형성되었고 최초의 역사적 기술(記述)도 계보 중심으로 이루어졌음을 볼 때 헬라스 사회도 인종개념을 중시했던 때가 있었으나 4세기만에 팽창을 시작하면서 인종개념을 회의(懷疑)하여 환경론적 추론으로 접근함으로써 팽창과 조우로 인해 발생한 문제를 해결했다. 7세기 말에 출현한 서구사회는 8세기가 지나서야 팽창을 시작하여 기니아 해안과 동인도 및 서인도 제도(諸島)에서 자기들과 환경적인 차이는 크지 않고 신체적 특징의 차이는 큰 것을 보았기에 인종론에 빠졌지만 헬라스인은 팽창한 나일강 델타와 유라시아 스텝에 인접한 흑해 북안에서 자기들과 인종적인 차이는 적고 환경적인 차이는 큰 것을 보았으므로 환경론적으로 접근했던 것이다. 헬레닉 사회의 환경설을 연구하는 전거(典據)는 히포크라테스 학파의 「의학전집」에 수록되어 있는 「물과 대기 및 위치의 영향」이라는 논문인데, 우리는 〈헤로도토스〉의 「헤로도토스」와 〈플라톤〉의 「국가론」 및 「법제론(法制論)」에서도 같은 논조(論調)를 보게 된다. 헬라스인이 환경설의 예증으로 삼은 것은 〈헤로도토스〉가 「헤로도토스」 제2권에서 논한 하(下)나일 유역에서의 생활과 유라시아 스텝에서의 생활이 각각 이집트인과 스키타이인의 신체와 성격 및 제도에 끼친 영향이었고 플라톤의 논문은 유럽인의 신체적인 특징과 심리적인 자질을 논평한 것이다. 플라톤은 국가론에서 트라키아와 스키타이 등 북부 제족(諸族)의 성급함과 헬라스의 지적 호기심 및 페니키아와 이집트인의 욕심을 예로 하여 지역적 집단의 특성을 논하고 법제론에서는 "인간의 신체적 정신적 특징은 일반적으로 환경에 의해 결정되며 가장 좋은 환경은 영혼이 깃들어 있어 신이 인간의 창조력을 발양(發揚)하게 하는 곳이다"라고 주장했다.

이러한 환경론은 인종설이 가지고 있는 윤리적인 문제를 일으키지는 않지만 인종설에 못지않은 지적인 약점을 가지고 있다. 두 설에 있어서 영향의 원인은 선천적인 인종과 후천적인 환경으로 서로 다르지만 그 결과는 "모든 인종 간에는 그 능력에 있어서 항구불변의 차이가 있다"는 것인바 인종설의 오류는 앞에서 논증했으므로 여기에서는 환경론의 오류를 논증해 보자. 헬라스인은 유라시아 스텝과 나일강 유역의 환경에 있어서의 차이 및 그곳의 유목사회와 농경사회에 주목하여 "환경적인 특징에 의해 특정한 성격을 갖는 문명이 탄생했다"라고 결론지었는데, 그것이 문명 발생에 있어서의 일반적인 원칙으로 성립하려면 환경이 같은 지역에서는 모두 같은 종류의 문명이 출현해야 한다. 과연 그런지 살펴보자. 스텝으로 말하자면 유라시아 스텝만 해도 광대한 지역[180]이고 그외에도 많은 스텝[181]이 있다. 이곳들에의 생활양식을 보면 유라시아 스텝과 아프라시아 스텝에서는 환경과 사회의 형태에 있어서의 상관관계가 있지만 다른 지역에서는 그 관계가 성립하지 않는다. 이것은 헬라스인이 본 두 지역은 환경이 같은 곳의 일부일 뿐이어서 결론을 내리기에 적합한 증거가 아니라는 것을

---

180. 종으로는 북위 40도에서 북극까지 뻗으며 횡으로는 동경 23도, 도나우 강 철의 관문(도나우 강이 카르파티아 산맥을 관통하는 협곡)에서 아무르 강이 산간을 흘러내리는 곳까지 퍼져 있으며 주위에는 요지(要地)가 띠 모양으로 둘렀다. 즉 카르파티아 산맥 저편에는 헝가리 스텝, 흥안령 저쪽에는 만주 스텝, 힌두쿠시 산맥 너머로는 세이스탄 스텝, 코카서스 산맥 저편에는 아제르바이잔 스텝, 발칸산맥 저쪽에는 트라키아 스텝이 있는 것이다.

181. 아프라시아 스텝, 북아메리카의 프레리, 베네수엘라의 리아노스, 오스트레일리아 초원, 퀸즐랜드와 뉴사우스 웨일즈 서부 등.

말해 준다. 지리적 환경적인 특성으로서의 하(下)나일 유역은 풍부한 수량과 비옥한 충적토라는 나일강의 선물이 이집트의 하천형 문명을 탄생시켰다는 헬라스 환경설의 또 다른 준거인데 그것이 합당한지는 그곳과 유사한 곳들을 조사해 보면 알 수 있다. 하나일 유역의 환경적인 특징은 주변을 둘러싼 스텝, 건조한 기후, 대하(大河)가 가져다주는 풍부한 물과 충적토인바 환경이 이와 유사한 곳은 확실한 5곳과 그 범주에 드는 4곳[182]이 있다. 티그리스-유프라테스 유역에서는 〈수메릭 문명〉이 발생했으므로 이집트 문명의 케이스에 합치하지만 위 4곳에서는 고유의 문명이 발생하지 않았다.[183] 그러므로 환경이라는 요인이 문명 발생의 원인이라고 단정할 수 없는 것인데 이것은 다른 문명들은 어떤 환경에서 발생했는지 검토해 보면 더욱 분명해진다. 먼저 〈안데스 문명〉이 적도 부근의 온대성 고원에서 발생한 것을 아마존 열대 삼림지대와 비교하여 온대성 고원은 문명을 발생시킨다는 결론을 도출할 수 있을까? 그러나 같은 조건인 동아프리카 고원지대는 콩고 저지의 열대림 지대와 마찬가지로 미개하므로 그런 일반론은 성립하지 않는다. 또한 미노스 문명은 다도해에서 발생했으므로 다도해 지역은 문명을 발생시킨다는 주장도 일본에는 극동문명에의 합병이나 그 문화의 유입이 있었을 뿐 문명이 발생하지 않았다는 사실로서 부인된다. 나아가 코판과 익스쿤 등의 유적을 남긴 마야문명이 밀림에서 발생한 것은 어떨까? 이것도 같은 밀림지대인 캄보디아에서 문명이 발생하지 않았다는 사실로 그 일반화가 부인되는데, 앙코르와트는 유입된 힌두문명의 산물일 뿐이다. "중국문명은 황하가 낳은 것이므로 문명은 하천에서 발생한다"라고 일반화할 수 없는 이유는 같은 조건을 갖춘 도나우 강이 문명을 낳지 못했기 때문이며, 러시아

---

182. 〈티그리스-유프라테스 강 유역〉〈요단강 유역〉〈하(下)인더스 유역〉〈콜로라도 강 유역〉〈리오그란데 강 유역〉 및 〈갠지스 강〉〈양자강〉〈미시시피 강 하류〉〈머레이 강 유역〉
183. 이 중 인더스 강 유역에 있어서는 그 문명이 외부에서 유입된 것인지 고유의 것인지에 대한 의견 대립이 있으나 여기서는 전자를 따른다.

의 정교 기독교 문명을 낳은 대륙도 같은 조건인 북미대륙이 문명을 발생시키지 못했으므로 그 일반화가 저지된다. 환경론자는 문명이 발생한 다섯 가지 환경 유형에 대한 이상의 논박에 대해 문명의 발생에 있어서는 다른 문명의 방사나 인간적인 환경도 무시할 수 없다고 항변할 수도 있을 것이다. 그들은 대륙형 문명에 있어서 러시아에는 정교 기독교 문명의 방사가 있었으나 북미대륙에는 어떠한 문화적 방사도 없었다고 주장하는 것이지만 멕시코 문명은 서북향하여 리오그란데 강과 5대호 사의의 지역과 나아가 대서양에까지 방사되고 있었음은 널리 알려진 사실이다. 더하여 자연적 환경의 분석에 있어서 인간적 환경의 요인을 가미하는 것은 시간의 차이라는 변수까지 더하는 것으로서 문제를 복잡하게 할 뿐이다. 그러므로 이제 검증의 적용은 이것으로 끝내고 환경론자들에게 다음과 같이 물어보자. "비슷한 환경으로 같은 수메릭 문명의 방사를 받은 아나톨리아 고원과 이란고원에 있어서 전자(前者)에서만 히타이트 문명이 발생한 것은 왜인가?" "멕시코 고원과 중앙아메리카 고지는 마야문명의 방사를 같이 받았는데 왜 전자에서만 후속 문명이 발생했는가?" "미노스 문명의 방사에 있어서 지중해 해안은 시리악 문명을 낳았는데 북서아프리카 해안은 왜 문명을 낳지 못했는가?" "인도네시아에는 왜 가까운 극동문명이 아니라 힌두문명이 이식되었는가?" 등이 그것인데, 환경론으로는 이에 대해 아무런 대답도 하지 못할 것이다.

지금까지 우리는 문명 발생의 원인으로서의 인종론과 환경론을 논박하고 다음과 같은 사실을 밝혀냈다. 그것은 "문명은 자연적 환경에 있어서의 하천형, 고원형, 다도해형, 대륙형, 밀림형 등으로 다양하게 나타나며 인간적 환경에 있어서도 모사회의 유무에 관계없이 발생한다. 문명을 일으키는 힘은 모든 생명과 인류의 본성에 편재하는 힘이고 그 힘 중에 철학적 생명의 약진(Elan Vital), 혹은 신비한 존재로서의 신(神)이 존재한다. 환경은 편재적(偏在的)인 생명의 힘에 대항하는 편재적인 사물로서 생명의 약진에 있어서의 장애물 또는 신의 창조 활동에 도전하는 존재로 판단된다는 것인데, 우리는 이를 바탕으로 "인종, 환경, 신 등 단일의 요인은 관행의 통합이라는 음의 상태에서 문명의 분화라는 양의 상태로 이행을 이루는 원인이 아니다"라는 사실을 밝혀냈다. 그러므로 우리는 연구를 지속하여 그 참된 원인을 찾아야 한다. 우리가 구하는 것이 단일의 인종이나 환경도 아니고 신이나 악마도 아니라면 그것은 복수의 것, 즉 환경과 인간의 어떤 상호작용, 악마와 신의 어떤 마주침에서 생겨난 것이 분명하다. 이는 「욥기」에서의 신학적 구상이며 「파우스트」에서의 구상이다. 나아가 그것은 생명의 구상인 동시에 역사의 구상일 것이다.

2) 도전과 응전

(1) 도전과 응전의 작용

① 방향의 전환

우리가 앞에서 문명 발생의 참된 원인을 찾아내지 못한 것은 문명과 역사라는 생명적인 존재를 무생물처럼 생각하여 자연과학에 있어서의 서구 고전주의적 연구 방법을 사용함으로써 부지중에 연구에 있어서의 비정화(非情化)의 오류에 빠졌기 때문이다. 그러므로 위에서 얻은 성과[184]에 그 오류에서 벗어나는 연구 방법을 적용하면 문제를 해결하고 바른 답을 찾을 수 있을 것이다. 그 상호 관계적인 작용의 주체인 존재나 힘은 기계적인 것과 인격적인 것으로 구분할 수 있다. 고찰에 있어서 위와 같은 비정화의 오류를 피하려면 인격적인 것을 연구 대상으로 삼아야 하는데, 플라톤이 다양한 만남의 구상이 있는 신화에 주목했던 것은 역사를 연구하는 우리에게 좋은 길잡이가 될 수 있다. 그러므로

---

184. "문명 발생의 요인은 단일의 것이 아니라 복합적인 요인의, 그 자체가 아닌 상호 관계적인 작용이다"라는 것.

이제부터는 인격적인 존재나 힘 중에서 〈신화의 구상에 있어서의 두 초인적인 존재의 만남〉을 살펴보자.

② 신화에서의 만남의 구상

주목해야 할 신화에서의 만남들은 인간 타락의 구상인 〈창세기에서의 여호와와 뱀의 만남〉 인간 구원의 구상으로서 〈여호와와 뱀의 재상봉〉 특이성의 구상인 〈욥기에서의 신과 사탄의 만남 및 파우스트에서의 신과 메피스토텔레스의 만남〉 볼루스파[185]에서의 〈신과 악령들의 만남〉 힙폴리투스(유리피데스)의 줄거리로 되어 있는 〈아르테미스와 아프로디테의 만남〉 등인데 그중에서 〈처녀와 그녀의 아들이 부(父)를 만나는 이야기〉는 세계 도처에서 다양한 이야기로 반복되고 있다. 그것들은 〈다나에와 황금 빗자루 - 황금 빗자루로 변한 제우스를 만나던 다나에가 페르세우스를 낳았다는 이야기〉 〈에우로파와 황우(黃牛) - 에우로파가 황소로 변한 제우스에게 잡혀가서 세 아들을 얻었다는 이야기〉 〈하늘로서의 제우스와 대지(大地)로서의 세멜레 - 내리치는 벼락의 모습으로 자기와 만나던 제우스에게 간청하여 그 본모습을 본 세멜레가 벼락에 맞아 죽었다는 이야기〉 〈유리피데스의 「이온」 - 아테네의 여왕인 크레우사가 아폴로에게서 아들(이온)을 얻었다는 이야기〉 〈프시케와 큐피드 - 프시케가 갖은 고난 끝에 큐피드와 결합하여 '계집아이의 기쁨'을 얻은 이야기〉 등이다. 이 변화무쌍한 신화는 드디어 성서에서 수태고지로 나타났고 우리 시대에 와서는 다음과 같이 천문학, 생물학, 고고학으로까지 파급되고 있다. 〈J. James〉는 「우주진화론」에서 지나가던 거성(트星)이 일으킨 거대한 조수간만으로 태양에 생겨난 거대한 산들이 떨어져 나와서 지구를 비롯한 행성이 되었다고 주장했고 〈J. C. Smuts〉는 유기체에서는 외적 요인만이 아니라 내적 요인도 존재와 힘을 가진다고 했으

---

185. 스칸디나비아 고대 신화. '엣다'라는 시가집 중 1200년대 고 엣다의 중요한 시. 제명(題名)은 「볼바-여(女)예언자의 환상」

며 〈P. A. Means〉는 문명은 환경적인 요소만이 아니라 어떤 심리적인 요소에 의해서도 영향을 받는다고 주장했다.

③ 줄거리의 분석

이와 같이 집요하게 나타나는 초인적인 존재들의 만남은 앞에서도 '문제에의 봉착과 도전' 및 '버드나무줄기식 사고방식'으로 일단을 드러냈던바 그 줄거리를 분석해 보면 도전과 응전에 대한 이해를 증진할 수 있을 것이다. 신화에서의 만남들은 매우 드물고 때로는 유일한 사건으로서 하나의 〈자연의 일상적인 진행을 중단시킬 정도의 대사건〉으로 여겨진다. 그것은 헬레닉 신화에서 흔하게 나타나는 신들이 인간의 딸들을 취하는 행위가 영웅의 탄생이라는 결과를 초래하는 대사건으로 생각되는 것과 마찬가지인데, 그것이 초인적인 존재들의 만남이라면 그 희소성과 중요성은 한층 두드러진다. 욥기의 사건[186]과 거기에서 힌트를 얻은 「파우스트, 천상의 서곡」에서의 신과 메피스토펠레스의 만남은 극히 이례적인 동시에 지상에 매우 큰 영향을 끼치는 대사건이며 여호와와 뱀과 사탄이라는 초인적인 존재들의 신학적인 만남은 인간의 타락(구약) 및 그리스도의 수난을 통한 인간의 구원(신약)이라는 거대한 결과를 초래하는 대사건으로 되어 있는 것이다. 그리고 신약성서의 대 주제인 신적인 사건의 유일성이 지동설로 인해 지적인 문제로 되었을 때 어느 학자는 천문학에 있어서의 광대무변(廣大無邊)의 개념을 사용하여 귀류법(歸謬法)으로 그것을 논박했다. 그러나 Jeans의 「The Mysterious Universe에서의 고찰」에서와 같이 태양계 생성의 원인이라고 생각되는, 태양과 어떤 행성의 만남은 예상하기도 어려운 희귀한 사건이다. 즉 성서에서의 신과 악마의 만남, 천상의 서곡에서의 신과 메피스토펠레스의 만남, 태양계를 만들고 지구에 생명을 출현시킨 두 별의 만남 등은 모두 거의 유일에 가깝고도 지극히 중요한 사건인바 그것을 본질로 하여 여러

---

186. "하루는 하나님의 아들들이 와서 여호와 앞에 섰고 사단들도 그들 가운데 왔는지라" 〈욥 1:6〉

곳에서 반복적으로 나타나는 극(劇)들은 모두 완전한 음(陰)의 상태에서 시작된다. 우주에서는 북구신화에서 여름 태양의 신(神)인 〈발더〉가 살아있으므로 모든 사물이 밝아서 아름답고 천상에서는 불가사의한 창조의 위업이 천지개벽의 날처럼 장엄[187]하다. 지상에서 〈파우스트〉는 지식에 있어서 완전하고 욥은 선과 행운에 있어서, 아담과 이브는 죄 없음과 안락에 있어서, 처녀들(그레첸, 다나에, 힙폴리투스)은 아름다움에 있어서, 천문학자의 우주는 태양의 빛을 발(發)함과 구형임과 막힘없는 운행에 있어서, 식물학자의 종(種)은 환경에의 적응에 있어서 각각 완전한 것이다. 이 완성된 음의 상태는 언제든지 양으로의 이행이 가능하지만 그러려면 외부로부터의 충격이나 동기가 있어야 한다. 그 음(陰)이 물질적 평형상태라면 태양 표면에 파랑을 일으키는 별이나 내연기관에 폭발을 일으키는 불 등의 물질적인 요인이, 그것이 정신적 지복과 열반이라면 학문적 비평가나 가라지를 뿌리는 원수 또는 Karma(인연)를 초래하는 욕망과 같은 적이 바로 그 외부로부터의 무엇인 것이고 극에서의 새로운 배우인 것이다. 신화에 있어서 창세기의 뱀, 욥기의 사탄, 파우스트의 메피스토펠레스, 스칸디나비아 신화의 로키, 힙폴리투스의 아프로디테, 이온의 아폴로가 바로 그 배우이고 근대과학에서는 진화론에 있어서의 환경의 역할이 바로 그것이다. Smuts가 "내부의 창조적 요인은 어느 정도로는 외적 요인의 자극에 따라 직접 작용하며 그것이 매우 밀접한 작용이면 변종이 발생한다"고 표현한 그 역할은 메피스토펠레스의 연출에서 가장 명료히 해석되고 있다. 처음으로는 천상의 서곡에서 신이 제시하는 것으로서 "인간은 마냥 놀기를 좋아하고 그들의 활동은 너무 쉽게 잠드는 것이므로 나는 인간에게 즐거이 동행을 붙여서 꼬집고 자극하는 마귀의 역할을 하게 하느니"라는 선언으로 그것을 분명하게 규정한다. 이어서 메피스

---

187. 파우스트 249~250행.

토펠레스는 파우스트에게 자기를 소개하는 말[188]로 자기의 역할을 말하고 파우스트는 죽으면서 하는 말[189]로 그 역할을 은밀하게 설명하고 있다. 그 외적 요인의 기능은 과학의 용어로 말한다면 스머츠가 표현한 바와 같이 내적 요인에게 창조력이 풍부하고 영구적인 변종을 일으키는 자극을 공급하는 것이다. 외적 요인이 지리적 환경이라면 상기한 우리의 명제는 헌팅턴 박사의 환위명제(換位命題)[190] 및 문명지대(文明地帶)는 선풍지대(颱風地帶)와 일치한다는 주장과 합치하는 것이고 외적 요인이 신체라면 우리가 경험적으로 만났던 법칙[191]에 대한 설명이 되는 것이다. 다시 신화적인 용어로 말한다면 완전한 음의 상태를 새로운 활동인 양의 상태로 이행시키는 충동이나 동기가 바로 악마의 침입인 것인데, 이 침입의 사건은 신의 완전성과 상충되므로 논리적으로는 설명할 수 없지만 신화적인 상징으로는 문제없이 설명된다. 즉 논리적으로는 신과 그가 지은 세계가 완전하다면 악마는 존재할 수 없는 것이고 악마가 해(害)하러 오는 완전은 악마의 존재로 인해 이미 불완전한 것이라는 논리적인 모순이 생기는 것이지만 시인이나 예언자의 상징에서는 그것이 직감적으로 초월되므로 그들은 전능의 신을 찬양하면서 신이 두 가지 제약을 받는 것은 당연하다고 생각하는 것이다. 신의 창조는 이미 완전하므로 그 이상의 창조활동은 필요하지 않거나 그럴 기회가 없다는 제1의 제약에 있어서 신이 초월적인 것으로 생각되었다면 그 위업은 언제나 변함없이 찬란한 것[192]이되 영광에서 영광으로 나가는 것[193]은 아니므로 이

---

188. "모든 생성물은 멸망함에 그 값이 있으므로 나는 모든 것을 간단없이 부정하는 영이외다. 즉 그대들이 악이라고 말하는 모든 것이 내 활동 영역인 것이오!"

189. "자유란 생활처럼 매일 싸워서 이것을 얻는 자만이 비로소 누릴 권리가 있는 것이다."

190. "기후의 단조로움은 문명의 발생에 적합하지 않다."라는 것.

191. 경험칙(經驗則)으로서 "일반적으로 신체적인 교란이 정신에 끼치는 자극으로 인해 인종에 있어서 순종보다는 잡종이 문명에 적합하다"라는 것.

192. "불가사의한 창조의 위업은 천지개벽한 날처럼 장엄하도다!" 〈파우스트 249~250행〉

193. "우리가 다 수건을 벗은 얼굴로 거울을 보는 것 같이 주의 영광을 보매 그와 같은 형상으로 변화

점으로는 주의 영이 계신 곳에는 자유가 있다[194]는 원칙은 성립되지 않는다. 그리고 신이 내재적인 것으로 생각된다 해도 파우스트의 고백[195]과 같이 역시 동일한 제한이 붙는다. 제2의 제약은 "새로운 창조의 기회가 제공되면 신은 그것을 거부할 수 없다"는 것인데, 신의 필연[196]인 이 제한은 가라지의 비유[197] 속에 예증되어 있다.

신화에서의 만남의 줄거리는 이와 같은 것인바 신이 악마에 의해 강요되는 궁경(窮境)을 거부할 수 없으므로 수용해야 하는 도전과 그로 인한 싸움에 있어서의 〈신〉 〈악마〉 〈신이 택한 수난자로서의 인간〉의 행위를 분석하면 문명 발생에 있어서의 도전과 응전의 작용을 살필 수 있을 것이다.

④ 신화에 있어서의 도전과 응전의 작용

그 싸움의 구도에 있어서 신은 윤리적으로는 전능이 아닐지라도 신화적으로는 불패인 것일까? 〈에우리피데스〉의 「힙폴리투스」에서 아르테미스(신의 역할)는 아프로디테(악마의 역할)에게 패하여 파괴가 일어나는 결말[198]을 그리고 있고 스칸디나비아 신화에서도 신들과 악마들이 서로 죽이고 죽임을 당하는 '신들의 황혼'에 따르는 결과는 파괴[199]이다. 다른 편(編)에서는 이 이야기의 또 하나의 형

<hr />

하여 영광에서 영광으로 이르니 곧 주의 영으로 말미암음이니라" 〈고후 3:18〉

194. "주는 영(靈)이시니 주의 영이 계시는 곳에는 자유가 있느니라" 〈고후 3:17〉

195. "내 가슴속에 살고 계시는 신은 깊이 내 마음속을 흔들 수 있되 내 모든 위에 군림하고 계시는 신은 밖으로 향하여 무엇 하나 움직일 수 있는 것이 없도다!" 〈파우스트 1566~9행〉

196. 〈니체〉의 차라투스트라의 이상은 위험하게 살라는 것이지만 그것은 신의 필연이기도 하다.

197. "집 주인의 종들이 와서 말하되 주여 밭에 좋은 씨를 뿌리지 아니하였나이까 그런데 가라지가 어디서 생겼나이까 주인이 이르되 원수가 이렇게 하였구나 종들이 말하되 우리가 가서 이것을 뽑기를 원하시나이까 주인이 이르되 가만 두라 가라지를 뽑다가 곡식까지 뽑을까 염려하노라 둘 다 추수 때까지 함께 자라게 두라 추수 때에 내가 추수꾼들에게 말하기를 가라지는 먼저 거두어 불사르게 단으로 묶고 곡식은 모아 내 곳간에 넣으라 하리라" 〈마 13:27~30〉

198. 상쟁하는 올림포스 제신들의 상호적인 관계는 무정부적이다.

199. 이 이야기에 있어서 「볼루스파」를 지은 이의 비할 바 없는 천재가 그 여자 예언자의 눈에 어둠 저

태로 악마의 도전으로 인한 부득이한 싸움에서 전투가 아닌 내기로서 신이 이기게 되어 있는 드라마를 그리고 있는바 이 내기의 모티브가 충분히 채택된 것이 「욥기」와 「파우스트」이고 문제점이 가장 명확히 다루어져 있는 것은 「파우스트」이다.

위에서 말한바 메피스토펠레스의 역할에 대한 파우스트의 은밀한 설명에 이어 천상의 서곡에서 신은 메피스토펠레스의 도전을 수용하고 지상에서는 파우스트가 메피스토펠레스에게 청한 내기의 계약이 맺어진다. 여기서 내기의 계약을 하는 순간의 파우스트를 쉬다가 벌떡 일어나 벼랑을 오르기 시작한 인간[200]이라고 생각하면 이 신화적인 계약은 문명의 발생이라는 우리의 명제와 분명한 관련이 있음을 알 수 있다. 파우스트는 바로 "나는 큰 위험을 감수하고라도 성공하기 위해 편안한 휴식을 버리고 벼랑을 기어오를 것이다!"라고 선언하는 것이다. 〈괴테〉는 거기에서 욥과 마찬가지로 파우스트가 성공하고 신이 승리하는 결말을 그리고 있는데 그것은 힙폴리투스적인 결말을 초래한 여호와와 사탄의 싸움이 신약성서에서 인간의 구원과 신의 승리로 귀결되는 것과 동일하다. 이 세 이야기에 있어서 악마는 신의 사업에 간섭하지만 내기에서 이기지 못하여 방해하려고 시작한 일이 신의 목적과 행위에 대한 봉사로 귀결될 뿐이다. 더하여 "신은 언제나 난관을 극복하고 악마에게 스스로 목을 매는 새끼줄을 준다"는 사실이 암시되거나 확고히 단언되기까지 하는 것인데 예수께서 대제사장과 성전의 군관 및 장로들이나 빌라도에게 하신 말씀[201]이 바로 그것을 암시한 것이다. 그렇기 때문에 파우스트에서 신은 "그때에도 역시 네 마음대로 하는 것

편에 있는 새로운 서광을 보이게 한 것은 특이한 예외이다.

200. 앞에서 논술한 "절벽을 기어오르는 자의 비유"에 있어서.

201. "… 그러나 이제는 너희 때요 어두움의 권세로다"〈눅 22:53〉 및 "… 위에서 주지 아니하셨더라면 나를 해할 권세가 없었으리니 …"〈요 19:11〉

이 가(可)하리라"라고 선언하며 "마귀로서의 할 바를 다하도록 메피스토펠레스를 인간의 동료로 붙여준다"고 선포하는 것이다. 더욱 기묘한 것은 메피스토펠레스가 자기를 '끝없이 악을 원하면서 간단없이 신(神)을 창조하는 저 힘의 일부'라고 소개하는 것인데 메피스토펠레스는 무서운 악과 고뇌를 만들기에 성공했음에도 이 극에서는 시종 선량한 존재로 운명 지워진 도화사(圖和師)로 다루어진다. 신도 그런 특징을 위 메피스토펠레스의 이상한 자기소개를 통해 말하고 있으며 이어서 "나 한 번도 너희 무리를 미워한 일이 없노라 모든 부정하는 영들 중에서 내가 가장 짐스럽지 않게 여기는 것은 장난꾼이니라"라는 말을 덧붙이고 있다. 극에 있어서 1부 전체를 관통하는 이 특색은 2부에서는 더욱 강해져 최후를 맞이하는 비운의 장면[202]에서 메피스토펠레스는 우스꽝스러운 인물로 변해 버린다. 파우스트는 임종의 말 속에서 내기의 조건이 되어 있는 말을 하고 메피스토펠레스는 자기가 이긴 줄 알고 파우스트의 시체를 만족스럽게 바라본다. 그러나 메피스토펠레스는 결국 내기에 져서[203] 천사들의 합창대가 던지는 장미꽃에 얻어맞고 풀이 죽어서 무대를 떠난다. 천사들은 그런 그의 면전에서 파우스트의 불멸(不滅)의 영(靈)을 데려가고 천사들의 감각적인 매력 때문에 마음이 산란한 메피스토펠레스는 실패한 자신을 연민하는 기분과 경멸하는 마음을 번갈아 품으면서 패배한 샤일록[204]과 같이 처량한 모습을 보인다. 두 위대한 극작가가 창조한 이 우스꽝스러운 패배를 맛본 악당의 원형은 스칸디나비아 신화의 〈로키〉[205]에 있다. 그렇다면 신은 사기성(詐欺性) 내기를 했고 악마

---

202. 이 장면은 의도적으로 희극적인 투로 썼다.

203. 그것은 파우스트가 내기의 문구를 현재적인 단정이 아니라 미래에 대한 조건으로 "그렇게 되면 순간을 향해 이렇게 외쳐도 보리라. '멈추어라! 너 실로 아름답도다'라고…. 이와 같이 높은 행복을 예감하면서 나는 지금 최고의 순간을 맛보노라"라고 읊었기 때문이다.

204. 〈셰익스피어〉의 「베니스의 상인」

205. 〈Loki〉〈Grönbeck. V〉의 연구에 따르면 이 신은 신화로 결정되기 전에 종교적인 의식으로 연출

는 사기에 걸린 것일까? 그렇지 않다는 것은 "내기의 대상은 피조물 전체가 아니라 일부이고 한 피조물이 악마의 유혹을 받았을 때 신은 그에 의해 재창조의 기회를 확보하는 것이다"라는 말로 설명된다. 악마의 개입은 음(陰)에서 양(陽)으로, 정(靜)에서 동(動)으로의 이행을 이룬 것이며 음의 상태가 완전에 달한 후로 내심 그 이행을 바라되 자기의 완전성 때문에 그러지 못했던 신의 의도(意圖)를 악마가 이루어 준 것이다. 게다가 악마는 그 이상의 다른 수단을 가지고 있지 않으므로 재개된 신의 창조활동을 다시 멈추게 할 수 없고 신은 일단 시작하면 새로운 평형상태의 회복이라는 목적을 악마의 간섭 없이 성취하는 것이다. 그러므로 악마의 패배는 신의 속임수가 아니라 신이 내기의 신청을 바라고 있다는 사실을 눈치채지 못한 악마가 "신은 내기의 신청을 거부할 수 없으므로 그것을 약점으로 삼아 신에게 행동을 강요한다"는 악의적인 만족감을 억제하지 못하여 그로써 신이 아끼고 사랑하는 피조물을 멸망시킨다는 자기 술책에 스스로 걸려들었기 때문이다. 그리고 악마는 그것이 신에게 창조사업을 전체적으로 다시 시작할 기회를 준다는 것을 예상치 못했으므로 신의 목적은 악마의 수단을 단초(端初)로 하여 악마의 뜻과는 반대로 성취되는 것이다. 이 줄거리의 결말은 내기의 대상으로 되어 있는 피조물의 행동에 의해 판명되지만 논리적으로 모순된 존재로서 선택된 그릇인 동시에 파멸의 그릇인 피조물이 신화에서 맡는 역할은 시련을 겪는 존재에 불과하다. 그가 정금(精金)같이 단련되거나 완전히 파멸되는 것은 천상의 극에 아무런 영향을 미치지 않는바 어떤 경우라도 신의 목적은 달성되고 악마의 의도는 무산(霧散)된다. 피조물은 희생되어도 영존하는 창조자는 그 희생을 통해 창조사업을 계속하기 때문인데, 그것은 시편 206에 훌륭하게 표현되어 있다.

된 작자 미상의 전승극(傳承劇)에서 그 역을 맡았다.

206. "천지는 없어지려니와 주는 영존하시겠고 그것들은 다 옷같이 낡으리니 의복같이 바꾸시면 바뀌

⑤ 인간

그러면 이 선택된 파멸의 그릇인 인간은 어떨까? 신의 피조물로서 마귀에게 넘겨져서 내기의 대상이 된 그는 극에서는 등장인물인 동시에 신과 악마가 등장하고 행동하며 투기하는 장(場)과 무대이며 예언자의 환상에서는 창조자와 유혹자 쌍방의 화신인데, 심리학자의 분석에서 신과 악마는 투기의 장이 되는 그 영혼 속에서 다투는 심리적인 힘으로 바뀐다. 우리에게 친숙한 이 개념[207]은 신약성서의 중심 주제인데, 스머츠는 그것을 자연과학의 용어로 용이하게 표현[208]했다. 파우스트와 지령(地靈)의 만남 속에 표현되어 있는바 내기의 대상이 곧 악마의 화신이라고 하는 개념은 앞의 개념만큼 친숙한 것은 아닐지라도 같은 정도로 깊은 의미를 갖는 것이다. 이 줄거리의 한 유형인 내기의 이야기에서 천국과 지옥을 대표하는 힘의 만남은 서곡일 뿐이고 극의 본체는 지상에서 인간이 받는 고난이다. 그러므로 우리는 이것[209]의 역할을 재고해야 하는데 이 극이 어떻게 상연되며 그 역의 출연자가 〈나사렛 예수〉〈욥〉〈파우스트와 그레첸〉〈아담과 이브〉〈히폴리투스와 페드라〉〈호더와 발더〉 중 누구이든 주인공인 인간의 역할에서 기조를 이루는 것은 고뇌이다. 이 시련은 〈이사야 53장 3절〉 플라톤의 「국가 제2권」「파우스트」「욥기」 등[210]에 잘 드러나 있는바 고뇌하는 자

려니와 주는 여상(如常)하시고 주의 연대는 무궁하리이다" 〈시 102:26~27〉

207. 신과 악마의 내기 대상이 곧 신의 화신이 된다는 개념.

208. "개체와 각부는 서로 수단이 되고 또 목적이 된다. 각자가 모두 스스로를 사랑할 뿐만 아니라 생명이라고 칭하는 평형상태에서 서로를 지탱하므로 전체에 대한 중앙의 제어가 각부를 지지하고 돕는다. 그리고 각부의 기능은 항상 전체의 보존과 충실을 향해 방향이 설정된다."

209. 〈신-악마〉, 부분이자 전체인 것, 피조물이며 화신인 것, 투기장인 동시에 투기자인 것, 무대인 동시에 배우인 것.

210. "그는 멸시를 받아 사람들에게 버림받았으며 간고를 많이 겪었으며 질고를 아는 자라 마치 사람들이 그에게서 얼굴을 가리는 것 같이 멸시를 당하였고 그를 귀히 여기지 아니하였도다" 〈사 53:3〉 "그는 매 맞고 고문받고 옥에 갇히고 두 눈을 불에 지지우고 드디어 온갖 혹독한 시달림을 받은 뒤에 책형에 처해지리라" 〈국가 제2권〉 "욥처럼 '오! 나는 세상에 태어나지 않았더라면 좋았을 것

는 변화와 위기에의 봉착 및 축복으로의 복귀라는 3단계를 거쳐 신의 사업에 봉사한다.

인간이 겪는 첫 단계인 변화는 유혹자의 공격에 대한 반동으로서 모든 변화[211]를 일체하여 음에서 양으로 변화하는 것이다. 이것은 선악과 귀천(貴賤)을 가리지 않는 것으로서 상술(上述)한 노수부가 갈매기를 쏜 것[212]이나 로키가 발더를 쏜 것[213]은 악하고 비천한 행위의 예이고 복음서에 기록된 예수의 행위[214]는 숭고한 변화의 예이다. 욥의 시련에서 그에 해당되는 행위는 태어난 날을 저주하는 것이다. 이는 욥이 당연히 받아야 할 벌과 신의 정당성에 대한 문제를 제기하는 항의인데 파우스트의 시련에서는 이 문제가 더 다져지고 더 뚜렷하게 제시된다. 파우스트는 지령(地靈)에게 마술을 구하는 등 음의 상태라는 정신적인 감옥에서 벗어나려고 애쓴 노력이 실패한 후 자살을 기도하던 중 천사들의 합창을 듣고 생각을 돌이켜 행동에서 명상으로 되쫓긴다. 그러나 그의 정신은 "태초에 말씀이 있었다"는 말을 "태초에 사업이 있었다"라고 바꾸는 등 여전히 행동에 집착하는데, 유혹자가 인간의 모습으로 나타났을 때 파우스트는 비로소 정신과 물질의 모든 세계를 저주함으로써 동적인 행위를 하게 되는 것

올'이라고 소리치는 파우스트와 죽음의 그림자가 드리운 골짜기를 지나가는 마르가레테"〈파우스트〉및 〈욥기 3장〉

211. 능동에서 수동으로, 휴(休)에서 동(動)으로, 정온(靜穩)에서 풍동(風動)으로, 조화에서 갈등으로 등의 변화.

212. 영국 시인 〈콜리지〉의 「노수부행」이라는 시. 갈매기를 쏘았기 때문에 저주받아 영구히 표류하는 배 안에서 혼자서 죽을 수도 없게 된 노수부(老水夫) 이야기로서 그의 행위가 배와 선원의 운명을 바꾸었다는 것.

213. 로키는 맹목(盲目)의 신 〈호더〉의 손을 빌려 겨우살이 나무로 만든 화살로 발더를 쏘았다.

214. 세례받은 예수는 황야에서 유혹을 극복한 후 전투적인 메시아라는 유대교의 전승적인 역할을 거부했다. 예수의, 메시아의 개념에 새로운 변화를 줌으로써 전에는 없었던 힘을 부여한 이 행위는 그 중점이 도덕적인 성격에 있는 것이 아니라 동적인 효과에 있는 것인데, 가말리엘은 〈행 5:34~40〉에서 예수가 거부한바 〈드다〉나 〈갈릴리인 유다〉의 실패로 끝난 전투적인 메시아 운동을 비판했다.

이다. 그 순간 바다 밑바닥이 갈라지고 혼령(魂靈)들의 합창대가 낡은 창조의 파괴를 애도하며 새로운 창조의 시작을 찬양하는 노래를 부르는데 그 노래 속에 스칸디나비아 신화에서 울리는 것[215]과 같은 양의 첫 가락이 울려 퍼진다. 에덴동산에서의 아담과 이브의 모습은 원시인이 모든 동식물에 대한 지배를 확립한 뒤 음식물 채집에 있어서 달성한 음의 상태[216]를 회상한 것인데 창세기에서의 동(動)으로의 이행은 지혜의 나무 열매를 먹는 것이다. 그리고 인간의 타락은 그 음의 통합을 버리고 새로운 분화로의 출발을 요구하는 도전을 수용했다는 것이며 그로 인한 추방 및 출산의 고통과 노동의 수고는 그에 따른 당연한 시련이다. 아담과 이브의 성교는 사회적 창조행위인 것인바 이는 두 신생문명을 의인화한 것인 두 아들[217]의 탄생이 되어 결실한다. 성경에서 가인은 문명 일반 및 그 모든 영위(營爲)의 조상(祖上)으로 묘사되며 라멕의 세 아들에 대한 기록[218]은 농업을 기반으로 도시생활과 산업을 발달시켜 가는 문명의 모습을 그린 것이다. 이것은 문명을 농업과 동일시하고 진보와 노고를 결부하는 것인바 시리악 사회의 이 정신적 발견은 헬레닉의 문학[219]에도 깃들어 있다. 또 〈오리게누스〉는 2세기에 같은 주제를 직설적으로 말했고 프랑스 철학자인 〈볼네이〉는

---

215. 「볼루스파」에서 로키의 충동에 의해 의식하지도 못한 동적인 행위로 〈발더〉를 살해한 〈호더〉가 부르는 노래 속에서 울려 퍼지는 가락.

216. 헬레닉 신화로는 플라톤이 자기의 사회론을 예증하기 위해 「법제편」에 수록한 '크로노스의 시대'로 기억되는 상태.

217. 양치는 자 아벨과 농사하는 자 가인.

218. "아다는 야발을 낳았으니 그는 장막에 거하여 육축치는 자의 조상이 되었고 그 아우 이름은 유발이니 그는 수금과 퉁소를 잡는 모든 자의 조상이 되었으며 씰라는 두발가인을 낳았으니 그는 동철로 각양 날카로운 기계를 만드는 자요…." 〈창 4:20~22〉

219. 〈헤시오도스〉의 「일과 나날」- "불사의 신들은 덕성 앞에 땀을 두었다." 〈베르길리우스〉의 「게오르기카」 - "농경생활이 용이한 일이기를 바라지 않았던 아버지 주피터는 최초로 땅을 경작지로 바꾼 후 사람들이 아둔해지지 않도록 여러 가지 일을 주어 자기가 기뻐하는 토지가 나른한 잠에 빠지는 것을 허용하지 않았다."

그것을 18세기에 합리주의적인 언어로 표현했다.[220] 그리고 우리 시대에 있어서 생활에 관계되는 자연적 환경에 대한 가장 저명하고 독창적인 연구자인 〈H. Ellsworth〉는 그것을 "… 열대지역에서 북상한 미개인들 중 추위를 참지 못해 되돌아 간 자들은 고향에서 여전히 미개인으로 남았고 돌아가지 않은 자들 대부분은 동사했으나 그 중 모피를 입고 굴을 파거나 움막을 짓는 등 적극적으로 응전한 일부는 드디어 동장(冬藏)의 기술과 불 다스리는 법을 발명하는 등 다양한 진보를 통해 문명을 이룩했다"고 설명했다. 이어서 고전학자인 〈Myres. J. L〉는 "필요가 발명의 어머니라면 곤경은 발명의 아버지다. 역경에서 계속 살아 보겠다는 결의라는 것은 … 진보의 역설이다. 현대문명이 빙하시대에 발생한 동식물계의 변동의 와중에서 시작된 것은 그 변화로 말미암은 환경이 사람들을 생각하고 행동하여 반응하거나 극복하게 했기 때문이다"라고 하여 과학적으로 표현했다. 즉 주역(主役)인 인간이 적의 유혹 때문에 동(動)을 발하는 것이고 그로 인해 음에서 양으로의 이행이 이루어지는 것이며 그것이 신의 재창조를 가능케 하는 것인데 그 진보에 필요한 대상(代償)은 뿌리지 않은 곳에서 거두고 헤치지 않은 데서 모으는 신이 아니라 신의 종, 즉 씨를 뿌리는 인간인 것이다.

인간이 겪는 시련의 제2단계는 위기이다. 그는 창조자인 동시에 주인인 신의 창조력을 재발시켰으나 그 동적인 행위로 인해 자기는 스스로 고뇌와 죽음의 길로 들어갔음을 깨닫고 환멸과 공포에 휩싸여 신에게는 봉사가 되었으나 자신에게는 고난을 초래한 그 행위로 말미암은 운명에 반역한다. 인간은 그로 인해 위기에 봉착하게 되는데, 그 위기는 그가 신의 의지에 있어서의 수단이자 신의 행함에 있어서의 도구가 되는 것을 의식적으로 감수할 때 해결된다. 그리고

---

220. 2세기 신학자로서 교부가 되었으되 헬레닉 철학자이기를 포기하지 않았던 〈Origenes〉는 "신은 인간이 물질적인 달성과 철학 및 신에 대한 지식을 얻기 위해 지성을 기르고 활용하기를 바라신다"라고 했으며, 18세기 프랑스 철학자인 〈Volney C F〉는 "육체적 정신적 제 활동의 동기는 필요인바 필요와 그에 의한 활동의 크기는 비례한다"라고 주장했다.

그 수동성의 용인으로 얻은 능동성과 패배의 수용으로 달성한 승리는 새로운 우주적 변화를 초래한다. 첫 단계에 있어서의 동적 행위가 우주를 뒤흔들어 음에서 양으로 이행시킨 것처럼 이 단계에서의 인종(忍從)의 행위는 우주의 운행을 역전시켜 운동에서 휴식으로, 격량에서 평온으로, 부조화에서 조화로, 총체적으로는 양에서 음으로 되돌리는 것이다. 그 감수(甘受)의 예들은 다음과 같다. 〈헤시오도스〉의 토로(吐露)[221]는 체념이 아니라 고뇌의 가락이며 스칸디나비아의 〈오딘〉이 운명을 장악하고 있는 힘들에서 그 비밀을 빼앗으려 애쓰는 것은 이미 자신을 위한 것이 아니라 만물의 아버지인 자기에게 구원을 갈망하는 인간을 위한 것이다. 그리고 다음과 같이 전개되는 예수의 수난에서 우리는 이 심리적인 경험의 모든 것에 대한 가르침을 받는다. 그리스도로서의 운명에 대한 말씀을 들었을 때[222] 동요하는 것은 제자들이고 예수는 엄습한 고뇌를 기도[223]로 해소한다. 그러나 괴로운 마음으로 십자가에 올랐을 때 다시 몰려온 고뇌는 절망의 외침[224]을 낳고, 그 후 체관(諦觀)[225]에 이은 승리의 선포[226]가 울려 퍼지는 것이다. 바울의 「로마서」에서는 동일한 고뇌와 체관의 체험이 순전히 심리적인 관점에서 그려졌다. 7장과 8장은 모두 이 주제에 대한 서정적인 명상인

---

221. 「일과 나날」174~5행. "나는 더 빨리 죽었거나 더 늦게 태어나서 삶을 저 철의 종족과 함께하지 않았더라면 좋았을 것을 …"

222. 예수의 변용 전과 후.

223. "다시 두 번째 나아가 기도하여 이르시되 내 아버지여 만일 내가 마시지 않고는 이 잔이 내게서 지나갈 수 없거든 아버지의 원대로 되기를 원하나이다 하시고"〈마 26:42〉

224. "제9시 즈음에 예수께서 크게 소리 질러 가라사대 엘리 엘리 라마 사박다니 하시니 이는 곧 나의 하나님, 나의 하나님, 어찌하여 나를 버리셨나이까 하는 뜻이라"〈마 27:46〉

225. "예수께서 큰 소리로 불러 가라사대 아버지여 내 영혼을 아버지께 부탁하나이다 하고 이 말씀을 하신 후 운명하시다"〈눅 23:46〉

226. "예수께서 신 포도주를 받으신 후에 이르시되 다 이루었다 하시고 머리를 숙이시니 영혼이 떠나가시니라"〈요 19:30〉

바 고뇌의 외침[227] 뒤에 체관과 승리의 확신이 어우러진 고백[228]이 이어진다. 다시 같은 경험이 노수부(老水夫)에 의해 말해지고 있다. 그는 죄는 크지만 역시 동적인 행위로 시련을 자초하는데 이 시련에 있어서 저주는 고뇌하는 자가 제 행위의 결과에 순응하여 완고한 마음으로는 두려움 밖에는 느끼지 못하던 곳에서 아름다움을 보게 될 때 제거된다. 낭만주의적인 오디세이의 전기(傳記)도 같은 가락인바 오디세이가 체관의 마음을 얻어 고난을 응보로 받아들였을 때 배를 멈춰 세운 불가사의한 신력(神力)은 배를 항구로 불어 보내고 그 발라드의 악인[229]을 귀향시킨 것이다. 그것은 욥기에서도 마찬가지다. 고뇌하던 욥은 드디어 체관에 이르고[230] 이어서 고난을 수용하고 감수하는 단계[231]로 들어가는 것인데 이 시에서의 심리는 소박한 것이어서 욥의 체관은 영혼에 있어서의 정신적인 직관에 의해 생기는 것이 아니라 불가항력적인 신의 힘이 눈에 보이기 때문에 일어난다. 이 극(劇)에 대한 괴테의 이야기에서는 이 고뇌와 체관의 연쇄가 극의 위기와 정점으로 되어 있는데 그레첸과 파우스트는 각각 1부의 마지막 장과 2부의 클라이맥스에서 그 경지에 도달한다.[232]

---

227. "오호라 나는 곤고한 사람이로다 이 사망의 몸에서 누가 나를 건져내랴"〈롬 7:24〉

228. "우리 주 예수 그리스도로 말미암아 하나님께 감사하리로다 그런즉 내 자신이 마음으로는 하나님의 법을, 육신으로는 죄의 법을 섬기노라"〈롬 7:25〉

229. 저주에 걸렸을 때의 오디세이.

230. 〈욥 40:3~5〉. "욥이 여호와께 대답하여 이르되 보소서 나는 비천하오니 무엇이라 주께 대답하리이까 손으로 내입을 가릴 뿐이로소이다 내가 한 번 말하였사온즉 다시는 더 대답하지 아니하겠나이다"

231. "주께서는 못 하실 일이 없사오며 무슨 계획이든지 못 이루실 것이 없는 줄 아오니 무지한 말로 이치를 가리는 자가 누구니이까 나는 깨닫지도 못한 일을 말하였고 스스로 알 수도 없고 헤아리기도 어려운 일을 말하였나이다"〈욥 42:2~3〉

232. 1부의 말미에서 죽음의 고통이 닥쳐왔을 때 돌연히 옥문이 열리고 탈출의 기회가 주어졌지만 고뇌로 광란하는 그레첸은 함께 도망치자는 파우스트의 애소(哀訴)도 듣지 않는다. 드디어 메피스토펠레스가 그 사이에 끼어드는데, 그것은 유혹자가 패배하는 순간이 된다. 그것은 그 순간 그레첸이 메피스토펠레스의 정체를 알아보고 착란에서 벗어나 신의 심판에 몸을 맡기게 되었기 때문

제3단계에서는 2단계에서 시작된 양에서 음으로 이행하는 우주의 율동이 완성되고 신의 새로운 창조활동에 있어서 스스로도 유혹자의 도전에 응전했던 고뇌하는 피조물인 인간은 더 높은 차원의 평화와 조화 및 축복의 상태로 복귀한다. 스칸디나비아 신화에서 "토르가 용을, 오딘이 늑대를 만났을 때 시키면 용은 심연에 빠지고 늑대는 울음을 그치며 신들은 모여서 과거를 회상한다. 동시에 싱그러움으로 가득 찬 대지에는 성실한 마음을 가진 사람들이 소망을 기뻐한다"라고 노래한 것[233]은 그것을 표현한 것이다. 욥이 얻은 것은 놀랄 만큼 소박하고 그의 회복은 욥기 42장 10~13절에서와 같이 우직하리만큼 물질적인데, 신은 욥에게 자기는 스스로 행한 사업에 대해서 어떤 인간에게도 책임지지 않는다는 것을 납득시킨다. 신약성서에서는 예수의 고뇌와 체관과 수난이 인간의 구원을 달성하는바 이 메시아는 그 후에 부활하고 승천한다. 오딘은 자살하려고 했으나 되살아나고 지혜를 얻으려고 한쪽 눈을 파냈으되 더 예리한 통찰력을 얻는다. 파우스트에서는 험산(險山)에 오른 순례자들 앞에 회개한 자들을 거느린 처녀 신이 나타난다.[234] 이것은 1부의 시작인 천상의 서곡에 대응하는 것인데 이 대응은 속죄 후 인간의 축복된 상태가 타락 이전의 순결한 상태와 대응하는 것과 같다.

이로써 우주의 율동은 완전히 일 회전한 것인데 이전의 음이 익은 것을 걷어 들이는 가을 같은 것이라면 이후의 음은 맹아를 싹틔우는 봄 같은 것이다.

인데, 이제 그녀는 에스킬루스의 카산드라처럼 꿈의 마귀에 의해 거기에 못 박혀 있는 것이 아니라 플라톤이 전하는 소크라테스처럼 충분히 인지하고 있는 탈출의 기회를 의식적으로 물리치고 있는 것이다. 그때 메피스토펠레스의 패배는 어쩔 수 없는 것이 되었고 그레첸의 구원은 파우스트의 구원을 보증하는 것이므로 심리적으로는 이것이 이 극의 끝인바 시인은 그 착잡한 2부에서 더 자세한 말을 할 필요가 없었다. 그 긴 에필로그는 예술적으로만이 아니라 심리적으로도 군더더기인 것이다.

233. 그 신화 중 「신들의 황혼」에서.
234. 2부의 마지막 장면.

피조물의 고뇌와 체관과 수난을 통해 신은 모든 것을 새로이 할 수 있었고 그 과정에서 극의 주역인 인간은 역할을 수행하여 괴테의 극에서 구원을 얻은 그레첸과 지복직관(至福直觀)을 얻은 파우스트처럼 축복을 얻는다. 결국 신은 인간에게 냉담하며 가혹한 고난을 허용하는 혹독한 존재가 아니라 눈물겨운 사랑의 실천자임이 밝혀지는 것이다. 그 고백은 〈히 12:6〉[235] 및 〈아가멤논 177행〉[236]에 잘 드러나 있다. "생명으로 인도하는 문은 좁고 길이 협착하여 찾는 이가 적음이니라〈마 7:14〉"는 말씀과 같이 최후의 승리를 얻은 고뇌자는 극의 주역으로서 신의 재창조를 가능케 함으로써 신에게 봉사하며 따를 길을 제시[237]하거나 신의 노여움을 면하게 함[238]으로써 인간 동류에게 힘이 된다. 〈루크레티우스〉는 지적 순례자로서 미신이 인간의 정신을 감금한 감옥을 타파했고 지성(知性)으로는 개척자의 위업을 찬양[239]했다. 그러나 승리자인 동시에 희생자이기도 한 자가 자기 모습을 숭고함 속에서 나타내려 한다면 그 찬가는 영혼의 말로 옮겨 놓지 않으면 안 된다. 그것이 곧 복음서의 "너희는 마음에 근심하지 말라 하나님을 믿으니 또 나를 믿으라 내 아버지 집에 거할 곳이 많도다 그렇지 않으면 너희에게 일렀으리라 내가 너희를 위하여 처소를 예비하러 가노니 가서 너희를 위하여 처소를 예비하면 내가 다시 와서 너희를 내게로 영접하여 나 있는 곳에 너희도 있게 하리라 내가 가는 곳에 그 길을 너희가 알리라 도마가 가로되 주여 어디로 가시는지 우리가 알지 못하거늘 그 길을 어찌 알겠사옵나이까 예수께서 이르시되 내가 곧 길이요 진리요 생명이니 나로 말미암지 않고는 아버지께로 올 자가 없느니라"라는 말씀인 것이다.

---

235. "주는 그 사랑하시는 자를 징계하시고 그의 받으시는 아들마다 채찍질하심이니라 하였으니"
236. "재앙은 학문이니라"
237. 그레첸의 알선으로 파우스트가 지복직관을 얻은 것이 그 예임.
238. 욥의 중재로 신의 노여움이 욥의 벗들에게서 다른 곳으로 돌려진 것 〈욥 42:7~10〉
239. 「사물의 본성에 관하여」 1권 62~79행.

(2) 문명의 발생에 있어서의 도전과 응전

① 미지의 요인

우리는 신화의 빛에 의해 도전과 응전에 관한 성질에 대하여 창조는 조우(遭遇)의 결과이고 발생은 상호작용의 소산이라는 것을 알게 되었다. 그러므로 이후로는 본래의 목표, 즉 과거 6000년 동안에 인류의 일부를 격동시켜 관행의 통합에서 문명의 분화로 이행시킨 적극적인 요인을 찾아보자. 우리는 21개 문명의 기원을 다시 알아보고 도전과 응전이라는 개념이 문명의 발생에 대해 인종설이나 환경론보다 우수한 답을 도출하는지를 경험적으로 검증할 것이다. 여기서도 인종과 환경을 다시 문제화할 것이지만 정보와 자료에 의존하는 그 분석은 문명의 발생에 있어서 어떤 사상(事象)이나 상황에 대응하는 인간의 반응이나 심리적인 변수는 고려할 수 없다. 그러므로 우리는 그것을 도전의 원인이나 응전의 유형으로 고려할 뿐 그를 통해 어떤 법칙을 찾으려 하지는 않을 것이다. 그러므로 여기서는 도전과 그에 상응하는 응전의 현상을 각 문명에서 경험적으로 관찰할 것인데 먼저는 환경적인 요인이 제기하는 도전에 있어서 선행문명이 없는 문명에 대한 하천, 해양, 삼림의 도전 및 선행문명이 있는 문명에 대한 제 도전을 살피고 다음으로 인간적인 요인이 제기하는 도전을 선행문명의 유무(有無)로 구분하여 고찰할 것이다.

② 선행문명이 없는 문명에 대한 자연적 환경의 도전

㉠ 이집트 및 수메릭 문명의 발생

고고학의 연구에 의하면 현재 아프라시아 스텝으로 되어 있는 광대한 지역에는 나일강, 요단강, 티그리스-유프라테스 강, 인더스 강이 지금보다 더 큰 규모로 그곳을 횡단하고 있었는데 그 중에서 인더스 강은 자매하천을 가지고 있었다. 이러한 사실은 과거 6천 년 동안에 마지막 빙하시대 이후의 건조화라는 지대한 환경변화가 전 지구적으로 일어났음을 말해 주는 것이다. 우리가 앞에서

아프라시아 스텝의 자연환경이 정적(靜的)이라고 생각한 것은 24세기 전에 일어
난 그 변화 이후로는 특기할 만한 자연환경의 변화가 없었기 때문이다. 그러나
인더스 강이 자매하천을 가졌었다는 사실은 24세기보다 더 먼 과거에 적어도
한 장소에 있어서 자연환경이 크게 변했다는 것을 말해 주는 것인데 그것은 국
지적이거나 예외적인 사건이 아니라 아프라시아의 모든 지역에서 발생한 건조
화 중의 한 사건임을 우리는 알고 있다. 이것을 고려할 때 이집트 수메릭 중국
등 큰 강 유역에서 발생한, 선행문명이 없는 문명들은 건조화라는 그 지대한 환
경변화의 영향을 받았을 것이므로 이 항의 과제로서 위 세 문명의 발생에 있어
서의 하천의 도전을 고찰하되 인더스 강 유역의 인도문명은 기원이 명확치 않
으므로 논외로 해 두자.

　기후변화라는 도전에 대해 미개인은 세 유형[240]으로 응전했는데 아프라시아
초원에서 아무런 변화 없이 식물을 채집하거나 수렵으로 버티던 자들은 멸절
이라는 벌을 받았고 생활양식만 바꾼 자들은 제자리에서 유목민이 되었다. 거
주지를 옮겨 북상하거나 남하한 자들에 있어서 북상한 자들은 추위라는 도전
에 직면했으되 그중 일부는 그것을 극복하여 창조적인 도전에 성공했고 남하
한 자들은 열대지방의 변화 없는 기후의 영향을 받았다. 그리고 생활양식과 거
주지 모두를 변경하는 이중의 반응으로 응전한 자들은 이집트와 수메릭 문명
을 창조했다. 지상낙원 같은 사바나였던 하나일 유역을 굽어보는 초원과 티그
리스-유프라테스 강 유역을 내려다보는 초원이 각각 〈루브 알 할리〉와 〈다시트
이 루트〉[241]로 변하고 있을 때 전인미답의 정글 소택지(沼澤地)로 뛰어든, 타인이
보기에는 무모한 짓으로 보였을 그 동적인 행위를 감행한 자들은 그곳을 〈이집
트 땅〉과 〈시날 땅〉으로 바꿈으로써 뛰어들면서 품은 최고의 희망을 능가하는

240.　(변화 없이 고통을 감수) (생활양식과 거주지 중 하나만 변경) (두 가지 모두를 변경)
241.　전자는 '공허한 지역'이라는 뜻으로서 리비아 동남부의 대 사막, 후자는 이란 고원의 사막.

성공을 거두었다. 고고학자인 〈Newberry〉는 그 이집트 땅 본래의 모습을 묘사했고 지문학자(地文學者)인 〈Lyons〉는 아스완에서 카이로에 이르는 나일강 유역과 나일 델타의 원상태를 훌륭히 그려냈는데, 그 내용은 한 마디로 그곳이 정착만이 아니라 발을 들이기조차 힘든 황무지였다는 것이다. 우리는 자발강이나 자라프 강의 현상(現狀)에서 하나일 유역의 원형을 보며 Sudd로 덮인 그 두 강이 합류하는 노호(路湖)와 그 주변에서 나일 델타의 본 모습을 추측할 수 있다.[242] 이 세 강[243] 하류지역의 현상(現狀)이 추측되는바 6천 년 전 나일강 하류지역의 모습과 같다는 것은 지금은 리비아 사막으로 변해 있는 지역에 살았던 사람들이 이웃이었던 이집트 문명의 시조들과 같은 응전을 하지 않았거나 못했음을 말해 준다. 그들은 영웅적인 이웃과 결별하고 남하하여 고향과 비슷하고 저항이 적은 곳인 열대지방에 정착하여 자발강의 Sudd 지대 주변에서 생활양식을 바꾸는 일 없이 5~6천 년 후의 자손들[244]에 이르도록 변화가 없고 원시적인 삶을 보장받거나 강요당하고 있다. 그 나태하고 비전이 없었던 이주민은 일종의 살아있는 박물관으로서 가잘강의 정글 소택지(沼澤地)가 형성하는 죽은 박물관 주변에서 그들의 영혼이 구하던 정적(靜的)인 환경에서의 안주(安住)를 자

---

242. 〈Garstin〉의 자발강에 대한 설명과 〈Gleichen〉의 Sudd 및 고사리류의 무성한 숲으로 덮인 위 세 강에 대한 해설은 이 추측의 근거가 된다.

243. 아프리카 대륙 동북부를 북진하여 지중해로 들어가는 6,671㎞의 나일강은 구간에 따라 다른 이름을 가지고 있다. 발원지인 부룬디 산맥에서 빅토리아 호까지는 〈카게라 강〉이고 빅토리아 호에서 키오가 호(湖)와 머치슨 폭포를 지나 앨버트 호까지는 〈빅토리아 나일〉이며 앨버트 호에서 수단 국경까지는 〈앨버트 나일〉이다. 하류에서 분류되는 앨버트 나일의 네 흐름은 수단령을 서에서 동으로 흐르는 〈가잘강〉과 노호에서 합류하여 광대한 습지를 지나는데 그 부분이 〈자발강〉이고 습지를 지나 수도인 카르툼까지가 〈백나일〉이다. 앨버트 나일의 동류인 〈자라프 강〉과 에티오피아 아령을 동에서 서로 흐르는 〈소바트 강〉은 가까운 곳에서 〈백나일〉로 흘러든다. 백나일은 카르툼에서 아랍어로 "바르 알 아즈라크"라고 부르는 〈청나일〉과 합류하여 〈나일강〉이 된다. 하류에서 합류하는 청나일의 두 지류와 카르툼을 지나서 나일강으로 흘러드는 〈아트바라 강〉은 에티오피아의 티나호에서 발원한다.

244. 수단의 딩카족, 실루크족 등.

손대대로 달성한 것이다. 우리는 이 비교[245]를 통해 6000년 전에 나일강 하류 지역의 주민에게 주어졌던 건조화라는 도전이 없었다면 나일강 델타와 그 유역은 여전히 정글과 소택(沼澤) 및 써드의 황무지로 남아있어서 지금의 이집트 땅과 이집트 문명은 없었고 이집트인의 조상은 현재의 실루크족과 딩카족처럼 살고 있지 않을까? 라는 의문을 품게 된다. 이 의문에서 출발하여 지난날 하나일에서 일어났던 건조화라는 도전이 상나일 유역에서 발생한다고 가정하면 실루크족과 딩카족이 그에 응전하여 이집트인의 조상들과 같은 동적인 행위로 창조적인 결과를 낳지 못하리라고 믿을 만한 이유는 없다. 이것이 비현실적[246]이라고 한다면 그것을 현재 서구문명의 충격이 열대 아프리카에 가해지고 있는 것처럼 인간적 환경의 도전으로 바꿔서 생각할 수 있는데, 이 메피스토펠레스적인 환경의 도전에 대해 그들은 어떻게 응전할 것인가? 이 도전은 아직 시작하는 단계에 있으므로 결과를 예측할 수 없지만 과거에 실패했다고 하여 그들이 이번에도 실패하리라고 단정할 수는 없다.

건조화라는 동일한 도전에 대하여 수메릭 문명의 시조들은 이집트인과 같은 응전으로서 티그리스-유프라테스 강 하류지역의 정글 소택(沼澤)으로 뛰어들었다. 두 문명에 있어서 물질적인 결과는 같지만 정신적인 특징은 크게 다른데[247] 이것은 이 연구에서 동일한 원인이 동일한 결과를 낳는다고 선험적으로 단정해 놓고 출발할 수 없다는 것을 다시 보여주는 것이다. 수메릭 문명의 시조들이 겪은 시련은 전설에 함의(含意)되어 있다. 마르둑(神)에게 살해된 용(티아마트)의 시체

---

245. 나일강 유역의 한 지방에서의 옛 상태와 다른 지방에서의 현상(現狀)을 비교한 것.

246. 5~6천 년이라는 시간은 우주나 지구만이 아니라 인류의 시간 척도로도 순간적이므로 과거 하나일 주민에게 주어진 건조화가 가까운 장래에 적도 아프리카에서 일어나리라고 예측할 수 없다는 것.

247. 두 곳은 물질적인 면에서 모두 거주지의 건조화와 뛰어든 곳의 황무함과 대홍수의 가능성이 있어 그 결과로서 배수로와 제방 및 경작지가 동일하지만 정신적인 특징은 종교와 예술 및 사회생활에서조차 유사성이 없다.

로부터 세계가 창조되었다는 것은 물을 운하를 통해 배수함으로써 태고(太古) 이래의 황무지를 복종시키고 시나르 땅을 창조한 것을 의미한다. 홍수설화(洪水 說話)는 인간이 자연에 가한 대담한 질곡(桎梏)에 대해 자연이 반항했다는 기록 인바 이것은 바빌론 강변에 유폐된 유대인에게 전해져서 성경의 홍수설화[248]로 나타났다. 고고학자들은 인간의 거주가 남긴 최고의 퇴적층과 그 다음 층 사이에 있는 두터운 홍적층(洪積層) 속에서 그 성경 기록의 원형이라고 생각되는 대홍수의 직접적인 증거를 찾아냈는데 우리는 페르시아만(灣) 델타지대의 살아있는 박물관[249]에서 지금은 시나르의 땅으로 바뀐 황무지의 원형을 볼 수 있다. 이곳 사람들은 1차 대전 때 영국 병사들이 '물갈퀴 발'이라는 별명을 붙였듯이 환경에 수동적으로만 대응했다. 길들지 않은 황무지에 존재하는 이 수메릭 문명의 유품(遺品)은 티아마트를 죽인 마르둑과 〈우트나파시팀〉[250]으로 축약된 수메릭 문명 창조자들의 동적인 행위를 침묵의 웅변으로 증언하고 있는 것이다.

ⓒ 중국문명의 발생

이것을 고찰할 때 우리는 그 원인이 위 두 곳에 가해진 것보다 더 가혹한 자연의 도전에 대한 인간의 응전에 있었음을 알 수 있다. 과거에 중국문명의 요람으로 바뀐 이 황무지에는 소택지와 가시덤불과 홍수의 도전에 혹서와 혹한이 교체되는, 극단적인 기온 변동으로 인한 시련이 더해졌다. 중국문명의 시조들은 황하에서 브라흐마 푸트라 강[251]까지, 그리고 티베트 고원에서 남동중국해 및 황해로 퍼지는 광대한 지역의 여러 민족과 인종적으로 다르지 않았던 듯하

---

249. 수메릭 문명과 바빌로니아 사회가 소멸한 후 티그리스-유프라테스 및 샤트 알 아랍 등 자매 하천들이 합류하면서 페르시아 만에 만들어낸 하 이라크의 삼각지가 소택지로 바뀐 것을 지칭하는 말. 아마라, 나시리야, 바스라에 둘러싸여 있다.

250. 고대 메소포타미아 신화에서 영웅인 '길가메시'를 다룬 서사시에 등장하는 현인. 엔키 신(神)은 그에게 대홍수의 비밀을 알려주어 방주(方舟)를 짓게 했다고 한다.

251. 티베트 남서부에서 발원, 인도 동북부를 흘러 파키스탄 동부에서 갠지스 강에 합류하는 강.

다. 그런데 왜 황하 유역에서만 문명이 발생했고 환경이 더 좋은 양자강 유역에서는 문명이 발생하지 않았을까? 그것은 뛰어난 중국학자인 〈Maspĕro〉가 훌륭하게 설명한 바와 같이 황하 유역이 제공한 독특한 자연환경의 도전에 대해 그 주민이 합당하게 응전했기 때문이다. 그 환경의 본모습은 우수리 강 상류[252]에 있는 항카호(湖) 주변의 소택지를 표본으로 하여 추측할 수 있는데, 그곳은 중국문명의 시조들이 만족을 몰아내고 개척을 시작했을 때 산서(山西)의 골짜기가 어떤 모습이었는지를 말해주고 있다.

ⓒ 마야문명과 안데스 문명의 발생

마야문명은 〈H. J. Spinden〉이 잘 설명한 것처럼 무성한 열대성 삼림의 도전에 응전했고 안데스 문명은 〈P. A. Means〉가 연구한 바와 같이 안데스 고원의 추위와 메마른 토양 및 태평양 연안의 염열(炎熱)과 건조의 도전에 응전했다. 중앙아메리카[253]에서 열대성 삼림의 도전에 응전한 마야문명의 시조들은 불굴의 노력으로 삼림을 제압하고 삼림이 그 무성함 속에 감추고 있던 비옥한 토지를 활용하여 훌륭한 농경지를 조성했다. 안데스 문명의 시조들은 고원에서는 축대를 쌓아 흘러내리는 흙을 단구(段丘) 위에 모음으로써 산 중턱에 농경지를 조성했고 해안지방에서는 고원에서 흘러내리는 물을 관개하여 사막 가운데에 오아시스를 만들었다.

ⓔ 미노스 문명의 발생

바다라는 자연환경의 도전에 응전한 미노스 문명의 무대는 지중해 동남부의 크레타 섬과 키클라데스 제도(諸島)였다. 연구에 의하면 육지의 주민은 크레타 섬에 먼저 진입했고 키클라데스 제도에는 나중에 들어갔는데, 크레타 섬에서는

---

252. 황하에서 북상하여 동아시아 제2의 하천인 아무르 강 유역을 통해 진입할 수 있다.

253. 지금의 과테말라와 유카탄 반도. 열대성 삼림은 이곳에서 문명을 일으키는 도전으로 작용했으나 파나마 지협과 적도 남쪽에서는 그런 도전으로 작용하지 않았다.

뒤에 진입한 고지대의 광두족(廣頭族)이 먼저 정착한 유라시아 초원의 장두족(長頭族)[254]에 대한 지배권을 확립했고 키클라데스 제도에는 두 종족이 거의 동시에 진입했다. 여기서 우리는 어째서 더 먼 곳의 종족이 먼저 지중해로 뛰어들었을까? 라는 의문을 품게 되는데, 이를 밝히려면 지루하더라도 대서양 – 지브롤터 해협 – 지중해 – 크레타 해 – 에게해 – 다르다넬스 해협 – 마르마라 해 – 보스포루스 해협 – 흑해 – 게르치 해협 – 아조프 해로 이어진, 지중해를 중심으로 하는 세 대륙의 내해(內海)들과 그것으로 나뉘는 유럽과 아시아의 지형을 살펴야 한다. 에게해가 속한 지대에서 지곡(地轂)은 중첩하여 산계(山系)를 이루고 있는데 그 산계는 세계의 지붕이자 아시아의 배꼽인 파미르 고원에서 출발하여 분기 교차 직행과 굴곡에 이은 회귀 등으로 내달리다가 가장 멀리로는 아득한 대서양에 도달한다. 동으로는 쿤룬 산맥과 비엔카라 산맥이 잇닿아 있고 남동으로 히말라야의 두 산계가 이어져 있어서 세계의 지붕이라고 일컬어지는 파미르 고원 서쪽으로는 서북에서 남동향하여 차례대로 우즈베키스탄, 카자흐스탄, 키르기스스탄, 투르크메니스탄, 타지키스탄, 아프가니스탄, 파키스탄이 접해 있고 그곳으로부터 많은 산맥을 거느린 3개의 거대한 습곡이 서쪽으로 뻗으면서 북쪽의 유라시아 대평원과 남쪽의 아프라시아를 갈라놓는다. 한 습곡은 술레이만 – 자그로스 – 타우루스 – 핀두스 – 디나르 알프스 등의 산맥을 거쳐 내닫고 다른 습곡은 힌두쿠시와 엘부르즈 산맥을 지나 아르메니아와 아나톨리아 고원의 북사면을 거쳐 내닫다가 트라키아에서 이스트란자 산맥으로 나타난다. 마지막은 발칸 산맥을 지나 코카서스 – 크리미아 – 유럽의 발칸 – 카르파티아 – 알프스 – 아펜니노 – 아틀라스 산맥을 거쳐 '헤라클레스의 기둥' 쯤에서 대서양으로 물러났다가 스페인 중심부를 우회하여 그라나다와 발레아레스 제도(諸島)를 지나고 피레네 산맥을 거쳐 마침내 피니스테레 곶(串)에서 끝난다. 그

---

254. 이들은 각각 아시아 습곡산맥 고지대와 유라시아 초원의 최고(最古)의 종족이다.

리고 대서양까지 균질하게 뻗던 이 습곡의 일부는 한 곳에서 예외적인 형상으로 함몰하는데, 그것이 바로 에게해인 것이다. 여기에서는 주위의 습곡작용에 더하여 함몰이 일어났는데, 극도의 습곡이 융기하고 뒤틀어진 지층에 가하는 압력에 의해 균열과 단절을 일으킨 지곡(地殻)은 함몰되었고 단절된 그 양단에는 누첩지층(累疊地層)이 생겨났다. 그리고 에게해를 건너뛰어 대서양까지 이어지는 그 습곡은 에게해의 양안에서 매우 닮아 있어서 두 해안은 갈라진 것처럼 보이지만 에게해 부분은 바다 밑으로 가라앉은 것이고 에게해 남쪽의 섬들은 내달리던 산계(山系)의 산정(山頂)이다. 그리하여 우리의 눈은 아시아의 타우루스 산맥에서 그 섬들을 넘어 유럽의 테나룸 산맥으로, 사모스 섬과 에우보이아를 넘어 미칼레에서 핀두스로, 키오스와 스키로스를 넘어 트몰루스에서 펠리온과 오사와 올림포스로, 테네도스와 렘노스를 넘어 이다에서 아토스로 옮아가는 것이다. 고대 에게해의 주민들은 이 지질현상을 신화로서 포세이돈이 물이 소통하도록 대지를 삼지창으로 쪼갰다고 했지만 그 함몰 전의 상황을 이해하려면 그곳에 크레타 섬 부근에서 지중해로 흐르되 중간에 여러 호수를 거느린 큰 강이 있었다고 생각해야 하는바 함몰 전이어서 지대가 높았을 때에는 지금은 별개의 것으로 되어 있는 강들[255] 중 대다수는 그 큰 강의 지류였을 것이다. 그리하여 나누어진 아시아와 유럽 대륙에 있어서 아시아 고지대의 광두족과 유라시아 초원의 장두족은 공히 인구증가와 건조화라는 도전에 직면했는데, 전자는 서진하다가 다르다넬스나 보스포루스 해협을 통해 유럽의 고지대로 이동할 수 있었으나 후자가 바다로 뛰어든 것은 산지의 삶에 익숙하지 못했음에 더하여 전자에 의해 길이 막혔기 때문이다. 포세이돈이 자연의 여신을 협박하여 대지를 흔들고 쪼개서 만들어낸 깊이를 알 수 없는 짠물의 바다는 인간에게 막대한

---

255. 메안데르, 키스테르, 헤르무스, 페네우스, 악시우스, 스트리몬, 헤브루스, 시모이스, 스카만데르, 할리스, 파시스, 쿠반, 돈, 드네프르, 드네스트르, 도나우 등의 강.

도전을 부여했지만 그에 과감히 응전한 인간은 대담하게도 포세이돈이 일으킨 것보다 더 큰 변화로서 그것을 교통로로 바꾸고 에게해에 정착함으로써 인간의 승리를 노래했던 것이다.

이리하여 우리는 미노스 문명의 발생에 대하여 이집트와 수메릭 문명에서와 같이 그 제1의 원인을 더듬을 수 있게 되었는데 이 분석이 틀리지 않았다면 그 것은 "문명의 발생에 있어서 도전과 응전의 상호작용은 다른 제 요인에 우선 한 다"는 사실에 대한 예증이다. 포세이돈의 도전에 대한 최초의 응전으로서 에게 해로 뛰어든 것은 가까운 아시아 고지대의 광두족이 아니라 더 먼 유라시아 초 원의 장두족이 단독으로 감행한 것이고 광두족은 그곳도 인구가 조밀해진 후 에 비로소 그 뒤를 따른 것이다. 그 결행에 있어서의 결정적인 요인은 거리가 아 니라 도전과 응전의 상호작용이었던 것인바 아시아 광두족에게는 유럽의 고지 대라는 출구가 있었으나 유럽 장두족에게는 다른 출구가 없었던 것이다.

③ 연줄 있는 문명의 발생에 있어서의 자연의 도전

위에서는 선행문명이 없는 문명들에 있어서의 자연환경의 도전과 그에 대한 응전을 살폈는데 이후로는 선행문명이 있는 문명들에 대한 자연환경의 도전은 어떠했는지를 살펴보자. 이 도전은 후행문명의 판도가 선행문명의 그것과 중첩 되는 정도[256]에 비례할 것으로 생각할 수 있으나 자세히 살펴보면 그 일반적인 생각에는 예외가 많음을 알 수 있다.

먼저 바빌로닉 스타일에서는 문명 발생에 대한 자연환경의 도전이 거의 작용 하지 않았고, 선행문명과 중첩되는 터전에 일부 처녀지를 더한 문명들[257]에 있

---

256. 이것이 가장 큰 것은 수메릭과 바빌로닉 문명인데 앞으로 그것을 '바빌로닉 스타일(Babylonic Style)'이라고 한다.

257. 극동문명의 터전이 된 양자강 유역은 중국문명이 먼저 들어갔고, 힌두문명이 장악한 데칸고원과 반도의 끝머리는 인도문명이 진출했으며, 정교 기독교 문명의 아나톨리아 고원에는 선행 헬레 닉 문명이 히타이트 문명이 남긴 파편을 흡수했다. 마지막으로 아라비아 문명의 터전이 된 나일강

어서도 그 판도는 선행문명이나 아류사회(亞流社會)가 이미 치리해 놓았으므로 자연적 환경의 도전은 그다지 크지 않았다. 하나의 예외는 유카탄 문명인데 이 문명은 선행한 마야문명의 본거지로부터 격리되어 물과 흙이 모두 부족하고 나무도 거의 없는 석회암 지대가 제기하는 크고도 새로운 자연적 환경의 도전을 받았다.

다음은 판도의 일부만이 선행문명의 본거지와 겹치는 문명들의 예인바 하나의 예외인 이란문명[258]을 제외하면 멕시코, 서구, 인도, 히타이트, 헬레닉 등의 문명은 바빌로닉 스타일의 문명들보다 큰 자연환경의 도전을 받았다. 마야문명과 연줄이 있는 멕시코 문명은 마야문명이 받은 도전과는 다른 것으로서 멕시코 고원이 제기하는 도전에 직면했고 서구문명은 선행 헬레닉 문명이 맞선 것과 다른 것으로서 알프스 이북의 삼림, 폭풍우, 서리 등의 도전에 직면했다. 인도문명은 발생기에 갠지스 강 유역에서 습한 날씨와 열대성 삼림의 도전에 직면했으며[259] 히타이트 문명은 발생기에 아나톨리아 고원이 제기하는 도전에 맞서야 했다.[260]

마지막은 처녀지로 진입하여 이식한 사례[261]인데, 여기서는 정복되지 않은 새로운 자연의 도전이 선행문명이 없는 사회에 가해진 것과 비슷한 정도로 제기되었음을 알 수 있다. 러시아의 정교 기독교 문명은 그 이식기(移植期)에 서구문

하류 지역은 처음으로 진출한 이집트 문명에 이어 선행 시리악 문명이 동화시켰다.

258. 아나톨리아 고원과 힌두스탄으로 진출한 이란문명은 그곳에서 자연적 환경의 도전을 받지 않았는데, 그 두 곳은 각각 히타이트 및 정교 기독교 사회와 인도 및 힌두사회가 이란사회에 앞서서 침략하고 치리했다.

259. 인도문명에 선행한 〈인더스 문화〉가 독립적인 것인지, 〈수메릭 문명〉의 식민된 분파인지 명확하지 않은 것은 이 고찰에 있어서 중요하지 않다.

260. 고지 환경은 시나르 땅의 충적평야를 본고장으로 하는 수메릭 문명의 내적 P들에게는 도전이었지만, 히타이트 문명의 시조가 된 만족(카파도키아 고원 저쪽에서 온 수메릭 사회의 외적 P들)에게는 도전이 되지 않았을 것이다.

261. 바빌로닉 스타일(Byblonic Style)의 반대로서 선행문명과 판도가 겹치지 않는 사회.

명이 초기에 직면했던 삼림, 폭우, 서리 등의 도전을 더 혹독하게 겪었고 한국과 일본의 극동문명은 소택과 가시덤불의 도전에 직면했던 중국문명의 창시자들이 겪지 않은 바다의 도전에 직면했다. 펠리시테(블레셋)인은 미노스 세계에서 시리아의 해안으로 피난했고 히브리인은 유라시아 스텝에서 시리아 내륙으로 진입했는데, 전자가 가진 좋은 환경에서의 농경기술은 척박한 곳에서는 무의미했고 후자가 건조한 생활에 능숙했던 것은 유목민으로서의 경험일 뿐 농경민으로서의 체험은 아니었다. 그리하여 전자는 건조와 황량함으로 인한 도전에 직면했고 후자는 〈왕상 4:25〉에 기록된 바[262]와 같은 삶을 달성함에 있어 영구적인 기억[263]으로 남은 혹독한 시련을 겪어야 했다.

④ 인간적 환경으로부터의 도전

선행문명이 있는 문명은 그 발생에 있어서는 선행문명의 몰락을 전제로 하며 그 성격은 선행문명에 반하거나 차별성을 갖는다는 것을 의미하므로 거기에는 필연적으로 인간관계에 의한 작용, 즉 인간적 환경의 도전이 있었을 것이다. 그러므로 이 고찰에서는 선행문명이 있는 문명에 대한 인간적 환경의 도전을 살핀 후 선행문명이 없는 문명의 발생에 있어서 그 도전이 있었는지, 있었다면 어떤 것이었는지를 알아보자. 문명은 창조적 소수자의 창조적인 활동으로 발생하고 사회는 그들에 대한 민중의 자발적인 미메시스를 통해 성장한다. 그러나 시간의 경과 또는 필연에 의해 창조력을 상실하는 소수자는 힘으로 주도권을 지키려고 하는 것이며 그로 인해 사회는 지배적 소수자와 내적 외적 P로 분열된다. 그리고 그 분열과 분리를 막으려는 지배적 소수자의 노력은 사회적인 압박으로서 내외의 P들에 대한 인간적 환경의 도전으로 작용하여 그들의 이탈하려

---

262. "솔로몬의 사는 날 동안에 유다와 이스라엘이 단에서부터 브엘세바에 이르기까지 각기 포도나무 아래와 무화과나무 아래서 안연히 살았더라"

263. 시편 107편은 그러한 기억에 대한 대표적인 고백이다.

는 의지를 고양하는데 그 두 의지의 충돌로 인해 선행문명은 몰락과 쇠퇴의 길로 접어든다. 그 충돌은 각자가 직면한 도전에 대한 각자의 응전의 결과로서 우주의 생명을 가을의 침체에서 겨울의 고통을 거쳐 봄의 생동에 이르게 함으로써 창조사업을 재개시키는 극적인 정신적 조우를 낳는다. 그 P들의 분리는 도전에 대한 응전으로서의 동적인 행위인바, 이로써 음에서 양으로의 변화가 일어나 선행문명과의 연줄을 갖는 새 문명이 발생하는 것이다.

그렇다면 선행문명이 없는 문명들[264]의 발생에 있어서의 인간적 환경의 도전은 어떠했을까? 이에 대해서는 선행사회가 없으므로 그 도전은 미약했을 것이라고 생각할 수 있지만 우리는 앞에서 세운 가설[265]에 따라 "미개사회가 닥쳐온 자연적 환경의 도전에 응전하여 돌연적인 변화로서 문명의 길로 들어설 때 그 정(靜)에서 동(動)으로, 음(陰)에서 양(陽)으로의 변화를 거부하고 원시적인 생활방식에 안주하려는 동료들은 하나의 인간적 환경의 도전이 되었고 개척자들은 그들과 분리한다는 응전을 했을 것이다"라고 추측할 수 있다. 이것은 우리가 알고 있는 사실인 알프스 이북의 삼림, 폭우, 서리의 도전에 응전했던 서구문명의 개척자들에게 더해진 인간적 환경의 도전에 의해 설명된다. 헬레닉 사회의 P들이 위와 같은 자연적 환경의 도전에 응전하고 있을 때 이미 정적인 상태에 빠져버린 지배적 소수자와 그 생활방식은 인간적 환경의 도전으로 변했다. 그러므로 개척자들은 그들과의 분리 및 그 생활방식과의 결별이라는 응전을 해야만 했던 것이다.

서구의 예는 이 조사에 하나의 광명을 비추어 추측의 한계점을 제시하는바 그 점으로 우리는 이제까지 얻은 결과에서 잠정적인 결론을 끌어낼 수 있게 되었다.

---

264. 이집트, 수메릭, 중국, 마야, 안데스, 미노스 문명.
265. "미개사회의 문명화는 돌연적인 변화에 의한다" 및 "변화와 분리는 형태적으로 동일하므로 정신적으로도 친근하다"라는 가설.

D. 도전과 응전의 범위

1. Kalepa Ta Kala - 좋은 것을 실현하는 것은 곤란한 일이다

1) 자연은 언제나 복귀를 시도(試圖)한다

우리는 이상의 연구로서 신화들이 그 예리한 직관으로, 근대 자연과학이 증거들과 정연한 이론으로 반대하고 있음에도 별다른 근거 없이 유포된 문명의 발생에 관한 잘못된 견해[266]를 배척하고 반박했다. 그 잘못된 견해는 〈Newberry〉가 지적한바 이집트 땅이 처음부터 최고의 옥토였다고 생각한 그리스인의 오해와 같은 것으로서 문명의 발생을 시간적인 변화와 작용을 수반하는 창조행위로 생각하지 않고 자연의 현상(現狀)을 본래적이고도 원초적인 모습으로 생각하는 오해에서 기인하는 것이다. 우리는 그에 관한 것으로서 하나일 델타와 시날평원의 본모습을 알 자발 및 알 가잘강 주변과 아마라-나시리야-바스라의 삼각지대에서 살폈으나 그곳들은 천마일 이상 떨어져 있고 현재 개발되고 있으므로 '제2의 도마'들은 그에 대한 다른 증거를 요구할 것이다. 이에 대해서는 〈Horatius〉가 "갈퀴로 자연을 구축(驅逐)하라. 그러나 자연은 언제나 달려서 돌아오리라"라는 말로 시사(示唆)한 '자연의 복귀와 역행'의 사례를 살핌으로써 이 논의를 마무리하기로 하자.

(1) 중앙 아메리카에서

마야문명이 일어난 지역의 전성기의 모습은 어떠했을까? 그에 대한 묘사는 "잘 정비된 광대한 농지와 그 중앙에 수많은 인구를 거느린 대도시, 훌륭하게 장식된 공공 건축물들 …"일 것이며 높은 곳에서 보면 패주하는 자연의 꽁무

---

266. "문명은 유리한 조건을 제공하는 환경에서 발생했다"라는 주장.

니는 아득히 멀었을 것이다. 그러나 그곳의 현상(現狀)은 공공건물의 폐허가 널려있는 열대삼림의 오지로서 삼림은 보아[267]처럼 모든 것을 비틀어 제치고 있다. 이것은 인간이 하는 일의 덧없음과 인간이 원망(願望)하는 것의 허망함을 보여 주는 것이지만 코판과 티칼과 팔렝케(Palenque)의 폐허들이 웅변하는 중요하고도 명백한 교훈은 마야문명의 창시자들이 자연에 맞서서 치열하게 싸웠다는 것이다. 그리고 현상(現狀)과 같이 복귀한 자연은 일시적으로나마 자기를 몰아내기에 성공했던 인간의 용기와 활력을 본의 아니게 증언하고 있다.

(2) 앙코르와트와 실론에서

앙코르와트의 폐허는 캄보디아의 열대성 삼림을 정복하고 힌두문명을 전파한 사람들의 용기를 똑같이 웅변으로 증언하고 있으며 실론의 거대한 저수지와 배수로의 흔적은 소승불교의 인도문명에 귀의한 실론인의 역시 곤란했던 위업을 보여 주는 것이다. 실론 섬의 중남부에는 산악과 구릉지가 펼쳐져 있고 북동쪽은 넓은 평지로 되어 있는데, 중남부는 월 강우량이 런던의 연 강우량보다 많은 다우지역이지만 비는 산악과 구릉지를 넘지 못하므로 평지는 매우 건조하고 황량하다. 그런데 위의 흔적이 말해 주는 모습은 거대한 저수지와 거기에 배수로로 이어지는 중간 저수지 및 비옥한 농지와 마을들의 중앙에 있는 수많은 저수지로 물과 생명과 부가 넘쳐나는 것이다. 그들은 한 방울의 비도 쓰이지 않은 채 흘러가게 하지 않는다는 신념으로 건조하고 황량한 평지를 정복하여 풍요와 문명의 터전을 이룬다는 대담하고도 기발한 위업을 이루었던 것이다. 그 훌륭한 관개시설은 내전으로 파괴[268]된 이후로 회복되지 못하고 지금은 〈Still John〉이 묘사한 바와 같이 저수지와 배수로의 흔적, 숲과 저수지 밑바닥

---

267. 열대 아메리카의 거대한 뱀.

268. 그들은 내전을 일으키고 각기 인도에서 용병을 끌어들였는데 용병들은 손쉬운 승리를 위해 관개시설을 경쟁적으로 파괴했다.

물웅덩이의 더욱 울창한 삼림 및 그곳을 활보하는 짐승들의 땅으로 되어 있다. 이곳은 바로 앙코르와트와 같이 삼림의 반격을 받은 것인데 〈L. S. Woolf〉는 저작[269]에서 밀림의 반격을 사회를 멸망시키는 동물로 묘사함으로써 자연의 복귀를 증언하고 있다. 그리고 그 복귀는 하나의 서사시로서 그 '동물'에 맨손으로 대항하는 영웅으로서의 인간의 용기를 웅변하는 것이다.

(3) 아라비아 북부사막에서

과거 시리악 문명의 고향이었던 요르단의 페트라[270]와 시리아의 팔미라[271]에 버려진 폐허는 마야문명의 코판이나 티칼과 같은 상태로서 이 테마에 있어서의 유명한 예증이다. 코판과 티칼에서 복귀한 자연은 열대성 삼림이지만 페트라와 팔미라에서 복귀한 것은 아프라시아 스텝의 건조한 황야와 아라비아의 사막이었다. 여기에는 고고학적 증거만이 아니라 역사적 기록이 있는데, 그것으로 미루어 보건대 그 두 곳은 전성기에 마야의 도시들에 못지않은 인구와 부와 문화를 가지고 있었을 것이다. 그 두 곳은 현재의 다마스커스처럼 주위에 관개가 잘된 과수원을 가지고 있었으나 그들의 경제적 기초는 대상(隊商)으로서의 교역과 교역로의 확보에 있었던바 이 사막에서 교역의 도시를 출현시킨 시리악 문명의 개척자들은 시리악의 전설이 모세에게 귀착시킨 마술[272]의 달인이었을 것이다. 그곳의 부호와 지배자는 자갈투성이의 하마드와 모래밭의 나푸드를 품고 있는 사막과 스텝을 횡단하여 오아시스들과 대륙 사이를 왕래하며 교역하는 대상이었다. 페트라의 나바타이인은 시리아권의 상인으로서 페트라를 거점으로 지중해에 접한 시리아의 항구에서 아라비아 사막을 건너 페르시아만(灣)의 항구로

---

269. 「The village in the jungle」 "푼치메니카의 이야기"로 알려져 있다.
270. 사해와 아카바만 사이에 위치한 고대 에돔의 도시.
271. 다마스커스와 유프라테스 강 상류 사이에 위치한 고대 오아시스 도시.
272. 바위에서 물이 솟아나게 하는 방법 및 사막을 건너고 전진하는 방법.

이어지는 통로를 이용하여 로마제국과 인도 사이의 교역[273]을 주도했고 팔미라인은 로마제국과 서아시아[274] 사이의 교역을 독점하고 있었다. 교역로를 지배한다는 것은 그에 수반하는 정치권력을 낳는 법이므로 페트라에는 시나이 반도와 다마스쿠스 및 타이마와 베르세바를 잇는 선을 판도로 하는 〈나바타이 왕국〉이 건설되었고 팔미라에서는 로마제국이 침체에 빠진 3세기에 시작된바 후계국가를 창건하려는 시도를 〈제노비아 여왕〉이 271년에 성사시켰다. 전자는 로마제국이 중요시하는 보호령(保護領)이 되었다가 트라야누스 황제에 의해 병합되었고 후자[275]는 이듬해에 마르쿠스 아우렐리우스의 공격을 받고 여왕이 로마로 끌려감으로써 종말을 맞이했다. 지난날 시리악 문명의 고향으로서 폐허로 변한 두 오아시스 도시는 로마제국이라는 인간적 환경의 도전으로 자연적 환경에 대한 지배력이 저하됨으로 인해 점증(漸增)한 건조화를 이겨내지 못했다. 그 폐허는 자연의 복귀와 사막의 궁극적인 승리를, 그리고 시리악 문명의 개척자들이 지난(至難)한 곤경에 맞서서 이룬 위대한 업적과 패배 이전의 사막에 대한 인간의 승리를 증언하고 있다.

(4) 이스터(Easter) 섬에서

발견된 날의 이름에 따라 명명(命名)되었으되 파스쿠아 섬이라고도 하는 남태평양 폴리네시아 동단의 이스터 섬[276]은 머리가 큰 거인의 석상으로 유명하다. 서구의 탐험가들이 그 섬을 발견했을 때 거기에는 원시적인 주민과 거대한 석상의 주민이 있었는데, 그 살아있는 주민은 석상을 새기는 기술만이 아니라 어

---

273. 그 교역은 이집트 지중해 연안의 알렉산드리아를 거점으로 홍해에서 아덴만을 통해 역시 로마제국과 인도 사이의 교역을 수행하던 그리스 상인들과 경쟁 관계에 있었다.

274. 로마제국과 동쪽의 아르사케스조 및 사산조가 차례로, 번갈아 지배했다.

275. 이 왕국은 〈칼리프 무아위야 공국〉의 선구라는 의의를 갖는데, 메디나와 메카를 통합한 그 공국은 아케메네스조에 이어 시리악 사회의 세계국가가 된 무아이야조의 토대가 되었다.

276. Polynesia는 하와이 제도와 뉴질랜드 및 Easter 섬이 이루는 서경 130~180도와 북위 20~30도 사이의 삼각형 해역에, Easter 섬은 서경 110도의 남회귀선 바로 아래에 위치한다.

떠한 항해술도 가지고 있지 않았다. 그러한 그들의 삶에 대해 서구인은 에덴동산의 아담과 이브와 같이 지상의 낙원에서 사는 자연의 자녀들로 여겼는데, 그것은 주어진 것이 아니라 바다가 제기한 가공(可恐)할 도전에 대해 초인적인 의지와 필사적인 노력으로 응전하여 달성한 것이다. 지근(至近)의 섬과도 1000마일이나 떨어져 있는 그 섬으로 누가, 어떻게, 왜 들어갔을까? 〈랜디 체르베니〉가 해수면이 지금보다 120m나 낮았던 때가 있었다고 주장하는 바와 같이 당시에 섬 사이의 간격이 좁혀졌다고 해도 어떠한 해도나 나침반 또는 크로노미터도 없이 어설픈 무개(無蓋)의 카누로 태평양을 건너 그 섬으로 들어가는 정기적인 항해를 유지하는 것은 결코 쉬운 일이 아니었을 것이다. 그 개척자들은 어쩌면 인구증가로 인한 물질적인 결핍이나 종족 간의 전쟁을 피하려고 죽음을 무릅쓰고 가공할 바다의 도전에 응전하여 바라던 땅을 찾았을 것인데 그 이후로는 해수면의 상승, 게으름, 동기 상실 등으로 인해 응전을 포기하고 안일에 빠졌을 것이다. 그리고 그들은 항해를 재개하려다가 희생된 자의 추모나 외부에 대한 동경의 마음으로 거대한 석상(巨石)을 만든 것으로 여겨진다. 그러나 그들은 항해의 중단으로 인해 원시적인 상태로 전락했는데, 그것은 페트라나 팔미라와 같이 자연을 극복하고 승리한 인간의 용기에 더하여 폴리네시아 문명에 있어서의 자연환경의 엄혹함과 그 복귀를 동시에 증언하고 있다.

(5) 뉴잉글랜드에서

1620년에 메이플라워(Mayflower)호(號)를 탄 영국계 이민자들이 상륙하여 개척의 씨를 뿌린 New England[277]의 타운 힐(Town hill)은 이민자의 첫 마을이었을 것인데, 그곳의 처음 모습은 1925년 현재 중앙에 조지 왕조 스타일의 교회건물이 있고 그 주위에는 집들이 늘어서 있으며 그 밖으로 과수원과 밭들이 펼쳐져 있는 다른 마을들에서 엿볼 수 있다. 그러나 코네티컷주(州)에서 하나의 기념물

---

277. 북미 대서양 연안지역의 총칭.

로 유지하고 있는 그 교회 건물 말고는 모든 것이 버려지고 황폐화된 현상은 무엇을 말하는가? 이 또한 자연의 신속하고도 완전한 복귀의 극명한 예로써 자연의 가공할 힘과 그에 대항한 주민들의 엄청난 노력을 증언하고 있다. 뉴잉글랜드를 개척할 때 발휘된 힘과 노력은 지대했을 것이지만 서향하여 오하이오, 일리노이, 콜로라도, 캘리포니아 등 광대한 지역을 개척할 때에도 같은 정도의 열정과 힘이 필요했을 것이다. 서부의 획득은 타운 힐의 상실을 이해할 수 없게 하는 것이 아니라 타운 힐의 상실 속에 그 획득의 비밀이 밝혀져 있었던 것이다. 뉴잉글랜드의 그 곤경에서 미국을 건설한다는 지난(至難)한 일을 위한 수련이 쌓였던 것인바 타운 힐이 방치된 것은 역설이 아니라 신시내티, 시카고, 덴버, 샌프란시스코를 건설하고 거기서 거주한 사람들의 대 사업과 같은 것이었다.

(6) 로마의 평원, 캄파냐(Campagna)에서

하나의 아이러니로 여겨지는 캄파냐 평원의 현상(現狀)은 타운 힐과 비슷한 역할과 동일한 운명으로 설명된다. 〈리비우스〉[278]는 불모의 바위언덕, 푸른 소택지, 열병의 온상인 그 황야에 일찍이 로마의 발전에 중대한 역할을 한 수많은 자유민이 살았었음을 놀라워했다. 그는 현재와 같은 그곳 본래의 모습을 본 것이지만 라틴인과 위스키인 개척자들은 그 땅을 풍요한 전원지대로 개척하고 유지했던 것이다. 그곳은 한니발 전쟁으로 황폐화되어 1911년까지 방치되어 있었으나 그 도전과 경험과 힘은 거기에서 브리튼과 이집트로, 알바노 언덕에서 아틀라스 산맥과 코카서스 산맥으로 뻗는 세계정복의 힘이 되었다. 방사(放射)되어서 로마제국을 건설하기에 충분했던 힘이 캄파냐에서 생겨 캄파냐로 집중되어 있었다는 것은 황야를 정복하여 캄파냐의 땅을 만들고 유지하는데 필요한 인간의 힘과 노력이 어느 정도였는지를 말해 준다. 캄파냐는 로마군이 아프라

---

278. 〈Titus Livius, BC59~AD17〉. Patavium에서 출생한 로마의 역사가. 142권으로 된 「도시의 건설로부터」를 저술했음.

시아 스텝이나 라인강과 도나우 강 기슭에서 제국의 변방을 지키고 있을 때 끊임없이 병사와 물자를 공급하고 있었는데, 이 요람의 땅에서 자라난 국가가 그 힘을 지상의 모든 곳으로 향하게 했을 때 그곳이 원래의 상태로 되돌려진 것은 이상한 일일까? 그곳이 원초적인 상태로 복귀한 것은 그 평원을 개척하고 유지했던 정신과 힘이 바로 로마제국을 건설하고 지켰던 엄청난 정신과 노력과 힘의 본체였음을 웅변하는 것이다.

2) 좋은 환경과 안일(安逸)의 작용

(1) 대표적인 예들

남이탈리아 나폴리 북부의 카푸아는 이탈리아 제2의 도시로서 캄파냐와는 대조적으로 좋은 환경을 가지고 있어서 그 세력이 로마에 필적했었는데 캄파냐의 로마는 그 곤경과 황량함 때문에 주변으로의 진출과 정복에 열심이었으나 카푸아인은 너무 좋은 그곳에 안주하여 이웃들이 번갈아 자기들을 정복하는 것을 방치하고 있었다. 그러다가 그들은 아펜니노 산맥의 사나운 종족으로서 카푸아의 마지막 정복자가 된 삼니움인의 침공을 받아 로마에 구원을 요청했고 로마는 그에 응하여 삼니움인을 축출했다. 그러나 카푸아인은 뒤를 이은 칸나에 전투[279]에 있어서의 가장 결정적인 순간에 배신하고 카르타고군을 몰래 성 안으로 끌어들여 로마군 8만을 전멸시켰다. 이로 인해 그들은 '배신의 카푸아'라는 항구적인 오명을 얻었으며 좋은 환경과 안일이 작용한 현저한 사례로

---

279. 제2차 포에니 전쟁(Punic War) 중의 한 전투. '포에니'는 라틴어로 '페니키아'. BC 3세기 중엽에서 BC 2세기 중엽에 걸친 포에니 전쟁에 있어서 시칠리아에서 펼쳐진 1차 전쟁은 로마가 승리하여 시칠리아와 코르시카 등을 속주로 삼았고 한니발 전쟁이라고도 하는 2차 전쟁에서는 로마가 카르타고, 마케도니아, 시라쿠사의 동맹을 게릴라 전법으로 교묘히 저지한 후 공세로 전환하여 카르타고의 본거지인 이베리아 반도를 평정하고 아프리카의 자마로 도해하여 한니발군을 격파했다. 3차 전쟁은 카르타고를 최종적으로 멸망시킨 전쟁으로서 로마는 이를 통해 세계제국으로 도약하는 기틀을 마련했다.

되어 있다. 그리고 위와 같이 카푸아를 점령한 후 월동하려고 그곳에 주둔했다가 '카푸아의 향락'에 녹아버린 카르타고군은 그에 대한 유명한 예증으로 회자(膾炙)되고 있다. 그러나 로마는 〈아우구스투스〉[280]로부터 최후에 이르기까지 한니발의 치명적인 과오를 범하지 않았다. 그들은 캄파냐를 개척하고 유지했던 그 강인한 정신을 징집하여 세계를 정복했고 모병제로 전환한 후에도 캄파냐의 정신을 지키기 위해 군대를 카푸아나 리비에라 등의 좋은 지역이 아니라 라인강이나 도나우 강변의 나쁜 곳에 배치하여 알프스 이북의 눈과 비바람과 서리에 맞서게 했다. 〈아우구스투스〉는 〈헤로도토스〉[281]의 「페르시아인의 우화(偶話)」에서 지혜를 얻었을까? 그 우화는 아케메네스조 페르시아 제국의 〈키루스 대왕〉이 〈아스티아게스〉의 메디아 왕국을 정복하자 황량한 페르시스를 떠나 좋은 곳으로 옮기자는 〈아르템바레스〉와 그를 따르는 무리의 청원에 대해 "그대들 좋을 대로 하라. 다만 그러려면 우리와 우리에게 정복당한 자들의 처지가 바뀔 것을 각오해야 할 것이다"라고 대답했다는 것인데, 황량한 고지대인 페르시스는 '페르시아인의 고향'으로서 로마의 캄파냐 같은 곳이었다. 그곳은 키루스의 강력한 군대에 있어서 정신과 병사의 원천이었으므로 훗날 아케메네스 제국을 정복한 알렉산더도 자기 군대에 그 정신, 즉 페르시아인을 대거 편입시켰던 것이다. 나아가 그 정신은 시리악 사회의 세계국가의 지위를 다툰 신바빌로니아와 페르시아의 경쟁에서 페르시아 제국이 승리하고, 헬레닉 사회의 세계국가의 지위에 대한 로마제국과 카르타고 제국의 싸움에서 로마제국이 이기는 원동력이 되었던 것이다.

다음 예는 〈Odysseus〉가 받은 유혹과 고난인데, 이것은 상기한 페르시아인

---

280. 원로원이 〈옥타비아누스〉에게 부여한 '존엄한 자'라는 칭호.

281. Herodotos. 그리스 역사가(BC484~425). 페르시아 전쟁사를 다룬 9권 28강(講)으로 된 「역사」를 저술. 과거의 사실을 시가(詩歌)가 아닌 실증적 학문의 대상으로 삼은 최초의 그리스인. 〈키케로〉는 그를 역사의 아버지라고 했음.

의 선택에 관한 우화와 같은 모티브로서 곤경에서 안락을 얻은 인간은 나태와 안일에 빠져 퇴락한다는 명제의 증명이다. 오디세우스가 트로이로부터 이타케로 향하는 여정에서 좌절을 겪게 되는 것은 사람을 먹는 거인인 라에스트리고네스, 같은 식인종으로써 애꾸눈의 거인인 키클롭스, 하루 세 번씩 바닷물을 마시고 토하는 카리브디스, 카리브디스 맞은편 바위에 사는 괴물인 스킬라 등으로 인한 곤경과 위험이 아니라 다음과 같은 안락과 쾌락의 유혹 때문이었다. 첫째는 Lotus, 즉 연(蓮)으로서 모든 근심을 잊게 한다는 망우수(忘憂樹) 열매를 먹었을 때이고 다음 유혹은 키케르의 마법의 약이었다. 그것을 먹으면 잠시 고향을 잊어버리고 고통에서 벗어나지만 그 후에는 외양(外樣)이 돼지로 변한다는 것인데, 오디세우스가 거기에서 벗어나는 데는 인간의 노력을 상징하는 오디세우스 자신의 검(劍)만이 아니라 신의 도움을 상징하는 Hermes[282]의 약초가 필요했다. 셋째는 사이렌의 요녀들인 Seirenes[283]의 유혹인데, 오디세우스는 자기를 마스트에 묶고 부하들은 귀를 밀랍으로 막아 그 위기에서 벗어났다. 마지막은 Calypso[284]의 유혹인데, 이 영웅이 가장 영웅답지 않게 되는 것은 배가 난파되어 홀로 오기기아 섬에 표류하여 그 여신에게 간절히 부탁할 때였다. 오디세우스는 유혹에 넘어간 것이지만 Penelope보다 더 아름다운 그 여신은 그를 지상의 낙원으로 데려가 함께 살며 영원히 젊음을 유지하는 삶을 약속한다. 7년

---

282. 그리스 신화에의 12신의 하나. 제우스와 마이아(거인 아틀라스의 딸)의 아들. 전령의 신으로서 사이코포모스(영혼의 인도자)로도 불림. 그의 모자와 신발에는 날개가 달려 있고 손에는 뱀이 감겨 있는 지팡이를 들었음.
    * 그리스 신화의 12신 – 제우스, 아프로디테, 디오니소스, 아폴론, 아레스, 아르테미스, 헤르메스, 포세이돈, 아테나, 데메테르, 헤라, 헤파이스토스.
283. 그리스 신화에서 해신의 딸로서 상반신은 여자이고 하반신은 새. 이들은 해중의 바위에 앉아 매혹적인 소리로 뱃사람들을 꾀어 죽게 했는데, 언젠가 하프의 신인 오르페우스를 꾀다가 실패하여 바위로 변했다고 함.
284. 그리스 신화. 아틀라스의 딸로서 오기기아 섬에 사는 아름다운 바다의 요정. 영생, 젊음, 쾌락을 미끼로 남자들을 유혹했다고 함.

동안 그런 삶에 빠져있던 오디세우스가 구원을 발견하는 것은 이 님프와의 생활에서 더 이상 기쁨을 느끼지 못하게 된 때[285]였다. 이 반역은 내면적인 해방인 것인바 오디세우스는 최후의 순간에 떠나는 것을 만류하는 칼립소에게 "화내지 마시오. 페넬로페가 총명하다 해도 아름다움에서는 당신을 따를 수 없고 그대와는 달리 언젠가는 죽을 인간이지만 당신과 당신의 모든 것은 유한한 존재인 인간의 반려로는 합당치 않소. 그리고 페넬로페는 나를 애타게 기다리고 있으니 나는 이타케로 가야 하오. 나는 그녀를 위해 수많은 고난을 겪었지만 앞으로 그보다 더 큰 고난이 따른다 해도 그것을 견뎌 보겠소. 나는 그럴 용기가 있으니 조금도 걱정하지 않소. 그러니 제발 나를 보내주시오"라고 대답한다. 이때의 오디세우스는 다시 명민하고 굽힐 줄 모르는 본연의 모습으로 돌아가는 것인데, 이후로는 포세이돈[286]의 악의를 품은 일격마저도 그를 막을 수 없었다. 더하여 그는 귀향하여 페넬로페의 구혼자(求婚者)들을 모두 죽인 후에도 쉬지 않고 바다를 대신(代身)하는 땅에서의 고난과 위험에 당당히 맞서는 것이다.

마지막 예는 같은 모티브의, 시리악 세계에서의 체험으로서 출애굽한 이스라엘 백성의 이집트에서의 향연에 대한 추억이다. 열 가지 재앙과 홍해에서의 사건으로 강화된 이스라엘 백성의 신념과 결의를 약화시키는 것은 현재적인 유혹이 아니라 안일했던 과거의 추억과 예견되는 환란[287]인데, 특히 너무나 끈질

---

285. 「오디세이 제5권 1511~8행」 "마음이 조급한 여신의 팔에 내키지 않는 마음으로 안기는 애인으로서 밤을 새우고 눈물 마를 틈 없이 몸이 여위도록 고향을 그리워하며 바닷가에 앉아서 한스러워할 때."

286. Poseidon. 그리스 신화의 해신(海神). 청동 발굽과 황금 갈기를 가진 말이 끄는 전차(戰車)를 타며 삼지창을 쓴다고 함.

287. "이스라엘 자손이 그에게 이르되 우리가 애굽 땅에서 고기 가마 곁에 앉아 있던 때와 떡을 배불리 먹던 때에 여호와의 손에 죽었더라면 좋았을 것을 너희가 이 광야로 인도해 내어 이 온 회중이 주려 죽게 하는도다"〈출 16:3〉 및 "온 회중이 소리를 높여 부르짖으며 백성이 밤새도록 통곡하였더라 이스라엘 자손이 다 모세와 아론을 원망하며 온 회중이 그들에게 이르되 우리가 애굽 땅에서 죽었거나 이 광야에서 죽었으면 좋았을 것을 어찌하여 여호와가 우리를 그 땅으로 인도하여 칼에

긴 그 추억은 그것을 기억하는 모든 자를 유약하게 함으로써 가나안 땅으로 들어가지 못하게 했던 것이다.

(2) 안일(安逸)에 빠진 자

우리는 순경(順境)과 역경(逆境)의 작용에 대한 고찰을 통해 "문명은 유리한 조건을 제공하는 환경에서 발생하는 경향이 있다"는 통설을 논박할 수 있게 되었다. 그러나 위의 예들이 그렇듯이 그에 대하여 "그것은 급격한 지리적 전이 때문이 아니냐?"라는 반론이 있을 수 있으므로 여기에서는 좋은 환경이었으되 이동하지 않은 사례들을 살펴볼 것이다.

첫 사례는 지난날 영국령 Nyasaland로서 지금은 릴롱궤를 수도로 하는 말라위 공화국이다. 이곳은 아프리카 남동부 남위 14도에 자리 잡은 열대성 고원으로서 북쪽에 니아사호(湖)가 있고, 적도에 가깝지만 고원이어서 기후는 생활에 적합하며, 농경은 쉽고 언제나 풍년이다. 〈H. Drummond〉는 「Tropical Africa」라는 저술에서 그 곳에 있어서의 원시적인 생활을 "옷도 학문도 문명도 종교도 없는 순진무구한 원시인들, 모든 것이 풍족하므로 그들은 당연히 태만하며 태만은 곧 그들의 일부이다"라고 표현했다.

다음은 중앙아시아에서의 원시적인 생활에 대한 〈Herodotos〉의 기록인데 그는 당시에 흑해 북안에서 유라시아 스텝으로 들어가는 교역로의 가장 후미진 구릉지에 살았던 아르기파에이 족속에 대해 다음과 같은 기록을 남겼다. "폰티쿰 나무에 의존해 살아가는 그들은 신성한 백성으로 여겨져서 무기를 갖지 않으며 외부의 어떠한 간섭도 받지 않는다. 그들은 이웃 부족의 분쟁을 중재하기도 하는데 그곳으로 피난하는 자는 누구라도 위해를 당하지 않는다."

쓰러지게 하려 하는가 우리 처자가 사로잡히리니 애굽으로 돌아가는 것이 차라리 낫지 아니하랴"
〈민 14:1~3〉

마지막 예는 〈Charles Kingsley〉[288]의 고전적인 작품인 「위대하고도 유명한, 안일에 빠지는 국민의 역사」라는 우화이다. 그 내용은 종일토록 비파적(琵琶笛)을 불며 놀고 싶어서 근면의 나라에서 도망하여 에트나 화산 분화구 기슭의 지상낙원에서 원시적인 안일의 삶을 즐기려던 사람들이 보응을 받아 고릴라로 타락했다는 것이다.

3) 맺음

우리는 위에서 자연이 복귀한 사례를 고찰하고 그런 자연에 맞선 인간의 용기와 활력 및 좋은 환경과 안일의 작용을 살폈는데 그 결론은 안일한 환경은 그곳의 인간을 초목처럼 아무 생각 없이 행복하게 살게 하고 끝없이 타락시키지만 그 원시적인 생활은 영구적일 수 없어서 언젠가는 문명 또는 문명도상에 있는 사회와 조우(遭遇)함으로써 인간적 환경의 도전에 직면한다는 것이다. 그 첫 접촉에 있어서 도전을 면했던 사람들과 직면한 도전에 응전하여 승리한 사람들이 보여주는 극단적인 대조는 침입자의 감정과 상상력에 깊게 파고들어 신화로 구현되기도 한다. 상기한 신화들[289]은 좋은 환경에 놓인 원시인의 특성에 대한 깊은 통찰과 에덴동산에 대한 우화에 있어서의 시리악 사회의 철학적인 진리를 내포하고 있다. 음운(音韻)과 산문(散文)을 지은 헬레닉 사회의 관찰자들도 고릴라 이야기를 만든 서구의 관찰자와 마찬가지로 문명인과 원시인의 대조에 있어서 쌍방의 환경이 다른 것처럼 각자의 성격과 특성이 상이하며, 좋은 환경이 필요를 충족하는 한 원시인은 문명의 길로 내달리지 않는다는 것을 알고 있었다. 그러나 그 신화들에 깃들어 있는 부수적인 감정의 차이는 헬레닉 문명과 서구문명을 구분함에 있어 하나의 빛을 제공하는데, 그 측광(測光)은 원시적

---

288. 영국의 목사, 소설가, 시인.

289. 연(蓮)을 먹는 이야기, 에트나 화구의 고릴라 이야기, 호메로스의 음운과 헤로도토스의 산문.

인 삶에 대하여 헬레닉 문명은 일말의 애착을 갖되 복귀하지 않고 탈출한 것에 만족하지만 서구문명은 그것을 혐오한다는 사실을 밝히고 있다.

우리는 이 장에서 안일은 문명의 발생에 이롭지 않으며 자연환경은 좋을수록 인류를 문명으로 향하게 하는 자극이 약해진다는 사실을 확립했다. 그러므로 이제는 환경의 도전으로 인한 자극들[290]이 어떻게 작용했는지를 예증하고 그로부터 문명의 발생을 촉진하는 도전에 있어서의 중용(中庸)의 개념을 도출함으로써 이 고찰을 끝내기로 하자.

2. 자연적 환경의 도전으로 인한 자극

1) 곤경의 자극

이 항에서는 중국문명, 안데스 문명, 마야문명, 헬레닉 문명, 시리악 문명, 아라비아 문명, 서구사회, 북아메리카 등에서 드러나는 곤란한 환경과 좋은 환경으로 말미암은 자극의 효과를 대조함으로써 곤란한 환경이 그 주민에게 어떤 자극을 부여했는지를 알아보자.

(1) 황하와 양자강

황하는 겨울에는 얼고 해빙기에는 홍수가 나는 등 매우 난폭하여 항행이 불가능하고 수로도 다음과 같이 여러 번 바뀌었다. 선사시대에는 지금의 백하(白河)를 지나 발해만(渤海灣) 서북단에서 바다로 유입했고 이후로는 산둥반도 남쪽의 정주에서 바다로 흘러들었다. 그러나 그 수로는 1852년의 대홍수 때 산둥반도 북쪽의 직례만(直隸灣)에서 입해(入海)하는 것으로 바뀌었는데, 이것은 황하의 흐름이 산둥반도의 한쪽에서 반대쪽으로 바뀐 기록에 남은 최초의 사건은

---

290. 자연적 환경의 도전으로서의 〈새로운 땅〉과 〈곤경〉으로 인한 자극 및 인간적 환경의 도전으로서의 〈타격〉〈압력〉〈제재〉로 인한 자극.

아니었다. 그 잦은 범람과 수로 변경의 이유는 상류의 고원에 쌓인 눈과 얼음이 일시에 녹아내리므로 여름에는 홍수가 나서 하상(河床)에 토사가 쌓이는데, 그에 대비하여 제방을 높이는 일이 반복되어 하상이 주변보다 높아지면 범람하여 수로가 바뀌는 것은 필연이기 때문이다. 그렇기 때문에 고대의 황하유역은 엄혹한 소택(沼澤)이었는데 중국문명의 창조자들은 그것을 개간하여 좋은 농지를 일구었던 것이다. 이에 반해 양자강은 온순하여 언제나 항행이 가능하고 그 유역은 홍수와 한발(旱魃)이 매우 드물다. 그러나 문명은 황하유역에서 발생했고 양자강 유역은 동란시대에 이르러서야 그 문명에 포함되었다.

(2) 치무와 발파라이소

안데스 문명의 발상지인 치무는 적도 부근, 페루 북부해안의 사막과 건조한 갈색 해안지대에 위치한다. 그러나 칠레 중부의 발파라이소는 녹음이 우거진 좋은 땅으로서 스페인 탐험가들이 지상의 낙원이라고 부른 곳이다. 격렬한 노동으로 관개와 치수를 지속해야 경작이 가능하고 엄혹했던 치무를 본거지로 삼은 안데스 문명은 잉카제국으로 세계국가 단계에 진입한 후에 칠레 티티카카호(湖) 주변의 고지를 정복했는데, 그곳의 티아우아나코 폐허는 마그달레나 강 유역에 비해 자연환경이 매우 열악하다. 그런데도 잉카제국은 칠레 북부의 일부만 정복했을 뿐 마울레 강 이남의 비옥한 땅 대부분으로는 진출하지 않았다.

(3) 과테말라의 저지와 고지

동으로는 대서양, 서로는 태평양에 접한 이 좁고 긴 중앙아메리카에 있어서 동부는 열대성 삼림의 저지이고 서부는 지상낙원 같은 열대성 고원으로서 발파라이소와 유사하다. 마야 잉카 안데스 등 중남미의 3대 토착문명은 모두 동부의 저지를 기반으로 했는데 서부의 고지[291]는 현재 가장 선진적이고 인구가

---

291. 이곳에는 현재 과테말라, 엘살바도르, 온두라스, 니카라과, 코스타리카, 파나마 등 스페인 제국의 후계국가들이 위치해 있고 동부의 저지에는 영연방의 일원인 벨리즈가 자리 잡고 있다.

많은 곳인 마나과[292]조차 대서양으로 나가는 길을 가지고 있지 않았음은 무엇을 말하는가? 대서양 연안 저지의 열대성 삼림은 신세계에서 가장 오래된 마야 문명이 발생하고 잉카 및 안데스 문명이 흥성했던 곳으로서 그 곤경은 그들에게 그에 필적하는 응전을 일으켜 문명을 창조하게 했으나 태평양 연안 고지의 좋은 환경은 그 주민에게 문명을 창조할 만한 자극을 부여하지 않았다. 그러나 스페인인 개척자들은 이미 문명을 가지고 있었으므로 환경이 좋고 고향과 비슷한 곳을 선점하여 그 고지에 집중하고 대서양에 접한 저지(低地)는 원주민과 영국인 침입자의 손에 맡겨 두었던 것이다.

(4) 에게해 연안과 그 대륙 오지(奧地)

에게해는 지중해에서 보스포루스 해협으로 진입하면서 그리스와 소아시아 반도 및 크레타 섬으로 둘러싸이고 내부에 스포라데스 제도를 안고 있는 해역으로서 그 연변(沿邊)은 어디나 바다로 격리된 바위투성이인 산과 불모의 땅이어서 주변의 어떤 곳보다 크게 곤경인 지역이다. 이곳에 대해 〈헤로도토스〉는 자기 이름을 붙인 저서에서 페르시아로 망명한 스파르타 병사가 크세르크세스에게 말하는 형식으로 "헬라스에는 절대로 그 곁을 떠나지 않는 빈곤이라는 자매가 있습니다. 그러나 헬라스는 영지(英智)와 법의 아들인 용기라는 손님을 맞아들였는데, 그들은 그것들의 도움으로 빈곤과 예속을 접근시키지 않는 것입니다"라고 표현했다. 그 결과로 주변의 비옥한 구릉(丘陵)과 녹음이 우거진 좋은 땅들을 제치고 그곳에서 미노스 문명과 헬레닉 문명이 발생한 것이다.

(5) 아티카, 보이오티아, 칼키스

에게해 권역에서는 같은 대조로써 헬라스 세계에 있어서의 아티카와 보이오티아라는, 인접해 있지만 자연환경뿐만 아니라 성격과 문화가 다른 두 곳을 관찰할 수 있다. 그리스 중부의 동남쪽으로 뻗은 반도로서 8세기에 아테네가 여

---

292. 니카라과의 수도.

러 소국을 통합한 아티카는 키타에론 산줄기의 배후인 파르네스의 일각(一角)에 위치한 지역이다. 이탈리아의 시칠리아 섬 쪽에서 배로 에게해로 향할 때 펠로폰네소스 반도를 지나고 그 북동부인 코린토스만(灣)의 코린토스 운하를 지나면 살라미스 섬 모퉁이를 살로니카만(灣)으로 돌면서 아테네 근교에 자리 잡은 산들의 험준한 지형으로부터 뻗어 내리는 〈아테네인의 터전, 헬라스 속의 헬라스, 헬레니즘의 정수를 이루는 기질을 지닌 바위투성이의 메마르고 황량한 토지〉인 아티카를 만난다. 그러나 아테네에서 파르네스 산의 동사면(東斜面)을 돌면서 전형적인 아티카의 땅을 지나고 산정을 넘어 북쪽의 저지대로 내려가면 예외적으로 두터운 표토로 덮인 비옥하고 풍요한 땅이어서 바이에른[293]을 연상케 하는 보이오티아를 만나게 된다. 헬레닉 문명 당시에 보이오티아라는 말은 헬레닉 문화의 기질과는 사뭇 다른 "촌스럽고 거칠며 둔감하여 상상력이 없는 사람들과 그들의 땅"이라는 뜻으로 쓰였다. 자연환경과 기질에 있어서 극단적인 대조를 이루는 두 땅과 그 주민들이 키타에론 산줄기를 경계로 이웃해 있었는데, 그 대조는 〈보이오티아의 돼지, 아티카의 소금〉[294]이라는 신랄(辛辣)한 표현에 함축되어 있었다. 〈헬라스 중의 헬라스, 헬라스의 스승이었던 아티카〉와 〈헬라스권의 보이오티아 같은 타국들〉은 헬라스와 다른 나라들의 차이만큼이나 큰 괴리를 보이는 것인데, 자연환경에 있어서의 이 차이는 보이오티아에는 지금까지도 닥치지 않은 표토의 유실과 토양의 침식이 아티카에서는 플라톤의 시대 이전에 이미 완료되었기 때문이다. 플라톤은 그에 대해 "그곳은 지금과는 달리 비옥한 토양을 갖춘 구릉지로서 건축용 석재 등 물자도 풍부했다. 그러나 그곳은 해안에 이르기까지 급경사인 지형이므로 지속적인 홍수가 토양을 바다로 쓸어가 버렸기 때문에 지금과 같이 바위투성이에 앙상한 소나무만

---

293. 독일 남동부, 영어로는 바바리아.

294. "아테네식의 우아한 기지(機智)"라는 뜻.

있는 메마르고 곤궁한 땅으로 변했다"고 기록했다. 그리하여 목장이 사라지고 경작지가 황폐화되었을 때 아티카인은 아테나 여신의 우아한 나무[295]를 재배함으로써 돌파구를 찾았다. 올리브 재배는 아테네인으로 하여금 상선의 운용과 상선을 보호하는 해군 창설 및 그로 말미암은 에게해의 제해권 장악 등 '헬라스의 스승'으로서의 사업을 수행하게 했는데, 아테네인이 제해권 장악을 통해 성취한 것은 플라톤보다 앞선 세대가 남긴 기록[296]으로 남아있다. 그것은 자연적 환경의 도전에 성공적으로 응전한 결과였는데, 그들은 그것을 바탕으로 다음과 같은 정치와 예술 및 지적인 성취를 달성했다. 정치에서는 아테네의 민주정치를 이루고 교역과 해군력을 바탕으로 에게해의 도시국가들을 델로스 동맹으로 묶어 아테네 제국을 출범시켰다. 예술에 있어서는 아티카의 도자기와 파르테논 신전으로 대표되는 석재 건축을 발전시켰고, 지적인 면에서는 교역으로 인해 모든 지방언어에 능통했으므로 당시의 모든 지식과 문화를 모으고 거기에 아티카의 소금을 더하여 헬레닉 문화를 창출했다. 그리하여 그들이 얻은 것은 〈보이오티아의 돼지〉를 조롱하는 〈아티카의 소금, 헬라스의 스승〉이라는 영예였다.

보이오티아가 본받아야 할 또 다른 이웃은 에우보이아의 섬 칼키스이다. 보이오티아와는 매우 좁아서 종종 다리가 놓였던 에우리푸스 해협으로 격리되어 있으나 보이오티아와 아티카 사이보다 가깝고 그다지 넓지는 않으나 렐란토스 평원이라는, 보이오티아처럼 비옥한 땅을 가졌던 칼키스는 인구 증가로 인한 농지 부족이라는 도전에 직면하여 아티카와는 달리 식민지 개척을 통한 농지의 양적 증대로 응전했다. 그들은 한정된 섬을 벗어나 육지에서 저항은 약하고 렐

---

295. 올리브를 지칭하는 말. 아티카인은 "아테나 여신이 창으로 찌른 지면에서 올리브가 자랐다"는 전설을 가지고 있다.
296. 작자는 알려지지 않았으나 "아티카의 교역권은 해역을 크게 넘어섰고, 아테네인은 그 권역에서 교역만이 아니라 교역물자까지 지배했다"는 내용의 기록.

란토스와 비슷한 평원이 있는 곳을 찾되 동북향하여 〈트라키아 해안의 토로네〉 서남향하여 〈시칠리아의 레온티니〉 등의 식민지[297]를 건설했다. 에우보이아 섬의 좁다는 자극은 아티카의 바위투성이의 황량한 땅이라는 자극보다 작은 것이어서 그들이 이루어 낸 것 역시 아테네인의 위업에 미치지 못하지만 그곳의 칼키스인은 헬레닉 권역으로 포함된 마케도니아와 라티움의 만족에게 헬레닉 문화를 전한 당사자가 되었다.

(6) 비잔티움과 칼케돈(Chalcedon)

보스포루스 해협의 아시아와 유럽에 건설된 그리스인의 이 두 식민지는 캄파냐와 카푸아라는 이탈리아의 두 도시국가와 같은 대조(對照)이다. 식민지 개척을 먼저 시작하여 선택권이 있었던 사람들은 아시아 방면 비티니아의 리비에라를 골라잡고 거기에 칼케돈을 건설했는데, 그 땅은 그 일대에서 가장 비옥하고 항구의 지형과 바람 및 해류는 배의 접안을 어렵게 하므로 외적이 침입하기 어려운 곳이다. 그들은 좋은 항구가 아니라 좋은 농지를 찾는다는 기준에 따라 탁월하고도 최상의 선택을 했던 것으로서 거기서 〈메가비주스〉[298]의 시대까지 그리스인의 다른 식민지들과 같은 상태를 유지하고 있었다. 그리고 그로부터 17년 후에 마찬가지로 식민할 농경지를 찾아 나선 그리스인들은 트라키아 반도 주변이며 탄탈로스의 형벌[299]에 직면해 있어서 앞선 자들이 외면한 땅에 비잔티움을 건설했다. 그들의 고난과 성취는 다음과 같지만 이 두 도시의 운명은 메가비주스의 시대에 이미 결정되어 있었다. 그 비잔티움은 땅이 매우 비옥하여

---

297. 그들은 이것을 〈칼키디케〉라고 불렀는데, 이 칼키스의 응전은 경제의 양적 증대 및 외연적인 확대로서 아테네의 질적인 변화 및 내포적인 확장과는 다른 것이었다.

298. 페르시아의 다리우스 대왕이 보스포루스 해협의 유럽지역 관리자로 파견한 인물. "칼케돈을 택한 자들은 장님이었을 것이다"라는 말을 남겼다.

299. 그리스 신화. Tantalos는 제우스의 아들이자 Pelops의 부(父)로서 거부(巨富)였으나 오만했음. 제신의 비밀을 누설한 죄로 호수에서 목까지 물에 잠겨 물을 마실 수도, 머리 위의 과일을 먹지도 못하는 형벌을 받았다.

최고의 농작물을 수확할 수 있었으나 여럿으로 분립한 트라키아족이 제기하는, 탄탈로스의 형벌과 같은 도전에 직면했다. 발칸반도 남동부와 에게해 북동해안 등의 트라키아족은 번갈아 비잔티움을 약탈했으므로 비잔티움의 농민들은 그것을 격퇴할 수도, 공물(貢物)로 달랠 수도 없는 고통을 겪으면서 칼케돈을 부러워했으나 처음에는 몰랐던 비잔티움의 특별한 이점을 알게 되자 농지를 버리고 바다로 나가 선원과 상인으로 변신했다. 그곳의 금각만(Golden horn harbor)은 보스포루스 해협으로 흐르는 해류가 모든 방향에서 오는 배들이 그곳으로 들어가기 좋게 하며 칼케돈에 부는 것과 같은 나쁜 바람도 없는 천혜의 항구였는데, 그들은 그것을 최대한으로 활용하여 최고의 고난에 대한 최선의 응전을 했던 것이다. 〈폴리비오스〉는 그에 대해 "그곳은 헬레닉 세계의 모든 땅 중 육지를 향해서는 가장 불리하고 바다를 향해서는 가장 유리하다. 그것은 흑해 입구를 완전히 지배하기 때문인데, 그들은 지중해 지역 및 흑해 후배지(後背地)에서 생산되는 물자의 교역을 지배하고 헬라스인의 흑해로의 항해를 가능케 함으로써 헬라스 세계에 크게 기여했다"라는 기록을 남겼다. 그러나 그들과 헬레닉 사회의 관계는 그다지 좋지 않았는데, 그것은 채찍을 휘두르던 트라키아족을 정복한 켈트족이 칼을 휘두르는 자로서 농작물을 징발하려고 농지를 억류한 사건에 있어서 비잔티움이 요구한 재정적인 지원을 헬레닉 세계가 거부하자 분노한 비잔티움이 헬레닉의 배들에 보스포루스 해협의 통행료를 부과했고 그 여파로 해운국가(海運國家)인 로도스와 전쟁까지 했기 때문이다. 그로 인해 비잔티움의 중요성을 깨달은 헬레닉 사회는 비잔티움에 적극적인 지원을 제공하게 되었는데, 그러한 과정을 거쳐 그리스의 이 농업 식민지는 500년 후 콘스탄티노플[300]로 성장하여 세계의 수도라는 영예를 누렸다.

---

300. 지금의 이스탄불.

(7) 아이기나와 아르고스

같은 사례가 아르골리스에 위치한 두 도시국가의 대조에 있다. 펠로폰네소스 반도 북동부에 위치하여 그중에서 가장 좋은 농지를 가진 아르고스도 인구 증가라는 도전에 직면했는데, 그들은 아테네인의 방법은 생각하지 못하고 칼키스인의 방법을 찾아냈으나 무찌를 상대를 잘못 골랐다. 그들이 같은 헬라스인을 고른 것도 잘못이었으나 더 큰 잘못은 같은 창을 쓰지만 전신을 철저히 무장한 스파르타인에게 도전한 것이고 그로 인해 그들은 종말을 맞이했다. 그러나 아이기나, 즉 아테네에서 살로니카만(灣)의 물 위로 작은 뿔처럼 보이는 황량하고 메마른 섬은 하나의 작은 아티카로서 그 주민에게 큰 자극을 주어 그들로 하여금 아테네인에 앞서 아테네 스타일의 업적을 달성함으로써 아테네인에게 그 길을 열어 보이게 했다. 그들은 거기에서 크레타 섬을 지나 이집트의 나우크라티스에서 10개의 식민사회를 주도하고 건축과 조각 등 미술 분야에서 큰 성취를 이루었다.

(8) 시리악 사회의 이스라엘인, 페니키아인, Palestine인

시리아권의 〈가나안의 잔존자인 페니키아인〉 〈다마스커스의 아람인과 오론테스 강 유역의 아람인〉 〈미노스 해양문명의 후예인 세펠라[301]의 팔레스타인인〉 〈이스라엘 길르앗의 각 지파 및 에브라임과 유다 구릉지의 유대인〉 등은 각자가 차지한 땅이 부여하는 자극에 비례하는 업적을 이루었는데, 그 곤경(困境)인 정도에 따라 에브라임과 유다 구릉지의 유대인 및 페니키아인의 업적이 가장 현저했다. 여기에 있어서 아람인과 길르앗의 이스라엘인은 중간적인 존재로서 특이한 점이 없으므로 나머지 셋을 비교해 보자.

전승되는 의미에 있어서 '팔레스타인 사람'은 "맹목적으로 고집스럽고 선민(選民)에 대적하는 자"라는 뜻으로서 "선천적으로 둔감한 자"를 뜻하는 보이오티

---

301. 카르멜 산 남서쪽에서 이집트 북동변경까지 펼쳐진 해안평야.

아보다 훨씬 경멸적인 말인데 그 타당성은 불문하더라도 남이 만든 그 의미가 널리 퍼진 것은 그들에 비해 그 의미를 만든 이웃들이 더 성공적이었고 더 큰 발언권을 가지고 있었음을 의미한다. 이제 그것을 시리악 문명의 3대 위업을 누가 달성했는가를 중심으로 살펴보자. 〈알파벳 발명〉〈대서양 발견〉〈특별한 신관(神觀)의 터득〉이라는 시리악 문명의 3대 위업에 있어서 알파벳은 어느 종족이 발명했는지 알 수 없으나 그것이 미노스 문명에서 유래했다는 추측이 실증된다면 팔레스타인인이 그것을 시리악 사회로 전달했다는 것이 밝혀질 것이다. 그리고 지중해를 종단하여 헤라클레스의 기둥에 다다르고 드디어 대서양으로 진출한 것도 미노스인의 후예로서 세펠레의 주인인 팔레스타인인은 아니었다. 그들은 확대의 필요에 의해 아르고스인의 그릇된 방법으로서 베르세바, 에스드라엘론, 예즈레엘 등을 침공했으나 실패했고 이스라엘 및 유대의 전사들과 팔레스타인 땅의 지배를 다투다가 아르고스인과 같은 운명을 맞이했다. 그들은 조상 전래의 항해의 전통을 밭에 묻어버리고 바다가 아닌 땅만 바라보았던 것이다. 시리아 중부해안 험지에의 가나안인 잔존자[302]였던 페니키아인은 다른 곳의 동족들[303]이 팔레스타인인, 테우크리아인, 이스라엘인, 아람인 등에 의해 말소될 때 토지의 황량함과 지리적인 이점 때문에 살아남았다. 그 땅은 시리아 지중해 연안의 레바논 산맥이 내륙의 평원과 격리시키고, 그 산맥의 급한 경사면 때문에 해안선과 나란히 하는 길조차 내기 어려우며, 3대 도시 중 Sidon만 육지에 있고 오르내리는 사다리로 유명한 Tyros[304]와 Arados는 바위투성이

---

302. 이들은 미노스 이후의 민족이동으로 시리아로의 인간의 홍수가 일어나기 전에 그곳에 웅거했다.

303. "가나안은 장자 시돈과 헷을 낳고 또 여부스 족속과 아모리 족속과 기르가스 족속과 히위 족속과 알가 족속과 신 족속과 아르왓 족속과 스말 족속과 하맛 족속의 조상을 낳았더니 이후로 가나안 족속이 흩어져 처하였더라. 가나안의 지경은 시돈에서부터 그랄을 지나 가사까지와 소돔과 고모라와 아드마와 스보임을 지나 라사까지였더라" 〈창 10:15~19〉

304. 성경의 〈두로〉 "솔로몬이 기름부음을 받고 그의 아버지를 이어 왕이 되었다함을 두로 왕 히람이 듣고 …" 〈왕상 5:1〉

의 섬에 자리할 정도로 험난했다. 그들은 자기들 간에도 해안과 해로로 교통했으며 밖으로는 Byblos와 나일 델타 사이의 항해를 유지하고 있었다. 위 네 종족의 이동에 있어서 이스라엘의 이동은 성경의 기록과 같고 아람인은 사막에서 시리아로 몰려들다가 레바논 산맥에서 멈췄다. 전력(前歷)이 분명치 않은 테우크리아인은 팔레스타인인과 함께 이집트 신제국에 패퇴한 것으로 보아 팔레스타인인의 동행이거나 협력자였을 것인데, 비슷한 경로로 이동한 그 두 종족은 카르멜 산[305]과 이다산(山) 근처에 정착했다. 아나톨리아 반도에서 시리아로 진출했으나 레바논 산맥 때문에 페니키아인의 땅으로는 들어가지 못하고 남향하여 Tyros의 사다리 건너편까지 이동한 테우크리아인은 Gaza[306]에 이르는 Dor의 남부해안에 정주했으되 카르멜 산 이북에는 항구적인 거주지를 만들지 않았다. 그리하여 팔레스타인인은 초원의 양떼처럼 세펠레에서의 안일한 삶을 살다가 아르고스인과 같은 운명에 빠졌다. 시리아권(圈)으로 몰려든 종족들로 인한 참화를 위와 같은 사정으로 모면한 페니키아인은 그 곤경의 도전에 응전하여 팔레스타인인이 버린 장거리 항해라는 미노스의 전통을 이어받아 대서양에까지 이르러 스페인과 아프리카 연안에 시리악 사회 제2의 고향인 카르타고 해양제도(海洋帝都)를 건설하고 골리앗의 행위를 초라하게 하는 한니발의 업적을 달성했다.

대서양의 발견이라는 물질적인 위업(偉業)을 능가하는 유일신(唯一神) 관념의 이해(理解)라는 정신적 위업을 달성한 것은 페니키아인의 땅보다 열악하고 극단적으로 매력 없는 에브라임과 유다의 구릉지에 세운 히브리인의 공동체였다. 그 땅은 이집트와 시나르를 잇는 가도를 굽어보는 요충이지만 이스라엘의 개

---

305. 이스라엘 Haifa 동남부의 산 성경의 갈멜 산으로서 해발 546m. 네안데르탈인의 유골이 발견된 동굴(洞窟)로 유명함.

306. 서아시아 팔레스타인 남서부에 있는 도시, 예로부터 지중해와 이집트를 잇는 중요한 무역 중계지이자 군사적 요충지. 이집트 영토였으나 3차 중동전쟁 때 이스라엘이 점령했음.

척자들이 그곳에 이르러 목축을 버리고 경작자로서 정주할 때까지 무인지대로 남아있었다. 그들은 경작을 위해 그 표토(表土)가 적고 수풀로 덮인 구릉(丘陵)을 끈질기게 가꾸었으나 그럴수록 표토가 씻겨나가 세펠라에 있는 팔레스타인인의 경작지만 비옥하게 했다. 그래서 이스라엘인은 시리악 문명의 전성기가 지나고 이스라엘의 예언자들이 모든 예언을 선포해버린 기원전 5세기까지도 헤로도토스가 "펠리시테인 땅의 페니키아인과 시리아인"이라고 했듯이 외부에 제대로 알려지지 않고, 독자적인 이름도 얻지 못할 정도로 열악한 내륙 고지에서 고난과 궁핍을 감수하고 있었다. 그러나 플라톤이 "인간의 정신은 환경적인 요인의 영향을 받지만 거칠고 엄혹하되 신령이 깃들어 있는 땅이 명당일 것이다"라고 했듯이 이스라엘인이 인도되어 간 땅에는 그 거친 땅을 선민에 대한 은총의 수단으로 삼았던 신의 영감이 서려 있었다. 그 은총은 신이 인간에게 적용할 수 있는 가장 엄격한 테스트인 솔로몬의 선택이라는 우화로 구현된바 유일신에 대한 이스라엘인의 정신적인 이해력이었던 것인데, 그것은 팔레스타인인의 군사적인 용기와 페니키아인의 해양에 대한 능력을 능가하는 것이었다. 그들은 이방인이 구하는 것에 앞서 하늘나라와 그 의를 구했으므로 그에 더하여 적의 생명과 부에 더하여 장수까지 얻었다.[307] 적의 생명으로는 사나운 팔레스타인인이 이스라엘인의 손에 맡겨져서 칼로 격파되었고, 부(富)로는 티로스와 카르타고의 유산을 물려받은 이스라엘인이 페니키아인은 알지도 못한 대륙(아메리카)에서 페니키아인이 상상도 못했을 규모의 거래를 실행하고 있으며, 장수로는 페니키아인과 팔레스타인인 등 많은 종족이 정체성을 상실한 지 오래된 오늘날에도 옛날과 다르지 않은 특수한 민족으로 살고 있는 것이다. 이스라엘의 고대 시리악 사회의 이웃들이 흥분의 도가니에 빠졌으며 때가 되자 다시 새

---

307. "너희는 먼저 하늘나라와 그 의를 구하라 그리하면 이 모든 것을 너희에게 더하시리라" 〈마 6:33〉

로운 상(像)과 명(銘)을 새긴 화폐를 주조했듯이 우리와 같은 이방인은 모두 세계국가와 세계교회 및 민족의 방황이라고 하는 도가니 속에서 역사가 연출하는 연금술에 굴복하는 것이지만 이스라엘은 그것을 끝내 받아들이지 않았다.

(9) 레바논 고지와 자발 안시리야

시리악 문명에서의 이 사례는 아라비아 문명에서 나쁜 땅인 레바논 고지와 좋은 땅인 자발 안시리야의 대조로 재현되어 있다. 오지(奧地)이기는 해도 레바논 고지보다는 고도가 낮아서 쾌적하고 비옥한 아라두스(자발 안시리야)의 환경에 취해서 무위도식으로 안일을 즐기다가 십자군의 충격으로 누사이리 고지로 들어가 그 주민인 된 누사이리인은 오래도록 극심한 정체에 빠져있다. 그러나 표토가 부족한 자갈투성이의 땅으로서 에브라임과 유다의 구릉지보다 황량한 레바논 고지의 주민은 그 황량함이 부여하는 자극으로 해외로 나가 상업과 무역업으로 성공함으로써 페니키아인에 비교되고 있다. 이 대조에 있어서 양자의 차이는 종교의 양상에서도 나타나는데, 누사이리 고지민은 이슬람의 이스마일 시아파를 흉내 내어 〈칼리프 알리 이븐 아비탈리브〉를 신격화했으나 그것은 외형적인 부착물에 불과하고 종교의 근간은 지방적인 토속신앙에서 벗어나지 못했다. 그러나 레바논은 종교적 유산의 박물관으로서 헬레닉 문명과 시리악 문명의 접촉으로 인한 〈그리스도 단성론의 마론교도〉〈그리스도 단성론을 추종하는 야곱파〉〈자발 아밀의 이맘파 시아교도〉〈드루즈교도〉 등을 종교적인 유물로 가지고 있다.

(10) 서구사회에서의 대조들

서구사회에서도 같은 예를 볼 수 있는데, 그것은 〈브란덴부르크를 비롯한 오스트리아 중심부와 그 주변의 좋은 땅들〉〈영국의 세번-험버 라인으로 구분되는 두 지역〉〈스코틀랜드와 잉글랜드〉 등의 대조이다. 이들 중 첫 대조를 고찰함에 있어서는 독일과 오스트리아의 강들을 미리 살펴두는 것이 좋을 것이다. 라인강은 알프스에서 발원하여 리히텐슈타인, 오스트리아, 프랑스, 독일의 국경을 지나 독일 서부로 흐르고 네덜란드를 관통하여 북해로 들어가는 1326km의 강이다. 엘베강은 체코 보헤미아 분지에서 발원하여 독일 동부로 흘러 하류에서 함부르크를 끼고 북해로 들어가는 강이고 오데르 강은 체코 북부 고지에서 발원하여 폴란드 슐레지엔 지방을 서북으로 흐르다가 나이세 강과 합류하여 독일과의 국경을 이루며 북해로 유입하는 913km의 강이다. 도나우(다뉴브) 강은 독일 바덴에서 발원하여 오스트리아와 헝가리 등 발칸 제국(諸國)을 거쳐 남하하여 흑해로 유입하는 유럽 제2의 강으로서 빈과 부다페스트 및 베오그라드 등 세 수도를 경유한다.

① 브란덴부르크와 라인란트

브란덴부르크 지방은 베를린을 중심으로 브란덴부르크 등의 도시가 있는 엘베강과 오데르 강 사이로서 옛 프로이센 제국의 중심지이며 브란덴부르크와 포메라니아 및 동프로이센은 프리드리히 대왕이 프로이센의 왕위에 올랐을 때 부친에게서 물려받은 호엔촐레른의 핵심이다. 유럽인들이 하나의 고유명사로서 〈Bad Lands〉[308]라고 부르는 그곳은 점토와 사력층(砂礫層) 지대로서 심한 침식으로 앙상하고 모래로 뒤덮인 곳에 빈약한 소나무만 드물게 서 있는 땅이다. 그러나 거기에서 어디로 향하든 라인란트의 포도밭, 리투아니아의 흑토대(黑土帶), 스칸디나비아와 덴마크의 너도밤나무 숲과 훌륭한 목장 등 비옥한 땅을 만난다. 식민자의 후예로서 그곳에서의 삶이 운명 지워진 프로이센인은 브란덴부르크의 선출 제후였던 〈프리드리히 3세〉가 왕호(王號)를 허락받아 창건한 볼품없는 프로이센 왕국을 오스트리아에 필적하는 강국으로 성장시켰다. 이어서 〈빌헬름 1세〉가 프랑스와의 전쟁을 거쳐 독일제국을 창건한 것과 그들이 최초로 인공비료를 사용한 것, 그리고 의무교육 및 건강보험제도를 실행한 것은 그 나

---

308. 점토 또는 사력층 지역으로 빗물의 침식이 심해 무수한 언덕이나 골짜기가 생긴 황무지.

쁜 땅의 도전에 응전하여 달성한 유럽의 교훈이자 인류에 대한 봉사였다.

② 오스트리아 중심부와 그 주변의 좋은 땅들

합스부르크령(領)의 핵심지역[309]인 알프스 지역과 도나우 강 연안은 경치는 멋지지만 경제적으로는 젖과 꿀이 흐르고 있을 뿐 메마르고 초췌한 땅이다. 그리고 그 주변에는 옛 프로이센 왕국의 중심지와 마찬가지로 롬바르디아, 바이에른, 크로아티아, 헝가리 평원, 보헤미아의 엘베강 연안 등 밀밭과 호프와 포도를 재배하는 농장이 펼쳐진 비옥한 평원과 광물이 출토되는 산이 솟아 있는 풍성한 토지들이 둘려있다. 그러나 그 좋지 못한 땅의 주민들은 그 곤경으로 인한 자극으로 좋은 땅의 왕국들을 제압하고 통합하여 외적에 맞서 그 땅을 지켜낸 도나우 왕국을 400년 이상 유지했고, 빈은 인구가 600만을 넘지 않는 나라에서 200만 인구를 가진 수도의 지위를 한 번도 잃지 않았다.

③ 영국 중심부와 런던 주변부

같은 대조가 브리튼 섬을 북서와 남동으로 나누는 〈Severn-Humber Line〉으로 구분되는 런던 주변부와 영국 중심부의 비교에서 나타나는데 고찰에 앞서서 알아두어야 할 지명은 다음과 같다. Staffordshire와 그 주변의 영국 중심부인 〈Black Country〉[310]는 최고의 농지와 목장지인 동시에 석탄과 철광 및 삼림이 풍부한 철공업의 중심지로서 보이오티아처럼 좋은 땅이며 〈Home Counties〉는 런던을 둘러싼 Middlesex, Wessex, Kent, Surrey 등의 제주(諸州)가 자리 잡은 Thames 강의 비옥한 유역으로서 매우 좋은 농지와 목장을 갖춘 영국 최고의 땅이다. 〈세번-험버 라인〉은 Severn 강 하구 - Coventry - Leicester - Humber 강 하구를 이어 북동에서 남서로 그어지는 선인데 세번강은 Wales

---

309. 도나우 연안의 이 지역은 〈카알 5세〉가 〈막시밀리안 1세〉에게서 계승했고 1918년에 도나우 제국이 붕괴되었을 때 오스트리아 공화국이 합스부르크 제국의 마지막 황제인 〈카알 1세〉에게서 이어받은 땅이다.

310. 〈Home Counties〉와 함께 영국의 사회적인 고유명사.

중부에서 시작하여 Bristol 해협으로 들어가는 강이고, 코번트리는 직물과 기계공업이 발달한 Warwickshire 지방의 도시이며, 레스터는 Leicestershire의 주도(州都)로서 제화(製靴)와 제철공업이 융성한 곳이고 험버강 하구는 잉글랜드 중부의 Trent 강과 우즈강이 합류하는 곳이다. 타인강은 잉글랜드 북동부의 Tyne-Wear를 지나 북해로 흐르는 강, 티스강은 잉글랜드 북부 Durham과 Yorkshire 주의 경계를 이루며 북해로 흐르는 강, Clyde는 스코틀랜드 남부를 지나 영국 제2의 도시인 Gladgow를 끼고 클라이드만에서 바다로 유입하는 강이고 Preston은 Lancashire의 해항(海港), Leeds는 요크셔의 방직공업지이며 Pennines 산맥은 영국 중심부를 남북으로 뻗으며 최고봉인 Cross-Fell 산이 남북의 분수계(分水界)가 되는 산맥이다.

매우 좋은 땅인 런던이 우리의 명제와 달리 수도의 지위를 확보한 것은 자연적인 환경이 아니라 적의 침입이라는 인간적 환경의 도전 때문이었는데, 이후로 런던과 그 주변부는 최고의 농지와 목장으로 영국의 농업을 꽃피웠고 나아가 서리와 웨식스의 철광과 월드의 제련용 목재 및 대도시라는 좋은 시장을 활용하여 경제적 수도의 지위도 확보했다. 그러나 그들은 너무나 좋은 조건에 취해 아무 생각 없이 미련한 처녀들[311]과 같이 삼림을 모두 태워버리고 제련을 중단함으로써 경제적인 활력을 잃고 경제적 중심에 이어 수도의 지위마저 상실할 뻔했는데, 때마침 발발한 1914~18년의 전쟁이 제기한 인간적인 환경의 도전으로 그것을 면했다. 그러나 그 좋은 땅도 〈세번-험버 라인〉을 넘으면 웨일즈, 스코틀랜드, 잉글랜드 북부 등 아티카와 같이 좋지 못한 땅으로 바뀐다. 그 선에 걸쳐 있는 지역은 그래도 Home Counties와 비슷하지만 남웨일즈의 골짜기와 타인강, 티스강, 클라이드 강 유역은 곤경(困境)이고 Lancashire, Staffordshire,

---

311. "그 중의 다섯은 미련하고 다섯은 슬기로운 자라 미련한 자들은 등을 가지되 기름을 가지지 아니하고" 〈마 25:2~3〉

Nottingham, North Riding으로 이루어지는 거대한 공업지대는 대단한 곤경이다. 이 말굽자석 모양의 Pennine 공업지대는 영국의 어느 곳보다 곤경인 지역의 주민이 그 곤경의 자극으로 달성한 위업인데, 그 자석 모양의 땅은 실제로 자력을 발휘하여 한 대국(大國)의 인구와 생산력을 템스강의 비옥한 유역으로부터 페닌 고지 주변의 불모지로 옮겼다. 그 나쁜 토지의 중세 주민은 고대 아티카의 주민과 같은 방법으로 나쁜 토지를 활용하는 방법을 애써 찾았던 것인데, 그들은 그 결과로 황량한 지표(地表) 대신 지하(地下)를 탐색하여 석탄을 찾아냈고 부족한 농작물로 인한 가난한 생계를 보충하려고 방직(紡織)을 시작했으며 계곡의 급류를 수력자원으로 활용했다. 그리하여 〈북부의 슬기로운 처녀들〉인 영국 중심부는 에브라임과 유다 구릉지라는 나쁜 땅의 〈솔로몬〉이 오아시스라는 좋은 땅의 〈시바〉를 능가했듯이 〈남부의 미련한 처녀들〉이 등불을 꺼트렸을 때 근대적인 공업으로 런던 주변부의 농업을 압도했다.

④ 스코틀랜드와 잉글랜드

브리튼 섬에는 위와 같은 경제에서의 대조 외에도 우리의 명제에 대해 더 잘 알려진 예증으로서 스코틀랜드와 잉글랜드의 문화적인 대비가 있다. 스코틀랜드인의 경구에 "잉글랜드로 향하는 길이 가장 아름답다"라는 말이 있듯이 스코틀랜드의 자연환경은 잉글랜드에 비해 매우 열악하다. 그에 대응한 스코틀랜드인은 무뚝뚝하고 구두쇠이며 고집스러우나 장중검약(莊重儉約)하고 양심적이며 교육에 철저하다는 좋은 기질을 축적해 왔고 지금까지 영국 수상의 절반을 배출할 정도로 정치적인 성공도 거두고 있다. 그러나 좋은 땅의 잉글랜드인은 낙천적이지만 상대적으로 경박하고 엉뚱하며 애매한 기분파에 경망스럽고 학식이 모호하다는 평을 듣고 있다.

(11) 북아메리카 쟁탈전

우리는 지금까지 곤란한 지역이 부여하는 자극에 대한 몇 가지 대조의 예증을 살폈는데 가장 전형적인 예증은 뉴잉글랜드인, 네덜란드인, 프랑스인, 스페인인, 버지니아와 그 주변의 영국인 등 네 나라의 다섯 이민단이 벌인 북아메리카의 지배권 쟁탈전일 것이다. 이것이 가장 전형적이라는 것은 현재 뉴잉글랜드가 승리한 것으로 보이는 그 쟁탈전의 역사에서 발생한 몇 번의 기이한 역전에서 드러나는데, 그것을 장수를 누린 관찰자가 했을 법한 예측을 통해 알아보자. 타운 힐로 대표되는 좋지 못한 땅에서의 뉴잉글랜드인은 모든 부정적인 전망에도 불구하고 그 지배권을 최종적으로 장악했는데 그것은 후술하는 바와 같이 그 좋지 못한 땅의 자극으로 말미암은 것이다. 17세기 중엽이라면 그 관찰자는 어떻게 예측했을까? 그는 그 시점에서 "그 지배권을 다투는 충돌은 반드시 일어날 것인데, 스페인은 최강국이고 토착문명에 의해 경제 개발이 이루어진 유일한 지역인 멕시코를 소유하고 있으나 웨스트팔리아 조약이 함의하는 정세의 추이와 지리적 편재성 때문에 가망이 없다. 그리고 척박한 토지의 뉴잉글랜드인은 네덜란드인이나 프랑스인이 미시시피 강을 장악하면 서진하는 길이 막혀서 소멸될 것이고 버지니아와 그 주변의 영국인은 북으로는 허드슨 강[312] 주변의 네덜란드인, 남으로는 플로리다의 스페인인에 막혀서 확장하지는 못하더라도 살아남기는 할 것이다"라고는 쉽게 예측할 것이다. 그리고 그에 더하여 "세계의 제해권을 장악했고 내륙으로 통하는 수문인 허드슨 강 유역을 차지한 네덜란드가 유리해 보이지만 장기적으로는 유럽에서 네덜란드를 군사적으로 압도했고 허드슨 강보다 더 좋은 통로인 세인트로렌스 강[313]을 확보한 프랑스가 가장 유리할 것이다"라고 결론지을 것이다. 그로부터 50년이 지나서 1701년의 상황은 어떻게 변했을까? 프랑스인은 세인트로렌스 강을 타고 올라가 5대

---

312. 북미 5대호의 하나인 이리호(湖) 남쪽 미시시피 강의 오하이오 동북 지류와의 분수계에서 발원하여 뉴욕을 거쳐 대서양으로 유입하는 490km의 강. 영국인 항해가인 허드슨이 탐험하여 허드슨만(灣)과 함께 자기 이름으로 명명했음.

313. 5대호에서 발원하여 세인트로렌스만(灣)으로 입해하는 1,223km의 강.

호에 도달하고 육로로 미시시피 강의 동북 지류까지 이동하여 미시시피 델타 지역에 배턴루지를 주도(州都)로 하는 루이지애나를 건설하는 활약을 보였으나 네덜란드인은 5대호로 가는 가장 좋은 수로인 허드슨 강과 그 유역을 빼앗기고 5대호의 주인이 될 기회를 상실함으로써 경쟁에서 탈락했다. 영국인은 뜻밖의 횡재로 확보한 허드슨 강 유역을 잘 활용하여 네덜란드인의 배후지와 대서양 연안에 식민지를 건설하여 뉴잉글랜드와 연결시킴으로써 그것들을 효과적으로 통합시키고 있었다. 그러나 영국인의 그런 업적은 퀘벡과 뉴올리언스 사이의 모든 내륙수로와 그 유역을 확보하고 영국인의 식민지들을 에워싼 프랑스인의 업적에는 미치지 못한다. 그러므로 우리의 관찰자는 50년 전의 예측이 틀렸음을 인정하고 "영국인의 활약이 돋보이기는 하지만 그것은 겨우 도태를 면할 수준에 지나지 않는다. 전에는 네덜란드인을 과대평가했으나 이번에는 틀리지 않을 것이다. 승리는 분명 프랑스인의 것이다"라고 예측할 것이다. 더하여 우리는 그 관찰자에게 초인적인 수명을 주어 1803년의 정세를 보여주자. 100년이 지난 1803년에는 아무도 예상치 못했던 일로서 캐나다의 영연방 편입(1867), 아메리카 합중국의 성립[314] 및 루이지애나 매도[315]가 이루어졌다. 우리의 관찰자는 어리둥절하겠지만 여기서 다시 남부의 주들과 뉴잉글랜드가 서부를 놓고 벌인 대륙에 대한 지배권 쟁탈전의 양상을 보여주고 그 결과에 대한 그의 예측을 들어보자. 당시에는 모든 것이 남부에 유리하게 작용하고 있었는데 구체적으로는 다음과 같다. 뉴잉글랜드인이 발명한 증기선과 솜 트는 기계는 자기들보다는 남부에 더 유용한 것이어서 남부인은 증기선으로 미시시피 수로의 뉴올리언스와 세인트루이스를 왕래함으로써 서부를 장악했고, 미시시피 강의 중요한

---

314. 13개 주가 연합하여 독립전쟁(1775~81년)과 독립선언(1776년)을 거쳐 1783년에 성립되었다.
315. 나폴레옹은 1803년에 루이지애나를 아메리카 합중국에 매도했음.

지류인 오하이오 강이 본류와 합류하는 곳까지 뻗은 켄터키[316]는 남부에 지리적인 이점을 제공했다. 그에 더하여 남부는 〈채텀〉[317]과 펜실베이니아의 〈프랭클린〉 및 코르시카의 〈보나파르트〉의 정치적인 수완 덕분에 무한한 토지를 확보했고, 목화재배로 늘어난 인구로 인해 랭커셔의 공장에 있어서 한없이 팽창하는 시장을 얻었으며, 흑인의 노동력과 모든 산물을 쉽게 뉴올리언스로 모으는 미시시피 강과 그 지류의 수로들 그리고 뉴올리언스에서 대서양을 건너 리버풀 등의 항구로 왕래하는 뱃길을 장악하는 등 완벽한 조건을 갖추고 있었다. 그러므로 관찰자는 예측을 다음과 같은 남부인의 선언과 달리하지 않을 것이다. "저 북동쪽 황량한 기슭의 불쌍한 우리 사촌 양키들의 고안품은 우리에게 크나큰 이익과 서부를 안겨주었다. 그러나 북쪽은 캐나다가, 서쪽은 우리가 막고 있으므로 그들에게는 아무런 가망이 없다. 그들은 볼품없는 구석, 타운 힐의 나쁜 땅에 세상 끝나는 날까지 앉아 있을 것이다." 그러나 그 교만한 남부에는 스페인인, 네덜란드인, 프랑스인보다 더 신속하고도 완전한 패배가 예정되어 있었다. 위의 선언이나 예측은 루이지애나를 구입한 때(1803년)와 남부가 인디애나를 통해 5대호 가까이로 진출하고 미주리를 손쉽게 장악했을 때(1807년)에 나온 것인데, 남부인은 당시에 큰 강들의 수로망(水路網)은 서부를 남부의 정치와 경제체제로 끌어들일 것이고 양키의 증기선은 그것을 확실하게 할 것이라고 확신하고 있었다. 그러나 양키의 도전과 창의는 솜 트는 기계에 멈추지 않고 기관차와 수확기를 발명했는데, 기관차는 남부에서 준 것 이상의 것을 빼앗았고 서부에 대해서는 수송과 노동력이라는 두 가지 숙원을 해결해 주었다. 서부를 남북으로 나눌 때 남서부와는 달리 노예를 확보하지 못한 북서부는 양키의 두 발

---

316. 프랑스인은 애팔래치아 산맥을 이용하여 영어를 사용하는 식민자의 서진을 막고 있었는데, 켄터키는 버지니아의 벽지 주민이 그 산맥 서쪽에 처음으로 건설한 새로운 주(州)

317. 영국의 초대 채텀 백작인 〈William Pitt〉 식민지에서 프랑스 세력을 추방하는 데 주력했고 캐나다를 영국이 영유하는 기초를 닦았음.

명품이 더욱 유용했으므로 더욱 신속히 북동부에 예속되었다. 내륙교통에 있어서 미시시피 강을 이용하여 남북으로 뉴올리언스와 세인트루이스를 연결하는 하천교통은 허드슨 강과 모호크 강 유역을 거슬러 올라 호안(湖岸)을 따라 달리는 철도로 뉴욕과 시카고를 연결하는 동서(東西) 교통을 당할 수 없었다. 그것은 네덜란드인이 프랑스인과의 경쟁에서 이용하기에 실패한, 허드슨 강의 교통로로서의 잠재력을 현실화한 것이었고 연장된 철도와 동부의 농업기계는 북서부의 농민을 매료시켰으므로 북서부를 필두로 하여 시애틀에서 로스앤젤레스에 이르는 서부와 태평양 연안 전역이 북동부에 귀속되었다. 그리하여 남북전쟁은 싸우기도 전에 북부의 승리로 정해져 있었던 것인데, 경제적인 패배를 군사적인 수단으로 만회하려고 했던 남부의 행위는 정해진 자기들의 붕괴를 재촉하고 마지막 손질을 했음에 불과한 것이었다.

북아메리카의 지배권 쟁탈전을 벌인 이 개척 이민단들은 고향을 떠난 도해이주(渡海移住)라는 공통의 고난 외에도 캐나다로 간 프랑스인의 혹한(酷寒)의 도전, 루이지애나 프랑스인의 큰 강들의 도전, 뉴잉글랜드 영국인의 최고의 곤경 등을 겪었는데 우리는 그 중 최악의 고난을 겪은 뉴잉글랜드인이 최종적으로 승리했음에 비추어 자연환경의 곤란성과 그로 인한 자극은 함께 증대되는 경향이 있다는 명제를 더욱 확신할 수 있게 되었다.

2) 새로운 땅의 자극

(1) 철학 및 신학과 종교에 있어서의 증언

전인미답의 새로운 땅은 그것을 개척하려는 인간에게 어떠한 자극을 부여하는 것일까? 이에 대하여 우리는 먼저 철학적 증언의 대표로서 〈David Hume〉의 "학예는 어떤 종류의 식물과 마찬가지로 새로운 토양을 필요로 한다"는 주장을 상기하게 되며 이어서 신화에 주목한다면 성경의 추방설화와 출애굽의

설화에서 같은 답을 찾게 된다. 아담과 이브는 마술의 동산으로부터 수고해야 하는 악착스러운 세계로 추방된 후에 농경문명과 목축문명의 창시자를 낳았고 이스라엘의 아들들은 출애굽하면서 이집트에서의 향연을 그리워하지만 "젖과 꿀밖에 없는 땅"에 들어감으로써 시리악 문명을 세우는데 공헌하는 세대는 낳는 것이다. 그리고 종교에서는 성경의 기록[318]이 기독교와 불교의 역사에서 입증되고 있다. "갈릴리에서 무슨 선한 것이 날 수 있느냐?"라는 경멸(輕蔑)의 질문을 하는 자는 놀랄 일이지만 메시아는 이방인의 갈릴리 나사렛에서 탄생하신 것인데, 그 갈릴리는 100여 년 전에 마카바이오스 일가가 점령한 변방의 처녀지였다. 이 갈릴리의 겨자씨[319]가 풀보다 커서 새가 깃들이는 나무로 되기까지 불굴의 성장을 이루었을 때 유대인은 놀라움을 넘어 적극적인 적의를 드러내지만 그것이 유대 본국과 디아스포라 유대인에게까지 미쳤을 때 전도자들은 의도하여 이방인에게로 향하고[320] 이어서 〈Alexander Jannaeus, BC 103~76〉[321]의 방해가 미치지 않는 곳에서 기독교를 위한 새로운 세계를 정복하기 시작했던 것이다. 소승과 대승으로 나뉜 인도신앙으로서의 불교도 그 발생의 고토(古土)가 아니라 이동해 들어간 새 땅에서 승리의 꽃을 피웠는데, 소승불교는 식민지였던 실론(스리랑카)으로 들어가 시리악 문명과 헬레닉 문명의 영향을 받고 있던 Punjab 지역을 확보했기에 그곳을 발판으로 삼아 대승불교로 개화한 극동세계로 향발할 수 있었던 것이다.

---

318. "예수를 배척한지라 예수께서 그들에게 말씀하시되 선지자가 자기 고향과 자기 집 외에서는 존경을 받지 않음이 없느니라 하시고" 〈마 13:57〉

319. "또 비유를 베풀어 가라사대 천국은 마치 사람이 자기 밭에 갖다 심은 겨자씨 한 알 같으니" 〈마 13:31〉

320. "바울과 바나바가 담대히 말하여 가로되 하나님의 말씀을 마땅히 먼저 너희에게 전할 것이로되 너희가 버리고 영생 얻음에 합당치 않은 자로 자처하기로 우리가 이방인에게로 향하노라" 〈행 13:46〉

321. 마카바이오스 가문의 유대 왕(BC 102~76)

(2) 자문명(子文明)들에 있어서의 증언

"새로운 땅은 그에 걸맞은 새로운 자극을 주는 것인가?"라는 의문에 대해서는 자사회의, 선행사회로부터 물려받은 영토와 새로 획득한 땅 중 어디가 더 활력적이었는지를 조사함으로써 경험적인 검증을 제공할 것이다.

바빌로닉 문명에 있어서 그 판도는 선행 문명인 수메릭 사회와 일치하며 바빌로니아와 엘람 및 아시리아는 그 사회의 중심지였다. 그 중 아시리아는 정치 군사 예술 등 거의 모든 면에서 가장 탁월했는데 그 이유는 그곳이 수메릭 사회 원래의 본거지가 아니라 초기에 개척한 식민지였고 그 새 땅의 개척에서 유래한 자극이 그 주민에게 특별한 활력을 부여했기 때문이라고 생각할 수 있다.

힌두문명은 선행 인도문명의 땅에 남부를 더했는데, 그 사회의 중핵이었던 종교에 있어서의 창조의 원천이었던 Malabar[322]는 모사회의 마지막 세계국가였던 마우리아 제국의 시대(BC 323~185)까지도 인도문명에 병합되지 않은 새 땅이었다.

공히 시리악 문명의 자사회인 아라비아 문명과 이란문명에 있어서 상대적으로 새 땅이어서 더 활력적이었던 이란사회가 아라비아 사회를 합병했는데 그 두 사회 안에서도 새 땅인 지역이 더 활력적이었음을 알 수 있다. 아라비아 문명은 오래된 땅으로서 모문명(母文明)인 시리악 사회와 새 땅으로서의 이집트를 기반으로 했는데, 그 세계국가인 카이로의 맘루크조 칼리프국이 오스만 제국에 의해 붕괴되기까지 전자는 언제나 종속적이었고 후자는 늘 주도적이어서 상대적으로 강성하고 고유의 건축과 문학이 꾸준히 발현된 곳은 이집트 지역이었다. 그런데 매우 오래된 땅인 이집트가 아라비아 사회에서는 새 땅인 이유는 무엇일까? 그것은 이집트가 시든 줄기로서 그 권역 안에 웅크리고 있었음에도 불구하고 아라비아 문명의 모사회인 시리악 사회에 끝내 합병되지 않았기

---

322. 인도 남서부 아라비아 해 연안, 힌두교의 창시자인 〈샹카라〉의 출생지.

때문인데 시리악 사회로 천천히 빨려들던 이집트 사회에 대한 아케메네스 제국의 정복은 피상적인 합병과 간헐적인 굴복을 끌어낸 것에 불과했던 것이다. 그 후에 헬레닉의 홍수가 시리악 사회와 이집트에 동시에 밀어닥쳤는데 시리악 사회는 이후 헬레닉 사회와 이집트가 함께 임종기에 돌입했을 때에 겨우 이집트 사회에 대한 우세를 확보했고 이어서 이집트가 그리스도 단성론에 사로잡혔을 때 비로소 승리의 징후를 보였다. 그리고 이집트가 종교에 있어서 고유의 종교 - 원시 기독교 - 그리스도 단성론 - 이슬람교 등으로 지조 없이 개종했을 때 이집트에 대한 시리악 문명의 승리가 완성된 것인바 그 개종은 아바스조 칼리프국의 붕괴와 아라비아 문명 출현 사이의 공백기에 이루어졌으므로 이집트는 아라비아 문명의 새 땅으로서 그 권역에서 가장 활력적이었던 것이다. 이란 문명의 가즈니 왕조와 셀주크조 투르크 왕국은 각각 오래된 땅과 새 땅을 판도로[323] 했는데 이 제국들에 있어서도 더 활력적이었던 새 땅이 사회적인 위업의 달성을 주도했다. 반면에 시리악 사회 제2의 본고장은 이란사회가 성립된 후에도 정치적인 격랑에 휩싸여 있었다. 먼저는 시리악 문명 후의 공백기에 몽골족의 침입으로 그 무질서한 두 속령의 압력을 받았고 뒤를 이은 타격은 마찬가지로 탐욕스러웠던 티무르의 군국주의가 소멸된 후 이란에서 시아파 정권이 수립된 것과 우즈벡족이 옥수스-약사르테스 유역[324]을 정복한 것이었다. 그것이 그 지역의 활력을 떨어트리는 요인이었는데, 새 땅을 보면 가즈니조와 셀주크조는 각각 힌두스탄에서 힌두사회의 세계국가였던 무굴제국과 아나톨리아에서 정교 기독교 사회의 세계국가 역할을 한 오스만 제국을 일거에 타도한 것이 아

---

323. 가즈니조는 이란고원을 구토로 하여 힌두스탄을 정복했고, 셀주크조는 옥수스-약사르테스 유역을 기반으로 하여 아나톨리아를 정복했다.

324. 이란사회의 모 문명인 시리악 사회 제2의 본고장.

니라 그 땅을 조금씩 점진적으로 확보했다. 그것은 975년에서 1275년[325]까지는 개시되지 않았으나, 힌두스탄[326]에 대한 〈수부크티긴〉과 〈마흐무드〉[327]의 정복은 975~1025년에 이루어졌고 정교 기독교 세계에 대한 셀주크조의 정복은 1070~75년 사이에 이루어졌다. 이란사회의 두 구토(舊土)는 위와 같은 장애를 겪고 있었으나 그 동서의 양단은 맥박이 활발했던 것인바 우리의 명제로 말한다면 이란문화의 씨앗이 가장 훌륭한 수확을 올린 곳은 오래된 땅이 아니라 새 땅이었던 것이다.

정교 기독교 문명은 헬레닉 문명의 자사회로서 발상지인 아나톨리아 고원의 중앙과 북동부에서 이슬람교로 개종한 셀주크조 튀르크인에 밀려 발칸반도로 이동하여 러시아에 분지(分枝)를 뿌리 내렸으나 아나톨리아의 에게해 연안으로는 끝내 들어가지 않았다. 아나톨리아는 튀르크 국토의 대부분을 이루는 반도로서 헬레니즘의 강한 방사에도 불구하고 헬레니즘이 임종기에 들기까지 헬레닉 사회에 편입되지 않았기에 헬레닉 문명의 자문명(子文明)인 정교 기독교 사회에 있어서는 새 땅이었다. 헬레닉 문명 발생의 계기가 된 민족이동으로 인한 폭력으로 요절한 히타이트 문명의 땅이었던 그곳은 알렉산더 대왕에 의해 아케메네스 제국이 멸망했을 때와 그 마지막 후계국가가 로마의 속령이 되고 로마가 그곳을 군단지구로 삼았을 때까지도 헬레니즘에 완전히 동화되지 않았던 것이다. 발칸반도[328]의 불가리아는 865~870년에 정교 기독교로 개종했고 그 전에 이슬람교로 개종한 셀주크조 튀르크가 1070~75년에 아나톨리아 내륙을 점령했기 때문에 정교 기독교 문명은 중심을 발칸반도로 옮겼다. 그러므로 그

---

325. 시리악 사회의 세계국가인 아케메네스 제국의 와해에서 이란문명 발생까지의 공백기.
326. 카불강 유역과 펀자브 지방을 아우르는 말.
327. 전자는 가즈니조의 탁월했던 왕(976~997), 후자는 더 명성 높은 후계자(998~1030)
328. 이스탄불과 불가리아가 위치한 반도. 그 내륙에는 〈살로니카〉 즉 마케도니아 왕 카산드로스가 건설하여 왕비의 이름을 붙인 〈데살로니카-Thessalonica〉가 있다.

곳 역시 정교 기독교 문명에 있어서는 새 땅이었다. 로마제국은 500년 동안 그 곳에 라틴어를 매개로 하는 헬레니즘을 덮어 씌웠으나 그것은 빈약한 것이었고 로마제국이 와해된 후 그곳으로 침공해 온 이교도 만족은 그 문화만이 아니라 그 주민까지 전멸시켰기 때문에 그곳은 그 자손들이 조상의 악행을 뉘우치고 자기들의 문화를 기르기 위한 씨앗으로서 정교 기독교를 받아들이기까지 3세 기 이상 문화적 휴한지로 되어 있었다. 정교 기독교 문명이 10세기에 러시아로 진출하여 그 분지(分枝)를 세웠을 때 그곳은 문명이라고 할만한 것이 없는 새 땅이 었고 이후로도 발트해와 흑해 등의 바다 및 루마니아와 우크라이나 사이의 긴 스 텝에 의해 격리됨으로써 다른 곳과는 대조적으로 자유분방한 번영을 달성했다. 그러면 시종 그 세계의 영역 안에 있었던 아나톨리아의 에게해 연안은 어땠을까? 그곳은 헬레닉 문명에 있어서 그 초기에 주도적인 역할을 한 땅이었는데 정교 기 독교 문명은 처음부터 쓸모없이 버려진 그 오래된 땅으로는 끝내 진출하지 않았 다.

헬레닉 문명은 이오니아인[329]에 의해 그들에 있어서는 새로운 땅인 이오니아 와 아티카에서 차례로 개화했을 뿐 미노스 문명 제2의 중심지였던 키클라데 스 제도와 크레타 섬 등 오래된 땅에서는 싹을 틔우지 못했다. 미노스 문명 후 의 민족이동은 팔레스타인인을 시리아의 해안으로 쫓아내고 이오니아인을 이 오니아로 몰아냈는데 그 이오니아인이 새 땅인 이오니아에 아이올리스와 이오 니아를 건설한 후 역시 새 땅인 아티카로 진출했던 것이다. 헬레닉 세계에 있어 서 가장 중요한 해로(海路)는 아테네의 페이라이에우스 항(港)에서 크레타 남단 과 라코니아 사이를 지나 시칠리아로 가는 길과 같은 곳에서 크레타 동단과 로 도스 섬 사이를 지나 이집트로 가는 길이었다. 그런 지리적 중요성 때문에 라코

---

329. 아테네인을 대표하는 이오니아인은 미노스 문명 후의 민족이동으로 이오니아와 아티카를 중심으 로 헬레니즘을 개화시켰다.

니아와 로도스는 그 사회에서 주도적인 역할을 했지만 크레타 섬은 지리적 중
요성에 더하여 미노스 사회의 중심지였었다는 역사적인 배경이 있었음에도 늘
뒤처져 있었다. 헬라스의 다른 지역이 뛰어난 정치가와 예술가 및 시인과 철학
자를 배출하고 있을 때 크레타는 마술사와 용병과 해적 밖에는 낳지 못했다.
미노스와 라다만티스의 전설[330]로 미노스 시대에 달성한 위업의 흔적을 남긴
크레타인은 헬레닉 사회에서 늘 조롱을 받다가 드디어 바울의 단죄까지 받았던
것이다.

극동문명을 보면 이 사회도 모문명인 중국문명의 중심지로서 오래된 땅인
황하유역이 아니라 새로운 땅인 남동해안의 당(唐) 지역[331]과 한반도 및 일본 중
심부가 가장 활력적이었다. 대표로 당 지역을 보면 그곳은 한제국(漢帝國)[332]에
정치라는 피상적인 면으로만 편입되어 있었는데, 그 주민들은 선점된 한인(漢人)
이라는 찬란한 이름을 대신하여 스스로를 〈당인-Tang People〉이라고 했다.

참고로 중국의 지리적인 구성을 보면 중국인은 그 광대한 땅을 화북, 화중,
화남으로 구분한다. 황하유역의 화북과 양자강 중하류 지역의 화중은 각각 두
강을 기준으로 강북과 강남으로 분구하는데, 화북(華北)에는 북쪽의 내몽골 자
치구와 서쪽의 회족 자치구가 속해 있고 화중(華中) 서쪽에는 서장(티베트) 자치구
가 있다. 남중국해 연안지역을 아우르는 화남(華南)에는 귀주 남쪽으로 광족 자
치구가 있는데 이들의 서변(西邊)에는 위에서 아래로 투루판 분지, 타림분지, 타
클라마칸 사막, 티벳고원, 히말라야 산맥이 자리 잡고 있다.

(3) 도해이주(渡海移住)에 있어서의 증언

이상으로 우리는 자연적인 환경에 있어서 새로운 땅은 오래된 땅보다 더 큰

---

330. Minos는 '바다의 지배자', 동생인 Rhadamanthys는 '사자(死者)를 심판하는 자'
331. 광동성, 강서성, 복건성, 절강성.
332. 중국문명의 마지막 세계국가.

자극을 제공한다는 명제에 대한 예증으로서 판도가 모사회의 구토와 모문명이 진출하지 않은 새 땅으로 이루어진 자문명들의 땅들을 비교 분석했는데 여기에 있어서 새로운 땅이 바다를 건너는 곳이라면 자극은 더욱 커질 것이다. 이 도해이주는 종족 일부가 이주하는 해외식민과 민족 전체가 이주하는 민족이동으로 구분되는데, 여기에 있어서 전자는 그 현저한 사례들[333]을 살피고 후자는 그 자극으로 인한 정치 및 예술적인 창조를 조사하면 충분할 것이다.

전자의 예들은 레반트의 세 사회가 도해하여 지중해 서부해역에 건설한 식민지와 그 본고장의 대조이다. 기원전 8세기에 코린토스인이 시칠리아 섬 동안(東岸)에 건설한 식민지로서 약 300년 동안 번영하다가 로마에 합병된 시라쿠사는 정치력만이 아니라 문화에서도 본향인 코린토스를 능가했다. 또 카르타고가 모든 면에서 티로스를 뛰어넘어 제국까지 건설했다는 것은 주지(周知)의 사실이다. 아카이아인의 본고장[334]은 끝까지 외변에 있다가 헬레닉 사회의 전성기가 지나서야 겨우 무명(無名)에서 벗어났으나 그 이주민들이 도해하여 이탈리아 남부에 건설한 도시들[335]은 기원전 6세기에 이미 상공업과 헬레니즘의 찬란한 중심지가 되었다. 또 그리스 본토를 지킨 로크리스인은 끝내 무명으로 사라졌으나 그들 중 이탈리아로 이주하여 식민지를 건설함으로써 〈에피제피리오이〉로 불린 사람들은 역사에 이름을 남겼다. 이 사례들 중 가장 현저한 예는 레반트 제3의 세력으로서 경쟁하여 이탈리아 서안에 여러 식민지를 건설한 에트루리아인인데 그들의 본고장에 대해서는 "그들은 리디아 출신이다"라는 헬레닉

---

333. 헬레닉 사회에 있어서의 고린도인의 시라쿠사, 아카이아인의 마그나그라이키아 및 그리스의〈로크리스인〉으로서 이탈리아에 식민한 에피제피리오이('서방 사람들'이라는 뜻) 시리악 사회에 있어서의 티로스인의 카르타고, 히타이트의 잔당으로서 이탈리아에 '에트루스키'라는 식민지를 개척한 에트루리아인.

334. 펠로폰네소스 반도의 북쪽 해안.

335. 마그나그라에키아.

사회의 전설과 "그들도 미노스 문명 후의 민족이동에 참가했다"라는 이집트의 기록 외에는 알려진 것이 없다. 렘노스로 진출하여 그리스인과 경쟁한 일파는 실패했으나 에트루리아인의 식민지는 수나 규모에 있어서 그리스인이나 페니키아인의 식민지에 못지않다. 그들은 고향바다가 보이는 곳에 집착하지 않고 이탈리아 내륙으로 진입하여 아펜니노 산맥과 포강을 지나 알프스의 기슭에까지 이르러 경쟁자들(그리스인, 페니키아인)과 접촉했고 이후로 헬레닉 사회에서 중요한 역할을 했다.

민족이동에 의한 도해이주는 가장 큰 자극을 부여하는 것인데, 역사적으로 흔하지 않은 그것에 있어서 미미했던 두 사례와 주목할 만한 네 사례를 살펴보자. 미노스 이후의 민족이동에 있어서의 펠리시테인의 이주는 육로와 해로로 병행한 것이어서 자극은 적정한 것이 되지 못했고 그나마 세펠레의 용이한 환경 때문에 소멸되었으므로 효과가 미미했다. 그리고 영국해협을 건너 갈리아의 브르타뉴 반도로 이주한 브리튼인[336]의 활동도 미미했는데, 그것은 그들이 그곳에서 조우(遭遇)한 로마교회 및 프랑크인으로 말미암은 자극이 불충분했기 때문일 것이다. 주목할 만한 케이스는 〈이오니아인〉〈앵글인〉〈스코트인〉〈스칸디나비아인〉의 이주이다. 이오니아인의 이동은 위에서 살핀 바와 같고, 앵글인은 스칸디나비아 반도에서 북해를 도해하여 브리튼 섬에 안주했으며, 아일랜드의 스코트인은 North 해협을 도해하여 브리튼 섬의 한 구석[337]에 정주했다. 카롤링거조 이후의 민족이동으로서 바다에서 이루어진 스칸디나비아인의 이주[338]는 때와 장소를 달리하여 개별적으로 발생했지만 모두 큰 유사성을 가지

---

336. 코르나비 족으로 대표되는 이들은 헬레닉 문명 후의 민족이동으로서 스칸디나비아에서 북해를 도해하여 브리튼 섬으로 몰려든 앵글인과 주트인에 쫓겨 바다를 건너 이주했다.

337. 현재로는 스코틀랜드 서안의 아가일주(州)

338. 〈노르웨이에서 대서양을 도해하여 셔틀랜드 및 오크니 제도로, 다시 헤브리디스 군도에서 아일랜드 페어로 군도를 거쳐 아이슬란드로 들어간 이주〉〈덴마크에서 북해를 도해하여 잉글랜드로 들

고 있는데 그것은 바다를 통해 이동하려면 사람, 재물, 기술, 제도, 사상 등 모든 것을 분해하여 짐을 꾸려 배에 실었다가 도착하면 짐을 풀고 다시 조립해야 하며 항해에 견디지 못하거나 실을 수 없는 것은 모두 버려야 한다는 특징 때문이다. 그러나 육상이동에서는 거의 모든 것을 우차(牛車)에 실을 수 있고 서로의 접촉과 휴식, 야영지와 시간에 있어서의 자유로움, 속도의 조절 등 모든 면에서 상대적으로 용이하다. 또한 민족이 이동해야 하는 상황은 그 민족이 정적인 상태일 때 발생하므로 자체로 그 상태에서 벗어나 동적인 상태로 돌입한다는 도전이 내재하는 것이지만 위와 같은 이유 때문에 그 도전은 도해이주에서 더욱 강해져서 그에 비례하는 자극을 부여하는 것이다. 그러므로 도해이주에 있어서의 자극의 효과는 육상이주나 아예 이주하지 않았을 때의 그것과 비교하여 측정할 수 있다. 그리고 그것은 스칸디나비아인의 Saga와 오딘 신(神) 및 북브리튼으로 이주한 스코트인의 종교현상과 같은 종교에 있어서의 지대한 변화와 도해이주 고유의 특수한 현상을 초래한다.

도해이주로 말미암은 종교적인 변화를 대표하는 위 두 예에 있어서 스칸디나비아의 종교적 변화에 대해서는 〈Grönbech〉의 다음과 같은 논술이 주효하다. "그들이 고향의 좁은 땅을 버리고 바다를 건넜을 때 고유의 지방신(地方神)은 넓은 세상을 감당할 수 없었다. 그래서 그들은 북구의 신에 대한 전설들을 시적(詩的)으로 체계화하여 Saga로 정리했고 그로부터 인간의 지도자인 동시에 전장(戰場)의 주인인 오딘을 신으로 현현시켰다." 아일랜드에서 브리튼 섬으로 이주하여 달리아타 왕국을 세운 스코트인의 종교적인 변화를 보면, 그들은 그 변화로 인해 새로운 종교가 필요해지자 성 콜룸바누스의 포교운동에 접목하여 그 본부 역할을 하면서 픽트인과 노덤브리아 왕국을 개종시켰고 이후로는 콜

_____

어간 이주〉〈노르웨이와 덴마크에서 영불 해협을 내려가 노르망디에 상륙한 이주〉〈스웨덴에서 발트해를 도해하여 러시아에 정주한 이주〉

룸바누스 교단[339]을 통해 아일랜드의 기독교에도 큰 영향을 끼쳤다.

도해이주에서만 나타나는 특수한 현상을 보면 거기에는 두 가지 소거적(消去的)인 현상과 그에 내재된 도전에 대한 응전으로 발생하는 세 가지 적극적인 현상이 있다. 소거적인 현상의 첫째는 여러 종족의 섞임과 혼혈이다. 이는 배가 원시적이고 작기 때문에 먼저 이주하는 자는 동족을 두고 떠나는 것을 안타까워하지만 새 땅에는 여러 곳에서 온 이주자들이 있으므로 안전이나 새로운 건설을 위해 그들과 협력할 필요가 있었기 때문이다. 이에 대해 아이슬란드에서는 그에 관한 정확하고도 상세한 구전(口傳)이 「란드나마보크」[340]에 남아있고, 〈Olrik, A〉는 "서 노르웨이의 소왕(小王)과 족장들은 〈금발왕 Harald〉의 압제를 피해 아이슬란드로 이주했는데 그곳에는 다른 노르웨이인, 스웨덴의 낙오자들, 서쪽의 바이킹, 켈트족 등이 몰려왔으므로 그들 사이에 다양한 혼혈이 이루어졌다"고 기술했다. 헬레닉 사회에는 아이올리스와 이오니아의 건설에 관한 전설이 있는데, 이러한 혼혈은 도해이주로 촉진되는 혈족집단의 해체와 밀접한 관계를 갖는 것이다. 그 두 번째는 원시적인 제도의 쇠퇴인데, 대표적인 것은 〈에니아우토스 다이몬〉[341]과 그의 주기에 관한 제도이다. 이에 대해서는 이 분야의 저명한 연구자인 〈B. S. Phillpotts〉의, "이주자들은 대부분 계몽된 자들이고 아이슬란드인은 농업을 주업으로 하지 않았으므로 Mayday 유희, 결혼축제, 구혼극(求婚劇) 등은 이주한 후 소멸되었을 것이다"라는 설명이 유효하다. 이주하지 않고 남은 자들의 사회[342]에서는 〈헬레닉 사회 아테네 디오니소스 극장

---

339. 아이오나의 지상권(至上權)을 인정하는 아일랜드의 수도원 연합.
340. Landnamabok. '개척의 서'라는 뜻, 아이슬란드의 발견 및 부민(府民)에 관한 이야기로서 고대 아이슬란드의 연대를 가장 완전하게 밝혔다고 함.
341. 해마다 나고 죽기를 반복한다는 그리스의 신(神). 스칸디나비아 종교적 연합체의 구심적인 제사(祭祀)였던 풍년극도 같은 것이었는데, 그 대사(臺詞)는 스칸디나비아 시가(詩歌)의 원천이라고 함.
342. 이주한 자들의 본고장.

의 연극〉과 〈스칸디나비아 사회 스웨덴 Uppsala의 풍년극〉 등 원시적인 제도
가 발달했다. 거기에서 왕은 신이자 사제인 동시에 특정의 성역(聖域)이어서 모
두가 일체였으므로 배에 싣거나 이동시키는 것은 불가했다. 그래서 이주자들의
새 땅[343]에서는 그 제도들이 쇠퇴하는 것이지만 이주하는 자들은 그 제도 중
배에 실을 수 있는 것들을 집대성하여 시가(詩歌)를 발달시키는 것[344]이다. 다음
으로 이러한 두 가지 소거적인 현상이 부여하는 도전에 대한 응전으로 발생하
는 세 가지 적극적인 현상을 살펴보면 우리는 앞에서 주목했던 사실[345]에서 나
아가 "문명은 여러 인종이 공동으로 이루어내는 공헌에 의해 발생한다"는 사실
을 하나의 명제(命題)로 입증할 수 있을 것이다. 이 신체적이고도 간접적인 자극
은 바다에 의한 변화[346]가 제기하는 정신적이고도 직접적인 자극을 보강하여
원시사회를 고착시키던 관습의 덩어리를 타파하고 원시적인 영혼을 해방시킴
으로써 사적인 인격과 공적인 사상(事象)에 대한 각성으로 말미암는 사회의식을
발현시킨다. 이것이 제1의 적극적인 현상이거니와 그로 인한 활력은 새로운 창
조활동으로써 제2, 제3의 적극적 현상인 예술적 정치적인 창조를 일으켜 모든
것을 버리고 온 것으로 말미암은 결여를 보충한다. 예술적 창조의 예는 Saga의
「Thormod와 Thorgrim 이야기」 헬레닉 음유시인의 「아킬레우스의 분노」[347]
〈페미우스〉와 〈데모도쿠스〉[348]의 「공격전과 귀향 이야기」 등이다. 앞에서는 원

---

343. 대표적으로는 헬레닉 사회의 이오니아 및 스칸디나비아의 아이슬란드.

344. 배에 실을 수 있는 것은 제사나 풍년극의 대사, 사설 등이고 시가를 대표하는 것은 북구의 「고(高)
Edda」이다.

345. "인종의 혼합은 문명의 발생에 유익한 신체적 또는 간접적인 자극을 제공한다"라는 것.

346. 〈셰익스피어의 「폭풍」 1막 2장 398행.

347. 트로이를 공격하던 〈아킬레우스〉는 기분이 언짢을 때 「전사들의 이야기」를 읊으며 자위했는데,
〈호메로스〉는 그것을 「아킬레우스의 분노」라는 이야기로 만들었다.

348. 음유시인(吟遊詩人)이었던 이들은 트로이 함락 10년 후에 트로이 공격전과 승자들의 귀향 이야기
를 노래했다.

시적인 제도의 쇠퇴에 대해 논했거니와 이제는 하나의 법칙이라고 하는 것으로서 극(劇)은 본국에서, 서사시는 이주지에서 발달한다는 명제를 살펴보자. 인간은 늘 새로운 것에 주목하지만 서사시에는 그 새로움보다 더 존중되는 것이 있는바 그것은 이야기 자체의 본질에 대한 흥미이다. 사회가 안정되고 생활이 단조로워지면 현재적인 사건보다는 질풍노도(疾風怒濤)의 영웅시대에 흥미를 느끼게 되는데 그런 시대의 시인들은 과거의 흥미에 주목하여 그것을 예술작품으로 만든다. 그래서 헬레닉의 서사시는 그리스 본토가 아니라 이오니아에서, 튜턴족의 서사시는 유럽대륙이 아니라 브리튼 섬에서, 스칸디나비아의 사가(Saga)는 그 반도가 아니라 아이슬란드 섬에서 발달했는데 그 문학적인 원천은 도해 이주의 시련이다. 정치적 창조의 현저한 예는 미노스 문명 후의 민족이동으로 아나톨리아에 건설한 그리스인의 도시국가들, 스칸디나비아인이 이주하여 건설했으되 실패한 도시국가들, 러시아에서의 국가기원(國家起源), 아이슬란드의 공화정, 헬레닉 이후의 민족이동에서 브리튼으로 들어간 종족들이 달성한 정치적인 성과 등이다. 도해하여 아나톨리아 서해안에 아이올리스, 이오니아, 도리스 등의 도시국가를 건설한 그리스인은 항해와 새 땅을 정복함에 있어 동선자(同船者)로서 긴밀히 협력해야 했고 기반을 확보한 후에도 사라진 혈족적인 질서를 대신하는 것으로서 법과 거주지를 기초로 하는 계약관계(契約關係)의 정치조직이 필요했다. 그리하여 그들은 계약 및 선출과 법치를 바탕으로 하는 발전된 정치조직인 도시국가를 창조했고 그리스 본토는 그것을 모방한 의식적인 촌락합병(村落合倂)으로 그 뒤를 따랐던 것이다. 도해하여 민족이동을 단행한 스칸디나비아인은 네 가지 정치적 창조를 달성했다. 그들은 아일랜드와 잉글랜드에 각각 다섯 개의 도시국가를 건설했는데 거기에 공동체로서의 정치적인 발전의 싹이 있었으므로 스칸디나비아 문명이 유산(流産)되지 않았다면 그것은 그리스인의 도시국가와 같은 역할을 했을 것이다. 더하여 그들이 발트해 남안(南岸)과라도가호(湖) 근처에 고도로 발달한 식민지를 건설한 것은 슬라브인에게 스칸디나비아인은 정치적으로 유능하다는 믿음을 주었다. 그리하여 스칸디나비아인이 러시아에 제국을 건설했다는 전설이 만들어졌는데, 그것은 슬라브인은 침입한 스칸디나비아인을 축출하는 데 성공했으나 그들의 정치력이 사라지자 무정부 상태로 돌입했으므로 스칸디나비아인에게 계약에 의한 통치를 부탁했다는 것이다. 불모의 섬인 아이슬란드에 공화국을 건설한 것은 스칸디나비아인이 이룩한 최고의 위업인바 그들은 거기에서 스칸디나비아 문명의 문학적, 정치적인 정수(精髓)를 꽃피웠던 것이다. 브리튼 섬으로의 도해이주는 헬레닉 문명 이후, 즉 서구문명의 여명기에 앵글인과 유트인이 시작했는데 그들은 그 이주로 원시적인 혈족집단의 속박에서 벗어나 그 섬에서 서구문명에 있어서의 몇몇 중요한 변혁을 일으켰다. 뒤를 이은 데인인과 노르만인의 이주도 도해였으므로 같은 효과로서 정치적 창조에 유리한 혈족집단의 해체와 다양한 인종구성이 이루어졌다. 그리하여 그들은 평화적인 왕정을 거쳐 의회정치를 달성했던 것인데, 이 섬에 있어서 묘한 사실은 아일랜드에 눌러앉아 이주하지 않은 스코트인은 스칸디나비아인에 이은 영국인의 침입이라는 인간적인 환경의 도전에 제대로 응전하지 못했지만 그들의 분지(分枝)인 스코틀랜드 왕국은 로마제국의 그 지역 후계국가들 중 최후의 2대 강국이었을 정도로 활력적이었다는 것이다.

3. 인간적 환경의 도전으로 인한 자극

1) 타격의 자극

(1) 군사적인 사례들

한 사회나 국가는 외부로부터 강력한 군사적 타격을 받으면 〈안타에우스〉처럼 증대된 자극으로 활력을 배가하여 다시 일어서는 것인가? 아니면 〈시스라〉[349]처럼 자빠져서 죽임을 당하는 것인가? 역사적인 사실은 전자를 예증하고 있다.

이에 대해 먼저 상기하게 되는 예는 로마인데, 로마는 길고 힘든 싸움으로 Veii[350]에서 에트루리아인에 승리하여 라티움[351]을 제패했으나 그로부터 5년 후에는 '클라데스 알리엔시스'[352]에 이어 로마 자체까지 점령당했다. 그로 인해 로마는 베이이에서의 승리로 얻은 힘과 위세를 잃었을 뿐만이 아니라 완전히 소멸될 것으로 예상되었다. 그러한 상황에서 로마는 보상금으로 갈리아인을 물러나게 하는 창피를 감수했으나 그 큰 자극으로 말미암은 활력으로 50년에 걸쳐 힘을 길러 전 이탈리아 쟁탈전에 과감히 뛰어들었다. 그리하여 다음 50년 동안 여러 전쟁에서 승리한 후 드디어 삼니움 동맹을 타도했던 것이다.

다음으로 오스만리는 발칸반도의 정교 기독교 사회를 정복함에 있어서 처음에는 트라키아와 마케도니아에 군사용 식민지를 건설했고, 1389년에는 〈무라트 1세〉가 내륙을 지배하던 세르비아인을 격파했으며, 이어서 동로마 제국의 마지막 영토인 콘스탄티노플을 포위하는 등 사업의 완수를 목전에 두고 있었다. 그러나 그들은 바로 그때 〈티무르 렝크〉의 공격을 받았는데, 티무르는 앙카라에서 〈바예지드 1세〉를 생포하고 아나톨리아에 튀르크인 공국을 재건함으로써 오스만 정권을 그 본거지에서 마비시키려고 했다. 그리하여 오스만 제국은 곧 붕괴할 것으로 예상되었으나 그것은 그들에게 자극이 되었고 그 효과는

---

349. 그리스 신화의 Antaeus는 포세이돈과 대지(大地)의 신(神)을 부모(父母)로 하는 거인. 그는 몸이 땅에 닿을 때마다 힘이 늘어나므로 헤라클레스는 그를 머리 위로 들어 올려 바위에 처박아 죽였다고 함. 가나안 왕 야빈의 장군인 시스라는 한 번의 타격으로 자빠져서 헤벨의 아내 야엘에게 죽임을 당했음. 〈사사기 4장〉

350. 로마 북서쪽, 에트루리아인의 도시.

351. 이탈리아 중부 티베르 강의 남동부, 고대 로마의 발상지, 같은 이름의 고대 왕국이 있었음.

352. '아리아의 패배'라는 뜻. 로마군은 BC 390년에 테베강의 지류인 아리아 강에서 갈리아군에 크게 패배했음.

50년 후에 〈정복왕 메흐메드〉의 위업으로 나타났다. 그는 더 강력한 응전으로 콘스탄티노플을 장악함으로써 오스만 제국을 완성하고 트레비존드에서 베오그라드의 성문까지와 크리미아 반도에서 모레아 반도까지 정교 기독교 세계의 모든 영역을 장악했다.

잉카제국은 13세기 중엽에 콜라오와 나즈코를 정복하여 제국으로서의 기틀을 다지고 있었으나 〈잉카 야우아르 우아카크〉가 7대 왕으로 재위하던 14세기 중엽에 창카족의 침공으로 인한 타격으로 붕괴할 위기에 봉착했다. 그 타격으로 왕은 도주했고 후에 〈잉카 비라코차〉[353]라는 이름으로 왕위에 오른 〈아툰 투파크〉는 그 침공을 삭사우아나 평원에서 힘겹게 막아내고 가까스로 쿠스코를 병화(兵禍)에서 구해냈다. 그 전투는 잉카 역사상 가장 힘든 싸움이었지만 역시 좋은 자극으로 작용했으므로 50년 후에 왕위에 오른 〈잉카 파차크테크〉는 제국을 안데스 사회의 세계국가로 확립하는 사업을 완성했다.

다음 예는 로마제국에 대항한 카르타고와 마케도니아에서 찾을 수 있다. 로마는 세계제패의 마지막 문턱에서 그리스 반도의 마지막 패자(霸者)인 마케도니아와 카르타고의 강력한 저항에 부딪혀 위험하고도 값비싼 소모전으로 싸울수록 더욱 강하게 대항하는 그 두 나라와 각각 네 번과 세 번의 전력을 다하는 전쟁을 치러야 했다. 그 두 나라는 소멸되기는 했으나 그로써 타격이 강해지면 자극도 커진다는 명제의 좋은 예를 보였다. 마케도니아의 〈필립포스 5세〉는 로마의 침공을 방어함에 있어 국지전으로 일관했는데 그때 이탈리아로 진격한 한니발과 연합했으면 운명을 바꿨을지도 모른다. 그러다가 기원전 197년 키노스케팔라이 전투에서 패하여 그리스의 패권을 상실했으나 그것은 좋은 자극이 되었으므로 그는 "나의 태양은 아직 지지 않았다"고 선포하며 부국강병에 매

---

353. '창조의 신'이라는 뜻. 〈잉카 파차크테크〉는 그의 아들.

진했다. 그리하여 25년 후에 〈페르세우스〉[354]는 패하기는 했으나 강력한 반격으로 로마를 타도할 뻔했던 피드나의 전투(BC 168)를 결행했다. 거기에서 승리하지는 못했으나 그 패배에도 마케도니아인의 사기는 꺾이지 않았으므로 이후 페르세우스의 아들인 〈필립포스〉가 자유를 위한 투쟁을 주창했을 때 성공 가능성이 적었음에도 전 국민이 그에 동참했다. 카르타고는 1차 포에니 전쟁(BC 264~241)에서 로마에 패하여 시칠리아를 상실했으나 그 자극으로 〈하밀카르 바르카스〉[355]는 그보다 더 큰 영토를 스페인에서 획득했다. 그리하여 힘을 기른 "그들의 한니발"은 드디어 로마의 중심을 대대적으로 공격했던 것인데, 그들은 카르타고의 안방(자마)까지 추격한 〈스키피오〉에 의한 2차 포에니 전쟁에서 패배한 것에서도 자극을 받았다. 그들은 로마군의 가공할 탄압을 받았으면서도 전쟁 배상금을 재빨리 변제하고 상업적인 번성을 신속히 회복했다. 그 결과 지중해의 제해권이 현안으로 대두하자 로마는 돈이 아니라 카르타고의 멸망을 목표로 하는 원정을 감행했으나 카르타고인은 끝내 굴복하지 않고 모든 남자는 물론 여자와 아이들까지 싸우다 죽은 제3차 포에니 전쟁(BC 149~146)을 벌였다. 그리고 그들의 맥은 끊어진 것이 아니어서 그들의 후예는 코스타리카에 식민하여 카르타고를 이어 가고 있다.

　서구의 근대사에 있어서 나폴레옹 제국에 항거한 오스트리아 및 두 전쟁에 있어서의 네 나라[356]의 이력은 같은 예를 제공한다. 오스트리아는 프랑스 혁명 전쟁과 나폴레옹 전쟁에 프로이센의 동맹군으로 참전했으나 역할에 있어서는 너무나 소극적이어서 이탈리아 전선에서 두 번이나 후퇴한 뒤 세 가지 극심한

---

354. 필립포스 5세의 자(子)로서 마케도니아 최후의 왕. 재위 BC 179~168.

355. 한니발의 부. 재위 ? ~ BC 229.

356. 나폴레옹 전쟁과 1차 세계대전에 있어서의 프로이센, 프랑스, 영국, 러시아.

타격[357]을 받았다. 그러나 그것은 좋은 자극이 되었고 그에 힘입은 오스트리아는 정복자에게 독력(獨力)으로 대항했다. 그리하여 그들은 바그람 전투(1809)를 단행하여 패하기는 했지만 프랑스군에 막대한 피해를 입혔다. 아우스테를리츠와 바그람은 각각 마케도니아의 키노스케팔라이와 피드나가 된 것인데, 다시 떨쳐 일어났을 때에는 운까지 좋아서 1813년에 그들이 프로이센과 러시아 측에 가담한 것은 나폴레옹 제국의 멸망을 확정하는 것이 되었다. 그 두 전쟁에 있어서의 네 나라의 이력은 주로 프로이센(獨逸)과 프랑스의 관계에 기인하는바 그것은 두 나라의 기원[358]이 같기 때문이다. 1792년에 프랑스를 침공한 프로이

---

357. 나폴레옹의 원정으로 1805년에 울름에서 패하여 군대의 절반이 생포된 것, 빈(수도)이 점령된 것, 나머지 군대마저 아우스테를리츠에서 패배한 것.

358. 로마제국이 〈갈리아〉 오스만리가 〈프랑크족의 땅〉이라 불렀던 Preussen과 Prance는 〈테오도시우스 1세〉가 제국을 양분했을 때 서로마 제국에 편입되었는데, 그 서로마 제국이 게르만족 용병 대장인 〈오도아케르〉에 의해 멸망(476)한 것은 주지의 사실이다. 그 후 살리족 족장인 〈메로비스〉가 세력을 떨친 후 그 손자인 〈크로비스〉가 프랑크 왕국을 창건하고 조부의 이름으로 왕조를 개창했는데 그것이 프랑크 왕국의 전 왕조이다. 이어서 751년에 궁내대신이었던 〈피핀〉이 카롤링거 왕조(751~843)를 열었고 그 아들이 〈Charlemagne-샤를마뉴 대제〉이다. 그 손자로서 제국을 부와 공동 통치한 〈루이 1세, 778~814〉는 후에 제국을 삼분하여 세 아들에게 물려주었는데 그것이 현재의 독일, 프랑스, 이탈리아의 기원이다. 그리고 이름으로서의 〈Charles-샤를 찰스〉, 〈Chal-칼, 카를〉, 〈Carolus-카롤루스〉 등은 모두 〈Charlemagne〉에서 유래한 것이고 〈Louis-루이〉도 그와 무관치 않다. 독일에서는 〈루이 1세〉가 제국을 삼분한 843년에 성립된 동프랑크 왕국은 〈루트비히 2세〉에서 〈루트비히 4세〉까지 이어가다가 911년에 소멸되었다. 그 후에 창건된 작센 왕조의 〈오토 1세(오토 대제로서 2대 왕, 936~973)〉는 신성로마 제국을 창건했고, 1701년에 성립된 프로이센 왕국(프러시아 제국)에 이어 1815년에는 빈 회의의 결과로 35개 군주국과 4개 자유도시의 결합인 독일연방이 성립되었다. 이어서 독일의 통일방식 때문에 발발한 프로이센과 오스트리아 간의 보오전쟁(1866)과 프로이센이 주도하는 독일의 통일을 막으려는 프랑스와의 보불전쟁(1870~71)의 결과로 건국된 프로이센 독일제국(비스마르크가 주도한 제2제국)은 1차 세계대전에서의 패배와 독일혁명으로 1918년에 붕괴되었다. 그 여파로 결성된 정당들 중 사회민주당과 중앙당 및 민주당이 연합하여 바이마르 헌법을 제정하고 바이마르 공화국(제3공화국)을 출범시켰다. 1933년에 독일 민족 지상주의와 국가주의를 표방하여 정권을 잡은 나치당의 제3제국은 2차 세계대전을 일으켜 1945년에 패했고 그로 인해 서독(독일연방공화국)과 동독(독일민주공화국)으로 분단되었다가 1990년에 독일연방공화국으로 통일되었다. 프랑스는 샤를마뉴의 아들이 〈Louis-루이〉를 이름으로 사용 한 이후로 네 왕조의 왕들이 주로 〈샤를〉 또는 〈루이〉라는 이름을 쓰고 있는데, 〈샤를〉은 〈Charlemagne〉에서 유래했고 〈루이〉는 〈루이 1세〉의 외가에서 유래

센은 그 후에 있은 나폴레옹의 진공에 대해 한니발 전쟁에서의 마케도니아의 전철을 밟았다. 그들은 소극적인 행동 끝에 키노스케팔라이가 받은 것과 같은 보응으로써 예나에서 패배(1805년)했는데 그것 또한 프로이센군에 좋은 자극이 되었다. 살아남은 프로이센군은 동기(冬期) 작전으로 막대한 손실을 감수하며 아일라우에서 대승을 거두고 프랑스군을 메멜강 건너 국토의 가장 먼 끝까지 몰아내고도 전투를 중단하지 않았다. 이후 프로이센은 수세에 몰리지 않았음에도 동맹국인 러시아의 강요로 프랑스에 혹독한 조건으로 항복했는데 그것은 그들에게 더 큰 자극이 되었다. 그들은 나폴레옹이 프로이센군을 약화시키려고 강요한 제한을 받으면서도 군대를 훌륭하게 재건하고 행정과 교육을 개혁했다. 이어서 그 결실로서 주권회복의 신념을 확고히 하고 그것을 외교와 군사작전을 계획적이고도 효율적으로 결합시키는 방식으로 추진했다. 그것은 국가로서의 프로이센을 새 술을 담을 선택된 그릇[359]으로 바꾸고 싱거운 제국주의로부터 독일의 독한 술로서의 국민주의를 만들었는데 그 결과는 비스마르크[360]에 의한 프로이센 독일이라는 새로운 국가를 건설로 나타났다. 러시아를 보면 그들은 1792~1815년의 전쟁이 국경 밖에서 벌어질 때에는 최선을 다하지 않았지만 1812년에 프랑스군이 러시아가 새로 획득한 땅과 스몰렌스크를 거쳐 러시아 내부를 침공한데 이어 모스크바까지 불타게 되자 큰 자극을 받고 응전을

한 듯하다. 왕조의 계보를 보면 〈루이 1세〉를 이은 〈샤를 2세〉라고도 하는 〈루이 2세, 840~898〉와 〈샤를 3세〉까지의 카롤링거 왕조, 〈위그 까페〉가 987년에 개창하여 〈루이 9세〉와 〈샤를 4세, 1322~28〉로 이어진 Capet 왕조 및 〈샤를 5세, 1364~80〉 〈샤를 6세〉 〈샤를 7세〉 〈루이 11세〉 〈샤를 8세, 1483~1498〉까지의 발루아 왕조를 거쳐 〈루이 12세, 1498~1515〉에서 〈프랑수아 1세〉〈앙리 2세〉〈루이 13, 14, 15, 16세〉와 〈루이 16세〉가 혁명군에 의해 처형된 후 왕당파가 옹립한 〈루이 17세〉및 나폴레옹의 실각으로 즉위한 〈루이 18세〉까지의 부르봉 왕조로 이어졌다.

359. 사도행전 9장 15절 참조.

360. 독일 제2제국의 〈빌헬름 1세〉에 의해 1862년에 수상에 임명되었고, 의회에서 행한 연설을 통해 철혈재상이라는 별명을 얻었음. 보·오, 보·불 전쟁에 승리하고 독일의 통일을 달성했음.

강화하여 반격을 개시했다. 그리하여 그들은 대륙을 가로질러 파리에 이르기까지 멈춤 없이 프랑스군을 추격했던 것이다. 다음으로는 보불전쟁(1870~71) 및 1914~18년의 대전(大戰)에서 서로 역할을 바꾸었던 프로이센 독일제국과 프랑스의 자극과 응전을 살펴보자. 프로이센은 예나에서의 패배와 굴욕적인 항복으로 말미암은 자극으로 국가적 혁신을 달성했으되 과거의 기억 때문에 1870년에 시작된 전쟁에 만전을 기했으나 프랑스는 1805년 이전의 프로이센과 같은 태도였다. 그래서 프로이센은 별다른 어려움 없이 진격하여 파리를 포위할 수 있게 된 것에 놀랐으나 1차 세계대전으로 1914년에 침공할 때에는 자기들이 44년 전에 타격으로 제공한 자극의 효과를 생각하지 못했다. 그들은 더 많은 준비로 더 큰 것을 기대하며 진격했으나 프랑스군의 전례 없는 저항에 봉착했던 것이다. 1871년 파리 시민의 저항에서 징후가 드러났으되 프로이센이 간파하지 못한 그 자극의 효과는 드레퓌스 사건[361]으로 더욱 증대되었다. 그리하여 프랑스인은 패배의 충격에서 벗어나 재생의 활력을 갖게 되었고 그것이 베르됭에서의 완강한 방어로 표출되었던 것이다. 이 베르됭 방어전은 연합군의 중요한 승인(勝因)이었으나 그것을 관찰한 일반적인 지식인은 "이 저항은 아름답지만 그들은 전멸할 것이고 황폐화와 전사로 인한 인구 감소로 프랑스는 멸망할 것이다"라고 예언할 수도 있었다. 프랑스인도 산업지역의 태반이 전장에 들어 황폐화된 것을 안타까이 여겼으나 전후의 재건운동은 새로운 활력과 기술과 정신으로 프랑스를 젊고 왕성하게 했다. 독일은 패전과 휴전(1918년)으로 프랑스에 자행한 비우호적인 행위에 대한 보응을 받고 전쟁 배상금으로 인한 재정압박에 직면했으나 그것은 그들에게 1806~7년의 타격이 주었던 것과 같은 자극으로 작용하여 그들로 하여금 고행을 감수하고 다시 도전의 길로 달려 나가게

---

361. 프랑스군이 드레퓌스(유대인)를 독일 스파이로 몰아 종신형을 선고한 사건. 이를 계기로 인권주의자와 연합한 공화파가 군부를 옹호하는 우익과 대립했다.

했다. 영국은 대전(1914~31)의 발발로부터 지금까지 유럽의 강대국들 중 유일하게 외침과 인플레이션이라는 두 재앙을 모면했는데, 그것은 제 목숨을 구원하는 행위[362]로서 자극을 없이하여 구원의 때를 놓침으로써 더 좋은 것[363]을 애써 피한 것이 되었다. 그리고 그러고도 피할 수 없었던 1931년의 인플레이션으로 그들은 두렵고 떨리는 마음으로 구원을 이루어 가야 할[364] 불운에 봉착했다.

우리의 명제에 대한 가장 전형적인 예는 아케메네스 제국이 기원전 480~479년에 유발한 타격에 대한 헬레닉 국가들의 반응이다. 그에 있어서 아테네의 역할은 〈디오도루스〉의 「만국사 문고」에 자세히 드러나 있는데, 아테네는 아케메네스 제국에 맞서다가 처참히 짓밟혔다. 아케메네스군은 아티카의 메마른 토지를 두 번의 수확기에 조직적으로 침략하여 파괴하고 아테네 그 자체인 아크로폴리스와 아테네 신전을 포함하는 아티카 전체를 점령했으므로 아테네의 움직이는 모든 것은 펠로폰네소스로 피난해야 했다. 그러나 그 타격은 결국 자극으로 작용하여 아티카인의 불요불굴의 정신을 일깨웠는데, 그들은 두고 온 땅과 신전이 보이는 살라미스에서의 해전으로 아케메네스군을 격파한다는 선례 없이 찬란하고 다채로우며 다양하기까지 한 업적을 이루었던 것이다. 이후 그들은 경제적 기반인 농장의 설비와 기구를 완전히 새롭게 재건했는데 그로 인한 경제적인 효과는 엄청난 것이어서 그 위세는 여타의 헬라스 국가들이 동맹을 맺어도 겨우 맞설 수 있을 정도였다. 아테네가 무너진 헤카톰페돈[365]을 재

---

362. "그러므로 내가 너희에게 이르노니 목숨을 위하여 무엇을 먹을까 무엇을 마실까 몸을 위하여 무엇을 입을까 염려하지 말라 목숨이 음식보다 중하지 아니하며 몸이 의복보다 중하지 아니하냐" 〈마 6:25〉

363. "사랑하는 자들아 우리가 이같이 말하나 너희에게는 이보다 나은 것과 구원에 가까운 것을 확신하노라" 〈히 6:9〉

364. "그러므로 나의 사랑하는 자들아 너희가 나 있을 때뿐 아니라 더욱 지금 나 없을 때에도 항상 복종하여 두렵고 떨림으로 너희 구원을 이루라" 〈빌 2:12〉

365. Hekatompedon, Acropolis의 신전.

건하지 않고 파르테논 신전을 신축한 것은 재건할 힘이 없었기 때문이 아니라 무너진 것은 교훈으로 보존하되 새것으로써 부활을 상징하려고 했던 것이다. 그러나 좋은 자극을 받을 기회를 아테네에 빼앗기고 15년이 지나서 대지진이라는 신의 선물을 받은 스파르타는 그로 말미암은 황폐화와 헬로트[366]의 반란에서 자극을 받았다. 그리하여 그들은 체제를 정비하고 스파르타시(市)를 재건한다는 방식으로 응전했고 그로 말미암은 힘으로 아테네의 팽창을 억제하다가 때가 되자 아테네를 멸망시켰다. 테베는 기원전 480년에 페르시아와 동맹함으로써 메디아주의자가 되었다는 오명을 얻고 애써 자극의 복을 외면하다가 기원전 382년에 스파르타의 무력에 의한 착취에 이어 카드메아를 점령당하기까지 했는데 그것은 신이 그들에게 준 선물이었다. 그들은 그로 인한 각성으로 그 키가 한 척이나 자라는 기적[367]을 달성했다. 그리하여 헬레닉 사회로 복귀한 그들은 기원전 378년에 카드메아를 탈환하고 레우크트라에서 승리한 후 라코니아를 침공함으로써 보이오티아 도시국가들에 대한 지배권을 확립했다. 그들이 스파르타를 무찌르고 그 불가침의 영토를 습격하여 헬레닉 세계의 패권을 탈취한 것은 바로 그 자극으로 말미암은 것이었다.

(2) 종교에서의 사례

지금까지 타격의 강도가 더할수록 자극도 커진다는 것을 정치와 군사적인 사례로 살폈는데, 그에 대한 종교에서의 예를 찾는다면 그 전형적인 사례는 사도행전에 제시되어 있다. 예수의 제자들에 있어서 예수가 가상(架上)에서 죽은 것보다 더 큰 타격은 그들이 부활한 스승을 다시 잃은 것[368]이었는데 그것은 강한

---

366. Helots, 스파르타의 농노(農奴)

367. "너희 중에 누가 염려함으로써 그 키를 한 자나 더할 수 있느냐" 〈마 6:27〉

368. "이 말씀을 마치시고 저희 보는 데서 올려져 가시니 구름이 저를 가리어 보이지 않게 하더라" 〈행 1:9〉

심리적 반응을 일으켜 제자들의 마음과 태도를 동적인 상태로 변화시켰다. 그 타격은 지대했고 그로 인한 자극과 심리적인 반응도 매우 컸다는 것은 백의를 입은 두 사람의 신탁[369]과 성령의 강림[370]이라는 신화적인 표현으로 나타나 있다. 그리고 그 변화가 행동으로 표출된 것은 그들이 유대의 민중만이 아니라 산헤드린에게까지 설교한 것인바 그들이 쌓아올린 교회는 300년도 지나지 않아 거대한 로마제국을 굴복시켰던 것이다.

2) 압력의 자극

공히 외적이고 인간적인 환경에서 발생하되 급격하고도 집중적인 타격에 비해 은근하고도 지속적으로 가해지는 압력은 내지보다는 변경에 집중되므로 우리가 압력에 대해 설정한 명제는 변경(邊境)이 내지(內地)와 다르게 수행한 역할을 밝히는 것으로 확인할 수 있다. 이제부터 그것을 역사적인 사례를 통해 살펴보자.

(1) 이집트 사회에서

확장과 통합에 의해 지금의 이집트 수단 리비아 에티오피아를 아우르는 판도를 형성한 이집트 사회의 역사는 남부와 북부[371]의 각축(角逐)으로 요약할 수 있다. 그 역사에 있어서 중요한 지역은 델타지역의 중심으로서 연합왕국의 수도였던 멤피스, 나일강 델타 동단의 요새인 람세스, 제21왕조의 본거지였던 타니스, 멤피스 근처로서 리비아인 헤라클레오폴리스의 소재지였던 부바스티스,

---

369. "올라가실 때에 제자들이 자세히 하늘을 쳐다보고 있는데 흰 옷 입은 두 사람이 저희 곁에 서서 이르되 갈릴리 사람들아 어찌하여 서서 하늘을 쳐다보느냐 너희 가운데서 하늘로 올려지신 이 예수는 하늘로 가심을 본 그대로 오시리라 하였느니라"〈행 1:10~11〉

370. "홀연히 하늘로부터 급하고 강한 바람 같은 소리가 있어 그들이 앉은 온 집에 가득하며 마치 불의 혀처럼 갈라지는 것들이 그들에게 보여 각 사람 위에 하나씩 임하여 있더니"〈행 2:2~3〉

371. 남부는 상(上)이집트, 북부는 나일강 델타지대.

사이스조의 본거지였던 사이스, 테베가 주도한 세계국가의 수도였던 이즈 타우이, 누비아에 맞서는 남부변경의 요새로서 이집트의 역사적 수도였던 테베, 남부의 변경이었던 알 카브, 이크나톤의 단명한 수도였던 텔 엘 아마르나, 변경이었다가 이집트와 수단의 경계가 된 엘레 판티네 등이다. 이 세계의 정치적 중심은 전기 2천년 동안에는 남부에 있었으나 이후로는 북부로 이동했는데, 그것은 남부에는 누비아 만족의 압력이 있었고 북부에는 리비아 만족과 서남아시아인의 압력이 가해졌기 때문이다. 연합왕국의 2중 왕관이 시사(示唆)하는 바와 같이 이집트는 남북의 이원성(二元性) 사회였는데 중앙의 내지는 위와 같은 사정으로 인해 역사에 있어서 중요한 역할을 하지 못했다.

남부는 기원전 3200년경에 연합왕국을 건설하고 기원전 2070년경에 세계국가를 달성한데 이어 기원전 1580년경에는 세계국가를 회복하는 등 이집트 사회에 있어서 세 가지 중요한 사건을 주도했는데 그것은 제1폭포 상류의 누비아 만족이 테베에 강한 압력을 가했기 때문이다. 문화적인 차이가 없었던 선왕조 시대를 지나서 이집트 지역이 먼저 동적인 상태에 돌입한 것은 누비아인을 충동(衝動)했고 그로 인해 누비아인이 이집트에 가한 압력은 테베의 알 카브 세력이 연합왕국을 주도한 자극으로 작용했다. 그 누비아인은 신제국[372]이 성립될 때까지 이집트 문명에 귀의하지 않고 오히려 그곳의 이집트 주둔군을 회유(懷柔)하고 있었는데, 그들을 정치적인 차원을 넘어 문화적으로 동화시킨 것은 〈Thotmes 1세〉였다. 그리하여 이집트 세계의 판도는 제1폭포 위의 엘레 판티네에서 제4폭포 아래의 나파타[373] 이남으로 확대되었으나 18왕조의 왕들이 성취한 그 업적은 자기들의 정치적 기반인 테베를 무력하게 하고 나파타를 새로운 중심이 되게 한 실책이었다. 그리하여 나파타의 리비아인은 나파타 정권을

---

372. 이집트의 복원된 세계국가.

373. 지금의 수단 북부 쿠라이마 근처, 누리에서 쿠르까지 뻗은 넓은 지역의 통칭.

수립하고 테베가 세 번 달성했던 위업, 즉 전 이집트의 정치적 통일을 이루려고 했다. 〈카시카 왕〉이 기원전 750년경에 테베를 합병한 것을 시작으로 제25왕조의 〈Piankhy〉가 기원전 725년에 델타지역을 원정했을 때 달성될 뻔한 그 시도는 아시리아의 침입과 델타지역의 토착정권인 사이스 왕조의 저항 때문에 실패했다. 그 결과 나파타 정권과 사이스조(朝)는 엘레 판티네를 경계로 고착시켰는데, 그곳은 이후 이집트 세계가 두 정치체(政治體)로 영구히 분할되었을 때 그 사회의 경계로 굳어졌다.

북부 델타지역에서는 기원전 13세기경, 즉 신제국 말기에 히타이트족의 침입과 레반트에서의 미노스 문명 이후의 민족이동으로 증가된 압력으로 인한 자극으로 람세스에서 일어난 제19, 20왕조가 신제국을 대신하여 주도권을 잡았고 이어 기원전 11세기에 타니스에서 제21왕조가, 기원전 9~10세기에는 부바스티스에서 제22, 23왕조가 일어났다. 델타지역 흥기(興起)의 탁월한 예로서 기원전 7세기에 아시리아의 침공에 대응하여 일어난 사이스의 제26왕조는 북에서는 아시리아를 격퇴하고 남으로는 엘레판티네로 확장하는 위업을 달성했다. 뒤를 이은 제27왕조는 아케메네스 제국에 맞서다가 패하여 기원전 525년에 그 속주로 편입되었으나 북부 델타지역은 아케메네스조의 지배에서 벗어나려는 끈질긴 시도로써 이집트 사회를 실질적으로 주도했다.

이원성(二元性)의 사회인 이집트 세계에서의 위와 같은 변화는 기원전 14세기를 전후하여 압력이 남에서 북으로 이동한 것에서 말미암은 것이다. 그래서 별다른 압력을 받지 않았던 내지는 늘 비주도적이었는데, 그것은 수도의 이동에서도 나타난다. 예컨대 알 카브 세력이 주도한 연합왕국은 건국 후 〈멤피스〉로 천도했고, 〈테베〉의 왕조는 세계국가의 지위를 확보한 후 〈이즈 타우이〉를 수도로 삼았으며, 역시 〈테베〉의 왕조에 의해 재건된 세계국가도 이크나톤의 시대에 〈텔 엘 아마르나〉로 천도했다. 이후 수도의 지위를 회복한 〈테베〉의 정치적인 유산은 〈나파타〉를 중심으로 하는 남부와 델타지역을 중심으로 하는 북부로 물렸으되 내지의 어느 곳으로도 넘어가지 않았다.

(2) 중국 및 극동사회에서

고대 중국사회에서의 외적인 압력은 산서성(山西省)과 섬서성(陝西省)[374] 서쪽의 만족으로 말미암은 것이어서 중국사회의 왕조들은 대부분 위수(渭水)[375] 및 분하(汾河) 유역에서 일어났으나 세계국가의 지위를 확보한 후에는 낙양이나 장안[376]으로 천도하는 수도의 이동이 있었다. 위수 유역에서는 기원전 2000년대 말에 이집트 연합왕국에 비견되는 주(周)나라가 성립된 후 기원전 221년에는 세계국가인 진(秦)이 일어났는데, 분하유역에서는 그 대적(對敵)인 진(晉)나라가 일어났고 이전의 은(殷)과 상(商)은 동부평원에서 일어난 것으로 생각된다. 주나라가 쇠퇴기에 낙양 근처로 옮긴 것은 이집트 연합왕국이 멤피스로 옮긴 것과 같은 것이며 이후로 한 제국은 장안(전한)과 낙양(후한)을 본거지로 삼았다.

극동사회로 넘어오면서 동쪽의 압력은 약화되고 북부의 압력이 강화되자 그 사회의 정치적인 중심은 남북으로 동요(動搖)했다. 중국사회의 진(秦)과 진(晉)은 산서와 섬서의 고지만족이라는 가까운 적을 굴종시켰으나 그것은 완충을 제거하여 거란족, 여진족, 몽골족, 만주족[377]등 광활한 지역의 더 많은 적들과 접촉하게 한 것이었는데 그 결과로 조나라와 연나라가 북방의 강자로 성장했다. 이어서 그 압력이 북서에서 북동으로 이동하자 극동사회의 중심도 서에서 동으로 옮겨진 후 남북으로 동요했다. 수(隋)나라는 중국 세계국가의 망령을 극동사회로

---

374. 산서에서의 산은 태산이고 섬서에서의 섬(陝)은 옛 괵국(虢國)으로서 현 하남성 홍농현이다.

375. 감숙성 서안(西安) 동쪽에서 발원하여 동진하는 강. 청해성에서 발원한 황하는 지그재그로 동진하다가 북향, 동진, 남하한 후 직각으로 꺾이면서 위수와 합류하여 북동쪽으로 흐른다.

376. 낙양은 황하의 지류인 낙하(洛河)유역에 위치하여 산지인 서부와 평원인 동부의 경계를 이루는 곳이고, 장안은 위수유역의 서안(西安)으로서 周 漢 隋 唐 등의 수도였던 곳.

377. 차례대로 야율아보기의 요나라, 완안부 아골타의 금나라, 칭기즈칸의 원나라, 누르하치가 숙신 읍루 말갈 등을 통합한 여진족의 청나라.

불러들인 것인데, 그로부터 수나라의 유산을 계승한 당국(唐國)[378]까지는 수도를 장안과 위수유역에 두었다. 그것은 그때까지는 서쪽의 압력이 강했기 때문이지만 극동문명이 일시적으로 좌절한 시기[379]에는 북서쪽의 압력은 줄어들고 북동쪽에서는 위와 같이 압력이 증대되었기 때문이다. 그리하여 정치적 중심이 동쪽으로 이동[380]하자 요(遼)는 몽고와 만주 및 화북의 일부를 석권했고, 금(金)은 황하와 양자강 분수계 이북을 지배했으며, 이어서 대원제국(大元帝國)과 청제국(清帝國)은 극동사회의 대부분을 장악했다. 명나라 이후에 일어난 수도의 다음과 같은 동요는 우리의 명제에 있어서 중요한 것을 시사한다. 금(金)은 만리장성 남쪽과 그 북방 만족의 땅을 통합함으로써 내지로 변한 연경을 수도로 삼았고 원(元)의 쿠빌라이는 산서에 있는 원래의 수도를 상도(上都)로 하고 연경을 북경으로 고쳐 수도로 삼았다. 명 태조(홍무제)는 남부를 기반으로 하여 몽골족을 축출했기에 남경을 제국의 수도로 키우려고 했으나 만주족으로 인한 북동쪽의 새로운 압력이 정치적인 중심을 북으로 동요시켰으므로 영락제는 북경으로 천도했다. 이어 만주족의 청나라도 끝까지 북경을 지켰고 남경의 정치적 지위를 회복하려고 했던 태평천국의 난(1850~64)은 실패했다. 그 후 장제스(蔣介石)가 주도한 국민당 정부는 남동중국해로 몰려든 서구세력에 따라 남경을 수도로 삼았으나 뒤를 이은 러시아 공산당이 가한 압력은 중화인민공화국으로 하여금 다시 북경을 수도로 삼게 했다. 그러나 서구가 가하는 경제적인 압력은 남동방면에 집중되었으므로 홍콩과 상하이는 경제적인 수도의 지위를 누리고 있다.

---

378. 한(漢)이 진(秦)의 유산을 계승했던 것과 같은 것.
379. 당 제국이 멸망한 907년부터 송이 건국된 960년까지.
　　※ 宋나라─㉠ 주나라에서 분봉된 미자계가 상구에 도읍하여 은나라 유민을 통치했던 나라. ㉡ 남북조 시대에 유유가 세운 남조 최초의 왕조(420~478). ㉢ 조광윤이 5대 10국을 통일하여 세운 왕조, 금의 침공(1127) 이전은 북송(변경)이고 그 이후는 남송(임안)이다.
380. 예로는 북송의 수도인 변경, 즉 지금의 하남성(河南省) 개봉(開封).

(3) 힌두세계에서

서남 아시아의 지형은 북동쪽의 파미르 고원과 히말라야 산맥에서 남서로, 북서쪽 이란고원에서 남동으로 사면(斜面)을 이루고 있으므로 저지(低地)인 파키스탄에는 히말라야 산맥 북서부에서 발원하여 카라치에서 아라비아해(海)로 유입하는 인더스 강이 흐른다. 남쪽에 방갈로르를 중심으로 하는 고지대[381]가 있는 인도 아대륙은 전체적으로 서고동저(西高東低)의 지형이어서 갠지스 강 등 모든 강은 동향하여 벵골만으로 흘러든다. 우리는 인도문명 후의 공백기에 출현하여 현존하는 이곳의 힌두세계에도 우리의 명제에 따라 수도가 압력이 큰 곳으로 끌려갔음을 볼 수 있다.

먼저 인도사회를 보면 마우리아 왕조[382]와 재건된 세계국가인 굽타제국은 수도를 마가다 지방[383]의 파탈리푸트라에 두었다. 그곳은 북회귀선 남쪽으로 펼쳐진 힌두스탄 대평원[384]으로 들어가는 통로로서 중국의 직례성(直隸省)과 같은 전략적 요충이었다. 마가다가 수도의 지위를 누린 것은 인더스 강 북서쪽의 호전적인 고지 만족이 펀자브 지방[385]에 압력을 가하여 그곳을 갠지스 강 하류지역보다 활력적이게 했기 때문인데, 굽타제국의 붕괴로 인한 공백기에 바르다나 왕조로서 인도사회의 세계국가를 일시적으로 재건한 하르샤[386]도 압력이 새롭게

---

381. 데칸고원, 일반적으로는 나르바다 강의 남쪽을 지칭. 면화, 철광석, 석탄의 주산지.
382. 자이나교도로 알려진 〈찬드라굽타, BC321~299〉가 창건한 인도 최초의 세계국가. 공작왕국(孔雀王 國)이라고도 하며 2대 왕인 Bindusāra는 브라만교도로 알려져 있고 3대 왕인 아쇼카(BC264~227)는 불교에 귀의하여 그 전파에 크게 공헌했음.
383. 갠지스 강 중류의 고도(古都). 불교의 발상지로서 고대 인도의 정치와 행정 및 문화의 중심지.
384. 동서로 아라비아 해로부터 벵골만까지 3200km, 남북으로 250~300km인 대 충적평야로서 인도의 기부(基部)를 이루고 있다.
385. Punjab. "다섯 개의 강"이라는 뜻.
386. 당나라 현장법사는 이 하르샤의 재위 중(606~647)에 인도를 왕래했다.

증대됨에 따라 스타니스바라[387]를 수도로 삼았던 것이다.

힌두세계로 들어와서는 먼저 아랍인이 인더스 강을 거슬러 오르면서 압력을 행사했는데, 그 대응으로 일어난 프라티하라(Gurjara)족의 라지푸트 왕국[388]도 갠지스 강의 서쪽 기슭에 있는 카나우지를 수도로 삼았다. 인도사회의 상기한 만족은 중국사회의 섬서와 산서 서쪽의 만족과 대비를 이루는 것이고 그 대비는 극동사회와 힌두사회에서도 계속된다. 두 사회에는 공히 유라시아 스텝의 유목민이 가하는 압력이 있었는데, 극동사회에서는 중국사회의 만족이 굴종 또는 동화된 것에 기인한 것이고 힌두사회에 가해진 유목민의 압력은 호전적인 고지민의 압력보다 강했다. 훈족과 구르자라족은 굽타제국의 붕괴로 인한 민족이동으로 힌두세계로 침입했으나 종교적인 면역성을 갖추지 못했으므로 힌두교로 개종하거나 동화된 후 때맞춰 발생한 아랍인의 침공에 대응하여 라지푸트 왕국을 건설했다. 힌두인은 그에 대한 반작용으로 줌나강 서쪽 기슭에 델리를 건설했는데, 힌두인은 노예왕조[389]가 처음으로 수도의 지위를 부여한 델리를 튀르크족에게 빼앗겼다. 이슬람교도로서 이란문명의 사도였던 튀르크인은 자기들의 종교와 문화를 갠지스 강 유역에 강요하여 전 인도로 확장시키려고 했다. 그 튀르크족은 줌나 변경과 갠지스 강 유역 및 데칸고원을 정복했고, 〈아크바르 대제〉[390]는 힌두세계의 잡다한 단편들인 힌두교와 이슬람교도들의 공국들을 하나로 묶어 무굴제국(1556~1858)을 창건했다. 델리는 인도로 침입한 유라시아의 침입자들이 선호했으므로 그로 인한 긴장과 압력 때문에 수도

---

387. 펀자브에서 줌나강에 이르는 길을 제압하는 북서쪽의 새로운 요충.
    ※ 줌나(야무나)강-히말라야 산맥에서 발원하여 남동진하다가 칸푸르를 지나 마가다에서 갠지스 강과 합류한다. 이 강의 남쪽 아그라 지방에 타지마할 묘가 있다.
388. 구제라트에서 서하지방(西河地方)까지 지배한 힌두교국.
389. 튀르크족 아이바크가 창시한 인도 최초의 이슬람교국(1206~1290). 노예 출신의 왕이 많아서 그렇게 불린다.
390. Akbar. 티무르가(家)의 탁월한 정치가. 1556년부터 49년 동안 황제로 재위했음.

의 지위를 잃지 않았다. 극동사회에서 북경이 남경으로부터 두 번이나 수도의 지위를 회복했던 것처럼 델리는 영국인의 캘커타로부터 수도의 지위를 회복했던 것이며 경제적 주도권과 활력이 봄베이에 집중된 것은 극동세계의 상하이 (上海)와 같이 그곳에 서구의 경제적인 압력이 가해졌기 때문이다. 19세기에 인도의 지배를 노리던 영국 제국주의자들은 무굴제국의 좌절된 지배를 대신하는 체제를 재건하려는 정치적 활동의 중심지, 서구화가 진전된 곳, 항해가 가능한 항구라는 세 가지 이점에 주목하여 캘커타를 식민지의 수도로 삼았다. 그러나 캘커타는 인도의 실질적인 내지로서 자극이 부족했고 델리는 무굴제국의 종식과 북서쪽의 여전한 원인으로 인한 압력이 증대되었으므로 그들은 델리로 돌아가지 않을 수 없었다. 그리고 봄베이 행정구는 육지와 바다를 통한 온갖 압력과 극동사회의 상하이와 같이 인도-힌두사회의 중요한 요소들이 집중되어 왔으므로 그곳에서 사회를 주도하는 정치가와 실업가 및 사상가가 일어나고 있는 것은 그 자극으로 말미암은 것이다.

(4) 수메릭 사회와 바빌로닉 사회에서

수메릭 사회에서의 대비는 수메르-아카드 제국의 발상지로서 수메릭 문명의 중심지이자 내지였던 우르와 그 사회의 변경으로서 제신(諸神)의 문(門)이라고 하는 바빌론[391]에 있다. 수메르-아카드 제국은 우르를 수도로 하는 수메르의 어떤 왕조에 의해 건설되었으나 활력이 부족하여 좌절된 후 변경인 바빌론에서 아모르인의 왕조로 재건되었는데, 이 사실은 이곳에서도 정치적인 권력은 압력이 강한 곳으로 이동했음을 의미한다.

수메릭 문명의 자에 해당되는 바빌로닉 문명의 역사에서도 같은 현상이 나타난다. 우리는 바빌로니아는 무력만이 아니라 예술로도 아시리아에 미치지 못했

---

391. 바빌론은 아카드어로 〈Bābilu〉 '신의 문'. 북아라비아 스텝의 유목민이었던 아모르인은 이곳을 통해 시나르 땅으로 침입했다.

음을 보았고 그것은 아시리아가 새로운 땅에 있었기 때문이라고 생각했다. 그러나 그 궁극적인 원인은 바빌로니아가 바빌로닉 세계의 내지에 있었음에 반해 아시리아는 지속적인 외적 압력의 정면에 맞서야 하는 변경에 있었다는 사실에서 발견된다. 아시리아와 바빌로니아 및 엘람으로 대표되는 바빌로닉 세계는 발생기에 시리악 사회[392]와 조우하여 압력을 받았고 기원전 14~7세기에 주변의 잡다한 족속들[393] 및 이란고원과 아나톨리아의 고지인, 유라시아 유목민 등으로부터 침입이나 압력을 받았다. 그래서 그 사회도 시종 변경 지킴이의 역할을 감내한 세력이 주도권을 행사했는데, 우리는 아시리아에 이어 바빌로니아와 메디아가 차례로 그 사회의 주도권을 장악했음을 알고 있다. 수메릭 문명 후의 민족이동에서 아시리아는 침입한 미탄니인을 격퇴[394]했으나 바빌로니아는 카시트족의 침입에 굴복했다. 그에 앞서 아모르인은 둘로 나뉘어 하나는 다마스커스에서 하마에 이르는 시리아 동부의 오아시스에 정착했고 다른 일부는 유프라테스 강 중류로 빗나가 북메소포타미아의 목초지를 차지했는데, 아카드로 들어 온 아모르인은 분화되지 않은 만족이어서 곧바로 그들이 침입한 땅을 지배하던 문화에 동화되었다. 아시리아는 그 후 기원전 11~10세기에 미탄니인보다 완강한 아람인[395]과의 생존경쟁에 휩쓸렸는데, 그 아람인은 아시리아의 서쪽 경계에 침입했을 때 이미 시리악 문명권에 들어 있었다.[396] 그리하여 바빌로닉 세계에 가해진 아람인의 압력은 힌두세계에 대한 튀르크 이슬람교도의 압

---

392. 시리악 사회는 당시에 이미 동란시대에 돌입했다.

393. 미탄니인, 카시트 만족, 아모르인, 아람인, 칼데아인 등.

394. 아시리아는 히타이트의 노력에 힘입어 BC 14세기에 압력을 가하던 미탄니인을 격퇴했다.

395. 아람인은 시리악 문명 탄생 전의 민족이동에서 히브리인과 함께 아라비아 반도에서 나온 유목민이었는데, 히브리인이 남부 시리아로 갔음에 반해 아람인은 아모르인의 옛길을 거쳐 북쪽으로 몰려갔다.

396. 그것은 훈족의 뒤를 쫓아 인도에 침입한 튀르크족이 그 이전에 신생 이란문명권(圈)에 편입되어 이슬람교의 접종을 받음으로써 힌두교에 대한 면역성을 가지고 있었던 것과 마찬가지였다.

력과 마찬가지로 무서운 위험으로 작용했다. 그러나 라지푸트가 인도를 구하지 못했음에 반해 아시리아는 그 아람인을 2세기 동안 가로막았을 뿐만 아니라 기원전 9세기에는 반격을 개시하여 군대를 지중해 기슭까지 진격시켜 전 시리아를 유린했다. 이리하여 시리악 문명과 바빌로닉 문명의 길고 격렬한 투쟁의 첫 단계에서 아시리아는 공격의 주력으로서 바빌로닉 세계를 위해 승리를 쟁취했으나 그동안 바빌로니아는 침투한 칼데아인을 무난히 동화[397]시켰다. 아시리아는 남서쪽으로 시리악 문명의 아람인에게서 받는 압력 외에도 동부와 북부의 이란고원과 아나톨리아 고원의 고지주민에 맞서서 배후를 방어해야 했다. 그리하여 아시리아는 바빌로닉 세계의 내지를 보호하는 변경 지킴이의 역할을 수행했지만 시리악의 적에게는 이기기는 했어도 늘 수세에 몰렸다.[398] 그럼에도 사방에서 받는 압력 속에서 무용(武勇)으로 바빌로닉 세계를 보호하고 있는 한 아시리아는 바빌로니아가 대항키 어려운 활력을 발휘했다. 그러나 아시리아는 기원전 7세기에 이란고원을 넘어 바빌로닉 세계와 시리악 세계로 침입한 스키타이족[399]과 킴메르인을 버려두고 군대를 자매국인 바빌로니아로 돌렸다. 그것은 변경 지킴이의 역할을 포기한 것이었는데, 아시리아의 압력이 썰물처럼 빠져 나가는 것을 체험한 시리악 세계에서는 이스라엘 예언자가 표현한 것과 같은 종교적 영감이 일어났고 바빌로니아인은 그 압력으로 인해 강한 자극을 받았다. 그리하여 칼데아인의 피가 들어와 강화되고 아시리아의 학대로 단련되어

---

397. 유목민으로서 아람인이나 히브리인과 동시에 아라비아 반도에서 나온 칼데아인은 남동쪽으로 이동했기 때문에 신생 시리악 문명의 영향은 그들에게 미치지 못했다. 또한 그들은 아모르인과 같이, 그리고 아랍인과는 달리 분화되지 않은 만족으로서 평화롭게 침투했다.

398. 이 접전을 통해 반호(湖) 분지의 우라르투 왕국이 바빌로닉 문명으로 개종했을 때 투쟁은 더욱 격렬해졌다. 불가리아가 정교 기독교로 개종한 후 동로마 제국과 투쟁했던 것처럼.

399. 이란계의 호전적인 기마 유목민족. 그들의 발달한 조형미술은 극동으로까지 전파되었다.

강한 내셔널리즘을 발현한 바빌로니아인은 기원전 7세기 말에 메디아인[400]과 연합하여 기원전 612년에 니네베를 함락시키고 변경 지킴이의 책임을 회피한 아시리아를 멸망시켰다. 위 스키타이족과 킴메르인의 침입은 10세기 전에 있었던 힉소스인의 침입에 이은 바빌로닉 세계에 대한 서남아시아 유목민의 두 번째 도전이었다. 그에 있어서 아시리아는 그것을 방어하기는커녕 그들을 바빌로니아-메디아 연합군과의 싸움에 용병으로 활용하기까지 했다. 그리하여 바빌로니아는 다시 내지로 바뀌었으나 메디아는 최선을 다해 침입자들을 추방하거나 굴복시킴으로써 아시리아를 대신하여 서남 아시아의 주도권을 장악했다.

(5) 시리악 세계에서

스키타이인의 침공은 바빌로닉 세계에서 아시리아를 대신하여 메디아가 패권을 잡게 했으나 궁극적으로는 시리악 사회가 바빌로닉 사회에 승리하는 결과를 초래했다. 기원전 11세기에 아시리아와 아람의 충돌로 시작된 그 싸움은 처음에는 아시리아가 이란과 아나톨리아 고지민의 침공을 방어하면서도 시리악 사회를 타격함으로써 바빌로닉 사회가 우세를 지켰다. 그러나 두 사회에 대한 스키타이인의 침공은 양자의 대결을 군사면에서 문화면으로 옮겼는데, 그것은 주변의 위 두 고지민을 개종 또는 동화시키는 경쟁으로 바뀌었다. 이 경쟁에 있어서 바빌로닉 사회는 우라르투(Urartu)를 동화시킴으로써 앞서 갔으나 시리악 사회는 이란고원의 메디아를 개종시킴으로써 그것을 상쇄했다. 그러나 아시리아는 기원전 8세기에 시리악 사회의 여러 나라를 제압했을 때 큰 실책을 저질렀는데, 그것은 피정복민을 다른 곳으로 이주시켜 그들 고유의 정신을 없앤다는 유폐 및 분할통치 정책을 〈왕상 17:6, 18;11〉에서와 같이 극단적이고도 잔인하게 시행한 것이었다. 그중 유대인을 메디아로 옮긴 것은 메디아의 시리악화를 초래했고 스키티아인의 도전은 메디아에 이어 바빌로닉 사회가 동화시켰으되 종교

---

400. 이란의 고지주민.

성을 충족시키지 못한 우라르투까지 동요하게 했다. 그리하여 그 지역에 형성된 아시리아, 시리악 사회, 스키타이, 메디아, 우라르투 등 다섯 정체(政體)의 상호작용은 시리악 사회에 유리하게 작용했다. 아시리아의 급격한 몰락[401]으로 바빌로닉 사회의 나머지 부분은 〈나보폴라사르〉와 〈네부카드네자르〉의 신 바빌론 제국에 통합되었으나 그 이후로는 시리악 사회 본체와 그 사회가 새로 획득한 이란지역의 영토에 의해 영양(羚羊)이 왕뱀에 감기듯 포위되어 압박당했다. 그리고 그것을 조여 죽이고 먹어치우는 일은 역전하여 메디아까지 압도한 후 시리악 사회의 세계국가인 아케메네스 제국을 세운 페르시아에 의해 기원전에 완료되었다. 우리의 이 법칙은 이어지는 시리악 사회의 역사[402]에서도 동일하게 예증된다.

이란의 편입으로 확대된 시리악 사회는 유라시아 스텝과 접촉했는데, 그로 인해 발생한 유라시아 유목민의 압력은 강력한 것이어서 아시리아를 대신한 메디아와 메디아를 내지로 돌린 페르시아는 그 압력에 대응하여 사회의 주도권을 잡았다. 거기에 있어서 메디아는 소극적이어서 카스피의 관문[403]이라는 좁은 지역에서 시리악 사회 전체가 아니라 자기만을 위한 방어에 만족하고 있었지만 아케메네스 제국은 북동진하여 옥수스 강에 이르는 선까지 확장함으로써 메디아를 내지로 돌리고 변경 지킴이의 역할과 주도권을 빼앗았다. 메디아의 지배를 받던 페르시아의 제후였던 〈키루스〉[404]는 시리악 사회의 세계국가인

---

401. 바빌로니아와 메디아 연합군은 BC 612년에 니네베를 함락시킨 데 이어 BC 610년에는 아시리아의 잔당이 도주한 하란까지 함락시켰다. 이에 아시리아의 패잔병은 BC 609년에 이집트 왕 〈느고〉를 끌어들여 하란 탈환전을 펼쳤으나 실패하여 완전히 멸망했다. 성경 〈왕하 19:35~37, 사 37:36~38〉 〈헤로도토스〉의 「역사」 〈요세푸스〉의 「유대 고대사」 등을 참조할 것.

402. 그 역사는 〈메디아〉-〈아케메네스조 페르시아 제국〉-〈헬레니즘의 침입〉-〈아르사케스의 파르티아조〉-〈사산조 페르시아 제국〉-〈사라센 제국〉으로 이어졌음. '사라센 제국(諸國)'은 이슬람의 칼리프나 술탄의 지배로 명멸한 우마이야 왕조, 재건된 시리악 세계국가인 아바스조 칼리프국, 튀르크계 셀주크 왕조, 몽고의 지배, 티무르 제국, 무굴제국, 사파비 왕조, 오스만 제국 등을 총칭하는 용어.

403. 엘브루즈 산맥과 이란 중앙사막 사이의 지역.

404. 2세. 메디아 아스티아게스의 딸인 만다네의 아들. 아케메네스조 페르시아 제국을 건설했으나 BC

아케메네스 제국을 건설하는 서곡으로 기원전 550년에 메디아를 정복하여 외조부인 메디아 아스티아게스[405]를 생포하고 박트리아를 장악했다. 더하여 그의 후계자들은 최후의 다리우스 때에 알렉산더가 다르다넬스 해협을 횡단하고 유프라테스 강을 건너기 전에는 더 큰 것으로 여겼던 유라시아 스텝 유목민의 압력에 대응하여 근처의 모든 강[406] 주변의 오아시스들을 강점하는 것으로써 정치적인 활력을 발휘했다. 그들은 〈크세르크세스〉[407]의 그리스 원정 실패와 아테네의 반격에도 불구하고 북동변경의 그 압력을 더 크게 여겼던 것인데 그 후에 아케메네스 제국에 대한 헬레닉 세계의 변경 지킴이가 된 알렉산더도 아케메네스 제국을 정복하면서 그것을 체험했다. 알렉산더가 아케메네스 제국의 내지[408]를 정복할 때 5년밖에 걸리지 않았고, 페르시아인은 제국의 본거지였던 페르시스에서도 기원전 331년에 있었던 아르벨라의 전투[409] 결과를 조용히 수용했다. 그러나 북동부의 압력으로 단련되었고 옥수스 강과 약사르테스 강[410]

529년에 마사게타이 유목민과의 전투에서 전사했음. 재위 BC 559~529

405. BC 584~549년간 재위한 메디아의 왕. 딸이 눈 오줌으로 나라 전체와 온 아시아가 범람하는 꿈을 꾸고 술사에게 물은바 공주인 만다네가 낳는 아이는 조부를 반역하고 전 아시아를 지배할 것이라는 답변에 메디아도 아닌, 후진 곳 페르스의 하층민이었던 〈캄비세스〉를 사위로 삼았다. 키루스를 임신한 만다네가 더 이상한 꿈을 꾸자 아스티아게스는 〈하르파고스〉에게 아이가 태어나면 죽이라고 했지만 하르파고스는 때맞춰 태어난 아이를 죽이고 키루스는 숨겨서 키웠는데, 그 아이가 자라면서 영특한 것으로 소문이 나자 불러 본바 손자인 것이 확인되자 아스티아게스는 하르파고스에게 자기 아들을 죽여서 먹게 하는 벌을 내리고 손자는 부모에게 보냈다. 후에 키루스가 장성하자 하르파고스는 반역하여 키루스를 메디아와 페르시아 전체의 왕으로 옹립했다.

406. 헤리 루드, 무르가브, 옥수스, 약사르테스 등의 강으로써 모두 이란고원의 북사면과 파미르 고원의 서사면에서 발원하여 중간에 끊어지거나 카스피 해 또는 아랄해로 유입한다.

407. Xerxēs. 다리우스 1세의 아들, 4대 왕(BC486~465). 3차 페르시아 전쟁을 일으켜 살라미스 해전에서 대패했음. 성경에는 〈아하수에로〉로 기록되어 있음.

408. 다르다넬스 해협에서 리비아의 오아시스 및 카스피의 관문에 이르는 광대한 땅.

409. 알렉산더가 다리우스 3세를 결정적으로 타도함으로써 아케메네스 제국을 멸망시킨 전투.

410. 옥수스 강은 지금의 아무다리야 강인데, '아무다리야'라는 이름은 '아무르'라는 도시의 이름에서 유래한 것이다. 그곳은 고대 그리스의 사료(史料)에 Oxus로 기록되어 있어서 서구에서는 옥수스

유역의 만족들에 대한 자위(自衛)로 강해진 박트리아 및 소그디아나의 호족들은 자발적이고도 열정적으로 저항했다. 그래서 알렉산더는 그곳에 2년이나 더 머물러 전자는 격렬한 전투 끝에 토벌하고 후자는 석궁을 쏘아 간담을 서늘케 한 뒤 유화책으로 귀순시켰던 것이다.

시리악 사회의 세계국가가 아바스조 칼리프국[411]으로 재건되었을 때에도 활력은 여전히 북동쪽 변경에 집중되었는데 시리악 사회에 있어서 바그다드와 호라산의 대비는 그 예증을 제공한다. 시리아와 이란이라는 시리악 사회의 두 지역적인 영토의 중간에 위치한 바그다드는 경제력이 가장 큰 곳이고 북동변경인 호라산은 우마이야조가 트란스옥사니아를 탈환할 때 행동기지로 삼은 곳이다. 그렇기 때문에 아바스조의 수도는 행정과 경제적인 이점을 고려하여 바그다드로 정해져 있었으나 우마이야조를 대신하여 아바스조를 수립함으로써 시리악 사회의 세계국가를 재건하는 정치와 군사적인 운동은 호라산에서 일어났다. 키루스와 파르스인이 아스티아게스와 메디아인을, 발흐와 수그드의 디흐칸(族長)들이 알 카르나인을 격퇴할 용기를 내게 한 그 압력의 자극이 아브 무슬림과 호라산의 주민에게 우마이야조[412]를 타도할 용기를 부여했던 것이다. 그것은 750년의 일인데, 우마이야조가 호라산을 행동기지로 삼은 것은 호라산이 그 위업을 달성함에 있어서 좋은 자극이 되었다. 그리하여 천 년에 걸친 헬레닉 세계의 간섭과

강이라고 하는데, 힌두쿠시 산맥의 북사면에서 발원하여 타지키스탄, 투르크메니스탄, 우즈베키스탄을 지나 아랄해로 유입한다. 상류는 '와흐지루천(川)' 그 이하는 '와한다리야'이고 그것이 우측에서 흘러드는 와흐슈 강과 합류하여 '아무다리야'가 되는데, 그 유역은 고대 중앙아시아 문화의 요람이었고 그 삼각주는 면적이 11,000㎢로서 세계 최대의 규모를 자랑한다. 약사르테스 강은 지금의 시르다리야 강으로서 텐산산맥에서 발원하여 우즈베키스탄 북부와 카지흐스탄 남부를 흘러 아랄해로 들어가며 길이는 2,212㎞이다. 이 연구에서는 앞으로 이 두 강을 '兩江' 또는 '두 강'이라고 표기한다.

411. 천 년에 걸친 헬레닉 세계의 침입 후에 재건된 시리악 사회의 세계국가.

412. 661~750년간 유지된 로마제국의 후계국가, 〈무아위야〉가 다마스커스에서 건국했음.

압력이 사라지고 재건된 세계국가에 의해 그 판도가 아케메네스 제국의 전성기와 같이 회복되자 동북변의 압력이 다시 최대의 것이 되었고 역사도 다시 되풀이되었다. 그것은 아바스조 칼리프국의 정치적 권력이 시종 더 큰 압력이 가해진 북동변경에 집중되었고 그 후계국가 중 가장 강력하고 유능한 두 나라[413]가 그 지역에서 일어났음에서 알 수 있다. 사만왕조는 유아기의 페르시아 문학을 발전시키고 스텝의 유목민이 개종하지 않고는 진입하지 못하게 함으로써 두 강 유역을 떠돌던 셀주크족과 무굴리스탄[414]을 방랑하던 만족을 개종시켰다. 개종함으로써 진입을 허용 받은 메르프의 셀주크 정권은 스텝에 머물며 아직 개종하지 않은 동족의 침입을 막는 변경 지킴이로서 이슬람권의 변경을 충실하게 방어했다. 그리고 자기들의 종교와 충성에 등을 돌려 이교도 유목민의 서요(西遼)라고 하는 〈카라 키타이〉와 손잡고 셀주크조의 술탄을 추방함으로써 세력을 얻은 흐와리즘의 샤들[415]조차 시리악 문명 후의 민족이동에 있어서의 최후의 격동에서 이슬람 세계를 압도한 몽골인의 습격을 정면에서 받음으로써 명예를 회복했다.

이리하여 우리는 약 19세기에 걸친 시리악 사회의 발자취에서 변함없는 하나의 현상[416]을 확인하는 것인데, 셀레우코스 제국에서 지배적이었던 상황은 통칙을 증명하는 하나의 예외이다. 셀레우코스조에서도 힘과 활력은 변경으로 옮겨가는 경향이 있었으나 그것은 아케메네스조나 아바스조의 경향[417]과는 방향이 달랐다. 셀레우코스조는 유라시아 유목민보다는 헬레닉 사회의 압력을

---

413. 발흐와 부하라의 사만왕조(819~999) 및 메르프의 셀주크 정권(1089~1141)

414. Mughūlistan. 천산산맥과 알타이 산맥 사이의 지역으로서 과거의 용어로는 중가리아.

415. 그들은 분화되어 있어서 서로 대립하거나 배신하기도 했음.

416. 사회적인 활력은 압력이 강한 곳으로 이동한다는 것.

417. 사회적인 활력은 공히 북동변경으로 이동했는데, 전자에서는 페르세폴리스와 수사와 바빌론 및 에크바타나에서 박트리아와 소그디아나로, 후자에서는 바그다드에서 호라산과 트란스옥사니아로 옮겨졌다.

더 중하게 여겨 발상지인 티그리스 강변의 셀레우키아로부터 유라시아 스텝 변두리의 알렉산드리아가 아니라 오론테스 강변의 안티오키아[418]로 향했다. 그러나 그것은 경솔하고 비정상적인 정책이어서 셀레우코스 제국은 멸망하고 시리악 세계는 북동변경을 상실했다. 셀레우코스조가 두 강 유역을 등한시하자 그곳의 그리스인은 자구책으로 박트리아국을 세웠으나 제국의 지지와 후원을 받지 못해 기원전 2세기에 유목민에게 굴복[419]했다.

(6) 이란세계의 두 곳에서

위와 같이 진행된 시리악 사회의 역사에 있어서 메디아를 개종시킨 것은 이란지역을 새 판도로 확보한 것으로 귀결되었는데 천 년 동안의 단절에 이은 이와 같은 진행은 몽골인의 대홍수 후에 그곳에서 시리악 문명을 계승한 이란문명이 싹트게 했다. 우리는 여기에서도 힘과 활력은 압력이 강했던 북동 및 북서변경에 집중되었음을 알 수 있다.

① 유라시아와 접하는 북동변경에서

상기와 같이 시리악 세계국가의 재통합 직전에 아랍인에 의해 다시 시리악 세계에 편입되고 아바스조에서 더욱 중요한 역할을 맡은 시리악 사회의 북동변경[420]은 이란문명[421]의 첫 단계에서 또다시 중요한 역할을 했는데, 가해진 압력에 대응하는 정치적인 활력의 차이는 거기서 태어난 두 칸국[422]의 역사적 역할에서 명확히 드러난다. 측량줄이 좋은 곳에 떨어져 아름다운 기업을 얻은[423] 〈일 칸

---

418. 지중해와 유프라테스 강을 잇는 최단의 경로에 걸쳐 있으되 지중해에 근접한 곳. Antioch.
419. 그 땅은 8~9세기에 아랍인에 의해 시리악 세계로 회복되었다.
420. 유라시아 유목민에 대한 시리악 사회의 변경, 두 강 유역.
421. 아바스조 칼리프국의 붕괴로 인한 공백기 이후에 몽골족 대홍수의 물결이 물러나가 시작했을 때 출현한 시리악 문명의 자에 해당하는 사회.
422. 공히 몽골제국의 후계국가로서 내지였던 이란과 이라크에 위치한 〈일 칸국－훌라구가(家)의 칸국〉과 사막과 경작지 사이의 변경에 자리 잡은 〈차카타이 칸국〉
423. "내게 줄로 재어 준 구역은 실로 아름다운 곳에 있음이여 나의 기업이 실로 아름답도다"〈시

국〉에서는 아무 일도 일어나지 않았고 그들은 구름이 사라지듯이[424] 몰락하여 다시 일어나지 못했다. 그러나 〈차카타이 칸국〉으로부터는 역사에 각인을 남긴 두 세력, 즉 중앙아시아에서의 〈티무르 렝크 제국〉과 인도에서의 〈티무르가(家)의 제국〉이 일어났다. 티무르가의 제국, 즉 인도의 이슬람교국인 무굴제국에 있어서 창시자인 〈바부르〉[425]와 그 손자인 〈아크바르〉는 각각 다윗과 솔로몬에 비견되는데, 이 두 사람은 공히 유라시아 유목민의 압력에 대한 응전에 성공함으로써 위대한 존재가 되었다. 〈티무르, 1369~1406〉는 트란스옥사니아에 있었던 차카타이령(領)의 유목지구가 아닌 정주지구의 봉건태수(封建太守)로서 그 생애를 시작했다. 이 공국(公國)의 어울리지 않는 두 지구[426]는 1321년에 차카타이의 혈통이 다른 두 왕자에 의한 영지 분할로 인해 정치적으로 분리되었는데, 이 사건과 함께 티무르는 그 생애의 서곡을 열었다. 서칸국 몽골인 지배자들의 개종[427]을 수반했으되 그 개종과 인과관계를 갖게 된 이 정치적인 분리는 다음과 같은 두 가지 결과를 초래했다. 첫째는 두 강 유역의 종속민이 100년에 걸친 종속 뒤에 문화적 자기주장을 하게 되자 그곳으로 신생 이란문명이 진입하게 된 것이고 다음은 경계지방의 신흥 정주민 세력에 대한 유목민의 반동이 일어난 것이다. 상대적으로 온화하고 문화적이었음에도 자기들의 지배력이 약화되고 있음을 느낀 서칸국 몽골인의 사주(使嗾)를 받은 동칸국의 〈투글루크 티무르〉가 서칸국을 병합하려고 했던 시도는 그것을 약탈자의 압제와 미개한 상태로의 복

16:6)

424. "구름이 사라져 없어짐 같이 음부로 내려가는 자는 다시 올라오지 못할 것이오니" 〈욥 7:9〉

425. 티무르의 현손(玄孫)의 아들.

426. 한 지구인 두 강 유역의 오아시스에서는 이교도인 몽골족이 서칸국으로서 이슬람교도 정주민을 지배했고, 북동부의 다른 지구인 두 강 유역에 인접한 중가리아 스텝에서는 동칸국 차카타이의 칸들이 이교도 유목민의 지도자로 되어 있었다.

427. 서칸국의 몽골인 지배자들은 동칸국의 동족(同族)보다 100여 년이나 빨리 종속민의 종교인 이슬람교로 개종했다.

귀로 여긴 서칸국 정주민의 반발을 야기했다. 그로 인해 서칸국의 태수들은 투글루크를 피해 도주했는데, 〈티무르 렝크〉는 복귀하여 사태를 해결하기 위해 투글루크와 만나는 등 용감하고도 과단성 있는 행동으로 이란문명을 옹호했다. 투글루크는 무굴리스탄으로 돌아가면서 티무르를 두 강 유역을 통치하는 부왕(副王)의 보좌관으로 임명했는데 그것을 기회로 삼은 티무르는 반란을 조직하여 동칸의 지배를 축출했다. 그리고 티무르가 이어진 Jatah[428]의 토벌전(討伐戰)을 극복했을 때 그것은 약사르테스 강 건너에서 〈키루스〉를, 도나우 강 저편에서는 〈다리우스〉를 패주시킨 사업에 착수한 것이 되었다. 그는 차카타이령(領)의 몽골인을 굴복시켰고, 이어서 주지 영지(領地)의 몽골족 유목민[429]을 분쇄했으며, 드디어 정주민 세력을 대표하여 유목민을 그들의 본거지인 유라시아 스텝의 중심부까지 쫓아가며 공격했다. 그것은 킵차크의 유목민이 내분에 휩싸여 무력했기 때문이었는데 러시아도 그것을 틈타 일시적으로 몽골의 지배로부터 벗어났다. 그러나 유목민 세력을 규합하여 정치적인 통일[430]을 달성한 킵차크의 〈토카트미시〉는 1382년에 모스크바를 침공하여 러시아에 대한 지배를 복원한 후 1388년에는 티무르가 파르스로 원정(遠征)한 것을 틈타 두 강 유역을 침공했다. 그는 킵차크의 연합군을 이끌고 파죽지세로 사마르칸트로 진격했으나 회군한 티무르가 다가오자 특유의 도주전술을 구사하여 스텝으로 후퇴했다. 이에 대하여 티무르는 다리우스와는 달리[431] 철저한 준비로 스텝을 종단하여 끝까지 추격

---

428. 오스만 튀르크어의 산적이나 게릴라를 의미하는 Cheteh와 비슷한 의미. 오아시스 정주민의 이웃이었던 자트족 유목민이나 게타족에서 유래했을 것임. 두 강 유역 주민들은 경멸의 의미로 몽골인을 Jatah라고 불렀는데, 그 야타는 오아시스 주민이 일으킨 반란을 진압하려 했으나 티무르는 그 주민을 지도하여 1362~7년에 몽골인을 몰아냈다.

429. 이들은 칭기즈칸이 장남인 주지(납치한 자의 씨를 받은 아내의 아들)에게 주었던 알타이와 카르파티아 산맥 사이의 광대한 킵차크 스텝에서 흐와리즘과 러시아를 지배했다.

430. 그 통일은 그들의 역사에 있어서 처음이자 마지막이었다.

431. 1900년 전에 다리우스는 이 도주 전술에 대해 처음에는 초조해했고 나중에는 두려워했다.

하는 웅장한 토벌전으로 그들을 우르타파에서 분쇄했다.

이것은 인간적 환경의 압력이 그에 맞서는 변경민에게 미치는 자극의 효과를 입증하는 것으로서 티무르와 트란스옥사니아인이 훗날 오스만리까지 일시적으로나마 굴복시킨 것은 이란세계에 대한 동북변의 압력이 서북변의 압력보다 강했음을 말해 주는 것이다. 그리고 그로 인해 그들이 군국주의로서 전쟁을 위한 전쟁을 일삼은 병폐적인 무리들이라는 악평을 들은 것은 놀랄 일이 아니며 그 군국주의화된 트란스옥사니아가 넘치는 활력으로 티무르 이후로 100년이 넘도록 이란의 문화에 크게 기여했고 문화적으로 걸출한 인물들을 낳았음은 주목해야 할 일이다. 호라산 출신인 〈자미〉는 파르스의 시라즈 출신인 〈하피즈〉를 잇는 페르시아 시(詩)의 거장이었고, 국무대신으로서 다재한 천재였던 〈나바이〉는 문인 일파의 핵심으로서 페르시아 문학을 모델로 하여 튀르크의 새로운 문학을 창시했다. 티무르도 문인을 적극적으로 옹호했고, 손자인 〈울르그 베그〉는 사마르칸트에 천문대를 세우고 성좌표(星座表)를 만들었으며, 현손의 아들인 〈자히르 앗딘 바부르〉가 남긴 자기의 시대에 관한 「자전적 역사」는 종형제인 〈하이다르〉의 같은 종류의 저술과 함께 주목할 만한 것이다. 그리고 바부르의 회상기(回想記)에서 드러나는 그의 문학적 재능은 손자들에게 이어졌는데, 〈굴바단 베굼〉과 〈자한기르〉는 각각 「후마윤 나마」와 「투주크」라는 대작을 남겼다. 그리고 더욱 인상적인 것은 바부르와 하이다르의 조부로서 무굴리스탄을 통치한 〈유누스 칸〉의 생애와 인품에서 증명되는 바와 같이 티무르가 스텝을 침공한 후로 이란의 문화가 유목민의 심정과 지성을 사로잡은 것이다. 그는 어릴 때 인질로서 티무르 가문으로 들어가 티무르의 전기 작가인 〈야즈디〉에게 배운 뒤 시라즈에 살면서 모든 기예(技藝)의 스승으로 존경받았다. 그들이 옹호하고 발전시킨 이란의 문화는 우즈벡족이 100년 전 티무르의 전철을 밟아 트란스옥사니아를 압도했을 때에도 불꽃이 꺼지지 않고 정복자에게 전해졌다. 그리하여 우리는 우즈벡 출신의 학자인 히바[432]의 〈아불 가지 칸〉이 편찬한 「몽골인의 역사」를 가지고 있는 것이다.

② 정교 기독교 세계와 마주보는 북서변경에서

우리는 이란사회의 북동변경에서 대면한 압력의 강도가 달랐던 두 칸국의 정치적인 활력을 비교함으로써 변경(邊境)은 내지(內地)가 받지 못하는 자극을 받아 그에 상응하는 활력을 갖는다는 법칙을 예증했는데, 그 세계의 북서변경에서도 오스만리와 카라만리의 대조적인 운명에서 이 법칙을 확인할 수 있다. 아나톨리아가 동로마 제국에 속해 있다가 이슬람 세계로 편입되자 그 내지와 변경이 서로 바뀌었는데, 우리는 그로 인해 동로마 제국의 세 군단지구와 셀주크 술탄조[433]의 두 후계국가가 겪은 위상과 역할의 변화를 대비할 수 있다. 셀주크조가 200년도 채우지 못하고 멸망하자 휘하의 공국들이 벌인 상쟁에 있어서의 전망은 제국의 수도와 영토의 핵심부를 계승한 카라만리가 가장 좋았고 아나톨리아 고원 북서단의 좁고 보잘것없는 땅을 얻은 오스만리는 가장 암울했다. 튀르크족인 〈에르토그룰〉은 몽골인의 홍수에 쫓겨 이름도 없는 난민의 일단을 이끌고 셀주크령으로 흘러들었고 셀주크조는 보잘것없는 세력으로 뒤늦게 들어온 미천한 그 동족에게 가장 외진 변방을 주어 변경 지킴이로 활용했는데, 그 이름의 시원이 된 〈오스만〉[434]은 그 에르토그룰의 아들이다. 동로마 제국은 그때까지도 마르마라 해(海)의 아나톨리아 연안에 영토를 가지고 있었으므로 그 에르토그룰 난민의 땅은 〈술탄의 외뉴(전투정면)〉이라고 불렸는데, 그것은 그들이 몽골인에게서는 벗어났지만 어쩔 수 없이 동로마 제국과의 전쟁에

---

432. 여기에 있었던 튀르크계 우즈벡족의 〈Khiva 칸국〉은 1920년에 우즈벡 공화국에 편입되었는데 그 칸국의 수도인 Khiva가 곧 흐와리즘이다.
433. 튀르크족 부족장이었던 〈셀주크〉의 손자 〈투그릴베그〉가 11세기 시리악 문명 이후의 민족이동으로 튀르크족 이슬람교도를 이끌고 아나톨리아 내부로 들어가 세운 제국, 여러 공국을 거느렸음.
434. 오스만 제국의 초대 군주. 1295~1326.

휩쓸렸기 때문이다. 그 압력으로 자극을 받은 그들은 운명을 감수하고 떨쳐 일어나 영토를 확장하는 사업에 뛰어들었다. 그들은 1317~26년에 동로마의 부르사를 점령하고 그로부터 30년이 되기 전에 다르다넬스 해협 북안(北岸)에 발판을 구축한 후 정교 기독교 세계의 새로운 중심이 된 발칸반도까지 점령함으로써 '룸의 가지'⁴³⁵라는 칭호를 얻기도 했다. 그 결과 그들의 세력은 이란사회를 거쳐 인도로, 아랍사회를 지나 모로코로 확대되었는데 그 정복은 오스만리의 힘을 현저히 증대시켰으므로 그들은 티무르 렝크가 아나톨리아에서 전격적인 작전을 개시하기 전에 한 손으로는 그리스인과 불가리아인을 굴종시키고 다른 손으로는 카라만리를 비롯한 아나톨리아의 튀르크인 공동사회를 굴복시키고 있었다. 오스만리의 그러한 약진은 대사업을 꿈꾸는 자로서는 방치할 수 없는 것이었으므로 티무르는 아나톨리아를 대립과 경쟁에 묶어두려는 전략⁴³⁶을 펼쳤다. 그러나 정치지도를 개편하려는 그 시도는 너무 성급하게 시행되었고 티무르 스스로는 더 긴급하고 중요한 일 때문에 돌아올 수 없었으므로 카라만리는 회복하지 못했고 오스만리는 위기에서 벗어났다. 그리하여 오스만의 술탄 〈정복왕 메흐메드〉는 1453년에 콘스탄티노플을 장악함으로써 발칸반도를 확보한 후 1465년에는 완강히 저항한 카라만리를 합병함으로써 아나톨리아를 완전히 평정했다.

그토록 좋은 조건을 갖춘 카라만리가 200년도 채우지 못하고 굴복한 이유는 무엇일까? 그것은 정교 기독교 세계의 아나톨리아 고원이 이란사회에 편입되자 그들의 영토가 내지로 바뀌었기 때문인데, 그러한 변화는 동로마 제국이 아나톨리아에 배치한 군단들⁴³⁷의 위상 및 세력의 변화와 맥을 같이 한다. 동

---

435. 〈Rum의 Ghāzī〉 "로마에서 활약한 이슬람교의 영웅적인 전사"라는 뜻.

436. 오스만리의 힘을 삭감시킴으로써 카라만리의 힘을 키워주려고 전자를 앙카라에서 타격한 것.

437. 〈아나톨리아 군단-아나톨리아 고원〉〈트라켄시아 군단-아나톨리아의 에게해 연안〉〈제국근위대- 마르마라 해 연안〉
    ※ 아나톨리아-로마제국은 타우루스 산맥에서 북아라비아 스텝까지와 이집트 북동변에서 이라

로마 제국이 아나톨리아를 완전히 장악하면서 아랍인의 칼리프국과 대치했던 8~9세기에는 최전방의 아나톨리아 군단이 가장 강력하여 다른 두 군단보다 우위에 있었고 제국에 대해서도 지배적인 역할을 했다. 그러던 중 상기와 같이 아나톨리아를 잠식한 셀주크 술탄조가 무너지자 카라만리 공국은 그 아나톨리아 군단지구를 물려받았다. 그러나 오스만리의 활약으로 동로마 제국의 변경이었던 그 땅은 이란사회의 내지로 바뀌었고 동로마 제국의 내지로서 오스만리가 차지한 제국 근위대 지구는 그 북서변경이 되었다. 그리하여 압력과 자극은 카라만리에서 오스만리에게로 옮겨졌는데, 카라만리는 그로 말미암아 조기에 몰락한 것이다.

(7) 러시아 정교 기독교 세계에서

정교 기독교 문명이 10세기에 콘스탄티노플에서 흑해를 건너고 유라시아 스텝을 지나 러시아[438]에 이식되었을 때 뿌리박은 곳은 드네프르 강 상류지역[439]

크 북서변경까지를 넓은 의미의 시리아로 불렀고 통칭으로는 '오리엔스'라고 불렀는데, 그리스어 '아나톨레'로 와전된 오리엔스는 튀르크어 '아나톨루'로 재차 와전된 후 아나톨리아로 굳어졌다.

438. 이 고찰에 관련된 러시아의 지명은 다음과 같다. 〈드네프르 강〉은 발다이 구릉에서 발원하여 남쪽으로 벨라루스와 우크라이나를 흐르고 키예프를 지나 흑해로 들어가는 강(2290km)이고 〈볼가강〉은 같은 곳에서 발원하여 러시아 서부를 흘러 카스피 해로 유입하는 강(3895km)이다. 〈돈강〉은 중앙 러시아 고지에서 발원하여 남진하며 로스토프를 지나 아조프 해로 유입하는 강(1970km)으로서 볼가강과는 운하로 연결되어 있다. 〈오비(오브)강〉은 알타이 산맥에서 발원하여 우랄산맥과 서시베리아 저지를 흘러 오비만으로 유입하며 유역에 곡창지대와 쿠즈바스 공업지대 및 튜멘유전이 있어 경제적으로 중요한 강(3680km)이며, 쿠벤스코야호(湖) 부근에서 발원하는 〈드비나 강〉은 러시아 북부에서 북향하여 백해로 유입하는 강(750km)이다. 〈야이크 강〉이라고 하는 〈우랄강〉은 우랄산맥에서 발원하여 카스피 해로 유입하는 강(2530km)이다. 〈중앙 아시아 구릉〉은 모스크바에서 하리코프까지 해발 230~280m로 완만하게 기복하는 지역이고, 엘부르즈 산(5642m)을 최고봉으로 하는 〈코카서스 산맥〉은 아시아와 유럽의 경계이며, 벨루하 산(4506m)을 최고봉으로 하는 〈알타이 산맥〉은 서(西)시베리아와 몽골 및 위구르 자치구에 걸쳐 있는 큰 산맥이다.

439. 러시아인이 개종하기 전에 받은 대표적인 압력은 서구 기독교 사회가 폴란드를 통해 가한 압력이었는데 그 자극으로 이곳에서 성립된 야만적인 러시아인의 왕국이 정교 기독교로 개종함으로써 이곳에서 러시아 최초의 문명인 정교 기독교 사회의 러시아 분지가 성립되었다.

이었는데 여기에서도 정치적인 중심과 사회적인 활력은 가해지는 압력의 변화에 따라 변경으로 옮겨지는 경향이 있었다. 드네프르 강 상류지역에서 시작된 그 사회의 중심은 핀족[440]을 축출하여 영토를 확장시키고 있던 변경민에 의해 볼가 강 상류로 옮겨졌고 이후 유라시아 스텝의 유목민에게서 오는 압력이 더 강해지자 다시 드네프르 강 하류지역으로 옮겨졌다. 러시아인이 갑작스럽게 강요받은 유목민의 압력[441]에 대하여 〈코사크〉[442]는 매우 독창적이고도 창조적으로 응전하여 공전(空前)의 위업을 달성했다. 코사크의 성공이 절정에 달했던 17세기에는 러시아 정교 기독교 사회에 대한 서구사회의 실질적으로 최초였던 압력[443]이 가해졌는데, 그에 자극받은 표트르의 사업으로 정치적인 활력은 다시 페테르부르크를 중심으로 하는 발트해 지역으로 이동했다. 그 압력이 1차 세계대전으로 해소되고 러시아 연방이 성립되자 압력은 태평양 쪽을 제외한 모든 곳으로 분산되었는데, 그로 인해 정치적인 활력과 수도(首都)는 핀족의 압력에 맞서는 내지로서 행정에 유리한 모스크바로 돌아왔다.

남동쪽으로 유라시아 유목민에 맞서는 러시아의 변경민이었던 코사크는 몽골인이 지배를 확립하기까지 200년 동안 감행한 침공에 맞선 투쟁에서 받은 용광로와 모루(母壘)의 단련으로 트란스옥사니아인과 티무르가 이룬 업적[444]에

---

440. 드네프르 강 상류지역 북동쪽 삼림의 미개 이교도로서 당시에 정교 기독교 사회의 러시아 분지에 압력을 가하고 있었다.

441. 칭기즈칸의 손자로서 주치(父)로부터 키르기스 초원을 계승하여 킵차크 칸국을 세운 〈바투 칸〉이 1237년에 단행한 유명한 전투로 시작된 압력.

442. 〈Qazaq〉 어원인 튀르크어 Kazak는 유라시아 유목민에 있어서 스텝기는 하나 유목민의 조직화된 영역 밖의 사람들을 지칭하지만 실질적으로는 스텝의 정당한 지배체제를 부정하는 무법자 또는 생산적인 유목민의 가축을 훔치는 기생적인 약탈자를 의미한다.

443. 폴란드가 모스크바를 침공하고 크렘린을 점령(1610~12)한 것과 스웨덴이 스칸디나비아 반도의 발트해 동쪽 사면을 장악함으로써 러시아를 발트해에서 축출한 것으로 표출된 압력.

444. 트란스옥사니아인이 시리악의 역사에 있어서 유목민에 대항하여 정주사회를 유지했던 것과 티무르가 일시적으로나마 토벌하여 유목민을 응징한 것.

더하여 유목민을 정복하여 방목지를 농지화하며 유목민의 천막을 걷어내고 항구적인 촌락을 세운다는 공전(空前)의 위업을 달성했다. 튀르크족이라고 알려진 〈투그릴베그〉와 〈에르토그룰〉이 몽골인을 피해 아나톨리아로 들어갔고 Kazak가 튀르크족에게서 그 이름을 얻었음에서 알 수 있듯이 유라시아 스텝을 떠돌던 그들이 14세기에 〈자포로제 코사크〉의 영도에 따라 드네프르 강의 섬 요새에서 몽골인과 생사를 건 대결을 벌인 것을 보면 그들은 함께 몽골인에 쫓긴 튀르크족과 결별하여 다른 길로 갔을 것이다. 거기서 개종한 그들은 요새에서 정교 기독교의 십자군으로서 이슬람교를 주로 하는 이교도의 침공에 맞서서 생사를 초월하여 싸운다는 단일한 목적을 추구하는 군사단체를 형성했다. 그리하여 15세기에 〈드네프르의 코사크〉로서 역사의 기록에 이름을 올린 그들은 그 단체를 모체로 하여 16세기가 지나기 전에 광대한 지역에 산재하는 코사크 사회를 형성했다. 원래의 코사크는 한가지 목적만을 위해 존재하는 수도사적인 동족 군사단체라는 점에서는 다른 사회의 동족 단체들[445]과 유사하지만 이후로 전쟁을 수행하는 방법에 있어서는 다른 특징을 발휘했다. 유목민에 맞서는 전쟁을 수행할 때의 전략적인 관점이 근대 서구의 식민자들과 같았던 그들은 문명이 야만과 싸워 이기려면 특별한 무기와 수단을 갖추어야 한다는 것을 간파하여 서구사회가 산업주의로 적을 압도했듯이 농업이라는 탁월한 수단으로 유목민을 제압했다. 더하여 서구가 적을 당황케 하되 패할 일 없는 새로운 기계[446]를 사용하여 유목민의 기동력을 압도하고 유목민을 그들의 땅에서 제압했

445. 〈스칸디나비아 욤스보르그 바이킹의 종족단체〉〈스파르타인의 동족단체〉〈동시대 서구의 십자군 기사단〉 등. 바다와 만(灣)으로 수비되어 있는 욤스보르그의 요새는 드네프르 강의 섬 요새에 재현되었고, 주인이 군사(軍事)에만 몰입하도록 경작에 헌신했던 스파르타의 〈헬로트〉는 보호받는 보답으로 코사크를 부양한 농노로 재현되었으며, 템플 및 호스피탈 기사단이나 튜턴 기사단의 특정된 목적에 대한 헌신은 이교도에 대한 십자군으로서의 삶을 천직으로 여긴 코사크의 동일한 헌신 속에 재현되었다.

446. 철도, 자동차, 비행기 등.

듯이 코사크는 독자적인 방법으로 하천을 장악[447]함으로써 유목민을 무력화했다. 배로 지류를 따라 쉽사리 여러 강들을 옮겨 다닐 수 있었던 코사크는 드네프르 강을 내려가면서 그 유역을 확보하고 상류로는 러시아와의 교통을 유지함으로써 유목민의 교통을 차단했다. 그리하여 드네프르 강 기슭의 코사크 사회는 16세기 말 이전에 상기한 두 사회를 낳고 팽창을 가속하여 활동 범위를 스텝을 가로질러 흑해와 카스피 해로 흐르는 강에서 시베리아를 횡단하여 북극해로 흐르는 강으로까지 넓혔다. 그들은 1586년에 볼가강과 오비강의 분수계를 넘어 1638년까지 시베리아 내륙의 하천을 탐험하여 오호츠크 해를 바라보는 태평양 서안에 다다르고 있었으나 모스크바 공국은 불평등조약으로 그들의 활동 범위를 축소시키고 종국에는 독립을 빼앗았다.

러시아의 다른 변경은 같은 세기에 외적 압력을 받아 사회적 활력의 중심이 되었는데, 그것은 러시아가 17세기에 처음으로 서구세계로부터의 무서운 압력[448]을 경험한 것이었다. 표트르 대제는 그 압력을 반격하여 1703년에 상트페테르부르크를 건설하고 발트해에 러시아 해군의 서구식 깃발을 휘날렸는데, 코카서스 산맥을 넘어 파미르 고원으로까지 확장하기까지 남과 동으로 끊임없이 팽창한 러시아의 수도로서 페테르부르크는 위치가 셀레우코스조의 안티오키아보다 더 빛나가 있었다. 그러나 증대되기만 하던 압력이 1914~18년의 폭발[449]로 소멸되자 소비에트 연방으로 변신한 러시아의 수도는 행정에 유리한 모스크

---

447. 하천은 말을 타는 유목민에게 장애물로서는 완강했고 운반 수단으로는 쓸모가 없었으나 스칸디나비아의 항해술을 약간이나마 계승한 코사크는 새로운 환경에서 그것을 활용했다. 그들은 기마술도 익혔으나 그들이 유라시아를 지배한 것은 말 위에서가 아니라 배를 타고서였다.

448. 폴란드가 1610년에 모스크바를 침공하여 2년 이상이나 크렘린을 점령한 것과 그 후에 스웨덴이 핀란드에서부터 폴란드-리투아니아 왕국과의 접경인 드비나 강에 이르는 발트해 동안지역(東岸地域) 전체를 장악하여 러시아를 발트해에서 축출한 것.

449. 1차 세계대전, 그때까지의 유럽 정치구조를 파괴하고 러시아와 잔존하는 서구의 강국들 사이에 동구의 후계국가라는 넓은 파편의 장벽을 두게 된 파국.

바로 되돌려졌다.

(8) 미노스 세계와 헬레닉 세계에서

미노스 세계에서도 사회적인 활력이 가장 강한 압력을 받은 곳, 즉 대륙의 유럽 만족과 마주보는 변경으로 옮겨졌다. 미노스 해양국가의 제도주민(帝都住民)은 변경민을 경멸했을 것[450]이지만, 여기에서도 압력이 제공한 자극에 힘입어 미케네와 티린스가 파이스토스와 크놋소스를 지배하게 되었다. 거대한 돌로 성벽을 쌓음으로써 대륙만족에 대항하고 드디어 유럽 본토에 미노스 사회의 발판을 마련한 이 개척자들은 그것을 유지하면서도 동족인 크레타 섬 사람들과 제해권을 다투기에 충분한 기상을 지니고 있었다. 추측컨대 기원전 15세기 말에 크레타의 목책을 무찌르고 크놋소스를 약탈하여 미노스 해양국가에 갑작스럽고 비극적인 종말을 안긴 것은 미케네의 함대였다.

대륙 방면의 변경에서 가장 강한 압력을 받은 헬레닉 세계에서도 활력과 사회적 권력은 그리스 및 이탈리아 반도에서 고찰되는 바와 같이 압력이 낙하되는 점에 따라 이동했다. 펠로폰네소스 반도의 한 도시국가[451]가 최초로 장악했던 그리스의 패권은 아테네로 옮겨진 후 테베로 갔다가 마침내 반도의 근원인 마케도니아에 이르렀다.[452] 이탈리아 반도의 패권은 시칠리아 섬의 시라쿠사가 처음으로 장악한 이후 반도에 위치한 두 나라[453]가 그 쟁탈전을 벌였는데, 그

---

450. 적과의 거리가 먼 해양의 유일하고도 완전한 지배자였던 해군의 목책에 의해 보호되어 성벽을 두르지 않은 제도(帝都)—크놋소스와 파이스토스—의 주민은 에테오크레타인이었는데, 티린스나 미케네 등 변경의 주민들은 두꺼운 성벽 안에서 몰려오는 적으로 인해 거칠고 조잡하게 살았을 것이다. 미케네 시대에는 아르골리스 지방의 중심지였으나 BC 465년에 아르고스에 의해 파괴된 티린스는 전설에서 거인 키클롭스가 만든 거석으로 쌓았다는 성벽으로 유명한데, 미케네에도 같은 돌로 쌓은 성벽이 있었다.

451. 스파르타. 펠로폰네소스 반도는 '펠로푸스의 섬'이라는 별칭으로도 불린다.

452. 아테네는 고린도 지협의 대륙방면이고, 테베는 키타이론 산과 파르네스 산의 대륙 방향이며, 마케도니아는 유럽의 대륙 쪽 만족과 마주보는 그리스의 변경이었다.

453. 메시나 해협 북쪽의 삼니움과 로마.

싸움에서 이긴 자는 두 손을 자유롭게 쓴 삼니움이 아니라 한 손만을 써야 했던 로마[454]였다. 그리하여 삼니움보다 더 큰 압력을 받은 로마가 이탈리아의 패권을 장악했거니와 그에 앞서 에트루리아인이 감당치 못하게 된 변경 지킴이의 임무를 인계받은 것은 시련이 아니라 좋은 자극이었던 것이다. 이후 제국 건설에 소요한 4세기[455] 동안에 로마인을 카르타고의 갤리선이나 마케도니아의 창보다 더 괴롭힌 것은 갈리아의 동란에 따른 만족의 침입이었고 한니발의 천재가 가장 잘 발현된 것은 로마를 침공함에 있어서 로마인이 보기에 침략자가 가장 막강한 것처럼 보이는 방면을 선택한 것이었는데, 한니발이 켈트족의 대 부대를 동원하여 알프스 산맥을 넘어 이탈리아의 사면을 내달린 것은 그 두 요소의 결합이었다. 그것은 한니발이 로마를 멸망시키기 위해 2세기 전에 에트루리아인을 압도한 자연재해를 인위적으로 재현시키려고 했던 것이지만 카르타고의 천재는 모글리가 썼던 것[456]과 같은 그 계략을 성공시키지 못했다. 한니발과 켈트 동맹군을 무찌름으로써 로마인은 자기들의 운명을 결정했던 것인데, 로마제국이 헬레닉의 세계국가로 성장하여 그에 합체한 것은 그 승리의 일반적인 결과였다. 그리하여 로마는 유럽만족에 대해 헬레니즘을 방위할 모든 책임을 지게 되었으나 아우구스투스가 새로운 변경을 구축[457]했을 때 사실로 굳어졌고 스스로도 시인했던 그 책임은 로마인의 의지에 어긋나는 것이어서 로마인의 관

---

454. 삼니움은 오직 로마만을 상대했으나 로마는 삼니움과 싸우는 동시에 유럽대륙 중심부에서 몰려오는 켈트계 만족의 침입을 방어해야 했다.

455. 로마의 장군으로서 Veii를 정복하고 갈리아를 토벌한 〈카밀루스(?~BC365)〉로부터 카이사르까지의 시대.

456. 〈러디어드 키플링, 1865~1936)의 「정글북」에서 모글리가 계곡에 갇힌 호랑이(시어칸)를 물소 떼를 몰아서 잡은 수단.

457. 아우구스투스는 한니발 전쟁이 발발했을 때 포강 선에 있었던 로마의 변경을 라인강 하구(河口)에서 도나우 강 하구에 이르는, 대륙의 가장 긴 직경을 따라 새로 구축했다. 그리하여 로마가 방어해야 할 영역은 에트루리아인에게서 인수했을 때에 비해 터무니없이 확대되었다.

념은 오랫동안 그 책임을 부인하고 있었다. 그러므로 로마가 대륙 쪽 변경의 수호자가 됨으로써 전 헬레닉 세계에 대한 패권을 획득하고 상실한 것은 하나의 특수한 결과였던 것이다. 로마의 변경이 라인강까지 전진한 것은 한니발 전쟁의 직접적인 결과였고 로마가 알프스 이북 유럽의 서쪽 구석을 확보한 것은 그 승리의 보상인 동시에 승리의 결과를 확보하기 위한 열쇠가 되었다. 로마와 마케도니아의 충돌을 야기하고 그 결과를 미리 결정지은 것은 한니발 전쟁이므로 로마의 변경이 포강에서 도나우 강으로 평행 전진한 것은 마케도니아에 대한 승리의 직접적인 결과인 동시에 로마가 한니발에게서 얻은 승리의 간접적인 결과였던 것이다.

헬레닉 세계에서 변경 지킴이가 된 두 세력의 결전에 있어서 로마와 마찬가지로 만족에 맞선 싸움으로 단련된 전사(戰士)였던 마케도니아는 로마에 무기력하게 굴복한 것은 아니었으나 로마가 카르타고인 때문에 몰렉에게 바쳐진 아이들 [458]처럼 불길 속을 헤치며 빠져나가야 했음에 반해 마케도니아는 한니발 전쟁이라는 미증유의 시련에서 초연했다. 그리하여 불타는 용광로 속에서 단련된 로마의 칼날은 마케도니아의 방패를 단칼에 잘라내고 마케도니아인의 살을 무자비하게 베어버렸다.[459] 결과적으로 아킬레우스와 헥토르가 벌인 극[460]의 재연

---

458. "너는 결단코 자녀를 몰렉에게 주어 불로 통과케 말아서 네 하나님의 이름을 욕되게 하지 말라 나는 여호와니라"〈레 19:21〉, "힌놈의 아들의 골짜기에 바알의 신당을 건축하였으며 자기들의 자녀를 몰렉의 불에 지나가게 하였느니라 그들이 이런 가증한 일을 행하여 유다로 범죄하게 한 것은 내가 명령한 것도 아니요 내 마음에 둔 것도 아니니라"〈렘 32:35〉

459. 이 비유적인 표현은 로마인이 한니발 전쟁을 통해 획득한 무기가 마케도니아 병사에게 미친 영향에 대한 〈리비우스〉의 생생한 묘사에 따른 것. 내용은 마케도니아의 필립포스 5세가 전초전에서 패하자 전사자의 시신을 수습했는데, 왕의 의도와는 달리 스페인의 예리한 칼에 찔리고 베인 시신을 본 마케도니아 병사의 사기가 급락했고 왕도 내심 두려워하여 펠라고니아 주둔군을 불러들여 친위대를 증강했으나 그로 인해 마케도니아는 플레우라투스(일리리아의 왕)와 다르다니아인의 침략을 받았다는 것임.

460. 헥토르는 아킬레우스와 싸운 트로이 전쟁의 마지막 싸움에서 무기에서 절망적으로 뒤처져 있음을 알았고 그로 인해 죽을 운명에 빠졌으나 헥토르(트로이의 용사)를 쓰러트렸을 때 아킬레우스

이 된 로마와의 싸움에서 마케도니아는 그리스 반도를 보호하는 요처인 헬레닉 세계의 대륙 방면의 변경에 대한 방어를 포기했다. 필립포스가 변경 수비대를 철수시킨 것[461]은 그의 왕국만이 아니라 그리스 전역에 대한 외침[462]을 초래했고 그가 하는 수 없이 포기한 변경 수호의 책임은 로마의 짐이 되었다. 그리하여 마침내 로마의 무력으로 인해 스페인인과 갈리아인만이 아니라 일리리아인과 다르다넬스인까지 헬레닉 세계국가의 울타리에 들어가게 된 것인데, 그 결과로 헬레닉 세계의 패권을 카르타고와 마케도니아에게서 빼앗은 로마도 특수한 마술을 갖고 있지 않았으므로 때가 오자 그 패권을 남에게 넘긴다는 사태의 발생을 막을 수 없었다. 로마는 선례와 새로운 정세에 의해 만족에게서 받는 압력의 자극을 상실함으로써 그 자극으로 말미암은 패권을 유지할 수 없게 되었는데, 헬레닉 역사의 마지막 국면에서 활력과 권세는 다시 변경으로 흘러갔고 그 흐름은 로마를 좌초시켰다. 초대 황제[463]가 도나우 변경을 조직함으로써 로마인에게 전하기 위해 장악한 제권(帝權)은 약 3세기 후에 디오클레티아누스와 콘스탄티누스[464]가 행사했고 제국은 밀라노가 아니라 유라시아 대륙 배후지의 두 도시[465]에서 다스려졌다.

헬레닉 세계국가의 붕괴에 있어서 외적 압력에 노출됨으로 인한 자극은 모든

　　　도 다다넬스의 화살을 맞아 죽을 운명에 놓였었다.

461. 필립포스가 이로써 바르다르 분지를 포기함으로 인해 아우구스투스는 200년 후에 로마의 경계를 포강 유역에서 라인강과 도나우 강 선으로 전진시켜야 했다.

462. 바르다르 강 상류 유역의 다다니아족과 스코드라(슈코더르)의 일리리아 만족에 의한 것.

463. 원로원으로부터 아우구스투스(존엄한 자)라는 칭호를 부여받은 옥타비아누스, 즉 〈Julius Cae-sar〉

464. 디오클레티아누스는 디오클레아 출신, 콘스탄티누스의 부친인 〈콘스탄티우스 클로루스(305~306)〉와 몇 대(代) 위인 〈클라우디우스(268~270)〉는 나잇수스 출신.

465. 303~402년에는 황궁(皇宮)이 이탈리아 북서부의 티베르 강 연안인 동시에 포강의 대안(對岸)인 곳에 위치한 밀라노에 있었다. 두 도시는 도나우강 하류의 콘스탄티노플과 라인강 중류의 트리에르.

영토와 주민에 대한 일반적인 효과에서와 마찬가지로 개인에 대한 특수한 효과에서도 작용했음을 볼 수 있는바 후자에서의 작용은 평화를 지향하는 문인을 전투적인 행동가로 변화시켰다. 이런 변화를 일으키려면 만족의 침공에 대한 그리스인의 반응[466]에서 보듯이 그 자극이 매우 격렬하게 주어져야 했는데, 도나우 변경에서 일어난 동란[467]은 철학자 황제로 하여금 마지막 몇 해를 성격에 맞지 않은 사업 - 만족을 토벌하는 전쟁 - 에 바치게 했다. 마르쿠스와 므네시불루스에게 고귀한 행동을 할 기회를 부여한 긴급사태는 덱십푸스의 시대나 시네시우스 또는 시도니우스[468]의 시대에 이르러 보다 심각하게 느껴졌다. 이 시대에는 만족 침략자가 바야흐로 헬레닉 세계의 문턱에 들어섰다는 사실을 아무도 부인할 수 없게 되었는데, 내지에 있는 헬레니즘의 요새에 대한 이 도전은 헬레닉 문화와 그 전통을 지키는 자들까지 변신시켰다. 침략자에 맞서서 칼을 들었던 덱십푸스는 고트족이 물러가자 다시 펜을 들었으나 오베르뉴에 대한 고트족의 위협이나 키레네에 대한 베르베르족의 위협은 사라지지 않은 채 시네시우스와 시도니우스의 생애를 바꾸어 그들로 하여금 끝까지 만족에 맞서는 전사(戰士)로 살게 했다.

(9) 서구세계의 변경(邊境)에서

① 대륙 유럽만족과의 대경(對境)에서

서구문명에 처음으로 강력한 압력이 가해진 곳은 미노스 세계와 헬레닉 세

---

466. 마르쿠스 아우렐리우스와 동시대를 살았던 〈파우사니아스〉는 코스토보키족의 침공에 대해 초연했으나 '엘라테아의 신사' 〈므네시불루스〉는 모병하여 만족에게 큰 손해를 입히고 전사했다. 파우사니아스는 「그리스 풍토기」에 므네시불루스의 행적에 대한 기록을 남겼다.

467. 코스토보키족의 그리스 침공은 만족의 이 새로운 동란이라는 파도에 수반된 것이었다.

468. 〈Dexippus〉는 아테네 출신의 그리스 역사가, 고트족이 침공하여 아테네를 점령하자 262년에 의병을 일으켜 항전했다. 키레네 출신인 〈시네시우스(378~430)〉는 신플라톤파 철학자로서 프톨레마이오스의 주교. 〈시도니우스 아폴리나리스〉는 5세기 중엽에 원로원 의원을 지낸 후 클레르몽의 주교가 되었다.

계가 끝까지 압력을 느꼈던 대륙 방면의 변경이었다. 이 새로운 압력은 서구사회를 자극하여 새로운 응전을 낳게 했는데, 서구가 그 역사의 첫 국면에서 대륙만족에게서 받은 압력의 효과는 그 압력이 로마제국 후계국가들의 한 조각에서 신생사회를 위한 새로운 조직, 즉 만족의 프랑크 왕국을 출현시켰다는 것에 뚜렷이 나타나 있다. 그 왕국에 있어서 로마라는 과거를 지향했던 메로빙거조는 에피메테우스적이었음에 반해 로마제국의 망령[469]을 불러내기는 했으나 그 얼굴은 서구세계의 미래를 향했던 카롤링거조는 프로메테우스적이었다. 프랑크 국가의 이 새로운 창조행위는 네우스트리아가 아니라 아우스트라시아[470]에서 달성되었는데, 아우스트라시아에서 이 외적 압력이 프랑크족에게 준 자극의 강도는 샤를마뉴의 업적으로 측정된다. 그가 작센을 정벌하고 아바르족을 멸절시킨 것은 군사적인 면으로는 티무르 렝크가 스텝에서 펼친 작전에 필적하는 것이며 그 업적에 이어 서구사회에서 지적 활력이 태동한 것은 티무르조에서 문화가 크게 발양(發揚)되었음에 약간이나마 비견된다. 샤를마뉴의 생애에서 절정에 달했다가 신속하게 정체되어 퇴조[471]한 아우스트라시아의 반응은 2세

---

469. 그 망령은 초인적인 노력을 요하는 일을 달성함에 있어서 생존자를 돕기 위해 소리쳤던 외침과 같은 정신에서 환기된 것에 불과한 것인데, 프랑스의 어느 장교는 1차 세계대전 중 거의 전원이 전사한 참호 속에서 "사자여 일어나라!"라고 외쳤다고 한다.

470. 로마제국의 프랑크 후계국가와 롬바르드 후계국가에서 나타나는 이 명칭들은 자체로서 그 유래를 말해 준다. Austrasia는 후계국가의 버려진 변경에서 새로 태어난 변방을 의미하는 신조어였고, 아우스트라시아가 아님을 의미하는 네우스트리아(Non Austria)는 변경에서의 새로운 성장이 명확해진 후 유기된 땅에서 여전히 뒹구는 파편들이다. 로마 문화로 풍요해진 네우스트리아는 새로운 만족의 침입이 미치지 않는, 프랑크 왕국 서쪽의 뮤즈강과 로아르 강 사이의 지역이고 아우스트라시아는 로마제국의 변경에 걸쳐 있으되 북유럽 삼림지대의 작센인과 유라시아 스텝 아바르족의 공격에 여전히 노출되어 있는, 프랑크 왕국의 중부 라인강 양안(兩岸)이다.

471. 그 이유는 샤를마뉴 제국이 미발달의 사회와 경제적 기초 위에 무모하게 쌓아올린 정치적인 구조에 불과했기 때문이다. 샤를마뉴의, 피폐적이지만 영속적인 업적은 작센 만족의 영역을 서구 기독교 세계에 합병시킨 것이었다. 그는 이 성공으로 서구의 변경을 아우스트라시아에서 작센으로 확대하였는데, 작센을 대륙 배후지의 만족에게 노출시킨 그 성공은 영광만이 아니라 권세와 왕국 자체까지 작센(정복된 만족의 땅)으로 옮기는 길을 연 것이었다.

기도 지나지 않아 작센인의 반응으로 되풀이되었는데 그것은 아우스트라시아가 받았던 것과 같은 자극이 작센인에게 주어졌기 때문이다. 샤를마뉴가 오토의 조상인 작센인을 침공했듯이 오토는 벤드족을 침공했는데 그로 인해 만족이 자진해서 개종하거나 굴종 또는 멸망한 것[472]은 서구세계의 대륙 변경을 동쪽으로 확장시키는 결과를 낳았다. 그 후 13~14세기에 대륙 방면의 마지막 만족을 서구화시키는 작업은 서구의 두 새로운 제도, 즉 도시국가들과 전투적인 수도사 단체[473]에 의해 강력하게 수행되었고 북방에서는 스칸디나비아인[474]이 마지막 비종교적 투쟁[475]으로 기독교 세계와 자기들을 위해 새로운 땅을 획득하고 있었다. 젊은 서구 기독교 세계와 이 노쇠한 유럽만족들이 대치하는 변경에서 자극은 압력이 제기되는 방향의 역전과 그에 대한 서구의 반격에 따라 이동되었던 것[476]인데, 서구 기독교 세계의 변경이 만족들의 배후지를 향해 확장

---

472. 마자르인과 폴란드인 및 스칸디나비아인은 10세기 말엽과 11세기 초에는 개종했는데, 그것은 그 이전에 이루어진 보헤미아인의 개종과 마찬가지로 오토 정권의 위세에 의한 것이었다. 더 반항적이었던 발트해 연안의 만족을 보면 작센인은 서구 기독교 세계의 경계를 엘베강 선에서 오데르 강 선으로 확장시킴에 있어서 2세기에 걸쳐 벤드족을 공격했는데, 그 확장은 메클렌부르크 벤드족의 개종(1161년)과 브란덴부르크 및 마이센 벤드족의 멸절로 달성되었다.

473. 공히 독일인의 것으로서 대표로는 한자동맹 도시들과 튜턴 기사단. 이들은 서구 기독교 세계의 경계를 오데르 강 선에서 드비나 강 선으로 확장시켰다.

474. 그 대표자들은 에스토니아의 덴인과 핀란드의 스웨덴인이다.

475. 그것은 약 3천 년에 걸쳐 잇따라 출현한 세 문명의 변경에 압력을 가하던 대륙의 유럽만족이 14세기 말 이전에 소멸됨으로 인해 500년 전에는 만족에 의해 격리되어 있던 서구 기독교 세계와 정교 기독교 세계가 1400년대에 이르러 아드리아 해 연안에서 북극해 연안에 이르는 대륙 전체에 퍼지는 선을 따라 서로 빈틈없이 접경했기 때문이다.

476. 예컨대 작센이 서구 기독교 세계에 대한 패권을 확립할 수 있었던 것은 아우스트라시아와 마찬가지로 만족의 압력으로 인한 자극 때문이었는데, 아우스트라시아가 작센인에 대한 샤를마뉴의 승리로 몰락했듯이 엘베강 서쪽에 있던 원래의 작센 공국은 벤드족에 대한 오토의 승리로 쇠락했다. 작센은 엘베강 건너의 벤드족이 수세에 몰린 1024년에 서구세계에 대한 패권을 상실했고 1182~91년, 즉 서구세계의 변경이 정확히 오데르 강까지 확장되었을 때 와해되었다. 훗날 작센이라는 이름을 가진 나라가 서구세계의 한 세력이 되었을 때 그 작센은 마이센의 변경지방, 즉 오토 1세의 치세 후에 옛 작센이 벤드족의 희생으로 획득한 새로운 땅의 일부에서 일어났다.

됨에 따라 더욱 내지로 후퇴하게 된 신성로마 제국[477]의 권위는 점점 줄어들었다. 샤를마뉴와 오토1세를 잇는 제위의 계승이 실질적으로 중단된 시기에 만족의 압력을 반격하는 사업은 제권(帝權)이 아닌 다른 힘[478]에 의해 전례없이 강력히 수행되었음은 주목할 만한 일이지만 빈사의 제국을 보전하려고 한 호엔슈타우펜가를 비롯하여 사실상 중단된 제국을 재현시키려 한 합스부르크가와 룩셈부르크가가 쓸모가 없게 된 제위를 카롤링거조와 오토조처럼 변경 수호직에 결부시킴으로써 제위의 실질적인 기능과 중요성을 회복시키려고 했음[479]도 주목할 일이다.

신성로마 제국이 존속하는 동안 그 활력은 서구의 대륙 변경에 대한 압력의 강도에 따라 변화했던 것인데, 그와는 반대로 권외의 만족이나 개종하여 서구에 편입된 만족의 활력은 서구가 가하는 압력이 강해짐에 따라 늘어나는 경향이 있었다. 예컨대 튜턴 기사단의 침공을 받은 리투아니아인[480]은 그 자극에 힘

---

477. 8세기 말에 샤를마뉴(아우스트라시아의 왕)를 위해 부활된 후 작센(삭소니아가의 하인리히 1세)으로 옮긴 제위는 이후로 엘베강 건너에 변경을 만든 자들이 아니라 라인 지방의 프랑코니아를 근거로 하는 왕조(1024년, 콘라트 2세)로 옮겨갔다. 또한 살리프랑크족의 왕조가 칭제(稱帝)한 후 신성로마제국이 소멸하기까지 차례로 제위에 오른 왕조들(1024~1125의 프랑코니아가, 1125~1137년의 삭소니아가, 1138~1254의 호엔슈타우펜가, 공위기(空位期)와 여러 왕가의 교체기에 이은 1438~1740년의 합스부르크가, 1745~1806년의 합스부르크로트링겐가 등)은 모두 라인강 유역에 근거를 두고 있었다.

478. 한자동맹 도시들, 튜턴 기사단, 덴마크와 스웨덴의 왕권.

479. 호엔슈타우펜가는 권력의 기초를 정교 기독교 세계와 아랍세계에 맞서는 변경인 두 시칠리아 왕국에서 구했다. 보헤미아 왕을 거쳐 제위에 오른 룩셈부르크가는 반영부였던 곳을 서구화시킴으로써 그 지위를 정당화했고, 스와비아를 근거로 하는 합스부르크가의 루돌프 1세는 제권을 이용하여 제국의 오스트리아 변경을 조상 전래의 영토에 합침으로써 가문을 빛냈는데, 루돌프의 제위가 2세기 후에 그 자손에게 돌아온 것도 그 덕분이었다.

480. 리투아니아인이 튜턴 기사단의 침공을 받은 것은 그들이 유럽 최후의 만족이었기 때문이다. 튜턴 기사단은 시리아에서 결정적으로 실패한 후 최후의 추력을 발휘하여 본부를 성지에 남은 마지막 요새인 시리아의 아크레에서 비스툴라(비스와) 강 델타의 마리엔부르크로 옮기고 100년 동안 리투아니아를 심하게 압박했다.

입어 드네프르 강 상류지역과 킵차크 스텝의 일부[481]를 파죽지세로 정복했다. 그리고 기사단의 공세로 수세에 몰렸을 때에는 멀리 흑해 연안에서 새로운 땅을 획득하기도 했는데, 그들이 서구가 아닌 이웃을 지배하게 된 것은 서구의 압력에 반발하면서 얻은 사회적인 힘과 서구에서 배운 군사적인 기술 덕택이었다. 점점 강해진 그 반응은 리투아니아인으로 하여금 튜턴 기사단 본부를 반격하게 했는데 리투아니아인의 그 업적을 십자군에 대한 반동으로 보는 이 설명은 그들의 국가문장(國家紋章)에 적절히 표현[482]되어 있다. 그러나 그 놀라운 재주는 리투아니아인이 그들을 압박하던 서구의 군사적인 기술만이 아니라 그들의 종교와 문화를 받아들인 후에 달성되었는데, 튜턴 기사단과의 투쟁에 있어서 결정적인 전기가 된 그 개종은 폴란드의 중개[483]로 이루어졌다. 튜턴 기사단에게 발트해 연안에의 발판을 마련해 준 쿠자비아의 폴란드 왕은 폴란드를 피하려던 압력보다 더 강력한 압력에 노출시킴으로써 부지중에 폴란드가 대성할 기초를 쌓았다. 튜턴 기사단이 13세기에 발트해 연안에 있는 리투아니아인과 폴란드인의 땅을 탈취하자 같은 방면에서의 같은 압력이 폴란드로 하여금 리투아니아와 동일한 반응을 일으키게 했다. 쿠자비아와 마조비아의 폴란드인 공국이 기사단에 먹히는 동안에 새로운 폴란드인 왕국의 핵심이 〈카시미르 대왕, 1333~70〉에 의해 형성되고 있었다. 카시미르가 벌인 사업의 핵심은 튜턴 기사단을 축출하는 것이었으나 열세임을 깨달은 후계자들은 동맹을 구했는데 첫

---

481. 드네프르 강 상류 지역은 정교 기독교 사회, 킵차크 스텝의 일부는 드네프르 강과 드니스트르 강 하류의 유라시아 유목민 지역.

482. 리투아니아의 국가문장에는 정교한 철갑을 걸치고 질주하는 기마상이 있다. 그 기수는 적인 서구의 무구(武具)를 입수한 리투아니아 삼림지대의 전사인데, 튜턴 기사단이 놀라고 당황한 것은 그 기사가 튜턴의 갑주를 걸치고 습격하여 탄넨베르크의 벌판에서 자기들을 짓밟았다는 사실이었다.

483. 10세기 말에 개종한 폴란드는 프로이센과 리투아니아 이교도를 축출하려고 튜턴 기사단을 불러들였지만 그 기사단은 폴란드인을 이교도와 같이 다루었다. 그에 자극받았으나 맞설 힘이 없었던 폴란드는 리투아니아인을 개종시키고 동맹을 맺어 전례 없는 활력을 보였다.

시도로써 헝가리와의 연합에서 실패한 폴란드가 외교로 거둔 성공은 리투아니아와의 왕위 통합[484]이었다. 야겔로는 연합군을 이끌고 반격하여 1410년에 탄넨베르크에서 기사단에 승리했는데 그가 시작한 과업은 아들인 〈카시미르 4세〉가 튜턴 기사단에 제2차 토론화평을 강요한 1466년에 완성되었다.

② 모스크바 대공국(大公國)과의 대경에서

폴란드와 비슷한 시기에 개종하여 서구의 일원이 되고 역시 13~14세기에 서구의 선진국들로부터 압력을 받은 스칸디나비아의 후진국들은 폴란드처럼 정치적으로 결합하여 진보한 공격자에 대응했다. 그런데 그들의 한자동맹에 맞선 칼마르 동맹[485]은 분열되었음에도 리투아니아와 폴란드의 연합은 튜턴 기사단이 분쇄된 후에도 건재했음은 어째서일까? 칼마르 동맹은 아메리카의 발견으로 무역의 중심이 발트해에서 대서양으로 이동함으로써 한자동맹의 힘줄이 끊어진 뒤 1520년에 분열되었으나 폴란드-리투아니아 연합은 튜턴 기사단이 분쇄된 후 오히려 더욱 견고해졌는데 그것은 리투아니아와 폴란드에 다른 방면에서의 새로운 압력, 즉 모스크바 대공국의 압력이 가해졌기 때문이다. 정교 기독교 세계의 러시아 분지를 희생시킨 리투아니아의 팽창이 절정에 달했을 때 상쟁하던 소국들을 정복하여 그 세계국가가 된 러시아 대공국은 리투아니아를 압박[486]했는데, 폴란드-리투아니아 연합왕국은 그 압력에 대한 서구사회의

---

484. 앙주가의 헝가리 왕이 〈루이 대왕〉이라는 이름으로 왕위를 겸한 폴란드와 헝가리의 연합은 적에 맞섬에 있어 상대방을 돕지 않는 등 이해가 맞지 않아 와해되었다. 폴란드는 리투아니아가 개종했음을 명분으로 삼아 폴란드의 〈야드비가 여왕〉이 리투아니아 대공 〈야겔로〉와 결혼하여 〈야겔로〉가 〈블라디슬라우 2세〉로서 폴란드 왕이 되는 왕위 통합을 달성했다.

485. 한자동맹의 압력에 대한 응수로 스톡홀름 남서부에 위치한 칼마르에서 맺은 동맹. 덴마크와 노르웨이의 왕이었던 〈마르가레테〉가 스웨덴 귀족을 압박하여 스페인 왕을 폐위시킨 데 이어 스웨덴 귀족 회의가 1397년에 칼마르에서 〈마르가레테〉를 왕으로 하는 3국의 국가연합을 결의함으로써 동맹이 달성되었다.

486. 러시아는 1563년, 즉 루블린 조약 체결 이전에 스몰렌스크 동쪽을 달리던 리투아니아의 북동변경을 폴라츠크 서쪽으로 몰아내면서 서구세계와 충돌했다.

변경 지킴이로서 새로운 활력을 얻었던 것이다. 스칸디나비아 연합에서 탈퇴한 스웨덴[487]도 폴란드의 그 새로운 역할에 동참하여 러시아 대공국을 반격[488]했으나 지나쳐서 죄가 된 그 행위는 보복을 초래했다. 폴란드군이 잠시나마 모스크바에 주둔한 것과 스웨덴군이 나레프 강과 네바강 기슭에 항구적으로 주둔한 것은 러시아인의 내면에 강한 영향을 끼쳤고 그로 인한 정신적인 충격은 밖으로 뻗는 실제적인 행동으로 나타났다. 그것은 바로 표트르 대제에 의한 러시아의 서구화였는데, 이 놀라운 혁명을 통해 서구의 대륙 변경은 크게 확장[489]되었다. 동시에 러시아의 이웃이자 적인 서구의 여러 나라가 러시아를 희생시키면서 지나친 열성으로 수행하던 서구의 변경 수호직은 러시아에게 넘어갔다. 그리하여 발판과 자극을 잃은 폴란드와 스웨덴은 기능을 상실함으로써 급속히 쇠퇴[490]했다.

③ 오스만 제국과의 대경에서

16세기 초에서 18세기 말까지의 폴란드와 스웨덴의 역사가 러시아 정교 기독교 사회의 역사에 의해서도 설명되는 것처럼 도나우 합스부르크 왕국[491]의 역사도 다른 사회의 역사로 설명된다. 오스만 제국이 막강해진 1526년에 합스부르크가의 세습토지인 오스트리아를 헝가리 및 보헤미아 왕국과 연합함으로써 탄생한 후 오스만의 압력이 절정에 있는 동안에는 유럽에서 최강국의 지위

---

487. 〈구스타프 바사〉는 1520년에 독립운동을 일으켜 스칸디나비아 연합에서 탈퇴하고 1523년에 스웨덴 왕국의 왕이 되었다.

488. 폴란드는 1582년에 스몰렌스크를 다시 장악한 후 1610~12년에 모스크바를 점령했고 스웨덴은 스톨보보 조약(1617년)을 통해 러시아를 발트해의 모든 통로에서 봉쇄했다.

489. 러시아의 팽창으로 서구사회의 경계는 폴란드와 스웨덴 동쪽으로부터 러시아가 이미 접경하고 있던 유라시아 스텝의 유목민과 중국을 정복한 몽골족 지역으로 확장되었다.

490. 〈표트르〉의 강력한 지배가 시작된 후 스웨덴은 핀란드에 있는 영토를 포함하여 발트해 이동(以東)의 모든 땅을 러시아에 빼앗겼고 폴란드는 3회에 걸친 분할로 정치지도에서 사라졌다.

491. 1부에서 살폈듯이 오스만의 충격으로부터 자신을 지키기 위해 서구사회가 발달시킨 별갑(鱉甲)인 도나우 합스부르크 왕국은 오스만 제국과 마주보는 서구사회의 변경 지킴이였다.

를 누렸던 도나우 왕국은 오스만 제국의 압력이 약해지자 곧 쇠퇴했고 오스만 제국이 치명상을 입은 1914~18년의 전쟁으로 와해되었다. 서구에 대한 오스만의 충격은 모하치의 전투[492]에서 절정에 달했는데, 오스만 제국은 콘스탄티노플과 모레아와 트라비존을 합병함에 있어서가 아니라 바로 이 헝가리를 공격하는데 최대의 군사력을 투입했다. 헝가리의 장군이었다가 섭정(攝政)이 된 〈후녀디 야노시〉와 그의 아들로서 왕이 된 〈마티아스 코르비누스〉가 지휘하는 헝가리군은 오스만리가 만난 가장 완강한 대적이었다. 그러나 열세였던 헝가리가 좌절하고 그 사업을 더 큰 힘으로 수행할 실체가 형성될 징조는 이웃과 결합하려다 실패한 헝가리의 기도들[493]에 나타나 있다. 그 기도는 모하치에서의 파멸적인 타격을 피하게 하지 못했으나 헝가리의 잔부(殘部) 및 보헤미아와 오스트리아를 엮어 합스부르크 왕국이라는 견고한 결합을 이루기 위해서는 모하치에서의 타격이라는 재해가 필요했다. 그리하여 그 전투가 있던 해가 끝나기 전에 달성된 세 나라의 연합은 거의 400년 동안 지속되었던 것인데, 그 도나우 왕국의 모든 성쇠는 그 왕국을 낳은 압력의 근원인 적의 성쇠를 따랐다. 서구세계에 대한 오스만의 압력이 가장 강했던 때와 시기를 같이한 그 왕국의 영웅시대는 오

---

492. 모하치의 전투(1526)에서 절정에 달한 헝가리와 오스만리의 100년 전쟁(1433~4년에 발발)은 정교 기독교 사회를 오스만의 지배로 결합하려는 오스만리를 방해한다는 어중간한 의도로 갖가지 서구세력이 정교 기독교 사회의 혼란스러운 사태에 무질서하게 개입한 결과로써 발생했다. 그러나 그 결합은 〈티무르〉가 1402년에 앙카라에서 오스만리에 가한 타격으로 약간 지체되기는 했으나 정복왕 〈메흐메드, 1452~81〉에 의해 실질적으로 완성되었다.

493. 헝가리는 왕위를 1436~9년과 1453~7년 및 1490~1526년에 보헤미아와 단속적으로 통합했는데, 그 두 왕위는 1438~9년과 1453~7년에 합스부르크가의 세습토지인 오스트리아의 일부와 통합되었다. 이어 헝가리는 1440~4년에 폴란드와 왕위를 통합하고 1485~1490년에는 오스트리아와 왕위를 통합했다. 폴란드 왕이 두 왕위를 겸한 헝가리와 폴란드의 이 왕위 통합은 튜턴 기사단에 맞서 헝가리 군을 폴란드로 투입하려 한 1370~82의 통합과는 반대로 오스만리에 맞서 폴란드군을 헝가리로 투입하려는 것이었다. 그러나 엉성했던 그 연합은 모하치에서의 타격을 막을 수 없었다.

스만 제국의 1차 빈 포위(1529)와 함께 시작되어 2차 포위(1682~3)[494]에서 끝났다. 1세기 동안 도나우 유역을 거슬러 쇄도한 오스만의 조류는 그 첫 실패로 정지된 후 2차 실패 이후 퇴조했고 1529년부터 1683년까지 빈 교외에 있었던 튀르크의 유럽 변경은 근간에 아드리아노플(에디르네) 교외로 후퇴했다. 그 퇴조에 이은 오스만 정권의 붕괴는 다른 세력이 남동유럽을 차지할 기회를 만들었으나 그 퇴조와 동시에 영웅시대를 마감한 도나우 왕국은 그로부터 이익을 얻기는커녕 탄생의 계기였던 세력과 함께 쇠퇴하여 운명을 같이 했다.

합스부르크가는 오스만리를 격퇴[495]했음에도 보복으로써 콘스탄티노플을 공격하지 않고 변경을 1718년보다 불리하게 수정하는 조약을 용인했으나 헝가리는 카를로비츠 평화조약[496]에 의해 1526년에 잃은 땅의 태반을 회복했고 1718년의 조약으로는 변경을 모하치의 전투 직전보다 멀리 확장했다. 베오그라드 요새[497]는 잡다한 변천을 거쳐 유고슬라비아의 수도가 되었는데 도나우 왕국의 남동변경은 1739년의 선에서 대체로 정지해 있었고 변경의 요새였던 빈은 내지의 제도(帝都)로 변했다. 이 변화는 빈의 운명과 성격에 나타나는데, 튀르크인을 몰아붙임으로써 이 도시가 획득한 영광은 1805년과 1809년에 프랑스에 점령당하는 굴욕으로 퇴색했다. 그리하여 처음에는 서구의 영웅적인 수호자로 이름을 떨친 빈 사람은 상냥하고 우아하지만 나약하고 무기력한 사람

---

494. 이 두 시련에서 오스트리아의 수도가 맡은 심리적, 전략적인 역할은 1914~18년의 전쟁에서 독일의 공격에 맞선 프랑스의 저항에서 베르됭이 맡은 역할과 같은 것이었다.

495. 합스부르크가는 베네치아와 폴란드 및 러시아를 포함한 반(反) 오스만 연합의 선두에 서서 1638년에 빈의 성벽에서 오스만리를 격퇴했다.

496. 오스만 제국에 대해 오스트리아 베네치아 폴란드 러시아가 맺은 1699년의 조약.

497. 헝가리가 15세기에 오스만리에 맞서서 지켰고 〈오이겐공(公)〉이 오스만에게서 쟁취했으나 다시 오스만 제국으로 넘어간 후 1788~91년의 전쟁과 1914~18년의 대전에서 오스트리아가 점령했는데, 세르비아는 이것을 1866년에 탈환하여 유고슬라비아의 수도로 삼았다.
　※ 오이겐공-오스만군을 격퇴하여 카를로비츠 및 파사로비츠 조약의 토대를 구축했다.

을 의미하는 명예롭지 못한 별명이 되었다.

면밀히 살피면 오스트리아-헝가리의 운명은 폴란드-리투아니아의 그것과 유사함[498]을 알 수 있다. 이어서 서구화의 길로 접어든 러시아와 오스만리는 서구화를 추진함에 있어 눈앞의 후진적인 적을 매개로 한 것이 아니라 선진 서구국가[499]로 달려갔다. 기독교도의 해방자로서 오스트리아를 환영했던 오스만 치하의 기독교국들도 러시아로 우회한 것이 아니라 원천에서 신선한 물을 끌어들였다.[500] 그리하여 정교 기독교 사회는 나폴레옹 전쟁이 끝나기 전에 서구의 시대정신인 내셔널리즘의 효소로 발효되는 중이었는데 합스부르크 왕국에 있어서는 그것이 곧 종말의 시초였다. 도나우 왕국은 1672~1713년의 전쟁 후에도 앞뒤의 모든 면에서 안전했으나 1세기 동안 상황은 왕국에 가장 불리하게 변했다.[501] 도나우 왕국은 1815년에 시작된 전후의 시기에 처음으로 하나의 적에 의해 앞뒤로 포위되고 있었는데, 그 적은 바로 왕국이 그 안에서 살고 움직이는 서구사회 자체의 시대정신인 내셔널리즘이었다. 도나우 왕국은 1815년에 외견상 1714년보다 더 큰 승리를 거둔 것처럼 보였으나 오스만리의 칼은 이

---

498. 폴란드는 17세기 초에 압력을 가하여 러시아 정교 기독교 세계의 서구화를 촉진했으나 그로써 러시아에 맞서는 서구의 변경 지킴이의 기능과 활력을 상실했고, 오스트리아는 17세기 말에 오스만리를 반격하여 정교 기독교 세계 본체의 서구화를 촉진했으나 그럼으로써 도나우 합스부르크 왕국의 존재 이유를 말살했다.

499. 〈표트르 대제〉는 폴란드가 아니라 독일과 네덜란드 및 영국으로 달려갔고, 〈오스만리〉는 합스부르크 왕국이 아니라 오스트리아의 경쟁국이었던 프랑스로 향했다.

500. 이슬람 체제에서는 불신자라도 그 지위를 인정받았으나 오스만 치하에 있었던 정교 기독교국들은 로마 가톨릭 체제에서 이단자 취급을 받았다. 그래서 그들은 18세기 초에 오스트리아와 베네치아의 지배로 고통을 겪은 후 러시아-튀르크 전쟁에서 승리함으로써 서구화의 실적을 입증한 러시아로 향했으나 그에 만족하지 못해 미국과 프랑스의 혁명사상에 접목한 후 나폴레옹의 프랑스와 그 적으로써 레반트로 들어온 영국과 접촉함으로써 원하는 것을 얻었다.

501. 합스부르크 왕국은 나폴레옹의 반복된 압력으로 말미암은 자극으로 그 타도(1813)에 결정적인 역할을 하고 빈 회의를 지배했으나 그 모두가 허사였다. 메테르니히는 유럽의 패권을 장악하려고 혁명 이전 체제의 회복을 교묘히 이용했다고 여겨지지만 근저를 이루는 현실은 전혀 다른 것이었다.

미 그 노쇠한 손에서 떨어져 있었으므로 왕국의 존재 이유와 안전은 사라져 버렸다. 도나우 왕국이 건설된 이래로 서구사회에서 일어난 여러 혁명의 누적적인 효과는 그와 같은 왕조국가를 시대착오적인 이례(異例)에 속하게 하는 새로운 정치질서를 만들어 냈는데, 기능이 끝났지만 서구의 살아있는 조직에 흡수될 수 없는 그 별갑(鱉甲)은 자기가 지키던 사회의 성장을 저해할 뿐이었다. 〈메테르니히〉는 왕조의 정통성이라는 원칙에 의거하여 국민주의를 무시하고 혁명 이전의 체제를 재건하려고 함으로써 대담하게도 도나우 왕국을 서구의 진보에 대한 소극적인 악마에서 적극적인 적으로 바꾸었다. 실제로 이 왕국은 마지막 1세기를 민족을 주로 하는 새로운 정치구조의 형성을 방해하는데 소요했지만 그 모든 기도(企圖)는 실행되기 전부터 실패할 운명에 놓여 있었다. 이 무익한 노력에는 이 고찰에 관계되는 두 가지의 흥미로운 점[502]이 있거니와 합스부르크 왕국은 서구의 여러 국민과의 이해를 일치시키기[503]에는 성공했으나 발칸반도의 내셔널리즘의 문제를 해결하지 못해 파멸의 길을 걷게 되었다.

내셔널리즘이라는 서구의 무기는 만든 자들이 쥐고 흔들 때는 큰 위협이 되지 않았으나 이질적인 세르비아인의 손으로 넘어가자 합스부르크 왕국에 치명적인 무기로 작용했다. 그리하여 오스만의 타격에 맞섰던 폐기된 서구의 별갑(鱉甲)은 드디어 세르비아의 총검에 의해 관통되고 분쇄되었다. 180년 동안 지켜졌던 도나우 왕국의 남동변경은 1918년 이후 새 질서의 승리를 상징하는 두

---

502. 1815년 이후로 내셔널리즘이라는 서구의 새로운 효소가 도나우 왕국의 남동변경에 위치한 정교 기독교의 제 민족에게서 서변(西邊)의 제 민족에게서와 마찬가지로 활발하게 발효되고 있었다는 것과 도나우 왕국이 시련 끝에 그 시대정신에 양보할 자세를 갖추었을 때 비로소 서구의 여러 국민과 화해할 수 있었다는 것.

503. 합스부르크 왕국은 1866년에 독일 지배권과 이탈리아에의 영토를 포기함으로써 새로운 독일제국 및 이탈리아 왕국과의 공존을 확보했고 1867년에는 오스트리아-헝가리 협정 및 폴란드와의 갈리시아 협정을 통해 영내의 독일인, 폴란드인, 마자르인과의 이해를 일치시켰다.

민족국가[504]의 수립으로 소멸되었는데, 그것은 합스부르크 왕국과 오스만 제국이 동일한 적에 의해 동시에 파괴되었음을 결정적으로 입증하고 있다. 사바강은 나폴레옹의 시대 이후에도 동양과 서양을 가르는 심연(深淵)[505]으로 여겨졌으나 그때 빈의 각의실(閣議室)에서 거미처럼 외교의 실을 당기면서 유럽 정치의 그물을 뜨던 라인란트 태생의 정치가는 그렇게 생각하지 않았다. 메테르니히는 오랜 심연에는 다리가 놓이고 높은 장벽은 파괴될 것임을 충분히 알고 있었고 더하여 내셔널리즘이라는 정치적인 효소는 서양에서 동양으로 전해질 것임을 간파하고 있었다. 오스만의 지배에 대한 그리스인의 반란을 예견하고 경계했던 그는 소수의 정교 기독교도 종속민이 먼 모레아에서 오스만 파디샤의 권위를 부인하는 것은 오스트리아의 카이저(Caesar)에 대한 위협이기도 하다는 것을 곧바로 간파했다. 그래서 그는 신성동맹을 향해 정통성에 대한 원칙을 확보하려면 그리스인 반란자를 무법자로 배척하고 신권제왕(神權帝王)의 일인으로서 술탄 마흐무드가 왕권을 유지하도록 지원해야 한다고 주장했다. 그러나 그리스의 반도(叛徒)는 찬란한 성공을 거두었는데 그 초지역적으로 중요한 사건, 즉 그리스인이 민족국가를 건설한 것은 남동유럽의 모든 민족이 독립과 통일을 주창하는 것을 불가피하게 했다. 1821년에 발생한 그리스인의 반란은 전후 유고슬라비아와 루마니아의 건설을 예정하는 것이었는데, 메테르니히가 모레아에서 울려 퍼진 칼싸움 소리 속에서 도나우 왕국의 장례를 알리는 종소리를 들었을 때 그의 감각은 잘못된 것이 아니었다.

1914~18년의 전쟁에서 합스부르크 제국과 오스만 제국을 동시에 엄습한 파

---

504. 합스부르크 왕국과 오스만 제국의 후계국가인 유고슬라비아와 루마니아가 새로 그어진 국경선 안에 두 왕국에서 얻은 영토만이 아니라 그때까지 두 다른 문명에서 살아온 주민을 내셔널리즘이라는 기치 아래 통합시킨 것은 대담한 정치 화학적 실험이었다.

505. 셈린과 베오그라드 사이를 흐르는 사바강은 합스부르크 왕국과 오스만 제국의 경계인데, 한 문인은 그 강을 동양과 서양 사이의 심연으로 묘사했다.

멸로 인해 오스트리아 및 튀르크 공화국이 출현했거니와 그 두 나라는 의회주의적 국민국가라는 공통점은 있으되 그 정세와 기풍에는 크게 다른 점이 있다. 양자의 패전 후 오스트리아인과 튀르크인은 감정과 태도와 행동에 있어서 큰 차이를 보이고 있는데, 1919년 이후 튀르크인의 정신이 초오스트리아적 수동성에서 초자코뱅적 적극성으로 변화된 것[506]은 무엇 때문일까? 이 질문은 오스만 제국에 맞서 빈을 방어한 영웅주의에서 전후의 패배주의로 변한 오스트리아인의 정신적인 변화에도 적용되는 것인데, 빈 사람들은 서구의 변경 지킴이의 역할에서 벗어나 200년 이상 내지에서 제국의 백성으로 살아왔다는 축적된 심리의 효과를 보여주고 있다. 그러나 전후에 막다른 골목에 놓인 오스만리 튀르크족은 존망을 건 싸움에서 자기들을 배신한 오스만 제국이 아니라 자기들의 터전을 위해 떨쳐 일어났다. 오스만이 일으킨 역사의 조수는 빈 근교로까지 퍼졌다가 원천으로 돌아옴으로써 마침내 그 거대한 하나의 간조를 끝냈던 것인바 그로 인해 다가온 도전의 긴급성은 생사의 기로에 선 튀르크인이 행한 강력한 응전을 설명하기에 충분하다. 더하여 서구와 정교 기독교 사회 사이에서 일어난 압력의 역전에 맞춰 자극도 이동했는데, 이 자극의 이동이 그것을 가로막은 두 사회의 정세와 기풍에 나타나 있는 것이다. 더하여 우리는 오스트리아와 바바리아(바이에른)의 기풍을 비교할 수 있는데 흥미로운 점은 이 둘은 원래 하나였다는 사실이다. 기원으로 말하자면 바바리아의 동부 변경이었던 오스트리아[507]의 역사를 이

---

506. 1918년에 끝난 대전에서 패배한 다섯 국민 중 가장 뼈저린 타격을 받았으되 반항이 가장 약했던 오스트리아인은 그 상황을 애석히 여기면서도 쉽사리 체념하고 새 질서를 수동적으로 받아들였다. 그러나 같은 처지였으되 오스만 제국의 파국을 자기들의 운명을 바꿀 기회로 삼아 전승국과 다시 싸워 크게 불리하지 않은 조약을 체결한 튀르크인은 새로운 질서를 능동적으로 수용하고 종속민으로서 국민국가를 먼저 달성한 그리스인, 세르비아인, 루마니아인, 불가리아인의 뒤를 따라 서구화의 길로 뛰어들었다. 튀르크인은 전후의 오스트리아인과 마찬가지로 15세기 이후로 역사의 모든 기복에 있어서 수동적이었지만 패전 후 〈셀림 3세〉 〈마흐무드 2세〉 〈통일진보위원회〉등 지배자들의 단편적인 서구화에서 탈피하여 적극적이고도 능동적으로 서구화를 추진했다.
507. 상하 오스트리아와 스티리아(슈타이어마르크)로 구성되며 '바바리아의 변경'을 의미하는 〈오스트

발생의 견지에서 도식화하면 잇따라 가해진 압력에 의해 그 기풍에 생긴 변화를 새로운 각도에서 측정할 수 있다. 과거 10~12세기 동안에 바바리아가 겪지 못한 일련의 경험을 체험한 이 땅은 처음에는 아바르족과 마자르족 및 오스만리의 파상적인 공격으로 자극을 받았으나 이후로 합스부르크가의 세습 전제정치로 인해 약화되었다. 그리하여 오스트리아는 위험에 처한 사회의 별갑과 제국의 수도라는 야릇하고도 색다른 기능을 잇달아 연출했는데, 이 독특 다변한 역사의 각 단계가 남긴 각인은 오랫동안 축적되어 오스트리아와 바바리아의 동일성을 말소하고 그 이름만이 아니라 성격까지 바꾸었다. 오스트리아가 전 세계의 생활에 대해 큰 역할을 하는 동안 바바리아는 역사를 갖지 못했다는 점에서 행복한 소국으로 머물렀던 것인데, 몌별(袂別)하여 다른 길을 걷는 동안에 바바리아는 지방적이며 명랑하고 낙천적인 기풍을 유지했고 오스트리아는 세계적이며 까다롭고 회의적인 기풍을 갖게 되었다. 오늘날 이 두 가톨릭교도 지역이 가지고 있는 기질의 대조는 그 경계의 어디에서나 확연한데, 그것은 인종적인 차이로 인한 것이 아니라 도전과 응전에 대한 심리적인 힘의 작용에 의한 것이다.

④ 극서 기독교 사회와의 대경에서

영국 연합왕국의 발생은 잉글랜드와 스코틀랜드 왕국의 연합과 아일랜드를 정복하여 식민한 결과인데, 그 두 왕국이 로마제국을 계승한 7왕국[508]을 대신하게 된 결정적인 요인은 외적 압력이 제기한 도전에 대한 응전이었다. 스코틀랜드 왕국의 기원은 약 10세기 전에 픽트족과 스코트족[509]이 앵글인의 North-

---

리아〉는 아바르족과 슬로베니아족의 침공에 대해 그 동부를 지키기 위해 바바리아 인이 건설한 변방인데 이후 일련의 역사적 우연에 의해 별개의 정치적 실체로 굳어졌다.

508. 헬레닉 문명 후의 민족이동으로 이주해 온 만족(蠻族)인 앵글족과 주트족이 건설한 켄트, 서식스, 웨식스, 에식스, 노덤브리아, 동앵글리아, 머시아 등 단명했던 공국들.
509. 이들은 인접한 켈트 외연부에서 유산된 극서 기독교 문명의 대표자였다.

umbria 왕국에 가한 압력으로까지 거슬러 올라가는데, 도전은 에든버러[510]를 정복한 두 족속이 로디언[511]의 할양을 요구했을 때 주어졌다. 이 요구는 서구세계의 변경이기도 했던 노덤브리아의 그 빼앗긴 변경이 걸을 길에 관한 의문을 제기했으나 로디언은 그 도전에 응전하여 정복자를 포로로 사로잡는다는 대단한 업적[512]을 달성했다. 스코트족의 왕들은 로디언의 문화에 매료되어 본거지를 로디언으로 옮기고 본고장이었던 Highland는 이질적인 영토로 취급했는데, 그런 원조를 받은 로디언 출신의 앵글인 개척자들은 켈트계 주민을 희생시키면서 스코틀랜드 동안(東岸)[513]에 식민지를 건설했다. 그리하여 하일랜드는 꾸준히 북서쪽으로 밀려났고 그 결과로 스코틀랜드어는 역설적인 명칭의 전화(轉化)[514]를 겪었다. 두 만족에 의한 로디언 정복의 결과는 서구사회의 경계를 포스강에서 트위드 강까지 후퇴시킨 것이 아니라 브리튼 본토의 북서변방 전체를 포함하기까지 전진시키는 것이었는데 로디언과 하일랜드의 스코트족 및 픽트족 영역의 결합으로 탄생한 스코틀랜드 왕국은 거기에 기여한 로디언에 의해 서구 기독교 문화의 각인을 띠게 되었다. 로디언의 이 훌륭한 응전 덕분에 로디언 할양은 브리튼 제도의 그 변경에서 서구 기독교 세계를 확장하고 극서 기독교 세계를 축소시키는 것으로 귀결되었다. 그리고 이 업적을 달성한 노덤브리아의 단

---

510. 픽트족에 맞서는 노덤브리아의 변경 요새, 건설자의 이름을 딴 '에드윈의 소도시'라는 뜻.

511. 중세와 근세 스코틀랜드의 정치 문화적 중심지. 원래는 픽트족과 중세 켈트인의 스트라스클라이드 왕국에 맞서는 노덤브리아의 변경이었다.

512. 의문이란 '로디언이 지방적 정치체제의 변화에도 불구하고 서구 기독교 문화를 지킬 것인가? 아니면 극서 기독교 문화에 굴복할 것인가?'라는 것이고 대단한 업적이란 잉글랜드 7왕국의 정복된 한 단편인 로디언이 브리튼을 둘로 나누되 연합하여 현재의 잉글랜드 왕국을 구성하게 된 양국 중 하나의 핵심부로 성장한 것.

513. 포스강 하구 북안(北岸)으로부터 모레이 퍼어드 남안(南岸)까지.

514. 아일랜드 북서변방에서 아가일로 이주하여 브리튼에 처음으로 스코트라는 이름을 가져온 원래의 스코트족이 사용하는 게일릭 방언이었던 스코틀랜드어는 "앵글인이 로디언에서 사용하는 튜턴방언"이라는 뜻으로 그 의미가 변화하였다.

편은 좋은 땅인 내지[515]가 아니라 포스강과 트위드 강 사이의 변경이었음을 상기하는 것도 유익할 것인바 로디언 할양 직전인 11세기에 노덤브리아를 방문한 관찰자는 로디언에는 미래가 없고 노덤브리아의 도시가 강대국의 수도가 된다면 그 운명을 지닌 것은 요크라고 단언했을 것이다. 요크는 9~10세기의 전환기에 이미 큰 왕국의 수도가 될 가망이 있었으나 그것은 서구사회의 일원인 국가로서가 아니라 당시에 서구 기독교 사회를 막다른 골목으로 몰아세워 그 지위를 빼앗으려던 스칸디나비아 세계의 구성요소로서의 가망이었다. 그런데 스칸디나비아인의 요크왕국은 뭉게구름처럼 솟아올랐다가 재빨리 사라졌고 요크셔는 데인인과 노르만인의 정복으로 인한 모든 부침(浮沈)을 거쳐 잉글랜드 왕국에 굳게 접목되었다. 요크셔가 오늘날 영국의 다른 주들에 비해 비정상적으로 크다는 사실만이 요크가 일찍이 한 주가 아니라 한 왕국의 수도가 되려고 했다는 것을 상기하게 한다. 노덤브리아의 도시 중 에든버러와 가장 치열하게 경쟁한 것은 그러한 요크가 아니라 스코틀랜드에 병합된 로디언을 대신하여 스코트족에 대한 변경 지킴이가 됨으로써 뛰어나게 된 Durham[516]이었다. 그리하여 더럼은 독립국에 준하는 지위를 획득했는데, 영주인 주교는 몇 가지 군주로서의 권한을 가지고 있었다.

⑤ 스칸디나비아와의 대경에서

우리는 노덤브리아 왕국의 몇몇 지방이 겪은 운명에 대한 분석에서 스칸디나비아가 서구 기독교 세계에 가한 충격의 예[517]에 주목할 기회를 가졌었는데

---

515. 브리튼 섬 북부 전체에서 가장 크고 비옥하며 경작에 적합한 평야의 중심부에 위치한 요크는 로마제국의 작전기지였는데 지금은 로마 교회의 활동기지로 되어 있다.

516. 중세 잉글랜드 왕국의 변경으로써 스코틀랜드 왕국과 마주보던 팔라틴 백령(伯領)
  ※ 백령(伯領)-일부 국가에 준하는 권한이 부여된 백작(伯爵)의 영지(領地)

517. 픽트족은 로마제국의 분열로 인한 민족이동 전에 이미 브리튼 섬 북단을 점유했고 스코트족은 민족이동 기간에 아일랜드에서 도해하여 픽트족의 땅에 적대적인 침입자로 정주했다.

극서 기독교 세계가 가한 압력과 함께 스코틀랜드 왕국을 이루게 한 이 충격은 그에 더하여 잉글랜드 왕국과 프랑스 왕국을 성립시켰다. 픽트족과 스코트족은 로디언을 정복할 무렵에 연합했는데, 적대적이었던 그들이 갑자기 연합을 이룬 것[518]은 무엇 때문이었을까? 연합한 시기와 그들을 침략한 적의 동태가 그 답을 말해 주고 있거니와 브리튼 섬 북단의 영유를 다투던 두 족속은 급습한 압력으로 인한 도전에 응전하기 위해 협력하게 되었다고 추측할 수 있다. 그러므로 스코틀랜드 왕국의 발생은 연속된 두 도전에 대한 응전[519]이라는 관점으로 설명되며 마찬가지로 잉글랜드 왕국의 발생에서도 두 도전[520]에 대한 응전의 활약을 볼 수 있다. 북브리튼에서 지속적인 왕국의 핵심이 된 것은 노덤브리아의 내지인 요크셔가 아니었듯이 남브리튼에서 이 운명을 지니게 된 나라는 켄트나 에식스 왕국[521]이 아니었다. 남브리튼의 정치권력은 켈트 외연의 두 남부지구에 대면한 머시아[522]와 웨식스에 생겨났다. 이 두 왕국의 상대적인 힘은 각자에게 미친 켈트 외연부의 압력에 비례했는데, 웨일즈가 머시아에 가한 압력은 웨식스에 대한 서웨일즈[523]의 압력보다 강했다. 서웨일즈는 마침내 브리튼

---

518. 그 연합은 843년에 이루어졌는데 당시 스칸디나비아인 침략자의 일부는 북해를 따라 내려가 영불해협으로 들어갔으나 나머지는 브리튼 북서해안을 돌아 아일랜드로 향했다.

519. 스칸디나비아의 도전에 대한 픽트족과 스코트족의 응전 및 연합한 두 족속의 도전에 대해 로디언인이 행한 응전.

520. 잉글랜드 7왕국에 대한 켈트 외연부의 압력 및 브리튼 섬의 영국인 식민지 서변을 침공한 스칸디나비아인의 압력.

521. 남브리튼의 이 두 왕국은 서구 기독교 사회와의 접점이었는데 로마교회는 그 지리적인 요인 때문에 켄트와 요크에 작전기지를 세웠다. 그러나 켄터베리와 요크가 대주교 관구가 된 요인이었던 그 지리적인 이점은 두 도시가 한 왕국의 수도가 되는 데는 장애가 되었다.

522. Mercia는 The march(변경)이며 당시에는 변경이라고 하면 이 머시아를 의미했다.

523. 서웨일즈는 웨일즈 지역사회 중 브리스톨 해협 남쪽 지역이다. 영국인의 침략에 대한 서웨일즈의 저항은 영웅적인 비극으로 그려지고 있는 아더왕의 전설 속에 불멸의 여운을 남기고 있으나 그 저항은 비교적 쉽게 진압되었다. 그 전설에 있어서 글래스턴베리라고 하는 서웨일즈인의 방어선은 템스강을 거슬러 올라가는 영국인의 변경인 웨식스 왕국에 의해 템스강의 서부 분수계에서 태머

섬 남서쪽 구석에 갇혀 버렸기 때문에 더 이상 웨식스에 위협이 되지 않았으나 비교적 넓고 방어하기 쉬운 산지의 요새를 확보한 웨일즈는 머시아의 서쪽 변경을 지속적으로 압박했다. 그 압박의 강도는 언어적으로는 머시아라는 이름에 의해, 고고학으로는 오퍼의 제방이라는 토루(土壘)에 의해 입증된다. 큰 압력으로 자극을 받은 머시아 왕 〈오퍼〉는 무력을 내지로 돌려 남브리튼에 대한 패권을 수립하려는 야심을 품었고 보다 약한 자극을 받은 웨식스는 켄트와 에식스를 흡수하려고 했는데, 이로 인해 8세기에는 머시아가 잉글랜드 왕국의 핵심이 될 것으로 여겨졌다. 그러나 9세기에 들어 스칸디나비아의 압력이 켈트외연부의 압력보다 강해졌을 때 머시아는 그 도전에 대한 응전에 실패했고 웨식스는 알프레드의 지휘에 따라 의기양양하게 응전하여 현존하는 역사적인 잉글랜드 왕국의 핵심이 되었다.

서구사회의 대서양 연안에 가해진 이 스칸디나비아의 압력은 브리튼 섬에서 잉글랜드 왕국을 형성하는 응전을 일으켰을 뿐만 아니라 서구 기독교 세계의 대륙에 있던 집단으로 하여금 샤를마뉴 제국으로부터 프랑스 왕국을 분절시키는 응전을 하게 했다. 샤를마뉴 제국의 카롤링거조를 계승한 오토조가 카롤링거조의 중심부와 동부만을 계승했고 서부에서는 카페조가 일어났다는 것은 널리 알려진 사실이거니와 이러한 왕조의 변경은 현재적인 프랑스를 낳은 내면적이고도 심리적인 변화의 외면적이고도 가시적인 징후였다. 카롤링거조의 왕관이 〈루이 5세〉의 머리에서 〈위그 카페〉의 머리 위로 옮겨졌을 때 그것은 프랑스의 왕관이 되었다. 그리하여 카롤링거 제국의 오랜 미분화의 실체 속에서 그 서쪽에서 새로운 왕국이 출현한 것인데, 이 프랑스의 탄생은 우리 시대에 내셔널리즘이라는 이름으로 행해진 서구의 지리적인 분열 중 최초의 것인 동시에 가장 명확한 것이다. 오토조가 카롤링거조의 서부를 계승하지 못한 것은 신성로

강 부근으로 밀려났다.

마 제국이 대륙의 압력에 대한 변경 수호의 임무를 다하지 못했기 때문이 아니라 다른 변경에서 새로운 압력이 발생했기 때문이었다. 그동안 대륙에서 가해지는 압력을 모면하고 있던 영국과 서갈리아는 바다로 나선 바이킹의 압력을 정면에서 받게 되었다. 그리하여 갈리아의 경계[524] 서쪽에서는 바이킹에게서 오는 바다의 압력이 대륙의 압력을 능가하게 되었는데, 유럽대륙과 브리튼 제도의 대서양 연안에서 이루어진 그 도전에 대한 응전은 오늘날의 프랑스와 영국을 문자 그대로 형성시켰을 뿐만 아니라 그 중심을 결정하고 수도를 선정했다. 그 난국에 맞서 궐기한 웨식스와 응전에 실패한 머시아가 합쳐서 잉글랜드 왕국이 탄생했으나 웨식스의 수도였던 윈체스터는 새 왕국의 수도가 되지 못했다.[525] 윈체스터는 데인인의 침입으로 인한 시련을 겪지 않은 대가로 위신과 힘의 추락을 감수해야 했는데, 웨식스가 데인인 정복이라는 위업을 이루면서 잉글랜드로 성장했을 때 새로운 수도는 명예롭지 못한 윈체스터에서 런던으로 이동했다. 런던은 그 시대적인 고난과 부담을 견뎌냈으며 895년에는 템스강을 거슬러 오르려는 데인인의 기도를 격퇴함으로써 오랜 전투에 결정적인 전환을 이루었다. 프랑스 왕국도 바이킹이 출현하지 않은 지중해 연안의 프로방스나 랑그독이 아니라 스칸디나비아의 압력을 정면으로 받은 북부지역(랑그도일)에서 그 중심을 발견했다. 프랑스 왕국의 필연적인 수도는 Rhône[526]이 아니라 일 드 프랑스[527]의 파리로 정해졌는데, 파리는 런던이 그랬듯이 센강(Seine)을 거슬러

---

524. 고대 갈리아를 동서로 양분하며 셀트강 하구(河口)에서 론강 하구까지 남북으로 뻗어 카롤링거조와 프랑스의 경계를 이루는 선. 이 선을 기준으로 동으로는 슬라브족과 유목민에 의한 대륙의 압력이, 서로는 바이킹에 의한 바다의 압력이 가해졌다.

525. 그것은 윈체스터가 서웨일즈에 맞서는 웨식스의 변경이었으나 이후 데인인과의 투쟁에 있어서는 내지로 바뀌었기 때문이었다.

526. 바이킹은 벨기에 남부에서 발원하여 파리 근교에서 센강과 합류하는 강까지 항해할 수 있었는데, 론은 그 위에 있는 오아즈 강 수원지를 굽어보는 구릉(丘陵) 위의 안전한 곳이다.

527. 파리를 중심으로 하는 프랑스 북부의 주.

오르는 바이킹을 가로막았던 것이다.

이 두 역사적인 왕국의 탄생은 스칸디나비아의 도전에 응전한 서구사회가 새로운 창조력을 출현시킨 것이지만 그 응전의 실질적인 힘과 다양성을 측정하려면 그들의 봉건제와 서사시[528]에 주목해야 한다. 영국의 국민 서사시는 주목할 만한 예술작품인 몰던 「전투의 노래」[529]로, 프랑스의 서사시는 「롤랑의 노래」를 필두로 하는 「무훈(武勳)의 노래」[530]로 대표된다. 이 분야의 권위자인 〈P. Vinogradoff〉가 연구한 바와 같이 노르만의 정복에 앞서 잉글랜드에서 출현한 봉건제는 두 역사적인 왕국의 출현이나 서사시와 마찬가지로 서구 기독교 세계에 가해진 스칸디나비아의 압력에 대한 반응의 결과였다. 이 모든 창조는 스칸디나비아의 도전에 대한 서구의 다채로운 응전을 입증하지만 가장 강력한 증언은 서구사회가 스칸디나비아인과의 충돌에서 최종적으로 달성한 결과에 의해 제공된다. 서구 기독교 사회는 내습한 적을 무력으로 막아낸 후 정주한 침입자[531]를 급속히 개종시킴으로써 공세로 전환했고, 이어서 개종한 노르만인으로 하여금 서구사회를 위해 자기들과 싸운 그들의 선조만큼 용감하되 더 효율적으로 싸우게 했을 때 그 승리의 열매를 수확했다. Rollo[532]와 그 동료들이 〈단순왕 샤를〉[533]에 의해 대서양 연안에의 정주를 허락받은 지 1세기 후에 그들의

---

528. 봉건제는 스칸디나비아의 도전에 맞서는 강력한 사회적, 군사적 수단이었고 서사시는 시련의 감정적인 경험에 예술적인 표현을 부여한 것이다.

529. 991년에 색슨족의 한 족장이 에식스의 몰던에서 노르웨이인 침입자에 맞서 싸우다 전사한 무훈을 노래한 것.

530. 롤랑의 노래는 샤를마뉴의 기사였던 롤랑을 위주로 하는 11세기의 무훈시이고 무훈의 노래는 샤를마뉴를 위주로 하는 프랑스의 역사시로서 11~13세기의 작품. 프랑스 서사시는 수많은 장르로 분화되어 거의 모든 서구 기독교 세계의 언어로 표현되었다.

531. 데인인은 9~10세기에 잉글랜드 동부 요크셔 이남과 템스강 이북의 데인로(Dane Law)와 프랑스 북서부의 노르망디에 강압적으로 정주했다.

532. 최초의 노르망디공(公)이 된 노르만의 족장(860~932)

533. 프랑스 왕(재위, 884~923). 개종하는 조건으로 롤로에게 딸을 주되, 롤로를 센강 하류의 땅에 노

자손은 지중해에서 정교 기독교 및 이슬람 사회를 희생시키면서 서구사회의 경계를 확장함과 동시에 프랑스에서 빛나던 서구문명의 찬란한 빛을 여전히 반영부(半影部)였던 잉글랜드와 스코틀랜드에 비추었다. 노르만의 영국 정복은 스칸디나비아의 모험가들이 2세기 동안 염원했던 사업을 달성한 것으로 간주될지 모르지만 노르만인의 사명은 9세기의 데인인의 목표와는 다른 것이었으므로 문화적인 견지에서 그것은 무의미한 것이다. 서구 기독교 문명은 침략자의 마음을 사로잡았고 노르만인은 스칸디나비아의 이교적인 과거를 청산한 것인바 서구사회는 스칸디나비아 사회와 그 항해자들에 의해 지구의 저 끝으로 퍼져나감으로써 그 승리를 완성했다.

⑥ 시리악 세계와 마주보는 이베리아 반도에서

시리악 사회의 세계국가를 재통합하고 있던 아랍인은 서구사회의 여명기였던 7세기에 이베리아 반도에 압력을 가하고 있었는데 서구사회에 대한 그 압력은 같은 시기에 북유럽 만족이 가한 압력[534]보다 무서운 것이었다. 유아기의 서구 기독교 사회는 그 무서운 두 적과 대결하는 시련에서 헤라클레스의 결행[535]과 같은 자의식에의 각성을 시작했다. 아랍인의 맹습은 자기들을 오랫동안 침공한 헬레닉 세계에 대한 시리악 세계의 마지막 반응[536]이었는데, 그들은 시리악 사회가 장악했던 최대의 판도를 회복하기까지 그 반응을 멈추지 않았다.[537]

르망디공(公)으로 봉하는 협정(911년)을 맺었다.

534. 북유럽의 대륙 변경에는 북유럽 만족이 처음으로 제기한 압력에 이어 15세기 오스만의 충격과 16세기 모스크바 대공국에 의한 정교 기독교 사회의 충격이 가해졌다.

535. 어린 헤라클레스는 요람에서 일어나 악의를 품은 여신(라헬)이 보낸 두 마리의 뱀을 한 손에 한 마리씩 교살(絞殺)했다고 함.

536. 헬레닉 세계의 침입에 대항함에 있어서 아랍인이 그동안 조로아스터교, 유대교, 네스토리우스파, 그리스도 단성론 등으로는 불가능했던 사업을 이루려고 했던 것.

537. 아케메네스조 페르시아 제국이라는 형태로 실현되었던 시리악 세계의 세계국가를 아랍제국으로 재건하는 것에 만족하지 않고 아케메네스 시대에 카르타고의 패권으로 독자적인 통일체를 이루었던 옛 페니키아인의 식민령을 정복하려고 했던 아랍인은 8세기에 왕 중의 왕이라던 다리우스 1세

우마이야조 최후의 칼리프였던 〈이브라힘〉은 동으로는 아케메네스 제국이 도달했던 가장 먼 곳까지, 서로는 카르타고 제국의 모든 영역까지 도달함으로써 명목상으로는 시리악 사회의 모든 판도를 지배하고 있었다. 아랍의 지휘관들은 그 중 이 고찰의 영역인 후자의 방향에서 지브롤터 해협을 지나 713년에 피레네 산맥을 넘은 후 732년에는 르와르 강까지 진출[538]했는데 그 아랍인은 트루[539]의 전투에서 서구 기독교 세계를 공격하고 있었다. 이 시리악 사회의 압력에 대해 투르에서 나타난 서구의 반응은 그 전선에서 힘을 지속시키고 세력을 키워 8세기 후에는 이베리아의 개척자들[540]로 하여금 그 기세를 몰아 이베리아 반도 밖으로 뛰쳐나가게 했다. 그런 점에서 프랑크족이 투르에서 아랍인에 승리한 것은 역사에 있어서의 결정적인 사건이었는데 이들 서구 기독교 사회의 개척자들은 서구사회의 시야와 영역을 전 지구적으로 확대시킴으로써 자기들의 문명을 위해 크게 공헌했다. 서구 기독교 사회가 한 알의 겨자씨처럼 성장[541]하여 모든 국민이 보금자리를 치는 큰 나무가 된 것은 그 이베리아 반도의 활력과 사업 덕택이었고 근대 세계의 서구화는 이베리아인의 독특한 업적인바, 이 위업을 달성한 서구의 활력은 이베리아 전선에 가해진 시리악의 압력이라는 도전에 의해 표출되어 강력한 것으로 달성되었던 것이다.

근대 최초의 세기(1475~1575년)에 온 세계에 그 존재를 알린 포르투갈과 카스티야(Castilla)의 항해자들은 이베리아의 변경에서 무어인에 대한 30세대에 걸

가 실현하지 못한 이 야망을 한때나마 실현했다.

538. 그들이 피레네 산맥을 넘은 것은 한니발의 선례를 따른 것인데 그 뒤로는 론강을 건넘으로써 알프스를 넘은 한니발의 발자취를 따르지 않았다.

539. 프랑스 서부, 르와르 강변.

540. 서구사회의 전위(前衛)로서 포르투갈인은 바다로 뛰쳐나가 아프리카를 돌아 Goa(인도 중서부, 아라비아 해에 연한 주)와 말라카와 마카오에까지 진출했고, 카스티야인은 대서양을 건너 멕시코로 나간 후 태평양을 건너 마닐라에 진출했다.

541. 〈마 13:31~23〉 〈막 4:31~32〉 〈눅 13:19〉

친 변경전으로 심신이 단련된 변경민의 계승자였다.[542] 17세기에 포르투갈인과 카스티야인은 그들이 해외에 건설한 신세계에서 피레네 건너편에서 온 침입자들[543]에게 자리를 빼앗겼는데, 해외에서의 그 패배는 그들의 본토에서 무어인이 전멸됨으로써 자극이 소멸된 것과 때를 같이 한다. 그것은 이베리아 기독교도의 활력이 무어인이 가한 압력에 의존하고 있었음을 말해 주는 것인바 우마이야조를 이은 이베리아 반도의 세 나라 중 아라곤은 카스티야와 포르투갈이 벌인 사업[544]에 참가하지 않은 이유는 무엇일까? 중세 후기에 카스티야나 포르투갈보다 큰 역할을 했던 아라곤[545]은 두 자매국이 찬란한 활약을 펼치고 있을 때 카스티야에 합병되었는데, 그것은 아라곤이 두 왕국보다 일찍 무어인의 압력으로 인한 자극을 상실했기 때문이다. 〈바스코 다 가마〉와 〈콜럼버스〉의 시대에 포르투갈과 카스티야는 무어인에 대한 서구 기독교 사회의 변경 수호직(守護職)을 수행하고 있었으나 아라곤은 1235년 이후로 내지에 속하게 되었다.[546]

---

542. 갈리아에서 아랍인 정복의 물결을 처음으로 돌려세운 프랑크인은 샤를마뉴의 지휘 아래 피레네 산맥의 이베리아 방면까지 반격하여 아스투리아의 요새에서 서고트족의 잔존세력과 합류했다. 이어서 시리악 문명의 공백기(975~1275)에 안달루시아의 우마이야조가 해체되었을 때 이들 피레네 배후지의 기독교도 만족들은 아프리카의 배후지에서 온 이슬람교도 베르베르족과 싸워 우마이야조가 반도에 남긴 유산을 차지했다.

※ 아스투리아-스페인 북부, 비스케이 만(灣)에 연한 지방.

※ 이슬람교도 베르베르족-사하라 사막에서 나온 무라비트 유목민과 아틀라스산맥에서 내려온 무와히드 고지민.

543. 네덜란드인, 영국인, 프랑스인.

544. 신세계의 발견과 정복 및 교역.

545. 아라곤은 지도 제작이나 국제법 등의 분야에서 북이탈리아의 중세문화에 독특한 공헌을 함으로써 그 도시국가들과 영광을 함께 했다.

546. 그 무렵에 카스티야는 반도에 남은 무어인의 그라나다 왕국, 포르투갈은 지브롤터 해협의 아프리카 쪽에 있는 탄제르(탕헤르)에서 모로코와 접경하고 있었다. 아라곤은 1229~32년에 지중해의 발레아르 제도를 정복한 무어전쟁을 벌였으나 이베리아의 기독교도들이 벌인 라스나바스 전투로 무와히드 베르베르인이 타도됨으로써 무어인이 그라나다의 변방 속령에 갇혀버린 1235년 이후로 중간에 있는 무르시아 지방에 의해 무어인과 격리되었다.

이것이 반도의 여러 세력에게 해외진출의 기회가 주어졌을 때 아라곤이 경쟁에서 탈락한 이유이다. 서구 기독교 세계와 이베리아 무어인의 관계는 도나우 합스부르크 왕국과 오스만리의 관계와 유사한 것인바 그들의 활력은 그 압력이 제기하는 도전에 대한 응전의 결과였던 것이다.

(10) 안데스 세계와 중앙아메리카 세계에서

스페인인이 16세기에 아메리카로 쳐들어갔을 때 안데스 사회의 세계국가는 쿠스코의 잉카족에 의해 수립되어 있었고 중앙아메리카 사회의 세계국가는 테노치티틀란의 아즈텍족에 의해 건설되는 중이었는데, 이 두 도시는 어떻게 보다 오래된 중심지들[547]을 제압하고 세계국가로 성장할 수 있었을까? 쿠스코는 안데스 사회의 북동변경에서 내부의 적인 아마존 삼림의 미개인에 맞섰고 테노치티틀란은 중앙아메리카 사회의 북쪽 변경에서 치치멕족과 대경(對境)했는데 이 극단적인 차이는 그 이유에 대한 설명을 요구할 수도 있지만 실제로는 두 세계국가가 쿠스코와 테노치티틀란에서 발달한 이유를 설명한다. 틀라흐칼라나와 촐룰라가 중앙아메리카 사회의 핵심이 되지 못한 것은 테노치티틀란에 가해진 것과 같은 압력이 없었기 때문이었고 티티카카호 분지의 콜라족이 우르밤바 유역의 잉카족[548]에 패한 이유는 두 곳이 자리 잡은 자연지리에 의해 설명된다. 아마존 만족에 맞서는 안데스 사회의 변경인 잉카지방의 자연지리는 ⟨P. A Means⟩가 설명한 바[549]와 같이 안데스 사회에 대한 아마존 만족의 침입을 용

---

547. 쿠스코는 안데스 고원의 우르밤바 강 상류의, 그때까지는 이름도 없었던 한 구석으로 아마존 열대 삼림의 미개부족에 대한 안데스 사회의 북동변경. 테노치티틀란은 북아메리카의 건조지대를 방랑하던 치치멕 수렵부족에 대한 중앙아메리카 사회의 북부변경, 아즈텍족도 얼마 전에 북아메리카 건조지대에서 테노치티틀란으로 이주했음. 티아우아나코는 태평양 연안의 오아시스를 본거지로 하는 안데스 사회의 고도(古都). 틀라흐칼라나와 촐룰라는 중앙아메리카 사회의 오래된 도시.

548. 잉카제국은 공히 안데스 고지에 위치한 이 두 부족의 동맹으로 성립되었음.

549. "티완틴수유, 즉 사방의 땅이라고 하는 잉카제국의 수도인 쿠스코는 아마존 강 유역에 있고 쿠스코를 관통하는 급류는 우르밤바 강으로 흐르는데, 우르밤바 강은 우카얄리 강의 한 지류이고 우카

이하게 했을 뿐만 아니라 초래하기까지 했다. 그와는 반대로 티아우아나코의 콜라오[550]는 빛나는 흰 이빨로 하늘을 물어뜯는 동(東)코딜레라의 소라타(Sorata), 와이나 포토시, 일람푸 등의 설봉(雪峰)들에 의해 아마존의 미개인들로부터 완전히 격리되어 있었다. 이러한 자연환경은 그에 도전하여 고대 티아우아나코를 건설한 자들에게는 자극으로 작용했지만 그 후손에게는 잉카족에게 패하게 한 핸디캡[551]이 되었을 것이다.

3) 제재의 자극

(1) 제재의 성격

인간적 환경으로 인한 도전에 있어서의 제재는 일종의 핸디캡인데 이에 대하여 널리 알려진 사실은 〈헬렌 켈러〉나 〈헨리 포우시트〉[552]와 같이 육체적인 장애가 있는 생명체는 다른 부분을 월등하게 개발함으로써 힘이나 가치에 있어서 경쟁자와 균형을 맞추려 한다는 것이다. 이것은 개개의 생명체만이 아니라 사회에도 적용되는 것인데 이에 대한 좋은 예는 로마제국 및 기독교회의 창시자들이다. 황량한 캄파냐라는 열악한 환경에 놓인 고대 라틴의 농민들은 밖으로 뛰쳐나가 도전정신과 불굴의 의지로 핸디캡을 극복하고 그 위업의 기념비로써 로마제국을 건설했고 혹독한 박해를 받아 캄파냐의 카타콤에 〈기독교의 로마〉를 건설한 초기 기독교도들은 드디어 〈일곱 언덕의 도시〉에 승리하여 카피톨리노(캄피돌리오) 언덕보다 높이 솟은 돔을 바티칸에 세우고 기념비로써 로마 가톨

알리 강은 아마존 강으로 유입하는 마라논 강으로 흐른다."

550. 티티카카호 분지에 폐허로 남은 콜라족의 유적.

551. 그 자연환경이 더 혹독하게 변했기 때문이 아니라 여전한 엄혹함으로 콜라족에 대한 인간적 환경의 도전을 원천적으로 차단했기 때문이다.

552. 1833년에 태어나 25세에 맹인이 된 영국의 정치가, 경제학자. 30세부터 1884년에 죽기까지 케임브리지 대학 교수로 재직했고 20년 동안 하원의원을 겸직했음.

릭 교회를 남긴 것이다.

제재의 성격은 핸디캡, 즉 열등성의 가장 단순한 형태인 신체적인 장애에서 시작하여 빈곤과 낮은 사회적 계급이 부여하는 자극의 효과를 개관하는 것으로 규명될 것이다. 정상적인 신체를 가진 남자라면 누구나 전사가 되어야 하는 사회에서 대장장이와 음유시인으로 특화한 절름발이와 맹인의 역사적인 사례가 있다. 절름발이 대장장이로는 〈헤파이스토스〉와 〈웰런드〉[553]가 있고 맹인 음유시인으로는 〈타미라스〉와 〈마이오니데스〉[554]가 있는데, 〈호라티우스〉[555]가 설파한 바와 같이 아킬레우스와 아가멤논의 업적도 이들의 시 속에서 살아남은 것이다. 갈릴리의 어부[556]는 기독교의 계시법에 의해 사도의 일인자가 되는 것인바, 로마의 하층민인 이 맹인들은 그와 같은 이치로 만족의 세계에서 강한 힘을 갖게 된 것이다. 열등성으로서의 빈곤을 살핀다면 가난한 학생은 장학금을 받기 위해 부유한 학생보다 더 열심히 공부하는 경향이 있다. 영국의 대학에서는 가난하면서도 평민인 학생은 역시 가난하지만 사회적 지위가 높은 학생보다 더 열심히 공부하는 편인데, 그것은 그가 빈곤에 더하여 신분의 제재를 받고 있기 때문이다. "왕조의 평균 연대는 3대이다"라는 이븐 할둔의 지적과 "노동복과 노동복 사이는 3대다"라는 북미의 격언과 같이 제재 받지 않으므로 도전하지 않고 안락을 누리는 자는 그 지위에서 추락하고 그 빈자리는 제재의 자극으로 과감히 도전하는 자가 차지하게 되는 것이다. 이것이 바로 제재의 성격

---

553. 전자는 그리스 신화의 불과 대장장이의 신으로서 로마신화의 '우르카누스'에 해당. 후자는 영국 설화에 나오는 '눈에 띄지 않는 대장장이'

554. 전자는 트라키아의 악사로서 자기가 '무사이'보다 뛰어나다고 소리쳤기 때문에 그 능력을 빼앗겼다고 한다. 후자는 호메로스의 성(姓)인데 그는 '마이오니아' 출신이라는 설이 있다.

555. 고대 로마의 시인(BC65~8) 그의 「시론」은 아리스토텔레스의 「시학」과 함께 후세에 큰 영향을 끼쳤음. 「시집」 4권에서 "이전에도 위인들이 많았으나 그들은 좋은 음창시인(吟唱詩人)을 만나지 못했기에 기억 너머로 사라진 것이다"라고 설파했다.

556. 영어로는 〈Peter〉라고 하는 〈베드로〉

인데 사회적으로 시행되는 제재는 인종차별과 종교적인 차별로 표출된다.

(2) 인종차별

인종차별을 발생시키는 전형적인 예는 타국으로의 이주인데 인종차별의 극단적인 형태는 노예제도이고 차별이 계층화되어 제도로 굳어진 것이 카스트, 즉 세습적인 신분제도이다.

빈곤이나 박해 때문에 타국으로 이주하는 사람들은 현지에 대한 무지, 언어와 습관의 장벽, 원주민의 편견 등으로 인한 자극으로 말미암아 특이한 활력을 발휘하여 크게 성공하는 경우가 있는데 우리는 그 예를 근대 잉글랜드에의 스코틀랜드인, 중세 잉글랜드의 플랑드르인 직공, 중세 헝가리의 독일인 광부, 뉴잉글랜드의 프랑스계 캐나다인 공원과 농민 및 폴란드인 채소 농부, 신교도의 땅으로 이주한 위그노교도,[557] 자바 섬의 아랍계 하드라마우트인 무역업자 등에서 찾을 수 있다.

이주(移住)의 극단적인 예는 헬레닉 사회의 동란시대, 즉 한니발 전쟁에서 아우구스투스의 평화가 수립되기까지의 기간에 지중해 주변의 모든 지역에서 로마로 잡혀 온 노예들인데, 그 노동력 착취를 통한 이익 증대만을 추구했던 로마인들은 도주와 폭동을 막기 위해 그들을 혹독하고 잔인하게 학대했다. 그것은 「오디세이」에서 〈에우마이오스〉가 했다는 말[558]과 같이 참혹한 재앙이며 응전이 불가능한 도전으로 말미암는 죽은 삶이었다. 그러나 그런 상황에서도 과감히 응전하여 성공을 쟁취한 사람들이 있었는데 그들의 응전은 세속적인 것과

---

557. 16~17세기의 칼뱅파 신교도. 그들이 반란을 일으켜 위그노 전쟁이 발발했을 때 〈앙리 4세〉는 낭트 칙령으로 종교의 자유를 인정했으나 이후 〈루이 14세〉가 그 칙령을 폐기하자 그들은 영국, 뷔르텐베르크, 프로이센, 남아프리카 등으로 이주했다. 그들 중 영국으로 이주한 사람들은 런던의 외진 구석인 스피톨필즈에서 견직공업을 발달시켰다.

558. 오디세이에서 돼지를 키우는 노예였던 〈Eumaeus〉는 "노예가 되는 것은 인간성의 반을 잃는 것이다"라고 말한 것으로 되어 있다.

철학 및 종교적인 것으로 대별된다. 그 중 세속적으로 응전한 자들은 주인을 잘 섬겨서 신임을 얻어 노예감독, 농장 관리인 등으로 출세했고 어떤 이들은 이익을 분배받는 상업에 종사하여 모은 돈으로 자유를 사기도 했다. 그리고 철학적으로 응전한 자들은 체관(諦觀)을 얻어 노예로서의 삶을 감수하되 현세에서는 삶의 참된 의미를 찾고 내세에서는 철학자의 왕이 되고자 했는데, 무지하고 악질적인 벼락부자들을 경멸했던 '참 로마인'들이 〈에픽테토스〉[559]를 존중했다는 사실은 그러한 응전의 성공을 입증하는 것이다. 잡혀온 노예들은 가지고 올 수 있는 유일한 것으로서 종교를 가지고 왔지만 로마인은 자기들의 신앙인 헬레닉의 제신에 대한 신심을 잃어가고 있었다.[560] 그런 상황에서 노예들이 들여온 신들은 헬레닉 사회의 내적 P들에게 고라 자손의 고백[561]을 확신시킴으로써 사회적, 계층별로 신자를 확보[562]하고 있었다. 열왕기에서의 결말[563]이 예견되는 이 종교적 각축에 있어서 로마는 노예의 종교들을 어떻게 할지를 500년 동안이나 망설이고 있었다. 원로원은 한니발 전쟁의 위기에 즈음하여 키벨레의 신성을 가진 마술의 돌[564]을 공식적인 의례로 받아들였으나 이후에는 Diocletianus의 기독교 박해에 앞서 박카날리아를 탄압했다. 그러나 '참 로마인'은 산까지도 움

---

559. Epictetus. 절름발이로서 노예였다가 해방된 로마 후기의 스토아 철학자(AD55?~135?) 외적인 것에 구애받지 말고 아파테이아(모든 정념으로부터 해방된 상태)에 이를 것을 주창했음.

560. 헬레닉의 제신은 〈아테네-아티카의 수호신〉〈아타나-스파르타의 청동저택〉〈티케-안티옥의 운명의 여신〉〈카이사르와 로마-로마인의 구주 신군과 여(女) 군신〉등인데, 헬레닉 세계는 "이 나라가 의지하는 제신은 모두 거기에서 떠나 제단과 신전을 버렸도다"라는 〈Vergilius〉의 외침과 같이 이 수호신들에 대한 믿음을 버리고 있었다.

561. "하나님은 우리 피난처시며 힘이시니 환난 중에 만날 큰 도움이시라"〈시 46:1〉

562. 그리스인 박카날리아의 박카스 신은 친헬라주의자를, 아나톨리아인의 히타이트발 키벨레 여신은 물신주의자를, 에베소의 디오니소스 신은 그리스 문화에 심취한 자들을, 이집트의 이시스 신은 여자들을, 바빌로니아의 성신숭배는 지식인을, 이란인의 미트라 신은 군인을, 시리악 사회의 초기 기독교는 내적 P들을 신자로 끌어들이고 있었다.

563. 엘리야가 바알의 선지자들에게 도전했을 때 귀결된 결말.

564. 아나톨리아 펫시누스의 호부(護符). 갈라디아의 펫시누스에는 키벨레의 본부가 있었다.

직이게 하는 기독교도의 신앙에 경탄을 금할 수 없었고 철인황제[565]는 기독교도가 신앙을 지키기 위해 기꺼이 죽어가는 모습에 감동을 느꼈다. Uvenalis가 통찰한 바[566]와 같이 예수의 복음이 누룩처럼 부풀자 로마로 들어온 제신은 여호와에 대항했고 로마는 예수의 복음을 증거 하는 노예들을 끔찍하게 박해했지만 그 싸움에서 승리한 것은 노예와 노예의 신이었다. 그리하여 〈콘스탄티누스〉는 313년에 밀라노 칙령으로 기독교를 공인한 후 330년에 비잔티움을 콘스탄티노플로 개명하여 천도했던 것이다.

이주하여 들어간 자들이 토착민과 융합되지 않고 그곳에서 지배와 피지배의 관계를 형성하면 인종차별의 전형인 카스트가 나타난다. 우리는 그에 관한 트리말키오의 이야기[567]를 알고 있거니와 그 예는 가장 현저한 것인 힌두사회의 카스트 외에도 구세계의 세 곳과 신세계의 북미에서 찾을 수 있다. 지배와 피지배의 관계에 있어서 제재 받는 인종은 특정된 비천한 직업에만 종사하도록 강요되는 경향이 있는데, 그들은 그 자극으로 특출한 능력을 계발하여 그 분야를 독점함으로써 지배자들을 놀라게 하고 제재하는 자들이 생각할 수도 없었던 부와 권력을 나봇의 포도원[568]에서 거두는 것이다. 유럽에서는 Gypsy가 땜장이와 점성가의 일을 독점했고 아라비아에서는 이슬람교 수니파가 금속세공업(金屬細工業)을 전유했으며 남아시아에는 19세기에 서구인이 지배한 지역에서 세탁업으로 특화한 중국인[569]이 있다. 북미에 노예로 잡혀간 아프리카 흑인

---

565. 마지막 5현제라고 하는 마르쿠스 아우렐리우스.

566. "시리아인은 오론테스 강을 티베르 강으로 흐르게 했다."

567. 〈페트로니우스 아르비테르〉의 저작. 타국으로 이주하여 비천한 일을 함으로써 거부가 되었으나 비루한 삶을 산 자의 이야기.

568. 〈왕상 21장〉에서 이스라엘 왕 아합이 나봇의 포도원을 빼앗으려고 더 좋은 포도원을 주겠다고 한 것에서 유래하여 '나쁜 포도원'이라는 뜻으로 쓰이는 말.

569. 남아시아에서 세탁업을 독점하여 부호가 된 중국인들은 화상(華商)으로 성장함으로써 트리말키오와 같은 비루함에서 벗어났다.

은 혹독한 카스트에 예속되었는데 그 잔혹성 및 그들의 업적과 전망은 로마의 노예제도와 그 시리아인 노예의 그것과 비교함으로써 밝힐 수 있다. 아프리카인이 아프리카 서해안에서 서인도 제도[570]로 끌려간 뱃길은 시리아인이 델로스[571] 노예시장으로 잡혀간 길에 비해 극도로 험난했고 로마적인 관용[572]도 없었던 미국의 노예는 노예해방전쟁 후에도 인간으로 인정받지 못했다. 한 예를 들자면 해방된 노예의 아들인 Horatius는 그 사실을 숨기지 않았으나 몇 대에 걸쳐 백인과 혼인함으로써 백인처럼 보이게 된 미국 흑인의 후예는 자기의 혈통을 애써 숨기고 있는 것이다. 그리고 로마의 노예들은 고유한 종교를 가지고 있었으나 그 혹독한 카스트의 제재를 받은 아프리카인은 종교마저 갖지 못했다. 그래서 그들은 특화된 응전으로서 단순하고 감수성이 풍부한 심령을 복음서로 열어 복음과 전도의 참뜻을 간파하고 삶의 본래적인 가치와 의미를 기독교에서 발견했다. 그들은 성경에 기록된바 예수는 제왕의 권력을 낮추고 낮은 자를 높이시는 분임[573]을 깨달았던 것인데, 이제 그들은 죽은 종교 대신 살아있는 종교를 확립한다는 기적을 이룬 시리아인 로마 노예의 업적에 필적하는 것으로서 기독교의 차고 흰 잿더미에 불을 피워 기독교도의 심령에 다시 신성한 불이 타오르게 하는 기적을 이룰지도 모른다.

---

570. 중미 동쪽 바다에 활처럼 흩어져있는 열도로서 앤틸리스 제도와 바하마 제도로 나뉘는데, 콜럼버스가 그곳을 인도 서부로 오인한 데서 유래한 명칭.

571. 에게해 키클라데스 제도의 작은 섬. 아폴론 신앙의 중심지로서 아폴론 신전이 있고 지난날 델로스 동맹의 본부였음.

572. 앞 페이지에서 로마 노예들의 세속적인 응전으로 언급한 바와 같이 로마에는 노예가 의외로 용이하게 해방되도록 규정한 법과 해방과 동시에 사회 정치적인 권리도 완전히 복권된다는 사회적 관습이 있었다.

573. "그때에 예수께서 대답하여 이르시되 천지의 주재이신 아버지여 이것을 지혜롭고 슬기 있는 자들에게는 숨기시고 어린아이들에게는 나타내심을 감사하나이다"〈마 11:25〉 및 "주의 대적으로 말미암아 어린아이들과 젖먹이들의 입으로 권능을 세우심이여 이는 원수들과 보복자들을 잠잠하게 하려 하심이니이다"〈시 8:2〉

(3) 종교적 차별

제재가 인종적인 차별에서 종교적인 차별로 바뀌어도 같은 결과가 나타나는 것인데 우리는 제재 받은 종파의 현저한 예로써 상업으로 특화한 힌두세계의 반야(般若)[574]와 유대인, 금속세공업으로 특화한 수니파 이슬람교도 및 헌금접시 제조로 특화한 Oneid의 종교단체 등을 상기할 수 있다. 여기서 제재를 가하는 편은 언제나 살아있는 문명의 지배적인 종파지만 제재 받는 쪽은 같은 사회의 구성원, 다른 사회의 구성원, 화석화된 사회의 구성원 등으로 대별된다. 이제 이 제재 받는 종파들의 응전과 그로 말미암은 기질과 성향을 살펴보고 그것이 환경적 요인에 의한 후천적인 것이지 인종적 요인에 의한 것이 아님을 논증해 보자.

① 같은 사회의 구성원인 예

영국에서 왕정복고로 국교회의 제재를 받은 퀘이커교도로 대표되는 신교도와 비국교도는 박해를 감수하면서 전자는 프렌드 협회를 결성하여 금융업으로 성공했고 후자는 소매업으로 번영했다. 더하여 청교도로서 "박해자들과는 함께 할 수 없으나 그들과 싸우기보다는 자연과 싸우리라"라는 신조로 변변한 해도(海圖)도 없이 대서양을 건넌 〈Pilgrim Fathers〉는 상기와 같이 신세계에서 뉴잉글랜드를 건설했다. 미국에서는 미국 신교도의 박해를 받은 몰몬교[575]도가 우차(牛車)로 Utah주(州)의 사막 분지로 들어가서 필그림 파더스에 필적할 만한 위업[576]을 달성했다. 러시아 국교회의 탄압을 받은 일부 비국교도는 러시아 제국의

---

574. 〈Prajñā〉 불교에서는 지혜, 지성을 의미하지만 인도사회의 언어로는 '장사꾼'으로도 쓰임.

575. 〈조셉 스미스〉가 창시한 기독교 이단종파, 최고 지도자를 칼리프라고 부르는 등 교리가 이슬람교와 매우 유사함.

576. 그들은 초대 칼리프였던 〈Brigham Young, 1801~77〉의 지도에 따라 산에서 흐르는 물을 관개하여 사막의 염분을 씻어냄으로써 그 분지를 비옥한 농지로 만들었다.

전진하던 경계 저편의 황량한 무주지(無主地)[577]에 정주함으로써 종교적 신념과 자유를 지켰는데, 이후 Uath가 그랬듯이 그 땅이 러시아에 합병되었을 때 러시아는 국내의 비국교도와는 달리 그들을 러시아의 개척자로 관대히 대우했다.

② 다른 사회의 구성원인 예

㉠ 〈파나리오트〉와 〈카잔리〉

오스만 정권은 개종하기를 거부하는 그리스인 정교 기독교도를 일종의 게토인 '파나르'[578]에 거주하게 하고 그들을 Phanariot라고 불렀다. 정교 기독교 사회는 필요했고 스스로 만들어야 했던 세계국가를 만들지 못함으로써 이교도인 오스만이 그 세계국가로 군림하는 것을 용인했는데 그로 인해 주인이기를 포기한 행위의 보응으로써 파나리오트를 발생시켰던 것이다. 이슬람교도 정복자들은 자기들이 마지못해 제공하는 세계국가라는 서비스의 대가를 종교적인 차별로 받아 낸 것인데, 그것은 역시 직업의 제한으로써 오스만리가 아닌 자들은 군인 정치가 관료 등이 될 수 없게 하고 토지와 그 경작권도 박탈했다. 그리하여 오스만리가 허용한 비천한 일을 통해 살아남아야 한다는 도전에 직면한 그들은 식료품 상인, 석공, 수위와 문지기, 마부와 채소 재배, 수공업 등[579]으로 특화함으로써 기반을 굳혔다. 오스만 정권은 이스탄불의 성 소피아 성당을 탈취하여 자기들의 사원으로 삼았고 그로 인해 오스만 치하의 정교 기독교 총주교 관구는 그 파나르의 게토로 이전했는데, 그것은 그곳을 성공한 정교 기

---

577. 시베리아, 코카서스 산맥, 유라시아 스텝 등.

578. 게토의 원래적인 의미는 '베네치아의 유대인 거주지'였는데 후로 일반적인 유대인 거주 지역을 의미하는 말로 쓰이다가 지금은 '특별구역'을 의미하는 말로 사용. 그리스어 '파나르'는 등대인데, 이스탄불 성벽과 금각만 사이의 기슭에 등대가 있으므로 이스탄불 남서부를 파나르 지역이라고 불렀다.

579. 차례대로 발칸반도 출신 정교 기독교도, 카라만리, 알바니아인, 몬테네그로인, 불가리아인, 아라비아어 상용자 등인데 튀르크어를 상용하는 카라만리는 인종적으로나 지역적으로 오스만리와 가깝지만 지배계층 이슬람교도인 오스만리와는 달리 피지배층 기독교도였다.

독교도의 영토와 집결지와 학교로 만드는 결과를 낳았다. 파나리오트는 그것을 기회로 삼아 통상을 통해 서구에 대한 지식을 습득하고 총주교 관구의 사무를 대리함[580]으로써 행정업무를 깊게 이해하게 되었다. 이윽고 2차 빈 공략 (1682~3)이 실패로 끝남으로 인해 오스만리가 열세에 빠지자 파나리오트의 위와 같은 두 재능은 그들에게 더 큰 기회를 제공했다. 팽창을 멈추게 된 오스만리는 만사를 무력으로 해결했던 과거와는 달리 서구의 여러 나라와는 외교를 해야 했고 권내의 정교 기독교도에 대해서는 그 감정을 고려해야 했다. 그리하여 그들에게는 서구사회를 잘 알고 있는 외교관과 정교 기독교도와 소통할 수 있는 행정관이 필요했는데 파나리오트가 바로 그에 합당한 존재였던 것이다. 그래서 오스만리는 전례를 무시하고 4개의 중요한 고위직[581]의 독점권을 파나리오트에게 허용하게 되었다. 그 결과 파나리오트는 그들의 실력과 정치적인 영향력 및 서구가 가하는 압력의 증대 등으로 인해 오스만 제국의 새로운 지배계층으로 부상할 수도 있을 것으로 전망되었다. 그 직에 대한 독점권을 부여한 것은 오스만리가 제국의 수명을 연장시키려고 파나리오트를 제국의 공동 통치자로 초빙한 것이었지만 파나리오트와 그리스인들은 양립이 불가능한 두 가지 야심[582]을 품고 있었다. 그러나 그 야심은 내셔널리즘이라는 시대적인 조류와 충돌을 일으켰는데 그리스인은 샤일록과는 반대로 행동함[583]으로써 자기들의 생

---

580. 오스만 정권은 자기들과 정교 기독교도 간의 중개자로 활용하기 위해 총주교에게 그에 상당하는 행정권을 위임했고 총주교는 많은 파나리오트를 사무 관리자로 채용했다.

581. 오스만리는 그 직을 정부와 함대의 통령관, Walachia와 몰다비아의 태수라고 했으나 실제로는 외무대신과 해군대신 및 두 루마니아인 공국의 통치자였다.

582. 그리스인은 오스만리를 몰아내고 오스만 제국을 장악한다는 야심과 그리스를 독립민족 주권국가로 만든다는 목표를 동시에 추구하고 있었다.

583. 셰익스피어에 있어서 샤일록은 사람을 죽이기 위해 고기 1파운드를 구했으되 그로 인해 흘릴 피를 구하지 않았음을 알고 고기 얻기를 실행하지 않았으나 강화된 권력에 취한 파나리오트와 내셔널리즘이라는 바이러스에 감염된 그리스인은 두들겨도 꼼짝하지 못하고 강탈해도 본모습 그대로일 것이라고 오산했고 생각한 대로 실행했다.

각이 오산이었음을 스스로 증명했다. 그리스인은 〈히프실란티〉의 주도로 도나우 연변의 여러 공국들을 침공하고 〈페트로 베이 마브로미할리스〉의 주도로는 오스만리에 대한 독립운동을 전개했으나 전자는 격렬한 반발과 저항에 직면했고 후자는 분기탱천한 오스만리에 의해 분쇄되었다. 도나우 연안의 정교 기독교 공국들은 토막나무 왕 대신 황새 임금으로부터 채찍 대신 전갈로 징치 당할 것임[584]과 자기들이 독립을 쟁취할 때까지는 구체제가 유지되는 것이 유리하다는 것을 깨닫고 오스만리에 가담하여 히프실란티를 타도했고 믿었던 갈대 지팡이[585]에 찔린 오스만리는 마지막 투혼을 발휘하여 그 지팡이를 부숴버렸던 것이다. 오스만리는 이후로는 어떠한 어려움이 있더라도 모든 것을 자력으로 처리한다는 결의로써 파나리오트의 모든 권력조직을 해체했는데 그것은 오스만 제국이 오스만리에서 파나리오트로의 평화적인 교체를 통해 수명을 연장하는 길을 걷지 못하고 오스만 제국이라는 퍼즐과 같은 직업적 카스트 연합의 급격한 분열과 여러 서구식 독립국민 주권국가를 만들어낸다는 결과를 초래했다. 그리고 그 지역적 민족주의에 의해 촉발된 프로크루스테스적인 폭력은 모레아에서 자행한 그리스인 반도(叛徒)의 만행과 튀르크 국민주의자들이 아나톨리아에서 일으킨 폭거에 이르기까지 100여 년 동안 광기(狂氣)를 떨쳤던 것이다. 시대적인 조류 때문에 실패하기는 했지만 파나리오트가 거의 성공할 뻔 했다는 사실은 종교적인 차별에 의한 제재라는 도전에 대한 그들의 응전이 활발했음을 증명하는 것이고 오스만리와 파나리오트가 관계된 역사는 도전과 응전이라는 사회적인 법칙에 대한 좋은 예증이므로 양자의 관계는 인종이나 종교 또는 선악의 관점이 아니라 도전과 응전의 관점으로 분석하고 이해해야 한다. 〈에르

---

584. 나무토막 왕과 황새 임금은 이솝 우화에 나오는 힘없고 유약한 왕과 난폭한 폭군, 전갈로 징치당한다는 것은 〈왕상 12:14〉을 참조할 것.

585. 성경 〈왕하 18:21〉에서 앗수르의 랍사게가 이집트를 지칭한 말.

토룰)[586]을 따라 '술탄의 외뉴'로 흘러든 만족은 거기에서 고유의 혈통을 지킨 것이 아니라 기독교도와 혼혈함으로써 하나의 민족으로 성장했고 〈오스만〉을 시조로 삼아 자기들의 이름을 〈오스만리〉라고 했다. 그리고 이후로도 토착 그리스인을 비롯한 정교 기독교도의 피가 그들의 핵심적인 혈통이 될 정도로 대거 유입되었다는 증거도 있으므로 양자를 인종적으로 분석하는 것은 아무런 의미가 없다. 또한 그에 대한 종교적인 분석도 무의미하다는 것을 명백히 밝힌 논술이 있거니와 그 골자는 종교적인 차별이라는 제재를 받는 종파는 허용된 직업에서 특화함으로써 성공하는 경우가 있으나 그것은 종교의 차이가 아니라 종교적으로 차별한다는 제재에 응전한 결과라는 것이다. '카잔'은 모스크바 대공국에 정복된 이슬람교도의 도시이고 〈카잔리〉는 그곳의 튀르크계 주민인데, 그들도 도전에 대해 파나리오트에 비견되는 응전으로 상업과 수공업을 특화하여 러시아인 지배자와 대등한 지위로 올라갔다. 그리고 자세히 살피면 튀르크와 그리스 및 러시아 사이에는 4~5세기에 걸친 공통된 경험에 의해 종교의 차이를 넘는, 사회 간의 가족적인 유사까지 생겨났음을 알 수 있다.

ⓒ 게토에서의 생활

위에서 살핀 정교 기독교도 파나리오트와 이슬람교도 카잔리의 특성은 가톨릭교도 〈레반트인〉과 〈Svoboda〉로 알려진, 모스크바 교외에서 살았던 신교도에게서 명백히 재현되고 있다. 공히 서구 기독교 사회의 이민자들인 레반트인과 스보보다인은 근간에 서구사회의 태평양 연안의 도시들에서의 거주를 허용 받은 중국인과 마찬가지로 오스만 제국과 러시아 제국에서의 거주를 허용 받았는데 이들은 캘리포니아나 오스트레일리아에 거주하는 중국인보다는 좋은 상황에 놓여 있었다. 서구인의 신세계로 이주한 중국인은 자력으로는 피할

---

586. (?~1288) 오스만 왕조를 창시한 〈오스만 베이〉의 부(父)

수 없는 것으로서의 인종차별을 받았으나 담수 프랑크인[587]은 배교하는 것으로써 종교적인 차별에서 벗어날 수 있었다. 그러므로 금각만 북사면의 갈라타와 레반트의 항구들에 거주하는 담수 프랑크인은 이슬람교로 개종하면 제재를 면하고 정교 기독교도와 마찬가지로 높은 지위로도 올라갈 수 있었다. 그러나 그들의 대부분은 배교하지 않고 게토의 생활을 감수하면서 그로 인한 미덕과 악덕을 동시에 발현시켰는데 그들에게 있어서 중요한 것은 혈통이 아니라 종교적인 차별이라는 도전에 대한 응전이었다. 그러므로 북구인의 특성을 지녔던 스보보다의 기독교도 주민들[588]도 같은 처지에 놓인 이웃이며 동시대인이었던 카잔의 이슬람교도 튀르크인에 대한 가족적인 유사를 보이고 있는 것이다.

게토의 다른 예로써 서구의 해외 진출에 따라 가톨릭교도와 신교도들이 외국에서 상업이나 수공업자로서 게토의 생활을 감수한 것으로서 〈무굴제국 치하의 봄베이 섬〉〈중국 청조의 광동상관(廣東商館)〉〈일본 에도막부 치하의 출도〉 등이 있는데, 일본인이 네덜란드인에게 가한 제재의 교묘함과 엄혹함은 타의 추종을 불허하므로 대표로서 출도(데지마)의 게토를 살펴보자. 북구계 신교도인 네덜란드인 무역업자들이 2세기가 넘도록 나가사키(長崎) 항 앞바다의 작은 섬에서 엄중히 격리된 채 감수한 굴욕은 유례가 없는 것이었다. 예를 들면 거주지는 의도적으로 조악하게 할 것, 매년 한 번씩 사람들이 보는 곳에서 십자가를 짓밟을 것, 정기적으로 막부의 궁정에서 미친 광대 짓을 함으로써 스스로 조롱거리가 될 것 등이 강요되었다. 돈을 벌기 위해 그 모든 굴욕을 감수

587. 오스만리는 레반트로 이주해 온 가톨릭교도와 서구인을 〈레반트인〉으로, 서구 기독교 사회의 국민은 〈프랑크인〉으로 불렀다. 그들은 게토의 생활을 감수하던 레반트인을 본 것에서 짐작하여 프랑크인은 열등한 종족이라고 단정했지만 이후로 서유럽과 접촉하면서 자기에 못지않은 프랑크인도 있음을 깨닫고 치하의 모든 서구인을 레반트인보다는 포괄적인 의미로 〈담수 프랑크인- 게토의 자식들〉이라 부르고 서유럽의 프랑크인은 〈염수 프랑크인- 제집의 아들들〉이라고 불렀다.
588. 호전적이고 교만하며 사기왕성한 국민들인 네덜란드인과 스코틀랜드인 및 독일인.

한 그들의 집요함을 칭찬해야 할 것인지 아니면 그 비굴함을 비난해야 할 것인지 판단하기 어렵지만 그들은 그 특이한 응전에 익숙하게 되어 이후로는 그런 관계를 개선하려는 노력도 하지 않았다. 그런 관계의 선례는 이집트 나우크라티스 항(港)의 게토에서 교역하는 대신 극도로 굴욕적인 삶을 감수했던 그리스인일 것인데, 그 내용은 산 짐승을 제물로 바치는 이집트인의 제의(祭儀)를 관찰한 그리스인의 기록에 밝혀져 있다. 그에 의하면 이집트인은 주문(呪文)으로 모든 재앙을 뒤집어씌운 짐승의 머리를 치우기에 곤란을 겪는데 그리스인은 이집트인의 비위를 맞추고 몇 푼에 팔기 위해 그것을 기꺼이 가져간다는 것이다. 그 테마는 근대문학으로서 「병 속의 악마」에 재생되어 있다. 폴리네시아인은 주술(呪術)로 악마를 가두어 놓은 항아리에 한 모금의 술을 넣어두는데 무지한 뱃사람들은 그 술을 마시려고 아무 거리낌 없이 그 병을 가져간다는 것이다.

③ 화석화된 사회의 구성원인 예

제재 받는 종파의 화석화된 사회들[589]은 시리악 사회와 인도사회에서 발견되는데 그들은 지키려고 했던 종교적 특성 때문에 그 사회를 유지했으나 또한 그것 때문에 종교적 차별과 제재를 감수하면서 위에서 본 사례들과 같은 반응을 보였다.

〈유대교도〉는 세계국가인 헬레니즘의 침입으로 말미암은 핸디캡을 상업과 금융업에의 특화로 극복하고 헬레닉 세계를 거쳐 아라비아 사회와 서구사회로 진출한 후 세계로 퍼져나가 큰 성공을 거두었다.

589. 시리악 사회에는 연대순으로 〈아케메네스조 시리악 사회의 유물인 유대교도와 조로아스터교도〉〈헬레니즘을 추방하기에 실패한 시도의 유물인 네스토리우스파 기독교도와 그리스도 단성론파〉〈시리악 세계의 잔부마저 지배하려던 헬레닉 세계의 실패한 시도의 유물인 그리스도 단의론파〉〈시리악 사회의 분열로 인한 유물인 시아파 이슬람교도〉가 있고 인도사회에는 〈헬레니즘의 침입으로 말미암은 자이나교도〉가 있다.

조로아스터교[590]의 일파로서 8세기에 이슬람교도에게 쫓겨 인도로 들어간 〈파르시교도〉는 힌두사회에서 상업과 금융업자로 특화한 응전에 성공한 후 세계적인 서구화에 적응했다.

〈그리스도 단성론교도〉를 보면 아르메니아의 그레고리우스파와 시리아의 야곱파는 상업과 소매업으로, 이집트의 야곱파는 토지세 징수업자로 특화하여 존립의 기반을 닦았다. 이들 중 정교 기독교의 박해로 로마제국에서 살 수 없게 된 네스토리우스파는 이란과 이라크에서 상인이나 의사로 특화했고 아바스조가 붕괴한 후에는 인도와 유라시아 스텝으로 진출했다. 인도로 진출한 일파는 서해안의 해로를 따라 남하하여 배화교의 손길이 미치지 않는 남쪽에 정착했는데 지금은 트라방코르의 성 토마스 기독교도로 남아 있다. 유라시아 스텝으로 들어간 일파는 당대(唐代)에 〈경교〉로써 하나의 중요한 사회적인 요소로 자리 잡고 튀르크계 위구르족을 개종시킴으로써 극동에서의 기독교 문명을 수립할 뻔했으나 파나리오트와 같이 약간의 차질로 인해 실패했다. 그들은 불리한 여건[591] 속에서도 트란스옥사니아에서 종교적인 기반을 유지했고, 몽골제국이 프레스터 존의 고장인 카타코름(하라호름)에 정청(政廳)을 두고 있을 때는 그에 필요한 회계와 서기 등으로 중용되었으며, 훌라구 칸의 아내와 장군 등 몇몇 고관을 개종시키는 등 나쁘지 않은 전도를 보이고 있었다. 그러나 뒤를 이은 결정적인 정변[592]은 그들을 사방으로 흩어지게 했다. 우리는 이에 대해 "케레이트 부족의 완칸이나 나이만 부족의 타얀칸이 패하지 않았다면 네스토리우스파의 사회는 어떻게 되었을까?"라는 의문을 품게 되는 것이지만, 그것이 어떻게 되

---

590. 제신을 선신과 악신으로 나누고 선신의 대표로서 불을 숭배하므로 배화교(拜火敎)라고도 한다.

591. 이슬람교도가 트란스옥사니아의 오아시스를 침략한 것과 칭기즈칸이 그들의 보호자였던 케레이트 부족과 나이만 부족을 격파한 것.

592. 그들은 그 지역의 문화를 독점했으므로 첫 차질을 극복할 수 있었으나 훌라구 칸이 이라크를 침공하여 바그다드를 짓밟고 다마스커스까지 점령한 것은 그들에 대한 결정적인 타격이었다.

었든 튀르크 위구르족 네스토리우스파 기독교도의 역사는 그들이 종교적 제재라는 도전에 응전하여 특화된 재능을 발달시키고 사회적인 가치를 향상시킴으로써 대 제국이 자기들을 협력자로 수용하게 했다는 점에서 파나리오트와 유사했음을 알 수 있다.

마론교도인 〈그리스도 단의론파〉는 첫 거점인 이집트에서의 종교적인 제재라는 도전에 응전하여 상인으로 특화했고 그곳에서의 도제적인 경험을 서구사회에 접목시킴으로써 미국 라틴아메리카 서아프리카 등지에서 더 큰 활력을 보이고 있다.

〈시아파 이슬람교도〉에 있어서 화석화 사회를 만든 것은 이스마일파라고 하는 이슬람교도인데 이들은 마호메트의 종형제이자 그의 사위인 알리(Ali)를 정통으로 신봉함으로써 수니파의 종교적인 제재를 받았다. 그래서 인도로 이주하여 상인으로서의 경험을 쌓은 후 일부는 동아프리카 연안의 영국 식민지에서 개발 사업으로 기회를 얻었고 〈이바드파 하리지교도〉는 북서아프리카 수니파의 땅에서 마그리브의 상인으로서 기반을 확보했다.

실론의 소승불교도와 함께 헬레니즘 침입 이전의 인도사회의 유물인 〈자이나교도〉[593]는 종교적인 제재라는 도전에 대한 응전으로서 벵골과 아삼 등지에서 소매업으로 특화했다.

(4) 기질과 성향

위에서는 제재 받는 종파의 신도가 특정 직업으로 특화하여 응전한 사례를 살폈는데, 다음으로는 제재나 차별의 강도와 그에 대응하는 기질과 성향의 관계 및 그 기질과 성향의 본질은 무엇인지를 살펴보자. 여기에 있어서 전항(前項)은 같은 종파지만 각자가 받은 제재와 차별의 강도가 다른 사례를 살피는 것으로, 후항(後項)은 제재와 차별의 유무에 의해 기질과 성향이 양분된 종파의 사

---

593. 화석의 층(層)으로 본다면 이들은 유대교나 배화교와 같은 층이다.

례를 고찰하는 것으로 분석할 수 있다. 우리는 디아스포라로서 제재와 차별을 받지 않은 동일 종파와 현저한 대비를 보이는 전항의 사례들 및 모사회와는 달리 격리된 요새의 골동품으로 남은 후항의 사례들을 찾을 수 있다.

① 백악(白堊)의 부싯돌

디아스포라의 유대인은 줄로 재어 던져진 곳[594]에서 사회를 형성하여 각각 〈아쉬케나짐〉〈세파르딤〉〈된메〉〈마라노스〉라는 이름을 얻었다. 아쉬케나짐은 야벳 자손의 땅[595]인 유럽으로 흘러간 유대인이고, 세파르딤은 가나안 사람에게 속한 땅[596]의 유대인이다. 된메는 '개종자 또는 개종하다'라는 의미인 튀르크어의 Dönme에서 유래한 것으로서 근동지방으로 이주하여 이슬람으로 개종한 세파르딤의 일파이며, 마라노스는 로마 가톨릭으로 개종했거나 개종하라는 억압을 피해 지하로 잠적한 세파르딤의 일파가 생활하던 지명에서 유래한 이름이다. 아쉬케나짐은 로마제국의 유럽 진출에 편승하여 알프스 이북에서 상업으로 특화한 후 기독교도의 광신적인 박해와 토착민의 세속적인 적대라는 이중의 제재를 받았다. 박해자는 아쉬케나짐이 필요할 때에는 제재를 가하면서 활용하다가 필요치 않게 되면 추방하기를 반복했는데, 그로 인해 동진하던 그들은 이후 동구와 루마니아에서도 추방됨으로써 절정의 고통에 직면했다. 그러나 실력과 자신감이 향상된 영국 프랑스 독일 미국 등이 그들을 다시 받아들이자 그들은 동진을 멈추고 다시 서향했다. 세파르딤은 이베리아 반도 이슬람사회의 아바스조 칼리프국에서 정치적인 사정과 이슬람교의 종교적인 규범 때

---

594. "내게 줄로 재어 준 구역은 아름다운 곳에 있음이여 나의 기업이 실로 아름답도다." 〈시 16:6〉

595. "야벳의 아들들은 고멜과 마곡과 마대와 야완과 두발과 메섹과 디라스요 고멜의 아들은 아스그나스(Ashkenaz)와 리밧과 도갈마요" 〈창 10:2,3〉

596. 스페인을 지칭하는 말. "사로잡혔던 이스라엘의 많은 자손은 가나안 사람에게 속한 이 땅을 사르밧까지 얻을 것이며 예루살렘에서 사로잡혔던 자들 곧 스바랏(Sephard)에 있는 자들은 네겝의 성읍들을 얻을 것이니라" 〈옵 1:20〉

문에 비교적 좋은 상황과 유리한 지위를 누리고 있었으나 이베리아의 정세 변화[597]는 그들에게 큰 재앙을 초래했다. 이에 대해 세파르딤은 그 두 나라와 종교가 다른 적국으로 이주하여 새로운 세파르딤[598]을 형성했는데, 그들 중 가장 두드러진 족적을 남긴 것은 튀르크의 세파르딤이다. 오스만리는 인간적인 동정심에 더하여 종교와 정치적인 이유로 그들을 관용과 선의로 대우했다. 이슬람교는 유대인을 이슬람교의 근원으로 여겼고 이슬람의 율법은 유대인의 「Kora」와 기독교의 「Bible」도 자기들의 「Koran」과 같은 권위를 갖는 「천계(天啓)의 서(書)」로 인정하고 "유대인과 기독교도도 유일하고도 참된 신에 대한 신앙이 있으므로 천부적이고 불가침적인 권리를 가지고 있다"라고 하여 그들에게 개종이나 추방이 아닌 인용(認容)의 길을 열어주었다. 그것은 개종하지 않는 대신 열등한 지위를 감수하고 특별한 세금을 납부하는 것이었는데, 오스만은 세파르딤을 그런 조건으로 거주하게 하여 상업과 수공업 분야에서 파나리오트와 가톨릭교도 레반트인을 견제하려 했다. 그리하여 세파르딤은 상업으로 번성하여 아쉐케나짐과는 크게 다른 기질과 성향을 발달시켰던 것이다. 아쉐케나짐을 보면 후진적인 기독교도로부터 엄혹한 제재를 받은 동유럽의 일파는 제재가 강하지 않았던 선진적인 기독교도 지역인 서유럽의 아쉐케나짐에 비해 유대인으로서의 기질과 성향을 현저하게 유지하고 있었다. 그들을 세파르딤과 비교해 보면 그들이 종교적인 제재와 차별에 반응하여 후천적으로 형성한 기질과 성향은 인종이나 종교적인 요인으로 말미암은 것이 아니며, 그렇기 때문에 제재와 차별이 해제되면 약화되거나 소멸된다는 것을 알 수 있다. 된메는 이슬람교로 개

---

597. 〈페르난디드〉와 〈이사벨라〉의 혼인 및 아라곤 왕국과 카스티야 왕국의 왕위 통합에 이어 이슬람교도의 그라나다 왕국이 서구세계에 편입되자 스페인과 포르투갈의 가톨릭교도는 세파르딤에게 개종과 추방 또는 멸절이라는 양자택일적인 선택을 강요했다.

598. 신교국 네덜란드의 포르투갈계 세파르딤, 이슬람교국 튀르크의 카스티야계 스파르딤, 종교적으로는 관대했던 토스카나의 포르투갈 및 카스티야계 세파르딤.

종했지만 과거의 동종자와 완전히 결별하지 않고 정통 이슬람교도와 제대로 동화하지도 않은 채 어정쩡한 상태로 지내왔는데 이들도 사회적 지위가 향상됨에 따라 고유의 기질과 성향을 두드러지게 상실했다. 이베리아 반도의 마라노스는 자의나 강요에 의해 가톨릭으로 개종했는데, 그로 인해 제재와 차별이 없어지고 4~5세기 동안 혼혈이 이루어지자 유대인 고유의 기질과 성향이 없고 신체적인 특징도 확연히 다른 세대가 형성되었다.

② 서구인의 사례들

우리는 해외에서 게토의 생활을 감수한 서구 기독교국의 무역업자들에게서도 같은 현상을 보게 되는바 이들도 게토에서 사는 동안에는 제재와 차별 때문에 나름대로 특수한 기질과 성향을 발현했지만 해방된 후에는 그것을 현저하게 소멸시켰음을 알 수 있다. 여기에 있어서 가장 두드러진 예는 영국 동인도회사의 직원이 보여준 변화인데, 이들은 무굴제국의 상관에서 제재를 받으면서 비굴한 생활을 하던 때에는 〈나보브〉라고 불리었으나 영국인이 갑자기 인도에 대한 통치를 확립한 후로는 〈사히브〉[599]라는 명칭을 얻었다. 그리고 그러한 지위의 변화에 맞추어 그들의 기질과 이미지도 '비굴한 겁쟁이' 또는 '난폭한 도둑'에서 '전도가 양양한 군인' 또는 '탁월한 행정관'으로 바뀌었다.

프랑스와 영국의 국교회는 신교도를 박해하고 제재를 가했는데 프랑스의 〈위그노교도〉에 있어서는 잔류한 자와 이주자의, 영국에 있어서는 〈퀘이커교도〉와 다른 비국교도의 기질과 성향의 대비를 볼 수 있다. 이주하지 않은 채 강한 제재를 감수하면서 개인적으로 영위하는 사업으로 특화한 잔류파 위그노교도는 그로 인해 발현한 기질과 성향을 제재가 해소된 후에도 지키고 있으나

---

599. 〈Nabob〉는 18~19세기에 '인도에서 점원이나 판매원으로 돈벌이하는 자'라는 뜻이고 아라비아어로 '무하마드의 벗'으로서 고관이나 귀인에 대한 존칭인 〈Sahib〉는 인도의 영국인에 대해서는 '인도에의 유럽인, 특히 지배자인 영국인'이라는 의미로 사용되었다.

이주한 위그노교도는 독일이나 남아프리카에서 상업으로 특화했음에 더하여 정치와 군인 등 사회적인 위신이 높은 분야에서도 많은 인재를 배출[600]했다. 영국에서도 퀘이커교도는 다른 비국교도에 비해 엄혹한 제재를 받았는데, 동시에 제재에서 해방되고 특수민이라는 굴레를 벗었으나 곧바로 국교도와 같은 기질과 성향으로 복귀한 여타의 비국교도와는 달리 퀘이커교도는 제재로 말미암은 기질과 성향을 고수했다. 퀘이커교도들은 1차 세계대전이 발발하자 신조에 따라 세계적인 자선사업을 전개했는데 그들의 내부의 빛[601]은 종교적 이상을 실천한 그 행위로 인해 밖으로 뚜렷이 드러나게 되었다.

③ 내셔널리즘의 효과

그리스 공화국은 공히 오스만 제국의 라이예로서 본토에 거주했던 주민과 독립전쟁 이후에 귀환한 시민으로 구성되어 있는데 전자는 1912~22년의 전쟁으로 이른바 '제집의 아들들'이 되었으나 후자들이 그리스로 귀환하게 된 것[602]은 그로부터 100여 년 후의 일이었다. 그런데 이후로 그 두 부류가 보이고 있는 현저한 기질적 대조는 독립전쟁 이전부터 있었던 것이 아니라 '제집의 아들들'로 살아온 기간의 차이에 그 원인이 있는 것이다.

이 제집의 아들들이어야 한다는 내셔널리즘에 입각한 시민권의 효과는 근간에 정체성을 확립하려는 유대인이 그 방법에 있어서 시온주의와 동화주의[603]로 나뉘는 것과도 관계가 있다. 유대인은 1차 세계대전과 이후의 곡절을 겪은 후

---

600. 독일의 〈라살〉과 〈레데부르〉 트란스발의 〈주베르〉 남아프리카의 〈뒤푸르 페론스〉등.

601. 그들의 신조에 따른다면 'Inner Light'는 '사람의 도덕적 지도력인 동시에 종교적 확신의 원천'이다.

602. 마케도니아와 서트라키아의 그리스인은 그리스 공화국이 튀르크로부터 쟁취하여 귀환시킨 것이지만 동트라키아와 서아나톨리아의 그리스계 주민은 개별적인 이주로 귀환했다.

603. 시온주의는 디아스포라의 유대인이 조상의 땅인 팔레스타인에 유대 민족국가를 건설하려는 민족주의 운동이며 동화주의는 미국 영국 프랑스 네덜란드 등 계몽된 나라의 주민으로 자리 잡은 유대인이 유대교의 율법은 지키되 살고 있는 현지에서 다른 족속들과 동화하는 것이 중요하다고 하는 주장이다.

에 시온주의자가 주도하여 이스라엘 공화국을 건설했으나 이후로 이방인의 땅에서 받은 제재로 인한 콤플렉스를 해소하는 방법에 있어서 그 두 파는 서로 대립하고 있다. 그들은 이스라엘 민족의 정체성을 정립하려면 특수한 선민이라는 관념을 버리고 오랜 제재와 박해로 인한 심리적인 콤플렉스에서 벗어나야 한다는 궁극적인 목표는 공유하지만 그 방법에 있어서는 주장을 달리하고 있는 것이다. 여기에 있어서 타국에서의 사회적인 계약이 중요한 것이 아니라 선민이라는 숙명을 수용하는 민족적인 기반과 공동체 위에서의, 열방과 같이 되는[604] 진정한 동화로서 조상의 땅에 건설한 민족국가를 제집으로 하는 새 유대인을 출현시켜야 한다는 시온주의 운동은 50여 년 동안에 이루어낸 성과를 통해 사회철학으로서의 정당성을 입증하고 있다. 세계의 이방인이었던 그 게토의 아들들은 비교적 약한 제재를 받은 동화주의자의 주장을 뛰어넘어 면모를 일신하고 팔레스타인의 농업 개척지에서 유럽의 식민자들과 같은 특징을 지닌 개척자적인 농민으로 변모한 것인바 그들은 민족국가 건설이 유대인 사회에 미치는 효과를 계산함에 있어서 오류에 빠지지 않았다. 그리고 그 과정에서 자기들에게 영감을 주었던 바로 그 내셔널리즘으로 고무되어 저항하는 아랍인과 투쟁해야 한다는 곤경에 빠졌으나 그것이 그들에게 독이 될지 아니면 좋은 자극이 될지는 지켜볼 일이다.

내셔널리즘은 종교적인 제재 때문에 생겨난 기질과 성향에서 벗어나려는 동기로 작용하는 동시에 그 벗어난 결과로 형성되는 것인데 시아파 이슬람교도의 몇몇 분파들에 있어서의 대조는 그에 대한 좋은 예일 것이다. 이슬람교에 있어서 여럿으로 분파된 시아파는 어디서나 9할이 넘는 수니파의 종교적 제재를 받으면서 제재 받는 종파로서의 기질을 표출하고 있는데, 그 대표적인 예는 인도

---

604. "우리도 다른 나라들 같이 되어 우리의 왕이 우리를 다스리며 우리 앞에 나가서 우리의 싸움을 싸워야 할 것이니이다 하는지라" 〈삼상 8:20〉

의 이스마일파 시아교도이다. 그러나 한 사나이는 필생의 사업으로써 시아파에서 갈라진 한 분파의 일부를 내셔널리즘의 국외지인 이슬람 세계에서 내셔널리즘으로 충만한 제집의 아들들이며 대 제국의 지배적인 국교도로 변화시켰다. 그 페르시아와 이란의 이맘파 시아교도가 보인 기질과 성향에 있어서의 극적인 변화는 앞에서 살핀 모든 예와 마찬가지로 종교적인 제재 때문에 발현된 기질과 성향은 선천적이거나 고정불변인 것이 아니라 환경의 변화에 따라 변하는 것임을 입증하는 것이다. 〈이스마일 사파비〉는 분산되어 박해와 제재를 감수하던 동족을 이끌고 생애를 건 사업에 착수하여 1502년에 자기들의 종교를 국교로 하며 이란을 중심으로 아프가니스탄에서 페르시아 만에 이르는 지역을 판도로 하는 페르시아인의 민족주의 제국인 사파비 왕조를 창건했는데 그 혁명에 동참하지 않은 시리아와 하사의 이맘파 시아교도가 여전히 인도의 이스마일파 시아교도와 같은 기질과 성향에서 벗어나지 못하고 있는 것은 우리의 명제에 대한 확증(確證)이다.

④ 요새의 골동품

이들은 제재를 피해 스스로를 격리시키는 요새로 들어감으로써 하나의 골동품으로 남은 화석화 사회로서 제재를 받지 않았으므로 특징적인 기질과 성향을 발현시키지 않았고 타지의 동종자 보다는 같은 지역의 이교도와 유사한 기질을 보이고 있다. 그것은 종교적인 제재와 그로 인한 기질과 성향의 발현은 상호 관계적이며 발현된 기질과 성향도 인종적이거나 종교적인 본질에 의한 것이 아니라 주어진 도전에 대한 응전 및 그 상호적인 작용보다 오래 지속되지 않는다는 것을 입증한다. 우리는 종교적 디아스포라보다 소수이고 잘 알려지지 않았지만 요새에 틀어박혀 기반을 유지하고 주변의 원시적인 주민을 개종시켰으되 스스로도 어느 정도로는 원시적인 삶을 살고 있는 요새의 골동품을 찾을 수 있다. 유대인의 것으로는 〈아라비아 예멘고지의 농민과 직인(職人)〉〈아비시니아 고지의 팔라샤인〉〈코카서스의 고지민〉 등이 있으며 튀르크어를 상용하는 유대인 공동사회인 〈크리미아의 크림차크인〉은 돈강과 볼가강 유역을 떠돌다가 유대교로 개종한 카자흐 유목민의 후예로 믿어지고 있다. 네스토리우스파 기독교도의 것으로는 〈우르미아호(湖) 서안에 고립된 북서 페르시아의 농민〉과 〈쿠르디스탄의 고지 미개인〉이 있고 그리스도 단성론교도의 것으로는 〈반호(湖) 주변 고지의 아르메니아인 농민〉〈두 요새[605]에 고립된 아르메니아의 미개 고지민〉〈콥트파인 사이트의 농민과 아비시니아의 미개 고지민〉〈투르 아브딘 요새[606]의 야곱파 고지민〉이 있다. 또 그리스도 단의론교도의 것으로는 〈레바논 산지의 농민〉이 있고 시아파 이슬람교도의 것으로는 〈시리아 자발 안시리야의 이스마일파 고지민〉과 〈레바논의 네 요새에 갇힌 드루즈교도〉[607]를 들 수 있다.

분산된 화석과 요새의 골동품이 보여주는 이러한 대조는 그리스인의 두 부류인 파나리오트와 마니 요새에 틀어박힌 고지민의 현저한 대조로 재현되어 있다. 동로마의 박식한 황제였던 〈콘스탄티누스 포르피로게니토스, 912~959〉는 마니가 헬레니즘의 마지막 요새였다는 사실을 밝혔으되 그의 개관[608]은 모든 분산된 화석과 요새의 골동품에 대해 일정한 결과를 낳는다. 그것은 요새에 보존되어 제재를 받지 않은 화석은 제재를 받아 특화된 소수자로 분산한 화석의 특징적인 기질과 성향을 나타내지 않는다는 것이다.

---

605. 티그리스와 유프라테스 강 발원지 사이 및 킬리키아의 타우루스 산맥에 있는 두 요새, 원저에는 〈사순의 요새〉와 〈핫진-제이튼의 요새〉로 되어 있다.

606. 티그리스 강과 카불강의 분수계로서 1차 세계대전 후에 설정된 시리아 이라크 튀르크의 국경이 접하는 지점에 있는 요새.

607. 파티마조의 칼리프인 〈알 하킴 비-아마르 일라〉는 자국의 시아파를 비교적(祕敎的)으로 개변(改變)했는데, 드루즈교도는 알 하킴의 사도인 〈앗 다라지〉에게서 그 이름을 얻었다.

608. Constantinus Porphyrogennetus. "고대 로마인의 후예인 마니 요새의 주민은 헬레네라고 불리었는데, 그것은 그들이 헬라스인과 마찬가지로 우상을 숭배하기 때문이다."

4. 중용

1) 보완의 법칙과 자연의 낭비성

(1) 보완의 법칙

위에서 우리는 곤경과 새로운 땅, 타격과 압력 및 제재라는 다섯 가지의 도전에 응전하여 성공한 사례들을 살핌으로써 문명은 용이한 환경이 아니라 곤경이어서 자극이 있는 곳에서 발생한다는 명제를 도출했다. 그러나 그 과정에서 도전이 클수록 자극과 응전도 커질 것이라는 묵시적인 믿음을 갖게 되었는데, 이 연구를 진행시키려면 이제 그 믿음이 정당한지의 여부를 밝혀야 한다. 여기에 있어 도전이 너무 엄혹해서 자극과 응전이 증대되는 것이 아니라 오히려 위축되는 사례가 있다면 우리는 위의 명제를 "최대의 자극과 성공적인 응전을 유발하는 도전은 엄혹함의 정도가 부족과 과잉 사이의 어느 지점, 즉 중용에서 발견된다"라고 수정해야 한다. 우리는 위의 명제를 도출함에 있어 합당하다고 생각되는 사례들을 살피면서 그것들보다 더 엄혹한 도전이 가해진 서구사회의 3곳과 고대 그리스의 13곳을 유보했었는데, 이제 그것들을 분석하면 지금까지의 연구에 있었을 문제점을 파악할 수 있을 것이다. 그리고 추측컨대 그 문제점은 자연적 환경의 도전과 인간적 환경의 도전은 어떤 상호적인 작용을 할 수 있지만 지금까지는 그것을 개별적인 것으로 취급했다는 사실일 것이다. 이제 그 16곳을 일별하면 다음과 같다. 서유럽의 〈네덜란드〉와 〈베네치아〉에 대한 바다의 도전과 〈스위스〉에 대한 산의 도전은 매우 극단적이었으나 그 주민들은 그에 응전하여 수준 높은 업적을 달성했다. 그리스에 있어서도 파나리오트는 이스탄불의 외진 구석에서 상업과 서구식 외교술을 익힌다는 응전으로 〈파나르〉를 정치적 중핵으로 일으켜 세웠고, 불모지여서 오스만리가 외면한 아나톨리아 해안지방을 올리브 재배지로 개발하여 올리브유를 수출하고 서구의 물산을 수입하는 교역을 장악함으로써 〈아이발리크〉를 경제와 문화의 중핵으로 육성했으며, 역시 오스만리가 버려둔 땅인 〈암벨라키아〉의 주민은 면화를 재배하여 그것으로 방적하고 염색한 옷감을 수출함으로써 경제적인 번영을 달성했다. 마케도니아 〈샤티시타〉[609]의 주민은 지리적인 이점을 활용하는 상단(商團)을 조직하여 암벨라키아의 면제품과 서구의 산물을 교역했는데, 나중에는 서구의 여러 도시에 지점을 둘 정도로 번창하여 그곳을 또 하나의 경제적 중핵으로 육성했다. 〈히드라, 페트세스, 프사라, 카소스〉 등 석회암의 섬들과 반도의 바위투성이인 곳에 위치한 〈트리케리〉와 아테나만(灣)의 작은 항구로서 배후가 불모지인 〈갈라크시디〉의 주민들은 상선대(商船隊)를 조직하여 바다로 나가서 번창하고 독립전쟁이 발발하자 경쾌한 경량선을 활용하여 오스만 해군을 격파함으로써 그리스 해군의 중핵으로 성장했다. 완전한 산악지대로서 표토가 빈약해서 선인장만 자라고 샘이 3개만 있을 정도로 물이 귀한 〈마니〉는 독립전쟁이 발발하자 오스만군(軍)에 첫 타격을 가한 용사들을 배출했고, 에피루스의 가장 거친 불모지로서 고지에 자리 잡은 〈술리〉는 독립전쟁 직전에 이오안니나의 파샤인 알리와의 싸움에서 중요한 역할을 했으며, 간석지(干潟地)의 갯벌에 자리 잡은 〈메솔론기〉는 독립전쟁에 있어서 〈바이런〉[610]이 죽은 것으로 유명한 포위전의 주역으로서 지상전의 중핵이 되었다.

이 16곳에 대한 고찰에 있어서 우리가 주목해야 할 것은 주어진 자연적 환경의 도전은 극히 엄혹했지만 도전의 다른 양태인 인간적인 환경이 일종의 혜택으로 작용했다는 사실이다. 자연적 환경의 엄혹한 도전과 접근하기 어렵다는 것은 압제자의 발길을 저지함으로써 인간적인 환경의 도전을 약하게 하거나 배

---

609. 이곳은 오스만 제국 쪽으로 돌출한 도나우 왕국의 전초기지인 핀두스와 알리아크몬 강 상류의 석산에 의해 고립되어 있었다.

610. 1788~1824. 영국 시인. 그리스 독립전쟁에 의용병으로 참가했다가 메솔론기에서 병사했음.

제시키는 것인데 이 16곳에서도 그것은 확연하다. 진창에 세워져 갯벌로 격리된 베네치아와 운하로 둘러싸인 네덜란드는 각각 1000년과 200년 동안 외침을 받지 않았는데, 이들은 각자의 이웃으로서 언제나 전쟁터였던 것으로 유명한 롬바르디아 및 플란더스와 대비된다. 또한 농경이 불가하므로 그 주민을 낙농과 시계 제조에 특화하도록 자극한 알프스의 스위스는 험준한 산에 의지하여 합스부르크가와 부르고뉴인 등의 침입자를 쉽게 몰아낼 수 있었다. 또한 그리스의 13곳도 산간벽지이거나 황량한 토지라는 자연적 환경의 도전이 인간적 환경의 도전을 약화시키거나 배제했음이 분명하다. 정부가 부패하여 포학을 자행할 때 백성이 살아남는 길은 정부의 눈에서 멀어지거나 정부의 탐욕을 자극하지 않는 것이라는 사실은 하나의 사회적인 법칙이다. 그리고 그런 정부 아래에서는 교통이 좋고 비옥한 토지는 그 주민에게 그리스의 13곳과 같은 토지에 비해 더 많은 곡식을 제공하지 못하는 것인데 그리스 독립전쟁 이전의 2세기 동안 오스만 제국에서의 상황은 실제로 그러했다. 오스만 정권은 그 13곳에 대해 자녀의 떡을 취해 개들에게 준 것이 아니라 자기들의 식탁에서 떨어진 것을 개들에게 허용한 것[611]일 뿐이었던 것이다. 그 13곳은 그런 사정으로 인간적 환경의 도전을 면제받고 자연적 환경의 도전에 성공적으로 응전할 수 있었던 것인데, 그것은 근대 시리아 사회의 레바논인과 누사이리인의 대조에도 명백히 드러나 있다. 험준한 산지의 황량한 토지라는 자연적 환경의 레바논인은 지리적 격리와 정치적 독립으로 인간적 환경의 도전을 면함으로써 번영을 누렸으나 풍요한 농지의 누사이리인은 환경이 좋고 접근하기가 쉬웠기 때문에 피할 수 없었던 인간적 환경의 도전으로 인해 침체에 빠졌던 것이다.

자연적 환경이 인간적 환경의 도전을 면제해 주는 보상에 있어서 자연적 환

---

611. "대답하여 이르시되 자녀의 떡을 취하여 개들에게 던짐이 마땅하지 아니하니라 여자가 이르되 주여 옳소이다마는 개들도 제 주인의 상 위에서 떨어지는 부스러기를 먹나이다 하니" 〈마 15:26, 27〉

경의 도전은 매력이 없거나 접근이 곤란한 것으로 구분되는데, 이들은 단독으로 나타나기도 하고 양자가 동시에 나타기도 한다. 매력 없는 땅의 예로는 그리스인의 파나르와 아이발리크, 헬레닉 사회의 아티카, 유대인의 에프라임 구릉, 힌두교도의 라즈푸타나, 티아우아나코를 건설한 자들에 있어서의 티티카카호(湖)의 분지 등을 들 수 있다. 마지막 예에 있어서 그 황량한 고지에 자리 잡은 분지는 티아우아나코를 건설한 자들의 이웃인 해안평지의 주민에게는 토지 자체의 매력 없음으로 작용했다. 그러나 개척자를 계승한 콜라오족에 대해서는 높게 둘러선 설봉에서 날아오는 눈보라가 농사를 망치게 하는 도전으로 작용했음에 더하여 격리로써 아마존의 호전적인 만족의 침입을 막는다는 보상으로 작용했다. 그것은 샤티시타와 암벨라키아의 고지대와 네덜란드의 저지대의 역할과 같은 것으로서 하나의 자연이 도전과 보상으로 작용하는 특이한 예인 것이다. 자연적 환경의 도전에 있어서 해외로의 이주라는 자연적 환경의 도전에서 발생하는 격리는 접근이 곤란한 것의 단적인 사례이다. 북아프리카의 건조기에 크레타 섬으로 이주하여 미노스 문명의 시조가 된 사람들은 바다라는 자연적 환경의 도전에 대해 항해라는 응전을 함으로써 바다에 의한 격리라는 보상을 받았고 대륙유럽으로 흘러간 동료들과 결별하여 브리튼 섬으로 들어간 만족은 같은 보상으로 번영함으로써 전자(前者)들의 후손으로부터 부러움을 샀다. 근대 서구의 역사에서 종교로 인한 박해를 피하여 신대륙으로 이주한 종파들도 같은 보상을 받았지만, 그들 중 버뮤다 제도의 안틸 열도로 들어간 영국 장로교도들은 그 천국 같은 낙원에서 감사의 노래를 불렀으되 결과적으로는 지나친 격리로 인해 문명을 상실한다는 나쁜 보상도 함께 받았다. 다음으로 토지의 매력 없음과 접근의 곤란함이 복합된 자연적 환경의 도전은 대체로 그로 인한 인간적 환경의 보상을 배가(倍加)한다. 우리는 그 예로써 베네치아와 히드라, 아이슬란드, 시리악 세계의 티루스와 아라두스, 헬레닉 세계의 아이기나, 최초의 주민에 있어서의 키클라데스 제도 등을 상기하게 된다. 그리고 선행 사회가 없는 문명의 창시자들도 자연적 환경의 매력 없음과 접근하기 어렵다는 복합적인 도전으로 인해 인간적 환경의 도전이 철저히 배제된다는 보상을 받았을 것이다. 건조화와 이웃의 박해를 피해 소택지 황무지 열대의 삼림 황량한 고원 등으로 뛰어들었을 때, 그들은 인간적 환경의 도전을 모면하여 두 손에 무기와 쟁기를 나누어 잡은 것[612]이 아니라 두 손 모두에 쟁기를 잡았을 것이다. 앞에서 살핀 요새의 골동품, 마니와 술리의 그리스인, 미국의 뉴잉글랜드인과 몰몬교도 등은 모두 자연적 환경의 도전이 좋은 자극을 제공함과 동시에 인간적 환경의 도전을 더욱 완전하게 면제하는 갑절의 보상을 받은 예들이다. 다음으로는 위와는 반대로 인간적 환경의 도전이 그에 응전하는 자들에게 자극에 더하여 자연적 환경의 도전을 면하게 한 예를 살펴보자. 백악의 부싯돌, 즉 디아스포라는 요새의 골동품과는 달리 분산한 곳에서 강한 인간적 환경의 도전을 받았으나 그로 인한 자극과 자연적 환경의 도전을 면제받은 보상으로 삶의 기반을 다졌고, 자문명의 창시자들은 내적 P로서 지배적 소수자와 분리한다는 인간적 환경의 도전을 겪었으나 선행자들의 터전을 계승함으로써 자연적 환경의 도전을 면제받았다. 우리는 자바섬의 하드라마우트인, 잉글랜드의 스코틀랜드인, 미국의 프랑스계 캐나다인 등 빈곤을 면하려고 인간적 환경의 도전을 감수하면서 비옥한 곳으로 이주하여 자연적 환경의 도전을 면한 예들을 알고 있다. 이 보상의 법칙은 파리와 런던의 19세기와 그 이후의 도약에 대해서도 좋은 설명을 제공한다. 센강과 템스강은 바이킹이 프랑스와 영국을 침공함에 있어 좋은 통로였으므로 그 요충지인 두 도시는 수로를 통한 접근의 용이성과 바이킹의 침공이라는 이중의 도전에 직면했다. 두 도시는 그로 말미암은 자극에

---

612. "성을 건축하는 자와 짐을 나르는 자는 다 각각 한 손으로 일을 하며 한 손에는 병기를 잡았는데" 〈느 4:17〉

힘입어 바이킹을 격퇴한다는 응전에 성공함으로써 인간적 환경의 도전으로 인해 왕국의 수도로 성장한 정신적 보상과 접근이 용이하다는 자연적 환경의 도전으로 말미암아 경제적 중심이 된다는 물질적 보상을 얻었던 것이다.

(2) 자연의 낭비성

우리는 앞에서의 묵시적인 믿음의 타당성을 확인하기 위해 도전이 너무 준엄하여 응전이 오히려 위축된 사례가 있는지를 조사했으나 우리가 매우 엄혹한 도전이라고 생각했던 그 16곳들에 있어서 자연적 환경의 도전과 인간적 환경의 도전은 서로 보완하는 성향이 있음을 확인했다. 그러면 우리는 정도에 있어서 극단적이며 상호보완적이지 않아서 모든 응전을 좌절시킨 도전의 사례를 찾아내어 우리의 묵시적인 믿음을 상기한 바와 같이 수정할 수 있을까? 그러나 우리는 역사에 있어서 수많은 응전을 좌절시켰던 도전도 끝내 정복된 예를 자연적 환경과 인간적 환경 모두에서 찾을 수 있다. 그것은 이른바 자연의 낭비성으로써 100번 아니 1000번의 응전을 좌절시킨 도전이라 해도 1001번째의 응전을 실패시키지 못한다면 응전이 불가능한 도전이 아닌 것으로 바뀌는 것이기 때문이다.

먼저 자연적 환경의 도전에 있어서는 두드러진 예로써 삼림의 도전, 석유를 활용하는 도전, 비행의 도전 등이 있다. 삼림의 도전에 있어서 북유럽의 삼림은 북유럽 만족의 도전을 여러 세대에 걸쳐 패퇴시켰으나 14세기에 서구 기독교와 정교 기독교 개척자에 의해 정복되었고, 북미의 삼림은 알곤킨족과 이로퀴이족을 차례로 패퇴시켰으나 유럽에서 이주한 사람들에 의해 농토로 길들여졌으며, 로마인 선행자를 굳건히 막아내던 포강 유역의 삼림은 헬레닉 문명의 로마인 개척자에 의해 정복되었다. 석유를 활용하는 도전을 보면 바쿠[613]의 분유정 (噴油井)을 개발하고 활용함에 있어서 그 지역 최초의 주민인 아제르바이잔의 스

---

613. 아제르바이잔의 수도. 카스피 해 서안에 위치한 항만도시로서 바쿠 유전지대의 중심지.

키타이족 유목민은 그것에 손도 대지 못했고 메디아인이 그곳을 장악했을 때에는 조로아스터교도가 거기에 '꺼지지 않는 불'을 피워 종교적으로만 활용했으나 이란사회로 넘어가서는 그 불마저 꺼져버렸다. 그러다가 18세기에 피터대제는 페르시아의 카스피 해에 인접한 주들을 정복하면서 서구의 경제인(Homo Economicus)보다 2세기나 앞서서 석유의 경제적 가치를 확인했는데, 이후 러시아 제국은 19세기에 그것을 개발하여 경제적인 필수품으로 등장시켰다. 오늘날 인류가 다양한 방법으로 비행하며 우주로까지 진출하고 있는 하늘을 나는 도전에 있어서 하늘을 난다는 것은 헬레닉 신화의 이카로스와 파에톤[614]의 이야기만이 아니라 근대의 〈쥘 베른〉과 〈에드거 앨런 포〉 등의 저작에서 보듯이 오랫동안 불가능한 것이라는 신념으로 굳어 있었다.

우리는 인간적인 환경의 도전에 있어서의 예를 헬레닉 사회의 도전에 대한 만족의 응전, 종교적 도전에 대한 로마제국과 헬레닉 세계의 응전, 오스만의 도전에 대한 서구 기독교 세계의 응전 등에서 찾을 수 있다. 북구의 만족들은 대륙으로 뻗어가는 헬레닉 세계의 도전으로 생사의 기로에 섰는데, 그에 대한 응전에 있어서 전위였던 켈트족은 실패했으나 그 배후에 있었던 튜턴족은 성공적인 응전을 달성했다. 헬레닉의 개척자들은 먼저 이탈리아 서해안의 에트루리아에 정주지를 개척했는데 그 에트루리아인은 거기에 만족하지 않고 내륙으로 아펜니노 산맥까지 진출했다. 그러나 그들이 기원전 5세기 전반에 알프스 기슭의 포강까지 진출한 것은 일종의 전술적인 오류로서 인구와 세력이 분산된 상황에서 켈트족을 크게 자극했다. 분노한 켈트족은 그에 대한 응전으로서 200여 년 동안 가공할 폭력을 휘둘렀지만 그것도 에트루리아인이 저지른 것과 같은 마케

---

614. 그리스 신화. Icarus는 다이달로스의 아들로서 아버지와 함께 백랍으로 만든 날개를 달고 미궁(迷宮)을 탈출하려 했으나 아버지의 당부를 잊고 너무 높이 날다가 태양에 날개가 녹아 바다에 떨어져 죽었음. Phaethon은 태양신 헬리오스의 아들로서 전차를 몰고 하늘의 궤도를 벗어나서 달리다가 태양의 불로 지상을 태웠으므로 제우스에 의해 피살되었다고 한다.

도니아의 전술적 오류[615]였으므로 종국에는 철저히 패배했다. 그들은 기원전 5세기가 끝나기 전에 에트루리아인의 포강 유역 전초지를 압도했고 기원전 4세기 전반에는 로마를 비롯한 이탈리아의 도시들을 약탈하면서 유격대를 이탈리아 반도 끝까지 출격시키고 있었다. 그리고 그로부터 1세기 후에는 그리스 반도에도 진출하여 조금 전에 아케메네스 제국을 타도한 마케도니아를 4년 동안이나 지배하면서 반도의 여러 나라에 패권을 행사했다. 그들의 행동 범위는 광대했는데, 도나우 강을 따라 내려오면서 헬레닉 세계의 중심부를 공격한 집단의 일파는 동진하다가 다르다넬스 해협을 건너 아나톨리아에 갈라티아를 건설했고 다른 일파는 방향을 달리하여 라인강과 센강 및 르와르 강을 따라 대서양 연안에 이르러 분산하여 각각 브리튼 섬과 이베리아 반도로 들어갔다. 그들은 그 발흥의 시기(BC 425-225)에 그리스에서 헬레닉 세계의 요새들을 공격하면서 아나톨리아와 스페인에서는 그 측면을 포위함으로써 자기들의 문명을 건설할 것으로 보이기도 했다.[616] 그러나 그들의 그 지나친 분산은 역시 에트루리아나 마케도니아와 같은 과오였으므로 그들은 다음과 같이 철저히 패배하여 급속히 괴멸되었다. 그들은 이탈리아와 그리스에서 각각 로마인과 안티고노스조에 의해 추방되었고, 아나톨리아에서는 아케메네스 제국의 후계국가들에 의해 가장 외진 곳으로 밀려났으며, 발칸반도에서는 트라키아인과 일리리아인[617]에 의해 멸절되었다. 그리고 이베리아 반도에서는 그 반도 이름의 기원이 된 만족의 반격을 받았는데, 그들의 마지막 희망이었던 한니발과의 동맹도 때늦은 것이어서

---

615. 알렉산더 대왕의 부친인 〈필리포스 2세〉가 발칸반도로 진출하여 켈트족을 자극하고도 전력을 아시아로 돌림으로써 켈트족의 침공을 유발하여 4년 동안이나 그들의 지배를 받았는데, 그것이 '마케도니아의 전술적 과오'로 일컬어지고 있다.

616. 그들은 에트루리아, 마케도니아, 마르세유 등에서 받은 문화적 자극에 힘입어 고유한 La Tène 문화를 발전시켰다. 〈라-텐〉은 켈트족의 유물이 발견된 스위스 뇌샤텔호(湖) 근처.

617. 불가리아 남부를 동쪽으로 흐르다가 그리스와 튀르크의 국경이 되는 마리짜 강과 도나우 강 유역의 토착 만족들.

한발 늦었던 한니발의 개입이 로마에 의해 결정적으로 분쇄되자 그들의 포강 기슭에서 라인강과 도나우 강 기슭까지와 켈티베리아에서 갈로그라에키아[618]까지의 점령지는 로마에 합병되었고 일부는 브리튼을 거쳐 아일랜드의 작은 섬으로 도주했다. 켈트족의 이러한 괴멸은 헬레닉 세계의 가공할 파괴력이 켈트족의 배후에 있었던 튜턴족에 가해지게 했는데, 튜턴족도 그 상황에서는 〈디오도루스〉와 〈스트라본〉[619]이 예상했던 바와 같이 곧 괴멸할 것으로 예상되었다. 군신(軍神)[620]이 갈리아를 원정하여 〈아리오비스투스〉를 격퇴한 것과 〈아우구스투스〉[621]가 튜턴족을 몰아내고 영토를 엘베강으로까지 넓힌 것을 본 사람들은 이후에 로마제국의 국경이 비스툴라 강과 드네프르 강을 따라 유럽만족의 본거지에 있는 자연의 경계로까지 전진한 것이 아니라 라인강의 선으로 후퇴하여 도나우 강 유역에 머물게 될 것이라고는 짐작할 수 없었을 것이다. 그러나 결국 그렇게 된 것은 튜턴족이 헬레닉 세계의 도전에 응전한 결과였는데, 하나의 법칙으로서 경계의 고착으로 흘러가는 시간은 만족에게 유리하게 작용하는 것[622]이므로 그 대치는 이후로 튜턴족에게 이롭게 작용했다. 〈Malthus〉의 유명한 비유에 따른다면 문명과 만족 사이의 경계가 산술급수적으로 증대되면 만족의 이익은 기하급수적으로 늘어나는 것이므로 튜턴족은 그 이익을 누리면서 헬레

---

618. 전자는 켈트족이 그리스에서 점령한 지역, 후자는 현 에스파냐 북동부.

619. 〈디오도루스〉는 BC 1세기 후반에 시칠리아 아기리움에서 출생한 그리스 역사가로서 40권으로 된 「만국사총서」를 저술했음. 아마세이아의 〈스트라본〉은 17권의 「지지(地志)」를 저술한 그리스의 지리학자.

620. 로마의 장군이자 정치가인 〈가이우스 율리우스 카이사르(Gaius Julius Ceasar)〉를 지칭하는 말. 크라수스, 폼페이우스와 함께 제1차 삼두정을 수립. 갈리아 정복 후 폼페이우스 및 원로원과 대립하고 내란을 일으켜 독재관이 되었으나 공화정을 주창한 카시우스와 브루투스에 의해 암살되었다.

621. 〈아리오비스투스〉는 튜턴족의 한 족장으로서 라인강을 건너 갈리아를 침공했으나 카이사르에게 패퇴했음. 〈Augustus〉는 〈Gaius Julius Caesar Octavianus〉가 원로원으로부터 부여받은 칭호로서 '존엄한 자'라는 뜻. 이후 실질적인 제정이 시작되었음.

622. 8부, 영웅시대에서 재론한다.

닉 세계의 가장 강력한 외적 P로 성장하여 로마의 국경에 강한 압력을 가하면서 문화적 정체성[623]을 지키고 있었다. 이후 5세기에 들어서는 〈프리스쿠스〉와 〈조시무스〉[624]가 올바르게 간파했듯이 상황은 명백해졌는데, 그들은 서고트족과 반달족에게 두들겨 맞은 로마제국에 최후의 일격을 가하여 그 임종을 목격했고 그로써 디오도루스와 스트라본의 예상을 뒤엎었다.

종교적인 면에서의 사례는 로마제국의 지배적인 종교가 되려는 시도들과 기독교로 무장한 헬레니즘의 침입에 대한 시리악 사회의 반응이다. 로마의 종교가 정신적인 빈곤에 빠짐으로써 로마인의 심령에 갈라진 로마광장[625]과 같은 공허의 구멍이 뚫렸을 때 그 빈자리를 차지하려는 여러 종교의 응전은 모두 실패했으나 기독교는 거기에서 위대한 성공을 거둠으로써 종교에 대한 로마제국의 도전은 극복불능이라는 믿음을 깨트렸다. 그 구멍에 먼저 뛰어든 헬레닉 사회의 〈Dinysos〉가 로마제국의 강력한 포교 금지로 좌절한 이후로 〈Bacchanalia〉〈Mitra교〉 등 모든 종교가 패퇴했으나 기독교는 콘스탄티누스 대제를 개종시킴으로써 그 응전에 성공했다. 헬레니즘과 기독교로 무장한 헬레닉 세계의 침입에 맞섬에 있어서 시리악 사회는 기존의 두 종교와 새로 만든 세 종교를 통해 응전했는데, 그 마지막인 〈이슬람교〉를 통한 응전에서 성공함으로써 이전의 시도들이 자연의 낭비였음을 증명했다. 아케메네스조가 건재한 시기에 시리악 세계를 지배했던 이란인은 〈조로아스터교〉를 이용하여 알렉산더가 가한 충

---

623. 그들이 로마 가톨릭이 아니라 아리우스파의 교의를 채택한 것이 그 예증이다.
※ Arius-4세기 초에 활동한 알렉산드리아의 신학자. 그리스도의 신성을 부정하는 Docetism (假現說)을 주장함으로써 니케아 공의회에서 이단으로 규정되어 추방되었다.

624. 전자는 5세기에 활동한 그리스의 역사가, 〈테오도시우스 2세〉의 아틸라 대사(大使)「비잔틴 제국과 아틸라의 역사」를 저술. 후자는 동시대의 그리스 역사가로서 「로마제국사」를 저술.

625. BC 362년에 지진으로 로마광장이 갈라졌을 때 "이 구멍을 메우려면 로마 최고의 보물을 넣어야 한다"는 술사의 말을 들은 〈마르쿠스 쿠르티우스〉가 "로마 최고의 보물은 용감한 시민이다"라고 외치며 말을 달려 뛰어들자 그 구멍이 메워졌다고 한다.

격을 만회하려고 했는데, 처음에는 헬레니즘을 유프라테스 강 서쪽으로 몰아 냈으나 이후로는 점점 더 동쪽으로 밀려났다.[626] 헬레닉 세계에 편입된 유대인 이 유대교를 통해 단행한 응전은 마카베오가(家)의 셀레우코스조에 대한 봉기 로 표출되었는데, '멸망의 가증한 것'[627]을 지성소에서 몰아낸 그 일시적인 승 리는 로마제국의 직접적인 개입을 초래하여 그로 인한 로마-유대 전쟁으로 완 전히 분쇄되었다. 그 '가증한 것'은 〈하드리아누스 대제〉가 〈아일리아 카피톨리 나〉를 예루살렘의 식민지로 건설했을 때 다시 돌아왔고, 헌신적이었던 유대인 은 세계를 화산재처럼 떠도는 디아스포라로서 조상의 장려한 분쇄를 회고한 다는 냉혹한 위로를 받고 있다. 헬레닉 사회는 자기들의 종교적 공허를 메우기 위해 헬레니즘에 시리악 사회의 종교적 정수인 조로아스터교와 유대교를 혼합 하여 미트라교와 기독교를 만든 것인데, 그 귀중한 유산을 빼앗긴 시리악 사회 는 헬레니즘을 제거하고 그것을 되찾아 태초의 시리악적인 순수로 되돌리려는 시도로써 〈네스토리우스파 기독교〉와 〈그리스도 단성론〉을 조직했다. 그러나 그 연금술과 같은 시도는 본래적인 순수에 어떤 형태로든 헬레니즘의 찌꺼기 가 혼합되는 것을 막을 수 없었으므로 본질적으로 혼합종교인 기독교에 내재 하는 헬레니즘을 다소 줄이기는 해도 완전히 제거할 수는 없었다. 오히려 기독 교의 종교적인 정수를 빈약하게 함으로써 드러난 종교적 자기모순으로 무력화 된 네스토리우스파는 유프라테스 강 동쪽에서 조로아스터교와 동행했고 단성 론파는 시리아 이집트 아르메니아 등지의 멜키트파 교회로 파고들려다가 실패 했다. 이러한 실패들을 관찰한 사람들은 헬레니즘과 기독교에 대한 종교적 응

---

626. 이란인이 헬레니즘을 유프라테스 강 서쪽으로 몰아낸 것은 알렉산더의 죽음에 힘입은 것. 이후 아 르사케스조와 사산조가 로마제국의 변경을 지속적으로 공격했으나 7세기가 되자 그 경계는 폼페 이우스가 64년에 처음으로 그은 선보다 더 동쪽으로 옮겨졌다.

627. "그러므로 너희가 선지자 다니엘이 말한 바 멸망의 가증한 것이 거룩한 곳에 선 것을 보거든(읽는 자는 깨달을진저)" 〈마 24:15〉

전은 성공 불가능의 것이라고 말할 것이고 그 일련의 승리를 목도한 헬레네들은 로마제국과 헬레니즘 및 가톨릭 교회로 이루어진 지상의 삼위일체를 불패의 것으로 만들어준 신에게 감사했을지도 모른다. 그러나 바로 그 순간에 시리악 사회의 마지막 종교적 응전이 일어나고 있었는데, 평생토록 알렉산더와 폼페이우스의 업적을 옹호하며 자기도 그 뒤를 따랐던 동로마 황제 〈헤라클리우스〉는 〈우마르〉[628]가 자기의 왕국을 침공하여 세 사람의 위대한 업적[629]을 파괴하는 것을 보기 전에는 죽지 못하는 운명을 신으로부터 부여받았다. 이슬람교는 아케메네스조가 수명과 사명 모두를 다 못하고 무너짐으로 인해 흩어진 시리악 사회를 재통합한 세계국가로서 아바스조 칼리프국을 일으켜 헬레니즘을 완전히 추방했고, 세계교회로서 새로운 아랍문명과 이란문명을 낳는 번데기가 되었던 것이다.

15세기 초에 상쟁하던 정교 기독교 세계에 이른바 '오스만의 평화'를 뒤집어 씌우기에 성공한 오스만리는 기병을 앞세운 막강한 전투력을 역시 상쟁하는 서구사회로 돌려 같은 목적을 달성하려 했다. 그리고 그에 처음으로 응전한 완전한 집이자 유서 깊은 왕국인 헝가리가 모하치의 전투에서 패하자 적이 줄리안 알프스[630]를 넘어 베네치아를 점령하는 것은 시간문제일 뿐이므로 그 이전에 타협과 협상으로 그것은 방지해야 한다는 당시의 대세론과 같이 서구사회에 대한 오스만의 도전은 극복 불능의 것으로 여겨졌다. 서구사회는 그에 대해 제2의 별갑(鱉甲)으로서 주위에 흩어져있던 〈헝가리의 잔부〉〈스티리아와 오스트리아의 변경〉〈케른텐과 티롤의 공국〉〈보헤미아 왕국〉 등을 손에 잡히는 대로 모아 도나우 합스부르크 왕국을 사상누각처럼 급조했는데, 그것은 누가 보

---

628. 아바스조 칼리프국의, 무하마드를 계승한 2대 칼리프(재위 634~644). 시리아 정복을 완성했다.

629. 알렉산더와 폼페이우스 및 헤라클리우스가 공히 동방을 공략한 것.

630. 알프스 지대 중 유고슬라비아 북서부를 특정한 용어.

더라도 비가 내려 창수가 나고 바람이 불면[631] 맥없이 무너져 버릴 것 같은 집이었다. 그러나 그 대세론은 오스만 제국이 1차 빈 포위에 실패한 1929년에는 예상에서 벗어나기 시작했고 2차 포위의 실패로 오스만 제국이 수세로 몰린 1638년에는 명백한 오류인 것으로 밝혀졌다. 그러므로 오스만의 침공에 있어서 헝가리가 응전에 실패한 것은 하나의 자연의 낭비성인 것으로서 오스만의 침공이 극복 불능의 도전임을 증명하는 것은 아니다.

2) 삼항 비교

우리는 불충분이어서 성공적인 응전을 발생시키지 못한 도전과 그 반대여서 성공적인 응전을 발생시킨 도전을 대비(對比)한다는 비교를 통해 문명은 용이한 환경이 아니라 곤경이어서 자극이 있는 곳에서 발생한다는 명제를 도출했다. 그리고 그 과정에서 갖게 된 묵시적인 믿음[632]의 타당성을 확인하기 위해 너무나 준엄하여 모든 응전을 물리친 도전이 있는지를 확인하려 했다. 그리고 두 항을 비교하는 방법으로는 모든 응전을 좌절시키는 절대적 과잉의 도전을 찾는 것이 불가능하다는 사실을 보완의 법칙과 자연의 낭비성으로 입증했다. 그러나 지금까지의 비교연구를 통해 도전의 두 형태[633]를 밝힌 것은 무시할 수 없는 성과이므로 그것을 바탕으로 하여 초점을 도전에서 응전으로 돌리면 하나의 응전이 같은 도전에 대해 이항 비교에서의 두 응전 외에 도전이 과잉이어서 성공적으로 응전하지 못한 사례를 찾을 수 있을 것이다. 그것은 모든 응전을 좌절시킨다는 의미의 〈절대적 과잉의 도전〉이 아니라 특정의 응전을 좌절시킨

---

631. "비가 내리고 창수가 나고 바람이 불어 그 집에 부딪치되 무너지지 아니하나니 이는 주초를 반석 위에 놓은 까닭이요" 〈마 7:25〉

632. "도전이 커지면 자극과 응전도 증대된다"는 믿음.

633. 불충분의 도전 및 최적도의 도전.

〈상대적 과잉의 도전〉이다. 그렇게 되면 우리가 찾아낸 도전은 3가지가 되는 것이고 그 셋의 배열에 있어서 앞에서 살핀 성공적인 응전을 끌어낸 도전은 중간항이 된다. 그러면 우리는 이항 비교를 넘어 세 항목을 비교하는 연구를 진행할 수 있게 되는 것이며 그를 통해 앞에서 도출했으되 더 이상 고집할 수 없게 된 사실을 대신하는 명제를 확립할 수 있을 것이다. 이제 그런 도전의 예를 자연적 환경과 인간적 환경 및 그 양자가 복합된 케이스로 구분하여 찾아보자.

(1) 자연적 환경의 도전에 있어서의 예

여기에 있어서는 스칸디나비아 사회, 뉴잉글랜드, 남미의 태평양과 대서양 연안 등이 좋은 예를 제공한다.

노르웨이와 스웨덴에서 아이슬란드로 이주한 사람들은 본토보다 더 엄혹한 자연환경의 도전에 직면하여 그로 인한 자극으로 유산된 스칸디나비아 문명에 있어서 본토를 능가하는 업적을 달성하고 「Saga」로 대표되는 문학을 비롯하여 정치 분야에서 최대의 성과를 올렸는데, 그것은 도해이주와 더욱 황량하고 메마른 땅이라는 자극이 좋은 응전을 불러일으켰기 때문이다. 그리고 그들 중 일부가 10세기 말에 거리도, 황량함도 두 배인 Thule[634]로 이주했을 때 그들은 그곳에서 성공한 것이 아니라 크게 실패하여 스칸디나비아적인 기질마저 상실했다. 그들은 자연적 환경이 너무나 혹독한 그린란드에서 비교적 따뜻하고 북미대륙의 래브라도 반도와 마주보는 페어 웰 곶(串)에 거주하면서 처음에는 북미의 북동부 지역을 다섯 번이나 왕래[635]했으나 이후로는 서서히 죽어가다가 소멸되었다. 래브라도 반도 남쪽에는 그들이 왕래한 거리의 절반밖에 안 되는 곳에 오대호 지역으로 이어지는 세인트로렌스 강이 있지만 그들은 그린란드에

---

634. 툴레, 어의로는 '세계의 끝. 북극의 땅'인데, 그린란드에 이 이름을 가진 도시가 있음.

635. 그린란드인은 그곳을 '빈란드', 즉 '포도의 땅'이라고 불렀는데 그들이 그곳을 왕래한 것은 콜럼버스의 아메리카 발견(1492년)보다 500년이나 앞선 것이었다.

서 죽어가면서도 그 좋은 땅으로 뛰어들지 못했다. 이 세 곳에서의 현상은 세 항목의 비교로서 스칸디나비아인에 대한 자연환경의 도전이 스칸디나비아에서는 불충분이었고 아이슬란드에서는 최적도(最適度)였으며 그린란드에서는 과잉이었음을 말해 준다.

북미의 뉴잉글랜드[636] 지방은 메이슨-딕슨 선[637]을 기준으로 메릴랜드, 델라웨어, 웨스트버지니아 등의 남부[638]와 매사추세츠, 코네티컷, 로드아일랜드, 뉴햄프셔, 메인 등의 북부로 나뉘며 북부는 다시 중추적인 지역과 종속적인 지역[639]으로 구분된다. 앞에서 살폈듯이 자연적 환경의 도전에 성공적으로 응전하여 남부의 동족을 제압한 뉴잉글랜드는 대외적으로는 하나의 지역이지만 내적으로는 뉴욕, 펜실베이니아, 뉴저지 등의 중심부와 위의 세 지역으로 구분되는 것이다. 기후로 본다면 지나치게 온화하여 나른한 딕시에 이어 중심부의 약간 온화함에서 중추적 북부의 최적도인 기후를 거쳐 종속적 북부는 추운 지역이다. 메디슨-딕슨 선으로 나뉘는 두 지역의 응전은 남북전쟁의 결과에서 보듯이 최적의 기후에 의한 최적의 자극으로 북부가 더 큰 성과를 달성했는데, 매사추세츠와 메인을 비교하면 북부에서도 중추적 북부가 탁월했다는 것을 알 수 있다. 메인은 매사추세츠가 하나의 정치적 실체로서 정체성을 확립한 때로부터 200여 년 후에 매사추세츠에서 분리 독립했다. 그러므로 메인은 매사추세츠와 지리적, 인적, 관습적인 유대는 강하지만 독립 주로서의 존재감은 전혀 없고 아직도 나무꾼, 사냥꾼, 뱃사공과 같은 원시적인 직업이 있어 다분히 아르카

---

636. 17세기에 영국인 식민자들이 '빈란드'에 붙인 이름.

637. 영국의 메이슨과 딕슨이 펜실베이니아, 메릴랜드, 델라웨어 등 세 주의 경계 분쟁을 해결하기 위해 설정한 선. 19세기 노예주의와 자유주의의 경계선이 된 후로 북부와 남부의 감정적인 경계선으로 작용하고 있음.

638. 이 남부는 Dixie Land 또는 Dixie라고 하며, 북부는 다시 중추적 북부(앞의 세 주)와 종속적 북부(뒤의 두 주)로 나뉜다.

639. 중추적 북부는 매사추세츠를 중심으로 코네티컷과 로드아일랜드, 종속적 북부는 메인과 뉴햄프셔.

디아[640]적인 사회적 골동품이다. 그 이유는 추위를 대표로 하는 과잉된 자연적 환경의 도전이 응전에 있어서의 수확을 체감시키기 때문인데 그것은 그 이북의 뉴펀들랜드 섬이 캐나다에서 가장 초라한 곳이고 더 위에 있는 래브라도 반도에서는 어부들이 페어 웰의 스칸디나비아인과 같이 점차 소멸되고 있다는 사실로서 증명된다. 뉴잉글랜드의 세 지역에서도 세 항목의 비교로서 도전의 불충분과 최적도의 도전 및 도전의 과잉이 나타나고 있는 것이다.

남미의 대서양 연안에서도 같은 예증을 볼 수 있는데 그중 문명이 최고도인 지역은 우루과이와 아르헨티나의 부에노스아이레스[641]이고, 북쪽으로 브라질은 도전이 불충분한 곳이며, 남쪽으로 파타고니아를 대표로 하는 지역은 도전이 과잉한 곳이다. 라플라타 지역을 지나 남쪽으로 파타고니아로 향하면 남위 40도의 바이아블랑카를 지나면서 응전의 활력이 떨어지기 시작하고, 더 내려가면 파타고니아 고원에서 원시적인 수렵인을 만나게 되며, 더욱 남하하여 마젤란 해협을 지나면 푸에고 섬에서 추위에 떨고 굶주리며 힘겹게 연명하고 있는 야만인을 만나게 된다. 남아메리카의 대서양 연안에서도 남하할수록 도전의 과잉은 심해지고 응전의 수확은 더욱 체감하는 것이다.

위의 비교들에 있어서 최적도의 도전이 주어진 곳은 모두 지리적으로 중간에 있었으므로 우리는 암암리에 용어로서의 최적도가 지리적인 중간을 의미한다고 생각할 수 있다. 그러나 남미의 태평양 연안에는 자연적 환경의 도전이 과잉-최적도-과잉-불충분으로 나타나므로 최적도라는 용어는 언어적 중간이 아니라 도전의 강도에 있어서의 중간, 즉 세 개의 도전을 비교함에 있어서의 중간이다. 남미대륙 태평양 연안에서 최적도의 도전은 페루 북부 해안의 사막 오아

---

640. Arkadia. 그리스 펠로폰네소스 반도 중심부 산악지대의 오지로서 지금은 명승지로 바뀌었으나 고대에는 이상향을 꿈꾸는 주민들이 수렵과 목양의 생활을 영위했다고 한다.

641. 아르헨티나와 우루과이의 국경인 라플라타 강 유역. 파라나 강과 우루과이 강이 합류하여 라플라타 강이 된다.

시스에 주어져서 그 주변의 톰베스, 치무, 리마, 나스카 등지에서는 안데스 문명이 일어났으나 칠레 중부의 지상낙원인 발파라이소[642]는 지나치게 온화함으로 인한 도전의 불충분 때문에 문명을 발생시키지 못했다. 그 지역에 있어서의 과잉의 도전은 한 곳이 아니라 두 곳, 즉 도전이 최적도인 지역을 중심으로 하여 북쪽으로 에콰도르의 열대성 삼림과 남쪽으로 페루 남부와 칠레 북부 해안에 펼쳐진 험한 사막에 주어졌다. 공히 과잉의 도전이지만 그 두 곳은 위치와 기후 모두가 다른 것이다.

위에서 최적도의 도전이라는 개념을 삼항 비교에 있어서의 정도적인 중간이라고 명확히 정의한 것은 우리로 하여금 세 가지를 비교하는 연구를 더욱 확장할 수 있게 한다. 그리고 그를 통해 우리는 도전의 강도 변화가 그에 대한 응전의 성과, 즉 문명의 발생에 관련된 인간의 행위에 있어서의 수확을 어떻게 변화시키는가에 대한 이해를 증진할 수 있을 것이다. 이제 이주(移住)로서 제공되는 자연적 환경의 도전과 기후변화로 말미암는 자연적 환경의 도전에 있어서의 삼항 비교를 진행해 보자.

우랄산맥에 걸쳐 있는 북구의 삼림에 거주하던 핀란드어를 상용하는 종족의 일파는 툰드라 지대인 라플란드로 이주하여 〈라프인〉이라는 이름을 얻었고 다른 일파는 유라시아 스텝을 거쳐 헝가리의 마자르 평원으로 들어가 〈마자르인〉이 되었다. 이후로 마자르인은 발전하여 헝가리의 중추적인 주민으로 성장했으나 라프인은 본거지의 주민에 비해 크게 퇴보했고 이주하지 않은 보스니아인은 변함없는 생활을 영위하고 있다. 이 세 부류에 있어서 마자르인은 최적도의 도전을 찾은 것이지만 라프인은 과잉의 도전에 직면했고 보스니아인은 불충분한 도전에 놓여 있었던 것이다.

---

642. 칠레의 주와 도시 및 항구의 이름인 발파라이소는 기후가 온화하여 낙원과 같은 곳. '발파라이소'의 언어적인 의미도 '지상의 낙원'이다.

기후변화로 인한 자연적 환경의 도전에 있어서의 삼항 비교는 이주에 의한 것과 한 지역에서 일어나는 변화에 의한 것으로 나눌 수 있는데, 전자에 있어서는 북해 연안의 음산한 기후를 기피하여 쾌청한 곳으로 이주한 〈작센 공국의 하노버인〉〈영국인〉〈네덜란드인〉을 비교할 수 있다. 이들은 원인과 시기의 차이는 있으나 각각 하노버에서 브란덴부르크를 거쳐 폴란드와 러시아로, 영국에서 뉴잉글랜드를 거쳐 캘리포니아로, 네덜란드에서 트란스발[643]을 거쳐 케냐의 고지로 이주함으로써 우리에게 좋은 예증을 제공했다. 이들은 공히 첫 이주지에서 브란덴부르크인, 뉴잉글랜드인, 남아프리카 태생의 백인 등으로 본토의 주민에 비해 월등히 성장했으나 재차 이주한 곳에서는 하나같이 첫 이주지의 주민에 비해 크게 퇴보했다. 이 셋의 비교에 있어서도 기후변화라는 도전이 지나치게 강해지면 그에 대한 응전의 수확이 체감하고 있음을 알 수 있다. 여기에서 우리는 "문명의 발달은 기후변화와 밀접한 관계를 가지고 있다"는 헌팅턴 박사의 주장을 망설임 없이 받아들이게 되는 것이며 그로써 한 지역에 있어서의 장기적인 기후변화로 말미암은 도전의 증대가 문명에 대하여 어떻게 그 수확을 체감시켰는지를 살필 수 있게 되었다. 예를 들자면 마야문명 당시에는 열대성 삼림의 저지대가 문명의 중심이었고 근처의 고지대는 버려져 있었는데, 지금은 바뀌어서 전자는 되살아난 삼림으로 덮여 있고 후자는 이식된 서구문명의 중심지로 되어 있다. 그것은 기후학으로도 탁월한 헌팅턴 박사의 연구로 입증되는 것처럼 자연적 환경의 도전으로서 크게 변한 기후가 그 두 곳에 대한 도전의 강도를 역전시켰기 때문이다. 이 예증에 의해 모문명을 갖지 않은 문명도 그 발생에 있어서 기후변화의 영향을 받았을 것이라고 추측할 수 있는데, 우리는 그것을 아프라시아의 건조기에 있어서의 이집트와 수메릭 문명의 발생으로

---

643. Transvaal. 네덜란드계 이민자들이 개척한 남아프리카 공화국 북동지역의 주. 금, 은, 우라늄의 세계적인 산지.

예증할 수 있다. 아프라시아의 다우시대를 건조기로 전환시킨 기후변화는 그와 함께 유럽의 빙하시대를 종식시켰다. 그로 인해 아프라시아의 온화한 사바나가 사막으로 변하고 나일강과 티그리스-유프라테스 강 하류가 정글과 소택(沼澤)으로서의 엄혹함이 줄어들자 원시인은 그곳으로 뛰어들어 이집트와 수메릭 문명을 일으켰으며 북구에서 삼림이 빙하를 밀어내자 그동안 도전의 과잉으로 움츠려 있던 유럽 만족들이 삼림의 도전에 응전하여 서구문명과 정교 기독교 문명의 러시아 분지를 달성한 것이다. 여기에 있어서 네 문명을 탄생시킨 기후는 최적도의 도전이었고 아프라시아의 사바나는 도전의 불충분이었으며 북구의 빙하는 도전의 과잉이었는데, 이 또한 세 항목의 비교를 이루고 있다. 문명의 발생에 대한 기후의 영향에 있어서 그 도전에 대한 너무 성급한 응전은 여전히 과잉인 도전으로 인해 실패할 것인바 그 현저한 사례는 아프라시아의 다우기(多雨期)에 성급히 응전한 자들이 바스라-아마라-나시리야로 구성된 삼각지에서 오리발의 사회로 남은 것과 빙하시대에 성급하게 응전함으로써 툰드라의 동토에서 미개한 삶을 살고 있는 〈라프인〉이다.

(2) 인간적 환경과 복합적인 도전에 있어서의 예

위에서는 자연적 환경의 도전을 셋으로 분류하여 비교하고 그 적용을 확장하여 도전에 있어서의 최적도와 수확체감의 개념을 정립했는데 그것은 도전의 강도가 변하면 수확은 어떻게 되는지를 살필 필요성을 제기한다. 여기에 있어서 수확은 자연과 관련된 인간의 행위에 따르는 것이므로 우리는 도전이 자연적인 환경과 인간적인 환경이 복합된 사례를 통해 그것을 살필 수 있다.

복합적인 도전의 좋은 예는 Galloway의 스코틀랜드인이 얼스터와 애팔래치아에 남긴 족적에서 발견된다. 〈제임스 1세〉[644]는 17세기 초에 스코틀랜드인

---

644. 스코틀랜드 여왕 메리 스튜어트의 아들, 스코틀랜드 왕으로는 〈제임스 6세, 1567~1625〉 잉글랜드의 〈엘리자베스 1세〉가 죽자 영국 왕이 되어 〈제임스 1세, 1603~1625〉로서 스튜어트 왕조를

을 잉글랜드와의 국경 근처로 이주시켜 식민도시로서의 갤러웨이를 건설했는데 그로부터 얼마 후 그들 중 일부가 그곳을 떠나 아일랜드의 얼스터 지방으로 이주했다. 그들은 도해이주라는 자연적 환경과 아일랜드 원주민과 투쟁한다는 인간적 환경의 복합적인 도전에 성공적으로 응전하여 벨파스트라는 선진적이고 활기 넘치는 공업지대를 건설했는데, 그 이중의 시련이 그들에게 부여한 자극의 효과는 그들의 성공을 갤러웨이의 진부함에 비교하는 것으로 측정할 수 있다. 이후 그 얼스터인의 후손들은 이주하기를 좋아하는 습성에 따라 북미의 애팔래치아 산맥[645]으로 이주했는데 그들은 그곳에서 자연적 환경으로는 얼스터의 어느 곳보다 황량하고 인간적 환경으로는 미개 아일랜드인보다 더 야만적인 적색 인디언과의 싸움이라는 복합적인 도전에 직면하여 심각한 격리와 고립에 빠졌고 그로 인해 확연한 수확의 체감을 겪었다. 여기에 있어서 벨파스트를 건설한 사람들은 갤러웨이에 식민한 사람들을 크게 앞질렀으나 애팔래치아로 이주한 자들은 얼스터인보다 크게 퇴보하여 현존하는 백인 만족[646]의 일원이 되었다. 더구나 다른 백인 만족들은 현재 서구화되고 있음에 반해 그들은 일부 동화의 움직임이 있지만 전체적으로는 전투적인 전통과 인디언과의 싸움으로 체득된 야만성으로 인해 하나의 사회적 화석으로 굳어지고 있다. 얼스터인과 비교한다면 얼스터에서는 지금도 정치적 테러와 신교도와 구교도 사이의 혈전이 빈발하고 있지만 애팔래치아인은 호전성에 더하여 가문 간의 피의 복수전 전통이 남아있고 얼스터인은 항해의 전통을 지키면서 조선업을 발전시켰으나 애팔래치아인에 있어서 바다라는 말은 민요에 남아 있을 뿐이다. 이 세 곳에

세웠고 왕권신수설을 주장하여 의회와 대립했음.

645. 미국 동부 펜실베이니아에서 조지아까지의 6개 주를 거쳐 플로리다 반도까지 뻗은 산맥.

646. 라프인, 알제리와 튀니지의 베르베르족, 인도의 아프가니스탄인, 투아레그인, 알바니아인, 코카서스인, 쿠르드인 등.

있어서 도전의 강도는 얼스터는 최적도였고 갤러웨이는 불충분이었으며 애팔래치아는 과잉이었던 것이다. 갤러웨이와 얼스터의 대조에 있어서는 도전이 커짐에 따라 자극과 응전도 증대한다는 법칙이 성립되지만 그 특정된 법칙은 얼스터와 애팔래치아의 대조에서 나타나는 수확체감이라는 일반적인 법칙에 의해 무효한 것이 된다. 우리는 이 수확의 체감을 인간적인 환경의 도전과 자연적인 환경의 도전이 복합된 위의 사례에서 논증했으나 다음의 예를 살피면 그것은 인간적인 환경에서만 부여되는 도전에서도 발생한다는 것을 알 수 있다.

인간적 환경에서만 발생하는 도전에 있어서의 삼항 비교는 전쟁의 참화와 도해이주의 도전에 응전한 예에서 주어진다. 전쟁의 참화에 있어서는 침공받지 않은 경우 및 침공이 좋은 자극이 된 경우와 해악이 된 경우로써 세 항목의 비교를 이루는데 우리는 이를 통해 수확의 체감을 확인할 수 있다. 전쟁의 참화가 성공적인 응전을 낳은 최적도의 도전으로 작용한 예는 페르시아인의 아티카 침공(BC480~479)과 독일의 프랑스 침공(1914~1918)이고 지나친 황폐화로 수확의 체감이 확연히 나타난 예는 한니발의 이탈리아 침공이다. 후자에 있어서는[647] 그 황폐화로 인해 곡물을 재배할 수 없게 된 이탈리아의 농지는 목초지나 포도와 올리브 밭으로 바뀌었고 자유농민은 노예로 전락하거나 빈곤한 프롤레타리아트로 추락했다. 그리하여 이탈리아의 농업은 자유농민의 자급농업에서 농노를 부리는 사업농업으로 바뀌어서 한동안 GNP를 증대시키기는 했으나 오래지 않아 사회에 큰 해악을 끼쳤다. 이어서 그것을 고치려고 했던 그라쿠스 형제의 노력이 실패하자 로마는 정치적 분쟁과 내란을 겪은 후 활기찬 공화정(共和政)을 포기하고 정상을 벗어난 제정(帝政)을 수립했다. 도해이주에 있어서는 중국 청조 말의 혼란기에 압제와 인구증가로 인한 빈곤에 시달린 농민과 말레이시아나 인도네시아로 이주한 자들 및 오스트레일리아나 캘리포니아로 이주한 자들은 비

---

647. 전항의 두 예는 앞에서 상고(詳考)했음.

교를 이루어 우리에게 수확체감의 예를 보여 준다. 이 비교에 있어서 남아시아로 이주한 중국인은 그곳의 영국 통치가 중국인 보호관을 두는 등 비교적 양호한 인간적 환경 속에서 부(富)를 쌓는다는 응전의 보상을 얻음으로써 우리의 특정된 법칙을 입증했다. 그러나 오스트레일리아나 캘리포니아로 이주한 자들은 악의적인 제재와 인종적인 멸시라는 인간적 환경에 있어서의 지나친 도전에 직면하여 극심한 고통을 겪음으로써 도전의 과잉으로 인한 수확의 체감을 시현했다.

3) 수확의 체감은 어디에서 발생하는가?

우리는 앞에서 도전에 있어서의 보완의 법칙과 자연의 낭비성 때문에 두 항목의 비교를 통해 절대적 과잉의 도전을 찾는 것은 불가능하다는 것을 확인하고 해결책으로 세 항목을 비교하는 방법을 도입하여 '상대적 과잉의 도전'이라는 개념을 확립함으로써 도전의 최적도와 과잉 사이의 어느 점에서 문명의 발생에 관한 수확의 체감이 발생한다는 사실을 밝혀냈다. 그러나 그 '최적도와 과잉 사이'라는 것은 개념적으로 모호하므로 그 개념은 좀 더 명확히 규정되어야 할 것인데, 우리는 그 단서를 문명을 창조할 뻔했던 튜턴족과 네 개의 유산된 문명[648]에서 찾을 수 있다. 그들이 배태(胚胎)한 문명을 유산했다는 사실은 그들에게 주어진 도전이 과잉에는 미치지 않으나 최적도는 넘는 것이었음을 의미하는데, 그들이 문명을 유산하도록 '수확의 체감이 시작된 곳'[649]은 '도전의 최적도와 과잉 사이'보다 범위가 좁다. 우리는 이 다섯 예증을 문명의 도전에 응전한 북유럽 만족들, 기독교 세계에 대한 이슬람교의 충격, 시리아에서의 문명의 유산과 탄생을 통해 고찰함으로써 찾고자 하는 지점을 규명할 수 있다.

---

648. 극서 기독교 문명, 스칸디나비아 문명, 극동 기독교 문명, 시리악 문명.
649. 도전의 강도가 최적도는 넘고 과잉에는 미치지 못하는 어느 곳.

(1) 남방문명과 북유럽 만족들의 조우

① 슬라브족 - 아카이아족 - 튜턴족 - 켈트족

미노스 문명이 그리스의 해안을 따라 유럽대륙으로 진출하면서 가한 도전에 가장 성공적으로 응전한 아카이아족은 미노스 세계에 맞서서 멸절과 굴복 또는 동화를 모두 모면하고 그 외적 P로써의 기반과 독립을 유지하면서 문명의 기술을 배운 후 대규모의 민족이동을 일으켜 문명의 주인이자 해양의 지배자인 미노스인을 바다에서 압도함으로써 헬레닉 문명의 시조가 되었다. 그것은 종교적 증거로 밝혀져 있거니와 미노스 사회의 내적 P들이 헬레닉 사회에 남긴 종교의 흔적은 헬레닉의 제신(諸神)을 받드는 종속적인 신이나 떳떳하게 드러내지 못하는 비의(秘儀) 뿐이다. 헬레닉 사회의 보편적이고 지고한 신앙인 올림포스 판테온의 신들은 아카이아족 고유의 것인데, 그것은 외적 P들의 일반적인 종교현상650을 뛰어넘는 것이다. 이와 같은 아카이아족의 응전을 다른 세 종족의 응전에 비교하면 아카이아족으로 하여금 다른 모든 문명을 압도하는 헬레니즘을 꽃피우게 한 미노스 세계의 도전이 최적도였다는 사실을 확인할 수 있다.

아바르 유목민은 튜턴족이 일으킨 민족이동의 말미에 유라시아 스텝을 떠돌다가 로마제국의 잔해를 다투는 튜턴족과의 싸움에서 패한 후 헝가리 대평원에 정주했는데, 농경을 모르는 자기들을 대신할 인간가축을 찾다가 아카이아족의 동족으로서 만년설이 녹았을 때 프리페트 소택(沼澤)으로 뛰어들어 원시적으로 생활하던 슬라브족을 끌어내어 그 평원에 배치했다. 이것이 슬라브족이 느지막이 굴종적인 모습으로 역사의 무대에 등장한 과정인데 〈테오필락투스 시모카타〉651가 「만국사」에서 "그들은 체구는 장대하지만 쇠도, 무기도, 전쟁도

---

650. 헬레닉 사회의 외적 P였던 튜턴족이 서구사회에 자기들의 사교(邪敎)와 아리우스교의 흔적을 남기지 못했듯이 외적 P들은 내적 P들과는 달리 의미 있는 종교적 성취를 이루지 못한다는 것.

651. 헬레닉 사회에 있어서 마지막에 속하는 역사가. 슬라브족에 대한 인상을 기록으로 남겼다.

모르고 오직 하프만 연주하는데…"라고 서술한 부분을 읽노라면 그들이 너무나 순진함에 놀라게 된다. 슬라브족은 우연히 먼 곳에 있었기에 문명의 어떠한 방사나 도전을 받지 않았던 것인데, 그들과 아카이아족의 대조는 문명과 대결한다는 도전을 면제받는 것은 원시사회의 발전에 있어서 중대한 장해이고 어느정도의 도전은 좋은 자극이 된다는 것을 시사한다. 더하여 헬레닉 세계의 도전에 대한 켈트족과 튜턴족의 상술한 응전은 그 도전이 지나치게 증대되면 어떻게 되는지를 말해 준다. 앞에서 살폈거니와 켈트족은 헬레니즘에 대해 일시적인 활력을 폭발시켰으나 헬레니즘의 압도적인 방사로 인해 멸절되거나 동화되었고, 튜턴족은 헬레닉 세계의 외적 P들 속에서 기반을 구축하고 단말마의 헬레닉 세계에 최후의 일격을 가했으나 그것은 '피로스의 승리'[652]에 불과했다. 튜턴족은 그리하여 로마제국의 임종을 목도했으나 그 과정에서 기력을 소진하여 이후로 새로운 문명의 시조가 되기 위해 가톨릭 교회와 경쟁할 기개(氣槪)를 갖추지 못했다. 그들은 전래의 사교(邪敎)와 헬레닉 세계에 동화되지 않으려고 채택한 아리우스교 때문에 가톨릭 교회의 공격을 피할 수 없었고 그로 인해 하나도 남김없이 가톨릭으로 개종하거나 멸절되었던 것이다. 그들은 에서[653]처럼 장자(長子)로서의 권리를 팔아넘김으로써 아카이아족과 같은 위업을 달성하지 못했던 것인바 서구 기독교 세계는 튜턴족이 아니라 헬레닉 세계의 내적 P를 통해 선행 문명과 연결되고 있었다.

이 네 만족을 슬라브족·아카이아족·튜턴족·켈트족으로 배열하면 도전에 있어서 슬라브족은 불충분이고 아카이아족은 최적도이며 켈트족은 과잉이었다. 그리고 튜턴족에 가해진 도전을 '과잉 바로 아래의 도전'이라고 한다면 튜

---

652. Epirus의 왕이었던 〈피로스〉는 BC 279년에 로마군을 무찔렀으나 그것은 엄청난 희생을 감수한 것이어서 이후로 '손해가 된 승리'를 의미하는 관용구가 되었다.

653. "야곱이 이르되 오늘 내게 맹세하라 에서가 맹세하고 장자의 명분을 야곱에게 판지라"〈창 25:33〉

턴족은 도전의 강도가 최적도는 넘고 과잉에는 미치지 않는 어느 점에서 수확 체감에 봉착했던 것이다. 이것을 바탕으로 삼아 성취한 바에 있어서 유산하기는 했으나 하나의 문명을 잉태함으로써 튜턴족보다 한 발 앞섰던 사회들을 살피면 수확체감이 어디에서 발생하는지를 조금 더 명확히 밝힐 수 있다.

② 유산된 극서 기독교 문명

켈트족과 튜턴족은 외적 P로써 각기 헬레닉 세계와 가톨릭 교회에 패했으나 그 후위(後衛)인 극서 켈트족과 극북 튜턴족은 아카이아족을 본받아 문명을 잉태하기에 성공했다. 그에 있어서 극서 켈트족은 다른 만족처럼 기독교를 본모습 그대로 받아들인 것이 아니라 자기의 입맛에 맞게 개조했다. 브리튼 섬의 켈트족도 〈Pelagius〉[654]의 주도에 따라 그런 개조를 시도했으나 극서 기독교 사회는 로마제국의 힘이 미치지 않는 아일랜드에서 중심을 찾음으로써 그 독특한 기독교 개조(改造)를 지속했다. 극서 켈트족이 이처럼 기독교의 씨앗을 얻고 아일랜드에서 중심을 찾은 후 그 씨앗을 자기 입맛에 맞는 묘목으로 키워낼 수 있었던 것은 그들이 시의적절(時宜適切)하게 격리되었기 때문이다. 그들은 아일랜드 외에도 로마의 브리튼 방어선 이북 지역을 확보하고 있었으나 브리튼에 대한 로마의 방어가 붕괴되었을 때 앵글족과 색슨족[655]이 동해안으로 침입하여 가한 압력 때문에 중심을 아일랜드로 옮겼다. 그리하여 힘을 기른 그들은 브리튼 섬 서변으로 밀려난 동족을 침략하여 이후에 역사적인 스코틀랜드 왕국의 수

---

654. 아일랜드 출신으로서 영국 기독교 이단의 개조. 원죄를 부인하고 인간의 자유의지, 금욕, 책임 등을 강조함으로써 기독교의 은혜론과 구제론에 위협이 되었으므로 아우구스티누스 등의 비판을 받아 이단으로 몰렸다.

655. 이들은 '영국인'으로 통칭된다.

도가 된 달리아다[656]를 건설했다. 〈Patrick〉[657]은 펠라기우스가 그 사업에 있어서 단명했던 것과 달리 아일랜드의 켈트족이 문명을 잉태함에 있어 중요하고도 영속적인 영향을 끼쳤고 영국인은 브리튼을 침공하여 아일랜드에 격리라는 선물을 제공했다. 이것이 아일랜드에서 극서 기독교 문명의 태아가 생성된 요인이었던 것인데 그것이 하나의 독자적인 문명이었음은 그들의 종교와 문화, 수도원 조직, 독특한 종교의식, 문학과 예술에 있어서의 독창성 등으로 증명된다. 문자적으로나 비유적으로나 세포(Cell)적[658]이었던 그들의 교회생활은 정치적인 기능도 겸했던 수도원을 중심으로 이루어졌다. 그들의 수도원 조직[659]은 수도사인지의 여부보다는 창설자의 친족이어야 하는 수도원장이 지역 분리적인 정치적 기능도 수행했다. 더하여 감독의 자격도 일정하거나 엄격하지 않아서 감독이 없는 곳도 있었고 주교에게 배타적인 교구 관할권이 주어지지 않았으므로 교구나 일정한 주거지도 없이 떠도는 순회 주교도 있었다. 그래서 기독교보다는 불교나 마니교에 가까운 그들의 수도원 제도는 주교의 관구를 로마제국 치하에서의 교회의 영토로 여겼던 로마교회로서는 비위에 거슬리는 것이었다. 켈트교회는 종교의식에 있어서도 로마교회가 343년에 제정한 부활절 산출 방식에 따르지 않았고 자기들 특유의 체발식(剃髮式)을 채택했다. 더하여 〈성 패트릭〉은 모세와, 〈성 브리짓〉은 성모 마리아와 동급에 두고 자기네 성인들을 성경에 있어

---

656. Daliada. 원래는 아일랜드 섬의 북동쪽 구석의 지명이었는데 그 지역 사람들이 브리튼에 정주지를 건설하고 그 이름을 붙였다.

657. 브리타니아 태생의 기독교 선교사(389~461) 아일랜드 주교로서 아일랜드 기독교의 기반을 다짐으로써 아일랜드의 사도, 아일랜드의 수호성인으로 추앙받고 있다.

658. 가톨릭 교회에서는 '대수도원에 부속된 수도원', 개신교에서는 '속회'라는 뜻.

659. 모체인 수도원 주위에 무리를 이루어 연합한 수도원 조직은 정치적 통합이 부족했던 아일랜드에서 행정적인 기능을 병행함으로써 극서 기독교의 발아에 있어서 핵심적인 역할을 했는데 가장 유명한 것은 〈콜룸바 교단〉이다. 수도원은 라틴어로 〈키비타테스〉라고 하는데, 헬레닉 세계에서 그것은 '주교의 관구가 된 도시국가'를 의미한다.

서의 최고의 인물과 동일시하거나 그 이상으로 높이는 등 독자적인 노선을 추구했다. 문학에 있어서는 종교적 전례를 정하기 위해 집중한 라틴문학 연구에서 대륙을 능가했고 그리스와 가까운 기독교국들에서 그리스어가 사라지던 중에도 그리스의 언어와 문학을 열심히 연구하고 있었다. 나아가 그들은 헬레닉 문화를 열심히 배우되 사교적(邪敎的) 전통이 스며있는 켈트족의 지방문학도 소홀히 여기지 않았고 라틴어 알파벳을 독특하게 자기화함으로써 기술적인 독자성을 발현했다. 켈트의 예술은 그 분야의 한 권위자가 "그들은 다양한 원천에서 얻은 영감을 융합하고 조화시켜 새로운 통일체로 만들어냈고, 북유럽의 외적 P들은 모두 그들의 예술을 공유했다"고 표방했듯이 그 속에는 La Tène 양식과 유라시아 스텝의 문화적 요소 및 헬레닉과 시리악의 예술이 융합되어 있었다. 특히 아일랜드 자체에서는 양피지 고본의 채식(彩飾)과 십자가 석각이 절정에 달했는데 그것은 잉글랜드와 스칸디나비아로 방사된 후 서구 기독교 세계 전역으로 전파되었다.

태아기의 극서 기독교 문명은 패트릭이 432~461년의 전도로 씨를 뿌린지 1세기도 지나기 전에 탄생하여 독자적으로 성장했으며 6세기 말에 끝난 150여 년 동안의 격리로 종교적인 창조를 달성하고 프랑크족과 롬바르드족의 침입을 모면함으로써 대륙의 신생 기독교 문명에 대한 문화적 우월을 확립했다. 그 기간은 548~1090년 동안인데 그것은 대륙과 브리튼에서 아일랜드 출신의 학자와 전도자가 큰 환영을 받았음과 아일랜드에 유학하는 학생이 많았음으로 입증된다. 그 5세기 반의 기간에 아일랜드 문화가 대륙으로 전파되자 아일랜드는 서구 기독교 세계와 다시 접촉하는 동시에 장차 서구에서 출현할 문명을 주도하려는 싸움에 돌입했는데, 아일랜드인은 그 싸움에서 패한 후에도 한참 동안 문화적 우월성을 잃지 않았다. 그 싸움은 아일랜드인 특유의 모험심과 그 수도원의 금욕주의를 바탕으로 하는 대대적인 포교운동으로 촉발되었으며 처음에는 그 신선한 활력 때문에 수도원의 아일랜드가 교황의 교회에 앞서기도 했다. 예를 들자면 교황 〈그레고리우스 1세〉가 영국인을 개종시키려고 〈아우구스티누스〉[660]를 브리튼으로 파견한 것은 597년이었으나 〈콜룸바〉는 503년에 브리튼에서 스코트족을 개종시키고 수도원까지 설립했다. 이어서 〈콜룸바누스〉[661]는 590년에 대륙으로 향하여 610년에는 콘스탄스호(湖)[662]에 발을 디뎠고 613년에는 알프스를 넘어 보비오[663]에 수도원을 세우고 정주했다. 켈트족 전위는 기원전 5~3세기에 헬레닉 세계로 침입함에 있어서 뇌샤텔호(湖)[664] 아래의 라 테느를 거점으로 하여 대륙 전체를 휩쓸었는데, 콜룸바누스는 그로부터 10세기 후에 켈트족 후위로서 대륙으로 건너와 유럽의 중앙인 곳[665]에 유럽 최초의 수도원을 세웠다. 여기에 있어서 뤼크쇠유는 라 테느와 마찬가지로 유럽 전역으로 뻗어가는 요충으로서 두 곳은 공히 론강과 라인강 및 센강과 도나우강 유역으로 쉽게 연결되는 곳인바 켈트족의 두 팽창은 성격과 역할은 달랐지만 모두 같은 길을 걸었던 것이다. 하나는 만족의 전투적인 민족이동으로 헬레닉 사회를 파괴하면서 에트루리아인의 밀라노를 짓밟았으나 다른 하나는 〈콜룸바누스〉가 이끄는 고행의 순례로서 짓밟혀서 유기(遺棄)된 로마의 수원지(水源池)인 뤼크쇠유를 고귀한 용도의 땅으로 바꾸어 놓았다. 북유럽에서 아펜니노 산맥을 넘어 로마로 들어가는 통로를 장악하는 켈트족의 리구리아 요새는 상

---

660. Augustinus. 고대 기독교 최고의 교부(354~430)로서 신플라톤주의 철학과 기독교를 결합함으로써 중세 유럽의 사상계에 결정적인 영향을 끼쳤음. 저서로는 고백록, 삼위일체론 등이 있음.

661. 〈콜룸바〉는 '칼레도니아의 사도'로 호칭되는 아일랜드의 수도사(521~597) 〈콜룸바누스〉는 프랑스, 스위스, 이탈리아 등지에서 전도하고 여러 수도원을 건립한 아일랜드의 수도사.

662. 독일 오스트리아 스위스의 국경이 만나는 곳에 있으며 '보덴호'라고도 하는 호수.

663. 제노바 북동쪽 아펜니노 산중에 있으며 콜룸바누스가 수도원을 세우고 정주한 곳.

664. 주라산맥과 알프스 산맥 사이를 흐르는 아르강 상류의 분지에 위치한 호수.

665. Text에는 "부르고뉴(Bourgogne)와 스와비아와 아우스트라시아의 접경으로서 프랑크령(領)의 심장부에 있는 앙그레, 뤼크쇠유, 퐁테느"라고 되어 있음.

대적으로 낙후된 이탈리아의 암흑 속에서 빛나는 문명의 광명이었고 서구에서 도나우 지역으로 들어가는 길목에 세워진 〈St. Gall 수도원〉[666]은 그곳의 이교도인 바바리아인에게 문명의 찬란한 빛을 비추고 있었던 것이다. 1세기 반 동안의 격리 중에 로마교회는 헬레닉 사회의 좌절과 로마제국의 분열로 인해 흔들리고 있는 사회적 규율과 통일의 전통을 지키고 장악함으로써 국면을 타개하려 했고, 아일랜드 교회는 독특한 고립과 안전 속에서 자유의지적인 성향을 누리고 있었다. 아일랜드 교회의 열성적인 전도활동으로 그 격리가 해소되자 기질과 성향에 있어서의 심각한 차이는 두 교회가 어쩔 수 없이 대립하게 했다. 로마교회는 방자히 달려드는 아일랜드 교회에 인간적인 공격을 시작했고 그로 인해 지난날 켈트족 전위와 로마가 충돌한 사태는 10세기 후에 두 교회 간의 종교적인 충돌이라는 형태로 재현되었다. 아일랜드 교회의 격리는 그들이 의도한 것이 아니었듯이 두 교회의 접촉이 재개되었을 때 아일랜드 교회는 격리 때문에 생긴 양자 간의 심각한 차이를 인식하지 못했다. 그래서 아일랜드인은 교회는 일체라는 믿음으로 대륙의 기독교도를 대함에 있어서 자기들의 내적관계에 있어서의 자유분방함을 거리낌 없이 표출했다. 그에 있어서 하나의 좋은 사례는 로마교회의 당국자와 의논하지 않고 부르고뉴에 자기들의 규칙에 의한 수도원을 건립한 콜룸바누스의 행적(行蹟)이다. 그는 자기의 부르고뉴 수도원이 로마교회의 부활절 계산법을 지키지 않았음에 대한 갈리아 교회의 비난을 논박하면서 공개서한(公開書翰)을 통해 서부의 교회들은 교황을 이단으로 규정하고 배격한다는 취지로 비난했다. 그 교황은 바로 로마교회에 싹튼 제국주의의 화신이었던 〈그레고리우스 1세〉였는데, 콜룸바누스는 그것을 문제 삼아 자신을 규탄한 갈리아 종교회의에도 앞에서와 같이 너무나 솔직한 서한을 보냈다. 그는 부활절 논쟁을 지속하여 그레고리우스의 후계자에게 그에 관한 세 번째 서

---

666. 콜룸바누스의 친구인〈갈루스가 건립하고 자기 이름을 붙인 수도원.

한을 보내는 등 서구교회의 관습을 비판하고 프랑크의 여왕[667]을 탄핵함에 있어서 매우 자주적인 태도를 견지했는데, 그 자주성으로 인해 갈리아에서 추방되자 기독교국인 부르고뉴를 떠나 이교도의 땅인 바바리아를 여행하면서 콘스탄스 호에 도착했다. 그는 이후로도 순례를 끝내지 않고 613년에 이탈리아로 내려가 Bobbio에 수도원을 건립하여 정주한 후에도 교황을 상대로 하여 「동로마 황제 유스티니아누스 1세의 칙령에 대한 삼장논쟁」을 지속했다. 콜룸바누스가 발휘한 7세기 아일랜드 교회의 자유분방하고 자주적인 정신은 아일랜드의 어느 수도사가 로마서의 여백에 남긴 주석이나 〈요하네스 스코투스 에리게나〉[668]의 지적인 활력과 독창성에서 드러나듯이 9세기에도 여전히 살아 있었다. 〈톨스토이〉의 「2인의 순례자에 대한 우화」의 주제를 다루고 있는 그 수도사의 식견과 에리게나의 지적 활력은 같은 근원에서 기인한 것인데, 서구에서는 르네상스가 시작될 때까지 그런 인물이 나타나지 않았다.

기질과 성향에 있어서 아일랜드는 자유주의적이었고 로마는 권위주의적이었는데 그런 차이로 인해 불가피하게 된 투쟁은 대륙과 브리튼의 이교도를 개종시키려는 경쟁에서 절정에 달했다. 그것은 동시에 탄생한 두 문명이 공존할 수 없는 지역에서 이교도를 개종시켜 그 땅을 편입하는 것은 문명으로서의 생사가 걸린 문제였기 때문이었다. 로마제국의 후계국가 중 최북단에 있는 노덤브리아를 자기편으로 개종시키는 것을 핵심으로 하여 625년에 시작된 그 싸움은 Whitby 종교회의(664)로 종결되었다. 로마의 전도자 〈파울리누스〉는 625년에 요크로 건너가 〈에드윈〉[669]을 개종시켰는데, 그로 인해 당시의 정세는 로마교회

---

667. 콜룸바누스는 프랑크 왕국의 여왕인 〈브린힐드〉를 개인적인 죄와 정치적인 죄로 탄핵했다.

668. 아일랜드 출신의 철학자, 신학자, 헬레니즘 연구자, 카롤링거조 르네상스의 거장. 「자연의 구분」을 저술했고 철학을 신학과 동등한 학문으로 인정하여 "철학적 이성과 신학적 권위가 충돌한다면 전자에 따라야 한다"고 설파했다.

669. 노덤브리아 왕으로서 에든버러를 건설하고 브리튼에의 모든 튜턴족 영역을 장악함으로써 브리튼

가 승리할 것으로 여겨졌다. 그러나 에드윈이 이교도 머시아 왕국과의 싸움에서 목숨과 영토 모두를 잃었을 때 노덤브리아의 왕위를 계승한 〈오스왈드〉[670]가 아이오나의 수도사 〈아이단〉[671]을 불러들여 자기가 들은 복음을 전하려 했고 그동안 브리튼인의 완충으로 인해 아일랜드와의 접촉이나 악연이 없었던 영국인이 아일랜드 교회에 호응했으므로 정세는 다시 역전되었다. 더하여 오스왈드를 계승한 〈오스위우〉가 브리튼에 대한 에드윈의 지배를 회복한 것을 비롯한 여러 정치와 사회적 요인들이 극서 기독교 세계의 비호 하에 켈트족과 튜턴족의 문화적 통일을 위해 작용하고 있었으므로 아일랜드 교회의 입지는 더욱 좋아졌다. 그러나 로마 교황의 정치적 영향력을 의식하지 않을 수 없었던 노덤브리아에는 로마교회의 관습 속에서 자란 〈에안플레드〉[672]와 로마교회의 열렬한 성직자였던 〈윌프리드〉가 있었는데, 이들은 로마교회에 따를 것을 강력히 주창했고 오스위우는 그 문제에 대한 위트비 회의를 개최했다. 그 회의의 표면적인 주제는 부활절에 관한 논쟁이었으나 윌프리드는 어느 교회를 따라야 하는지를 따지는 논쟁으로 이끌어 예수의 말[673]을 인용하여 왕을 설득했다. 그에 대해 오스위우는 아이오나 수도원장인 〈콜만〉에게 "윌프리드의 말이 사실인가? 콜룸바에게도 같은 권능이 부여되었음을 증명할 말씀이 있는가?"라고 물었는데, 콜만은 어쩔 수 없이 첫 질문은 시인하고 뒤의 물음은 부인했다. 오스위우

의 절반 이상에 대한 지배권을 주장했다.

670. 에드윈과의 대립으로 아이오나로 망명하여 기독교로 개종하고 아일랜드 교회를 옹호함으로써 아일랜드의 성자로 추대됨. 에드윈이 죽자 그를 계승하여 왕이 된 후 바울의 로마교회를 구축하고 아이오나 수도원을 통해 아일랜드 교회를 받아들였다.

671. 〈Aidan〉 아일랜드 아이오나의 수도사. 영국에 전도하기 위해 작은 섬인 린디스판에 수도원을 세우고 그 주교로서 노덤브리아 교회를 설립했다.

672. 오스위우의 왕비로서 로마교회의 관습 속에서 성장하여 〈파울리누스〉로부터 세례를 받았음.

673. "또 내가 네게 이르노니 너는 베드로라 내가 이 반석 위에 교회를 세우리니 음부의 권세가 이기지 못하리라 내가 천국 열쇠를 네게 주리니 네가 땅에서 무엇이든 매면 하늘에서도 매일 것이요 네가 땅에서 풀면 하늘에서도 풀리리라 하시고"〈마 16:18~19〉

는 그에 대하여 "천국의 열쇠를 가지고 있는 사람을 적으로 돌려서 내가 천국문에 이르렀을 때 그 문을 열어주는 사람이 없다면 곤란한 일이다"라고 하여 로마교회를 따를 것을 천명했다. 오스위우는 콜룸바에 비해 베드로의 후계자인 교황이 강하다는 사실을 중시했던 것인데, 그가 로마교회에 따르기로 한 것은 교황에 대한 충성맹세였다. 아일랜드 교회와 극서 기독교 문명의 몰락 과정에서 전개된 비극에 있어서의 이 제1막의 결과는 매우 중대했다. 8세기 초에는 픽트족, 아일랜드인, 웨일즈인, 브르타뉴인 등이 로마교회의 부활절과 체발식(剃髮式)을 수용했는데, 아이오나는 그에 추종한 것에 더하여 노덤브리아와 픽트족에 대한 교권을 상실했다. 켈트족의 기독교 사회는 자기의 종교적 특수성을 12세기까지 유지함으로써 다시 고립에 빠졌고 브리튼의 켈트족과 아일랜드인은 새로운 제국인 로마교회의 유순한 종으로서 교황의 지원을 받아 로마를 위해 싸우는 영국인에 의해 추방되었다. 7세기 후반 이후 켈트 외연부에 대한 잉글랜드의 압력은 배후에 있는 서구 기독교 세계의 모든 중량(重量)을 지니고 있었고 그 중량은 영국인의 공세에 아일랜드인이 저항하기 어려운 힘을 실어 주었는데, 그 실질적인 공세는 아일랜드의 전도자들이 대륙에서 확보한 나라들이 〈보니파티우스〉에 의해 로마교회에 편입되는 것으로 시작되었다. 켈트족에 대한 교황과 영국인의 동맹은 4세기 이상 지속되었는데 드디어 〈헨리 2세〉는 1171년에 「교황의 대칙서」를 앞세워 아일랜드를 정복함으로써 뒤로 이어진 사업의 첫 단계를 완성했다. 이것이 아일랜드 교회와 극서 기독교 세계가 파멸에 이른 비극에 있어서의 제1막인 것이며 그 결과는 이 비극의 제3막을 열기 전에 비극의 제2막으로서 역사적인 잉글랜드 왕국과 프랑스 왕국을 성립시키고 바이킹의 침공[674]을 촉발했다.

 5~7세기에 있었던 켈트족의 민족이동은 아일랜드를 비켜갔으나 9~11세기의

---

674. 아일랜드는 바이킹의 침공으로 인해 완전히 고립된 후 주권마저 상실했다.

폭발은 그 섬을 무참히 짓밟았다. 바이킹은 린디스판과 아이오나를 유린함으로써 브리튼에 대한 아일랜드인의 영향력을 소멸시킨 후 아일랜드에 상륙하여 모든 수도원을 약탈했다. 아일랜드는 그 도전에 필사적으로 대항하여 스칸디나비아인의 정복을 저지했으나 클론타프에서의 그 승리는 국왕인 〈브리안 보루마〉가 전사하는 등 또 다른 '피로스의 승리'였다. 그 9세기에 대륙으로 피난한 아일랜드 학자들의 활동이 절정에 달했음에 반해 아일랜드에서는 라틴어 저술이 하나도 없었다는 사실이 말해 주듯이 아일랜드는 그 참화로 인해 극심한 침체에 빠졌던 것이지만 그것은 오히려 시작에 불과했다. 그 이후로 아일랜드인은 침입하여 정주한 스칸디나비아인을 대함에 있어서 서구와 같이 그들을 동화시키거나 포용하기에 실패하여 그들을 '또 하나의 두들기는 몽둥이'가 되게 했기 때문이다. 프랑스인과 영국인은 침입하여 정주하게 된 바이킹을 문화적으로 정복하여 노르만의 전사[675]와 같이 그들을 서구 기독교 세계를 옹위하는 역군으로 변모시켰으나 아일랜드는 문화적으로 탁월한 견인력과 동화력이 있었음에도 바이킹이 서구에 밀착하여 자기들을 다시 고립시키고 침탈하는 것을 예방하지 못했던 것인데 그 예로써 〈Ostmen〉[676]은 바이킹이 클론타프에서 패한 후에도 아일랜드에 마련한 본거지에서 아일랜드인에 대해 영국인과 같은 역할을 했다.

비극의 제3막은 그토록 유망했던 극서 기독교 문명의 태아가 유산된 것이었다. 그들은 결국 12세기 말에 로마교회에 굴복하고 정치적으로 잉글랜드에 복속되었는데, 켈트의 수도원장[677]이 천국의 열쇠를 가진 자와 대결함으로써 콘스탄티노플의 총주교와 어깨를 나란히 하며 아일랜드인이 바이킹을 상대함에

---

675. 〈헨리 2세〉가 아일랜드를 원정한 1169년에 전위대로서 선봉에 서서 성 조지 해협을 건넌 노르만족 병사를 지칭하는 말.

676. 아일랜드인이 침입하여 아일랜드에 정주한 노르웨이인과 덴마크인에게 붙인 이름. 이들은 아일랜드에 더블린, 옥스포드, 워터포드, 코우크, 리메릭 등의 도시국가를 건설했다.

677. 〈콜만〉을 지칭함.

있어서 영국이나 프랑스인의 용맹에 필적하려고 한 것은 헛된 소망이었던 것이다. 그들은 문화에 있어서도 뛰어난 문학과 예술을 통해 서구 기독교 문명의 진보에 기여했고 스칸디나비아 문명의 밑거름이 된 것으로 서구의 문화를 풍요롭게 하는데 도움이 되었지만 그들의 공헌은 거기까지였을 뿐이고 서구의 정신은 〈문명을 창조한 켈트인의 섬〉이 아니라 〈경주에서 탈락한 켈트의 섬〉[678]에서 영감을 얻었다. 켈트족 본연의 상상력은 그들의 아일랜드적인 가락이 아니라 영국인의 웨일즈적인 가락에 살아 있었던 것이다. 뒤는 대서양으로 막혀 있고 앞으로는 강력한 침략자에 간단없이 맞서야 했던 켈트 외연부의 주민들은 모두의 공통된 꿈으로써 늘 〈영웅이 찾아내는 마술의 섬인 동시에 적이 접근할 수 없는 대양의 품속에 있는 이상향〉을 꿈꾸어 왔다. 아일랜드인과 웨일즈인의 꿈도 같은 것이어서 그 마술의 섬은 〈성 브렌단〉의 나라인 동시에 〈아더왕〉[679]의 나라지만 그것을 찾아 나서는 사람들의 항해는 전혀 다르게 행해졌다. 그것은 두 켈트족이 아일랜드와 웨일즈라는 다른 환경에 처하여 서로 다른 기질, 즉 도서적(島嶼的)이고 도피적이며 고립적인 아일랜드의 가락과 대륙적이고 도전적이며 참여적인 웨일즈의 가락을 발현시킨 것과 꿈꾸는 자는 언제나 현상과 반대인 곳에서 이상향을 찾는다는 사실로 입증된다. 그러므로 양자의 영웅설화에서 〈패배한 웨일즈의 전사〉는 〈서방낙토의 섬 - 아발론〉으로 항해하지만 〈모험적인 아일랜드의 성자〉[680]는 〈꿈의 성 - 대륙의 새 땅〉으로 향하는 것이다. 아발론의 환상은 영국인이 일으킨 정복의 물결이 그들의 영혼을 적시고 있을 때 브리튼인의 슬픔을 위로했으나 꿈의 섬에 대한 브렌단의 환상은 아일랜드인이

---

678. 전자는 아일랜드를, 후자는 웨일즈를 칭하는 말.

679. 전자는 아일랜드의 수도사(484~577)로서 죽은 것이 아니라 지상의 낙원을 찾아 항해했다는 전설이 있다. 후자는 웨일즈의 왕으로서 전쟁에서 패했지만 죽은 것이 아니라 서방의 낙토인 아발론으로 갔다는 전설이 있다.

680. 전자는 〈아더왕〉을, 후자는 〈브렌단〉을 지칭한다.

위업[681]을 달성할 때 그 힘의 원천이 되었다. 12세기 프랑스 시인이 대륙에서는 말라버린 서사적 영감을 해외에서 찾고자 했을 때 그것을 〈켈트인의 섬〉이 아니라 〈켈트의 섬〉에서 찾았던 것으로 알 수 있듯이 켈트족의 상상력이 하나의 사는 힘이라면 그것은 콜룸바와 콜룸바누스가 달성한 성공의 역사에 살아있는 것이 아니라 아더의 영웅적인 실패의 역사에 살아 있는 것이다.

③ 유산된 스칸디나비아 문명

서구 기독교 사회는 새로운 문명의 창조자가 되는 특권을 장악하려는, 7세기에 시작되어 12세기에 끝난 아일랜드와의 싸움에서 힘겹게 우세를 점하고 약간의 휴식을 취하던 9세기에 스칸디나비아를 기반으로 하는 튜턴족 후위를 상대로 동일한 특권을 다투는 제2의 싸움에 휩싸였다. 그 싸움에 있어서 서구 기독교 사회는 문명의 태아로써 아일랜드와 싸웠던 때에 비해 그 위대한 주역들인 〈비드나 보니파티우스〉 〈리우트프란트〉 〈샤를 마르텔〉[682] 〈샤를마뉴〉 등의 생애에서 보는 바와 같이 정치 문화적 활력이 크게 증대되었고 스칸디나비아도 규모와 활력에 있어서 아일랜드를 크게 능가했다. 그래서 물질적 규모가 크게 증대된 이 싸움은 문화적 경쟁에 군사적 충돌이 더해졌을 뿐만 아니라 싸우는 주체가 대립하는 교회들보다 더 이질적이었으므로 상황은 더욱 가공스럽게 되었다. 헬레닉 세계의 외적 P였던 스칸디나비아인은 붕괴 중이던 헬레닉 사회의 문화적 방사를 받고 있었으나 헬레닉 문명 후에 일어난 민족이동의 일환으로서 상고한 슬라브족에 의해 그 방사로부터 급격히 격리되었다. 슬라브족은 튜턴족 전위(前衛)[683]가 비워둔 네만강과 비스툴라 강 일대에서 엘베강과 잘레강

---

681. 아일랜드인이 고대 스칸디나바아인에 앞서서 파루 제도와 아이슬란드를 발견한 것.

682. 〈리우트프란트, ?~972〉는 이탈리아의 연대기 작가, 〈샤를 마르텔, 690~741〉은 아우스트라시아 공(公)으로서 침공해 온 사라센군을 격퇴했음.

683. 고트족, 반달족, 헤룰리족, 와르니족, 롬바르드족 등. 이들 튜턴족 전위는 슬라브족이 밀고 들어간 지역을 떠나 로마제국의 지배력이 약해진 지역을 침공하는 민족이동을 단행했다.

684에 이르는 무인지대로 들어감으로써 스칸디나비아의 튜턴족 후위(後衛)를 로마 기독교 세계로부터 격리시켰던 것이다. 스칸디나비아인은 4세기에 개종한 튜턴족 전위나 5세기에 개종한 아일랜드와는 달리 이교도인 채로 고립되어 자기들의 문화를 오래 묵은 술처럼 발전시켰는데, 그들의 미 개종으로 말미암은 생활과 사고방식에 있어서의 아일랜드와의 차이는 그 격리 중에 더욱 심화되어 다음과 같이 결정적으로 분화했다. 스칸디나비아인은 로마 기독교 세계와의 접촉을 재개했을 때 아일랜드인과는 달리 독자적이며 적극적인 문명을 이루지 못했으며 제 발로 나온 것이 아니라 프랑크인의 전략적 행위685에 의해 그 접촉을 맞이했다. 더 중요한 셋째의 분화는 그들이 서구세계와 접촉함에 있어서 샤를마뉴의 작센 정복으로 인해 처음부터 무력을 앞세워 충돌한 것이다. 로마제국의 알프스 이북으로의 팽창은 대륙의 튜턴족을 격동시켜 그 팽창에 대한 만족(蠻族)의 장기적 반응인 민족이동을 초래하고 스칸디나비아의 튜턴족을 후위로 격리시켰는데, 그로부터 4세기 후에 샤를마뉴와 그 후계자가 단행한 사업686은 만족의 단기적인 반응으로서 튜턴족 후위의 폭력적인 민족이동을 유발했다. 샤를마뉴는 일종의 놀라운 솜씨로 작센을 정복했으나 그것은 카롤링거 제국이 미숙한 사회 경제적 기초 위에 야심만으로 쌓아 올린 정치적 상부구조에 불과했음을 증명한 불건전한 시도였다. 프랑크인과 작센인 및 스칸디나비아인은 공히 튜턴족인바 작센인은 그 민족적인 공통점과 그에 더해진 몇 가지 이유 때문에 프랑크인과 스칸디나비아인 사이에서 완충역할을 하고 있었다. 작센에서는

---

684. 네만강은 백러시아에서 발원하여 발트해로 유입하는 강, 후자는 바바리아에서 발원하여 마그데부르크에서 엘베강으로 합류하는 강.

685. 카롤링거 제국으로 로마제국의 망령을 되살리려 했던 샤를마뉴는 북유럽 만족이 갈리아와 브리튼 제도로 침입하는 것을 예방하고 로마 기독교 세계의 변경을 북상시키기 위해 30년(772~804)에 걸쳐 작센의 색슨족을 공격했는데, 그것은 지루한 소모전으로써 카롤링거 제국이 스칸디나비아와 악의적으로 접촉하는 결과를 초래했다.

686. 로마제국의 망령을 불러일으키려 한 것과 작센을 정복한 것.

헬레닉 이후의 민족이동으로 브리튼을 정복한 자들과 분파하여 대륙으로 침입한 스칸디나비아인과 튜턴어를 사용하는 색슨족 정복자들이 지배계층을 형성하고 있었는데, 작센인으로서 종속민이 된 튜턴족은 동족이자 같은 이교도라는 점에서 그 지배계층이나 스칸디나비아인과 친근했고 색슨족 정복자와 같이 튜턴어를 사용한 종속민은 프랑크족이었으므로 로마제국의 프랑크인 후계국가와 친밀했던 것이다. 그러므로 작센인은 두 사회가 보니파티우스의 방법으로 접촉하여 하나의 기독교 사회로 융합하는 가교 역할을 할 수 있었으나 샤를마뉴의 호전성은 서구사회로 하여금 아일랜드와 잉글랜드의 전도자가 채택했고 바바리아인, 튜링겐인, 헷시아인, 프리지아인을 개종시켰던 정책을 채용할 수 없게 했다. 그것은 서구 기독교 사회의 도덕적 퇴보만이 아니라 지루한 소모전으로 인한 희생으로써 군사적인 파멸을 초래했다. 그리하여 카롤링거조의 국력은 고갈되었고 그것을 떠받치던 미발달의 사회에는 과부하가 걸렸다. 카롤링거조의 공세는 그런 사정으로 인해 아이더 강에 도달한 후 탈진상태에 빠졌던 것인데, 프랑크인의 그 무모한 팽창은 마신(魔神)에 사로잡힌 만족전사[687]의 분노와 광기를 발작적으로 폭발시켰다. 그리하여 침울한 겨울의 꿈에서 깨어난 스칸디나비아인은 폭발적인 활력으로 베제르 강과 엘베강 유역에서 떨쳐 일어나 발작적으로 팽창하면서 프랑크인에 대한 피의 복수를 시작했던 것이다. 지난날 켈트족 전위의 팽창은 우익(右翼)을 스페인 중심부까지 뻗치고 좌익(左翼)은 소아시아 중심부까지 뻗어 헬레닉 세계를 압도하려고 했으나 스칸디나비아의 이 처절하고도 격렬한 팽창은 좌익을 러시아로 뻗고 우익은 북아메리카로까지 뻗어 서구 기독교 세계만이 아니라 정교 기독교 세계까지 압도하려 한 것으로서 그

---

687. 지난날 에트루리아인의 팽창이 알프스 산록에서 정지했을 때 분노한 켈트족에게서 발생했던 것으로서 북유럽의 전설에 따르면 '광포의 전사'는 전투에서 나체로 이리처럼 울부짖고 곰처럼 신음하며 광포하여 괴력을 발휘했으므로 어떤 무기로도 제압할 수 없었다고 한다.

힘과 규모와 격렬함에 있어서 전자를 크게 능가했다. 또한 바이킹이 런던과 파리와 콘스탄티노플을 지나 보스포루스 해협을 건너려고 했을 때 두 기독교 세계에 가해진 위험은 켈트족이 13~14세기 전에 로마와 마케도니아를 지배했을 때 헬레닉 사회에 닥친 위험보다 컸고, 얼음처럼 차가운 아름다움으로 아이슬란드에서 피어나기 시작한 스칸디나비아 문명은 업적과 장래성에 있어서 라 테느의 원시적인 켈트 문화를 월등히 앞지르고 있었던 것이다. 아이슬란드에서의 스칸디나비아 문명의 짧은 개화(開花)는 이오니아에서의 헬레닉 문명의 긴 개화와 마찬가지로 민족이동이 만족에게 부여한 자극으로 말미암은 것이었는데, 우리는 앞에서 유산된 스칸디나비아 문명과 성공한 헬레닉 문명의 성격과 업적을 비교함으로써 스칸디나비아인이 패배한 경위를 밝혔다.

그 패배는 데인로(Danelaw)[688]와 노르망디(레지옹)에 폭력적으로 침입하여 정주한 바이킹이 서구의 종교와 문화에 개종함으로써 정체성을 상실한 것과 두 기독교 사회가 전장을 적지로 옮겨 광대한 북방의 신세계를 개척함으로써 스칸디나비아 문명을 유산시킨 것으로 귀결되었다. 서구 기독교 세계는 불가피했으나 최선이었던 것으로서 스칸디나비아인에 대한 방어와 대치에 이은 문화적인 공격이라는 방책[689]을 채택했던 것인데, 〈단순왕 샤를〉이 그 방법으로 성공할 수 있던 이유는 스칸디나비아인의 특출한 수용성 때문이었다. 그가 911년에 〈롤로〉와 맺은 조약은 바이킹은 서구 기독교 세계의 시민이 되며 기왕에 얻은 땅은 그대로 소유한다는, 극히 단순한 것이었다. 그러나 그것은 침입자를 충성스러운 전사로 육성함으로써 바이킹의 광대한 땅을 서구로 편입시킨다는 놀라운 성과를 달성한 것이었다. 그들의 수용성은 그들이 아일랜드로 침입하여 그 문화를 수용함으로써 정신적 풍요를 달성한 것에서도 드러나는데, 그 양자가

---

688. 잉글랜드 북동부로서 그 지역을 정복하여 정주한 데인인의 법이 시행된 지역을 의미한다.
689. 샤를마뉴가 외면했으나 아우구스티누스와 보니파티우스가 선용(善用)한 평화의 전술.

북유럽 만족이라는 공통의 문화적 수원을 가졌고 서구의 문화가 아일랜드에서 북유럽의 특질에 적합하게 용해되었다 해도 바이킹이 아일랜드인으로부터 정신적인 부(富)를 충족한 것은 그들의 특출한 수용성 때문이었던 것이다. 그들이 개종하여 비적(秘蹟)의 빵과 술을 먹고 마신 것은 아폴로신이 올림포스의 신들이 구축(驅逐)한 미노스의 신전에 접근하려던 헬레네에게 부여했으며 바울이 고린도 사람에게 권유한 구제력(救濟力)과 자성심(自省心)을 갖추지 않은 채 기독교를 삼킨 것으로서 자기 문명의 태아에 대해서는 독을 마시고 저주를 부른 것이었다. 그리하여 남방의 독한 술은 스칸디나비아 문화의 묘약을 오염시키고 메마르게 했을 뿐만 아니라 그것을 품어 숙성시키고 있던 북유럽 만족사회의 묘약의 항아리를 파괴했던 것이다. 이것이 바이킹이 서구 기독교 세계와 충돌한 사태의 전말(顚末)인 것인바, 바이킹의 다른 일파와 정교 기독교 세계의 접촉도 같은 과정을 겪었다. 북해를 건넌 바이킹이 런던을 향해 템스강을 거슬러 올라가는 동안에 발트해를 건너고 러시아를 종단하여 마침내 흑해에 나타난 바이킹의 일파는 불가리아에 기지를 건설하고 콘스탄티노플을 약탈한 후 967~972년에 대전을 일으켰으나 그 제도(帝都)를 점령하지는 못했다. 동로마 제국은 〈스비아토슬라프〉[690]를 불가리아에 침입시킴으로써 마침내 그 가공할 침입자를 몰아냈다. 그러나 스비아토슬라프가 체결하지 않을 수 없었던 조약의 결과는 구트룸이 알프레드와, 롤로가 샤를과 맺은 조약[691]의 결과와 마찬가지였다.

두 사회의 충돌에 있어서 상대적으로 취약했던 스칸디나비아가 이기는 길은 흉포성을 바탕으로 하는 폭력으로 기독교 사회를 제압하는 것뿐이었으나 그들이 넘치는 수용성으로 여러 기독교국과 협정을 맺은 것은 스스로 패배의 운명

---

690. 러시아에 정주한 바이킹 일파의 군주, 키예프 대후(大侯)

691. 데인인 〈구트룸〉은 878년에 동(東)앵글리아를 정복했으나 그 해에 〈알프레드〉에게 패한 후 조약을 맺어 정복지의 영유를 허락받았다. 〈단순왕 샤를〉은 침입한 바이킹의 수장이었던 〈롤로〉를 개종시켜 사위로 삼고 그가 정복한 노르망디의 영유를 인정하는 조약을 체결했음.

을 결정짓는 것이었다. 그것은 자기들의 유일한 승리의 방편을 포기한 것인 기독교로의 개종을 유발했는데, 문명을 창조하는 자로서의 변절인 개종은 그 태아문명(胎兒文明)의 유산(流産)을 확정했다. 그리하여 그들의 유약한 문화와 사회적 조직은 기독교 문명의 강력한 방사를 받아 경제면에서는 온화한 자연이 주는 풍요로 인해, 정치면에서는 기독교 사회의 아우구스투스적인 포용력에 의해, 문화면에서는 기독교 비적의 빵과 술로 말미암아 파괴되었다. 그들이 기독교와 그 문화를 자기의 것으로 주조(鑄造)하려고 한 대담한 시도는 실현 불가능한 것이어서 그렇게 좌절되었으나 그들이 그에 따른 동화에 저항하지 않은 것은 아니다. 위와 같은 수용성으로 인해 휴면 중이던 스칸디나비아인의 정신은 9세기 말에 들어 신성한 땅을 비굴한 자들이 차지한다는, 기괴한 현상에 대한 반응으로서 광포한 전사의 새로운 발작을 일으켰다. 이 전투적인 정신은 북방의 시적 상상에서 〈노(老)스타르카드〉라는 영웅으로 구현되었는데, 이 위대한 용사는 시리악의 예언자들과 같은 열정으로 왕을 설득하여 기독교에 굴복한 자들과 자기들의 신 앞에서 가증한 것들을 쓸어냈다. 바이킹 시대의 스칸디나비아 사회는 이 이교도 젤로트주의자의 상(像)을 창조하면서 자화상(自畫像)을 그리고 있었으나 스타르카드를 주인공으로 하는 온갖 서사시에는 극이 전개됨에 따라 비극적인 요소가 가미된다. 마지막 이야기에서 그 젤로트주의자는 물욕(物慾)에 사로잡혀 주인을 배신하는 것인데, 비극으로 끝나는 이 서사적 영웅시를 산문으로 해석한다면 10세기의 그 반응은 처음부터 실패할 운명이었다는 것이다. 여기에 있어서 주목할 것은 스칸디나비아 국민들의 개종은 거기에 통치자들의 정략적인 계산과 강요가 있었으나 근본적으로는 역사에 있어서의 오래된 율동과 대중적인 운동이었다는 사실이다. 노르웨이에서는 〈올라프 1세〉가 일종의 변덕으로서 너무 빨리 개종을 단행함으로써 대중의 저항을 받았으나 덴마크의 〈하랄드 고름손〉은 덴마크를 침공한 작센의 〈오토 2세〉가 회군하는 조건으로, 러시아의 〈블라디미르〉는 정치적인 거래로 개종을 단행했으되 그 국민들은 그에 저항하지 않았던 것이다. 더하여 러시아의 귀족들[692]이 자발적으로 개종한 것은 그 개종이 스칸디나비아 대중의 시대적인 율동이었음을 입증하는 것인데 아이슬란드인의 개종은 그 율동의 가장 계발적(啓發的)인 예증이다. 아이슬란드는 먼 거리로 인해 기독교의 방사가 미약했고 개인주의적인 성향이 강했으며 수준 높은 문화를 달성하고 있었음에도 자발적이고도 집단적으로 개종했는데, 그것은 Althing에 대한 「Njåls Saga」의 기록[693]에 나타나 있다.

미노스 문명과 그 두 자문명 및 유산된 스칸디나비아 문명 사이에는 그 주역들의 인종적, 기질적 성향에 따른 친소동이(親疏同異)의 관계가 있다. 미노스 문명과 헬레닉 문명 및 헬레닉 문명과 로마 기독교 문명은 공히 모자관계에 있지만 각각 소이의 관계였고 튜턴족의 스칸디나비아 문명은 아카이아족의 헬레닉 문명과는 친동의 관계였지만 그렇기 때문에 로마 기독교 문명과는 현저히 소이적(疏異的)이었다. 그러므로 스칸디나비아 사회에서 가장 수준 높은 문화를 달성한 아이슬란드가 로마 기독교로 개종한 것은 자기들의 문화에 치명적인 영향을 끼쳤다. 미노스 문명에 접촉한 아카이아족과 마찬가지로 매우 소이적인 로마 기독교 세계에 접촉한 스칸디나비아의 튜턴족은 친동성(親同性)을 갖는 아카이아족과 유사하게 반응하여 굴종(屈從)과 동화(同化)를 면함으로써 독자적인 문

---

692. 이들은 이교도인 스웨덴인 전투집단의 수장으로서 국왕까지도 껄끄러워할 정도의 권력을 가지고 있었다.

693. Althing은 대집회라는 뜻 여기에서는 기독교로 개종하는 안건을 논의하기 위한 AD 1000년 6월의 민중집회를 의미하는데, 그 기록의 골자는 다음과 같다. "율법의 언덕에서 기독교도와 이교도의 충돌이 일어나 소란스러워졌다. 이에 기독교도들은 이교도 율법가인 〈토르게이〉를 대변자로 세웠는데, 그는 오랫동안 기도한 후 다음과 같이 선언했다. '우리의 새 율법을 말한다. 우리 모두는 기독교도가 되고 한 하나님, 한 아버지, 한 아들, 한 성령을 믿는다. 우상숭배와 아이를 제물로 바치는 행위를 금한다. 그러나 숨어서 하는 것은 죄가 아니다.' 이어서 그는 주의 날, 성탄절, 부활절 등에 관한 규례를 선포했다. 이교도들은 속았다고 생각했으나 참된 신앙이 새 율법으로 자리 잡았고 이 땅의 모든 사람은 기독교도가 되었다."

화를 창조했다. 아카이아족이 영웅시대와 초기 고전시대에 발현한 기질이 호메로스의 서사시와 헤로도토스의 산문에 반영되어 있듯이 스칸디나비아인이 바이킹 이후의 시대에 발달시킨 기질은 「Edda」 및 「스칼드의 시」와 「Saga」에 표출되어 있는데, 그 작품들은 그들이 그때에 이미 전통과 미신의 몽마(夢魔)에서 벗어나 신선한 독창성과 명철한 합리성을 갖추고 있었음을 보여준다. 이와 같이 활동적이고도 모험적인 사회의 구성원은 인간의 능력에 대한 믿음과 그 한계에 대한 인식을 함께 가지고 있는데, 그 이중적인 의식은 자신감과 비관의 마음을 함께 고양하되 그로 말미암는 우수(憂愁)의 정서를 낳는다. 그래서 우리와 같이 다른 정신적 환경에서 자란 관찰자는 그러한 것이 표현된 문학을 대할 때 난해함과 함께 큰 흥미를 느끼게 되는 것이다. 아이슬란드의 문학은 그 섬에서 발현된 스칸디나비아인의 본래적인 기질694을 훌륭하게 표출하고 있으나 개종으로 인해 아이슬란드에서 피어난 스칸디나비아인의 기질이 소멸되자 아이슬란드 문학도 그 정수(精髓)를 상실했다. 그들도 동화에 대한 문화적인 저항으로써 Saga와 Edda의 시를 모으고 기록하며 스칸디나비아의 신화와 계보와 율법의 고전적인 적요(摘要)를 만드는 등 문예부흥을 시도했다. 그리하여 그들은 Saga의 문학적인 형태를 완성했으나 아이슬란드의 천재가 이룩한 그 위업은 과거의 회상(回想)에 불과했다. 그것은 모친의 젖과 함께 기독교의 전통을 섭취한 학자들은 전통적인 예술작품을 수집하고 정리할 수는 있었으나 결코 그 주인공이 될 수 없었기 때문이었거니와 진정한 Saga의 시대는 장년이었을 때 개종을 맞이한 세대의 죽음과 함께 끝나버렸던 것이다. 그리하여 개종함으로써 외래문화의 지배에 빠진 후 4세기에 걸친 문화적 투쟁은 종결되었고, 아이슬란드의 천재는 마비되었으며, 북구의 창백한 햇빛과 맑은 광선은 기독교의 스

---

694. 섬의 황량함으로 말미암는 고도한 긴장과의 조화를 달성함으로써 발현되었으나 아이슬란드인의 개종으로 인해 이완되고 혼란에 빠져 마침내 소멸된 스칸디나비아인의 기질.

테인드글라스에 굴절되어 아이슬란드의 정신을 기괴한 모습으로 비춰내고 있다. 〈하우크 엘를렌드슨〉[695]의 야심적인 사업이 실패로 끝나자 두 기독교 세계는 북유럽 만족사회를 분할[696]하여 합병하고 빈틈없이 접촉함으로써 스칸디나비아 사회를 완전히 소멸시켜 버렸다.

우리는 이제 북유럽 만족사회와 문명의 접촉을 계열화하여 모두를 하나의 비교에 포함시킬 수 있게 되었다. 그것은 도전의 강도에 따라 〈슬라브족을 격리시켜 그 이름을 얻게 한 불충분의 도전〉 - 〈아카이아족이 헬레닉 문명을 창조하게 한 미노스 세계의 최적도의 도전〉 - 〈극서 기독교 세계와 스칸디나비아 세계가 문명의 태아를 잉태하게 한 로마 기독교 세계의 약간 지나친 도전〉 - 〈문명을 창조할 뻔 했던 튜턴족 전위에 대한 헬레닉 세계의 과잉 바로 아래의 도전〉 - 〈켈트족 전위에 대한 헬레닉 세계의 과잉의 도전〉으로 배열되는 것인데, 우리는 이를 통해 인간적 환경에서만 발생하는 도전에 있어서도 수확체감이 발생한다는 사실을 확인하고 그 발생점도 두 번째와 네 번째 사이에서 두 번째와 세 번째 사이로 좁힐 수 있게 되었다.

(2) 기독교 세계에 대한 이슬람교의 충격

로마제국의 국교로서 기반을 확보한 기독교는 호수에 던져진 돌로 인해 주변으로 퍼지는 물결같이 로마로부터 여러 방향으로 방사되었는데 상술한 북유럽 만족들에게 가해진 도전과 튕겨나간 사회들[697]은 모두 그 방사로 말미암은 것이

---

695. 14세기 아이슬란드의 다재다능한 수학자로서 아이슬란드와 그린란드의 역사와 가문의 전승에 관한 중요한 Saga들, 몇몇의 탁월한 운문, 발췌본과 번역들, 자기의 저술 등이 수록된 문집을 발행했다.

696. 서구 기독교 세계와 정교 기독교 세계는 14세기에 아드리아 해에서 북극해에 이르기까지 유럽을 동서로 나누고 스칸디나비아 문명의 옛 영역을 양분하는 선을 따라 직접 접촉하게 되었는데 그때까지 전자는 스칸디나비아와 오크니, 셰틀랜드, 헤브리디스, 페로 등의 섬들을 비롯하여 아일랜드와 아이슬란드 및 그린란드를 편입시켰고 후자는 러시아의 옛 스칸디나비아의 영토를 병합했다.

697. 그리스도 단성론 사회, 정교 기독교 사회, 네스토리우스파 기독교 사회 등.

었다. 이어서 600년 후에 이슬람교가 동일한 방사를 일으켰을 때 각자의 파장에 따라 퍼져나가는 두 물결은 서로 충돌하여 도전과 응전을 주고받는 상호작용을 일으켰다. 우리는 당면한 목적에 따라 이슬람교의 물결이 서구 기독교 세계, 그리스도 단성론 사회, 정교 기독교 세계, 네스토리우스파 기독교 사회 등과 충돌하여 각각 어떤 도전을 유발했는지를 조사할 것이다. 이 기독교의 단편들은 이슬람교의 물결이 일어나기 전에 서로 격리되어 이슬람교의 충격을 개별적으로 받았는데, 그 도전에 성공적으로 응전한 것은 서구 기독교 세계뿐이고 도전의 강도에 있어서 그리스도 단성론 사회는 불충분이었고 정교 기독교 세계는 과잉이었으며 네스토리우스파 기독교 사회는 약간의 과잉이었다.

① 최적도의 도전

이슬람교도는 632년[698]으로부터 15년에 걸쳐 이라크와 시리아를 정복한 후 647년에는 의식하지 않았고 의도하지도 않은 시리악 문명의 옹호자로서 아프리카 북서부와 이베리아 반도[699]를 탈환하려는 움직임을 시작했다. 그들은 713년에 로마제국의 서고트족 후계국가[700]를 정복함으로써 시리악 사회의 옛 식민지를 회복했고 이어서 〈아브드 알라흐만〉은 732년에 피레네 산맥으로부터 르와르 강 이남의 갈리아로 진격했다. 그것은 켈트족의 극서 기독교 세계와의 투쟁에서 힘겹게 승리하고 튜턴족 후위의 스칸디나비아 사회에 대해 더욱 완강한 투쟁을 해야 했던 로마 기독교 세계로서는 매우 엄혹한 도전이었지만 그 충격의 실제적인 효과는 서구 기독교 세계를 장기적으로 자극하는 것이었으므로 결과적으로는 과잉이 아니었다.

---

698. 〈아부 바르크〉가 우마이야조의 칼리프의 위(位)에 올라 서구 기독교 세계로의 팽창을 시작한 해.

699. 페니키아인이 만족으로부터 탈취한 후 로마가 카르타고를 타도하고 식민지를 건설함으로써 헬레닉 세계에 병합시킨 지역.

700. 프랑스 남부의 셉티마니아와 이베리아 반도를 판도로 하고 있었다.

아우스트라시아인이 시작한 아랍인의 팽창에 대한 반격은 기독교도의 정치 경제적인 팽창운동이었던 십자군으로 절정을 이루었다. 먼저 아우스트라시아 공(公) 〈샤를 마르텔〉은 알라흐만을 단호히 격퇴했고, 이어서 〈피핀〉[701]은 셉티메니아를 탈환했으며, 〈샤를마뉴〉는 피레네 산맥을 넘어 바르셀로나와 팜플로나를 포함하는 스페인 변경을 합병했다. 이어서 기독교도들은 십자군 운동으로 이베리아에서 시리아에 이르는 지중해 연안의 이슬람권을 공격했는데 그것은 정교 기독교 세계를 그 격랑에 끌어들였을 뿐만 아니라 서구 기독교 사회가 아랍인의 팽창을 저지하고 전 지구적으로 팽창하는 계기를 마련했다. 그 팽창이 최고조에 달했을 때 십자군은 이베리아 반도 전역을 횡단하고 지브롤터 해협을 건너 모로코의 세우타까지, 이탈리아로부터 시칠리아의 변방을 지나 튀니지아[702]와 트리폴리의 해안까지, 도해하여 시리아를 지나고 유프라테스 강을 건너 Edessa와 요단강을 건너 Al karak[703]에 이어 아카바만(灣)까지 진격했다. 그 결과 경제에 있어서 서구의 무역은 레반트에서 이집트를 넘어 인도까지와 흑해로부터 유라시아 스텝을 지나 극동까지 확대되었고, 문화에 있어서는 이슬람교와 정교 기독교 문화의 영향을 크게 받았으며, 정치에 있어서는 Calabria[704]와 Sicilia에 더하여 이베리아 반도 전체를 편입시켰다. 특히 이베리아 반도의 편입은 서구의 역사에 있어서 중대한 결과를 지닌 것으로서 포르투갈과 카스티야의 개척자들은 기독교도가 이슬람권에서 떼어낸 반도의 대서양 기슭[705]을 전초기지로 삼아 서구문명을 양양한 대서양으로 전개시킴으로써 서구의 영역을 항

---

701. 〈샤를 마르텔〉의 아들, 〈샤를마뉴〉의 부. 메로빙거조의 궁내 대신으로 실권을 장악한 후 751년에 카롤링거조를 창건했음.

702. 지금의 튀니지를 아우르는 북아프리카 일대의 지역.

703. 예루살렘 남동부의 소도시들.

704. 이탈리아의 남부 산악지대의 주, 주도는 〈레조 디 칼라브리아〉 삼림과 목초지가 풍부하다.

705. 이베리아 반도의, 리스본에서 카디스에 이르는 대서양 연안 지역.

해할 수 있는 모든 바다와 거주할 수 있는 모든 땅으로 단숨에 확장시켰다. 이러한 결과는 이슬람교가 서구 기독교 세계에 가한 충격은 성공적인 응전을 유발한 최적도의 도전이었음을 입증한다.

② 기타의 도전들

아비시니아는 5세기 말에 이집트가 구 시리악 세계에 편입되었을 때 그리스도 단성론으로 개종했으나 이슬람교도 아랍인이 639~641년에 이집트를 정복한 것으로 인해 완전한 고립에 빠졌고 지금은 아프리카 유일의 독립국[706]이지만 무정부 상태와 야만으로 전락하여 노예를 매매하는 등 사회적 골동품으로 여겨지고 있다. 문명의 물결이 우연히 바위 위의 요새에 옮겨 놓은 부산물과 같은 존재인 그들은 몇 가지 특수성[707]을 가지고 있는데 그것은 그들이 이슬람교의 물결 때문에 극심한 고립에 빠졌기 때문이다. 셈어(語)와 그리스도 단성론 기독교는 그 고원에 올라 자리를 잡았으되 주위에 선착한 함어(語)와 먼저 온 유대교도를 소멸시키지 못했고 문명의 파도는 고원의 단애는 적셨으되 그 정상을 덮지는 못했던 것이다. 그들은 〈네이피어〉의 원정으로 고립에서 벗어나기는 했으나 개종 이후 두 번 밖에 없었던 외침을 너무 쉽게 격퇴했다. 〈클라디우스 황제〉는 1640년에 침공한 소말리아인 이슬람교도를 포르투갈에서 입수한 조총으로 격퇴했고 〈메넬리크 2세〉는 침공한 이탈리아인을 프랑스에서 사들인 장총으로 격퇴했던 것이다. 여기에 있어서 주목할 것은 그들이 네이피어의 군사행동에 그다지 관심을 보이지 않은 것은 페리 제독(提督)이 에도만(江戶灣)에 나타났을 때 일본인이 보인 반응과는 매우 대조적이라는 사실인데, 그 이유는 그들이 난공불락인 고지의 요새에 대한 믿음 때문에 인간적 환경의 도전에서 자

---

706. 지금의 에티오피아 공화국.

707. 서구인이 지배하는 아프리카의 한가운데에서 독립을 지키는 것, 이슬람교와 타 종교의 경계에서 단성론 기독교를 지키는 것, 함어 지역과 나일어 지역 사이에서 셈어를 지키는 것, 문화가 주변의 만족들과 같은 수준으로 침체해 있다는 것.

극을 받지 않게 되었기 때문이다. 그들의 특수성은 주변의 원시인들이 문명을 창조할 수 없었던 것과 같은 원인, 즉 자극의 부족 때문에 생겨난 것인데 이슬람교의 충격은 그들을 고립시키고 불충분의 도전을 뒤집어 씌웠던 것이다.

다마스커스를 중심으로 하고 아라비아를 병력 저장소로 삼은 이슬람교국은 바다와 피레네 산맥으로 막혀 있는 유럽은 제쳐두고 300년 동안[708] 아나톨리아를 집중적으로 공격했다. 그들은 수도만 장악하면 Rum[709] 전체를 제압할 수 있다고 믿어 콘스탄티노플을 두 번이나 포위했고 거기에서 실패하여 양측이 타우루스 산맥을 경계로 대치하던 중에도 킬리키아 평원의 타르수스 요새를 매년 봄과 가을에 정기적으로 침공했다. 정교 기독교 사회는 그 집요하고도 혹심한 압력에 대한 응전으로써 당시에는 유효했지만 장기적으로는 성장을 저해하고 종말을 초래할 수 있는 편법을 쓰게 되었다. 그것은 이후에 샤를마뉴가 시도하여 실패한 것으로서 〈시리아인 레오〉가 놀라운 솜씨로 동로마 제국을 개조한 것[710]이었는데, 그로 인해 그 사회의 국가권력은 지나치게 강화되었고 교회는 국가에 부속된 기관으로 전락했다. 그것은 서구사회가 16세기까지 겪지 않았고 그 이후에도 신교 때문에 국교제도를 시행한 나라에만 엄습한 비운이었던 바 교회가 통합의 기능을 수행함으로써 사회에 봉사하는 것이 아니라 권내의 국가들 간에 분열과 대립을 조장하는 것이었다. 동로마 제국과 불가리아는 결국 총주교권을 다투는 백년전쟁에 돌입했고, 그리하여 스스로 찌른 상처 때문에 그 사회는 오스만리에 의해 타도되고 그 문명은 좌절되었다. 그것은 이슬람교의 충격이 초래한 길고 강한 긴장으로 말미암은 형벌인 동시에 그 사회에 가

---

708. 〈아부 바르크〉가 우마이야조의 칼리프가 된 632년부터 아바스조 칼리프국이 해체된 10세기까지.
709. 'Roma'의 이슬람식 표기. 실제로는 '아나톨리아'를 지칭한다.
710. 동로마 황제 〈레오 3세, 717~741〉는 성상 금지령을 내려 로마교회를 분열시키고 동로마 제국에서 교권에 대한 제권의 우위를 확립했다.

해진 과잉한 도전의 궁극적인 결과였던 것이다.

사방으로 퍼지는 이슬람교 물결의 동쪽을 보면 그 충격은 네스토리우스파 기독교 세계에 대한 매우 혹심한 도전으로써 극동 기독교 문명의 탄생을 방해했음을 알 수 있다. 극동 기독교 태아문명은 두 강 유역을 터전으로 삼은 네스토리우스파 기독교라는 번데기 속에서 자라나고 있었으나 두 강 유역이 아랍제국에 영구히 합병됨으로 인해 탄생의 기회를 상실했다. 아랍제국은 아케메네스조로 구현되었던 시리악 세계국가가 재개된 것이지만 그 복구는 당시로서는 예견된 것이 아니었다. 왜냐하면 두 강 유역은 시리악 사회의 세계국가가 재통합되기까지 거의 9세기에 걸쳐 시리악 세계와 격리되어 있었고 그로 인해 오랜 문화적 소격(疏隔)이 발생했기 때문이다. 그러나 아랍인이 헬레닉 세계와 시리악 세계 사이의 경계[711]를 말소시키자 그곳에서는 그 소격이 해소되어 정치에 있어서의 복잡한 변화에 더하여 종교와 문화에 있어서의 다양한 교류가 이루어졌다. 그 경계의 말소에 있어서 우마이야조 칼리프국은 더 가깝고 더 유명한 경계는 632~641년에 쉽고 빠르게 타파했으나 새로운 경계를 돌파하고 두 강 유역을 정복하려고 705년에 시작한 침공으로는 30년 동안 단편적이고 일시적인 것 이상의 성과는 달성하지 못했다. 그래서 침공군 사령관이었던 〈아사드〉는 무력침공을 중단하고 유화책을 채택했지만 그러고도 그곳의 당제국(唐帝國) 세력[712]이 말소된 후에야 목적을 달성했다. 이러한 이슬람교의 충격에 완강히 저항한 그곳의 태아문명(胎兒文明)은 중앙아시아의 9세기에 걸친 특별한 역사[713]의

---

711. 〈아르메니아 고지 - 유프라테스 유역 - 북아라비아 스텝으로 이어지는 더 오래되고 더 유명한 경계〉와 〈아프가니스탄 고지 - 무르가브 강 유역 - 트란스카스피아 스텝으로 이어져 고대 시리악 지역을 가로지르는 새로운 경계〉

712. 당제국은 아랍인이 실크로드를 장악하고 자기들의 문턱에까지 다가오는 것을 꺼려서 튀르게시 유목민을 이용하여 이이제이(以夷制夷)의 수법으로 아랍세력을 분쇄하려고 했다.

713. 중앙아시아로 유입된 헬레니즘이 그 후에 헬레닉 세계 및 시리악 세계와 단절되어 인도로 침투했다는 것. 중앙아시아와 인도 북서부가 정치적으로 통합됨으로써 다양한 종교운동이 일어났다는

산물이었는데, 헬레니즘은 알렉산더를 따라 시리악 세계로 침입한 후 박트리아와 소그디아나의 오아시스를 중심으로 트란스옥사니아에 집중된 후 중앙아시아의 그리스인이 박트리아국을 창건했을 때 더욱 강화되었다. 그리스인의 그 이탈은 그 사이에서 완충역할을 하던 파르티아 왕국과 함께 두 강 유역을 시리악 사회로부터 격리시켰다. 이어서 박트리아국이 군대를 인도로 돌린 것은 헬레니즘이 인도로 침입하는 길을 닦은 것이었으나 박트리아는 헬레닉 세계와의 그 격리로 인해 헬레니즘이 강화된 시리악 세계의 유라시아 경계를 지킬 수 없게 되었다. 그리스인이 주가 된 헬레닉의 세력이 시리악 사회의 두 강 유역에 집중한 것은 그곳이 유라시아 유목민과의 경계였기 때문이고 헬레니즘이 인도로 침입하기 시작한 것은 알렉산더가 원정했을 때가 아니라 박트리아의 〈데메트리우스〉가 힌두쿠시 산맥을 넘은 기원전 190년경이다. 그는 힌두쿠시 산맥이라는 장벽을 극복하고 중앙아시아에서 인도로 이어지는 헬레닉 문화권을 형성한 것인데, 그 문화는 박트리아국이 유목민의 두 민족이동[714]으로 붕괴되었을 때에도 약화되지 않았다. 그것은 그 만족들이 헬레니즘에는 우호적이었고 시리악 문화에는 배타적이었기 때문인데, 그리스인과 쿠샨족이 4세기에 걸쳐 중앙아시아와 인도 북서부를 정치적으로 통합한 것은 그곳의 문화에 있어서 중대하고도 영속적인 결과를 초래했다. 이질적인 문화가 정치적으로 통합되면 종합종교가 출현하는 것이 상례(常例)인바 헬레닉 사회와 시리악 사회가 4세기에 걸쳐 정치적으로 통합되었을 때 기독교가 출현했듯이 그에 선행한 4세기에 걸친 통합으로 종합종교인 대승불교가 출현한 것이다. 거기에 있어서 통합된 두 지역

것. 두 강 유역에서 문화와 인종의 다양한 혼합이 이루어졌다는 것.

714. BC 2세기의 4/4분기에 〈사카족〉과 〈파르티아인〉이 전위가 되고 〈유에키족〉 또는 〈쿠샨족〉이 후위가 되어 박트리아의 방어선을 격파하고 두 강 유역의 오아시스들을 침공한 후 힌두쿠시 산맥에 홍수처럼 쇄도하여 지난날 그리스인 정복자의 발자취를 따라 인도로 몰려든 민족이동. 〈사카족〉의 사카는 〈석가(釋家)〉로서 석가모니와 관계가 있을 것임.

중 쿠샨제국의 영토에서는 대승불교가 무난히 성장하고 있었으나 중앙아시아 지역은 여러 요인으로 인해 상황이 복잡해졌다. 그것은 한제국(漢帝國)의 중국사회가 서진하여 두 강 유역에서 융합 중이던 인도-헬레닉 문명과의 접촉을 시작했고 이어서 그곳에 잠복해 있던 시리악 문화가 그 내적 P들이 주기적으로 방사하는 종교의 물결에 힘입어 부활했기 때문이다. 그 시리악 종교의 물결이 타림분지를 선점한 대승불교를 압박하자 그들은 한제국이 열어놓은 길에서 활로를 찾아 극동에 이르러 큰 세력을 형성했는데 그것은 기독교와 마찬가지로 고향에서보다 새 땅에서 귀히 여김을 받은 것[715]이었다. 시리악 종교의 그 물결에 있어서 유대교는 헬레니즘을 절망에 이르는 시도로 규정하여 반항했고 기독교는 헬레니즘과 손잡고 그 품에 안겨버렸으므로 이후 헬레니즘에 대한 시리악 사회의 종교적인 반격은 의도적으로 조직되는 형태로 진행되었다. 조로아스터교의 호전적인 일파는 사산제국의 사명[716]에 봉사하는 국교가 되었고 네스토리우스파 기독교와 그리스도 단성론은 기독교에 잠긴 시리악 문명의 정금(精金)을 되찾음으로써 기독교의 헬레닉화를 막으려 했는데, 이후로 네스토리우스파는 추방되어 경계 밖으로 진출하고 단성론은 로마의 경내에서 명맥을 유지했다. 쿠샨제국이 해체된 후에 발흥한 사산제국은 사명에 따라 로마제국을 침공했으나 성과를 올리지 못했고 정치적으로 쿠샨제국을 계승한 유목민 침입자들[717]은 사산제국에 접한 경계의 반대 측에서 새로운 세력을 형성하여 두 강 유역을 시리악 세계로부터 차단하고 실력을 행사하기 시작했다. 그리하여 무력을 통한 침입이 어려워진 시리악 사회는 종교를 통해 중앙아시아를 회복하려고 했으

---

715. "예수를 배척한지라 예수께서 그들에게 말씀하시되 선지자가 자기 고향과 자기 집 외에서는 존경을 받지 않음이 없느니라 하시고"〈마 13:57〉

716. 현실적이고도 세속적인 투쟁으로 헬레니즘과 대결하여 로마제국으로부터 지난날 아케메네스 제국의 모든 영토를 탈환하는 것.

717. 훈족과 튀르크족. 튀르크족은 두 강 유역에 머물러있던 에프탈족과 합병하듯이 연합했다.

며 그것이 시리악 종교들의 북동쪽으로의 신장(伸張)으로 나타났던 것이다. 거기에 있어서 튀르크족과 에프탈족 등 중앙아시아의 지배자들은 적대적인 사산조의 국교였던 조로아스터교는 배척하고 박해받던 세 종교[718]는 선대(善待)했는데, 그로 인해 그 종교들은 중앙아시아의 회랑[719]으로 들어갔고 네스토리우스파는 431년에 장안에 이르러 경교(景敎)로 자리를 잡았다. 그것은 그들이 에페수스 회의(636)에서 이단으로 몰려 추방된 때로부터 겨우 200년 후의 일이었는데 그 종교들의 약진은 두 강 유역에서 대승불교를 약화시키면서 진행되고 있었다. 그리고 뒤를 따라 시리악 사회의 새로운 종교적 물결인 이슬람교가 두 강유역으로 쇄도했는데, 그것은 트란스옥사니아를 기반으로 삼아 극동을 아우르려던 네스토리우스파 기독교 태아문명의 탄생에 있어서 중대한 문제를 제기했다. 이슬람교도는 상술한 바와 같이 737~741년에 트란스옥사니아 정복을 완료했는데, 네스토리우스파는 그로 인해 중앙아시아의 행동기지를 빼앗겼지만 그때까지는 두 강 유역의 남서부를 제외한 모든 방면에서 좋은 전망을 가지고 있었다. 두 강 유역은 에프탈족과 튀르크족 유목민이 지배하고 있었지만 문화적으로는 헬레니즘과 시리악 및 인도의 문화가 매우 밀접하게 혼합되어 있었고 인종적으로도 2세기에 정주한 이란인 농민 위에 이란어를 상용하는 유목민이 겹치고 다시 그 위에 에프탈족과 튀르크족 유목민이 더해져 혼합됨으로써 인종적 다양성이 자연현상처럼 되어 있었다. 그런 상황에서 경제와 문화적으로는 밀접하되 정치적으로는 분절된 도시국가들이 그곳에서 세 문명을 오가는 무역을 통한 부의 창출이라는 황금알을 낳고 있었다. 그 통상은 그곳의 모든 계층에 이익을 제공했으므로 에프탈족과 튀르크족 지배자들은 그들을 비호했고 그

---

718. 사산제국은 마니교와 마즈다크교를, 로마제국은 네스토리우스파를 박해했다.

719. 문명과 만족의 경계였던 두 강 유역은 쿠샨제국의 역할로 인해 헬레닉 문명과 시리악 문명 및 인도 문명이 교류하는 회랑(回廊)으로 바뀌었다.

래서 주위의 광대한 유라시아 스텝이 그 권역, 즉 새로 태어날 문명의 배후지로 편입되고 있었다. 이러한 모든 요인들은 그곳에서 새로운 문명이 발생하기 좋은 여건을 형성하고 있었으므로 네스토리우스파가 중앙아시아의 행동기지를 상실했을 때에도 그들은 유라시아 유목민 사회를 항구적으로 개종시킬 것으로 전망되었다. 그러나 그들은 끝내 이슬람교의 물결을 극복하지 못했고 그 결과로 극동 기독교 사회의 태아문명은 유산되었는데 그 원인은 결론적으로 그 사회의 생명줄인 통상과 교역로 때문이었다. 우리는 그들이 그것을 자력으로 지키지 못한 이유를 이슬람교도가 갈리아를 정복하기에는 실패했으나 트란스옥사니아는 쉽고 빠르게 정복한 원인과 과정에서 찾을 수 있다. 아랍인이 동시에 시작한 두 침공은 12년에 걸쳐 비슷한 전과를 올린 후 정체되어 두 곳 모두에서 장기전에 돌입할 것으로 여겨졌으나 9년이 지나자 서북전선에서는 패색이 짙어졌고 동북전선에서는 두 강 유역을 결정적으로 합병했다. 이슬람교의 물결에 대항함에 있어서 두 강 유역은 다마스커스에서 전초기지까지의 거리[720]에 있어서는 불리했으나 다음과 같은 몇 가지 이점을 가지고 있었다. 남(南)갈리아의 아키텐인은 9세기가 넘도록 이란과 문화적으로 단절되어 있었음에 반해 두 강 유역은 당제국의 후원을 받고 있었고, 험준한 산과 강들이 그곳으로의 진입을 어렵게 했으며, 사마르칸트의 기후는 갈리아와 비슷한 다마스커스의 기후와 큰 차이를 가지고 있었다. 그럼에도 위와 같은 결과가 나타난 이유는 갈리아가 농업사회였음에 반해 두 강 유역은 본질적으로 통상과 무역의 사회였기 때문이다. 두 사회가 끝까지 지켜야 했던 것은 각각 농지와 교역로였는데, 남갈리아의 아키텐인과 뉴스트리아인은 최고 지배자였던 오스트리아인에게 구원을 청하여 농지를 지켜냈으나 두 강 유역의 도시국가들은 자기들의 종교와 문화를

---

720. 다마스커스에서 두 강 입구에 있었던 아랍인의 전초기지인 메르브까지의 거리는 그들의, 갈리아 입구에 있었던 전초기지인 나르본까지의 거리에 비해 절반에 불과했다.

포기함으로써 그 교역로를 지켰다. 사산제국은 트란스옥사니아에서 자국(自國)을 지나 지중해로 통하는 교역로를 차단하곤 했으나 소그디아의 상인들은 다른 길을 개척하여 그에 대응했다. 그들의 교역은 트란스옥사니아의 여러 세력이 사산제국을 계승한 아랍제국에 대항한 싸움의 제1기까지는 그다지 큰 손실 없이 수행되었고 로마제국과의 교역이 일시적으로 중단된 것도 극동이나 인도와의 교역을 독점한 그들에게 큰 타격이 되지는 않았다. 그러나 아랍인의 동진을 막으려는 당제국의 개입은 일시적으로는 약이었으나 결과적으로는 독이 되었다. 당제국은 튀르게시족을 봉신(封臣)하여 아랍인의 동진을 막게 했는데, 그들은 아랍인을 옥수스 강 건너편으로 몰아내는 등 17년 동안 임무에 충실했으나 당제국의 감시가 느슨해지자 트란스옥사니아인을 억압하면서 당과의 교역도 차단했다. 그에 분노한 당제국은 튀르게시족이 아사드에게 패했을 때 그들을 해산시켜버렸다. 수세에 몰려 부득불 유화책을 채택한 아사드는 튀르게시족을 증오하는 투가리스탄의 유력자들과 화해한 후 황폐화된 발크(수도)의 재건을 원조하고 메르브에 있던 트란스옥사니아의 정청을 그곳으로 옮겼는데, 그것은 튀르게시족을 격파하는데 도움이 되었을 뿐만 아니라 아사드를 계승한 〈나르스〉가 5년 만에 전면적인 성공을 달성한 계기가 되었다. 나르스의 유화정책은 아랍인 특유의 '천계의 서를 가진 자에 대한 관용'보다 우호적이어서 트란스옥사니아 주민의 권리를 보장함으로써 굴종이 아니면 멸절이라는 치욕적인 선택이 아니라 견딜만한 조건으로 아랍인의 주권을 인정하는 대신 상업적인 부흥과 전례 없는 번영을 전망한다는 명분이 있는 길을 제시했다. 그로 인해 전선이 말소되자 호라산에서 지중해를 거쳐 대서양에 이르는 배후지가 열렸고, 그에 따라 중앙아시아 회랑을 통과하는 극동 교역로도 재개되었으며, 두 강 유역은 쉽고도 빠르게 아랍제국에 편입되었다. 갈리아의 소박한 농민은 자유와 자결을 존중하여 터전을 지키고 그것을 번영의 원천으로 삼아 서구문명의 정신적인 지주가 되었음에 반해 트란스옥사니아는 상업적인 발전을 추구함으로써 독자적인 문명을 건설할 기회를 잃어버리고 극동에서 탄생할 기독교 문명을 유산시킨 것이다.

우리는 이 고찰을 통해 이슬람교가 네 기독교 사회에 가한 충격의 도전이 아비시니아 그리스도 단성론 사회에 대해서는 불충분, 서구 기독교 세계에 대해서는 최적도, 네스토리우스파 기독교 사회에 대해서는 약간의 과잉, 정교 기독교 세계에 대해서는 과잉이었음을 알게 되었다. 여기에 있어서 최적도의 도전을 중용이라고 한다면 첫째와 셋째의 도전은 중용에서 정도는 같으나 반대되는 방향으로 벗어난 것이다.

(3) 시리악 문명의 유산과 탄생

이집트와 Shinar 사이의 시리아 지역에서는 기원전 20세기 말엽에 일어난 민족이동으로 아리아 유목민이 요단강 협곡과 에브라임 구릉(丘陵)으로 쇄도함으로써 거주의 역사가 시작되었다. 이후로 그 지역의 역사는 500년 동안 문명화에 실패한 시기 – 위대한 시리악 문명의 시기 – 창조성이 부족했던 자문명의 시기로 전개되었는데, 그것은 모두 인접한 문명들이 그들에게 가한 도전의 강도 변화로 말미암은 것이다. 아프라시아의 건조화라는 자연적 환경의 도전에 대해 소택(沼澤)으로 뛰어들어 문명을 창조한다는 성공적인 응전을 달성한 이집트인과 수메릭 문명의 시조들은 동일한 도전에 성공적으로 응전하지 못한 시리아권의 주민에게 인간적인 환경의 도전을 제기했다. 이집트 연합왕국은 기원전 3200년경에 요단강 협곡과 에브라임 구릉을 지나 시리아의 비블로스로 진출했고 수메르 제국은 북시리아의 자발 안시리야와 레바논에 이어 지중해 연안을 침략했다. 그로 인해 시리아 지역[721]은 두 제국의 전장(戰場)으로 바뀌었고

---

721. 시리아권은 시리아 지역(지금의 시리아, 레바논, 이스라엘, 요르단)과 이라크 동남부인 바빌로니아 지역 및 튀르크 동부인 카파도키아 지역으로 구분된다.

시리아 내부는 수메르 제국의 정복과 아모르인의 정치적인 편력[722]에 의해 수메릭 세계의 일부로 되어 있었다. 그런 상황에서 수메르 제국 이후의 민족이동으로 유라시아 초원에서 몰려온 만족이 시리아를 유린했을 때 그곳에서는 시리아권의 다른 두 지역[723]에서와 마찬가지로 난입한 만족과 정주민의 협력에 의해 수메릭 문명과 친근한 문명이 탄생할 것으로 예상되었다. 그러나 시리아에서는 수메릭 세계를 북동에서 남서로 가로질러 시리아에 정주한 힉소스인이 500년 후가 아니라 당시에 출현시킬 수 있었던 문명을 탄생시키지 못했는데, 그것은 그들에게 과잉의 도전이 주어졌기 때문이다. 만족이 민족이동을 통해 문명을 발생시키려면 난입한 곳에서 필요한 만큼 정주해야 하는 것이지만 힉소스인은 난입한 시리아에 정주하지 않았다. 그것은 이집트의 진공상태[724]가 힉소스인으로 하여금 수메릭 사회로부터 시리아를 상속하여 문명을 건설하기를 포기하고 재차 이집트로 밀고 들어가는 침입자 노릇을 하게 했기 때문이다. 그러나 이집트로 침입한 그들은 이미 활력을 상실했고 그들이 몸에 익힌 수메릭 문화는 이집트인을 용납할 수도, 이집트인에게 수용될 수도 없는 것이었다. 그래서 그들의 난입은 이집트인의 전투적인 반응을 고무했고 그들은 그로 인해 파멸적인 영향을 받았다. 이집트는 힉소스인의 침공을 자극으로 삼아 세계국가를 재건하고 힉소스인을 구축한 후 힉소스인이 수메르-아카드 제국으로부터 물려받

---

722. 수메르 제국의 군사적 정복은 BC 3000년대 중반에 북아라비아 초원에서 흘러나와 레바논 동부에 정주한 아모르인에게 수메릭 문화를 항구적으로 각인시켰다. 그리하여 결국 수메릭 사회에 편입된 아모르인은 수메릭 사회 내부로 진입하여 세력을 키운 후 수메르-아카드 제국의 마지막 왕조인 바빌론의 제1왕조를 세웠는데, 수메르-아카드 제국은 아모르인의 위대한 황제였던 〈함무라비 대왕〉이 죽은 후 곧바로 붕괴되었다.

723. 바빌로니아에서는 캇시인이 난입하여 정주한 후 바빌로니아 문명이 출현했고 카파도키아에서는 난입하여 정주한 카니시아인과 루비아인이 히타이트 문명을 출현시켰다.

724. 이집트 중왕조(BC2075~1675)의 붕괴로 인해 발생한 진공상태. 힉소스인은 함무라비의 죽음으로 수메르-아카드 제국의 붕괴가 시작된 BC 1905년부터 캇시인이 바빌로니아에서 함무라비 제국의 캇시인 후계국가를 세운 BC 1749년에 걸쳐 시리아로 난입했다.

은 유프라테스 강 이남의 시리아 지역을 합병했다. 그리하여 힉소스인은 탄생할 것으로 예견된 문명을 유산했고 그곳에서 문명을 이루려는 시도는 새로운 기회가 조성될 때까지 좌절을 겪었다.

미노스 문명 이후의 공백기(BC 1425~1125)와 그에 따른 민족이동은 시리아 지역에서 문명이 발생할 여건을 마련했다. 시리악 문명이 출현한 이 3세기 동안 이집트 사회와 바빌로니아 사회는 공히 활력이 감소되어 있었다. 이집트 신제국은 민족이동에 대해 본토를 지키기에 몰두하여 시리아를 방치했고 수메르 문명을 대신한 바빌로니아 문명도 시리아에 대해 마찬가지로 소극적이었다. 바빌로니아 문명에 있어서 바빌로니아를 정복한 캇시인의 지배는 나약했으며 아시리아는 아직 군국주의를 시작하지 않았던 것이다. 더하여 히타이트인이 아나톨리아에서 싹틔우던 자매문명은 이 민족이동에 있어서의 12세기 초에 있었던 대대적인 이주의 충격으로 분쇄되었다. 이와 같은 상황에서 기원전 2000년기(期)에 미노스 사회의 난민인 팔레스타인인이 동부 지중해에서, 아프라시아의 유목민인 히브리인이 북아라비아 초원에서 시리아로 밀어닥치자 그 좁은 곳에서 두 당당한 문명으로부터 독립하여 문명사에 있어서 헬레닉 문명을 빼고는 가장 찬란하며 가장 독립적인 시리악 문명이 출현했다. 알파벳에 의한 표기법 발명, 대서양 발견, 윤리적이며 유일하고도 전능한 신관에의 도달이라는 세 가지 위업을 자랑하는 시리악 문명은 인접한 이집트 문명이나 바빌로니아 문명과는 아무런 관련이 없는바, 원거리 항해의 성향은 시리악 문명이 헬레닉 문명과 함께 미노스 문명과 친연관계(親緣關係)에 있음을 나타내고 있다. 그러나 시리악 사회를 특징짓는 업적은 특수한 신관에의 도달임에 주목하면 유대교, 조로아스터교, 기독교, 이슬람교에 공통된 그 신관은 〈이크나톤〉의 영혼에 번뜩였던 신의 빛을 제외하고는 이집트, 바빌로니아, 미노스 및 헬레닉 사회의 종교들과는 완연히 다른 것이므로 시리악 문명은 그 사회들에 대해서도 완전히 독립적이었다. 그리하여 역사적인 시리악 문명은 그 탁월한 창조적 독창성으로 인접한 문명들이 제기한 도전에 대한 응전에 있어서의 빛나는 성공을 선언하고 있는데, 그것이 이전에 비해 약화된 도전에서 달성되었다는 사실은 그 도전이 최적도였음을 의미할 뿐 그 위업을 폄훼하지 않는다.

시리악 문명은 앗수르 제국과 신바빌로니아 제국의 간섭을 받다가 아케메네스 제국으로 세계국가를 달성한 후 헬레닉 문명의 침입으로 부자연스럽게 중단되었으나 이후로도 부자연스럽게 연명하면서 생태적으로 그 위협을 의식하고 있던 이집트와 바빌로니아를 통상과 종교 운동으로 흡수하려는 시도를 멈추지 않았다. 그 시도는 페니키아와 아랍인에 의한 경제적인 침투로 시작되어 원시 기독교, 네스토리우스파 기독교, 그리스도 단성론, 이슬람교 등 일련의 시리악 사회의 종교들이 그 두 세계를 개종시킴으로써 완성되었다. 그리하여 시리악 문명 이후의 공백기(AD 975~1275)를 지나 그 자사회(子社會)인 아랍문명이 출현했을 때 시리악 사회에 편입된 된 바빌로니아 문명의 이라크는 몽골인의 침공으로 황폐화되어 있었고 같은 처지에 놓인 이집트는 아랍문명의 탄생에 있어서 좋은 기반이 되었다. 그런 사정으로 불충분의 도전에 직면한 아랍문명은 두드러진 업적을 달성하지 못하고 덤으로 주어진 2세기의 유예기간도 제대로 활용하지 못함으로써 이후로 더 좋은 자극으로 출현한 이란문명에 의해 종말을 맞이했다.

이상으로 우리는 문명은 자연적, 인간적 환경의 도전에 대한 인간의 응전을 통해 발생하며 도전과 응전에 있어서의 조우는 신이 이기게 되어 있는 신화적인 결말이 아니라 조건에 좌우되는 힙폴리투스적인 전개임을 알게 되었다. 또한 도전에 대한 인간의 응전에는 수확체감이 발생하는 것이며 문명을 발생시킴에 있어서 가장 자극적인 도전은 중용을 얻은 최적도의 도전이라는 사실도 간파했다. 그런데 자극은 언어적으로 모종의 반응을 함의(含意)하는 것이고 반응은 반드시 어떤 움직임을 일으키는 것이므로 우리는 탄생한 문명이 자신을 생탄(生誕)케 한 도전에 자극되어 어떤 움직임을 일으킬 것인지에 대해 의문을 품게 된다. 탄생은 철학적으로 성장을 의미하는 것이고 태아의 본능은 육체(肉體)와 영지(靈智)가 자라는 것이므로 신생문명(新生文明)도 본성에 따라 그 도전에 반응하여 성장의 길로 달려갈 것이다. 그러므로 문명의 발생에 대한 연구를 마친 우리 앞에 문명의 성장에 대한 연구라는 새로운 과제가 펼쳐지는 것이다.

제3부

문명의 성장

A. 문명 성장의 문제

우리는 2부를 마무리하면서 문명의 발생에 관한 문제에 이어 문명의 성장에 관한 문제를 고찰해야 할 당위성을 찾았다. 그러나 앞에서 찾아낸 25개의 문명은 모두 잉태된 후 어느 정도까지는 성장했으므로 문명 성장의 문제는 문명 발생의 문제를 통해 선험적으로 해결된 것이 아닌가?라는 의문에 봉착한다. 그러나 문명은 탄생한 것과 유산된 것 외에도 제3의 부류로서 발육이 정지된 것도 있으므로 문명의 잉태나 탄생이 곧 성장을 의미하는 것은 아니다. 그러므로 문명 성장의 문제는 문명 발생의 문제와는 별도로 고찰해야 할 분야이다.

1. 발육이 정지된 문명

발육이 정지된 문명은 약간의 자극이 있는 도전에 응전하여 하나의 놀라운 재주를 발휘했으나 곧바로 수확체감에 직면하여 움직일 수 없는 상태에 빠진 것으로서 그 예로는 그것이 자연적인 환경의 도전으로 말미암은 폴리네시아인, 에스키모(Inuit), 유목민 등이 있고 인간적인 환경으로 인한 오스만리와 스파르타인이 있다. 이것들은 절벽을 기어오르는 자의 비유에 있어서 행위의 세 부류 중 놀라운 재주를 발휘하여 머리 위에 돌출된 바위로 기어오른 자들이 이루어낸 성과지만, 그들은 거기에 모든 에너지를 소모했기에 더 이상 오르지 못하고 기어오른 바위에 달라붙어 있어야 한다는 고도의 긴장상태에 빠져버린 것이다. 그리하여 그들은 끝내 그 상태에서 벗어나지 못하여 역사를 갖지 못한 사람들로 죽어가면서 "우리는 여기에 왔다 그리고 쉬고 있다"라는 묘비명을 남기고 있는 것이다.

1) 발육정지 문명의 역사적 사례

(1) 폴리네시아인

이들은 미노스인이나 바이킹에 비견되는 항해술로 보잘것없는 카누를 타고 태평양을 횡단한다는 놀라운 재주를 발휘했으나 그에 성공하여 고립된 섬의 천국으로 들어간 후에는 그 과정에서 겪은 긴장에서 벗어나고자 안일에 빠지고 대양에 대한 지배력을 상실함으로써 로터스를 먹는 사람들이나 안일에 빠진 사람들의 화신으로 변했다. 우리는 앞에서 그 대표로서 이스터 섬의 사람들을 고찰했으므로 이들에 대해서는 더 이상 상고(詳考)할 필요가 없다.

(2) 에스키모

이들의 실상을 파악하기에는 이들에 관한 저명한 연구자들의 증언이 매우 유효하다. 〈Steenby. H. P〉는 "… 툰드라 지대에서 동물을 사냥하거나 호수나 강에서 물고기를 잡던 북방 인디언의 후예인 이들은 어떤 이유로 북상하여 북빙양 지역으로 들어갔고 … 자연적 환경의 도전에 응전하여 겨울철에 결빙된 바다에서 해상 동물을 사냥한다는 특화된 역작으로써 가공스러운 극지에서의 생활에 적응하고 경제적 진보를 이룬다는 놀라운 재주를 발휘했다…. 그것은 그들의 놀라운 발명으로 입증되었지만 그들은 그러기 위해 생활을 북극권의 기후주기에 엄격히 일치시켜야 했고 … 먹을거리를 구하기에만 집중한 그들의 사회는 필요한 분화를 이루지 못했다"라고 밝혔다. 〈E. M. Weyer〉는 카약과 우미악[725]에 더하여 작살, 투창, 개썰매, 눈신발, 기름램프, 겨울 집과 Igloo, 가죽으로 만든 텐트와 옷 등 에스키모의 발명품을 자세히 묘사했고, 〈D. Jenness〉는 그들과 함께 살면서 수행한 연구를 통해 "… 긴긴 밤의 겨울이 되고 순록이 남하하면 그들은 얼어붙은 바다에 Igloo를 짓고 부락을 이루어 바다짐승을 공동으로 사냥하여 공평하게 나누어 먹으며……. 태양이 다시 돌아오고 낮이 길어지면 분산하여 잠시 얼음 위로 올라오는 물개와 순록을 사냥하지만 곧 얼음

---

725. 카약(Kayak)은 물개가죽으로 만든 배, 우미악은 여자용 카약.

이 녹고 물개가 흩어지면 물고기를 잡으려고 산재하는 호수로 분산하는데, 그들의 부족과 사회는 그 순간에 분해되는 것이다"라고 증언하고 있다. 이것으로 볼 때 그들은 북극권의 주인인지 그 노예인지 알 수 없다.

(3) 유목민

유목민의 본질은 무엇이고 유라시아 스텝, 내몽골과 만주, 케냐, 사하라, 리비아, 아라비아 등지에 있었던 그들의 사회는 어떻게 생성되었을까? 유목민은 농경민보다 뛰어난 기술과 정신적인 미덕을 갖춘 진보자(進步者)인데 그 사회는 두 번 있었던 건조화가 제기한 도전에 응전하여 발휘한 놀라운 재주의 산물이다. 에스키모보다는 덜하지만 자연의 주기적인 변화에 엄정히 순응하여 늘 이동해야 했던 그들의 사회는 본질적으로 역사가 없다. 그러므로 우리는 이를 고찰함에 있어서 일차적으로 사막의 일반적인 특징을 살핀 후 〈G. F. Hudson〉〈헌팅턴 박사〉〈Lattimore. O〉〈Czaplicka. M. A〉〈Q. Thomas〉〈Courrant. M〉 등 이 문제에 대한 저명한 학자들의 연구와 〈R. Pumpelly〉의 조사[726]를 활용하는 것이 유용하다.

스텝은 인간의 정주를 허용하지 않지만 준비된 자에게는 여행과 수송의 편의를 제공한다는 점에서 육지보다는 바다에 가까운 것이어서 인간으로 하여금 그 속에서 끊임없이 움직이거나 근처의 체류할 수 있는 곳으로 옮겨 가기를 강요한다. 그래서 바다에서 어선이 한 해안에서 다른 해안으로 이동하고 상선이 계절풍을 따라 대륙을 오가는 것과 같이 사막에서는 유목민이 목장을 찾아 끊임없이 이동하고 대상은 사막을 건너 여러 도시를 찾아가는 것인데 미노스인, 스칸디나비아인, 십자군이 바다를 통하고 아라비아인, 스키타이인, 튀르크인, 몽골인 등이 사막을 통해 정주민(定住民) 지역을 침공한 것도 그와 유사한

---

726. 이란고원 북동단층에 있는 아나우 오아시스에 대한 펌펠리의 조사는 유목민의 생활을 가장 명백히 밝힌 연구로 인정되고 있다.

것이었다. 우리는 에스키모가 북빙양(北氷洋)으로 들어간 이유를 확정적으로 밝히지 못했으나 유목민이 스텝으로 들어간 것은 고고학이 밝혔듯이 정주문명이나 유목문명의 기원과 같은 것으로서 유라시아의 건조화[727] 때문이었다고 단언할 수 있다. 〈펌펠리〉는 유목생활에 대해 "거주 가능한 지역이 축소되고 사냥감이 줄어들자 오아시스로 몰려든 인간들은 초보적인 농업을 시작했고, 이어서 야수에 대한 상대적인 친근감과 먹잇감이 되는 풀을 지배하고 있다는 이점을 활용하여 반추동물을 가축화하는데 성공했다…. 이어서 2차 건조화가 시작되자 농경과 목축을 병행했던 자들은 가축을 이동수단으로 삼아 북상하여 유럽의 새로운 농경지에서 신석기 시대를 열고 농경사회의 길로 나아갔다…. 그들 중 일부는 유목이라는 새로운 경제적 기술을 발명함으로써 무정한 스텝으로 뛰어들어 새로운 생활방식에 따르는 유목민의 조상이 되었다"라고 설파했다. 유목민은 수렵에 곤란을 느낀 조상들이 주업으로 삼은 농경을 팽개치고 유목을 택했던 것인데, 그 생활은 다음과 같은 점에서 농경민보다 우월했다. 첫째로 시리악 세계의 유명한 신탁(信託)[728]에 표현된 바와 같이 운동 능력과 야생성을 갖는 동물을 가축화하는 것은 식물을 재배하는 것에 비해 더 힘들고 특별한 지혜와 의지 및 진보된 기능이 필요하다. 농경민은 먹을 것을 직접 재배하지만 유목민은 풀을 찾고 지배하여 그것을 짐승에게 제공함으로써 그 짐승의 젖과 고기 및 털과 가죽을 얻는 것이므로 당시 Abel의 기술은 난이도가 높고 고도화된 첨단의 것으로서 농업보다는 공업에 가까운 것이었다. 다음으로 유목민은 생활을 자연환경과 그 주기에 엄격히 적응시켜야 하므로 농경

---

727. 이집트와 수메릭 문명의 발생 및 실루크인과 딩카인의 조상이 스칸디나비아로 이동한 원인.

728. "아담이 그의 아내 하와와 동침하매 하와가 임신하여 가인을 낳고 이르되 내가 여호와로 말미암아 득남하였다 하니라 그가 또 가인의 아우 아벨을 낳았는데 아벨은 양 치는 자였고 가인은 농사 하는 자였더라 세월이 지난 후에 가인은 땅의 소산으로 제물을 삼아 여호와께 드렸고 아벨은 자기 도 양의 첫 새끼와 그 기름으로 드렸더니 여호와께서 아벨과 그의 제물은 받으셨으나 가인과 그의 제물은 받지 아니하신지라 가인이 몹시 분하여 안색이 변하니" 〈창 4:1~5〉

민보다 더 높은 판단력과 탁월한 지구력 등 군사적 지휘자에 준하는 미덕을 갖추어야 한다. 유목사회의 지도자는 모든 것을 스스로 살피고 깨우쳐서 실천한 후에 자기를 따르는 인간과 가축에게 방향과 길을 제시해야 하고 관대할 때와 엄격해야 할 때 및 머무를 때와 움직여야 할 때를 정확히 분별해야 하는바, 기독교회가 유목사회의 일상에서 차용한 선한 목자(牧者)를 메시아의 이상적인 상징으로 삼은 것도 그런 연유일 것이다.

그러나 유목민에게도 앞의 예와 같이 그 놀라운 재주를 발휘한 것에 대한 형벌이 내려졌는데, 그들이 정복한 자연적인 환경은 겉으로는 그들을 주인으로 초대하여 스텝을 지배하게 했지만 실제로는 그들을 기후와 식물 성장의 주기에 종속된 노예로 삼고 스텝 밖의 세상에 대해서는 완전한 국외자로 만들었다. 그들은 격렬한 폭주로써 난입하고 침략하여 정주사회를 일시적으로 전복시킨다는 자취를 남겼으나 그것은 계획적인 의도나 악마적인 의지의 발로가 아니라 그들이 기계적으로 복종해야 하는 두 강력한 힘[729] 때문이다. 〈O. Lattimore〉가 중국인과 만주족의 관계에 대한 체험을 통해 밝힌 바와 같이 농경사회와 유목사회 사이에는 큰 오해와 깊은 반감이 쌓여있지만 그것은 위 두 힘에 의한 유목민의 탈선과 폭주 및 그들의 육상 생활자에 대한 해상 생활자의 관계와 같은 생활방식의 차이에서 기인한 것이다. 유목민은 때때로 폭발하여 역사적인 사상(事象)이 있는 분야로 침입하지만 그들의 생활은 본질적으로 역사를 남기지 않는다. 그들은 일단 해마다 반복되는 주기적인 변화의 궤도에 올라타면 외부의 힘[730]에 의해 움직이지 못하게 되어 생명이 끝나기까지 궤도를 따르는 그 회전을 멈출 수 없다. 그래서 유목문명은 발육이 정지되고 그 사회는 다음과 같이 소멸되었던 것이다.

---

729. 초원이 유목민을 밀어내는 힘, 정주사회가 유목민을 끌어당기는 힘.
730. 주위의 정주문명이 가하는 압력.

먼저 유라시아 스텝의 유목민 사회는 유목민으로서 극동문명의 목적에 봉사한 만주족의 제국 및 서구의 에너지와 무기를 공급받은 정교 기독교 문명의 러시아 분지에 의해 멸절되었고, 케냐의 유목민[731]은 유럽의 농업 이민자에 의해 분산되었으며, 이모샤그족은 서구인이 비행기와 자동차로 사하라 사막을 정복하는 것을 보고만 있다. 리비아에서는 이슬람교도 유목민이 아프라시아 스텝을 지키려고 험준한 오아시스에서 저항했으나 난공불락으로 여겼던 그 요새가 이탈리아군에 의해 점령되는 것을 막을 수 없었고 가장 완강하게 저항하고 있는 아라비아 유목민[732]은 외세가 아니라 동족으로서 석유를 팔아 서구화를 추진하려는 야심가[733]로부터 농민이 되라는 강요를 받고 있다. 이런 식으로 아벨은 가인에게 살해되었던 것이고 150여 년에 걸쳐 전 인류를 망라하는 새로운 질서를 만든 서구문명은 반만년 동안 접촉했던 유목문명을 일소함으로써 그 형제 살해를 완성한 것인데, 성경에 기록된 저주[734]는 당연히 그 살해자에게 임하는 것일까? 서구식 공업조직의 출현과 유목생활의 소멸은 150여 년 이래의 현저한 사건이고 현상(現狀)으로도 그 저주는 아직 임하지 않은 것 같지만 유목민(Homo Nomas)은 임종을 바라보면서도 자기를 죽이고 있는 공업인(Homo Fabers)에게 암암리에 복수하여 그들이 정신착란을 일으켜 지옥에 떨어지는 것을 볼 때까지는 살아남을지 모른다.

(4) 오스만리

위와 같은 두 종류의 힘에 의해 정주사회로 난입하는 유목민의 탈선과 폭주

---

731. 그 대표는 마사이족이다.

732. 그들은 아프라시아 유목민의 중추였다.

733. '아랍인 중의 아랍인'이라는 나지드 및 히자드파의 국왕이자 와하브파(청교도처럼 열렬한 이슬람 교단)의 수장인 〈압둘 아지즈 알사우드〉

734. "땅이 그 입을 벌려 네 손에서부터 네 아우의 피를 받았은즉 네가 땅에서 저주를 받으리니 네가 밭을 갈아도 땅이 다시는 그 효력을 네게 주지 아니할 것이요 너는 땅에서 피하며 유리하는 자가 되리라" 〈창 4:11~12〉

는 10여 건의 역사적인 사례가 있는데, 그들이 난입하여 건설한 제국은 마그리브의 위대한 역사가 〈이븐 할둔〉이 지적한 바와 같이 대체로 그 수명이 3대를 넘지 못했다. 그것은 유목민과 그들의 짐승이 공생관계를 형성한다는 스텝의 사회적 시스템을 억지로 적용하여 정주사회를 유목민 지배자와 인간가축으로 구성되는 복합사회로 재편성한다는 퇴폐성 때문이었다. 전자에 있어서 쌍방은 서로의 생존에 필요 불가결한 존재로서 고도의 협력관계를 형성하는 효율적인 사회 경제적인 수단이지만, 후자에 있어서는 정치적으로는 그렇다 하더라도 경제적으로는 공생관계가 아니라 무력에 의한 착취와 기생의 관계일 뿐이다. 정주사회로 난입한 유목민은 처음에는 전술(前述)한 특징으로 큰 힘을 발휘하고 정주민을 제압하여 제국을 건설하지만 이후로는 이질적인 환경과 관계에 있어서의 불건전성 때문에 위축되고 퇴화한다. 반면에 얼떨결에 인간가축이라는 황당한 지위로 추락한 정주민은 충격을 받아 정신적인 허탈에 빠지거나 극단적인 야만성을 드러내지만, 유목민의 기세가 꺾이기 시작하면 농경이라는 여전한 생산능력으로 원기를 회복하여 무기력에 빠진 기생자를 몰아낸다. 슬라브족에 대한 아바르족의 지배는 50년을 넘는 일이 없었는데, 아바르족은 결과적으로 슬라브족을 육성한 것이 된 그 불안정한 지배로 파멸을 맞이했다. 우리는 난입하여 정주사회에 세운 유목민의 단명했던 제국의 예들[735]을 알고 있으나 북중국에 대한 금나라와 원나라의 지배(1142~1234년, 1271~1368년) 및 이란과 이라크에 대한 파르티아 왕국[736]의 지배는 예외였다. 그러나 정교 기독교 세계에 대한

---

735. 아바르족보다 먼저 헝가리로 진출한 서방 훈족의 대제국은 창시자(Attila)보다 수명이 짧았고, 아바르족에 이어 헝가리를 지배한 마자르족은 개종으로 정체성을 상실했다. 또한 이란과 이라크에 군림한 몽골족의 일칸국과 남중국을 지배한 대칸국은 70여 년 동안 존속했고, 트란스옥사니아에 대한 차카타이 칸국과 이집트에 대한 힉소스족의 지배는 각 1세기 정도였다.

736. 셀레우코스(Seleukos)조가 쇠퇴했을 때 아르사케스(Arsaces)가 이란과 이라크 등 서아시아에 세운 유목민 제국(BC140 ~ AD226). 로마제국에 맞서고 전성기에는 판도가 인더스 강에서 유프라테스 강에 이르렀으나 오래지 않아 사산(Sasan)조에 멸망당함. 안식국(安息國)

오스만 제국의 지배는 유례가 없는 것인바 그 존속기간은 전성기[737]만 400년이 넘는다.

오스만리의 이 유례없는 성공의 이유는 경제적으로는 다른 유목민 지배자들과 마찬가지로 정주민에 대한 기생자였으나 그들이 때맞춰 정교 기독교 세계에 조성된 특수한 상황[738]에 그 특유의 놀라운 재주를 적용시켰다는 정치적인 면에서 찾을 수 있다. 정교 기독교 세계는 동로마 제국과 불가리아의 전쟁 (977~1019)으로 좌절에 빠진 후 동로마 제국이 만지케르트에서 패배했을 때(1071) 붕괴의 길로 들어섰는데, 불가리아가 동로마 제국의 지배를 거부하기에 성공한 것과 콘스탄티노플이 침탈당한 것[739]은 아나톨리아의 상황을 오스만리의 선구인 셀주크족이 의도하는 대로 바꾸어 놓았다. 이어서 동로마 제국의 그리스인 후계국가라고 할 수 있는 아나톨리아의 니케아 제국[740]이 콘스탄티노플을 탈환하려고 작전기지[741]를 떠나 다르다넬스 해협을 건넌 것은 정교 기독교 세계의 동란시대를 붕괴의 과정에서 재건의 과정으로 옮긴 것이었는데, 그것이 바로 오스만리가 정치적인 면에서 건설적인 기능을 발휘하게 된 계기가 되었다. 그 그리스인은 다르다넬스 해협을 건너 아드리아노플[742]을 점령하고 1235년에

---

737. 오스만 제국이 결정적으로 시작된 것은 마케도니아를 정복(1371~2)한 때이며 러시아와의 전쟁을 종식하는 조약을 체결(1774)한 것이 그 멸망의 시발일 것이다.

738. 몽골족의 대폭발로 오스만리의 조상인 에르토그룰이 피난민을 이끌고 아나톨리아 고원 북서단(셀주크족 술탄의 외뉴, 마르마라 해를 부감하는 곳)에 정착했을 때 붕괴의 길을 걷던 정교 기독교 세계는 니케아 왕국이 주도한 재건의 길로 전환하고 있었다.

739. 제4 십자군으로 이익을 누리던 서구의 군사적, 상업적인 모험가들은 1204년에 동로마 제국의 수도인 콘스탄티노플을 점령하고 약탈했다.

740. 동로마 제국의 테오도로스 1세가 1206년에 니케아로 천도하여 세운 제국. 미카엘 8세가 1261년에 콘스탄티노플을 탈환하여 동로마 제국을 복원할 때까지 존속했음.

741. 그 기지는 오스만리의 조상이 천막을 친 고원 아래에 있었다.

742. 튀르크 북서쪽 그리스와의 국경 근처에 있는 도시로서 125년경에 로마 황제 〈하드리아누스〉가 〈우스쿠다마〉를 재건하여 〈아드리아노플〉로 명명했음. 지금의 〈에디르네〉

콘스탄티노플을 포위했으며 1246년에 마케도니아를 점령한 후 1261년에는 콘스탄티노플을 탈환했는데, 오스만리는 바로 그 전철을 밟아 1355년에 다르다넬스 해협을 건넌 후 아드리아노플(1360년)과 마케도니아(1372년)를 점령하고 1453년에는 콘스탄티노플을 탈취함으로써 그 판도의 대부분을 아우르는 정교 기독교 사회의 세계국가를 건설했던 것이다. 그리하여 오스만리는 정교 기독교 세계가 간절히 원하면서도 이루지 못한 통합과 안정을 오스만의 평화로 충족시킨다는 사회적인 공헌으로 존재의 승인을 받았다. 그러나 그것은 언젠가는 배척해야 할 이방인이자 경제적인 기생자가 강제한 것에 대한 일시적인 승인에 불과했으므로 그에 더하여 그들이 유목민 특유의 놀라운 재주를 발휘하지 않았다면 그 유례없는 장기존속은 불가능했을 것이다.

스텝의 복합사회는 유목민과 그가 기르는 가축만으로 구성되는 것이 아니라 유목민의 걸작인 낙타, 말, 개 등 목양자를 보조하는 동물들이 있듯이 유목민이 난입하여 만든 정주지역의 복합사회에도 목양자인 유목민 지배자와 인간가축인 정주민 외에도 보조자로서의 인간번견(人間番犬)이 있어야 하는데, 오스만제국은 그것을 보충하여 양성하고 관리하며 지배함에 탁월한 실력을 발휘함으로써 그 유례없는 장기존속을 달성했다. 스텝의 유목민이 가축을 길들이고 관리하는 것보다 더 고도한 기술로 보조동물을 훈련시키고 관리하듯이 정주민을 지배하는 유목민은 인간가축을 관리하고 질서를 유지하기 위해 인간 보조자를 노예로 길들여서 훈련시키고 관리해야 한다. 오스만의 주권자들은 노예를 군인이나 관료로 양성한다는 그 특이한 제도를 운영함에 있어 선행자들보다 탁월했던 것인데, 그 제도의 선행한 예를 살피는 것은 이해의 증진에 도움이 될 것이다. 첫째로 파르티아군의 초대 지휘자였던 〈수렌〉은 로마군을 전멸시킨 전투에 일만이 넘는 자기 소유의 노예를 동원했고 〈마르쿠스 안토니우스〉의 군대를 격퇴한 파르티아군 5만은 대부분 노예였으되 자유민은 400명에 불과했다.

그로부터 천 년 후인 9~10세기에 같은 곳을 점거한 아바스조의 칼리프들은 유라시아 스텝의 튀르크족을 노예로 사들인 후 그들을 관료나 군인으로 양성하여 그 힘으로 권력을 유지했으나 역시 그 힘에 의해 지배권을 상실했다. 아바스조의 이 제도[743]는 그 후계국가로서 본거지가 튀르크족 주거지 근처였던 〈사마니다에 왕국〉에 승계된 후 더 발전되었는데, 그 왕들은 상대적으로 노출된 본거지(발크와 보카라)에 대한 튀르크인 만족의 침공을 막으려고 그 만족과 혈연관계에 있는 튀르크족을 인간번견으로 활용했다. 그 튀르크족 노예는 사마니다에 왕국을 장기간 존속시킨 요인이 된 동시에 그 멸망을 유발한 최후의 중대한 요인[744]이 되었다. 노예출신 행정관이었던 수부크티긴은 위기에 봉착한 사마니다에 왕조에 최후의 일격을 가했는데, 이처럼 한 왕조가 노예출신 행정관이나 군인에 의해 대체된 사례는 잇따라 명멸한 여러 왕조에서 반복되다가 드디어 지배권이 노예에서 노예에게로 전해지는 노예 출신자의 왕조가 출현했다. 델리의 노예국왕이 힌두스탄을 지배한 것이 그 예이고 더 유명한 것은 이집트의 맘루크 체제이다. 아라비아어로 '소유 재산'을 의미하는 Mamluk는 본래 〈아이유브 왕조〉[745]의 튀르크족 궁중노예였다. 그들은 아이유브조의 젊은 아라비아 문명이 십자군과 생사를 건 싸움으로 위험에 빠진 것을 기회로 삼아 자기들을 사

---

743. 아바스조의 바그다드 궁정에 있었던 튀르크족 친위부대와 유사한 것이 동시대의 경쟁자였던 스페인 우마이야조 칼리프의 코르도바 궁정에도 있었는데, 그것은 프랑크족이 동쪽 변경에서 사로잡은 포로를 노예로 사들여서 조직한 친위대였다. 그 포로는 우연히 슬라브족이었는데 이것이 영어로 노예를 의미하는 Slave의 어원이 되었다.

744. 사마니다에 왕국은 튀르크족 노예들을 활용하여 다른 튀르크족의 침공을 오랫동안 막고 있었으나 유라시아 스텝에서 쇄도한 튀르크족 유목민의 대집단 중 〈셀주크 칸〉이 옥수스 강 좌안을, 〈일레크 칸〉이 그 우안을 유린하던 때에 노예출신 행정관이었던 〈Subuktigin〉이 가한 일격으로 종말을 맞이했다.

745. 〈살라딘(Saladin)〉을 시조로 이집트와 시리아에 더하여 메소포타미아와 아라비아를 지배한 이슬람 왕조(1169~1250). 첫 수도는 다마스커스였는데 후에 카이로로 천도했다. 처음에는 십자군을 격파하고 예루살렘을 장악했으나 살라딘이 죽은 후 쇠퇴하다가 맘루크에게 지배권을 빼앗겼다.

들인 주인을 밀어내고 노예조직과 지배권을 장악했다. 이후로 그들은 자연적인 인구 증식이 아니라 킵차크 칸국 및 베네치아[746]와 약조하여 노예를 사들임으로써 자기들의 수명을 연장시켰다. 이어서 몽골군의 침공으로 바그다드를 탈출한 아바스조의 칼리프를 군림하되 통치하지 않는다는 조건으로 카이로에 옹립하여 왕조로서의 외형을 갖추고 1250년부터 1517년에 걸쳐 이집트와 시리아를 지배하면서 몽골족을 유프라테스 강에서 저지했다. 그러나 그들도 오스만리의 궁정노예라는 대적을 피할 수 없었는데, 오스만 제국은 정복한 맘루크를 곧바로 종식시키지 않고 여전한 형태와 방법으로 존치시켜 필요에 따라 활용했다. 그러나 오스만 제국이 쇠퇴함에 따라 그들은 세력을 회복했고 그에 따라 오스만 제국의 카이로 총독은 명목상으로만 황제를 대신하는 이집트의 통치자일 뿐 실제로는 맘루크의 정치적인 포로로 전락했다. 맘루크 군단은 유라시아와 코카서스에서 지속적으로 병력을 보충함으로써 5세기 이상 존속했던 것인데 이후 오스만 제국의 대정치가였던 〈메흐메드 알리〉는 1811년에 모든 현안에 우선하되 자기의 모든 재능과 정력에 잔인성을 더하여 그들을 학살했다. 이후 그 잔당이 나일강 상류의 오지에서 최후의 저항을 시도한 것은 이 특이한 제도가 일관되게 표출한 이상한 활력의 현저한 발로였지만, 그들을 정복한 오스만의 궁정노예 시스템은 규율과 조직에 있어서 맘루크 체제를 훨씬 능가했다. 유목민 정복자가 이질적인 문명 전체를 상대로 지배권을 행사한다는 것은 지극히 어려운 일이지만 그 대담한 사업은 〈오스만〉에서 〈술레이만 대제〉에 이르는 후계자들에게 유목민 특유의 사회적인 능력을 최대한으로 발현시켰다. 오스만 제국의 노예로 조직된 궁정은 그 종류 중 가장 우수한 전형이며 우리의

---

746. 맘루크는 이 두 나라와 노예매매에 관한 협정을 맺었는데, 킵차크 칸국은 코카서스의 고지민과 러시아의 산악인 및 권외(圈外)의 유목민을 붙들어 노예로 팔았고 지중해의 해상권을 장악한 베네치아는 그 무역을 중개하여 큰 이익을 얻고 있었다.

목적에 있어서 가장 계발적(啓發的)인 사례이다. 그것이 어떤 것이었는지를 이 분야에서 권위 있는 저술을 토대로 살펴보자. "… 그 제국의 체제는 황제와 그 가족, 궁중의 관리, 정부의 집행관, 보병과 기병 등의 상비군, 정부기관의 직원 등으로 구성되었고, … 소수의 예외가 있으나 그들은 대부분 기독교도의 자녀로서 출세하여 아무리 큰 권력과 부를 얻는다 해도 전 생애를 통해 황제의 노예인 것인데, … 황제는 노예 중에서 아내를 맞이하므로 본질적으로 노예의 아들들이고 황실도 모두 노예의 가족이다. … 이집트의 맘루크와 유사하고 플라톤이 국가론에서 묘사한 바 있는 그 제도는 인류 역사상 시도된 적이 없는 가장 대담한 실험이었던 것인데, … 그들은 양치기 소년을 노예로 훈련시켜 궁정의 일꾼, 나라의 대신, 군대의 지휘관, 국가의 통치자, 왕녀의 남편, 왕의 아내 등으로 삼는 데 있어서 인간성과 종교 및 사회적인 관념을 버젓이 무시하는 것이고, … 그 능력에 따라 영광을 보장했지만 그것은 개인의 과거나 조상의 공과에 연계되지도, 자식에게 승계되지도 않으며 언제든지 취소될 수 있는 것이었다." 여기에서 보듯이 그 체제의 본질은 선발된 인간변견을 훈련시켜 황제의 인간가축을 질서 정연하게 보호하는 것인데, 그들은 그 체제에 대한 도전을 방지하려고 정복자의 일원인 이슬람교도가 지배층으로 진입하는 것과 그 자제가 제국 최고의 노예가 되는 것을 금지했다. 노예는 외적으로는 전쟁포로, 노예매매, 소유자의 증여, 자발적인 지원 등으로 보충했으나 내적으로는 자격을 구비한 소년들을 주기적으로 징발하여 충원했다. 그들에게는 길고 복잡 세밀하며 신중하면서도 야만적인 훈련과 모든 단계에서 시행하는 경쟁에 의한 도태와 선발된 자에 대한 보상과 전문화 및 고위직에 오를 수 있다는 야심의 충동 등이 적용되었는데, 합스부르크 제국의 한 외교관[747]은 그것을 다음과 같이 묘사했다. "…튀르크 황제는 매년 기독교도 소년의 수를 파악한 후 그중 15~20%를 노예로 징집하고 심사하

---

747. 합스부르크 제국이 오스만 제국에 파견한 외교관이었던 〈Ogier Busbecq〉 오스만 체제와 교육제도에 대한 자세한 기록을 남겼고, 그가 전한 튤립은 네덜란드에서 투기의 열풍을 일으켰다.

여 최고급은 궁정에 배치하고 일부는 대신과 고관에게 분배하며 나머지는 농부에게 판다. 나중에 병사를 충원할 필요가 생기면 농부들의 노예를 소환하여 예니체리에 보충한다. … 보충병이 된 그들은 엄격한 훈련을 받고 출전하되 무공을 떨치고 전공을 세우면 정식 군인으로 선발되고 이후로 능력에 따라 장교가 되거나 궁중을 호위하는 기병대로 선발되며 … 다른 일부는 콘스탄티노플에서 잡역에 동원되었다가 성인이 되면 군대에 사병으로 배치된다. 궁정에 배치된 자들은 교육을 거쳐 관리로 임용된 후 yenicheri나 함대의 간부 또는 주의 총독, 심지어 대재상으로 승진하기도 하는데 이렇게 최고위직에 오른 자는 황제의 사위로 삼기도 한다. … 제국 정부만이 아니라 고관들도 전쟁에서 잡은 포로를 계획적이고도 치밀한 과정을 거쳐 군대에 편입시키는데, 나는 보잘것없고 미천한 그들이 그 과정을 거쳐 훌륭한 병사로 변하고 나아가 무예의 달인이 되어 고위직에 오르는 것을 보고 크게 놀랐다. … 튀르크인은 개나 말을 훈련시키듯이 인간을 훈련시켜서 더 큰 대가를 얻는 것인데 그로써 튀르크인은 지배적인 인종이 되었고 오스만 제국은 지금처럼 강력한 힘으로 뜻하는 바를 모두 이루면서 영토를 확장하고 있는 것이다." 목자로서 오스만이 정복하여 얻은 정교 기독교 세계의 주민이라는 인간 가축을 양처럼 먹이며 서구 기독교 세계라는 이리로부터 지키려고 키운 인간번견은 위와 같은 것이었던바 그 인간번견을 관리하기에 성공하고 있는 한 그들은 놀라운 재주를 부리는 데 어려움이 없었을 것이다. 그러나 그들도 시간이 지남에 따라 두 용사가 엎드러지는 사태[748]를 피할 수 없었다.

오스만 제국의 이 특이한 제도는 그 당당한 인간성의 무시에 몰락의 징후가 있었으나 그 체제의 붕괴는 인간을 가축으로 여기는 비인간적인 태도와 지나치게 엄격한 규율 때문이 아니라 그 번견이 지나치게 증가[749]되고 그로 인해 군대

---

748. "오호라 두 용사가 엎드러졌으며 싸우는 무기가 망하였도다 하였더라" 〈삼하 1:27〉. 성경의 두 용사는 〈사울〉과 〈요나단〉 본문의 두 용사는 오스만 제국과 궁정노예 체제.
749. 그 이유는 인간성 박탈의 대가로 주어진 특권을 얻거나 빼앗으려는 자들이 많았기 때문이었다.

의 기강이 무너졌기 때문이다. 오스만 황제들은 그토록 무시하려고 했던 가문과 혈통에 대한 자부심과 그에 근거한 권리의 주장을 끝까지 억제할 수는 없었다. 그래서 처음에는 황제를 호위하는 기병대인 시파히스 대원에게 1대의 세습을 인정한다는 형태로 피의 연결 원칙에 양보했고 〈술레이만 대제〉는 그 내규(內規)를 타국 출신에 한하여 예니체리에게도 허용했다. 술레이만을 계승한 〈셀림 2세〉는 취임에 즈음하여 예니체리에도 시파히스의 특권을 보편적으로 적용하는 것을 공인했는데, 그 양보는 수문을 열어놓은 것과 같은 것이어서 문호가 개방된 이상 자유민인 이슬람교도 봉건귀족의 자제가 예니체리에 대대적으로 몰려드는 것을 막을 수 없게 되었다. 그 결과 술레이만 대제 때에는 예니체리 1만 2천을 합한 궁정노예의 총계가 8만을 넘지 않았으나 1589년[750]에는 정규 예니체리만 10만이 넘었고 정원 초과자 15만 명에 다수의 지원자가 있었다. 그리고 비정규병은 무급이거나 급여가 적어서 부업에 종사해야 했고 특정 분야로 전문화한 부대들은 서로 배타성을 드러내는 등 군대의 규율과 능률이 급속히 붕락(崩落)했다. 게다가 그들은 번견으로서 인간가축을 보호하기는커녕 이리로 돌변하여 그들을 약탈하는 등 소요를 일으키고 전장에서 진격명령을 거부하기도 했는데, 〈셀림 1세〉와 〈술레이만 대제〉가 각각 타브리즈와 빈에서 정지한 것도 바로 그 때문이었다. 18세기의 오스만 군대는 16세기 서구의 군대처럼 오합지졸로 변했고 서구의 군대는 규율과 능률에 있어서 2세기 전의 오스만 군대와 같은 수준으로 향상되었던 것인바 상황이 그렇게 되자 오스만의 평화로 인해 그 지배를 감수하던 정교 기독교도들은 오스만의 통치에 반항하기 시작했다. 오스만이 초원(草原)에서 고유의 제도를 운영하는 데 실패하고 궁여지책으로 정주사회에 적용한 그 특수한 사회체제는 한때 위대한 군사적인 능력을 발휘했으나 그로 인해 사회의 발육이 정지되었고 체제가 고장 나자 그들은 그것

---

750. 급여표 등 인원을 확인할 수 있는 자료가 있는 마지막 해 또는 최대의 인원이 확인된 해.

을 수선할 수도, 재편성할 수도 없었다. 그리하여 그들은 구원의 방안이 있다면 적에게서라도 그것을 구한다는 신념으로 서구화에 돌입했다. 그에 있어 서구에 대해 무지했던 인간번견은 아무 소용이 없었으므로 전술한 바 막중한 권한을 부여한 관직을 신설하여 파나리오트를 등용했지만 그것으로도 뒤따르는 제2 의 굴욕은 피할 수 없었다. 그것은 자기들이 지배하는 정교 기독교도 라이예의 가난한 친구로만 알았던 러시아에 패한 것이었는데 그에 놀란 〈셀림 3세〉는 예 니체리를 폐지하고 제국의 자유민인 이슬람교도로 구성된 부대를 훈련시켜 새 로운 서구식 군대의 핵심으로 삼으려고 했다. 그러나 그의 종형제였던 〈무스타 파 4세〉는 반발하는 예니체리를 이용하여 〈셀림 3세〉를 살해함으로써 이집트 맘루크가 걸은 길을 걸었는데, 〈무스타파〉의 동생으로서 형을 계승했으나 〈셀 림 3세〉의 정책에 공감했던 〈마흐무드 2세〉는 18년 동안이나 절치부심하며 기 회를 엿보다가 1826년에 위대한 신하인 〈메흐메드 알리〉를 본받아 예니체리를 타도했다. 이어서 추진된 서구화는 〈무스타파 케말〉이 튀르크 국민국가를 건설 함으로써 완성되었으나 그것은 오스만 체제의 소멸로 인해 진공상태에 빠진 근 동지역의 일부를 서구식 창고로 채운 것에 불과한 것이다. 그리고 그 발육이 정 지된 문명의 튀르크인 상속자는 화석화 또는 특수화되지 않고 유목민에서 인 간가축 사육자를 거쳐 서구화된 평범한 인간으로서의 삶을 살 수 있게 된 것에 만족하고 있다.

(5) 스파르타

오스만의 노예궁정체제는 플라톤이 「국가」에서 논한 유토피아의 이상적 구 현인 것으로 여겨지지만 그는 그것을 논함에 있어서 당시 헬레닉 세계의 최강 국이었던 스파르타의 도시국가제도에서 영감을 얻었을 것이다. 시기와 규모의 차이는 있으나 두 제도는 닥쳐온 도전에 대한 응전으로서 인간가축을 지배하 기 위한 인간번견을 구축, 관리, 운용한다는 놀라운 재주를 발휘했다는 점에서 본질적인 유사성을 갖는 것인데 헬레닉 세계에 가해진 수확 체감과 인구증 가라는 도전에 대하여 다른 도시국가들은 해외로 진출하여 식민지를 건설하는 응전을 했으나 스파르타는 그에 따르지 않고 이웃인 메세니아를 정복했다. 당시에 헬레닉 도시국가들은 월등한 전쟁기술로 해외의 땅을 정복하며 뛰어난 사회적 활동력과 우수한 농업기술로 증산을 달성함으로써 비교적 용이하게 토착만족을 동화하거나 흡수하여 공존할 수 있었다. 칼키드인이 시칠리아와 트라키아에서 식민지를 획득하고 고린도인이 시라쿠스(Syracuse)에, 메가라가 카르케돈에 식민지들을 건설한 것은 그 예들인데 역사적으로 자타가 공인하는 스파르타의 식민지가 타렌툼뿐이라는 사실은 스파르타가 역사의 어느 시점에서 헬레닉 세계의 공통된 진로에서 벗어났음을 말해 주는 것이다.

라코니아의 스파르타 평원은 복잡한 지형의 구릉지와 절벽처럼 솟은 타이게투스 산맥 때문에 바다뿐만 아니라 이웃들과도 격리되어 있으나 산맥의 줄기를 수직으로 잘라낸 것 같은 계곡[751]은 스파르타인에게 출격구(出擊口)를 제공했다. 그리하여 그들은 구릉지를 흐르는 유로타스 강이 만들어낸 골짜기의 비옥한 농지가 증가하는 인구를 감당하지 못하게 되었을 때 산을 향해 눈을 들고[752] 산간의 통로에서 도움을 찾아 제1차 스파르타-메세니아 전쟁(BC 736~720)을 일으켰던 것인데, 산의 신들[753]은 실족치 않게 하고 환란도 면하게 함[754]으로써 그들이 정복에 성공하게 했으나 그것은 롯의 아내에게 주어진 운명[755]처럼 축복

---

751. Text에는 '랑가드하'로 되어 있다.

752. "내가 산을 향해 눈을 들리라 나의 도움이 어디서 올까" 〈시 121:1〉

753. 〈아미클라에의 신, Apollon〉 〈청동궁궐의 신, Athana〉

754. "여호와께서 너를 실족지 아니하게 하시며 너를 지키시는 이가 졸지 아니하시리로다" 〈시 121:3〉 및 "여호와께서 너를 지켜 모든 환난을 면하게 하시며 또 네 영혼을 지키시리로다" 〈시 121:7〉

755. "롯의 아내는 뒤를 돌아보았으므로 소금기둥이 되었더라" 〈창 19:26〉

이 아니라 저주로서 스파르타에 극단적이고도 비인간적인 경직성을 부여하여 발육정지의 운명에 빠지게 했다. 메세니아는 얼떨결에 패한 1차전에 이어 격렬히 저항한 2차전(BC 650~620)에서도 패했으나 스파르타는 전후에 혹독한 처분을 한 이후로도 만족이 아니라 같은 헬라스인으로서 인구도 더 많은 메세니아를 지배함에 있어서 전쟁을 하는 것보다 더 큰 곤란을 겪게 되었다. 스파르타는 그 일에 꽁꽁 묶이고 2차전에서 겪은 무시무시한 공포 때문에 강압적인 지배를 중단할 수 없게 되어 비정상적인 길을 걷고 멸망한 것인데, 그것은 메세니아로부터 로마에 대한 한니발식의 복수를 당한 것이었다. 북극권에서의 에스키모와 메세니아에서의 스파르타인의 과감한 행위와 놀라운 성취는 처음에는 정당한 듯 보였지만 이후로는 형벌이 되어 각각을 기후와 지배의 노예로 전락시켰던 것인바 순전히 메세니아를 지배하기 위한 스파르타 시민단의 노예상태는 오스만의 궁정노예보다 더 엄격한 것이었다.

미노스 세계의 외적 P였던 도리스족은 미노스 이후의 민족이동 최성기(BC13~12세기)에 세 파(派)[756]로 나뉘어 내륙에서 크레타 섬과 에게해 연안으로 쇄도했는데 스파르타인은 이 도리스 층에 속하는 야만족의 자손이었다. 그들의 원시적인 제도는 세 파로 나뉘어 이동한 도리스족 공통의 사회적인 유산이었는데, 미노스족의 심장부를 정복한 자들은 그 유산을 보존했고 크레타 섬으로 들어간 자들은 타성에 빠져 원시상태에서 벗어나지 못했다. 그러나 같은 도리스계로서 그리스어를 사용하는 만족의 후손이었던 스파르타는 어떤 목표를 달성하려고 그 조상 전래의 원시적인 제도를 조직적으로 재편성한 것으로 보인다. 헬레닉 세계의 전설은 제2차 메세니아-스파르타 전쟁 이후의 것이 두드러지기는 하지만 그 이전의 모든 사상(事象)을 포함하는 그 재편성을 달성한 존재

---

756. 〈미노스 세계를 정복한 자들〉과 〈크레타 섬으로 들어간 자들〉 및 〈고린도 지협과 아르골리드 및 에게해의 섬들로 들어간 자들〉

를 일종의 신으로서 〈Lycūrgus〉라고 불렀는데 우리는 리쿠르구스가 사당(社堂)이 아니라 신전(神殿)을 가지고 있었다는 사실[757]에 주목하여 "스파르타인은 법과 제도를 제정한 리쿠르구스를 신으로 간주하여 그 신전을 세웠다"라고 유추할 수 있다. 그러므로 "리쿠르구스 제도는 감독관으로서 현인으로 추앙받던 〈킬론〉이 제정했다"는 주장보다는 "리쿠르구스 제도는 스파르타 정치가들의 1세기에 걸친 노력의 결정체다"라고 판단하는 것이 타당하다. 그 체제의 현저한 특징은 사회를 가족제도 이전의 원시적인 제도에 바탕하고 인간성을 무시하며 〈Agóge-교육, 훈련〉에 의해 유지되는 〈Kosmos-질서〉로 재편성한 것이다. 인간성을 무시함에 있어 오스만의 노예궁정보다 무자비하지는 않았으나 더 도발적이었던 스파르타의 체제 역시 놀라운 능률을 달성했으나 특유의 치명적인 경직성으로 인해 좌절을 겪었다.

　인간성의 무시에 있어서 공히 혈통과 가계를 무시했지만 오스만의 노예궁정은 이교도의 12세가 된 남아(男兒)만을 4년에 1회 선별하여 징발했음에 반해 리쿠르구스 체제는 결혼을 우생학적으로 관리했을 뿐만 아니라 모든 자유민의 7세가 된 아이를 남녀 구분 없이 매년 징발했다. 그리고 오스만은 궁정의 필요에 따라 징발한 여아는 남자들에게서 엄격히 격리시켰으나 리쿠르구스 제도는 생활과 교육 및 훈련에서 남녀를 구분하지 않고 소녀들은 소년들과 같이 관중 앞에서 나체로 운동경기를 했다. 그들은 인간번견을 늘림에 있어서 양과 질을 동시에 고려했는데, 양을 늘림에 있어서는 스파르타 시민단의 성인남자에게 상과 벌을 병행했고 질을 향상함에 있어서는 결혼에 간섭하는 것에 더하여 정상적인 부부관계를 초월하는 성교[758]도 허용했다. 양을 늘림에 있어서 상으로는 아버지가 세 아들을 낳으면 동원을 면제하고 네 아들을 낳으면 국가에 대한

757.　"리쿠르구스는 언제나 신이 아니면 신을 나타내는 이름이었다." 〈헤로도토스〉 제1권 65장.

758.　원시적인 집단성교제도의 유물일 것이다.

모든 의무를 면제했으며 벌로는 고의적으로 결혼하지 않으면 규정에 따라 처벌하고 미성년으로 취급하여 연소자로부터 모욕을 받게 했다. 질을 높임에 있어서는 우생학의 실천으로써 열등하다고 느끼는 남편이 아내가 우수한 남자와 성교하도록 주선하기를 장려했고 남편이 열등하다는 것이 확실한 경우 아내 스스로 우수한 남자의 씨를 받아도 비난받지 않게 했다. 〈Plutarch〉에 따르면 어떤 스파르타인 혁신가는 "가축을 잉태시킬 때에는 좋은 수컷을 고르는 인간이 아내를 독점하는 것은 허영이자 악이다. 그러므로 우생의 원리를 알고 자기의 우수성을 확신하는 자만이 자식을 낳을 권리가 있다"고 주장했다. 그들은 징발한 아이들의 교육에 있어서도 가족제도 이전의 사회조직을 활용했는데 그것은 어미의 품을 떠나는 것이 가능한 최소의 연령에 달한 아이들을 징발하여 〈성인의 공동식탁 – 피디티아〉를 모방한 것인 동시에 그 준비로서 연령별로 분반되는 〈소년 소녀단 – 아게라이〉, 즉 연장아(年長兒)가 연소아(年少兒)를 훈련시키되 인간 사냥개와 같은 역할을 하는 종단적(縱斷的)인 조직에 넣어 공동으로 양육하고 단체로 교육하는 것이다. 병역의 의무가 있는 자유시민은 자유시민단을 결성하고 21세부터 60세까지로 나뉘는 40개의 공동식탁을 운영하는데, 아이들이 아겔라이의 과정을 수료하면 유일한 진로인 그 공동식탁에 지원할 자격을 얻는다. 그리하여 기존회원의 승인으로 공동식탁에 가입한 후 정해진 분담금을 납부하지 않거나 전쟁에서 비겁한 자로 정죄되지 않는 한 40년간 그 회원으로 생활하는 것이다.

리쿠르구스 체제의 특징은 오스만 체제와 같이 감독, 선발, 전문화에 이어 부단히 경쟁시키고 자극을 주는 것인데 자극에는 상과 벌이 병용되었다. 스파르타의 자유시민은 7세에 아겔라이에 들어가고 20세에 피디티아에 들어가서 53년 동안 군대에 복무하는데 그 모든 과정은 엄격하게 규정되어 있다. 예를 들면 피디티아에 들어가면 바로 공유지를 할당받고 의무에 따라 결혼해야 하지만 병영을 떠나 집에서 생활할 수는 없는데, 이것은 오스만이 결혼을 장려하지는 않지만 예니체리가 일단 결혼하면 기혼자 병영에서 동거하도록 배려한 것과 다른 것이다. 그리고 아테네와의 오랜 소모전에서 승리했을 때 〈아기스 왕〉이 너무나 왕비와 식사하고 싶어서 공동식탁에 참가하지 않은 것에 대해 감독관 회의(Ephorus)가 벌금을 부과했다는 기록에서 보듯이 피디티아 회원은 공동식탁에 빠지거나 집에서 식사함으로써 공동식탁에서 식사를 제대로 하지 않는 것도 금지되었다. 그들은 규율을 확립하기 위해 엄격한 규정과 감독 및 상벌제도의 시행에 더하여 자기에게 엄격하고 남에게 겸손하기를 요구하는 관습적 규범을 집단여론으로 확립했다. 스파르타는 낙인찍힌 비겁자에 대하여 본인과 그 부인에 대한 따돌림, 공개적인 조롱, 향유 사용금지, 상급자 처벌 등의 사회적 제재를 가함으로써 치욕스럽게 살기보다 전장에서 명예롭게 죽도록 압박했다. 〈헤로도토스〉는 스파르타의 테르모필레로 진군한 〈크세르크세스〉가 "저들이 나의 이 막강한 군대에 저항하겠는가?"라고 묻자 그에게 망명한 스파르타인이 "저들은 자유민이지만 법이라는 주인을 섬기는 데 있어서 당신의 병사들이 당신을 두려워하는 것 이상으로 두려워하고 주인의 명령이라면 무엇이든지 실행하는데, 그 주인은 전쟁에서 퇴각하는 것을 금지하므로 그들은 싸우다 죽거나 승리하거나 할 뿐입니다"라고 대답했다는 픽션을 남겼다. 이것이 스파르타인이 위업을 달성하도록 고취한 정신인 것인데 '스파르타'라는 말이 역사적으로 특별한 의미를 갖게 한 그들의 행위는 성인에 대해서는 〈헤로도토스〉의 「레오니다스와 300용사의 이야기」에, 소년에 대해서는 〈플루타크〉의 「리쿠르구스전(傳)」에 나오는 소년과 여우 이야기로 축약되어 있다. 그 이야기는 "들키거나 실패하면 처벌을 받는 도둑질 교육에 아이들이 얼마나 열중했는지를 보여주는 예가 있다. 그 교육에서 사육장의 여우를 훔쳐 품속에 감춘 아이가 있었는데 그는 여우가 배를 물어뜯고 할퀴는데도 들키지 않으려고 참다가 죽고 말았다"는 것이다. 그리고 아겔라이의 아이들은 공동식탁에 들어가는 평가에서 가장 중요시했던 마지막 2년을 비밀 살인단원으로 활동해야 했는데, 스파르타인은 헬로츠의 반역을 막기 위해 소년들로 하여금 낮에는 잠복하고 밤에는 흑암 중에 행하는 염병[759]처럼 돌아다니며 반항의 징후를 보이거나 그럴 능력이 있어 보이는 헬로츠를 암살하게 했다. 이 두 가지 사실은 스파르타인이 목표를 지향하는 행위에 있어서 숭고함의 절정에 이르렀으나 동시에 인간적인 추악함에 있어서도 가장 어두운 밑바닥에 도달했음을 말해 주는 것이다.

리쿠르구스 제도의 특징은 강한 군대를 양성한다는 하나의 목표만을 추구하여 그것을 정확히 달성한 것에 있다. 그리하여 스파르타는 헬레닉 세계의 보병부대들이 스파르타의 중장보병대(重裝步兵隊)와는 절대로 싸우려 하지 않을 정도로 강한 군대를 양성했지만 그것 때문에 다른 모든 분야에서의 발전은 포기해야 했는데, 우리는 그것을 예체능 분야와 정치 및 화폐제도에서 살펴볼 수 있다. 상아세공(象牙細工)과 채색도기(彩色陶器)에서 보듯이 전(前)고전시대 이전에 탁월한 독창성과 개성을 달성했던 스파르타의 예술은 킬론이 민선장관이었던 고전시대에는 완전히 좌절되었다가 스파르타가 아카이아 동맹에 강제로 편입된 이후에 갑자기 부흥했다. 스파르타는 음악에 있어서도 7줄 이하의 하프로 정해진 기존의 단조로운 멜로디를 연주하는 것만 허용했는데, 플루타크는 "리쿠르구스는 영웅의 찬미자로서 전통을 계승한 최고의 하프 연주자였던 테르판데르가 음계를 넓히려고 현을 늘린 것에 벌금을 부과했고, 담당관은 7줄이 넘는 하프를 소지한 경연 참가자에게 잘라낼 줄을 정하게 했다"고 기록하고 있다. 체육에 있어서는 "운동 기술은 전투기술과 다르므로 그런 것에 마음을 빼앗기면 안 된다"고 생각하여 자국민이 당시의 범헬레닉 경기대회에 참가하는 것을 금지했다. 정복하여 얻은 메세니아의 농경지를 스파르타 시민단에 균등히 분

---

759. "어두울 때 퍼지는 전염병과 밝을 때 닥쳐오는 재앙을 두려워하지 아니하리로다" 〈시 91:6〉

배한 것은 정치에 있어서 헬레닉적인 민주주의 전형이었으나 그것을 창조적으로 발전시킨 것은 스파르타가 아니라 아테네였다. 이후로 헬레닉 세계에서 스파르타는 경직성에 빠졌고, 다른 도시국가들의 해외진출은 이집트 사이트 왕조와 리디아 왕국 및 그 양자를 합병한 아케메네스 제국의 팽창과 식민지인 페니키아와 에트루리아의 대항으로 저지되었으며, 인구 증가로 식량위기가 닥치자 스파르타의 영향으로 "토지를 분배하라!"라는 혁명적인 요구[760]가 진동했다. 그런 상황에서 그 해결책을 내적인 개혁에서 찾아 화폐경제를 바탕으로 환금농업(換金農業)과 제조업 및 무역을 발전시키고 가계와 문벌이 아니라 경제력을 기초로 하는 정치체제를 구축한 아테네가 새로운 다크호스로 등장했다. 스파르타는 화폐제도를 최초로 발명했으나 크고 무거운 주조화폐를 쇠로서의 가치를 없애려고 화학적인 처리까지 하여 시민단에서 명목적으로 사용했을 뿐 전 지중해의 통화로 도약한 아테네의 올빼미를 새긴 통화가 국내로 들어오는 것조차 엄격히 금지했다. 〈플루타크〉는 "세라미쿠스의 글립푸스는 아테네와의 전쟁에서 큰 공을 세웠으나 그의 노비가 '기와지붕 밑의 올빼미 떼'라는 말을 했기 때문에 해외로 망명해야 했다"고 기록했는데, 그리스어로 '기와지붕'을 의미하는 세라미쿠스는 아테나의 한 지명이기도 하고 '올빼미'는 아테네의 화폐를 상징하는 말이었다.

스파르타는 위와 같이 모든 것을 희생하면서 무적의 군대를 만들었지만 그로 인해 사회적 평형이 너무나 엄격해지고 긴장은 지나치게 높아졌다. 그리하여 스파르타는 메세니아를 지배하면서 자기 방어만 할 뿐 다른 도시국가에 대해서는 수세로 몰리게 되었는데, 그것은 어떤 이유로든 그 평형과 긴장이 무너지면 리쿠르구스화된 그 사회는 파국을 맞을 것임을 잘 알고 있었기 때문이었다. 그래서 그들은 최강의 군대를 만들었지만 그 군사력을 사용하지는 못한다는 아이러니에 빠져 아나톨리아 사태(BC 499)와 마라톤 전투(BC 490)에서 다른 도

---

760. Text에는 "게스 아나다스모스!"로 되어 있음.

시국가들과 연합하지 않았고 기원전 479~478년의 전쟁에서는 테르모필레와 플라타에아에서 최고의 전공을 세우고도 연합군의 지휘권을 아테네에 양보했다. 그러나 그 모든 것은 재앙의 날을 2세기 동안 연장했을 뿐 운명적인 승리(BC 404)와 뜻밖의 패배(BC 371)로 인한 파국을 막을 수는 없었다. 그것은 제2의 도약을 위한 새로운 도전을 아테네에 전가(轉嫁)한 것이었는데, 이후로 펠로폰네소스 동맹이 와해되고 아테네가 메세니아와 헬로츠 동맹을 체결하려고 하자 스파르타는 싸움에 나설 수밖에 없게 되었다.[761] 그리하여 펠로폰네소스 전쟁(BC 431~404)이 발발한 것인데 스파르타는 트라키아 해안을 원정한 후 아테네의 지배를 받던 그리스인 식민지들과 연합하고 아케메네스 제국에서는 자금을, 이오니아에서는 항해에 능한 선원을 지원받아 시칠리아 원정에 실패하여 국력이 약해진 아테네를 아테네가 주름잡던 바다에서 격퇴했다. 그러나 그 승리는 네소스의 셔츠[762]에 지나지 않았으므로 그 전쟁 직전에 "오늘은 헬라스에 큰 재난이 닥쳤음을 증명할 것이다"라고 외친 스파르타 왕 〈아기스〉의 말은 패자만이 아니라 승자에게도 똑같이 실현되었다. 그 승리는 스파르타로 하여금 아테네를 대신하여 헬레닉 세계의 패권을 잡게 했으나, 환경에 대한 엄밀한 적응과 그 놀라운 성공은 그를 위해 많은 것을 포기한 행위에 대한 복수로서 새로운 환경에 대한 적응을 불가능하게 했기 때문에 스파르타는 그 패권을 행사함에 있어 다양하고도 치명적인 문제에 봉착했다. 그것은 특수한 제도와 사고방식으로 적대적인 군사 훈련만 받은 국민이 너무나 생소한 비군사적인 관계에 돌입했기 때문에 생겨난 것인데, 스파르타인은 국내에서는 공정하고 절도가 있다는 점에서 다른 헬라스인을 능가했으나 본국을 떠나면 곧바로 융통성이 없고

---

761. 〈투키디데스〉는 "펠로폰네소스 전쟁의 근본적인 원인은 아테네의 도약에 대한 스파르타의 공포심에 있었다"고 판단했다.

762. 그리스 신화. 자기 셔츠가 네소스의 피로 물들자 헤라클레스는 몹시 괴로워하다가 자살했다.

전제적인 존재로 변하고 부패하기까지 했던 것이다. 그것은 스파르타가 〈Pau-sanias〉[763]의 너무나 추악한 행위 때문에 헬라스에 대한 주도권을 포기해야 했던 사태로 예고되었으나 그러한 행위는 기원전 431~404년의 승리로 지배하게 된 도시국가들에 파우사니아스와 같은 인물들을 조정관으로 파견했을 때 절정에 달했다. 그런 사유로 〈아게실라오스 왕〉은 〈클레옴브로투스 왕〉이 레우크트라 전쟁(BC 371)에서 테베에 패한 것을 회고하며 "우리는 해서는 안 되는 일을 했고 해야 할 것을 하지 않았다. 우리에게는 건전성이 없다!"고 한탄했던 것이다. 문제는 스파르타군의 주축이었던 시민단에서도 발생했다. 이전까지 시민단은 유로타스 강 근처의 군영에서 야영하면서 엄정한 군기를 지키고 있었으나 기원전 404년의 승리 후 스파르타는 그들을 각 도시국가에 주둔시키고 우수한 자들은 정치나 행정업무를 담당하게 했는데, 그들 역시 또 다른 파우사니아스로서 추악한 짓을 자행했고 군대에 남은 자들도 시민단에 제대로 참가하지 않았다. 원래 스파르타군은 40%는 스파르타 시민단으로, 60%는 자치도시의 시민으로 채우게 되어 있었다. 그러나 4000명이 동원된 레우크트라 전쟁에서는 1600명이어야 할 시민단원이 400명밖에 없었으므로 1200명은 농노(農奴)에서 해방시킨다는 조건으로 선발하여 신단원(新團員)이라고 명명(命名)한 헬로츠로 보충했다. 만약 당시에 시민단의 정원이 확보되었다면 테베군의 용맹과 사령관이었던 〈에파미논다스〉의 전술적 천재로도 250년 동안 패한 적이 없다는 명예로운 전통을 가진 스파르타군을 격파한다는 역사적인 성공을 거둘 수 없었을 것이다. 이에 더하여 그 극도로 보수적이고도 금욕적으로 길들여진 시민을 개방적이고 화폐경제가 만연한 사회에 접촉시켰을 때 스파르타는 사회적으로 파멸적인 영향을 피할 수 없었다. 이에 대하여 〈플루타크〉는 "스파르타인은 아테네를 타도하고 지배하게 되었을 때 탈취한 금과 함께 사회적인 병폐와 부패에 노출되었고

---

763. 스파르타의 섭정. 아케메네스 제국을 침공할 때의 헬라스 연합군 사령관이었다.

… 어쩔 수 없이 화폐경제를 도입한 것은 그 국민의 태도에 파멸적인 변화를 초래했으며 … 엄격히 금지했던 부동산 거래를 허용한 것은 메세니아를 상실한 것에 맞먹는 영향을 끼쳤다…. 그리하여 시민단원의 숫자는 순교자 아기스 왕의 시대에 700명으로 줄었는데 그나마 600명 이상은 토지도, 공민권도 없는 미천한 자들이었다"라고 적었다. 〈아리스토텔레스〉는 「정치학」에서 "스파르타 여인들은 생활에 있어서 강요받은 엄격성이 남성보다 덜 했고 전쟁으로 죽어간 남성들로부터 지속적으로 상속받은 유산으로 치부함으로써 일종의 권력을 형성했다"고 밝혔는데, 사회가 급변할 때 여성은 이전의 사회에서 남성처럼 큰 압력을 받거나 극단적으로 전문화하지 않았으므로 새로운 사태에 더 쉽게 적응하고 지도력을 발휘하는 경우가 있다. 그것은 〈아리스토파네스〉의 희극에서 드러나듯이 스파르타에 패한 아테네에서도 그랬고, 남북전쟁에서 패한 남부의 귀족 부인들도 한때 남성들보다 높은 모럴을 나타냈으며, 서구화로 사회적 급변을 겪은 러시아와 중국에서도 같은 현상이 목격되었다. 스파르타의 리쿠르구스 제도는 원칙적으로 남녀 구분 없이 적용되는 것이지만 실상은 아리스토텔레스가 밝힌 바와 같았기에 오스만 제국에서와 같이 스파르타에도 퇴폐에 따른 하나의 현저한 사회적 현상으로서 "기괴한 여인의 지배"[764]가 출현했는데 그것은 아기스 왕과 클레오메네스 왕을 구세주로 표창하는 전설 속에 영웅을 고무, 위로하며 그 죽음을 애도하는 고귀한 여성으로 표현되어 있다. 그것은 리쿠르구스 제도가 실패한 이유를 말해 주는 것으로서 지나친 압력과 엄격함 및 전문화로 심신이 분쇄된 스파르타 남성이 그 형벌로서 도덕적 마인드가 경화를 거쳐 붕괴에 이른 반면 스파르타 여성들은 도덕적 우월과 유연성을 확립함으로써 사회적인 급변에 남성보다 더 효과적으로 대처했음을 말해 주는 것이다.

　스파르타는 레우크트라 전쟁에 패하여 헬레닉 세계의 패권만이 아니라 메세

---

764. 텍스트에는 "규나이코크라티아"가 부기(附記)되어 있다.

니아까지 상실함으로써 파멸을 맞이했으나 그것은 타살이 아니라 사회적 자살이었는데, 리쿠르구스 제도는 메세니아의 상실로 존재의 의미가 없어진 후에도 죽지 않고 〈필로포이멘〉이 기원전 189년에 폐지할 때까지 남아 있었다. 스파르타의 완강한 보수주의는 〈순교왕 아기스〉와 그 뒤를 이은 〈클레오메네스〉로 하여금 리쿠르구스 제도의 말라빠진 골격에 살을 붙이고 그 시체에 새 생명을 불어넣으려는 최후의 시도를 하게 했다. 〈플루타크〉의 「아기스와 클레오메네스전」에 따르면 그들은 시민단을 재건하려고 귀족들에게서 몰수한 영지를 4000개로 분할하여 메세니아의 분할지를 상실한 700명의 시민단원에게 지급하고, 일부 헬로츠와 페리오이코이를 해방시킨 후 나머지 땅을 지급하여 시민단에 편입시켰으나 오래도록 사회적 화근이었던 농노제도는 폐지하지 못했다. 필사적으로 발휘한 그 수완은 멈추어 선 생명의 수레바퀴를 초인적인 노력으로 과거로 되돌리고 다시 움직이게 하려는 혁명이었으나 그 고장 난 기계는 급격한 회전을 견디지 못하고 파괴되어 버렸다. 외과적 수술에 불과했던 클레오메네스의 개혁은 상한 갈대를 꺾고 꺼져가는 등불을 끈 것[765]으로서 스파르타라는 환자를 살린 것이 아니라 효과적으로 죽이는 행위가 된 것이지만 스파르타는 그 후로도 전통의 몽마(夢魔)에서 벗어나지 못했다. 헬레닉 세계는 로마제국 초기의 2세기 동안 어쩔 수 없는 현학적 복고주의에 빠졌고 역사를 갖지 못한 스파르타인도 거기에 특유의 정열을 바쳐 의고적인 비문(碑文)을 만들어 우쭐대고 있었으나 그들의 오랜 전통과 특유의 기질은 거기에도 어김없이 스며들어 그들은 아르테미스 신전에서 히스테릭하게 흥분시킨 소년들을 때려죽이는 등 과거의 병적인 상태로 빠져들었다. 리쿠르구스 제도에서는 야만적일지라도 신전에서 풍년을 기원하며 아이들에게 채찍질을 하던 과거의 풍속을 여우를 훔친 소

---

765. "상한 갈대를 꺾지 아니하며 꺼져가는 등불을 끄지 아니하고 진실로 정의를 시행할 것이며" 〈사 42:3〉

년처럼 목표를 지향한다는 숭고한 행위로써 실용적으로 이용했으나 후대의 그 행위는 전래의 소망을 기원한다는 명목으로 자행하는 사디즘[766]적인 잔학행위에 불과했다. 〈타키투스〉는 「로마제국 연대기」에서 스파르타가 티베리우스의 법정에서 메세니아에 대하여 아르테미스 신전 주변의 영유권을 다툰 것을 기록한 바 있는데, 그 고원 위 바위투성이의 빈약한 초원을 차지하려는 헛된 욕망 때문에 제1차 메세니아-스파르타 전쟁을 벌인 후 끝내 리쿠르구스 제도라는 엄청난 역작을 만든 것을 생각할 때 우리는 "세계는 얼마나 보잘 것 없는 예지에 의해 지배되고 있는지!"라는 〈옥센스티에르나〉의 경구를 떠올리지 않을 수 없다. 〈아리스토텔레스〉는 그 리쿠르구스 제도에 다음과 같은 묘비명을 헌사(獻辭)했다. "정복당할 이유가 없는 이웃을 정복하기 위해 전쟁기술을 훈련해서는 안 된다…. 모든 사회제도가 다 그렇지만 특히 군사제도는 전쟁이 끝났을 때나 병사가 병영을 떠나서 사회로 복귀했을 때를 염두에 두고 조직해야 한다…. 군국주의 국가는 전쟁이 계속되는 한 존속할 것이지만 전쟁이 끝나면 이내 파멸을 맞이한다. 평화는 병사의 기력을 녹여버리는 것이고 병사가 군무를 떠나 생활하는 방법을 가르치지 않는 것은 사회적인 결함이기 때문이다!"

2) 발육정지 문명의 본질 – 동물적인 생활로의 역행

유형이 다른 구성원의 혼성체인 발육정지 문명은 카스트 제도와 전문화라는 공통의 특징을 갖는데 이 두 현상은 하나의 공식으로 포괄된다. 유목민 사회의 구성원이 셋으로 구분되듯이 카스트 제도는 그 속성에 따라 사회의 구성원인 인간을 현저히 이질적인 2~3개의 부류로 분류한다. 오스만 체제는 외형적으로는 목자와 보조동물 및 가축으로 구성되는 유목민 사회와 유사하지만 후자

---

766. Sadism, 변태성욕의 일종으로서 성적인 상대에게 육체적, 정신적인 고통을 주는 것으로 성적인 만족을 얻는 이상성욕. 프랑스 소설가인 Sade의 이름에서 따온 말.

는 서로 나뉘어서는 생존할 수 없는 존재들의 공생관계임에 반해 전자는 등질적인 존재를 비인간적인 작위로 분화시킨 기생관계라는 점에 본질적인 차이가 있다. 오스만 체제에서 황제는 인간가축을 기르는 목자이고 예니체리는 보조동물이며 라이예는 가축인 것인데, 스파르타 리쿠르구스 제도는 유목민에서 유래하지는 않았으나 목자는 법이고 시민단은 보조동물이며 헬로츠는 가축인 것으로서 오스만 체제와 매우 유사하다. 스파르타 시민단은 자유민이지만 예니체리가 황제를 두려워하듯 그 법을 두려워하여 법에 복종함으로써 완전한 자유를 얻는다는 아이러니에 빠진 것인데, 아케메네스조 〈크세르크세스〉의 종군노예도 예니체리와 다르지 않았다. 이처럼 카스트 제도에 의해 구분된 구성원들은 전문화의 속성에 따라 다음과 같이 변질된다. 즉 유목민의 보조동물이 반쯤 인간과 같은 존재로 변하듯이 인간가축은 인간성의 절반쯤을 상실하며 인간가축을 사육하는 인간은 초인이나 비인간적인 괴물[767]로 변화된다. 스파르타인이 시민단을 군신(軍神)과 같은 존재로 여겼음은 〈플루타크〉의 다음과 같은 증언으로 확인된다. "펠로폰네소스 동맹의 타국 병사들이 '어째서 가장 적은 군대를 파견한 스파르타가 동맹군 전체를 지휘하는가?'라고 불평하자 스파르타의 아게실라오스 왕은 스파르타군과 동맹군을 따로 세우고 입대 전에 도자기공, 대장장이, 목수, 건축업자 등의 직업을 가졌던 자들을 차례대로 열외 시키자 동맹군은 모두 뽑혔으나 스파르타군은 한 명도 열외 되지 않았다. 그러자 아게실라오스는 크게 웃으면서 '제군들! 이제 알겠는가? 스파르타가 제군들보다 얼마나 많은 군대를 보냈는지!'라고 소리쳤다." 전장에서 드러나는 스파르타의 군사적인 우월성은 특기할만하지만 평생토록 전쟁기술만 익힌 스파르타인의 성과를 펠로폰네소스 동맹의 타국 병사들이 아마추어로서 틈틈이 연마한 실력으로 달성한 것에 비교하면 그것은 그다지 대단한 것이 아니므로 아게실

---

767. 이들이 전문화에 있어서 완전에 도달하면 시민단(스파르타인)은 군신, 예니체리는 수도사, 유목민은 켄타우루스(그리스 신화, 반인반마의 괴물), 에스키모는 인어(人漁)가 된다는 것.

라오스가 불만을 잠재우려고 동맹군의 머리 위에 던진 창은 부메랑과 다름없는 것이었다. 아테네의 병사들은 자기들이 전쟁을 하면서도 온건한 삶의 태도를 유지하는 것을 자랑으로 여기면서 스파르타 시민단의 퇴폐성을 조롱하고 있었는데, 그것은 펠로폰네소스 전쟁의 전사자에 대한 〈페리클레스〉의 다음과 같은 추모 연설에도 드러나 있다. "우리는 적처럼 지옥같은 군사훈련을 하지 않으며 그런 제도도 만들지 않고 자유로이 생활한다…. 우리에게는 침략자에 맞설 의지와 용감성이 있다…. 인위적인 고통과 용기가 아니라 정상적이고 평온한 삶과 자발적인 용기로서 군사적인 정신을 유지하고 있는 것은 우리에게 2중의 이익을 주고 있다. 우리는 억지와 고통 속에서 미리 지나치게 준비하지 않지만 일단 전쟁이 일어나면 용맹하게 싸울 수 있고 방종에 빠지는 일 없이 예술을 육성하며 허약해짐 없이 지력을 연마한다…. 우리의 정치가는 개인의 작은 일도 등한히 하지 않고 우리는 각자의 직업에 열중하면서도 그들과 원활히 접촉하고 있다…. 예컨대 아테네는 헬라스의 학교이며 나는 모든 아테네인은 어떤 상황에서도 자주성, 용기, 능력에 있어서 다른 사람들에 뒤지지 않음을 믿는다." 아테네인은 이처럼 스파르타가 자랑하는 군신적인 비인간성에 대비되는 아티카적인 인도주의를 찬양했던 것이며 플란더스의 관찰자 〈뷔스베크〉는 예니체리에게서 느낀 수도사적인 인상을 "…그들은 내게 깊숙이 머리 숙여 인사하고 종종걸음으로 달려와서 공손히 꽃을 건네 준 후 뒷걸음으로 물러나서 두 손을 앞으로 모으고 서 있었다…. 군인이라기보다는 수도승의 모습이었는데 나는 이것이 도처에 공포를 퍼뜨리는, 악명 높은 예니체리의 모습이라는 것을 믿을 수가 없었다."라고 기록한 바 있다. 스파르타 시민단과 예니체리의 이러한 인상은 유목민과 에스키모에게서는 인상이 아니라 사실로 나타난다. 〈Huc, I'Abbe〉는 유라시아 스텝 유목민의 반인반마와 같은 모습을 "…몽골인은 아이가 어느 정도 자라 젖을 떼면 곧 말 타기를 가르친다…. 어려서부터 말의 움직임에 익숙해지고 말 타기가 습관화되어 말과 일심동체가 되는 것인데…. 땅에 발을 디디면 자기의 활동영역에서 벗어난 것처럼 어쩔 줄을 모른다…. 안으로 휜 다리에 상반신은 앞으로 수그러져 있고 눈은 늘 주위를 살피며 잠도 말 위에서 잔다…. 그 타타르인은 대상(隊商)이든 목양자(牧羊者)든 늘 낙타의 두 혹 사이를 고급스러운 침대로 여기는 것이다…." 그리고 〈J. L. Myres〉는 인간과 말이 스텝에서 맺는 긴밀한 관계가 인간의 체형에 영구적인 영향을 끼쳤음을 다음과 같이 설명하고 있다. "… 이러한 상황에서 말을 기생주로 하는 이 지역 특유의 인간형, 즉 긴 머리와 황색피부의 몽골로이드 형 인간이 생겨났을 것이다 … 둥근 두개골과 튀어나온 턱은 젖과 그 가공품을 주식으로 했기 때문이고 코가 낮고 짧은 것, 유아의 독특한 입술, 평평한 얼굴, 위로 치켜진 눈 등은 오랫동안 젖을 빨았기 때문일 것이며 다리가 짧고 종아리 근육이 덜 발달된 것은 몽골인이 거의 말 위에서 생활했기 때문이다…." 더하여 〈F. Nansen〉은 카약과 일체화함으로써 반인반어(半人半魚)적인 존재로 변한 북아메리카 에스키모를 다음과 같이 묘사했다. "…카약은 그들의 4촌인 북미 인디언이 내륙의 강에서 사용하던 카누를 항해용으로 개조한 것으로서 에스키모 수렵인은 카약을 자기 몸에 꼭 맞게 만드는데 … 입구에 카약 링과 방수용 뚜껑이 있는 중앙의 구멍은 허벅지가 꼭 끼이게 하고 … 바다가 잔잔할 때는 반 재킷을 쓰지만 파도가 심할 때 투일릭(전신 재킷)을 쓰면 카약이 뒤집혀도 한 방울의 물도 들어가지 않는다…. 어릴 때부터 카약 타는 연습을 하는데 열 살이 넘으면 개인 카약을 만들어 주며 … 특히 카약을 뒤집는 기술을 익혀야 하는데 그에 능통한 사람은 혀를 제외한 모든 신체부위로 카약을 뒤집을 수 있다는 것이다…." 유목민과 에스키모가 말과 바다표범(카약) 등 비인간적인 존재와 완전한 조화를 이루어 동물의 기술과 같은 능력을 획득한 것은 하나의 고도화된 업적이자 놀라운 역작이지만 인간의 본능과 다양한 신체적인 기능의 면에서 본다면 그것은 중대한 문제가 있는 행위이다. 동물은 생존을 위해 신체와 본능 모두를 영구적으로 특수화한 것인데 반해 그 역작은 본성(本性) 대신 지성(知性)만을 변화시켜 다양한 신체적 기능의 일부만을 특화하는 것이기 때문이다. 그러므로 그들이 절대로 변하지 않는 본능을 억눌러서 그 역작을 달성한 것은 Weyer가 지적한 바와 같이 분명한 목적과 방안에 의한 것인바 〈H. L. Bergson〉은 이에 대해 "도구를 사용하는 두 수단으로서 본능은 그 도구가 생명의 일부로 되어 있는 것이고 지성은 도구를 발명, 제작, 취급함에 있어서 알아야 하는 무기적인 능력이다."라고 밝힌 바 있다. 에스키모가 동물에 동화하여 인간의 특출한 정신적 능력인 적응성과 기동성을 희생하고 동물적인 자동성을 획득했듯이 유목민, 오스만 체제, 스파르타 시민단도 가능한 한 인간성을 버리고 동물성을 채용함으로써 그들의 사업을 달성한 것이다. 그들은 극적으로 단순화한 사고방식을 의사본능(擬似本能)으로 삼아 이성(理性)이 그를 따르게 함으로써 도구적인 본능을 추구했던 것인데, 그것이 바로 에스키모의 카약(바다표범의 몸)과 노(바다표범의 발) 및 스파르타인의 창(이리의 이빨)과 방패(이리의 방어력)인 것이고 유목민이 말과 하나가 된 것[768]이다. "나는 창과 검과 채찍과 방패를 가지고 미노스족에게 내가 주인임을 확인시킨다. 나의 땅은 잘 경작되었고 창고는 가득하며 포도주는 향기롭게 익어간다. 그런 놈들은 엎드려 두려워하며 내 발에 입 맞추고 내게 나의 주 위대한 왕이여! 라고 칭송해야 하는 것이다"라는 폭군의 노래[769]는 창검 및 채찍과 방패가 숙주(宿主)를 부리는 기생자의 도구임을 냉소적이지만 의도적으로 표출함으로써 스파르타의 도구적인 본능의 추구를 증언하고 있는 것이다.

이것들은 인간의 의지와 창의력이 낳은 기적이지만 그것을 행한 자들은 그 능력을 구비함에 있어 이성의 작용과 그에 소용되지는 않더라도 다른 행위에서는 매우 유용한 신체조직과 기능을 포기하거나 부인한다는, 너무나 비싼 대가를 지불했다. 에스키모와 유목민에 더하여 오스만리와 스파르타는 웨이어가 지적한 바와 같이 신체만이 아니라 심리까지 동물에 가깝게 함으로써 인간성을 배반

---

768. 말의 신체를 획득한 것.

769. Text에는 "스파르타의 세 폭군(브라시다스, 레오니다스, 아게실라우스)과 동류인 크레타의 '히브리스'가 부른 노래"라고 되어 있음.

했던 것이다. 인간은 우주와 생명의 역사에 있어서 위대한 창조의 행위로서 동물에서 인간으로 진화하여 인간성을 획득했음에 반해 그들은 인간성을 역행하여 동물적인 삶으로 후퇴하는 일보를 디딘 것인데, 그것은 바로 롯의 아내가 저지른 죄와 같은 것이어서 그에 합당한 벌을 자초했다. 환언하면 그들은 소금기둥으로 변한 롯의 아내처럼 영혼을 빼앗기고 그곳에 붙잡혀서 창세로부터 출발로 이행하려는 문명에 대한 예시적인 경고로 남아있는 것이다. 이에 대하여 〈J. S. Huxley〉는 "대대로 생존에의 노력과 경쟁은 생물의 독립성, 즉 생물적인 개성을 형성하는 수준을 향상시켰으나 항상 그 대열에서 탈락하는 무리가 있었고 생물의 종이나 인간 종족의 일부는 매우 좁은 조건에 너무 엄정히 적응함에 따르는 퇴화와 특수화로 말미암아 거기에서의 퇴보나 독립성의 감퇴를 겪었다 … 모든 유기체는 자연환경에 의존하는 동시에 그 변화에 적응해야 하지만 그들처럼 특수한 환경에 지나치게 적응하면 다른 환경에서의 생존은 불가능하거나 극히 곤란하게 된다. 적응에 성공하는 것은 그 생물의 적응력을 감퇴시키는 것이다"라고 설파한 바 있다. 그러므로 발육정지 문명의 본질은 동물적인 생활로의 역행인 것이다.

2. 문제의 확정

기원전 431~404년의 파국과 헬라스의 학교였던 아테네가 스파르타에 패함으로써 헬레닉 문명의 붕괴가 시작되었을 때, 플라톤파와 아리스토텔레스파로 대표되는 아테네 철학자들은 헬라스 사회는 스파르타를 위대한 존재로 만든 리쿠르구스 체제와 아테네 철학의 융합에 의해 구원될 수 있다고 믿어 〈플라톤〉의 「국가론」과 〈아리스토텔레스〉의 「정치학」 등으로 그 방안을 찾으려고 했다. 그 맥을 잇는 문학은 이후로 〈Aldous Huxley〉의 「멋진 신세계」와 〈H. G. Wells〉의 「최초의 달세계 사람」 등으로 표출되었는데, 전자는 당시 아테네 철학자들이

제1의 신조로 삼았던 사회적 안정을 추구했고 후자는 달세계의 동물을 인류와 곤충의 중간적인 존재로 묘사하고 있다. 우리는 이 저술들에서 발육정지 문명의 두 특질인 신분제도와 전문화를 발견하는 것인데 이 양자가 초래하는 특수한 환경에의 완전하고도 치명적인 적응은 발육정지의 문명과 유토피아 및 곤충사회의 공통된 특질이다. 〈W. M. Wheeler〉는 "사회를 이루어 생활하는 곤충은 인류가 포유류에서 인간으로의 출현을 시작하기 훨씬 전에 지금과 같이 고도화된 사회를 형성했으나 그 이후 수백만 년 동안 그 단계에 정지해 있다"라고 밝힌 바 있다. 파탄에 빠진 사회의 구성원이 이상으로 여기는 사회를 가공으로 묘사하는 유토피아론은 본심을 기술적인 사회학으로 위장하고 좌절로 인한 하강을 인위적으로 저지하지 않으면 파멸할 것이며, 쇠퇴의 길로 접어든 문명을 어떤 수준에 못 박아 두려는 것이므로 곤충사회와 Utopia의 본질은 정지를 지향하는 것이다. 유토피아 문학은 한 사회가 그 구성원이 장래의 희망이나 사회적인 진보 및 발전의 전망을 잃고 선대가 이룩한 사회적 수준을 유지할 수만 있으면 만족한다는 풍조에 빠지기 전에는 출현하지 않는다. 그러므로 유토피아 문학의 소망은 그 사회의 하강운동을 저지하고 안정과 균형을 이루려는 것인바, 그를 위해 다른 사회적 가치는 그에 종속 또는 희생시키는 것이다. 그러므로 이 유토피아적인 사회와 곤충사회를 발육정지의 사회와 비교하면 발육이 정지된 문명이 최초로 봉착한 것은 막다른 길이었다는 사실을 확인할 수 있다. 〈Thomas More〉는 그가 성장한 사회가 붕괴에 돌입했다고 믿어 플라톤과 아리스토텔레스의 저작과 같은 부류의 저술인 그 장르에 유토피아 문학이라는 명칭을 부여했지만, 당시의 서구사회는 성장 중이었고 본인도 잠재적으로는 그 사실을 믿고 있었으므로 그의 유토피아는 탄력성과 발전성이 있는 사회를 이상으로 삼았다는 점에서 아테네 스타일과는 다른 것이다. 이제 이 문제를 플라톤, 아리스토텔레스, 헉슬리, 웰스, 윌러, 베르그송, 힝스톤 등과 같은 저명한 논자들의 논지에 따라 살펴보자.

그리스와 라틴의 고전에 능통했던 〈모어〉는 당시의 서구사회와 마찬가지로 그 고전을 높이 평가하고 있었지만 그의 유토피아는 귀금속의 경시와 무역의 중시, 인도적인 노예제도, 인구증가에 대한 해외 식민지 개척으로의 대응, 결혼에의 불간섭, 카스트 제도와 전문화의 불용(不容) 등 아테네 스타일과는 다른 점이 있다. 그러나 모어도 아테네가 펠로폰네소스 전쟁에서 패한 것은 해야 할 것은 하지 않고 해서는 안 되는 것을 행한 죄였다고 인정하는 등 유토피아의 기본적인 목표와 수단은 달리하지 않았다. 헬라스 세계에 있어서 그 두 죄는 상승작용을 통해 문화와 데모크라시의 찬란한 결합을 해체했는데, 소크라테스의 처형을 극악한 죄로 여긴 철학자들은 아테네의 데모크라시에 깊은 적개심을 품고 사회를 부정적으로 보기 시작했다. 그리하여 아테네 철학자들은 플라톤이 법률편에 수록한 것[770]과 같이 그때까지 아테네를 정치, 경제적으로 위대하게 했던 모든 것을 부인하는 일에 몰두하여 위와 같은 유토피아를 구상했던 것이다. 그것은 스파르타의 리쿠르구스 제도에 논리적 합리성을 부여하고 스파르타 시민단을 모범으로 하는 군인계급을 만들되 그것을 철학자가 지배한다고 하는 개선을 거쳐 헬레닉 사회를 리쿠르구스 제도가 시행된 당시의 수준에 못 박는 것이었다. 그러나 우리는 법률편과 정치학의 마지막 두 권에서 스파르타의 앙상한 뼈가 부드러운 아테네의 철학적인 살 위로 삐죽이 드러나 있는 것을 발견하게 되는데, 그것은 아무리 감추려고 해도 기원전 4세기의 아테네 철학자들이 2세기 전 스파르타 정치가의 온순한 제자였음을 입증하는 것이다. 〈플라톤〉과 〈아리스토텔레스〉의 카스트 제도에 대한 인종 차별적인 사상은 헬레닉 사회의 본성에는 없었던 것인데 1부에서 논한 플라톤의 주장은 인간의 육체적, 정신적인 차이를 확인시키려는 교묘한 술책이고 아리스토텔레스의 산문적인 기술(記述)은 그것을 더

---

770. 인구가 감소한 크레타에 이상적(理想的)인 국가를 건설하려는 가공(架空)의 아테네인과 그 섬의 주민이 대화하는 형식으로 되어 있음.

욱 노골적으로 표현하고 있다. "… 유용성이 육체노동에서만 발휘되는 인간은 태어날 때부터 노예다. 그들은 이성에 반응하기는 하지만 이성을 행사하지는 못하기 때문이다 … 그들의 공헌은 동물의 그것과 다를 바 없고 … 자유인과 노예는 기능이 다르기 때문에 그에 합당한 체제를 확립해야 하지만 … 육체적인 차이와는 달리 정신적인 차이를 감별하는 것이 쉽지 않기에 차별을 설정하는 것은 어렵지만 …" 그는 노예제를 반대하는 주장에 주목하여 위의 주장을 예외적인 것이라고 하면서도 생태적인 노예를 인정하는 것이 당연한 것처럼 논평(論評)하고 있는 것인데, 플라톤의 인간변견이 오스만의 궁정노예를 상기하게 하는 스파르타 시민단의 재현이고 아리스토텔레스의 방책도 스파르타의 현실과 구별할 수 없음에서 알 수 있듯이 아테네의 사회 개량가(改良家)들은 그 운동에 있어서 리쿠르구스 제도의 모든 특징을 희화화하는 카스트 제도를 염두에 두고 있었던 것이다. 그들이 리쿠르구스 제도의 영향을 크게 받았음은 그들의 전문화에 대한 주창에서 더욱 명확히 드러난다. 플라톤은 국가론에서 "결혼 및 가족제도는 폐지하고 자녀는 탁아소에서 공동으로 양육한다, 모든 재산은 국유화한다, 군인은 사회제도의 최후적인 완성품이므로 참된 전문가로 육성되고 사회의 일부로서 사회의 정치적 통일을 실현하는 밑거름이 되어야 한다, 개인의 존재 이유는 국가의 복지를 증진함에 있으므로 인간변견은 행복에의 의지가 없고 그 실현도 필요치 않다, 세포가 인체의 구성분자이듯 국가에 있어서 인간은 세포적인 존재이고 국가는 그 구성원리가 인체에 가까운 수준으로 완성되어야 한다"고 설파했는데 그 이유는 아테네 철학자들의 신조가 행복이나 진보를 추구하는 것이 아니라 사회적 안정을 구하는 것이었기 때문이다. 이러한 사회적 안정을 추구함에 있어서 아리스토텔레스는 리쿠르구스 제도에서도 시행하지 않은 어이없는 규정을 설정했고 플라톤은 시인을 추방할 것과 군국주의자들의 전체주의적인 법규에나 있을법한 검열제도를 주창했다. 아리스토텔레스는 리쿠르구스의 남아증산 정책은 빈곤한 잉여 인구를 양산하는 것이고 그들의 혁명이나 반동적인 행위는 사회적 안정을 해치므로 결혼 연령을 남자는 37세, 여자는 18세로 해야 한다고 했는데 그것은 아이가 결혼 연령에 이르면 부는 죽고 부의 재산은 자녀에게 양도되므로 인구 증가와 토지 부족의 문제가 발생하지 않는다는 것이다. 아리스토텔레스는 리쿠르구스 제도와의 의도적인 차별화를 꾀했던 것이지만 그것은 스파르타의 정치가들조차 빈곤한 잉여 인구가 생긴다 해도 인적자원의 저수지는 반드시 필요하다는 것을 인지하여 시행하지 않은 것이다. 그것으로 보면 아리스토텔레스는 실현 불가능한 그 계획이 실행된다면 그 공상적인 국가는 존재할 수도, 목적을 달성할 수도 없다는 사실을 깨닫지 못했던 것이다.

기원전 4세기 아테네 철학자의 유토피아 계획은 헬레닉 문명을 스파르타의 제도에 고착시킴으로써 쇠퇴를 저지하려는 것이었으나 그것이 공허한 희망이었음은 두 가지 사실로 증명된다. 첫째는 그들이 표본으로 삼았던 리쿠르구스 제도가 그때 이미 붕괴를 시작한 것이고 다음으로는 플라톤의 권고를 실행한 유토피아들이 철저하게 실패했다는 것이다. 이후로 패권을 잡은 마케도니아와 셀레우코스조 및 로마제국은 주위의 만족들을 공략하고 식민하여 오리엔트, 트란스옥사니아, 펀자브, 갈리아, 마그리브 등 광대한 지역에 플라톤이 그렸던 크레타 섬에의 가상적인 도시국가를 모델로 하는 공화국들을 세웠는데 그 규모는 모델보다 열 배나 크고 그 숫자는 1000개에 육박했다. 헬레닉 세계의 그리스인, 마케도니아인, 이탈리아인을 주로 하는 이 식민정책은 외적으로는 시라쿠사, 헤라클레아, 폰티카 등의 영향을 받은 것 같지만 그 내용은 분명히 기원전 4세기의 아테네 철학자류(類)이다. 만족의 한 부족 전체를 노예로 하고 헬레네의 지배자들이 헬레니즘의 찬란한 빛을 암흑세계에 비추며 철인황제들의 지배하에 1000여 개의 도시국가들이 평화와 협력으로 공존했던 그 헬레닉 사회의 회춘(回春)은 플라톤의 희망과 대담한 시도가 실현되는 것처럼 보였고 후인들도 그 시대를 헬레닉 사회의 황금시대로 오해하고 있었다. 그러나 그 헬레닉의 지배는 전단적(專斷

的)인 상부구조로서 공공건물을 건축하고 피지배자의 생계를 유지하며 지배권을 유지하기 위해 노예의 생활수준을 향상해야 하는 등 많은 경비를 필요로 하는 체제였다. 그럼에도 그것을 설계한 자들은 그 체제에 내재하는 기생주의의 추악하고도 치명적인 영향[771]을 계산하지 못했던 것이다. 그들은 노예의 해방도, 새로운 사회적 세력의 창출도 이루지 못하고 값비싼 상부구조로서의 중량으로 토착민을 압박할 뿐 그들과 어떠한 융합도 이루지 못했다. 또 사회적인 환경에서 은연히 발생하여 사회적 분위기를 지배한 검열제도는 그 사회의 지적, 예술적 창조성을 황제의 칙령으로 강요하는 것보다 더 효과적으로 말살했다. 그리하여 그 불건전한 사회는 외형과 체제는 화려하지만 안으로는 영감(靈感)이 없는 2세기 동안의 번영에 이어 3세기에는 혼돈과 비극에 봉착했다. 노예였던 하층민은 드디어 궐기하여 주인을 사정없이 베어버렸던 것인데, "겨우 살아남은 원로원 의원 등 지배자들은 개처럼 쇠사슬에 묶였고…"라는 〈M. Rostovtzeff〉의 기술은 꼬리를 두 다리 사이에 감추고 사슬에 묶여 제집에 처박힌 개의 모습을 떠올리게 하지만 아무도 그것이 플라톤의 위대한 이데올로기적인 자손으로서 위풍당당했던 인간변견의 모습이라고 믿기 어려울 것이다.

〈A. Huxley〉는 1914~18년의 전쟁과 1929년에 시작된 대공황으로 생겨난, 사회를 멸망으로부터 구할 수만 있다면 자유와 창의 등 진보적인 가치는 희생되어도 좋다는 풍조를 경계하기 위해 이러한 안정의 추구와 그로 인한 황폐적인 결과를 「멋진 신세계」로 풍자했다. 그는 서구사회를 근대적인 산업조직에 묶어두려는 그 시도가 리쿠르구스 제도를 두 방향에서 개선한 아테네 철학자들을 모방하여 자연과학과 그 응용을 실생활에 철저히 적용함으로써 사회의 물질적인 추진력을 증대시키며, 인간성을 심리적으로 조종하여 정신활동과 창조력을 근절하는 방향으로 산업조직을 개선하려 한다고 상정하여 그 허구성을 신랄

---

771. 그것은 플라톤과 아리스토텔레스의 계획에도, 셀레우코스 왕조의 실행에도 내재되어 있었다.

하게 풍자하고 있는 것이다. 그 풍조는 자연과학과 심리학을 실행하고 적용하여 그 주민을 서로 다른 계급으로 분화시킴으로써 사회적 평형을 이룰 수 있다고 주장하는 것이지만, 그 결과로 만들어지는 것은 기력을 상실한 후 모든 것을 희생하고 겨우 안정을 찾았으되 불임증에 빠진 문명임을 부인할 수 없는 서구사회의 가공적인 세계국가[772]였다. 그러나 성경의 기록[773]과 역사에 있어서의 선례는 아무리 스스로를 불구자로 만든다고 해도 영원성의 열쇠를 쥐고 있는 신의 질투를 누그러뜨리는 것은 불가능하며 창조주의 명령[774]은 거역할 수 없다는 사실을 증언하고 있다.

헉슬리의 작업은 두 큰 사건을 목도(目睹)한 후의 일이지만 웰스는 대전의 발발을 예측하고 그 13년 전에 전후(戰後)의 유토피아를 「최초의 달세계 사람」으로 묘사했다. 그는 서구문명은 급속히 하강하는 중이고 산업주의의 사회적 분위기는 생명을 유지하기에 매우 불리한 상태를 조성한다고 보아 그것을 달의 표면으로 상징하고 철저히 산업화된 사회에서 생존보장 외에는 아무것도 바랄 수 없는 인간을 달에서 자기들의 사회를 사선(死線)을 겨우 넘는 선에 못 박는 것에 만족하는 사람으로 표현했다. 그는 그 달세계 사람들이 그런 사회를 유토피아로 여기고 안정에 의한 생존, 사회적 기능의 분화에 의한 안정, 육체적 정신적 다양화에 의한 분화를 추구한다고 상상하고 있다. 그리고 그들이 그 사회에 적응함으로써 얼마나 기괴한 존재로 변했는지를 "…믿을 수 없는 군중이다. 이 밀어닥치는 군중 속에 서로 닮은 것은 하나도 없고 … 모두 인간 흉내를 내는 기괴

---

772. 이것은 〈아우구스투스적 무기력을 계승한 철인황제 시대의 로마제국〉 및 〈내란을 종식시켰으되 모든 문화를 말살한 진시황을 계승한 한 제국〉과 닮은 것이다.

773. "누구든지 제 목숨을 구원하고자 하면 잃을 것이요 누구든지 나를 위하여 제 목숨을 잃으면 찾으리라" 〈마 16:25〉

774. "하나님이 그들에게 복을 주시며 하나님이 그들에게 이르시되 생육하고 번성하여 땅에 충만하라, 땅을 정복하라, 바다의 물고기와 하늘의 새와 땅에 움직이는 모든 생물을 다스리라 하시니라" 〈창 1:28〉

한 곤충 같다…. 촉수처럼 보이는 거대한 오른팔을 가진 사람, 발만 거대하여 죽마를 탄 것 같은 사람, 마스크처럼 변형된 코, 곤충의 머리 같은 다양한 두개골 … 그의 이야기를 들으면서 나는 끊임없이 개미를 떠올렸다 … 번식방법이 같고 같은 종이지만 생김새가 천차만별이라는 점에서 그것은 개미의 사회이고 그 세계는 하나의 거대한 개미집이다…."라는 가공인물의 보고(報告)로 증언하고 있다. 웰스는 이 멋진 공상을 통해 아리스토텔레스가 그것이 자연의 순리라고 믿게 하려고 했던 유토피아에서의 신분에 따른 형태와 정신의 분화를 실제로 달성한 사회를 사실적으로 묘사했던 것인데, 그가 그 공상을 구사함에 있어 상상력과 이해를 증진하고 불쾌감을 줄이려고 달사회의 구성원을 인류와 곤충의 중간에 있는 가공의 종으로 묘사한 것은 의미 있는 일이다.

우리는 문명의 성장이라는 문제의 단초(端初)를 발육정지의 문명에서 구했던 것이고 그 발육정지 문명의 지나친 분화와 전문화는 유토피아와 곤충사회의 현저한 특징이기도 하다는 것을 확인했다. 또 풍자와 경계를 목표로 했지만 위 두 거장이 유토피아를 곤충사회에 비유한 것에 동의한다면 우리는 곤충의 사회적 분화와 전문화를 그 육체와 정신 및 본능의 면에서 분석함으로써 문명의 불가사의하고 비극적인 정지의 원인을 밝히고 나아가 문명 성장의 문제를 확정할 수 있을 것이다.

인간은 정신적인 면에서 생태적으로 주인인 자와 노예인 존재로 구분된다는 아리스토텔레스의 생각은 "생태적으로 주인과 하인으로 구분하는 것이 불가능하다는 것을 전제로 한다면 인간도 정신적인 면에서는 동질이상(同質異像)이 있는 것이고 그로 인해 인간은 각각 명령본능과 복종본능을 가진 존재로 나누어지는 것이다…."라고 설파한 〈H. L. Bergson〉에 의해 어느 정도의 지지를 받고 있으나 자연은 인간을 양성으로만 분화시킨 데 반해 사회를 구성하는 곤충, 특히 벌과 개미는 〈W. M. Wheeler〉의 연구에서 보듯이 3중에서 심지어 8중으로까지 분화시켰다. 벌은 자웅의 분화에 더하여 암컷이 일벌과 여왕벌로 분화했고 개미는 대체로 수컷과 여왕 및 일개미와 병정개미 등 4중으로 분화했다. 그리고 여왕개미가 일개미보다 수천 배나 큰 종도 있고 다섯 계급으로 분화한 흰개미 중에는 각각 자웅이 있는 여덟 계급으로까지 분화한 종도 있다. 유목민 사회 및 스파르타와 오스만리의 사회[775]가 달성한 분화가 바로 그 분화인 것인데, 이 두 종류의 사회는 각 계급 사이에는 정해진 본분을 수용함에 있어서 엄격한 냉혹성이 있고 목표한 기적을 달성함에 있어서 특이한 적응성을 가지고 있다는 점에서 동일하다. 스파르타의 레오니다스와 300용사에 뒤지지 않는 희생적인 행위로써 병정개미가 죽어가면서도 끝까지 싸우는 것은 곤충이 가진 냉혹성의 전형적인 예인바, 교미에 있어서의 벌과 개미의 습성[776]은 곤충사회만이 아니라 발육이 정지된 사회의 특질을 보여주는 상징적인 행위이다. 그것은 그들이 달성할 수 있는 기적[777]과 더 놀라운 그 한계를 상징하는 것인데, 어떤 사회적 곤충은 발육정지의 문명과 흡사한 적응성[778]을 가지고 있다. 우리는 개미 흰개미 꿀벌 등이 너무나 엄정한 평형 때문에 엄청난 정신적 경직에 빠졌음을 알 수 있다. 〈힝스톤〉은 "본능은 이성적인 행동에

---

775. 〈유목민 사회〉는 동물을 가축화하고 협력자로 받아들인 다형태(多形態)의 사회이고 〈스파르타와 오스만리의 사회〉는 아리스토텔레스적인 수법으로 인간을 인간변경이나 인간가축으로 취급함으로써 다형태를 사회에 도입하는데 전력을 다한 사회이다.

776. 여왕벌이 수정을 마친 수컷을 죽여 버리는 것, 교미를 마친 개미는 암수 모두 스스로 날개를 떼어 버리는 것 등.

777. 업적으로 본다면 개미는 인간과 같이 수렵경제에서 고도한 농업이나 목축경제로 이행한다는 사회적인 승화를 달성했는데, 어떤 개미가 유충을 북으로 활용하여 깃(보금자리)의 벽을 세우는 것은 산업주의적인 기술이다. 흰개미의 거대한 집은 비례적으로 본다면 높이는 엠파이어 스테이트 빌딩보다 높고 용적은 기자의 피라미드를 능가한다. 벌을 본다면 그 깃의 기하학적인 구조는 놀라움 그 자체이다.

778. 벌과 개미는 집짓기와 먹는 습성에의 적응성을 가지고 있는데, 그중에서도 벌은 기후변화에 적응하는 능력을 가지고 있음이 밝혀졌다. 특히 흰개미는 그 놀라운 건축기술 때문에 시력과 강한 피부를 잃어버리고 외부와 격리되었다.

서 시작된 것이다. 동일한 행동의 반복으로 추리적인 요소가 상실되고 점점 무의식화되는 과정이 세대를 거듭하는 동안 그것을 행하는 기구가 정신에 깊이 새겨져서 자동적인 것, 즉 본능으로 굳어졌다"고 설파함으로써 곤충으로 하여금 놀라운 재주를 부리게 하는 정확 미묘한 본능은 바로 저지된 상태에 있는 이성의 소산임을 밝힌 데 이어 곤충의 본능에 있어서 완성과 지혜는 성질상 비적응성과 결합되어 있음을 간파했다. 더하여 그는 결과적으로 곤충의 정신 상태와 인간의 그것을 궁극적으로 구별하는 것은 옳지 않으며 곤충의 마음도 그 본질적인 특성으로 볼 때 인간의 마음과 같은 방법으로 작용하는 것이라고 설파했다. 그 견해에 동의한다면 그의 분석에 따라 우리는 "문명의 불가사의하고도 비극적인 정지는 정신태도가 인간적인 것으로부터 곤충의 내재적인 율동으로 퇴화하고 실수하면서도 진보하는 이성의 유통으로부터 잘못은 없으나 융통성도 없는 본능으로 역행하는 것이다"라고 설명할 수 있다. 그것은 이미 밝힌 바와 같이 발육정지 문명의 현저한 특징은 그 구성원이 습관의 노예가 되어 있다는 것인데, 그 행동이 지성에 의한 것이라 해도 자동화되면 곤충의 본능과 같은 것이 된다는 가설은 계획적이고도 의식적인 행위도 반복되면 자동적인 것으로 되고 그것이 곧 습관을 형성한다는 사실과 같은 과정을 거치는 것이기 때문이다. 이러한 발육정지의 사회가 있으므로 우리는 문명 성장의 문제를 하나의 연구 분야로 확정할 수 있는 것이며 인간의 영혼과 곤충의 본능에 관한 위와 같은 유추는 우리가 나갈 바 탄생한 이래로 발육정지에 빠지지 않은 문명의 역사에 나타나 있는 성장의 성질에 대한 암시를 제공한다.

B. 문명 성장의 본질

1. 신화의 분석

이로써 우리는 문명의 성장을 하나의 문제로 확정했지만 그에 대한 연구를 진전시키려면 문명 성장의 개념과 본질을 규명해야 하는데, 우리는 그 단서를 2부에서와 같이 「욥기」와 「파우스트」 및 「프로메테우스 3부작」과 같은 신화에서 찾을 수 있다. 이 신화적 드라마에 있어서 테마는 〈신과 악마〉 〈신과 메피스토펠레스〉 및 〈제우스와 프로메테우스〉라는 두 초인적인 힘의 갈등과 투쟁이고 인간(사회)은 그 무대인 동시에 초인인 두 존재가 쟁취하려는 목표물이다. 〈에스킬루스〉는 그 무대에 헬레닉 사회를 배치했으나 그것은 시인의 초월적인 상상 속에서 인류 전체로까지 확대되어 있다. 극의 구성에 있어서는 두 초인적인 존재가 주연이고 인간은 무대나 쟁취의 대상일 뿐이지만 극의 심리적 해석에 있어서 주역은 인간이고 두 초인적 존재는 등장인물의 영혼 속에서 갈등하는 충동에 불과한 것으로 바뀐다. 이 두 부류의 신화에서 같은 점은 여기까지이고 극의 전개는 다음과 같이 그 내용을 달리한다. 욥기와 파우스트에서는 완전성 때문에 재창조의 기회가 억제되어 있던 신이 악마나 메피스토펠레스의 도전으로 기회를 얻어 승리하고, 도전자인 메피스토펠레스나 악마는 인간을 박해하는 것을 허락받았으나 종국에는 실패와 패배에 봉착한다. 그러나 에스킬루스의 극에서는 도전받은 제우스가 싸움에서 패배하는 것인데, 프로메테우스는 자기 변화나 재창조의 시도도 하지 않으면서 우주를 정지 상태로 고착시키려는 제우스에게 도전하여 고난을 겪고 승리하지만 제우스는 그것을 억압하고 박해하다가 오히려 중시하는 평형이 무너져서 패배하는 것이다. 에스킬루스는 헬레닉 사회를 두 초인적인 존재가 투쟁하는 무대이자 그들이 쟁취하려는 목표로 설정하고 있으므로 그 초인적인 심상(心像)을 인간의 시간과 장소로 옮기면 거기에 제기되는 문제는 유아기의 헬레닉 문명이 위기를 극복하고 성장할 것인가에 관한 의문이다. "이 이야기는 놀라본 적이 없고 대담성을 가진 사회, 즉 지력과 이성 및 자유로운 탐구를 위대한 해방자로 간주하던 고전시대 이전의 것이다. 후대의 사람들은 이미 자유로운 사색의 파괴적인 효과를 두려워하게 되었으므로 에우리피데스는 제우스에게 에스킬루스처럼 말할 수 없었을 것이다"라는 〈Gillbert Murray〉의 분석과 같이 에스킬루스는 올림포스의 제신으로 상징된 사나운 전단(戰團)을 거느린 제우스로 신격화된 아카이아족의 장군, 즉 원시적인 제우스를 본모습 그대로 보면서 제우스는 프로메테우스의 도전으로 구원을 받아야 한다고 단정한다. 쇠퇴한 미노스 문명과 그 영토는 〈크로노스〉로 대표되어 있고 제우스로 신격화된 아카이아족의 장군이 크로노스를 짓밟고 새로운 사회를 창조한 사업이 신화로 표현된 것인데, 그것으로 올림포스의 왕좌에 오른 제우스는 크로노스(宇宙)를 밟고 서서 그것을 고독하고 정지되어 있는 전제적인 상태로 만들어 영원히 그 왕좌를 누리려고 할 뿐 다른 어떤 시도도 하지 않는다. 그 성취는 Elan Vital(생명의 비약)의 신화적 화신이자 성장 과정의 연속성인 프로메테우스의 도움으로 달성된 것이므로 제우스는 프로메테우스에게 그에 상당하는 보상을 해야 했다. 그러나 제우스가 위와 같은 상태로 전락하자 올림포스의 통치자가 되었지만 새로운 진보를 계속하지 않는다면 제우스도 크로노스처럼 타도될 것이라는 사실을 간파한 프로메테우스는 만족을 모르는 창조자, 불태우는 자, 탐구와 진보의 정신으로서의 자기 일을 지속하면서 제우스에게 안식의 시간을 주지 않는다. 프로메테우스는 제우스가 사상(思想)을 따르는 동안에는 자기의 속성에 따라 힘의 편에 선 타이탄들과 정체(停滯)에 반대하여 제우스를 편들었지만 우주를 사막으로 바꾸어 그것을 평화라고 하고 힘으로 새로운 영토를 획득하려 하여 우주적 드라마에 새로운 위기를 초래하는 제우스를 이성으로 설득할 수 없게 되자 제우스와 맺은 동맹을 파기하고 그와 싸우면서 인류를 미노스 세계의 몰락으로 인한 암흑에서 에스킬루스의 시대에 아테네에서 빛난 헬레닉 문명의 광명으로 향상시켰던 것이다. 프로메테우스는 자기의 속성에 따라 인간을 고취하고 인간이 필요로 하는 모든 기술을 주었는데, 그 때문에 자기의 의지를 방해받은 제우스는 모든 초인적인 힘을 동원하여 프로메테우스에게 복수한다. 그로써 제우스를 편들던 우주적 힘들[779]은 제우스가 압제자이자 진보의 방해자임을 알아채고 그에게서 등을 돌리는 것이지만 그 적극적이지 않은 힘들은 제우스에 맞서는 의지의 싸움에서 프로메테우스에게 도움을 주지는 않는다. 이 투쟁에서의 승리는 물리적으로는 제우스의 상대가 되지 못하지만 어떠한 고난에도 굴하지 않는 의지를 가진 프로메테우스의 것인데, 그 의지력은 제우스가 그 정적이고도 압제적인 태도를 고수하면 그가 왕좌에 오름에 있어 사상을 배척하고 사용한 폭력에 의해 타도될 것이라는 비밀을 내포하고 있다. 프로메테우스의 승리는 도덕적인 것이지 물질적인 것이거나 정신적인 정략으로 얻어진 것이 아니다. 제우스가 프로메테우스에게 항복한 원인은 내면에 프로메테우스와 같은 정신적 요소를 가지고 있었던 제우스에게는 자신도 지울 수 없는 프로메테우스적인 이성의 빛이 빛나고 있었기 때문이다. 프로메테우스가 간파한 비밀[780]은 제우스가 자기의 운명을 푸는 열쇠였던 것인데, 그것을 힘으로만 끄집어내려 함으로써 고통을 겪은 제우스는 프로메테우스가 고통을 감내하는 모습에서 관용의 미덕을 깨우치고 그를 통해 자기 마음에 내재한 프로메테우스적인 이성의 빛을 발견하여 드디어 프로메테우스와 화해한다. 제우스와 프로메테우스는 전술(前述)한 바 신화의 구성으로는 별개의 초인적 존재지만 심리적 해석으로는 인간의 심성에 중첩되어 서로 싸우는 두 개의 충동인데, 그 이유는

---

779. Io, Oceanus 및 Oceanides의 Chorus 등.

780. 그 비밀은 프로메테우스 3부작 중 유일하게 현존하는 「프로메테우스 빈크투스」에 드러나 있다.

투쟁이 아무리 격렬하다 해도 마음은 언제나 그 둘을 동시에 느끼기 때문이다. 이에 대하여 〈G. Murray〉는 "에스킬루스의 프로메테우스 3부작 중 '풀려난 프로메테우스'와 '햇불을 든 프로메테우스'는 실종되었으나 그 결말이 화해로 끝난다는 것은 분명하다…. 프로메테우스는 제우스가 가한 모든 고통을 인류와 압제받던 노신(老神)들을 위해 감내했던 것이다…. 제우스도 운명의 비밀을 밝히려는 노력과 고통에서 관용의 미덕을 깨우쳐 숙적인 타이탄을 해방하고 인류에 대한 탄압을 중단했으며 탄원자의 권리를 인정했다…. 화해는 이 두 요인만으로도 가능하지만 에스킬루스가 첨가한 제3의 요인, 즉 제우스의 마음에 내재하는 프로메테우스적인 이성의 빛이 발현됨으로써 제우스는 드디어 프로메테우스와 화해하는 것이다"라고 설명하고 있다. 이러한 분석을 유년기의 헬레닉 사회를 구성하고 있던 사람들의 정신에 적용하면 우리는 에스킬루스의 신화에서 다음과 같은 역사적 해석을 도출할 수 있다. 그것은 "몰락한 미노스 사회의 잔해로 들어가서 무기력에 빠진 아카이아 및 도리아 만족이 프로메테우스적인 정신 에너지와 혼합되지 않았다면 모든 헬레닉 세계는 도리아인의 크레타 섬과 같은 상태에서 벗어나지 못했을 것이고 프로메테우스적 도전에 대해 모두 스파르타식으로 응전했다면 스파르타와 같이 고도로 경직된 상태로 고착화되어 발육이 정지되었을 것이다. 그러나 미노스 사회 몰락 이후의 공백시대로부터 에스킬루스의 시대(BC 525~456)까지의 세기에 헬레넥 사회인들은 그 마음에서 프로메테우스와 같은 인간적이고도 진보적인 기질이 제우스와 같은 만족적(蠻族的)이고도 완고한 기질을 이겨낸 것인데, 제우스는 만족 침략자의 외관을 하고 있었으나 내면에는 그 이상의 것을 갖추고 있었던 것이다"라는 것이다. 프로메테우스적 약진은 유년기의 헬레닉 사회를 발육정지에 빠지지 않게 하고 그 발생으로부터 성장으로 전진시켰던 것인데, 그것은 신화에서 아버지보다 위대한 자식은 〈신의 아들〉이 아니라 〈사람의 아들〉로 태어나는 것으로 표현되어 있다. 즉 〈아킬레우스〉는 프로메테우스와의 화해로 완전한 신이 된 제우스가 아니라 〈욥이나 파우스트와 같은 사람인 펠레우스〉와

〈오케아누스의 아내인 테티스〉의 아들로 탄생하는 것이다. 그리하여 헬레닉 문명의 운명은 발육정지의 문명에서 작용하는 힘[781]이 아니라 그 태내에서 생성된 힘에 의해 성장 과정으로 실현된 것이다.

〈베르그송〉은 신화적 심상으로 묘사된 이 인간 지성의 프로메테우스적 약진을 "우리는 전 우주에 적용되는 기계적인 구조가 우주의 작은 부분에서도 동일하게 나타난다는 사실에서 주위의 필요한 대상에만 작용하게 되어 있고 그것을 본래적인 기능으로 하는 우리의 지성이 약진을 통해 모든 물질세계를 사실상 포괄할 수 있다는 것을 알 수 있다. 그것은 특정한 목적만을 위해 만들어진 시력이나 지력이 자연에 의해 그 이상의 기능을 수행할 수 있게 되었다는 사실로도 증명되는 것이다"라고 하여 철학적으로 서술한데 이어 에스킬루스가 제우스와 프로메테우스의 투쟁을 통해 하고자 했던 말을 "인간은 자연으로부터 사회생활을 영위하는 사회성과 생활에 봉사되는 지성을 부여받았는데, 지성은 자기증식적인 노력으로 예기치 않은 발전을 이루었다. 그것은 인간을 자연의 제약으로 운명 지워진 노예상태에서 해방했고, 더 풍부한 정신적인 품성을 부여받은 인간은 자연이 허락하는 한도 내에서 폐쇄된 것을 개방할 수 있게 되기도 했다. 지성만이 아니라 의지도 천재로 고취되면 예측하는 것에서 벗어나 물질의 본질을 꿰뚫는 '생명의 약진'을 매개하는 것인데, 인간은 그 생명의 약진으로 처음에는 생각하지도 못했던 전도(前途)를 인류를 위해 획득했다. Spinoza의 용어를 쓴다면 소산적(所産的)인 자연에서 떠나는 것은 능산적(能産的)인 자연에 복귀하기 위한 것이다"라고 풀어내고 있다. 여기서 베르그송이 우리를 위해 훌륭한 필체로 묘사한 〈프로메테우스의 Persnallity - 인간 지성의 천재〉에 있어서의 그 프로메테우스적 이미지를 우리의 개념, 즉 〈도전과 응전〉에 적용하면 앞에서 파악했던 〈중용의 도전〉을 보다 깊이 통찰할 수 있다. 프로메테우스의 본질은 약진인 것이

---

781. 발육정지 문명의 태내에 가두어진 성장의 동력으로써 새로운 건설을 위한 기초를 닦으려고 자기를 폐쇄하고 있는 사회구조를 파괴함으로써 풀려나지만 그로 인해 파국을 맞이하는 힘.

고 그 약진은 언제까지라도 정체하고 있을 제우스를 이끌어 그 사점(死點)을 뛰어넘게 하는 성질의 약진인 것인데, 그것을 도전과 응전에 적용하면 "최고로 적당한 도전은 발육정지의 문명처럼 즉각적으로 최대인 응전을 이끌어 내는 것이 아니라 피도전자(被挑戰者)가 한 번의 응전으로 인한 성공을 넘어 더욱 전진하는 힘을 갖게 하는 도전이다"라는 통찰을 얻는 것이다. 이는 곧 하나의 업적으로부터 새로운 싸움으로, 한순간의 휴식으로부터 다음의 분투로, 음으로부터 양으로 전진하는 것인데 문명의 발생에 이어 성장이 계속되려면 교란상태에서 평형상태로 회복하는 운동이 반복되는 율동으로 변화되어야 하는 것이다. 그러기 위해서는 피도전자를 새로운 도전에 임하게 할 평형상실의 상태로 전진시키고 그에 따라 그가 보다 높고 새로운 평형을 달성하려는 응전을 하게 하는 약진이 있어야 한다. 그 약진은 무한한 가능성을 내포하는 것으로서 지상의 언어로는 "이리하여 나는 욕망에서 향락으로, 또한 향락 속에서 또다시 욕망을 향하여 한량없이 애태우며 비틀거리면서 나가는도다"[782]라는 고백으로, 천상의 소리로는 "이리 오라 더 높은 하늘로 오르라 너인 줄 안다면 저 사내도 너를 따르리라!"[783]라는 선포로 표출되는 것이다.

2. 역사적 사례와 철학적 직관

우리는 먼저 에스킬루스 시대까지의 헬레닉 사회의 역사를 통해 사회적 평형의 상실과 그로 인한 도전이 성공적인 응전을 유발하는 반복적이고도 연속적인 율동에서 약진이 이루어졌음을 볼 수 있다. 그 역사에 있어서 도전은 〈혼돈과 태고적(太古的) 암흑을 타파하고 새로운 질서를 구축해야 한다는 과제〉 〈인구

---

782. 파우스트 2부.
783. 〈빛나는 성모 마리아〉가 파우스트에 대하여 속죄의 여인인 〈그레첸〉에게 한 말. 파우스트 2부.

증가〉〈해외진출의 중단〉으로 연속되었는데, 헬레닉 사회는 에스킬루스의 시대까지 적당한 것으로 작용한 그 도전에 대하여 새로운 평형을 달성하려는 응전으로 프로메테우스적인 약진을 달성한 것이다. 첫 도전은 제우스와 프로메테우스의 화해로 표현된 바와 같은 만족(蠻族)의 완고한 기질에서 탈피한 것에 더하여 주변의 만족과 유목민에 대한 지배권 확립을 통해 촌락(村落)의 상태에서 도시의 사회로, 목축의 고지대에서 농경의 저지대로, 무질서의 혼돈에서 질서의 세계로 이행함으로써 극복되었다. 다음 도전은 앞에서 본 바와 같이 해외로 진출하여 식민지를 개척하는 것으로 극복되었는데 그것은 도시국가를 달성한 정치적, 제도적 능력과 지배권 확립과정에서 이룩한 장갑보병과 그 방진(方陣)이라는 군사적인 능력으로 성취되었다. 그리고 마지막 도전은 전술한바 〈헬라스의 학교〉로서의 아테네식 응전으로 극복되었던 것인데, 에스킬루스는 그 〈아테네적인 응전의 충실한 약진에 있어서의 평형상실의 리듬〉을 「프로메테우스 3부작」이라는 신화로 포착하고 거기에 불멸성을 부여했다.

한 시인은 그 리듬을 "어떤 성공이라도 그 뒤에는 더 큰 투쟁을 필요로 하는 무엇이 나타난다는 것은 사물의 본질로 정해져 있다"고 표현했는데, 이 직관은 〈J. S. Huxley〉에 의해 "생명은 변화와 번식을 본성으로 하며 모든 유기체의 생명운동은 교호적인 작용이므로 생명에서 달성된 평형상태는 곧바로 무너져 재편성을 지향한다. 평형에서 변화로의 이행이 필연인 것은 아니지만 생명의 도가니에서 한 종이 운동을 일으켜 더 독립적인 방향으로 변화하려는 압력을 일으키면 다른 생명들도 그에 대응하는 운동과 압력으로 새로운 평형을 지향하며 어떤 종은 그 과정에서 멸절하기도 한다. 그리하여 유기체에서 행해지는 부단한 변화는 그 독립성과 단계가 점증되는 평형의 연속적인 달성이 되는 것이다"라는 통찰로 확인되고 있다. 더하여 〈J. C. Smuts〉는 그 리듬이 유기적인 영역만이 아니라 무기적인 영역에서도 작용하고 있음을 확인하고 그것을 다음과 같이 설파했다. "물질도 물리 화학적 측면에서 구조적인 평형을 지향하지만 과포화 용액이 그 내적 평형이 어느 정도 변해도 외적 변화를 일으키지 않다가 평형상태를 지나서 결정을 이루는 것처럼 그 변화는 완전한 평형상태를 달성하는 것이 아니라 하나의 자연적 변화의 율동을 일으키는 것이다. 그것은 그 율동은 생명 과정의 율동과 연계되는 것이고 생명 과정은 사물의 본질에 내재하는 원천에서 기원하고 있음을 뜻하는 것이다. 그러므로 물리학이 제시하는바 변화의 일정한 양적 증대는 여기서 발현되는 것이리라. 운동으로서 생육과 번성을 지향하는 평형상태인 유기체는 그 지향에 있어 항상 약간의 평형을 파괴하면서 진행할 뿐 결코 완전한 적응을 이루지는 않는다. 왜냐하면 완전한 평형은 정체와 퇴화를 의미하는 것으로서 결코 달성되지 않을 뿐만 아니라 그것의 달성은 죽음과 전무(全無)를 뜻하는 것이기 때문이다." 진보에 관한 이 철학적이고도 과학적인 직관은 유명한 말 사육사인 〈M. H. Hayes〉의 예리한 관찰에 의해 방향성을 갖는 운동으로 성찰되어 있다. "몸을 앞으로 숙여 평형을 깨트리는 것이 빨리 걷기에 도움이 되듯이 말도 빨리 달리려면 신체적 평형을 앞으로 이동시켜야 하는데, 기수가 말을 달릴 때 몸을 앞으로 내미는 것도 말의 평형에 있어서의 불안전성을 증대시키려는 것이다. 평형상태의 불안전성이 클수록 평형을 회복하기에 더 많은 힘이 필요하고 그 동작의 반복으로 말은 앞으로 향하는 전진의 속도를 높이는 것이다." 여기서 우리는 추진력의 확보와 증대에 있어서 말의 육체적 율동은 단순한 반복에 불과하지만 거기에 방향성이 깃들어 있음에 주목하게 되는데, 그것은 바퀴는 수레에 매달린 것으로는 무의미한 회전운동을 할 뿐이지만 그 회전은 전진을 일으켜 방향성을 갖는 궤적을 남기는 것과 같은 이치이다. 그 주목에 따라 우리는 이 〈방향의 요소〉를 "모든 존재의 성장을 이루는 과정에 있어서의 본질적인 특징"으로 파악할 수 있는데, 정신의 운동은 결정론적 추진이나 목적론적 견인에 의해 방향 지어지는 것이 아니므로 물질세계에만 적용 가능한 이 방향의 관념을 정신적인 분야에 적용함에는 상당한 주의를 기울여야 한다. 그러나 베르그송의 천재는 우리가 이 문제를 해결하는 것, 즉 도전과 응전 및 반복적인 도전의 프로메테우스적인 리듬에 있어서의 계속성의 끈을 묘사하는 것에 대하여 다음과 같은 출구를 제시하고 있다. "Elan Vital이라는 관념에서의 본질적 사고방식은 생명이 창조하는 형식은 예측이 불가능하다는 것이다. 생명은 진화의 과정에서 비연속적으로 비약하는 것이며 그 모두가 하나의 완결이다. 계산에 의하여 현재로부터 장래를 연역하는 순수 기계론과 장래를 관념이라는 형태로 현시하는 순수 목적론에 따른다면 생명이 창조되는 것은 언제나 미리 결정되어 있다는 것이 된다. 그러나 이 논리들은 시간의 작용을 무시하는 것이고 순수경험은 결코 그런 것을 시사(示唆)하지 않으므로 Elan Vital은 추진력도 아니고 견인력도 아니다. 오랜 시간적 간격을 두고 선택된 자들의 꿈이 되어온 인간 노력의 목표는 각각의 창조적 행위로서 얼마간을 실현하고 인간성의 깊은 변화로 앞에 있던 난관을 다소나마 뛰어넘게 한다 … 우리가 진보의 발걸음이라고 부르는 것과 일치한다면 그 뛰어넘는 움직임들은 모두 방향을 같이하는 전진일 것이지만, 그 움직임의 방향은 예정된 것이 아니고 그 과정에서 일어나는 변화는 양적인 것이 아니라 질적인 것이므로 예측이 불가능하다. 그러므로 인간의 노력으로서의 모든 행위는 어떤 이상(理想)의 전진적 실현인 것은 아니고 그것을 전진이라고 정의하는 것은 하나의 비유에 지나지 않는다. 그러나 그 모든 것은 폐쇄된 것을 개방하려는 노력인 것이 분명하므로 이 노력의 다양성은 단순한 그 무엇, 즉 Elan Vital로 요약될 수 있는 것이다." 이 노력, 즉 연속적 응전으로 묘사되는 운동은 선(線)으로서는 극히 무궤도하여 그 궤적으로 어떤 것도 상징하지 않으며 연속성으로서는 공간적인 것이 아니라 부가적인 것이다. 더하여 성장 과정에 있는 개인이나 사회는 외적으로는 환경에 대한 지배력을, 내적으로는 자기 결정력 또는 자기 표현력을 점진적이고도 누진적으로 증가시키는 것이므로 프로메테우스적인 약진으로 달성되는 그 연속적인 약진은 위의 운동방향에 있어서의 선이나 궤적에 있어서의 목적론적인 공식이 아니라 〈지배력과 조직의 문제〉로 생각해야 한다. 목적론적인 공식화는 전진의 일면을 표현하기에는 충분하지만 그것을 하나의 통합에서 다음의 분화로 이행하는 연속에 적용하면 오류에 빠지게 되는데, 헉슬리는 그의 유토피아에 반하는 저작에서 "목적은 개인적인 상황과 행동만이 아니라 개인의 인격성과 사회적 정신까지 초월하는 약진이다"라는 신비로운 해석을 제시했다. 이에 따른다면 〈J. C. Smuts〉가 설파한 바와 같이 그 연속적인 약진은 환경에 대한 전진적 지배 및 전진적 자기결정의 개념과 같은 의미가 된다. 이상이 문명 성장의 성질에 대한 통찰의 최대의 한도일 것인데, 우리는 이를 바탕으로 문명의 성장 과정으로 주의를 돌리게 된다.

C. 문명 성장의 과정

우리는 상술(上述)한 바 문명의 성장을 하나의 문제로 확정한 것과 문명 성장의 본질을 규명한 것을 바탕으로 문명의 성장은 어떤 과정을 거치는지를 살필 수 있게 되었다. 그것을 살핌에 있어서는 먼저 성장의 본질과는 다른 개념으로서 문명이 성장한다고 할 때 그 기준은 무엇인지를 확정할 필요가 있다. 이제 이 항목을 성장의 기준과 성장의 분석 및 성장을 통한 분화의 순서로 고찰해 보자.

1. 성장의 기준

상고(詳考)한 바 문명의 성장은 방향이라는 공간적 비유로는 적절히 기술할 수 없는 누진적인 전진의 운동인 동시에 프로메테우스적인 리듬을 통한 약진이다. 이 누진적이라는 개념은 사물이나 존재의 내외를 막론하는 것이므로 앞에서 문명 성장의 본질을 규명함에 있어서 철학적 직관을 활용했듯이 여기서도 대우주의 성장은 그 자체를 외적 환경에 대한 전진적인 지배로, 소우주의 성장은 내면적 자기결정으로 표현한 철학적 개념을 수용할 수 있다. 그리고 우리의 도전과 응전의 개념에 따라 이 외적 환경을 인간적 환경과 자연적 환경으로 구분하는 것인데, 〈Thucydides〉와 〈Herodotos〉가 지리적 확장을 저지당한 헬레닉 사회가 아테네식 응전을 통해 약진의 리듬을 외적인 면에서 내적인 면으로 전환함으로써 달성한 재적응과 위대한 창조의 시기를 암울한 좌절의 시대로 오인했던 것처럼 그 두 환경에 대한 정복의 전진, 즉 지리적 확장과 기술의 진보를 문명 성장의 지표로 삼는 잘못된 통념이 있다. 이제 사례를 통한 경험적인 고찰로 그것들이 문명 성장의 합당한 지표가 아님을 밝히고 그 과정에서 얻어지는 기술의 진보에 있어서의 전진적 단순화에서 영성화(靈性化)와 활동분야의 전이를 살핌으로써 문명 성장의 기준이 무엇인지를 규명해 보자.

1) 인간적 환경에 대한 지배력의 증가 - 지리적 확대

역사에 있어서 성장하는 문명은 주변의 원시사회를 희생시킴으로써 인간적 환경에 대한 정복의 전진을 달성했는데, 그 성과는 일반적으로 지리적 확대를 지표로 하여 측정하고 있다. 그 이유는 정확하게 측정할 수 있고 관찰이 용이하다는 이점 때문이지만 그것을 문명 성장의 기준으로까지 삼는 통념은 합당한 것이 아니다. 그 통념이 정당하다는 승인을 받으려면 지리적 확대가 필연적으로 성장을 동반한다는 것과 문명이 유산(流産), 발육정지, 좌절 및 붕괴에 이르면 지리적 확대도 중단, 축소, 소멸한다는 것이 증명되고 성장과 지리적 확대의 상관관계가 성장과 인간적 환경을 정복하는 것과의 상관관계처럼 결정적이며 그 확대가 속도와 범위에 있어서 성장의 약진과 보조를 같이 한다는 것이 증명되어야 하지만 역사에 있어서의 사례는 그것을 부인한다. 이제 그 예증이 되는 6개의 문명을 비교한 후 서구사회를 일별해 보자.

첫째로 이집트, 수메릭, 미노스 문명을 비교하면 이집트는 성장의 약진에 있어서 결코 뒤지지 않았음에도 시리아와 나일강 상류지역으로 확대함에 있어서 수메릭과 미노스 문명에 미치지 못했다. 다음으로 헬레닉과 시리악 및 인도와 중국문명을 보면 이들 사이에서도 성장의 약진에 있어서의 차이는 발견할 수 없으나 앞의 두 문명은 후자들의 문턱에 자기들의 언어와 예술의 흔적[784]을 남

---

784. 지중해성 문명인 이 두 사회는 바다에서는 레반트와 에게해 지역으로부터 지중해의 모든 해안에 다다르고 지브롤터를 건너 대서양 연안으로 진출했으며, 육지로는 반대 방향으로 나아가 아시아 내부에 도달했다. 그리하여 그들은 경계 밖으로는 한 걸음도 나가지 않은 인도 및 중국문명과 접촉하여 미노스 문명이 이집트의 문턱에 팔레스타인인을 개척자나 난민으로 남긴 것처럼 그 문턱에 이국풍의 예술과 이국적인 문자를 남겼다. 인도의 〈카로시티 문자〉는 〈페니키아 문자〉에서 유래했을 것으로 추정되는 〈아람어 알파벳〉과 〈브라미 문자〉에서 유래했다. 이에 대해 몽골족과 만주족의 문자는 중국이 아니라 시리악의 알파벳에서 유래한 것인데, 이것은 만주와 몽골이 중국과

긴 것에서 볼 수 있듯이 상대적으로 활발한 지리적 확대를 달성했다. 히타이트 문명은 바빌로니아 문명에 비해 수명은 짧았지만 더 높은 성장을 달성했다고 여겨지는데, 지리적 확대에 있어서 군국주의의 핫티제국은 아시리아 군국주의 제국에 미치지 못했다. 신세계의 1세대 문명인 마야문명은 성장에 있어서 안데스 문명을 능가했다는 증거는 없으나 지리적으로는 북아메리카만이 아니라 남아메리카로도 확대했다. 그리고 그 2세대 문명인 유카탄 및 멕시코 문명을 살필 때 우리는 문명의 성장과 지리적 확대는 상관관계가 없을 뿐만 아니라 상반관계까지 갖는다는 것을 발견하게 되는데, 그 이유는 시종 중앙아메리카를 벗어나지 않았던 유카탄 문명은 멕시코 평원을 지나 북미의 5대호 지방까지 확대했던 멕시코 문명보다 더 높은 문화적 성장을 달성했기 때문이다. 다른 문명들이 상대적으로 정지하여 고유의 영역에 머무른 것과는 대조적으로 하나의 인간사회를 전 지구의 전 인류를 포용하기까지 확대한 서구사회가 일종의 불길한 징조로서 그러한 약진을 불신하고 장래에 대해 불안을 느끼는 것은 유산된 문명도 그 넷 중 셋이, 발육정지 문명도 그 다섯 중 넷[785]이 상당한 지리적 확대를 이루었던 것에 비추어 막연한 기우인 것만은 아니다.

여기에서 보듯이 지리적 확대는 인간적 환경에 대한 전진적, 누진적 정복을 측정하는 지표는 될지라도 문명 성장의 기준은 아닌 것인데 이에서 알 수 있는 하나의 법칙은 지리적 확대는 오히려 성장의 지체나 사회적 붕괴와 상관관계를 갖는다는 것이다. 먼저 성장의 지체, 즉 사회를 정체시키는 것을 살핀다면 어떤

는 가깝고 시리악 세계와는 멀다는 점에서 시리악 사회의 지리적 확대가 컸음을 의미하는 것이다. 예술에 있어서는 BC 2세기부터 시작된 헬레니즘의 침입으로 인도에서 생성된 헬레닉 양식의 변용이 대승불교의 전도사업으로 두 강 유역과 타림분지를 거쳐 중국에 이르러 고대 중국사회의 헬레닉 불교 이전의 양식(Pre-Helleno Buddhist Style)을 대신한 극동예술의 싹이 되었다.

785. 전자의 극동 기독교, 극서 기독교, 스칸디나비아 문명 및 후자의 폴리네시아, 에스키모, 유목민 및 오스만 문명.

문명이 중심지에서 변두리로 향하는 지리적 확대는 시간적으로 그 사회를 정체시키고 심하게는 진보를 정지시키며 극단적으로는 퇴보를 초래하기도 한다. 정체의 좋은 예는 유럽에서의 르네상스의 전파인데 14세기에 일어나 15세기에 절정에 이른 이탈리아의 르네상스가 16~17세기에는 영국, 17~18세기에는 프랑스에 전파된 후 18~19세기에 독일에서 계몽주의로 발현하기까지 유럽사회는 400년 동안 그 르네상스에 정체되어 있었다. 근대 서구사회의 해외식민에 있어서도 이주한 자가 식민지에서 놀라운 기계를 발명하고 새로운 사회적 창조의 계기를 만든 것에 주목하는 사람들은 서구사회의 해외 식민이 급진적이었다고 하지만 일반적으로 성장에 있어서의 단순한 자극에 지나지 않는 도해이주(渡海移住)는 정신적인 성장을 자동적이고도 필연적으로 추진하는 것이 아니므로 식민자의 기질은 본질적으로 구식의 정신이고 식민사회의 본질적인 특징은 구식화이다. 지리적 확대가 사회적인 정체를 유발한 예는 이 외에도 구시대의 산 박물관들, 종교와 언어 및 기술과 예술에서도 찾을 수 있다. 딩카족과 실루크족이 왕조시대 이전의 이집트 사회를 보여주는 박물관으로 남아 있듯이 20세기에 퀘벡, 애팔래치아, 찰스턴, 트란스발, 페루, 마카오 등의 식민지가 16~17세기의 노르망디, 얼스터, 잉글랜드, 네덜란드, 카스티야, 포르투갈 등 구시대 본고장의 박물관으로 남아 있는 것은 앞에서 밝혔듯이 식민지 개척자가 식민지에서 놀라운 기계를 발명하고 사회적 창조의 계기를 마련하는 것은 상례(常例)가 아님을 의미한다. 〈M. D. Cervantes〉는 구시대의 산 박물관들을 「돈키호테」로 풍자했고 〈Washington Irving〉은 지리적 확대가 사회적 정체를 유발하는 현상을 우화적으로 표현했거니와 유럽에서 그토록 열광적이었던 르네상스도 지적 정체를 일으켜 신세계에서는 〈Sam Houston〉이 텍사스를 점거한 스페인인을 정복하던 시기에 겨우 뉴잉글랜드를 스쳤고 그와 동시대인인 〈R. W. Emerson〉 〈H. W. Longfellow〉 〈H. D. Thoreau〉 〈Nathaniel Hawthoren〉

등의 르네상스는 황망히 찾아왔다가 홀연히 사라졌던 것이다. 우리는 〈코카서스, 크리미아, 아비시니아, 예멘 산악지대 등의 원시적인 유대교〉 〈스리랑카, 미얀마, Siam(타이) 등지의 원시적 소승불교〉 〈티베트의 밀교적 대승불교〉 〈아비시니아의 그리스도 단성론〉 등 지리적 확대로 정체에 빠진 종교들을 보았거니와 신세계에서도 같은 것으로서 개신교 중 가장 구식인 〈미시시피 유역의 펀더멘털리즘〉 및 구교 중 가장 구식인 〈퀘벡의 가톨릭교도〉와 〈Guadalajara의 가톨릭교도〉를 발견하게 된다. 정체의 언어적 예증으로서 당인(唐人)은 중국 남해안 지방에 식민하여 중국 최고(最古)의 방언을 남겼고 카스티야어 최고의 방언이 본토가 아니라 15세기에 이베리아 반도에서 쫓겨난 근동의 유대인에게서 발견되는 것처럼 애팔래치아에는 영국에서는 이미 사라진 어법과 유럽 본토에서 사라진 민요가 남아 있다. 기술과 예술에 있어서도 발굴된 고고학적 증거는 발상지에서 소멸된 것이 주변부에 잔존했었음을 말해 주는데 그 예는 구세계의 스칸디나비아, 미노스 세계의 시칠리아와 키프로스, 히타이트 세계의 시리아 북부 등이다.

우리는 예증들을 분석함으로써 헬레닉과 시리악 및 정교 기독교 문명은 예외이고 서구문명은 결론을 유보해야 하지만 거의 모든 문명에서 지리적 확대가 사회적 붕괴를 수반했음을 확인할 수 있는데, 이 문명들도 군국주의로 인한 지리적 확대와 그 경향으로 말미암은 사회적 병폐에 빠졌으므로 지리적 확대와 사회적 붕괴는 상관관계에 있다는 법칙은 진실인 것으로 인정할 수 있다. 상고한 바 헬레닉 세계의 역사에서 지리적 확대가 정지된 대신 짧지만 위대한 정신적 활동의 시대가 있었고 그 이전의 지리적 확대와 이후의 더 넓은 지리적 확대가 있었던 것은 지리적 확대는 사회적 성장의 증거가 아니라 사회적 붕괴의 징조라는 것을 시사(示唆)하는 것이다. 시리악 문명의 역사에서도 두 번의 위대한 창조활동은 지리적 확대가 저지당한 기간에 일어났다. 레반트 지역에 자리를 잡은 후 육상으로는 시리아 내륙으로, 해상으로는 카르타고로 대표되는 서부 지중해로 진출한 시리악 사회 초기의 지리적 확대는 아시리아 군국주의로 위장된 바빌로니아 사회의 격렬한 침략과 헬레닉 세계가 기원전 8~6세기에 행한 해상 확대로 저지당했는데 그 시기는 그 사회에 있어서 가장 위대한 창조의 시기였던 〈이스라엘 예언자들의 시대〉였다. 이후로 그 사회는 육상으로는 메디아와 페르시아에 의하고 해상으로는 카르타고에 의해 지리적 확대를 재개했는데, 전자는 아시리아의 분산정책에 의해 이란고원 서쪽으로 유폐된 이스라엘인과 아람인에게서 시리악 문명을 전수받은 메디아와 페르시아가 바빌로니아의 압제를 타도하고 시리악 사회의 세계국가 역할을 함으로써 달성되었고 후자는 맹주로서 서부 지중해의 시리악계 도시국가들을 규합한 카르타고가 헬레닉 세계의 진출을 성공적으로 저지함으로써 달성되었다. 그리하여 그 사회는 인간적인 환경에 대한 지배와 물질적인 번영을 회복했으나 정신사로 볼 때 그 기간(BC 6~2세기)은 정체에 빠진 시기였다. 이어서 시리악 사회의 지리적 확대는 알렉산더로 시작된 헬레니즘의 팽창과 로마가 카르타고를 타도한 것으로 다시 저지되었으나 그 사회는 다시 수세에 몰린 그 시대에 연이은 천재를 발휘하여 「시편」 「신약성서」 성 아우구스티누스의 「고백」 등 위대한 창조를 달성했다. 수메릭 문명 이후의 공백기(BC 1857~ 1575)에 출현한 바빌로니아 사회는 이상할 정도로 지리적 확대를 추진하지 않았는데, 이후 아시리아가 군국주의로 팽창한 것은 명백한 붕괴의 징조로서 우라루트[786]를 예외로 한다면 그 호전적인 확대는 문화적 반감을 초래할 뿐이었다. 이러한 줄거리는 수메릭 사회, 미노스 문명, 중국 문명, 극동사회, 정교 기독교의 러시아 분지, 신세계의 안데스와 멕시코 문명에서도 유사하게 진행되었음을 알 수 있다. 예증의 마무리로서 몇몇 예외적인 경

---

786. 성경에 "아라랏"으로 기록된 아르메니아 고지의 야만족 왕국. 아시리아에 정면으로 맞섰던 이들은 적의 무기를 도입하여 적과 싸운다는 원칙에 입각하여 바빌로니아 문화를 차용했다.

우를 본다면 유카탄 문명은 발상지인 그 반도 밖으로는 끝내 확대하지 않은 것으로 알려져 있고 히타이트 문명의 지리적 확대는 그것이 이루어진 시기가 성장기인지 쇠퇴기인지 밝혀지지 않았으며 모문명을 갖는 힌두문명, 아라비아 문명, 이란문명의 지리적 확대가 쇠퇴기가 아니라 성장기에 이루어진 것은 자체의 동력에 의한 것이 아니라 선행문명의 추세를 계승한 것이었다. 즉 인도네시아로 확대한 힌두문명은 인도문명의 추세를, 아프리카로 확대한 아라비아 문명은 시리악 문명의 추세를 계승한 것이고 이란문명에 있어서 오스만리가 남동유럽으로 확대한 것은 시리악 문명의 셀주크족을 통한 아나톨리아로의 확대를, 이슬람교도가 데칸고원으로 진출한 것은 시리악 문명의 힌두스탄으로의 확대를, 티무르 렝크가 유라시아 스텝으로 나아간 것은 일레크 칸국과 Khwārism(흐와리즘)의 발자취를 따르는 것이었다.

이 고찰에 있어서 우리는 기원전 마지막 천년기(千年期) 전반에 시리악 문명과 헬레닉 문명이 지중해를 돌파한 확대가 사회적 붕괴가 아니라 사회적 성장을 수반했고 동로마 제국과 불가리아 전쟁(977~1019) 전에 코카서스와 남동유럽으로 진출한 정교 기독교 사회의 확대도 마찬가지로 사회적 성장을 수반한 것으로 볼 수 있다. 또 현재 서구사회도 적어도 네 가지의 확대에서는 붕괴가 아니라 성장을 수반했는데, 이 예외들은 문명의 지리적 확대는 문명의 붕괴와 상관관계를 갖는다는 우리의 법칙을 부인하는 것일까? 그러나 침략과 군국주의, 진출을 위한 분화와 동화, 분화에 따른 조화의 상실, 붕괴를 초래하는 병폐의 발생 등 지리적 확대가 수반하는 속성들을 분석해 보면 전체적으로 우리의 법칙은 부인되지 않는다.

서구문명은 근대 이전에 유산된 극서 기독교 문명과 스칸디나비아 문명을 흡수하여 달성한 대서양 연안으로의 확대, 만족을 희생시키고 라인강에서 비스툴라 강까지 진출한 북유럽으로의 확대와 유라시아 유목민을 희생시키고 알프스에서 카르파티아까지 나간 동진 및 십자군에 의한 지브롤터 해협에서 나일 강과 돈강 하구에 이르는 지중해 연안 정복과 통상의 확대를 달성했다. 그것은 성장을 수반하는 확대였는데 그로 인해 우리의 법칙은 부인되는 것일까? 이 의문은 위의 확대들을 보잘것없는 것으로 하는 서구의 전 지구적 확대가 어떤 것을 수반하는가를 살피기 전에는 답을 도출할 수 없다. 아직 사태의 와중에 있는 그것의 결과를 확인할 수 없지만 헬레닉 사회의 역사는 우리에게 그 수수께끼를 푸는 좋은 열쇠를 제공하므로 이제 그 한 줄기의 빛을 따라가 보자. 헬레닉 문명과 서구사회는 초기의 확대, 확대의 중지와 찬란한 창조의 시기, 그 이후의 더 큰 확대라는 동일한 여정을 가지고 있다. 최초의 확대는 헬레닉 사회에 있어서는 그 역사의 5~6기(BC 725~525)에 이루어진 지중해 연안으로의 팽창이고 서구사회에 있어서는 그 5~6기(1095~1291)에 이루어진 십자군 운동이다. 창조의 시기는 카르타고와 아케메네스 제국의 발흥으로 지리적으로는 압축되었으나 문화적으로는 헬레닉 사회의 천재적 재능이 꽃핀 시기 및 외부의 압력 때문에 확대는 저지되었으나 서구사회의 르네상스가 꽃핀 시기(1275~1475)였고 이후의 더 큰 확대는 마케도니아와 로마의 무력에 의해 헬레니즘이 인도에서 브리튼까지 진출한 것과 〈바스코 다 가마〉와 〈콜럼버스〉의 빛나는 항해로 시작되어 리바이어던조차 건너지 못할 전 세계의 바다를 건넌 서구사회의 팽창이다. 그런데 헬레닉 사회에 있어서 알렉산더 대왕이 헬레스폰트를 건넌 것으로 시작하여 〈아그리콜라〉가 브리튼 정복을 완료함으로써 종결된 그 확대는 사회적 붕괴에 수반된 것일 뿐만 아니라 사회적 병폐의 실질적인 징조였다. 그것으로 본다면 서구사회의 전지구적(全地球的) 확대도 붕괴와 병폐의 징조가 아닌가? 라는 의문이 생기지만 위의 사례들만으로도 우리의 법칙이 정당하다는 것을 입증할 수 있으므로 우리는 현재 진행인 서구사회에 대해서는 판단을 보류해도 좋을 것이다.

이렇게 입증된 이 사회적 법칙은 사회를 이루는 국가들을 파괴적인 내전으로 유인하는 것인데, 그것은 문명을 좌절시키는 가장 보편적인 원인으로 작용하는 군국주의 현상으로 설명할 수 있다. 이 자살적인 과정에서 사회의 모든 조직은 몰렉[787]의 청동가슴 속에서 타오르는 멸망의 불을 지피는 연료가 되며 모든 전쟁기술은 평화의 기술을 희생시키면서 진보하는 것인바, 사로잡혀 살육도구의 사용에 숙달된 그 광란적인 유사종교의 신자들은 서로를 파괴하는 광란에 더하여 이방에 제지불능의 도발을 감행하다가 종국에는 자기들의 파멸을 완료하는 것이다. 이제 그 군국주의에 의한 확대와 문화적 영향, 지리적 확대의 사회적 과정과 거대화에 의한 생명력의 낭비 등을 상고함으로써 최종적으로 지리적 확대는 문명의 성장이 아니라 문명 붕괴의 지표임을 확인해 보자. 헬레닉 세계의 군국주의적 확대[788]는 헬라스의 학교였던 아테네를 타도했고 로마로 하여금 헬레닉 세계의 생명력에 결정적인 타격을 가한 오랜 내전으로 단련된 무력을 앞세우게 했다. 그래서 그 확대는 그와 동시에 시작된 헬레닉 세계의 붕괴에 부분적으로라도 책임이 있는 것인데, 정복된 곳에 정복자의 문화를 전한 사례가 있기는 하지만 문화적 우월성이 없었던 로마인이 그리스인을 지배하는 일에 포로처럼 매달려야 했듯이 대체로는 군사적 정복에 이어 문화적인 정복이 이루어지지 않으면 군사적 승리자는 패배자에게 포로처럼 사로잡게 된다. 그리고 정복당한 국민은 그 패배의 보상으로 정복자를 문화적으로 지배하려 하며 그것이 달성되지 않으면 정복자의 문화에 적극적인 적의를 품게 된다. 예컨대 아시리아 군국주의는 문화적으로는 자기들보다 앞선 바빌로니아 문화를 표방했지만 정복당한 이스라엘인이나 아람인에게 그 문화를 수용하게 할 수 없었고 메디아인은 아시리아에 정복당했을 때 바빌로니아의 문화가 아니라 같

---

787. 〈레 18:21〉 및 〈렘 32:35〉를 참조할 것.
788. 마케도니아의 인도 침공 및 로마의 브리튼 정복 등.

은 처지에 있던 이스라엘과 아람의 시리악 문화를 수용했다. 이처럼 군사적 정복은 정복자의 문화가 전파되는데 중요한 장애가 될 뿐만 아니라 후술하는 바와 같이 정복자 자신의 문화에도 치명적인 영향을 끼치는 것이다. 지리적 확대는 한 사회가 다른 사회를 침략한 지표인데, 침략은 사회적 방사의 결과인 사회적 동화로 달성되는 것이므로 이러한 사회적 과정을 분석하면 우리의 법칙은 좀 더 깊이 설명된다. 물리적 방사에 있어서 다른 물체로 침투하는 빛은 융합된 광선이 아니라 프리즘에서 분산되는 스펙트럼이듯이 문명의 에너지를 방사하는 사회적 광선도 다른 사회로 침투하기 위해서는 융합을 깨트리고 정치, 경제, 사회, 문화적인 요소로 분해되어야 한다. 예를 든다면 후진사회는 이문명(異文明)의 문화적 본질과 분리하여 도입할 수 있을 것으로 여겨 총, 재봉틀, 축음기 등 문명의 이기(利器)를 도입하지만 그에 있어서 사회적인 제도와 이념 및 기질까지 채용할 것을 강요받는다면 생활 전체가 전복될 것을 우려하여 도입을 거부한다. 그러므로 사회적 침투는 눈에 보이는 물질적 경제적 장치로부터 시작되는 것이고 그러기 위해서는 방사 및 침투하는 문명의 요소들이 경제, 문화, 사회 및 정치적으로 분해되어야 한다. 성장 중인 문명은 사회적 분야의 모든 활동과 국면이 하나의 통일체로 조정되어 있지만 사회가 해체과정에 돌입하면 그 조화가 무너지는 것인바 문명의 방사가 시작되면 그 불일치는 방사하되 각각 분해된 광선으로 재생산된다. 붕괴 중인 문명의 이 분해된 광선은 성장 중이어서 지리적 확대를 시작하지 않은 문명의 통합된 방사보다 이질적인 사회에 침투하는 힘이 강하다. 이것이야말로 지리적 확대는 문명 성장의 지표가 아니라 사회적 붕괴에 수반되는 것인 동시에 사회적 **병폐**라는 증거인 것인데 확대에 매달리는 이 병은 도장지적(徒長枝的) 성장, 상피병적(象皮病的) 성장, 포유류에게 뒤지기 전에 이룬 파충류의 병적인 거대성장, 병적으로 거대해짐으로써 다윗에게 패한 골리앗의 성장, 스페인 무적함대가 빠진 거대화의 병과 같은 것이다. 그리고 앞에서 언급한 엉터리없이 큰 흰개미의 집과 같이 쇠망의 징조로 널리 알려진 인간의 거대 건축의 병도 바로 이 확대의 병인 것인데, 우리는 그것을 여러 문명의 붕괴 과정에서 확인할 수 있다. 이집트 역사에 있어서 문명의 승리를 기념할 뿐만 아니라 그 정점의 기록인 동시에 그 좌절을 예고하는 거대 건축의 병은 중왕조 이후에 발생했는데, 중왕조의 피라미드 및 신왕조의 거상(巨像)과 거대한 신전이 그 징표로 남아 있다. 헬레닉 사회에서 〈페이디아스〉나 〈악티누스〉 같은 예술가들이 페리클레스 시대의 아테네에서 구현한 예술품은 유례를 찾기 힘들 정도로 창조적이었으되 거대하지 않았고, 〈플루타크〉의 기록에 따르면 알렉산더 대왕은 자기의 거상(巨像)을 아토스 산에 세우자는 건의를 "그것은 잘못된 방향의 노력이며 취미의 타락이다"라는 말로 거부했다. 그러나 헬레닉 사회는 멸망 직전에 콜로세움, 〈카라칼라〉와 〈디오클레티아누스〉의 욕장, 〈콘스탄티누스〉의 바실리카[789] 등 병적으로 거대한 건물들을 건축했다. 이후 〈콘스탄티누스 대제〉는 지금도 Forum(로마의 중앙광장)을 압도하면서 솟아 있는 개선문(凱旋門)을 쌓았는데, 그때는 이미 뛰어난 조각가가 멸절되었으므로 그는 장식용 조각들을 전대의 건축물에서 훔쳐야 했다. 바실리카의 지나친 거대함은 그것을 만들게 한 군주의 정신적 열등감의 표출이며, 콘스탄티누스가 돌과 콘크리트를 겹겹이 쌓아올린 것은 자기 치하의 조각가들이 파르테논의 메토프[790]는 고사하고 트라야누스의 원주 프리즈[791]나 아우구스투스의 제단 부조(浮彫)조차도 모방할 수 없게 되었을 때 그 무기력을 엄청난 물적 자원을 동원하는 권력과 효율을 높이는 새로운 기술의 과시로 상쇄하고자 했던 것은 아니었을까? 그리

---

789. Basilica. 초기 교회의 예배당.

790. 두 개의 'Three Grip' 사이에 낀 4각의 벽면.

791. Frieze. ① 건축물의 벽면과 Cornice(배내기) 사이에 조성하는 띠 모양의 부분, 주로 부조(浮彫)로 장식함. ② 건축물의 외면이나 내면 또는 기구의 외면에 붙이는 띠 모양의 장식.

고 이 분석이 틀리지 않았다면 작금에 거대한 마천루(摩天樓)와 호화선(豪華船)을 건축하는 등 거대화에 몰입하는 것은 우리 사회가 직면한 운명을 예시하는 것이 아닐까? 쇠퇴하는 사회는 의식적으로는 부인하되 감정으로는 무능력과 실패와 파멸을 느끼고 그것을 감추려고 과도한 물질적인 사업을 벌이는 것이지만 그것은 체감되고 있는 생명력을 낭비하여 붕괴의 날을 재촉하는 것에 불과한 것이다.

2) 자연적 환경에 대한 지배력의 증가 - 기술의 진보

다음으로 살펴볼 것은 "자연적 환경에 대한 지배력의 증가가 문명 성장의 기준이 되는가?"라는 것인데 이 자연적 환경에 대한 지배력의 증가, 즉 자연적 환경의 정복은 기술의 진보를 척도로 하여 측정할 수 있으므로 이 고찰은 기술의 진보가 사회적 성장과 상관관계를 갖는지를 살피는 것으로 진행할 수 있다. 서구의 사회학자들은 구석기시대 - 신석기시대 - 금석병용시대 - 동기시대 - 청동기시대 - 철기시대 - 기계시대라는 물질적 기술의 진보에 있어서의 단계를 문명이 전진하는 단계로 간주하여 인류의 진보를 기술적인 명칭을 기준으로 구분되는 일련의 시대로 표시하고 있다. 그러나 그것은 다음과 같이 적어도 세 가지 이유 때문에 정당성을 인정받을 수 없는 것인데, 첫째는 상고한바 지방적이고도 일시적인 환경이 역사가에게 교묘하고도 잠행적인 영향을 끼쳐서 그를 굴복시키는 것처럼 사회적 감정에 강력하게 호소하고 있는 근간의 혁혁한 기술적 성취는 사회학자들을 도취시켜 그런 사고에 빠지게 했고 일반인들은 그 이론적 가치를 지적으로 확신하기 보다는 무비판적이고도 통념적으로 따르고 있는 것이기 때문이다. 둘째 이유는 바로 고고학자들의 자연적인 편견 때문인 것으로서 〈J. L. Myres〉가 지적한 바와 같이 고고학자들은 연구에 있어서 사회가 바뀌면 금방 사라져 버리는 과거의 제도, 사회적 감정, 사상 등 정신적인 기구보다는 더 오래 잔존하여 고고학적 연구에 의해 발굴되는 물질적인 재료나 기구에 의존한다는 것인데 우리는 이미 역사가들이 우연히 취득한 특정한 물질적 재료의 노예가 되는 경향이 있음을 지적한 바 있다. 셋째 이유는 위와 같은 시도는 명백한 오류로서 문명을 하나의 유일한 과정으로, 성장을 직선적인 단일운동으로 본다는 것이다. 그 관점에서는 관련된 다양한 역사적 사상(事象)을 질서 있게 포괄하는 체계를 만드는 것은 불가능하며 진보가 달성된 물질적 결과가 아니라 정신적 의미로서의 도전, 극복된 고난, 발휘된 에너지, 발현된 창조력을 의미하는 것임을 고려할 때 그런 사고방식은 "최초의 제1보가 가장 어려운 혁신이다"라는 유명한 통찰에도 불구하고 원초적인 전환이나 발명의 가치를 제대로 평가하지 못하는 것이다. 위 통찰의 예로서 언어의 발명은 통신기술에, 불과 그것을 취급하는 기술은 불을 응용하는 기술에, 활과 화살의 발명은 총포의 발명에, 원시적인 수레는 자동차나 기차에, 카누는 호화선에, 부싯돌은 기계식 해머에, 복잡하고도 가변적인 생명체를 이용하는 것은 규칙적인 자연을 지배하는 것에 앞서는 혁신이므로 식물계와 동물계를 지배하는 기술을 발견한 농민이나 유목민은 "인간의 진정한 연구는 바로 인간이다"라는 〈Alexander Pope〉의 선언을 깨닫지 못하고 물질적 우주를 피상적으로 정복한 것에 의기양양해 하는 교만한 공업가들을 조소해도 좋을 것이다. 공업가들은 인간의 상호관계에 집중하여 인간의 지혜와 덕성을 향상시키기 보다는 인간과 자연환경의 관계에 치중하여 가공할 동력을 제공함으로써 인간의 활동 능력을 높이기에 몰두했다. 그리하여 그들은 다이달로스[792]적인 성취를 이루었으나 이 종말에 가까운 시점에서 본다면 인간관계의 영역에서는 기계장치보다는 자애(慈愛)가 더 중요한 것이므로 다이달로스는 미로(迷路)를 만들기보다는 카인과 아벨의 식물계와 동물계 정복을 계승하여 그것을 생명계 최고의 왕국인 인간왕국의 정

---

792. 그리스 신화의 Daedalus. "크레타의 미로"를 만들었다는 아테네의 유명한 장인(匠人)

복으로 완성하는 것이 좋았을 것이다.

기술의 진보를 사회적 성장의 기준이라고 생각하는 사고방식은 위와 같은 선험적인 이론(異論) 그 자체로도 충분히 배제되는 것이지만 우리의 경험적인 검증은 그 사고방식에 최후의 급소를 찌르게 된다. 예컨대 폴리네시아인의 항해술, 에스키모의 어로법, 스파르타의 전쟁기술, 유목민의 가축 다루는 기술, 오스만리의 인간 통제법 등 문명의 발육이 정지되었음에도 기술은 진보했던 사례가 있고 유럽의 후기 구석기 시대와 전기 신석기 시대의 대조에서는 문명이 쇠퇴하고 있었음에도 기술은 진보한 예를 볼 수 있다. 후기 구석기 시대는 깎아 만든 도구가 조잡했으나 미적 감각이 있었고 동굴에는 교묘하고도 생생한 벽화를 그리는 등 〈회화적 인간-Homo Pictor〉의 모습을 보인 것에 반해 전기 신석기 시대에 도구를 정교하게 갈아서 만든다는 기술적 진보를 이룬 〈공작적 인간-Homo Faber〉에게서는 어떠한 예술의 흔적도 찾을 수 없다. 같은 예는 미노스 문명 후의 공백기에서 볼 수 있는데, 도리아인은 다른 사회에서 차용한 철기로 미노스 사회를 침공했으나 그들의 문화는 미노스 사회보다 후진적이었다. 또 다른 예를 든다면 신세계의 중앙아메리카와 멕시코 사회는 기원 천년 경에 금속기 시대를 열었지만 석기시대로 마친 마야문명에 비해 문화적 수준이 높지 않았다.

이러한 경험적 검증에 이어 전쟁 및 농업기술의 역사도 기술의 진보가 문명 성장의 기준이 될 수 없다는 사실을 증명한다. 먼저 전쟁기술에 있어서 헬레닉 사회에서는 그것이 문명이 정체나 후퇴와 함께 진보했음을 알 수 있다. 이것은 문명의 성장을 기술적인 진보를 기준으로 측정하며 기술은 진보했으나 문화적으로는 퇴보했던 도리아인이나 신세계의 후계문명들을 힘에 의한 문명의 사도로 여기는 견해가 엉터리임을 증명하는 것인데, 우리는 〈Procopius〉[793]에게서

---

793. 5세기 말에 Belisarius의 비서가 되고 562년에 콘스탄티노플 총독이 됨. 헬레닉 세계 최후의 대

그 전형(典型)을 본다. 그는 「유스티니아누스의 전사(戰史)」에서 〈카타프락토스-중장궁기병부대〉를 헬레닉 전쟁기술의 발전으로, 유스티니아누스의 승리를 헬레닉 문명의 진보로 여겼으나 전자는 헬레닉 세계가 낙후된 〈레기온-밀집보병부대〉 위주의 전쟁기술을 보완하기 위해 오리엔트의 국가들에서 차용한 것이다. 그리고 당대의 사람들은 그들의 사회가 이미 전성기를 지나 공백시대로 향하고 있음을 잘 알고 있었다. 유스티니아누스가 로마제국의 영토에 있어서의 통일을 회복하려 한 것은 그릇된 야심이어서 그가 오리엔트에서의 재정적 파탄과 발칸반도의 인구감소 및 이탈리아의 황폐화를 초래하면서까지 아프리카의 반달족과 이탈리아의 동고트족을 멸절시킨 것은 완전한 실패였다. 그것은 그로 인한 진공상태를 틈타 더 야만적인 무어인과 롬바르드인이 아프리카와 이탈리아를 차지했기 때문인데, 전체적으로 헬레닉 문명의 기술에는 전진적 진보가 있었다고 보는 프로코피우스의 주장은 문명에 대해서는 자가당착적이지만 전쟁기술 부분에서는 대체로 정당하다. 헬레닉 세계에 있어서 전쟁기술의 최초의 뚜렷한 진보는 7세기 후반에 있었던 제2차 메세니아-스파르타 전쟁에서 스파르타가 〈팔랑크스-중장보병밀집부대〉를 발명한 것이었고, 2차적 진보는 헬레닉 사회의 보병부대가 〈마케도니아의 팔랑크스〉와 〈아테네의 펠타스트-방패를 사용하는 경장보병〉로 분화된 것이다. 제3의 진보는 로마가 위 두 전술의 장점은 합치고 단점은 보완하여 레기온의 전술과 장비를 개발한 것이고 최후의 진보는 〈Gaius Marius〉가 시작하고 〈Julius Caesar〉가 종결한 레기온의 완성이었다. 이 진보는 로마의 레기온이 아드리아노플에서 패배한 378년까지 천년에 걸쳐 연속적으로 이루어졌지만 프로코피우스가 그리스와 로마 전쟁기술의 걸작으로 꼽은 〈카타프락토스〉[794]는 상기와 같이 그의 시대로부터 2세기 전

역사가로 추앙받고 있음. 「황제 유스티니아누스의 전기」를 저술했다.

794. 사람과 말에 공히 장착한 쇠망사(鐵網紗)같은 무장(武裝)

에 외부로부터 차용한 것이지 헬레닉 세계가 달성한 진보가 아니다. 로마의 레기온은 기원전 53년에 〈Crassus〉가 파르티아의 중장궁기병과 싸워 패한 전투와 기원전 48년에 카이사르가 감행한 전투에서 능력의 정점을 지났고, 그때 이미 기원전 133년[795]에 절정에 이른 헬레닉 세계의 동란시대가 시작되고 있었으므로 그들과 동시대인은 헬레닉 문명이 쇠퇴 직전의 단계에 돌입했음을 알 수 있었다. 따라서 세계국가 건설로 동란시대를 종결하는 것이 카이사르의 사명이었으나 그것은 카이사르가 아니라 악티움 전투에서 승리한 Augustus(존엄한 자) 〈Octavianus〉에 의해 달성되었다. 우리는 여기서 군사기술의 진보는 문명의 정체나 후퇴만이 아니라 정지와 좌절 및 붕괴를 동반한다는 것을 알 수 있는데, 그것은 바빌로니아 및 중국문명의 역사에서도 여실히 드러난다. 아시리아 군국주의의 광란으로 분열된 바빌로니아 사회의 동란시대와 진(秦)의 군국주의가 제후국들을 타도한 중국세계의 동란시대에 그 모두의 전쟁기술은 현저히 진보했으나 문화는 크게 쇠퇴했음은 주지의 사실이다. 이와 관련하여 제1차 세계대전 당시에 교육(敎育)을 촉진하기 위해 설치한 영국 문부성의 White Hall이 인간을 죽이는 참호전 연구를 위해 육군성에 징집되었을 때 필자는 〈마 24:15,21,22〉의 "그러므로 너희가 선지자 다니엘의 말한 바 멸망의 가증한 것이 거룩한 곳에 선 것을 보거든(읽는 사람은 깨달을 진저). 그때에 큰 환난이 있겠음이라 창세로부터 지금까지 이런 환난이 없었고 후에도 없으리라. 그 날들을 감하지 아니할 것이면 모든 육체가 구원을 얻지 못할 것이나 택하신 자들을 위하여 그 날들을 감하시리라"는 말씀을 생각했다. 이처럼 문화를 위한 기구를 희생하고 얻는 군사적 기술의 진보가 서구문명의 퇴보나 파멸을 뜻하는 것은 아닐지?

전쟁은 반사회적인 활동이므로 그렇다 치고 일반적으로 특별히 평화적인 활동으로 인정되는 농업기술의 진보도 사회의 일반적인 전진에 반비례함을 알 수

---

795. 〈Tiberius Gracchus〉가 호민관에 선출된 해.

있다. 솔론의 창의로 아티카가 이룬 전문화된 농업 방식이라는 헬레닉 사회 최초로 달성한 농업기술의 진보는 아티카인의 생활에 활력과 성장을 폭발시켰고 그에 따른 강력한 약진의 영향력은 헬레닉 사회의 생명력의 분류(奔流)로서 사회적 진보에도 기여했다. 그러나 그 기술적 전진의 다음 단계는 대규모의 수출농업[796]이었는데, 그것은 노예노동을 사용하는 것이었으므로 사회적으로 불건전한 것이었다. 그리하여 순수한 경제적 의미로는 땅의 생산력이 증대되었으나 그것은 기업농(企業農)만 부유하게 했을 뿐, 그라쿠스 형제의 개혁이나 보수세력의 자선정책과 고아부양 등의 노력에도 불구하고 자작농이 기생적인 도시 프롤레타리아트로 전락(轉落)한 것에 이어 그 대량농업을 지탱하던 화폐경제까지 붕괴되자 그 제도는 무너지지 않을 수 없었고 그 결과는 헬레닉 사회의 전반적인 붕괴였다. 이 로마시대 이탈리아의 농장노예제도는 19세기 미국 목화지대의 농장노예제도와 유사하다고 지적되고 있는바 18세기 영국의 산업혁명은 메이슨-딕슨 선 이북에서와 같이 19세기에 소멸될 뻔했던 미국 남부의 농장노예제도를 존속시켰다. 그리고 그것이 미국의 정치적 통일과 서구의 사회적 복지를 위협하는 가공할 사회악으로 작용했을 때 그것을 박멸함에는 남북전쟁이라는 대가를 지불해야 했다. 그러나 역사상 가장 특징적인 기술의 진보인 산업혁명은 지금도 기생적인 도시 프롤레타리아트를 악질적으로 증가시키면서 우리 사회의 생명력을 빨아들이고 있는 것이다.

이상에서는 기술의 진보가 문명의 정지와 후퇴 및 좌절과 붕괴를 동반하는 예를 살폈거니와 문명은 전진 또는 후퇴함에도 기술은 정체했던 사례도 있다. 우리는 후기 구석기시대에 네안데르탈인이 아인간(亞人間)에서 벗어나 호모 사피엔스, 즉 〈우수인간-Homo Palaeolithicus Superior〉으로 승화했음을 알

---

796. 그것은 아티카의 포도주와 올리브유에 대한 지중해 서부연안에 거주하는 만족들의 증가된 수요에 부응하기 위해 BC 5세기 말부터 해외 식민지에서 시행된 대규모 노예농업이었다.

고 있거니와 이것은 역사상 가장 획기적인 전진이었다. 이들과 당시의 〈열등인간-Homo Palaeolithicus Inferior〉의 차이는 그 열등인간과 후대의 〈기계를 창조하는 인간-Homo Mechanicus〉와의 차이만큼이나 크지만 당시에 그에 상응하는 기술의 진보는 없었다. 다음으로 우리는 문명이 전진하고 있음에도 기술은 정체되었던 예를 헬레닉 문명이 사회적 파국에 빠지고 그로부터 서구사회가 출현했던 시기에서 볼 수 있는데, 당시에는 문명이 획기적으로 전진했으나 기술은 정체하고 있었다. 그 예로 서구사회는 철공기술, 라틴의 표음문자로 대표되는 표기기술, 그리스 수학 등을 헬레닉 사회로부터 아무런 변형 없이 그대로 계승했다.

이상의 경험적인 조사는 기술의 진보와 문명의 진보 사이에는 아무런 상관관계가 없음을 밝히기에 충분하지만, 이 사실은 기술이 인간의 삶에서 차지하는 중요성을 부정하는 것이 아니므로 기술 진보의 역사는 우리가 이 탐구를 진행함에 있어서 하나의 중요한 단서가 될지도 모른다.

3) 영성화(靈性化)

우리는 위에서 살핀 바와 같이 기술의 역사는 사회 진보의 법칙을 밝혀주지는 않지만 그를 통해 기술이 진보하는 원리는 전진적 단순화임을 간파했다. 그리고 모든 분야에 적용되는 그것을 교통, 전신, 문자, 언어, 복식, 천문학, 철학 등의 분야에서 살펴보면 물질적인 것에 지나지 않는 것으로 보이는 그 운동에도 어떤 정신적인 경향성이 있음을 알 수 있다. 교통에 있어서 동물을 이용하는 것에서 기관차로 전환한 최초의 진보는 증기기관, 터널, 둑, 교량, 궤도 등 매우 복잡한 물질적 장치를 필요로 했으나 이어 증기기관을 내연기관으로 바꾼 진보에서는 현저한 단순화가 이루어졌다. 전신, 즉 언어를 전달하는 데 있어서 최초의 전신기술은 전선을 통해서만 가능했으나 이후의 진보는 단순화로서 무선전신기술을 달성했다. 표기의 기술, 즉 문자에 있어서 기술의 진보는 형태의 단순화 그 자체이고 그것은 가장 복잡한 중국의 표의문자, 표의와 표음을 병용하는 이집트 상형문자 및 수메르 설형문자, 페니키아인이 발명하고 그리스 및 라틴사회가 차용하여 발전시킨 서구의 알파벳 표음문자에서 드러나는데 그 기술적 진보의 절정은 단순화의 극치를 이룬 세종대왕의 훈민정음이다. 문자에 앞서며 인류와 동시에 발생한 것으로 여겨지는 언어, 즉 음절과 유의미한 음성을 발하는 기술도 그 기술적 진보는 단순화인바 진보 과정에 있는 언어의 경향은 관계를 표시하는 품사가 의미를 나타내는 품사에 결합되는 복잡한 어미(語尾)의 변화를 줄이고 같은 관계가 언어의 내면적인 형태를 변화시키지 않으면서 의미를 표현하는 다른 독립어와 결합 또는 분리되는 전치사, 조사, 불변품사(不變品詞) 등의 사용을 늘리는 것이다. 그리고 그 진보의 끝은 보조사조차 버리고 상호관계를 단순히 상대적인 순서에 따라 표시하되 변화하지 않는 언어만으로 표현하게 되는 것인데, 그것은 진보와 정체의 극을 달리는 근대 영어와 산스크리트어 및 그 중간에 위치하는 그리스어의 대조에서 드러난다. 역사적인 우연으로 인도-유럽어의 원시적인 모어(母語)에서 그다지 멀어지지 않은 채 정체된 산스크리트어는 어미의 풍부한 변화와 불변품사가 적은 것을 특징으로 하며 근대 영어는 풍부한 고어의 어미 변화 대부분을 버리는 대신 불변품사, 전치사, 조동사 등을 발달시켰다. 그리스어도 어미 변화가 많지만 그것은 명사에서가 아니라 본질적으로 의미와 함께 관계를 나타내는 동사에서이고 산스크리트어에 비해 불변품사가 많으므로 산스크리트어보다는 영어에 가깝다. 영어는 동사가 다양한 보조어의 도움으로 모든 사상(事象)과 뉘앙스 및 시제를 표현하는데, 아라비아어도 동사의 다양한 어미 변화가 있으므로 양자의 진보가 비슷해 보이지만 아라비아어의 동사에는 완료 및 미완료의 시제가 있을 뿐 과거 현재 미래의 기본적인 시간도 구별되지 않는다. 또 오스만 튀르크어는 동사의 어미 변화에 의해 관계의 뉘앙스를 넓고도 미묘하게 표현할 수 있다는 점에서 그리스어와 유사하지만 모든 불변품사는 페르시아어와 아라비아어에서 차용한 것이고 관계대명사가 없다는 점에서 그리스어에 미치지 못한다. 복식에 있어서의 진보도 복잡 다양함에서 단순 일양으로, Body Line의 왜곡에서 라인을 살리는 방향으로 이루어졌는데 계급 간 복식의 차이가 거의 없는 우리 세대에서 본다면 계급차별의 방편이되 치마폭을 엉터리로 크게 하고 허리를 졸라매는 〈Queen Elizabeth〉의 복식은 미적 감각에 있어서 이빨을 갈고 근육에 나무 조각을 찔러 넣으며 입술이나 귓밥을 억지로 크게 만드는 미개인들과 유사한 것이고, 자루와 같은 가발을 쓴 〈루이 14세〉의 복식은 사자의 갈기를 쓰는 아비시니아의 추장과 같은 효과를 노리고 있는 것이다. 천문학의 분야에서도 천체의 운동에 일관적인 설명을 가하려 한 최초의 시도인 〈프톨레마이오스 체계〉는 '에피사이클'이라는 복잡한 기하학적 장치를 가정해야 했으나 이후 〈코페르니쿠스 체계〉는 망원경을 사용한 결과 그 기하학적 개념을 보다 단순화하는데 성공했고 오늘날의 〈아인슈타인 체계〉는 시·공간의 차원, 중력과 복사, 자기의 법칙 등을 하나의 체계로 종합함으로써 물리와 우주의 가설적인 구조를 더욱 단순화시키고 있다. 〈베르그송〉은 손 운동의 분석과 비유로 철학에서의 단순화의 경향을 직관적인 전진의 지표로 여기고 나아가 그것을 인간과 물질적 우주와의 관계에도 적용하고 있다. 그는 복잡성을 물질에, 단순성을 생명에 등치시키기 위해 "그 문제는 실험에 의해 알려진다"라는 명제를 고대 엘레아학파의 궤변에 적용하고 있는 것이다.

전술한 예증들은 기술의 진보와 장치의 단순화와의 상관관계는 분야를 한정할 수 없을 정도로 넓음을 나타내는데 이 논지에 있어서 생략과 제거를 뜻하는 부정적인 의미의 용어인 단순화는 효율, 심미적 만족, 지적 이해, 감정적 공헌 등 기술의 진보로 인한 획득과 증진의 의미를 적절히 표현하지 못한다. 그것은 이 획득과 증진이라는 것은 물질적인 한계에 갇혀 있던 힘을 해방시켜서 그것이 좀 더 영적인 매체 속에서 활동하게 하는 단순화의 결과이기 때문이다. 환언하면 상술(上述)한 그 과정은 장치의 단순화를 넘어 존재나 행동의 에너지가 낮은 영역에서 보다 높은 영역으로 이행하는 중심의 이동을 수반하는 것이므로 역사에서의 그 과정을 좀 더 명백히 하려면 그 단순화를 〈영성화-Etherealization〉라고 불러야 한다. 우리는 기술의 진보에 있어서의 영성화를 다음과 같이 다양한 분야에서 관찰할 수 있다. 물질의 지배에 있어서는 수력에서 증기력과 전력으로의 이행과 통신의 매체가 금속선에서 Ether로 이행하는 것이 그 예인데, 물질적인 우주에 있어서 조직들의 조작 분야가 조잡한 것에서 정묘한 것으로 이행하는 것은 인류학자인 〈Gerald Heard〉가 묘사한 바와 같이 자연과학의 현대적인 발전에 있어서의 하나의 경향이다. 〈Bulwer Lytton〉이 그 경향의 정점인 초기 산업혁명의 방법에 의한 모든 물질적 지배를 무지(無知)의 산물로 여기는 '브릴력(力)'을 상상했듯이 인간의 물질에 대한 궁극적인 지배는 무한동력, 영구 에너지 등 극히 영성적인 형태로 바뀔 것이다. 수학과 신학의 분야에서도 이러한 영성화가 진행되고 있는데, "신들의 인격과 상호관계가 차츰 명확해져서 마침내 유일신에 흡수되는 이 종교에서의 점진적 상승은 … 순수 지성이 유한한 것에 대한 고려에서 미분적인 것의 고찰로 이행하여 그러한 것을 달성했듯이 종교적 정신도 외면적인 것에서 내면적인 것으로, 정적인 것에서 동적인 것으로 전환되는 순간까지 나아갔다"라는 〈베르그송〉의 설파는 이에 대한 하나의 통찰이다. 서구에서 예술의 영성화는 예술적 충동이 그 대상을 석재(石材)와 같은 조잡한 매체에서 음향이라는 정묘한 매체로 바꾸는 약진을 이룸으로써 음악이 건축을 대신하여 예술의 왕좌에 올랐을 때 달성되었는데, 〈Oswald Spengler〉는 그 과정에 대한 탁월한 분석을 제공하고 있다.

우리는 철학에서의 영성화를 〈소크라테스〉〈엘리야〉〈노자〉〈마하트마 간디〉〈고타마 싯타르타〉〈아쇼카 황제〉 등의 체험과 생애에서 살필 수 있다. 플라톤은 「Phaedo」에서 소크라테스가 자기의 지적 발전사를 고백하는 형식으로 관심과 주의를 자연계에서 정신계로, 매크로코즘에서 미크로코즘으로 전환시킴으로써 "원인은 물질이다"라는 가설로는 포착할 수 없었던 존재의 신비에 대한 이해를 "원인은 정신이다"라는 가설을 통해 발견했음을 밝히고 있는바, 연구 분야의 전이는 목적의 전이를 수반하는 것이므로 탐구영역을 물질계에서 정신계로 전이시켰을 때 소크라테스는 형이상학을 초월하여 윤리학의 세계로 돌입했고 그를 통해 지적 구원에 더하여 도덕적 구원을 찾았던 것이다. 그의 탐구 범위는 진(眞)만이 아니라 선(善)까지 포함하는 수준으로까지 확대되었고 자연과학의 문제가 그를 괴롭히지 않게 되었을 때 그는 〈Daimonion〉의 명령을 받아들인 것인데, 그가 키와 지혜가 자라고 어린아이의 일을 버린[797] 후에 늘 말했다는 다이모니온은 〈엘리야〉가 탐구하는 것을 "불 속에서도 찾지 못하고 지진 속에서도 만나지 못했으며 크고 강한 바람이 산을 가르고 바위를 부수나 찾지 못하고 마침내 '조용하고 작은 소리' 가운데서 들었다"[798]라고 하는 신의 소리였다. 소크라테스의 그 경험은 〈노자〉가 정신을 매크로코즘에서 미크로코즘으로 전환시켰을 때 얻은 경험이고 그것은 그를 인도하여 무위의 직관에 달하게 했던바 무위(無爲)란 그 본질을 추론적인 이성이 아니라 역설적인 언어로만 나타낼 수 있는 궁극적인 원리인 동시에 충만의 극치인 완전한 공허, 동(動)의 극단인 완전한 정(靜), 긴장의 극치인 완전한 해(解), 창조의 열반경인 완전한 평정(平靜)인 것이다. 이 역설적인 설명은 「영국인 선원과 중국인 수로 안내인」이라는 우화로 명확해질 것인데, 그 내용은 19세기 중엽에 양자강을 운항하던 영국인이 최신의 증기선을 처음으로 취항시켰을 때 그들은 범선일 때부터 수로를 안내하던 중국

797. 〈삼상 2:26〉〈눅 2:52〉〈고전 13:11〉 참조.
798. 〈왕상 19:11~12〉 참조.

인이 놀라서 기겁할 것으로 생각했으나 그가 놀라기는커녕 "중국에서도 옛날에 이런 배를 만든 적이 있지만 언젠가 그만두었는데 아마 2000년 전쯤일 것이오"라고 답하자 오히려 크게 놀랐다는 것이다. 그가 말하고자 한 것은 중국이 그 증기선을 넘어서는 기계적 발명을 했다는 것이 아니라 역사적으로 중국인은 물리적 자연의 활용에 있어 〈남만인〉을 앞서 있었으나 시행해 본 결과 물질적인 세계는 인류가 재보를 쌓을 곳이 아님을 확신했고 그 확신으로 관심과 에너지를 기술수준을 향상시키려는 산업주의와는 전혀 다른 분야로 이전했다는 사실이다. 이 고대 중국문명이 달성한 '재보의 신비적인 전이'는 동포에게 "자기가 입을 것은 스스로 만들라"고 했던 〈마하트마 간디〉의 정신과 유사한 것인데, 그는 손으로 Khaddar를 짜는 것이 기계로 하는 방적보다 낫다거나 기계적 복잡성을 버리고 수공업적 단순성으로 복귀하라는 것이 아니라 관심과 활동 영역을 물질적인 것으로부터 정신적인 것으로 이행시킬 것을 촉구했던 것이다. 간디의 천재가 이처럼 특수한 형태로 표현한 원리와 정책은 힌두교의 기풍에 내재하는 현저하고도 지속적이며 강력한 정신적 요소인데, 이는 간디에 앞서 〈키플링〉이 「푸른 바가트의 기적」이라는 이야기로 표현한 바 있다. 그리고 바가트와 간디가 걸은 길은 〈아쇼카 황제〉가 제국주의를 수행하는 수단인 전쟁을 폐기했을 때와 승려로서의 삶을 살기 위해 황제의 지위를 버렸을 때 걸었던 길이며 죽어서 그의 스승이 된 고타마가 부처가 되려고 처자와 왕위를 버렸을 때 걸었던 길이기도 하다.

마태가 전한 복음의 기록[799]은 이상의 인용들을 결말짓는 것이며 그 영성화의

---

799. "그러므로 내가 너희에게 이르노니 목숨을 위하여 무엇을 먹을까 무엇을 마실까 몸을 위하여 무엇을 입을까 염려하지 말라 목숨이 음식보다 중하지 아니하며 몸이 의복보다 중하지 아니하냐", "또 너희가 어찌 의복을 위하여 염려하느냐 들의 백합화가 어떻게 자라는가 생각하여 보라 수고도 아니하고 길쌈도 아니하느니라 그러나 내가 너희에게 말하노니 솔로몬의 모든 영광으로도 입은 것이 이 꽃 하나만 같지 못하였느니라", "그러므로 염려하여 이르기를 무엇을 먹을까 무엇을 마실까 무엇을 입을까 하지 말라 이는 다 이방인들이 구하는 것이라 너희 하늘 아버지께서 이 모

경향은 모든 방면의 모든 양상에서 식별된다. 형태학적인 관점에서는 조직에 있어서의 복잡성에서 단순성으로 향하는 전진적 변화로, 생물학적인 관점에서는 무생물에서 생명에 이르는 자연의 비약으로, 철학적인 관점에서는 정신적 시야의 매크로코즘에서 미크로코즘으로의 전환으로, 종교적인 입장에서는 영혼이 육체와 세속과 악마에서 천국으로 복귀하는 것으로 나타나는 것이다. 그리고 이상의 예증들은 우리가 당면한 연구의 대상을 어김없이 지시하고 있다.

4) 활동분야의 전이

우리는 위에서 외적(물질적+인간적)인 환경에 대한 정복의 증진이 문명 성장의 기준이 아님을 확인한 것에 더하여 문명의 성장에 수반하는 현상인 영성화에 주목했다. 그리고 그 예증을 통해 문명 성장의 기준은 강조의 전진적 변화와 에너지의 전이 및 활동이 일어나는 무대, 즉 도전과 응전이 일어나는 분야의 전환 가운데 존재한다는 사실을 간파했다. 그런데 이 다른 분야에서의 도전은 외래의 것이 아니라 내부에서 발생하는 것이고 그에 대한 응전의 성공은 외적 장애의 극복 또는 외적(外敵)을 정복하는 형태가 아니라 내적 자기표현이나 자기결정에서 나타나는 것이다. 그러므로 도전에 대한 일련의 응전을 성장의 표현으로 해석할 것인가의 여부는 이 일련의 도전과 응전의 과정에 위와 같은 전환의 경향이 있느냐 없느냐에 달려 있다. 왜냐하면 외적 환경의 정복에 불과한 것 같은 응전에도 언제나 내적 자기결정의 요소가 결부되어 있고, 활동무대의 내적 분야로의 전이가 극도로 진행된 때조차 외적인 분야에는 활동의 어떤 잔재가 남는 것이므로 실질적으로 도전과 응전이 한 분야에서만 행해지지는 않기 때문이다. 연속적인 응전의 승부에 있어서 싸움이 한 분야에만 한정되는 일은

___

든 것이 너희에게 있어야 할 줄을 아시느니라 그런즉 너희는 먼저 그 나라와 그 의를 구하라 그리하면 이 모든 것을 너희에게 더하시리라"〈6장 25~26, 28~29, 31~33〉

없고 성공한 응전이 축적되어 성장이 실현되는 것일수록 그 승패를 결정짓는데 있어 외적인 분야의 싸움보다는 내적인 분야의 싸움이 더 중요한 것이다. 이것이 사실임은 사회적 성장을 외적인 분야에서만 서술하려고 한 두 역사저술, 즉 〈E. Demolins〉의 「어떻게 해서 통로는 사회 형태를 창조했는가?」 및 〈H. G. Wells〉의 「역사의 개관」에서 명백히 드러난다.

드몰렝의 "지구 표면에는 다양한 주민이 존재하는바, 이 다양성을 창조한 원인은 무엇일까? … 이 인종의 차이를 낳게 한 첫째이자 결정적인 원인은 사람들이 걸어온 통로이다. 인종과 사회의 형태를 창조한 것은 다름 아닌 통로인 것이다"라는 자극적인 선언을 읽을 때 우리는 미개사회와 발육정지의 문명을 설명함에 있어서는 그 탁월한 능력과 열의에 경의를 품게 된다. 그러나 독자들은 그가 그 공식을 가장 촌락공동체(家長村落共同體)에 적용할 때 불안을 느끼게 되고, 카르타고와 베네치아를 다룬 단원에서는 뭔가 빠졌음을 알게 되며, 피타고라스의 철학을 이탈리아 남단을 횡단하는 수륙무역에 연계하여 설명하려 함에 대해서는 고개를 갸우뚱하게 된다. 더구나 「고원의 통로 – 알바니아형과 그리스형」이라는 단원에서는 단지 같은 통로를 거쳤다는 이유로 〈위대한 모험과 인간적 경험인 헬레니즘〉을 〈발칸고원의 부산물인 알바니아〉와 같은 것으로 격하시키는 것에 대해서는 고소(苦笑)를 금치 못하게 된다. 웰스씨도 미개의 것은 성공적으로 설명하고 있으나 성숙한 것을 설명함에 있어서는 필치의 확실성을 상실하고 있다. 유원(悠遠)한 지질학적 연대에 발생한 극적인 사건, 즉 비대해진 파충류가 멸망했을 때 어떻게 해서 포유류의 조상인 이 소형동물이 살아남았는지를 말하는 그의 서술은 타의 추종을 불허하는 것으로서 「다윗과 골리앗의 전설」에 비견되는 가치를 지닌다. 그러나 그는 그가 전개하는 역사적 파노라마의 작은 부분이지만 논지의 시금석이 되는 서술에 있어서 외면에 치중한 의식적인 편견과 무의식적인 냉담으로 그릇된 판단을 내림으로써 혼과 혼의 직감적 공감에 의해 인간적인 성격을 파악할 기회를 놓쳤을 뿐만 아니라 자기의 정신적 재화를 매크로코 즘에서 미크로코즘으로 전환시키기에 실패했다. 웰스의 그 실패는 같은 문제에 대한 셰익스피어의 성공에 의해 부각되는데, 그 위대한 저작의 인물들을 영적으로 계발된 순서로 배열하면 우리는 그 대가(大家)가 영성이 높아짐에 따라 주인공이 역할을 상연하는 활동 분야를 항상 같은 방향으로 변화시키되 미크로 코즘의 영역은 증대시키고 매크로코즘의 영역은 무대 밖으로 몰아내고 있음을 알 수 있다. 〈헨리 5세〉의 유치한 성격은 인간적 환경의 도전에 대한 반응으로서 그의 유쾌한 친구들 및 아버지와의 관계, 무장한 전우들에 대한 높은 용기의 표명, 케이트 여왕에 대한 성급한 구애(求愛) 등으로 완벽하게 표현되어 있고 「Macbeth」에서는 극의 중점과 행동의 무대가 말콤과 맥더프 및 부인과의 관계가 아니라 맥베드 자신의 내면적인 관계로 옮겨져 있다. 「Hamlet」에 이르러서는 햄릿과 부친을 암살한 자, 불이 꺼진 오필리아, 노쇠한 교사 호레이쇼 등과의 관계는 주인공의 정신 속에 전개되는 내면적인 갈등에 흡수되어 있고 햄릿의 행동 영역은 매크로코즘에서 미크로코즘으로 완전히 전이되어 있다. 따라서 그의 예술적 걸작에는 〈Aeskylos〉의 「프로메테우스」나 〈Robert Browning〉의 「극적인 독백」에서와 마찬가지로 한 출연자가 무대의 외면을 사실상 독점하고 그의 인격 내부에서 파도치는 정신적인 힘에 활동의 자유를 부여하고 있는 것이다.

이 셰익스피어적인 활동 영역의 전이는 프랑스 영국 서구 등 개체적인 사회만이 아니라 한 문명의 역사에서도 나타나는데, 거기에서도 각각의 도전에 대한 일련의 응전이 성장으로 축적될 때 그 진행에 따라 활동 분야는 사회의 외적인 환경으로부터 사회조직의 내면으로 끊임없이 이행된다. 우리는 이미 프랑스와 영국이 스칸디나비아의 침공을 격퇴하기에 성공했을 때 봉건제도라는 강력한 사회적, 군사적 제도를 만들어냄으로써 인간적인 환경의 도전에 대한 눈부신 승리를 얻었음을 보았거니와 봉건제도를 창조한 것은 스칸디나비아의 도전에 대한 서구적인 응전의 본질이었다. 그러나 그 프로메테우스적인 약진으로서의 봉건제도는 계급 간의 정치 경제 사회적 분화를 유발한 데 이어 사회적 평형을 깨트리고 사회에 모종의 압력과 긴장을 초래했다. 그리하여 그 두 나라는 바이킹을 격퇴하느라 치른 노고를 달랠 틈도 없이 계급관계를 바탕으로 하는 봉건제도를 주권국가와 개인 사이의 시민적인 관계를 바탕으로 하는 새로운 제도로 바꾼다는 도전에 직면했는데, 이 연속되는 두 도전의 예는 활동 영역이 외적인 영역으로부터 내적인 영역으로 이전되었음을 보여주는 것이다. 헬레닉 사회의 역사에 있어서도 저지대의 헬레닉 주민에 대한 고지민의 도전, 인구증가, 식민지의 페니키아인과 에트루리아인 및 토착 만족의 도전, 두 본거지(그리스 본토 및 시칠리아)에 대한 크세르크세스 및 카르타고의 도전 등 초기의 도전들은 모두 외부에서 발생했다. 이 도전들은 상술(上述)한 바와 같이 단계별로, 그리고 마지막 도전은 알렉산더의 헬레스폰트 통과로 비롯되는 4세기 동안에 훌륭히 극복되었다. 알렉산더는 아케메네스 제국을 타도함으로써 헬레니즘이 시리악 세계를 넘어 이집트, 바빌로니아, 인도까지 지배하는 길을 열었고 로마인은 카르타고 제국을 멸망시켜 유럽만족에 대한 지배권을 확립했던 것이다. 3세기에 들어사산제국 및 변경의 야만적인 군단들이 제기하는 외적인 영역에서의 도전이 재발하기는 했으나 헬레닉 사회는 기원전 4세기 후반에서 3세기 초까지의 5~6세기 동안 외적 환경으로부터 특별한 도전이 없는 휴식기간을 향유했다. 그것은 그 기간에 도전이 없었다는 것이 아니라 그것이 앞에서 살핀 바와 같이 쇠퇴기의 헬레닉 사회에 다양한 내적인 영역의 도전으로 이행되었음을 말해 주는 것이다. 예컨대 아케메네스와 카르타고의 군사적 압력이라는 도전은 헬레닉 사회를 자극하여 아테네의 해군과 시라쿠사의 참주제(僭主制)라는 방어용의 강력한 군사적 사회적 기관을 만들어냈는데 그것은 외부의 침입자를 물리친다는 소기의 기능을 수행했으나 아테네와 스파르타의 패권투쟁, 아테네가 자행한 맹주로서의 압제, 그리스인 동맹군의 시라쿠사 배척 등으로 압력과 사회적 긴장을 초래했다. 그 새로운 내적 압력과 긴장은 헬레닉 사회에 처리할 수 없는 도전을 가하여 그것을 처리하지 못한 결과 사회적 좌절이 일어났다. 알렉산더와 스키피오에 의해 처리된 헬레니즘과 아케메네스, 카르타고, 만족 등 외적과의 투쟁은 도전의 종결이 아니라 마케도니아와 로마의 내전으로 전화된 것에 지나지 않았고 서부 지중해를 놓고 다툰 헬레닉 사회와 시리악 사회의 경제면에서의 경쟁은 오리엔트의 농장노예와 로마의 주인 사이에서 일어난 보다 파괴적인 국내 전쟁으로 재현되었으며 관련되는 제 문명의 군사적 충돌도 이시스 숭배, 점성술, 대승불교, 미트라교, 기독교, 절충종교 등이 출현한다는 형태로 헬레닉 사회에서의 종교와 문화적 갈등으로 재현되었던 것이다. 다음으로 서구사회는 최초의 가장 현저한 도전이었던 이베리아 반도에서의 아라비아인 시리악 세계국가 건설자, 유산된 극서 기독교 세계, 스칸디나비아 문명, 유럽의 대륙만족 등의 도전과 뒤를 이은 모스크바 왕국과 오스만리의 압력을 극복하고 헬레닉 세계의 마케도니아인과 로마인의 업적에 필적하는 확대를 달성함으로써 모든 서구 이외의 사회와 충돌하게 되었다. 이후 2차 러시아 혁명으로 러시아 제국을 장악한 볼셰비즘도 하나의 외적인 도전이었으나 그것은 서구의 도전에 온전히 비서구적인 정신으로 맞섰던 이문명의 옹호자들[800]과는 달리 그 자체가 서구에서 발생한 것이므로 훗날 공산주의가 자본주의를 집어삼킨다 해도 그것은 19세기 서구적 사회질서에 대한 동세기 서구의 비판일 뿐이다. 서구의 이러한 확대[801]는 레닌과 그 동류인 간디[802]의 애매한 삶과 정신적인 고뇌에서 드러나는 바와 같

---

800. 예로는 공포왕 시바지, 공포왕 이반, 살라딘, 술레이만 대제.

801. 경제면에서는 절대적이고, 정치면에서는 지배적이며, 문화면에서는 독보적인 확대.

802. 〈Mathama Gandhi〉 〈Vladimir Lenin〉 동시대를 산 힌두교와 러시아의 예언자로서 야누스의

이 서구만이 아니라 서구화된 사회도 활동 영역을 외적인 영역에서 내부로 전이한다는 것을 보여준다. 표트르주의에 반하여 표트르의 이름을 지우고 자기 이름을 떨치려는 의도로 페테르부르크를 레닌그라드로 개칭하고 모스크바로 천도한 레닌은 예언자이자 사교(司敎)인 〈아바쿰〉과 슬라브주의의 후계자임을 천명한 것처럼 보인다. 그들은 서구적 질서를 거부하고 서구와 싸우기 위해 마르크스의 교의와 서구의 무기를 차용했으나 그들의 5개년 계획은 농업과 공업 및 수송을 기계화하고 농업국가를 공업국가로 변화시키며 구식의 러시아를 신식인 미국처럼 만들려는 노력인 것이어서 결과적으로 표트르의 사업을 파괴한 것이 아니라 촉진한 것이 된 볼셰비즘의 성질에는 매우 큰 애매성이 내재되어 있다. 마르크스주의는 전체적으로 서구적 질서를 거부하는 것이지만 신앙으로서의 적극적인 요소와 산업에 있어서 공업화에 반하는 부정적 요소가 혼재된, 서구적 환경에서 배출된 유토피아적 이론이다. 그런데 그것이 표트르 대제에 의한 서구화가 표면에 그쳤을 뿐 원시적인 농업경제를 기반으로 하는 비서구국가(非西歐國家)에서 최초의 공식적인 사회제도로 등장했다는 것은 하나의 아이러니이다. 이 러시아 혁명가가 마음에 둔 것은 적극적인 요소가 아니라 부정적인 요소였는데, 이 사실은 자본주의라는 이국적인 서구의 제도가 똑같이 이국적인 공산주의라는 교의로 타도된 이유를 설명하는 것이다. 이 설명은 마르크스주의 철학이 러시아적 분위기에서 수용되는 듯이 보여지는 변모[803]에 의한 것인 바, 얼핏 보면 이로써 침입한 서구문명은 마침내 극복되고 도착된 정교 기독교의 정신이 다시 제자리를 찾은 듯이 보인다. 그러나 신앙이 아니라 산업에 주목하여 레닌과 그의 후계자가 실제로 러시아를 위해 실행한 것이 무엇이었는가를

얼굴로 자기 나라와 서구를 함께 바라본 간디와 레닌은 성향에 있어서 동류(同類)였다.

803. 마르크스주의가 정교 기독교의 지적이고도 감정적인 대체물로 전화하고 마르크스는 모세로, 레닌은 그 구세주로 되며 마르크스의 전집은 전투적인 러시아 무신론 교회의 성서가 된 것으로 보이는 그 표면적인 변모.

살펴보면 현상은 다른 양상을 띠게 된다. 그들의 상기(上記)한 노력은 곧 표트르의 사업을 무가치한 것으로 만들려는 야심적이고 신속하며 가차(假借) 없는 서구화였으므로 표트르가 알았다면 놀라서 "나는 불쌍한 러시아인을 채찍으로 치고 러시아의 생활을 표면만 긁었으나 이들은 그들을 쇠사슬로 징벌하고 러시아 땅을 기계로 파헤치며 러시아 문화의 뿌리를 뽑고 있다!"라고 외쳤을 것이다. 그들은 장비에 있어서는 미국적이지만 혼에 있어서는 러시아적인 새로운 사회를 창조하려고 하지만 그것은 역사의 유물론적이고도 결정론적인 해석을 신조로 하는 정치가의 기묘한 꿈이며 예언자인 레닌과 그 후계자들은 〈Jonah〉가 아니라 〈Balaam〉으로서 악마적인 정력을 가지고 자기들이 세계를 향해 비난하고 있는 문명의 승리를 러시아에서 실현시키려고 노력하고 있는 것이다. 그러므로 우리는 〈Vladimir Lenin〉의 이상과 〈Henry Ford〉의 방책이 줄다리기를 하고 있는 러시아에서 역설적으로 러시아에 대한 서구의 새로운 지배가 확인될 것을 기대할 수 있다. 간디에 있어서는 상기와 같이 그가 무의식중에 보편적인 서구화의 과정을 추진하고 있었음은 한층 더 아이러니컬하다. 이 힌두교 예언자는 간절한 소망으로서 인도인을 서구적 마인드와 활동에 얽혀들게 하는 서구의 기계방직의 무명실을 끊고 인도의 솜을 손으로 방직하라고 호소했다. 그러나 동포들은 이 예언자의 정신은 존중했으나 그가 어쩔 수 없이 서구화의 길을 향해 지도할 때에만 그를 따랐다. 그리하여 우리는 간디가 인도를 의회주의 독립국가로 변화시킨다는 서구적인 계획과 투표, 의결, 강령, 신문 등 서구적 제도와 장치를 지향하는 정치운동을 전개하고 있음을 보는 것이다. 그 정치운동의 가장 효과적인 지지자는 서구의 공업기술을 인도의 그것에 동화 흡수시켰기에 간디가 유쾌히 여기지 않은 자들인 것은 또 다른 아이러니이지만 더욱 기묘한 것은 간디의 마음에도 서구사상의 영향이 깃들어 있다는 사실이다. 그는 서구의 철학에서 찾아낸 인스피레이션을 힌두교 경전에 못지않게 존중하고 있는 것이다.

우리는 이 야누스적인 삶을 산 두 사람의 정신적인 고뇌 속에서 서구문명이 러시아의 정교 기독교 사회와 인도의 힌두주의에 끼친 영향을 볼 수 있다. 그것은 서구세계와 인접한 사회의 외면적인 접촉이 서구화된 사회의 내적 경험으로 변화됨에 있어서 힌두교도나 러시아의 광신자들은 서구화에 반대하는 싸움에서의 승리를 위해 필사적으로 노력하지만, 그들의 성전(聖戰)을 고취하는 정력과 활력의 원천은 서구의 것이므로 그들의 반서구적(反西歐的) 반응은 필연적으로 그것이 반대하는 서구적 정신의 세력을 발흥시키는 변화를 초래한다. 정신의 원천을 서구에 두고 있으므로 서구문명의 정신으로 움직여지지 않고는 정신적 활동을 할 수 없는 간디나 레닌 같은 사람들의 서구에 반하는 모든 노력과 활동은 기실 서구화를 촉진하는 것으로 작용하는 것이다. 그러나 별개인 두 사회의 외적 대립은 영향을 받는 사회만이 아니라 영향을 끼치는 사회에서도 내면적인 갈등으로 변화되는 것이므로 서구사회도 그들이 끼치는 영향에서 자유로울 수 없다. 이제 전지구적(全地球的)으로 확대된 서구사회에서 250년 동안 인간적인 환경에서 발생하는 외적 도전이 실질적으로 소멸된 후에 이어지는 것은 서구사회가 세계적인 확대 과정에서 차례로 겪었으되 사회의 내적 생활에 결부되어 있는 같은 모양의 도전이다. 이 변모된 도전은 정치면으로는 다른 사회가 서구에 대하여 전개하는 "성전(聖戰)"으로 말미암은 서구의 식민주의와 제국주의라는 문제로, 경제적으로는 통상과 금융은 통합되었음에도 여전한 생활수준의 지역적인 차이에서 발생하는 문제로, 문화적으로는 범세계적인 계급과 인종이 대립하는 문제로 나타나고 있다. 이러한 상황에서 서구문명의 물질적 환경에 대한 승리에 이어 외적 도전이 내적 도전으로 변화하는 물질적 영역에 있어서의 전이(轉移)는 영국의 경제사에 명료하게 나타나 있다. 서구의 산업주의는 150여 년 전에 영국에서 출현하여 용암이 분출하듯 전 세계로 퍼졌는데, 그 물리적 자연과 인간의 완강한 싸움의 과정은 야곱과 천사의 신비한 격투[804]에 비유된다. 그 첫 라운드에서 야곱의 초인적인 상대자가 야곱을 쳐서 움직이지 못하게 했던 것처럼 산업주의의 초기에는 물리적 자연, 즉 원료와 기계력은 산업주의의 선구자들을 그 지리적 위치와 잠재적 원천에 붙들어 매어 움직이지 못하게 했다. 그래서 도자기공은 점토의 산지에, 제련업자는 철광산과 석탄광산의 중간에, 방직업자는 수력발전이 용이한 페닌산맥 기슭에 공장을 세워야 했다. 그러나 다음 라운드에서는 끈질긴 야곱이 새벽녘에 천사를 깔고 앉아 자기를 축복하지 않으면 놓아주지 않겠다고 하여 천사를 정복했던 것처럼 후발 산업주의자들은 철도와 증기선으로 수송의 문제를 해결했고 진보한 기술은 제조에 있어서 원료나 기계력보다 더 중요하게 되었으므로 공장을 기술자와 수요자가 있는 곳으로 옮겼던 것인데, 그것은 모든 공업의 역사에서 나타나는 바와 같이 인간의 기술이 공업생산에 있어서의 지배적 요인으로서 물리적 자연을 지배하게 되면 변화무쌍한 인간의 정신은 낡은 물질적 속박에서 벗어나 소망하는 바를 제 뜻대로 하는 성향이 있기 때문이다. 그 사실은 영국의 점토공업과 금속 및 방적공업에서 확연히 입증되고 있고 이후로 모든 공업이 물리적 자연에 의한 지리적 속박에서 벗어날 것이지만 그 과정에서 겪은 고난은 인간과 물리적 자연의 싸움은 정말로 극복된 것이 아니라 인간 대 인간의 새로운 싸움으로 변화되었음을 명확히 나타내고 있다. 방적공업에서 살핀다면 그 선구자는 면화의 재배, 수확, 수송 및 기계로 실을 틀고 천을 짠다는 기술적인 난제를 극복했으나 그 승리는 인간관계의 영역에서 다음과 같은 새로운 문제들을 발생시켰다. 즉 면화 재배지의 확대는 아프리카 아시아 아메리카의 면화 재배인의 판매 경쟁을 야기했고 방적기술의 분산은 세계에 산재한 방적업자들의 시장 쟁탈전을 초래했으며 공장에서의 노사분쟁과 생산자와 소비자의 이해의 대립을 유발

---

804. 〈창 32:24~26〉을 참조할 것.

한 것인데, 이는 자연환경에서 극복된 도전은 그 자체로 소멸되는 것이 아니라 그 활동 무대를 외적 환경에서 사회생활의 내면이나 경험의 주체인 개인에게로 옮겼음을 뜻하는 것이다. 이런 경향은 근대 서구의 산업발전에 있어서 매우 중요한 역할을 하는 운수와 통신기술에서도 나타나고 있는바 범선(帆船)의 발명은 바다의 장벽을 극복하게 했고 기선(汽船)의 발명은 바람의 속박에서 벗어나게 했으며 바퀴의 발명은 인간과 동물의 담부능력(擔負能力)의 한계를 뛰어넘게 했다. 또한 철도가 화물수송에 있어서 중량과 거리를 거의 무한대로까지 증대시킨 것에 더하여 터널은 산악이라는 장애를 분쇄했고 육륜 자동차와 트랙터는 늪지대와 모래밭을 질주하고 있으며 비행기는 모든 교통의 지표에서의 물리적 장애를 극복했다. 통신에 있어서도 전신전화 및 텔레비전 기술과 신문 및 방송의 조직은 인간의 눈과 귀 및 음성이 미치는 범위를 지구의 모든 주위로 확대시킴으로써 거리의 한계를 극복하려는 욕망을 실현시켰다. 우리는 외적 환경에서의 도전을 극복하게 한 이 기술적 승리가 우리 사회생활 내부에 새로운 도전을 불러일으켰음을 교통문제의 변화에서 살필 수 있다. 동물의 근력에 의존하는 수레, 달구지, 마차 등 유치한 수송수단으로 채워진 기계시대 이전의 도로에서도 충돌사고가 발생했지만 그것은 그다지 심각한 것이 아니었으므로 당시의 주된 교통문제는 그런 사고에 관한 것이 아니라 수송의 속도, 거리, 수량 등에 관한 것이었다. 그러나 기계교통으로 수송에 있어서의 그 문제들을 해결한 현대의 도로에서 주된 교통문제는 기술적인 것이 아니라 심리적인 것, 즉 충돌을 피해야 한다는 과제에 있어서의 서로 경쟁하는 운전자 간의 인간관계라는 새로운 도전으로 변화하고 있는 것이다. 나아가 물질과 에너지의 정복 및 활용에 있어서의 기술적 진보는 조직화와 공동화 및 집단화의 진전이라는 새로운 사회적 변화를 초래했으므로 우리 사회에서는 개인의 사회적, 도덕적 책임과 그가 행하는 행위의 사회적인 영향이 크게 증대되었다. 그러므로 도덕적인 문제는 어떤 사회에서도 중요한 도전이지만 이 점에 있어서 오늘날 우리 사회가 직면하는 것은 기술적 도전이 아니라 도덕적 도전인 것이다.

우리는 영국과학진흥협회의 회장이었던 〈알프레드 유잉〉의 "… 기계적 진보에 대한 정신과 태도의 변화, 즉 찬탄이 비판으로 만족이 회의에서 경악으로 변하는 것을 본다. 먼 길을 간 뒤에 방향이 틀렸음을 깨달은 사람에게서 볼 수 있는 것과 같은 황당함과 좌절감이 있는 것이다. … 이 터무니없는 행진은 어디로 향하고 있는가? 그 종착지는 어디인가? 인류의 미래는 어떤 것일까? 라는 질문을 하지 않을 수 없다. … 산업혁명은 영국에서 시작되었으나 이제는 거의 전 세계로 퍼져 전에는 생각조차 하지 못했던 힘과 능력을 도처에 전파했다. 그것이 인간을 이롭게 하는 점이 있기는 하지만 근래에는 엔지니어의 힘이 심히 남용된다는 느낌을 가지고 있다. 거기에는 적지 않은 현재적 부담과 잠재적인 비극이 내재하는 것인데 … 도덕의 진보는 완만하기 때문에 인간은 그에 따르는 책임을 감수하기에 적합하지 않을 뿐만 아니라 그런 풍요를 누릴만한 윤리적 준비가 되어 있지 않다. 인간은 스스로를 지배하는 힘을 손에 넣기 전에 자연을 지배하는 힘을 얻고 말았다."라는 감동적인 연설에서 하나의 의문을 떠올리게 된다. 산업주의와 민주주의라는 새로운 사회적 추진력은 서구를 새로운 힘이 인류의 행복을 위해 자유로이 활동하는 사회를 조직하기 위한 건설 사업에 사용되는 것일까? 아니면 우리 스스로 그 강력한 힘을 전쟁, 부족주의, 노예제도, 물질주의 등에 주입하여 파멸의 길로 달려갈 것인가? 이것이 바로 내면적, 정신적 본질에 있어서의 우리 서구문명의 교통문제인 것이다. 그리고 이 분석은 앞에서 우연히 사실을 지적했을 뿐 그 본질을 규명하지 않은 이집트 문명의 승리와 좌절의 기념비인 피라미드의 애매한 의의에 대한 답을 제공하는 것인데, 그 아이러니컬한 애매성은 피라미드를 건설한 자들의 시대에 이집트 사회의 운명과 미래를 판가름할 도전의 무대와 성질에 일어난 변화에 그 원인이 있다. 이집트 문명을 건설한 자들이 달성한 위업[805]은 창조적 개인의 대담성과 굳은 결의만이 아니라 대중의 지속적인 협동이 필요한 것이었는데, 그를 위해 확립된 규율은 대중과 그들의 의지를 소수의 지배자에게 복종시켰다. 이집트 문명을 출현시킨 물리적 시련은 드디어 인간의 의지에 굴복했으나 그로써 자연적 환경과 사회와의 관계에 변화를 초래하고 성장하는 사회의 내적 형성에 흔적을 남긴 것인데, 고왕조 시대에 있어서 그로 말미암은 지배자와 복종하는 다수자 사이의 권력과 지식과 부(富)의 분화는 봉건제도를 도입한 서구사회보다 심했다. 그것은 물리적 자연에 대한 지배력이 인간에 대한 지배력으로 바뀐 것, 즉 자연적 환경의 외적인 도전이 활동 무대를 이집트 사회의 내적인 형성으로 옮겨 새로운 응전을 요구하는 도전으로 바뀌었던 것이다. 그리하여 이집트 문명의 운명은 왕에게 집중된 거대한 힘을 어떻게 사용하는가, 즉 왕이 그 도덕적 도전에 프로메테우스적인 응전과 제우스적인 응전[806] 중 어느 쪽을 택할 것인가에 달리게 되었다. 전자는 위업을 달성한 자기의 힘은 대중이 그에게 의지와 복종을 제공했음에 기초한 것이므로 그것을 대중의 운명을 개선하고 그 생활을 자기 수준으로까지 올리는데 쓰는 것이고, 후자는 왕이 풍요를 둘러보면서 그것을 자기 혼자의 힘으로 달성한 것으로 여겨 그것을 자기의 현재적인 영광과 불사의 영생을 위해 소비하는 것이었다. 이 중대한 의문에 있어서 첫 두 왕조는 그 결정을 보류하고 있었으나 피라미드를 건설한 자들은 제우스의 길을 따랐던 것이고 피라미드는 그 독재자의 이름을 영원히 사는 신으로서가 아니라 불쌍한 민중이 결코 잊을 수 없는 압제자로서 불멸하게 했던 것이다. 그리하여 이집트의 민중은 제4왕조의 〈쿠프〉와 〈카프라〉의 악명을 민간설화로 전하는 것으로 복수했

---

805. 아프라시아의 건조화라는 도전에 응전하여 전인미답의 정글 소택지였던 나일강 하류를 풍요한 농경지로 변화시킨다는, 물리적 자연의 방일성(放逸性)에 대한 인간 의지의 영웅적인 승리.

806. 제우스가 Titanes(巨神族)에게 승리하여 아버지의 왕좌에 올랐을 때 자기를 도운 초인적인 존재들에게는 합당한 명예와 지위를 부여했으나 불행한 인류는 돌보지 않았던 것.

는데, 그것은 헤로도토스의 불멸의 저작 속에서 헬레닉 문학의 영원한 기록으로 남게 되었다. 이 불멸의 퇴적물은 지금까지도 그것을 건설한 이집트 농민의 인내력과 그것을 강제한 왕들의 압제를 상기시키고 있는바 피라미드 건설을 고취 또는 강요한 정신은 그 이후로도 줄곧 이집트 사회를 사로잡다가 종국에는 그 사회에 치명상을 입혔다. 그 새로운 도전이 프로메테우스적인 응전이 아니라 제우스적인 응전을 불러일으켰을 때 그에 따르는 벌금은 먼저는 대중이, 후에는 사회 전체가 지불해야 했으나 결과적으로는 지배적 소수자 자신의 지불이 되었다. 그리고 그 조상이 쌓아올린 퇴적물의 중량은 자손의 영혼을 억눌렀고 그 고통스러운 경험은 자손의 기질에 영구적인 흔적을 남겼다. 그 농민은 피폐한 농촌의 암울한 프롤레타리아트로 바뀌었고 왕국의 상속자는 모든 분야에서 창의와 독창성을 상실했다. 그리고 그 사회의 지배적인 분자는 지도력에 의한 지배 기법을 잃어버리고 지배적 소수자로 전락하여 압제로만 일관했으므로 그 기나긴 쇠망기에 있어서 이집트의 기풍은 그 장대한 탄생과 성장의 날에 발휘된 창조적 에너지와는 대조적으로 경직성과 인습성 및 영감의 결여를 나타내고 있다. 그 성장에의 자극이 되었던 도전이 외적 영역에서 내적 영역으로 이전된 순간에 발현된 잘못된 응전은 차디찬 죽음의 손길로서 문명의 목줄을 죄었던 것인데, 그 결정적인 요인은 지도자가 민중의 신뢰를 상실했기 때문이다. 살펴보면 지금의 우리 사회도 그와 유사한 국면에 빠져 있음을 부인할 수 없고 그에 대한 우리의 반응은 아직 결정되지 않았으나 초기 서구 기독교 사회에 대한 도전으로서의 스칸디나비아인의 공격은 새로운 군사기술 개발을 촉구했고 그 결과로서 서구의 사회 시스템이 수정되었을 때 서구사회는 전이된 도전에 응전함으로써 진일보했다. 그것은 응전으로 인한 외적 도전의 소멸과 동시에 발생한 봉건제도를 부정하는 계급 간의 투쟁이라는 내적인 도전에 대한 응전이었는데, 그 성공으로 서구문명은 성장을 지속하여 점점 강력해진 것이다.

이상으로 우리는 도전과 응전의 진행에 따라 활동의 영역이 외적 환경에서 성장하는 인격이나 문명의 내부로 전이된다면 도전에 대한 일련의 성공적인 응전이 성장의 표시로 해석된다는 견해를 지지할 수 있게 되었다. 성장 중이고 그 성장이 계속되는 한 문명은 외부의 적이 부여하는 싸움터에서 응전을 요구하는 도전에 대한 고려는 줄이고 그 내부에서 제기되는 도전을 더 중시하게 되는 것이다. 이는 "성장의 기준은 자기 결정에의 전진이다"라는 것인데, 자기결정에의 전진이란 "그것에 의하여 생명이 그 왕국에 들어가는 기적을 설명하는 도식(圖式)"이다. 헬레닉의 신화는 「피그말리온상(像)의 우화」로, 서구의 미술은 「카오스」로 그 기적을 묘사하고 있는바 전자는 스스로 창조한 작품에 대해 깊은 사랑에 빠진 조각가의 간절한 기도에 대한 보답으로 한 조각의 대리석이 피가 통하는 인간으로 변했다는 것이고 후자는 타이탄의 거상(巨像)들이 어머니인 대지로부터 해방되려고 몸부림치는 광경을 묘사한 것이다. 「카오스」에서의 그 거상들[807]은 아직 어머니의 손으로 만들어진 흙에 지나지 않지만 예술가의 비전이 잡은 모습에서는 그것들이 일어나 육지와 바다를 향해 성큼성큼 걸어가리라는 것을 우리는 알고 있다. 산정(山頂)에서는 육중하고도 검은빛이 아침의 영묘한 빛으로 변하는 중이고 그림자 속에서는 여신들이 무애(無碍)의 시공에서 손에 손을 맞잡고 시간의 무한한 행진으로서의 춤을 추고 있기 때문에 우리는 그것을 알게 되는 것이다.

2. 성장의 분석

1) 성장하는 문명과 개인의 관계

---

807. 이 거상(巨像)들의 일부는 화염 속에서 눈만 반짝이고, 다른 일부는 살아나서 대지의 품에 망연히 안겨 있으며, 또 다른 일부는 완전히 해방되어 대지의 물질과 불의 열로 빛나고 있다.

우리가 위에서 도출한 결론, 즉 성장의 기준이 자기결정으로의 전진에서 발견된다는 사실은 우리로 하여금 문명이 스스로 분절하는 방법을 규명함으로써 성장하는 문명의 실제적인 성장 과정을 분석할 수 있게 한다. 그것은 성장의 기준이 되는 자기결정(自己決定)은 자기분절(自己分節)을 의미하는 것이고 문명 과정에 있는 사회의 자기분절은 개개의 인간을 통해 이루어지는 것이기 때문이다. 그런데 그 '개개의 인간'을 사회와 개인을 드러내는 일반적인 도식, 즉 〈사회에 속한 개개의 인간〉 또는 〈사회를 포용하는 개개의 인간〉으로 표현하기도 하지만 그것은 우리의 연구에 있어서 개념으로는 너무 애매하고 도식으로는 매우 불충분하다. 그러므로 우리는 위 도식에서 말미암은 "실체이자 주체는 개개의 인간이다" 또는 "실체이자 주체는 사회다"라는 진부한 대답에서 벗어나 사회와 인간의 진정한 관계는 무엇인가를 살펴야 한다. 그리고 그 방편으로 그 두 대답과 다른 견해를 검토하면 그것들은 고려할 가치가 없다는 사실과 우리의 질문에 대한 바른 답을 발견할 수 있을 것이다.

먼저 앞의 대답, 즉 개개의 인간을 '자기 뜻에 따라 타인과 사회적 계약을 맺을 수 있고 제 뜻대로 살다가 죽을 자유를 갖는 존재'로 보는 견해의 표상은 키클롭스[808]와 그 동류들인데, 이 신화적 공상(空想)에서 '원자적인 생활양식'이 일반적인 인류의 것이 아니라 황당한 괴물의 것으로 되어 있는 것은 의미 있는 일이다. 사회생활은 인간이 아인간(亞人間)에서 진화한다는 것을 전제로 하며, 사회 없이는 그 진화가 일어날 수 없다는 의미에서 하나의 사회적 동물인 인간은 실제로 이 신화적인 생활을 한 적이 없다. 그러므로 사회적 동물로서의 인간과 사회와의 관계는 산술적인 정수와 그 합의 관계가 아닌 것이 분명하다. 다음으로 그 반대의 견해, 즉 인간과 사회는 부분과 전체인 관계라는 답을 검토해

---

808. Cyclops. 호메로스가 신화 형식으로 묘사한 바 시칠리아 섬에 살았다는 애꾸눈의 거인. 플라톤은 이 이야기를 「법률편」에 인용했다.

보자. 〈J. S. Huxley〉는 개개의 인간은 키클롭스적인 독립성을 갖기는커녕 그가 속하는 사회의 세포 또는 보다 넓은 관점에서의 모든 유기적인 세계에 의해 구성되는 대 개체의 소 세포라고 주장했고, 「리바이어던」의 속표지는 사회를 무수한 〈아낙사고라스〉[809]의 얼굴로 구성된 하나의 유기체로 묘사함으로써 모든 키클롭스를 하나의 세포로 격하시키고 개개의 인간을 전체적인 사회의 작은 일부분으로 배치했다. 헉슬리도 같은 견해를 진술한 바 있으나 서구의 한 학자가 그것을 종말론적인 환상으로 묘사하고 있는 것은 그가 인간사회를 초유기체(超有機體)로 보는 그 견해를 하나의 사색적 호기심 정도로 여겼기 때문일 것이다. 같은 견해에 대하여 〈H. Spencer〉와 〈O. Spengler〉는 매우 진지하고도 독단적인 주장을 펼쳤지만 본래 모든 것이 그렇듯이 지나치게 진지하고 비타협적인 공식화는 그 자체로 자기에 대한 반박에 지나지 않는다. 〈G. D. H. Cole〉이 그에 대하여 "그들은 주제에 적합한 방법과 용어를 착실히 쓰지 않고 사회적인 사실과 가치를 다른 이론이나 과학에 의해 표현하려 한다. 물리학에서 유추하여 사회를 기계처럼 분석하거나 설명하려 했고 생물학에서 유추하여 사회를 하나의 유기체로 간주하려 했으며 정신과학이나 철학에서 유추하여 하나의 인간으로 취급하려 했다. 더하여 때로는 종교적으로 유추하여 사회를 거의 신과 같은 것으로 혼동하기도 했다"라고 비판한 것은 시사(示唆)하는 바가 크다. 그러므로 생물학이나 심리학적인 유추는 정적인 상태에 빠져 있는 미개사회나 발육정지 문명에 적용할 때에는 비교적 해가 적지만 성장 중인 문명과 그에 속해 있는 개인의 관계 및 그런 사회를 이끌어 가는 개인들의 관계를 표현하기에는 적합하지 않다. 집단, 계급, 단체 등을 연구함에 있어 그것들을 지나치게 의인화하는 서구의 경향에서 기인한 그 지나친 유추는 서양 사회철학 특유의 약점인바 사회를 하나의 인격체나 유기체로 표현하는 것이 사회와 그 개개적인 성원의 관계에 대한 충분하고도 정

---

809. Anaxagoras, 그리스 철학자(BC 500~428) 여기에서는 '개개의 인간'이라는 의미.

확한 표현을 제공하는 것이 아님은 명백하다. 인간사회는 개개의 인간을 부분으로 하는 하나의 전체가 아니다. 다시 말해 그것은 제 뜻대로 자유로이 참가하거나 탈퇴하는 개개적인 인간들의 단순한 집합이 아닌 것이다.

앞에서 지적한바 "인간의 사회적 관계는 최대한의 인간관계까지도 초월하며 제도라는 사회적 기구를 통해 유지되는 비인격적인 관계다"라는 사실에 따른다면 사회는 사회적 동물인 인간이 형성하는 특수한 관계인 것이고, 제도가 있어야 존재할 수 있다는 의미에서 자체로서 최고인 동시에 타(他)에 의해 포괄되지 않고 모두를 아우르는 제도이다. 그러므로 개별적인 인간 존재들 사이의 사회적이고도 제도적인 이 관계의 성질은 개인과 사회의 관계를 규명하려는 이 고찰의 궁극적인 대상이 되는 것이지만 우리는 이 연구의 진전을 위해 인간의 개인 및 사회적 동물로서의 성질과 관계 일반의 특성에 대한 검토를 선행해야 한다. 관계라는 개념은 "단독적, 자족적, 개별적, 배타적인 존재가 또한 같은 차원의 다른 존재와 중첩하는 것이다"라는 것이지만 그 가설은 모종의 논리적 모순을 내포하고 있다. 우리는 그것을 다음과 같은 연구자들의 통찰을 통해 발견하고 극복할 수 있겠으나 그러려면 우주의 성질과 작용을 서술하는 위의 도식에서 사물과 존재와 중첩이라는 용어를 운동과 행위자와 상호작용이라는 말로 바꿀 필요가 있다. 〈G. W. Leibniz〉는 단자론에서 궁극의 실체 또는 존재를 Monad[810]라는 용어로 표현했고 〈A. N. Whitehead〉는 유기적 메카니즘의 학설을 전개하면서 자기와 라이프니츠 철학의 관계를 논술했는데, 〈J. C. Smuts〉는 장(場)의 개념[811]을 논함에 있어서 "어떤 주어진 사물이나 사상(思想)의 장(場)은 우주 전체로 뻗어간다"는 견해를 지지하기 위해 화이트헤드의 말을 인용했

---

810. 모든 지각의 중심이자 하나하나가 우주를 반영하는 것으로서의 궁극적인 실체 또는 그 존재.

811. 표면적인 구성 이상의 존재인 동시에 넘치는 운동인 사물이 그 경계나 경계를 이루는 면을 초월하여 활동하는 영역. 전기장(電氣場)이나 자장(磁場)과 같은 것으로서 스머츠에 따르면 "사물"만이 아니라 모든 "개념"도 고유의 장을 가지고 있다.

다. 라이프니츠 단자론의 요지는 "물리적 현상의 국면에서 각개의 소자(素子)[812] 는 그 활동의 장이 우주에 미치어 전 우주를 포용한다"는 것인데, 〈H. Bergson〉은 같은 원리에 입각하여 "모든 물질적 우주는 사실상 개개적인 인간의 신체에도 포함되어 있다"고 주장하고 있다. 그는 "개개의 인체는 그 장의 힘에 의해 우연히, 어느 주어진 순간에 그 사람의 행동과 지각 및 사고의 범주에 들어가는 물질적 우주와 같은 넓이를 갖는 것이다"라고 설파하고 있는 것인데, 그 것은 "우주와 영혼을 미크로코즘과 매크로코즘으로 구분할 때 개별적인 인간의 영혼은 모든 점과 모든 국면에서 전 우주와 같다"는 스콜라 철학자들의 주 장과 실질적으로 동일한 것이다. 환언하면 우주는 미크로코즘에서 영혼에 반영 내지는 집중되는 것이고 영혼은 매크로코즘에서 우주와 동연(同延)인 하나의 장을 배회하므로 사물의 총계는 일체 불가분의 우주와 영혼이라는 것이다. 이 스콜라적인 해답은 "개개의 인간은 각각 우주와 동연이고 그렇기 때문에 모든 것이 서로 동연이되 개별적인 행동의 장을 소유하는 것으로 관계되어 있다"는 의미를 내포하고 있다. 그러므로 이 설명은 실제적인 목적을 위한 우리의 의문 에 적합한 해답이 아니며 이 연구의 대상인 시간과 공간 속에서 일정한 장소를 차지하는 인간의 사회에서 관찰되는 관계의 성질을 밝히기에도 유효하지 않다. 왜냐하면 경험적인 관찰은 상기한바 이들 사회가 그것이 타(他)에 의해 포괄됨 없이 타를 포괄한다는 의미에서 우리의 목적에 있어서 가장 높은 차원의 것이 라는 사실을 객관적으로 증언하고 있으며, 우리는 같은 목적을 위해 주관적인 입장에서 이들 사회는 이해 가능한 연구 분야이기도 하다는 것을 발견하고 있기 때문이다. 그러므로 우리의 의문은 그 범위에 있어 보편적이지도, 무한히 멀지도 않은 그러한 사회적인 장에 있어서의 개개적인 인간들 사이에서 경험적으로 관찰되는 관계의 성질을 파악할 때까지는 만족스러운 해답을 얻은 것이 아

---

812. Atom(원자) Proton(양자) Electron(전자) Radiation(방사선) 등.

니다. 그러나 철학적으로는 정당하지만 실제적으로는 불만족스럽다고 했던 스콜라 철학의 신탁(信託)으로부터 얻은 이 해답은 우리로 하여금 수학적 비유에 의해 이론적인 답변에서 실제적인 해답으로 옮겨갈 실마리를 제공한다. 수학적인 비유로써 꼭짓점에서 확산되는 원추형이나 작은 광원에서 방사되는 광선을 상정하고 그 꼭짓점이나 광원을 각 개인이 행동하는 장으로 생각해 보자. 여기서 라이프니츠의 모나드는 그 원추형이나 광선이 우주 끝까지 무한히 전개되므로 모두가 하나의 장으로 연결되는 것이지만 실제적으로 그 확산과 뻗음은 유한한 것이므로 그것은 그 한계에서 어떤 공준(公準), 즉 하나의 장을 형성하게 될 것이다. 이때 이 비유에서 '각 개인의 활동의 장'을 의미하는 원추형은 유한한 거리에서 서로 겹치는 하나의 평면을 형성할 것인데, 그 겹침은 개인들이 활동하는 장의 일치를 나타내는 것이고 그 일치가 곧 사회를 구성하는 것이라고 생각할 수 있다. 이 비유에 의해 우리는 "사회는 개개적인 인간의 관계이고 각인의 이러한 관계는 그들이 활동하는 장의 일치에 있다. 그리고 이 일치는 개개의 장을 하나의 공통된 기반으로 결합하는 것인데 그 공통의 기반이 곧 사회이다. 더하여 각인은 미크로코즘과 다른 것으로 구별되는 것이므로 서로 다른 개인이 상호 작용하는 것은 매크로코즘의 장에서일 뿐이다. 그러므로 각 개인은 그것을 통해 결합되어 있는 사회와 일체이기는 하지만 그들 자체가 서로 일체인 것은 아니다"라고 단정할 수 있다.

인간사회의 본질, 즉 그 작용에 대한 이 고찰은 우리의 의문에 대한 궁극적인 해답은 아닐지라도 연구의 진전에 있어서 매우 중요한 의미를 갖는 논점을 제공한다. 지금까지 우리가 현상을 행위자와 그 활동의 장으로 분석하여 얻은 결론은 "우주의 요소나 재료는 물질이 아니라 활동이며 그 활동은 두 극(極)의 하나에서만 발생하고 한 방향으로 흐를 뿐이다"라는 것이다. 이 비유에 있어서 수학적 원추형은 정점에서 나온 것이고 빛의 원추형은 광원으로부터 방사되었다.

그러므로 매크로코즘이 미크로코즘에서 파악되고 작용하듯이 역사의 주제인 활동은 우리가 사회라고 칭하는바 공통된 기반으로서의 개인의 활동의 장에서 연출되는 각인의 활동이다. 우리는 "활동의 한 장(場), 특히 수다(數多)한 활동의 장이 교차하는 점은 활동의 원천이 아니다"라는 사실에 의해 "활동의 원천은 활동의 장과는 다른 것이므로 사회적 활동의 원천은 사회가 아니라 그 장이 일치하는 근거 위에서 한 사회를 구성하는 하나 내지는 일부의 개인이다"라고 정의할 수 있다. 아리스토텔레스가 "지성 그 자체는 아무것도 움직이게 하지 않는 바 무엇을 움직이게 하는 것은 목적적이고 실천적인 지성이다. 그것은 실로 제작적(製作的)인 지성까지 지배하는 위치에 있는 것이다"라는 경구(警句)로서 추상적인 인간의 지성에 무능력의 선포를 내렸듯이 장(場)이나 관계(關係)는 그 자체의 성질상 추상적인 것에 지나지 않는다. 모든 장은 전체의 장 속에서 활동하지만 장 자체가 아니라 거기를 기반으로 하는 행위자에게 활동의 장을 제공할 뿐이며 관계는 둘 이상의 행위자가 상호적으로 작용하는 하나의 근거를 제공하는 것에 불과하다. 마찬가지로 사회 또한 인간사에 어떤 적극적이고도 창조적인 역할을 하는 존재가 아니고 인간의 상호적인 작용에 있어서의 매체 이상의 것도 아니다. "모든 진보는 개인으로부터 발생한다"는 마이어의 주장과 같이 인간의 사회에서 역사를 만드는 것은 사회가 아니라 개별적이고도 내면적인 인간인 것이다. 이 진리는 "새로운 종(種)의 창조를 통해 모든 생명 영역에 그 자체를 드러내는 온갖 발명의 노력에 지력이 부여되어 있으나 창의와 독립과 자유의 보고(寶庫)로 되어 있는 개인을 통해 수행하는 수단을 발견한 것은 오직 인간에 있어서일 뿐이다"라고 설파한 Bergson에 의해 끝까지 힘차게 진술되고 있다. 창조의 이러한 기적을 수행하고 그로써 자기가 탄생한 사회의 성장을 가져오는 개인은 단순한 개인이 아니라 그 이상의 존재, 즉 비유적 의미로서가 아니라 문자 그대로의 초인(超人)이다. 그래서 그들은 Murry와 Bergson이 설파한 바와 같이 범인이 보기에는 기적 같은 일을 해낼 수 있는 것이다. Smuts가 "아직도 우주에 있어서 성장 중인 하나의 인자는 인격이며 그 역사는 그다지 길지 않다. 그 활동은 아직 단서적인 것에 지나지 않지만 이미 그 특성은 명백해졌다. … 그것은 … 승리를 거두고 있다"라고 설파했듯이 우리는 인간의 원시적인 생활의 악순환을 타파하고 창조적인 과업을 시작하는 이 초인적인 영혼의 새로운 요인을 그 특성에 따라 인격이라고 칭할 수 있다. 개개의 인간이 외적 행동의 분야에서 사회를 성장시키는 창조적인 활동을 할 수 있는 것은 이 인격의 내면적인 발전을 통해서이다. 그래서 우리는 매크로코즘에 관한 개인적인 지배력의 향상은 그에 대응하는 내적 자기표현이나 자기결정에 있어서의 전진으로 말미암은 미크로코즘에서의 업적이라는 것을 알게 된다. 우리는 스머츠의 인격성에 대한 분석과 베르그송의 신비적인 경험에 대한 설명을 통해 어떤 개인의 영혼 속에 하나의 새로운 정신적인 종(種), 즉 하나의 참된 초인이 출현하는 과정을 엿볼 수 있다. 〈보통의 인격성〉에 대한 〈신비적으로 개발된 인격성〉의 관계는 〈원시사회〉에 대한 〈문명사회〉의 관계에 명백히 대응하는 것인데, 어떤 경우에도 새로운 종은 복종의 상태로부터 동적인 활동의 추이를 통해 진화한다. 그로 말미암는 새로운 역사의 장(場)은 "모든 것은 구조적인 제약으로부터 넘쳐 나오며 … 모든 사물에는 그 자체를 초월하는 경향이 있으므로 …"라는 Smuts의 설명과 같이 역사의 속편을 요구하는 동시에 사실상 하나의 속편인 것인데, 생탄한 문명은 성장의 속성을 갖는 동시에 다른 사회와 충돌하는 경향이 있음은 전술한 바와 같다. 그리하여 자제를 통해 자기결정에 도달한 인격은 그런 활동 속에서 자기만을 위해 살며 자기만을 위해 죽을 수 없다는 것을 발견하고 만인을 자기 수준으로 끌어올리기까지는 쉴 수 없다는 것을 깨닫게 된다.[813] 창조적인 인격은 인류를 자기 모습에 따라 재창조하려는 내면적이고도

---

813. 〈롬 14:7〉의 "우리 중에 누구든지 자기를 위하여 사는 자가 없고 자기를 위하여 죽는 자가 없도다" 및 〈요 12:36〉의 "너희에게 아직 빛이 있을 동안에 빛을 믿으라 그리하면 빛의 아들이 되리라"

외향적인 필연성을 갖는다. 그러므로 이러한 신비적인 영감을 가진 인격이 출현할 때에는 위대한 신비인 동시에 대중이 이해하지 못하는 욕망으로 인한 모순[814]이 생겨난다. 그것은 이 내면적인 필연성은 생명과 활동의 일체성에서 기인하지만 모든 인간존재가 활동하는 장은 공통의 근거인 사회에 있으므로 새로운 종을 대표하는 천재가 행동을 시작하면 그 필연성은 외적인 압력으로 전화되기 때문이다. 일반적으로 미크로코즘에 있어서의 창조적 돌연변이는 그것이 확실 또는 완전하게 될 수 있기 전에 매크로코즘이 그에 적응할 수 있도록 변화될 것을 요구하지만 "변용된 인격의 매크로코즘은 곧 그의 변용되지 않은 동료의 매크로코즘이기도 하다"는 가설에 의해 매크로코즘을 변화시키려는 그 천재의 노력은 변화를 거부하는 자아(自我)들의, 매크로코즘을 현상대로 유지함으로써 조화를 유지하려는 타성에서 기인하는 저항에 직면하게 된다. 그리고 그런 상황은 하나의 딜레마로써 사회적 평형을 파괴하고 갈등을 일으키게 되는바 창조적인 천재가 내적으로 이룩한 변용을 자기가 속한 환경에 발현하여 사회를 바꾸는 데 실패하게 되면 그의 창조성은 스스로에게 치명적인 것으로 작용하므로 그는 활동력과 살아갈 의욕을 잃게 될 것이다. 이것은 군거성(群居性) 동물이나 곤충의 변종이 다른 성원에 의해 죽임을 당하는 것과 같은 종류의 형벌이다. 반대로 그 천재가 사회 구성원의 타성이나 능동적인 적의를 극복하고 사회 환경을 그의 변용된 자아와 조화를 이루는 새로운 질서로 바꾸기에 성공하면 평범한 대중이 그들의 자아를 이 천재의 강력한 창조적 의지가 그들에게 초래한 새로운 환경에 적응시킬 때까지 과거의 생활을 견디기 어려워하는 상황이 초래된다. 이것이 바로 복음서에 기록된 말씀[815]의 참된 의미인 것인데, 창조적

---

814. 베르그송에서의 인용(引用). 원저(原著)에는 "인간 사이에서 발생하는 사회적 관계의 요점인 동시에 힘의 전화(轉化)가 이루어질 때 문명의 성장으로 자체를 전화하는 동적인 사회관계의 요체(要諦)"라는 설명이 부연(敷衍)되어 있다.

815. "내가 세상에 화평을 주러 온 줄로 생각하지 말라 화평이 아니요 검을 주러 왔노라 내가 온 것은

인 천재의 출현으로 파괴된 사회적 평형이 어느 쪽으로든 회복되기까지는 그런 사회적 갈등은 불가피한 것이다.

가설에 의해 인간성의 창조적 변용은 독자적으로 작용하는 개별적인 영혼의 작용이기 때문에 천재의 불화적(不和的)이고도 교란적(攪亂的)인 추력에 접목할 때 파괴되는 사회적 평형이 갈등을 겪지 않으면서 모든 성원이 같은 방향으로 동일한 추력을 발휘하며 동일한 모습으로 변용함으로써 회복되는 경우는 없다. 동일한 사상이나 계획이 거의 같은 시간과 장소에서 두세 사람의 마음에 동시에 떠오른 예[816]는 있어도 역사상 그렇게 편리한 기적이 일어난 적은 없는 것이다. 그러나 사회적 관계에 있는 사람들은 대소 간에 같은 사회적 배경과 유산을 가지고 있고 같은 사회적 도전을 받고 있으므로 그에 대해 오직 일인이 아니라 다수가 동시에 같은 반응을 보이는 것은 당연한 것이다. 그것이 "이런저런 새로운 것이 풍문으로 돈다"라는 통속적인 말로 표현되어 있지만 또 하나의 당연한 일은 하나의 창조적인 사상이나 계획이 다수인에게 동시적으로 발상되지도 않는다는 사실이다. 〈H. G. Wells〉가 창조적 소수자의 중요성에 자극되어 그 희귀성을 특별히 강조했던 것처럼 창조자가 출현할 때에는 다행히 소수의 정신적인 동류가 있다 해도 거기에는 비창조적이고 타성적인 압도적 다수

사람이 그 아버지와, 딸이 어머니와, 며느리가 시어머니와 불화하게 하려 함이니 사람의 원수가 자기 집안 식구리라"〈마 10:34~36〉"내가 세상에 화평을 주려고 온 줄로 아느냐 내가 너희에게 이르노니 아니라 도리어 분쟁하게 하려 함이로라 이후부터 한 집에 다섯 사람이 있어 분쟁하되 셋이 둘과, 둘이 셋과 하리니 아버지가 아들과, 아들이 아버지와, 어머니가 딸과, 딸이 어머니와, 시어머니가 며느리와, 며느리가 시어머니와 분쟁하리라 하시니라"〈눅 12:51~53〉

816. 자연과학에서의 '증기기관, 기관차, 비행기, 탱크 등 기계적 발명', '극지를 정복하려는 지리적 탐험과 등산에 있어서의 경쟁', '다윈과 러셀에게서 보는 바 진화의 개념을 정립함에 있어서의 애매한 관계', '해왕성을 발견하는 계기가 되었던바, 천왕성의 불규칙한 운동을 설명하려는 아담즈와 르브리에의 동시적인 시도' 등. 종교에 있어서의 '로마제국의 아라비안 내적 P들에게 아라비아판 일신교를 제공하려던 무하마드와 마슬라마의 경쟁', '세례요한과 예수의 동시대성', '그리스 전도에 있어서 바울과 아볼로의 마주침', '종교개혁에 있어서의 위클리프와 후스, 캘빈과 루터 및 쯔빙글리의 동시적인 출현' 등.

가 존재한다. 그러므로 모든 사회적 창조활동에 있어서 창조자는 창조적 개인이거나 소수자이고 성장하는 문명의 이 개척자들이 이루어내는 전진에 있어서 사회 구성원의 대다수는 뒤로 처지게 되는 것이다. 반세기 동안 아테네가 달성한 그 절정기에 이룬 헬레닉 문명의 성장을 예로 든다면 페리클레스 시대에 아테네의 창조적 소수자는 자유민 남성으로 한정되어 있었고 그나마 어떤 유의미한 역할을 한 것은 그들 중 일부분에 불과했다. 호메로스의 〈오디세이〉는 아티카의 〈테미스토클레스〉로 개화했지만 오디세이의 영리하고 정숙한 아내인 〈페넬로페〉와 〈오디세이의 돼지를 기르는 여인〉은 5세기의 아테네에서 찾을 수 없다. 또한 크세노폰의 저작에 있어서의 유덕하지만 퇴색한 가정주부에게서 페넬로페를 발견할 수 없고 〈Aristophanes〉의 희극에서 〈호메로스 에우메우스〉[817]를 찾을 수 없다. 우리는 현존하는 5개의 문명에서도 같은 상황을 발견할 수 있지만 힌두사회에서는 그 분화가 가장 현저하여 한쪽에는 〈타고르〉〈보스〉〈간디〉 등과 같이 최고의 도덕과 지적 수준에 도달한 사람이 있는 동시에 다른 쪽에는 〈곤즈와 빌즈〉[818] 〈범죄자 카스트〉〈불가촉 천민〉 등이 있다. 서구는 이런 점에서 힌두교를 비난하지만 힌두교도는 성경 말씀[819]과 같이 약한 것을 자랑한다는 종교적 변명을 늘어놓거나 특유의 장기로서 전해지는 상투구(常套句)[820]를 일상에서 실행하고 있다고도 하며 티끌과 들보의 우화[821]로 과학기술과 산

---

817. Text에는 '오디세이의 돼지를 기르는 충실한 여자'가 부연(敷衍)되어 있음.

818. 〈곤즈〉는 인도 드라비다족의 일파로서 지난날 인신을 희생으로 바친 풍습으로 유명함. 〈빌즈〉는 라지푸타라, 봄베이, 중앙인도 등지의 미개 하층 카스트.

819. 〈고후 11:30〉의 "내가 부득불 자랑할진대 내가 약한 것을 자랑하리라" 및 〈고후 12:9〉의 "나에게 이르시기를 내 은혜가 네게 족하도다 이는 내 능력이 약한 데서 온전하여짐이라 하신지라 그러므로 내가 도리어 크게 기뻐함으로 나의 여러 약한 것들에 대하여 자랑하리니 이는 그리스도의 능력이 내게 머물게 하려 함이라"

820. 라틴어의 "나는 인간이다. 나는 인간에 관계되는 일이 하나라도 나와 무관하다고 생각하지는 않는다"라는 상투구(常套句)

821. "어찌하여 형제의 눈 속에 있는 티는 보고 네 눈 속에 있는 들보는 깨닫지 못하느냐 너는 네 눈 속

업주의로 인한 서구의 불평등과 사회문제를 공격하면서 사회적 구성에서의 결함은 힌두사회만의 것이 아니라고 항변한다. 여기서 마지막의 변명에 주목할 때 두 현존문명에 공존하는 고경(苦境)은 성장 과정을 겪은 모든 문명에서의 통례적인 현상이다. 그러므로 문명의 성장은 창조적 개인 또는 창조적 소수자의 일이라고 하는 이 사실은 선구자가 태만한 후위를 전진시키는 특별한 수단을 발견하지 않는 한 비창조적인 대중은 뒤로 남겨지게 된다는 것을 의미한다. 이 사실을 고려할 때 우리는 문명사회와 미개사회의 차이에 대하여 "미개사회는 정적(靜的)인 상태에 있고 문명사회는 동적(動的)인 운동 상태에 있다"고 했던 정의를 "성장하고 있는 문명은 그 내부에 창조적 개인의 역동적인 운동이 있는 것으로 미개사회와 구별된다"는 취지로 수정해야 한다. 그리고 우리는 "이 창조적인 인격은 아무리 많아도 그들의 행동에 활기를 불어넣는 미미한 소수자의 테두리를 벗어나는 일은 없다"라고 부언해야 할 것이다. 모든 성장하는 문명에 있어서 그 성장이 가장 활발할 때에도 참가하는 대다수의 개인은 묵종 상태에 있는 것이고 모든 단계의 모든 문명에 있어서 참가자 대부분은 미개한 감정과 성품을 지닌 인간인 것이다. 이 말은 어느 개인이 고등한 사회에 참여하고 있다고 해서 그 모두가 문명을 성장으로 이끄는 개인의 뛰어난 인격성과 천재성을 갖춘 신비가나 초인이라는 유형에 합치되는 것은 아니라는 뜻이다. 어떤 시대의, 어떤 성장하는 사회에 있어서도 언제나 소수인 이 유형의 인간은 미개사회의 전형을 이루는 평범한 대중 속에서는 하나의 효모에 불과하다. 이처럼 우월한 인격체와 평범한 인간을 구분하는 정신적인 경계는 문명사회와 미개사회를 가르는 경계와 일치하지 않기 때문에 가장 발전되고 진보한 문명사회에서도 그

에 있는 들보는 보지 못하면서 어찌하여 형제에게 말하기를 형제여 나로 네 눈 속에서 들보를 빼게 하라 할 수 있느냐 외식하는 자여 먼저 네 눈 속에 있는 들보를 빼라 그 후에야 네가 밝히 보고 형제의 눈 속에 있는 티를 빼리라"〈눅 7:41,42〉

성원의 압도적인 다수는 원시적인 인간성을 지닌 평범한 인간인 것이며 정체되어 있는 미개사회에도 잠재적인 천재를 행동으로 옮길 장(場)을 획득하지 못했거나 관습의 껍데기를 깨트릴 수 없어서 평범하게 살다가 죽은 뛰어난 인격이 없었다고 말할 근거는 없다. 그러나 이 연구의 초점은 그렇게 사라져간 인격에 있는 것이 아니라 내적으로 관습의 껍데기를 깨는 데 성공한 인격이 어떻게 실제로 나아가 그가 속한 사회의 관습의 껍데기마저 벗겨냄으로써 승리를 공고히 하고 그것이 사회적 패배를 초래하는 것을 막을 수 있는가에 있는바, 우리는 비창조적인 다수자를 창조적 소수자의 지도에 따르게 한다는 이 문제에 대하여 다음과 같은 두 가지 해답을 생각할 수 있다. 처음 방법, 즉 이상적 해답은 다소 신비적인 것으로서 그 전형은 자기의 철학을 일목요연하게 기술해 달라고 하는 디오니소스의 요구를 거부한 플라톤의 일화로 기술되어 있다. 거기에서 플라톤은 "창조적 에너지는 영혼에서 영혼으로 직접 타서 번지는 것이다"라고 강조하고 있다. 그것은 매우 이상적인 방법이지만 그 방법에만 의지한다는 것은 하나의 이상일 뿐 이 문제에 대해 실행이 불가능할 뿐만 아니라 순전한 미메시스의 능력을 활동시키지 않는 한 목적을 달성할 수 없는 것이다. 여하튼 미메시스는 평범한 원시인의 정상적인 능력이므로 그것을 활동시키는 것은 당면한 목적을 위해 반드시 필요하다. 베르그송이 설파한 바[822]와 같이 프로메테우스적 약진이 창조적 개인이나 창조적 소수자를 통해 문명의 성장 속에 그 자체를 표현하기 위해 미메시스에 의존할 때 그것은 비창조적인 대중을 구성하는 개인의 내면에서 그들의 성질과는 이질적인 어떤 새로운 능력을 불러내는 묘기를 부릴 것이 요구되는 것은 아니다. 창조적 진화는 기존의 능력을 이용하되 거기에 새로운 방향을 제시함으로써 그것이 새로운 일을 하게 하는 것이다. 우리는 위에서 미메

---

822. "본래적인 훈련, 즉 자연에 의해 의도되어 온 훈련은 집단의 습관을 채택하는 데 있는바 그것은 자동적인 것이어서 개인이 집단생활에 젖어있다고 느끼는 상황에서 자동적으로 이루어지는 것이다."

시스는 사회생활의 포괄적인 하나의 특성이며 그 능력은 본질적으로 불변임을 확인했고 그에 더하여 미개사회와 문명사회의 종차(種差)를 탐구하면서 미메시스가 사회에 대하여 그 역사적인 방향을 결정한다는 것도 간파했다. 그러나 우리는 또한 같은 곳에서 미개사회에서는 미메시스가 현존하는 성원의 구세대와 관습의 껍데기를 쓰고 있는 선조에게로 향하는 반면 문명 과정에 있는 사회에서는 그것이 새로운 지반을 개척하는 창조적인 인격으로 향한다는 것을 본 바 있다. 그렇다면 이 실제적인 방법이 플라톤 스타일의 이상적인 방법에 대한 효과적인 대용품이 될 것인가? 이에 대하여 우리는 "지금까지 플라톤 스타일의 방법만으로 대중의 타성을 극복한 예는 없다", "역사적인 사례도 이상적인 방법은 언제나 실제적 방법에 의해 보충되지 않을 수 없었음을 보여주고 있다"고 답할 수 있다. 창조적 소수자와 타성적인 다수자의 이러한 관계 속에서 문명의 성장을 가져오는 미메시스의 활동을 불러일으키고 그것을 정당화하는 것은 나무토막을 마찰하여 불을 일으키는 것과도 같은 것으로서 이를테면 하나의 신비적인 가능성이다. 미메시스는 스스로 만든 것은 아닐지라도 그러한 것을 가지고 있는 사람을 만나서 모방하지 않았더라면 손에 넣을 수 없었던 사회적 재보, 즉 능력 감정 사상 등의 새로운 것을 획득할 수도 있게 하는 것이다. 우리는 여기서 하나의 불가피한 지름길이라고 정의한 그 미메시스가 성장하는 문명을 위험에 빠지게 하는 하나의 의심스러운 편법이기도 하다는 사실을 추후에 논하게 될 것이다.

2) 성장하는 문명에 있어서의 개인 간의 관계 - 인퇴(引退)와 복귀의 운동

우리는 "문명의 성장이란 무엇인가"를 분석함에 있어서 성장하는 문명과 개인과의 관계를 살폈는데, 이 항에서는 성장하는 문명에 있어서의 개인 간의 상호관계는 어떤 것인가를 고찰할 것이다. 기술(旣述)한 바 창조적인 인물이 최고의 정신적 수준인 신비주의의 길을 걸었을 때 더듬어 간 과정은 베르그송에서의 인용에 따른다면 첫 행동에서 황홀상태로 이행하고 거기에서 다시 행동으로 이행하는 것임을 알 수 있다. 이것은 우리가 창조적인 운동을 창조적 인물들의 내적 경험에 의거하여 진술했던 것인데 바꿔서 창조적인 인물과 타인의 개인적인 활동의 장이자 공통의 기반인 사회에서 생활함에 있어서 그와 다른 개인들의 외적 관계에 입각하여 정의한다면 그것은 "창조적인 인물의 사회로부터의 일시적인 인퇴와 변화된 환경으로의, 새로운 힘과 능력을 갖춘 상태에서의 복귀"가 될 것이다. 이 인퇴는 그 인물이 사회적인 노고와 구속에서 일시적으로 해방되어 잠재능력을 자각하고 은자로서 변용한 인격이 인퇴했던 사회로 복귀하는 서곡이 아니라면 목적도, 심지어 의미도 없는 것일 수 있다. 복귀는 바로 모든 운동의 본질이며 그 궁극적인 원인인바 그것은 모세가 혼자서 시내산에 올랐다고 하는 시리악 문명의 신화에 의해서 확증된다. 모세는 여호와의 부름을 받아 여호와의 신과 영적으로 접촉하기 위해 몰랐던 것인데, 모세만이 불려간 것이고 다른 이스라엘 자손들은 심한 바람 때문에 오를 수 없었던 것이지만 여호와가 모세를 부른 목적은 그를 다시 하계(下界)로 내리는 것이었다. 그리하여 모세는 새로운 율법을 산에 올라 직접 가르침 받을 수 없는 이스라엘 백성에게 전하지 않으면 안 된다. 더하여 아라비아 철학자 〈이븐 할둔〉은 예언자의 경험과 사명에 대하여 "인간의 영혼은 그 자체를 천사의 성질로 감싸고 일순간이나마 천사와 같은 존재가 되고자 인간성을 버리려고 하는 내재적인 경향을 가지고 있다. 그리고 천사의 세계에서 인류에게 전해야 할 가르침을 받고 나면 영혼은 다시 인간성으로 돌아온다. 이것이 바로 '계시와 천사와의 대화'라는 말이 의미하는 것이다"라고 설명하면서 똑같이 그 복귀를 강조하고 있거니와 이 철학적 해석에서 우리는 헬레닉 철학에 나오는 유명한 일절[823]의 반향을 듣는 기분을 느낀다. 그 비유에

___
823. 플라톤이 제시한 동굴의 비유.

서 동굴에 갇힌 죄수들은 불빛에 의해 동굴 벽에 비춰지는 영상을 궁극적인 실재로 받아들이는데, 플라톤은 이와 같은 환상을 정상적인 세계와 정상적인 사람들에 있어서 정상적인 상태를 말해 주는 적절한 비유로 제시하고 있다. 그 이후에 그는 그 죄수가 돌연히 가수(枷囚)를 벗어버리고 일어서서 밖에서 비춰드는 빛을 대하고 마침내 밖으로 나가는 장면을 상상하는 것인데, 시각(視覺)에 있어서의 이 돌연하고도 강제적인 재편성은 처음에는 그로 하여금 눈이 혼란스러워서 자기가 자라난 살기 좋고 친숙한 동굴로 돌아가고 싶게 하지만 이후로 그의 눈이 점차 빛에 익숙해지면 처음 생각은 변하여 그는 더 나쁜 곳으로 돌아간다는 사실과 옛 동료들이 적의를 드러내리라는 예상 때문에 동굴로 복귀하는 것을 고통스러워 할 것이다. 복귀의 고난을 그렇듯 참혹한 색채로 묘사한 플라톤이 이 고난을 그가 선택한 철학자에게 사정없이 부과하고 있는 것은 놀라운 일이지만 그의 체계에 있어서 선택된 자가 철학을 배우는 것이 절대적으로 필요하다고 한다면 그들이 단순한 철학자에 그쳐서는 안 된다는 것도 또한 당연한 것이다. 왜냐하면 그들의 철학적 교양의 목적과 의미는 그들이 궁극적으로 철인군주(哲人君主)가 되는 것이기 때문이다. 플라톤이 그의 철인군주를 위해 정한 길은 기독교 신비가(神祕家)들이 걸은 길과 어김없이 같은 길이다. 플라톤의 죄수가 동굴로부터 백일하에 나오도록 강요된 후 잠시 겪는 고통과 곤혹은 기독교 신비가가 신과 법열적(法悅的)으로 결합함으로써 달성하는 변용의 서곡으로서의 각성과 환희에 일치하며, 해방된 죄수가 동굴로 돌아가도록 강요되었을 때 겪게 되고 실제로 그 암흑이 다가올 때 느끼게 되는 더 지독한 고통과 더 깊은 곤혹은 기독교 신비가의 영혼이 황홀상태로부터 행동으로 돌아갈 때 통과해야 하는 암흑에 상당한다. 그러나 그 길은 같다 해도 그리스인의 혼과 기독교도의 혼이 그 속에서 횡단한 정신은 완전히 다른 것이었다.

헬레닉 사회철학의 근본적인 가르침은 〈Pythagoras〉가 행동과 향락의 생활보다 한 차원 높은 것으로 규정한 이후 신플라톤주의에 이르기까지 헬레닉 사회의 철학적 기조가 된 것으로서 지적 사색과 신비적 법열의 중간적인 의미의 종교적 연상을 가지고 있는 〈테오리아-관조(觀照)〉였다. 동굴의 비유에 있어서 스스로는 그렇게 인식하지 못하고 있을지라도 흑암과 사망의 그늘에 앉으며 곤고와 사슬에 매인[824] 하계의 대중(罪囚)에게 절실히 필요한 것은 철학자가 그들의 고향인 신[825]으로부터 영광의 구름을 휘날리며 돌아와서 빛과 구원의 지식을 주며 평안한 길로 인도[826]하는 것이다. 그러나 플라톤이 말하는 바 그 관조에 도달한 철학자에 있어서 가장 좋은 일은 "빛 가운데 거하며 오래도록 행복하게 사는 것"이므로 그 철학자는 자기의 행복과 완성을 희생함 없이는 인류의 그런 요구에 응할 수 없다. 플라톤 자신도 많은 곳에서 분명하게 또는 암암리에 철학자의 관조적인 생활을 승인하고 있으며 나아가 강요하지 않고는 철학자로 하여금 하계의 인류에게 돌아와 동료인 인간이 요구하는 사회적인 일을 수행하게 할 수 없다고 생각하고 있다. 그들이 궁극적인 목표로 하는바 철인군주가 되더라도 플라톤 계열의 철학자가 행동으로 이행하게 되는 것은 강요에 의한 것이므로 아무리 훌륭하게 행동한다 해도 그 약진의 운동력은 열정의 치명적인 결여에 의해 한계에 부딪치게 된다. 이 소극적이고 권태로우며 우울하기까지 한 기질은 로마세계 전체를 지배한다는 중책을 충실히 수행한 〈철인황제 - Marcus Aurelius〉의 명상록에 뚜렷이 나타나 있다. 플라톤은 일종의 경건한 희망으로 "각성된 철인은 돌아와서 세상의 일에 착수하라는 명령을 정숙히 승낙할 것이다"라고 믿는 체 하지만 플라톤의 믿음은 그 철인황제 이후로는 실현

---

824. "사람이 흑암과 사망의 그늘에 앉으며 곤고와 쇠사슬에 매임은" 〈시 107:10〉

825. 〈W. Wordsworth〉의 시.

826. "이는 우리 하나님의 긍휼로 인함이라 이로써 돋는 해가 위로부터 우리에게 임하여 어둠과 죽음의 그늘에 앉은 자에게 비치고 우리 발을 평강의 길로 인도하시리로다 하니라" 〈눅 1:78,79〉

되지 않았다. 그것은 끝내 자리를 지키는 양심적인 보초[827]의 정신으로 사회적 책임을 다한 철인황제의 희귀한 인격 속에서 그의 후손에 의해 정당화될지언정 헬레닉 철인들의 특징적인 정신도 아니고 상습(常習)도 아니었다. 그리하여 로마 제국의 2세기에 있어서 마르쿠스의 모범을 다음 세기의 〈Plotinos〉는 따르지 않았다. 그의 시대에는 헬레닉 세계국가의 좌절에 의해 철학자가 세상으로 복귀할 의무와 매력이 훨씬 적어졌고 그 철학과 신비주의도 한계에 달했던 것인데, 베르그송은 그런 것이 바로 헬레닉 사회의 신비주의가 불완전했다는 증거라고 여기고 있다. 우리는 여기서 이집트 문명을 창시한 자들이 피라미드를 건설한 시대에 그랬고 헬레닉 사회의 여명기에 프로메테우스에 의해 구제되지 않았더라면 제우스도 그랬을 것으로 여겨지는 그 "위대한 거부"를 보게 되는데, 그것은 플라톤에 앞선 세대가 헬레닉 문명이 입은 좌절을 극복할 수 없었던 이유를 알 수 있게 한다. 헬레닉 철학자들이 그 위대한 거부를 행한 것은 신앙상의 과오로 인한 도덕적인 한계 때문이었던바 그들은 복귀가 아니라 황홀상태를 정신적인 모험의 끝이자 궁극적인 목적으로 여겼을 뿐 자기들이 행한 운동의 참다운 목적이자 의미이며 완결인 복귀에로의 이행을 의무의 제단에 바치는 고통스러운 희생으로 밖에 보지 않았던 것이다. 베르그송은 헬레닉 철학자가 통찰하지 못한 이 이행의 지고한 의미를 기독교 신비가의 경험에 대한 설명으로 뚜렷이 밝히고 있는데, 그 경험에 있어서 영혼이 겪는 암흑의 밤에서 최고조에 달하는 것은 상호관계에서만 볼 수 있는 인간생활의 특수성이 아니라 생명 일반의 특징인 인퇴와 복귀의 운동이다. 식물계에서의 인퇴와 복귀는 해마다 일어나는 계절의 교체 속에서 이행되는 것인바, 곡식은 그루터기가 말라가는 가을에 인퇴하여 씨앗이 대지에 떨어지고 그 씨앗이 겨울 동안에 신비로운 변화를 받아 새잎이 싹트는 봄에 복귀한다. 농업으로 인해 인류의 경제생활에

---

827. 플라톤의 비유에서 소크라테스가 했다는 말.

개입하게 된 이 식물계의 인퇴와 복귀는 이후로 일체의 경제활동 속에서 그 맥박을 울리고 있다. 해마다 일정한 궤도를 이동하는 유목민의 생활 리듬도 인퇴와 복귀이고 우리가 투자 또는 재생산에 대해 말하는 것은 서구의 공업주의에도 같은 리듬과 모티브가 작용하고 있다는 사실을 증명하는 것이다.

그러면 인간과 인간의 삶, 더하여 문명사회에서의 인퇴와 복귀가 갖는 참다운 의미는 무엇일까? 인간은 먼저 식물의 일생과 인간의 삶이 갖는 유사성에 주목하고 상상력을 동원하여 이 두 생명 영역에 대한 사상 감정 희망 불안 등을 제사나 신화에 있어서의 의인화된 언어로 표현했다. 예를 들면 〈페르세포네의 강탈과 회복〉〈디오니소스, 아도니스, 오시리스의 죽음과 재생〉〈곡식의 정령(精靈)828에 관계된 제사나 신화〉 등은 농업 그 자체와 마찬가지로 세계도처(世界到處)에 편재하는 것이고 인퇴 기간에 행해진 변화가 인간의 개체적인 차이 또는 성(性)의 분별을 반영한 인간세계의 일로 말해지고 있는 것은 농업사회에서 흔히 볼 수 있는 특징이다. 그리고 그에 있어서 싹이 트는 곡식은 어머니인 대지의 태(胎) 속에서 태어나는 사내아이로 묘사된다. 다음으로 인류는 식물 수목 풀 꽃 등의 생애에 뚜렷이 나타나는 인퇴와 복귀의 현상 속에서 인간생활에 있어서의 우화를 찾아냈는데, 그 우화에 의해서 인간의 상상력은 죽음의 문제와 대결했다. 왜냐하면 성장하는 문명에 있어서 죽음은 가치와 의의가 다른 단계에 있는 문명에 비할 데 없이 독창적이며 그것에 의해 멸망될 것처럼 보이는 차원 높은 인격이 대중으로부터 격리되기 시작할 때 인간정신을 괴롭히는 문제이기 때문이다. 〈호메로스〉는 「Iliad」에서 나뭇잎과 인간의 공통된 운명을 노래했

---

828. 그리스 신화. 〈Persephone〉는 명부(冥府)의 여왕. 〈Dionysos〉는 로마신화의 Bacchus에 해당하는 포도주와 연극과 다산(多産)의 신. 〈Adonis〉는 미소년으로써 아프로디테의 사랑을 받았으나 사냥하다가 멧돼지에 물려 죽었는데 그의 피에서는 아네모네가, 아프로디테의 눈물에서는 장미가 피어났다고 함. 〈곡식의 정령〉은 세령(歲靈)으로써 Text에는 《에니아우토스-(해, 年) 다이몬-(신적인 존재, 죽은 자의 혼령)》이 부연(敷衍)되어 있다.

지만 '새로운 것에 의한 낡은 생명의 가차(假借) 없는 환치(換置)'를 말하는 거기에서의 깨달음은 봄이 돌아올 것을 믿는 농민의 기쁨에 생명의 덧없음을 고뇌하는 그림자를 던지고 있다. 그리고 죽은 동료를 애도한 그리스 시인은 식물이나 꽃이 해마다 새로이 피어남을 호메로스투(套)가 아니라 농업제사(農業祭祀)투의 행복한 재생으로 노래하고 있지만 그것은 식물과 인간에 공통된 운명을 말하는 것이 아니라 꽃의 재생과 다시 깨어나지 않는 인간의 잠을 비통하게 대조한 것이다. 그것은 헬레닉 사회의 쇠퇴를 말해 주는 것으로서 죽음에 의해 물질세계로부터 인퇴를 당하면 다시는 인간사회로 복귀할 수 없다는 생각의 표현이었던 것이다. 그러나 헬레닉 사회의 본래적인 감정과 사상의 저변에는 의인화되어 세령(歲靈)으로 나타나 있되 해마다 일어나는 식물의 재생이 인간 개개인의 불멸성을 보증하는 것이라는 생각이 있었다. 오르페우스[829]의 비의(祕儀)에서도 나타나는 그 정신적인 흐름은 원시 기독교의 우화로 채택되어 그 사상과 신앙의 표면으로 솟아 나왔는데, 성경은 그 우화를 시사한 이후로 점점 강도를 더하는 아이디어[830]로 더욱 상세히 말하고 있다. 첫 아이디어는 밀알이 가을에 인퇴한 후 봄에 복귀하는 것에서 부활을 보게 된다는 것으로서 식물이나 꽃에서 기인

---

829. 그리스 신화의 Orpheus, 최고의 시인이자 아폴론에게서 하프를 배워 그 명수가 된 음악가. 오르페우스교는 그가 지었다는 시를 외우면서 비의(祕儀)를 행하는 종교로써 주로 노예에게 전파되었다.

830. "내가 진실로 진실로 너희에게 이르노니 한 알의 밀알이 땅에 떨어져 죽지 아니하면 한 알 그대로 있고 죽으면 많은 열매를 맺느니라"〈요 12:24〉 및 "누가 묻기를 죽은 자들이 어떻게 다시 살아나며 어떠한 몸으로 오느냐 하리니 어리석은 자여 네가 뿌리는 씨가 죽지 않으면 살아나지 못하겠고 또 네가 뿌리는 것은 장래를 뿌리는 것이 아니요 다만 밀이나 다른 것의 알맹이뿐이로되 하나님이 그 뜻대로 그에게 형체를 주시되 각 종자에게 그 형체를 주시느니라 죽은 자의 부활도 그와 같으니 썩을 것으로 심고 썩지 아니할 것으로 다시 살아나며 욕된 것으로 심고 영광스러운 것으로 다시 살아나며 약한 것으로 심고 강한 것으로 다시 살아나며 육으로 심고 신령한 몸으로 다시 살아나니 육의 몸이 있은즉 또 영의 몸도 있느니라 기록된 바 첫 사람 아담은 생령이 되었다 함과 같이 마지막 아담은 살려 주는 영이 되었나니 첫 사람은 땅에서 났으니 흙에 속한 자이거니와 둘째 사람은 하늘에서 났느니라"〈고전 15:35~38, 42~45, 47〉

한 부활에 대한 믿음[831]에서 시작되고 있다. 다음 아이디어는 밀알의 부활이 죽은 자가 부활한다는 사실을 보증한다는 것인데, 이것은 헬레닉 사회의 비교(秘敎)가 가르쳤고 3세기의 그리스 시인이 슬프게도 포기한 교의를 재확인하는 것이다. 셋째 아이디어는 인간의 부활은 죽음과 복귀 사이의 기다리는 시기에 신의 행위를 통해 그 성질이 받는 일종의 변용에 의해서 가능하다는 것이다. 믿음으로만 가능한 죽은 자의 이 가설적인 변용의 보증은 씨앗이 꽃이나 열매로 옮겨지는 것처럼 명백한 것이며 인간의 목전에서 해마다 되풀이되는 기적이다. 이 유사성은 인간이 받을 변용의 성질을 예시하는 것인데 그것은 인간성에 있어서의 이 변화는 보다 큰 인내력, 보다 더한 아름다움, 보다 강한 힘, 보다 위대한 정신성으로의 변화라는 것이다. 바울은 시적인 심상(心象)으로 그 변화를 통틀어 '보다 큰 정신성'이라고 했는데, 이는 우리가 그것을 성장의 기준이라고 생각하여 영성화라고 했던 것과 같은 것이다. 네 번째는 최후의 것이자 가장 숭고한 것으로서 제1의 인간과 제2의 인간이라는 관념 속에서 죽음의 문제는 망각되고 부활에 대한 개인적인 관심도 일시적으로나마 초극(超克)된다. 바울사상의 이 정점에 있어서 식물이나 꽃에서 명백히 드러나는 열매로의 변용은 개별적 인간 영혼의 운명보다 중대한 것으로서 인간성 자체가 변용된다는 사실의 보증인 동시에 그 우화(寓話)이다. 바울은 〈하늘에서 온 주이신 제2의 인간〉의 출현을 〈오직 하나의 개인으로 형성된 새로운 씨앗의 창조〉로 환영하고 있는바, 그것은 신의 조수(助手)로서 그가 신으로부터 받은 영감을 같은 이웃인 인간에게 주입시킴으로써 인류를 초인의 수준으로까지 높이는 것을 사명으로 한다는 것이다.

이처럼 빛나고 힘찬 복귀를 가져오는 인퇴와 변용의 모티브는 신비주의의 영

---

831. 헬레닉 사회의 부활에 대한 믿음은 농업신화에 표현되고 농업제사로 연출되는 등 오래된 것이었으나 호메로스와 같은 시인의 영혼에서는 동요하고 있었다.

성적인 경험, 식물계의 자연적인 생명, 죽음과 불후성(不朽性)에 대한 인간의 사고, 열등한 씨앗으로부터 보다 고등한 씨앗으로의 창조 등을 통해 알아볼 수 있다. 그러므로 우주적인 넓이를 가진 모티브인 인퇴와 변용이 보편적인 진리를 파악하고 표현하는 직관적인 형식인 신화에 하나의 원초적인 이미지를 제공하고 있는 것은 놀랄 일이 아니다. 역사적인 신화들에서 이 모티브의 신화적인 변형은 대체로 다음과 같은 두 가지 형태로 나타난다. 「기아(棄兒)에 관한 이야기」는 왕위를 계승할 아이가 어릴 때 버림을 받는 것인데, 이것은 아들이 자라서 대적(對敵)이 되는 꿈이나 신탁 때문에 버리는 경우와 왕위를 찬탈한 자에 의해 버려지는 케이스 및 악인의 살해 계획으로부터 아이를 지키려는 보호자에 의해 버려지는 것으로 나타난다. 이 이야기의 다음 장에서 버려진 아이는 기적적으로 구원되는데, 예로써 〈로물루스〉는 암늑대의 보육을 받고 〈키루스〉는 암캐, 〈제우스〉는 산양, 〈이아손〉은 켄타우로스[832]에 의해 길러지며 모세는 바로의 딸에 의해 구출된다. 그리고 마지막 장에서 성장하여 온갖 고생으로 단련되고 영웅적인 자질을 갖춘 아들은 힘과 영광 가운데 그 왕국으로 돌아온다. 예를 들면 〈오이디푸스〉는 부지중에 부왕(父王)을 살해하고, 〈페르세우스〉[833]는 조부인 아크리시우스를 죽이며, 〈키루스〉는 계획적으로 조부인 아스티아게스를 쫓아낸 후 그 뒤를 잇는다. 〈이아손〉은 부의 왕위를 찬탈한 숙부(펠리아스)를 죽였고, 오레스테스는 부를 살해하고 왕위를 찬탈한 부의 사촌(아에기스토스)을 죽였으며, 〈로물루스〉는 알바롱가를 능가하는 새로운 도시를 건설함으로써 삼촌이자 찬탈자인 〈아물리우스〉에게 복수했다. 〈호루스〉는 부를 살해하고 왕위를 찬탈한 숙부를 타도한 후 오시리스를 소생시켜 왕위에 앉혔고, 〈모세〉

---

832. 그리스 신화의 Kentauros. 상반신은 인간이고 하반신은 말(馬)인 종족인데, 그들 중 가장 유명한 존재는 Chiron이다.

833. 그리스 신화의 Perseus. 제우스와 다나에의 아들인 페르세우스는 폴리데크테스의 강요로 메두사를 죽인 후 귀환하다가 안드로메다를 바다의 괴물로부터 구출하여 아내로 삼았음.

는 이스라엘 백성을 구출하는 것으로 바로의 모략을 좌절시켰으며, 〈제우스〉는 아버지인 크로노스를 타도했다. 이것이 바로 기아(棄兒)에 대한 이야기인 것인데, 이런 이야기는 헬레닉 사회의 상상(想像)에서 큰 비중을 차지하여 문학의 상투적인 내용으로 되어 있다. 다음은 성장한 후 죽음에 직면할 정도로 위험한 모험으로 내몰리는 이야기인데 여기에서도 그 결말은 같은 것이어서 주인공은 시련을 극복하고 위험한 일을 보기 좋게 성취함으로써 악한(惡漢)의 기도를 좌절시키고 권능과 영광 중에 귀환하는 것이다. 〈고르곤〉834의 머리를 잘라 오라는 폴리덱테스의 명령을 받은 페르세우스의 이야기〉〈황금 양털을 구해 오라는 펠리아스의 명령을 받은 이아손의 이야기〉〈키마이라835와 싸우다 죽으라는 프로이토스의 명령을 받은 벨레로폰의 이야기〉〈12가지 과업을 완수하라는 에우리스테스의 명령을 받은 헤라클레스의 이야기〉 등은 그 예이다. 「예수의 이야기」에서는 이 인퇴와 복귀의 모티브가 끊임없이 반복되는데, 예수는 다윗의 자손이자 신의 아들인 왕위 계승권자로 태어나 갓난아이 때 버림을 받는다. 그는 땅에서 태어나기 위해 천국으로부터 보내어지고 탄생한바 다윗 자신의 고을인 베들레헴에서 방을 구할 수 없어서 궤짝 속의 모세와 상자 속의 페르세우스처럼 구유에 눕혀진다. 로물루스가 늑대의, 키루스가 개의, 벨레로폰이 페가수스의 도움을 받은 것처럼 그는 마구간에서 온갖 순전한 동물들에 둘러싸이고 로물루스, 키루스, 오이디푸스처럼 비천(卑賤)한 양치기에 의해 키워진다. 그리고 모세가 갈대 사이에 숨겨져서 바로의 살수(殺手)로부터 구조되었고 이아손이 펠리온 산에 두어져 펠리아스의 손길로부터 격리되었으며 키루스가 메디아의 변방으로 추방되어 아스티아게스의 눈에서 벗어나게 되었듯이 예수는 몰래 이집트로 데려가져서 헤롯의 살해 계획으로부터 구함을 받는다. 이 이야기

---

834. 희랍어로는 Gorgo. 스테노, 에우리알레, 메두사 등 추악한 얼굴의 세 마녀를 칭하는 말.
835. Kimaera. 사자의 머리, 산양의 몸, 뱀의 꼬리를 가졌으며 입에서 불을 뿜는다는 괴수.

의 끝에서 예수는 다른 영웅들이 그랬듯이 그의 왕국으로 돌아오는데 그가 예루살렘으로 입성하여 군중에게서 다윗의 아들이 온다는 환영을 받았을 때 그는 유대왕국으로 들어온 것이고 부활 승천한 것은 천국으로 들어간 것이다. 이 모든 예를 보더라도 예수의 이야기는 기아 이야기의 일반적인 형식과 일치하지만 복음서가 밝히는 인퇴와 복귀의 모티브는 더욱 특이한 것인바 그것은 예수의 신성을 더욱 뚜렷이 드러내는 것으로서 잇따른 정신적인 경험 하나하나에서 그 모습을 보이고 있다. 예수는 요한의 세례를 받고 사명을 자각하자 황야에서 악마의 유혹에서 벗어나고 영적 권능이 충만하여 복귀[836]하는 것이며 그 때 그의 말씀에는 권위가 더해지는 것이다. 그 후 사명을 위해 죽어야 한다는 사실을 깨달았을 때 예수는 다시 따로 높은 산에 올라 변용을 경험[837]하고 결의를 굳힌 후 재차 복귀하는 것이다. 더하여 십자가에 달려 인간의 죽음을 대신 감수하고 부활하여 불멸의 존재가 되기 위해 무덤으로 내려간다. 그리고 마지막에는 승천함으로써 영광 중에 재림하고 산 자와 죽은 자를 심판하며 영원한 왕국을 세우기 위해[838] 지상으로부터 천국으로 인퇴하는 것이다. 이처럼 여러 번 나타나고 있으며 중요한 것으로 되어 있는 예수의 전기(傳記)에 있어서의 인퇴와 복귀의 모티브도 다른 곳에 비슷한 예를 가지고 있다. 예수의 황야로의 은둔과 산 위에서의 변용은 모세가 메디아로 도피한 것과 시내산에서 변용한 것의 재현이다. 신성을 갖춘 자의 죽음과 부활은 헬레닉의 비교(秘敎) 속에 선례가 있는데, 그것은 범세계적인 농업의식과 신화에서 유래하는 것이고 세계적인 질서의 종말을 초래할 위기에 출현하여 지배권을 장악하게 되는 경탄할 만한 인물은

---

836. "예수께서 성령의 능력으로 갈릴리에 돌아가시니 그 소문이 사방에 퍼졌고" 〈눅 4:14〉
837. "엿새 후에 예수께서 베드로와 야고보와 그 형제 요한을 데리시고 따로 높은 산에 올라가셨더니 그들 앞에서 변형되사 그 얼굴이 해같이 빛나며 옷이 빛과 같이 희어졌더라" 〈마 17:1~2〉
838. 325년 니케아 종교회의에서 결정된 니케아 신조 제1절.

조로아스터교 신화에서의 구세주나 유대교 신화에 나타나는 메시아 또는 인자(人子)에서 선례를 찾을 수 있다. 그러나 기독교 신화에는 어디에도 전례가 없는 것으로 생각되는 특징이 있는데 그것은 미래에 있을 구세주나 메시아의 도래를 이미 인간으로서 지상 생활을 겪은 일이 있는 인물의 복귀라고 생각하는 것이다. 이러한 직관의 섬광(閃光) 속에서 기아신화(棄兒神話)의 무시간적인 과거와 농경의식(農耕儀式)의 초시간적인 현재는 인간적인 노력의 목표에 도달하기 위한 인간의 역사적인 투쟁, 즉 인간적인 한계를 초월하는 범위에서 행해지는 끊임없는 창조의 진통으로 해석되고 있다.

인퇴와 복귀의 참된 의미를 파악하려는 이상의 노력으로 우리는 창조적 인물이나 창조적 소수자 및 그 동료들의 상호작용을 통해 이루어지는 운동을 다양한 인물들의 생애 및 국민이나 국가 또는 교회의 역사를 통해 실증적으로 고찰할 수 있게 되었다. 이 모든 사례에 있어서 우리는 창조적 인격 또는 창조적 소수자가 속해 있는 사회도 직면한 도전에 맞서기 위해 인퇴와 복귀의 길을 걷고 있는 것을 볼 수 있다.

(1) 신비가(神祕家)와 성자(聖者)들

① 성 바울

성 바울은 시리악 사회에 대한 헬레니즘의 영향이 유대인이라면 누구도 피할 수 없는 도전을 제기하던 시대에 타르수스[839]의 유대인 사회에서 태어나 바리새의 전통적인 교육을 받은 천품(天稟)의 전도자였다. 그는 헬레니즘의 사회적 도전에 대한 첫 반응으로서 율법을 갑옷처럼 걸치고 헬레니즘 자체와 헬레니즘의 모든 물질적 정신적 작용을 격렬히 거부했다. 그 유대교 광신자는 헬레닉 사회의 도전에 대처함에 있어 예수의 가르침을 쫓는 유대인을 바빌론 유폐(幽閉) 이후로 흩어진 유대인 사회를 더욱 분열시키는 이단자로 생각하고 생애의 첫 장

---

839. Tarsus. 튀르크 중남부 지중해 연안에 위치한 상업도시. 구리, 아연, 석탄 등의 산지로 유명함.

을 그들을 박해하는 일로 시작했다. 생의 마지막 장에서 바울은 헬레니즘의 도전에 대항함에 있어 그 전도의 천품을 전쟁이 아니라 평화적인 방법으로 전환하여 헬라인이나 유대인이나 할례파나 무할례파나 야만인이나 스키타이인이나 종이나 자유인의 차별이 없는 진리[840]를 자기 이름이 아니라 예수의 이름으로 가르쳤다. 그는 이방인에게 전도함에 있어 예수의 비폭력과 사해동포(四海同胞)의 복음을 그 논리적 궁극에까지 밀고 나간 것인데, 그의 그러한 전향은 그가 버린 유대교 광신자 사이에 큰 물의를 일으켰을 뿐만 아니라 유대인 기독교 사회의 지도자들까지 자기들을 돌아보지 않을 수 없게 했다. 이 마지막 장은 그의 생애에 있어 창조의 단계였던 것인데, 그 단계와 잘못된 출발이었던 그 삶의 첫 장 사이에는 하나의 깊은 도랑이 놓여 있었다. 바울은 다마스커스로 가는 길에서 돌연히 깨달은 후 3년 동안 광야로 몸을 숨겼는데 그것은 예수가 요한의 세례를 받는 순간에 갑자기 깨닫고 인퇴했던 것과 같은 것이다. 바울은 아라비아 사막에서 기독교에 대한 철학적이고 정서적인 해석을 새롭게 생각하고 철저히 느꼈다. 그리하여 그는 자기 스타일의 기독교를 로마세계에 전파하기 위해 천성적이자 천재적인 능력을 최대한으로 끌어올리고 필생의 사업에 모든 것을 집중시킨 후 창조적인 인퇴로부터 다시 복귀했던 것이다.

② 두 사람의 구원자

유기(遺棄)된 로마의 변방에서 피폐하여 어찌할 바를 몰라 쩔쩔매던 백성들에게 헬레닉 사회의 붕괴로 말미암은 도전은 6세기의 가장 암담한 시기에 이탈리아의 두 성자에 의해 구제되었다. 천생의 교육자였던 누르시아의 〈Benedictus, 480~543〉는 로마제국 최초의 만족 후계국가가 이탈리아에 수립된 직후에 태어나 그 동고트족의 국가와 콘스탄티노플의 로마제국 사이의 오래고도 파괴적

---

840. "거기에는 헬라인이나 유대인이나 할례파나 무할례파나 야만인이나 구스디아인이나 종이나 자유인이나 차별이 있을 수 없나니 오직 그리스도는 만유시며 만유 안에 계시니라"〈골 3:11〉

인 전쟁이 계속되는 고통 속에서 죽었는데, 그 전쟁은 한니발 전쟁 이래로 이탈리아에서 벌어진 가장 비참한 전쟁으로서 반도의 구질서를 완전히 파괴해 버렸다. 또 천성의 정치가였던 〈Gregorius, 540~604〉는 베네딕투스가 죽기 수년 전이자 로마제국과 고트족의 전쟁이 한창이던 때에 태어나 로마제국이 고트족을 쓰러트린 때로부터 더욱 야만스러운 롬바르드족에 의해 쓰러질 때까지의 짧은 기간에 달성한 부흥을 보고 죽었다. 두 성자는 모두 선대의 인습에 따르는 삶을 살게 하는 교육을 받았으나 공히 창조적인 천재를 발휘하고 낡은 인습(因習)에 반항하여 그것과 결별했다. 그것은 낡고 전통적인 처방으로는 어쩔 수 없는 새로운 사태에 대하여 새로운 도덕적인 힘과 실질적인 방안을 갖추어 복귀하려는 인퇴였는데, 사회의 속박에서 벗어남으로써 그들은 자기들의 천재를 결실시켰다. 그리하여 서구 기독교 세계의 집 잃은 양들이 그 복귀한 성자들에게서 발견한 것은 죽음의 골짜기를 걸으며 자기들의 영혼을 돌이키고 지팡이로 자기들을 위로하는 양치기였다.

전통적인 상류계급의 고전 교육을 받기 위해 어렸을 때 고향인 움브리아로부터 로마로 보내진 베네딕투스는 로마에서의 생활에 반발하여 은둔함으로써 청춘의 3년을 수비아코 계곡의 동굴에서 고독한 생활을 보냈다. 그러나 그 최초의 결별보다 더 획기적이고 생애의 전기가 된 사건은 성인이 된 후 사회로 복귀하여 베네딕트파의 수도원장이 된 것이었다. 생애의 창조적인 이 장에 있어서 그는 어렸을 때 거부했던 낡은 교육을 대신할 새로운 교육을 광야에서 창안했는데, 이후로 전통에 매달려 있던 동시대의 원로들까지도 이 위대한 교육자에게 배우게 하려고 자식들을 광야로 보내게 되었다. 그리하여 인원이 늘어난 그 수도원은 서구의 변두리로까지 그 회칙을 확장시키게 된 수많은 수도원의 모태가 되었고, 그 회칙은 결국 헬레닉 사회의 폐허화된 구질서 위에 세워진 서구 기독교 세계라는 새로운 사회구조에 있어서 하나의 중요한 초석이 되었다. 그 회칙에 있어 하나의 중요한 특색은 농업을 위한 근육노동을 요구하는 것인바 베네딕트파의 운동은 사실상 경제에 있어서의 농업부흥운동이었던 것이다. 그리하여 이탈리아에서는 750년 전 한니발 전쟁에 의해 농민경제가 파탄된 이래로 숱한 시도가 실패한 후 처음으로 농업의 부흥이 달성되었는데 그라쿠스 형제의 농지법과 로마제국의 융자정책으로도 불가능했던 것을 성취한 것은 그 회칙이 국가의 시책처럼 하향식인 것이 아니라 개개인의 종교적인 열정을 바탕으로 삼아 자발적인 활동을 유발하는 것이었기 때문이다. 그 수도회는 이 정신적인 약진의 힘으로 최저에 달해 있던 이탈리아 경제를 만회시킨 것에 더하여 근대 프랑스인과 영국인이 북미에서 행한 것처럼 삼림을 개간하고 소택지를 간척하여 농토와 초지를 만드는 일을 중세 알프스 이북의 유럽에서 실행하게 했다. 그리고 그들의 육체노동의 개념은 물질적인 부흥을 위한 것에 더하여 정신문화를 창달하는 활동까지 포함하는 것이었으므로 새로 건설하는 조직(Cell)에서는 물질적인 부흥과 함께 정신문화를 진흥시켰다. 그리하여 그들의 근면성은 부수적인 효과로서 고전 라틴문학을 온전히 보존하는 결과를 낳았다.

그레고리우스는 로마에서 나고 자라 전통적인 교육을 받았으며 전통적인 관료의 길로 들어서서 573년에는 로마시의 지사가 되었으나 그때 봉착한 난제로 인해 비교적 이른 시기에 사회와 결별하여 인퇴를 단행했는데, 그것은 그의 생애를 급격하게 바꿔 놓았다. 로마제국은 서구의 영지를 상실함으로써 그 방면의 국경이 로마 외곽으로까지 좁혀진 573년에 콘스탄티노플로의 천도를 마무리했는데, 그것은 대제국의 수도로서 오랫동안 정치와 경제 및 인구와 문화의 중심이었던 로마시를 1920년에 오스트리아의 빈이 겪었던 것보다 더 극단적인 곤경에 빠트렸다. 대제국의 수도였던 로마는 그 전성기에 전 지중해 연안의 정치적 수도였고 알프스 이북으로는 라인강과 타인강에 이르는 속령들을 포함하는 지역의 경제적인 수도였으나 그 사태로 인해 그 지위는 격하되고 역사적인 기능마저 상실한 채 아무런 준비도 없는 기생적인 거대도시로 전락했다. 그 후 파멸적인 고트족과의 전쟁에 이은 이탈리아 제국으로의 부흥도 롬바르드족의 침입[841]으로 스러져버렸다. 그레고리우스가 로마 지사(知事)의 자리에 오른 해에 로마의 영토는 로마가 900년 전에 삼니움인과 이탈리아 쟁탈전을 시작하기 전과 같은 크기로서 거대한 인구를 도저히 감당할 수 없는 규모로 줄어들었는데 제국의 관료제도는 그런 관료적인 기구를 만든 정치가가 생각지도 못했던 그 문제를 처리할 능력을 갖추지 못했다. 그레고리우스는 종래의 체제로는 그런 사태를 처리할 수 없다는 사실을 통감했고 그 괴로운 경험 때문에 속계로부터 완전히 인퇴했을 것이다. 모든 재산을 자기 이름을 딴 6개의 수도원 건립과 빈민을 구제하는 데 사용하고 물려받은 저택을 수도원으로 개조하여 그곳에 평범한 성직자로 들어간 그의 인퇴는 베네딕투스나 바울처럼 3년 동안 계속되었다. 그리고 그 후 더욱 먼 곳으로 인퇴하여 영국인을 개종시키는 일에 매진하려던 때에 교황의 소환을 받고 로마로 복귀하여 난관에 봉착한 시를 위해 재차 그의 행정적인 수완을 발휘하게 되었던바 이후로 점증되는 능력에 따라 그 실력을 더 효과적으로 사용할 수 있는 지위에 오르면서 로마를 위해 더욱 진력했다. 그 복귀로 시작해서 집무 중에 순직할 때까지 계속된 그의 사업은 교회 관리자 외교관 정치가의 역할로 수행되었는데, 처음에 교황청의 디콘으로 일한 후 579~585년에는 아포크리시아리우스[842]로 일했고 590년부터 604년에 죽을 때까지는 교황으로 재임했다. 그는 전쟁과 질병과 기근이 겹친 해에 억지로 교황에 선출되었으나 스스로 수용하기를 꺼려했던 그 직무를 영웅적으로 수행했는데 교황이 된 후에 달성한 업적은 다음과 같다. 첫째로 그는 교회의 영토

---

841. 그 롬바르드족은 568년에 북이탈리아를 석권한 후 남서부로 진출하여 스폴레토와 베네벤토에 국가를 건설했다.

842. Deacon은 교회의 사회사업 책임자, Apocrisiarius는 콘스탄티노플의 로마제국 궁정에서 교황의 대리자.

를 능률적으로 재편성하여 농노들의 생활을 향상시키고 빈민 구제에 쓸 세입도 증대시켰다. 다음으로는 10여 년 동안 고심하며 준비하여 로마제국과 롬바르드족을 화해시키는 데 성공했다. 그리고 그는 제3의 치적으로서 로마를 위해 옛 제국을 대신하는 새로운 제국의 기초를 닦았는데 물리력이 아니라 종교적인 열정을 기반으로 하는 새로운 로마제국은 로마의 군대가 밟지 못했고 스키피오와 카이사르도 그 존재를 의식하지 못했던 새로운 세계를 정복하려는 것이었다. 보다 새롭고 영성적인 로마제국을 건설하려고 했던 그 제1보는 그가 몸담았던 로마 수도원 원장인 아우구스티누스를 전도자로 파견하여 영국에 로마의 발판을 재건한 것이었다. 롬바르드족이 로마의 문전에 몰려든 최악의 날에 로마의 성직자 수령은 대담하게도 대륙의 만족들에 앞서 새로운 동지와 새로운 세력권을 확보하기 위해 부관을 적의 배후로 침투시켰던 것인바 그것은 한니발을 문전에 두고도 스페인 주둔군을 보강하기 위한 부대를 로마에서 출병시킨 로마 원로원의 담대함에 비견되는 것이다.

③ 이그나티우스 로욜라

중세 서구에 있어서 종교 및 사회적 위기가 고조[843]된 시대에 스페인의 귀족 가문에서 태어난 〈로욜라〉는 전통적인 교육을 받고 27세까지 육군에 복무했다. 그는 복무 중 프랑스군이 침공하여 벌인 팜플로나 포위전에서 중상을 입었는데, 치료 중에 종교적 귀의(歸依)를 체험하고 이후로는 여생을 하나님의 군병으로 싸울 것을 맹세했다. 그러나 그 맹세를 행동으로 옮기기 전에 그는 순례와 고행 및 연구와 묵상에 몰입하여 12년간 인퇴했다가 마침내 예수회를 조직하기 위해 세상으로 복귀했다. 1540년까지는 조직이 정비되지 않았고 교황의 인가도 받지 못했으며 로욜라 자신도 1541년에야 회장으로 피선(被選)될 정도로

---

843. 중세 서구의 지배적인 기관이었던 로마교회가 이탈리아에서 번진 이교사상과 프로테스탄티즘의 도전에 직면하여 그 지위와 우월성이 무너지기 시작한 것으로 말미암은 것.

진전이 느렸으나 예수회가 이룩한 것으로 볼 때 그의 생애에 있어서 인퇴와 복귀의 모티브는 매우 현저한 것이었다.

④ 고타마 싯다르타

이 모티브는 태어난 시대와 장소만이 아니라 기질도 극단적으로 달랐던 천재 고타마 싯다르타의 생애에 있어서도 현저하다. 그는 동란시대 인도사회의 상쟁하는 국가들이 일으킨 파괴적인 전쟁의 소용돌이 속에서 조국인 카필라바스투[844]가 약탈당하고 일족인 샤카(釋迦) 귀족들이 살해되는 것을 목격했다. 다시 말해서 고타마는 동족이 그 안에서 지위를 인정받고 있던 인도의 낡은 사회질서가 새로운 세력에 의해 도전받던 시대에 샤카 귀족의 일원으로 태어난 것인데, 그 고대 인도사회의 샤카족 공동체와 같은 소국들은 그의 시대에 보다 규모가 큰 토대 위에 건설된 독재적인 신흥 군주국에 의해 정복되고 있었던 것이다. 이 도전에 대한 고타마의 개인적인 반응은 전래의 귀족에게 냉혹함을 더해가는 세상을 버리는 것이었다. 전설에 따르면 왕자였던 그는 29세에 깨달음을 얻기 위해 처자와 부모, 지위와 모든 유산을 버리고 출가[845]하여 육체적인 고행을 엄격히 하되 그것을 목숨을 겨우 부지할 정도의 극단에 이르기까지 밀고 나갔다. 이후 단식을 중단하고 사회로 복귀하는 첫걸음을 디뎠을 때 그는 마침내 광명을 얻었고 이후로는 그 빛을 동포에게 나눠주는 일에 여생을 바쳤다. 고행자였던 고타마가 타타가타[846]로 사회에 복귀한 것은 부처(Buddha)로서 깨달은바 그 정신적인 내용을 생각할 때 주목할 만한 것이 있다. 그의 철학에 있어서 영혼의 지상목적(至上目的)과 지복(至福)의 단계는 그리스 철학자들이 이상으로 여겼던

---

844. Kapilavastu, 지금의 네팔에 있었던 가비라성(迦毘羅城)
845. 연구에 의하면 샤카왕국은 과두정치체제였고, 고타마의 부친은 왕이 아니라 일시적인 수위권자(首位權者)였다.
846. 각성자(覺醒者), 깨달음을 얻은 자.

관조에 비해 훨씬 더 무위적(無爲的)인 것으로서 거의 정신적 자기말살에 가까운 것이었다. 플라톤은 어정쩡하게라도 복귀의 의무를 외쳤지만 부처는 깨달음을 얻기 위해 열반(涅槃)에 드는 것, 즉 자유로 도피하는 것은 철학자의 지당한 권리라고 생각했다. 그럼에도 불구하고 그는 플라톤보다 성실하게 또한 플라톤보다 효과적으로 세상에 복귀했는데, 승가(僧伽)를 건설하는 것은 아카데미를 세우는 것보다 위대한 사회적 사업이었던 것이다. 플라톤과 디오니소스의 관계는 매우 현학적이었음에 반해 부처와 세속 권세와의 관계는 전혀 그렇지 않았는데, 이 대조는 플라톤주의와 불교의 후사(後史)에서 더욱 두드러진다. 신플라톤주의는 사회로 복귀하라는 플라톤의 권고를 이론적으로만이 아니라 실천적으로도 거부했으나 개인적인 취향에 반할 뿐만 아니라 자기 교의와도 논리적으로 모순되는 부처의 복귀와 그 정신은 그것의 본질적이고도 핵심적인 특징으로서 대승(大乘)을 지향하는 새로운 불교를 일으켰던 것이다. 그리하여 대승불교는 그 새롭고도 현저한 특징으로서 모든 사람은 전 세계를 위해 이타적인 선행을 해야 하며 얻은 공과 쌓은 덕을 남에게도 물려줘야 한다는 박애주의적인 윤리관을 갖추게 되었다. 불교에 있어서 종교생활의 목적은 아라한(阿羅漢)이 되는 것이 아니라 보살(菩薩)[847]로서 실행하는 것인데, 대승불교에 있어서 열반을 구하는 것은 다른 염원(念願)과 같은 하나의 야심이기 때문에 자기구제에만 몰두하는 아라한은 겸손하다는 평은 들을지라도 이기적이라는 비난을 받을 때가 있다. 보살은 열반의 문턱에 도달했을 때 공통된 길에서 동포들이 자기가 도달한 곳까지 오는 것을 돕기 위해 열반에 들어가는 것을 자발적으로 연기하고 자기를 번뇌로 괴로워하는 자들 중의 하나로 남겨서 그들을 위해 희생하고 잠재

---

847. 아라한(Arhat)은 소승불교의 교법을 수행하는 성문사과(聲聞四果) 중 최고의 지위, 모든 번뇌를 끊고 깨달음을 얻어 공덕을 갖춘 성자. 보살(Bodhisattva)은 위로는 부처를 따르고 아래로는 중생을 제도하는, 부처의 버금이 되는 성인.

적인 아라한, 즉 살아있는 부처가 될 것을 지망하는 존재이다. 복귀라는 반대의 운동에 의해 인퇴의 운동을 완성시키려는 충동은 인간의 정신에만이 아니라 우주 자체에도 깊이 박혀있는 성질인 것인바 그와 같은 충동은 불교의 본질적인 신조를 넘어 불교도의 실천에서 강하게 나타나는 것이다.

(2) 정치가, 군인

① 다윗(David)

일반적으로 미래의 영웅은 어려서부터 걸출한 웅자(雄姿)를 드러내는 것이어서 시리악 사회의 전설에 있어서 다윗도 사울군단의 용맹스러운 장사(壯士)로서 그 모습을 나타냈다. 그는 사울의 질투를 받아 사막으로 도주하여 이스라엘과 팔레스티나 사이의 무인지대에서 도망자로서의 불안정한 생활을 하게 되면서 사울의 후계자로 서기에 필요한 정치적 수완을 획득하기 시작했다. 다윗은 그 덕분에 사막에서 복귀한 후 사울이 해결하기에 실패한 그 사회의 긴급한 문제의 해결, 즉 산악지대 주민의 숙원이었던 연해지대 거주민의 침공에 대항하는 정치조직을 구축하기에 성공했다. 그러므로 다윗의 생애는 인퇴와 복귀의 또 하나의 전형(典型)인 것이다.

② 솔론

나날이 증가하는 인구를 먹여 살려야 한다는 공통된 문제에 직면한 헬레닉 사회에 있어서 지리적 확대라는 구시대적인 방식을 지속할 수 없게 된 아티카의 농촌에서 태어난 솔론은 그 도전에 대한 첫 반응으로서 자라난 농촌에서 인퇴하여 장사꾼이 되었다. 기원전 7세기와 6세기의 전환기에 놓인 아티카에서 모두가 전통적인 작물의 수확을 늘리느라고 악전고투하고 있을 때 솔론은 당시에는 매우 이국적인 것이었던 장사에 투신하여 매매와 수입 및 여행을 통해 새로운 화폐경제를 터득했다. 그러나 그것은 아티카의 경제를 구제할 실제적인 방안을 가지고 복귀하기 위해 아티카의 농촌에서 일시적으로 인퇴한 것에 불과한 것이었는데, 그는 낡은 농업에 새로운 상업기술을 적용하여 확대가 아니라 집약을 통해 문제를 해결하는 방법을 발견했다. 그는 귀환하여 동포에게 자급자족의 농업에서 벗어나 수출을 위한 전문화된 작물을 재배함으로써 생산성을 높일 수 있다는 것을 가르쳤다. 그 농업에서 무역으로의 인퇴는 새로운 능력을 갖춘 후 농업으로 복귀하는 서곡이 되었던 것인데, 그 복귀는 선진적인 농업의 구현에 그친 것이 아니라 정치가로서 생애의 대사업을 성취하는 것으로까지 확대되었다.

③ 필로포이멘

헬레닉 세계 주변에서 일어난 강대한 새 세력이 그리스의 도시국가들을 압도하던 시기에 펠로폰네소스의 심장부인 메갈로폴리스에서 태어난 필로포이멘은 마케도니아-스파르타 전쟁(BC 224~221)에서 젊고 왕성한 군인으로서 생애의 첫걸음을 내디뎠다. 그가 명성을 떨쳤고 〈클레오메네스〉[848]가 멸망한 셀라시아의 전쟁으로 그리스에 얼마간의 평화가 찾아들었을 때 그 사회는 하나의 커다란 세계로 확대되고 있었다. 그는 바로 그때 당시의 사회적인 조류와는 동떨어진 세계였던 크레타 섬에서 10년간 군인으로 복무했는데, 그것은 하나의 군인에 불과했던 그가 경험을 쌓고 수완을 연마한 정치가로서 펠로폰네소스로 복귀함에 있어서 필수적인 인퇴였다. 그리하여 그는 아카이아 동맹의 총수(總帥)로서 그 작고도 약한 배의 키를 잡고 수평선 너머로 검은 구름이 뭉게뭉게 피어오르는 서쪽 바다[849]를 항해한다는 생애의 사업을 시작했던 것이다.

④ 카이사르

같은 모티브는 더욱 유명한 정치가의 생애에서도 나타나는바 카이사르가 기원전 58년에 갈리아로 인퇴했을 때 그는 일견 상금을 목적으로 평범한 게임을

---

848. 〈Cleomenes Ⅲ〉로서 스파르타의 왕. 아카이아 동맹에 패하여 이집트로 망명했다가 자살했음.
849. 당시에 그리스인이 로마와 카르타고를 비유적으로 지칭하던 말.

하는 당시의 로마 정치가들과 다르지 않았다. 그러나 그 인퇴 후 기원전 49년에 갈리아에서 일어나 루비콘 강을 건너기까지의 9년 동안에 그는 정치적, 도덕적으로 크게 성장했으므로 그의 복귀는 극렬한 적대자들조차도 그를 사회를 구제할 사람으로 인정하지 않을 수 없을 정도로 성공적인 것이었다.

⑤ 레오 시루스

같은 모티브는 요람기에 멸망할 위기에 빠진 정교 기독교 세계를 구해낸 레오 시루스[850]의 생애에도 나타나 있는데 그의 생애에는 다윗의 전설을 연상케 하며 이아손이나 벨레로폰에 관한 헬레닉의 신화를 생각하게 하는 점이 있다. 레오도 다윗처럼 통치자의 용맹스러운 전사로서 무대에 등장했는데, 부친의 양떼에서 산출된 촌스러운 선물을 가지고 황제의 진영으로 들어 간 그는 다윗이 사울의 눈에 띄었듯이 사울처럼 격정적이고도 냉혹했던 〈유스티니아누스〉의 눈에 띄었다. 그 후 그는 다윗과 마찬가지로 통치자를 섬기면서 비상한 활약을 했고 그로 인해 격렬한 질투를 받았는데 유스티니아누스는 사울처럼 직접적인 행동이 아니라 이아손에 대한 펠리아스의 음모와 벨레로폰에 대한 프로이토스의 위계(僞計)로 레오를 제거하려고 했다. 그러나 레오는 알려진 대로 불가능으로 보였던 사명을 성취했을 뿐만 아니라 생명까지 보존했다. 코카서스에 고립되어 유기(遺棄)되었던 로마 군대를 이끌고 귀환했을 때 그는 군중으로부터 하늘로부터 내려진 구제자라는 칭송을 받았으며 드디어 평판이 나빠져서 추방된 주인을 대신하여 제위에 올랐다. 레오에 관한 이 내용에 사실과 전설이 어떻게 혼재되어 있든 그가 713년에 로마로 귀환했을 때에는 필생의 사업을 시작하기에 충분한 준비를 갖춘 성숙한 정치가로 성장해 있었다. 그리하여 활짝 열

---

850. 레오가 후기 로마제국의 행정 편제상 시리아의 Oriens 또는 아나톨리아로 알려져 있는 곳에서 탄생했음은 기번이 편찬한 〈J. B. Bury〉의 저술에 의해 밝혀졌는데, 타우루스 산맥에 자리 잡은 콤마제네 지방의 게르마니케아에 살았던 그의 가족은 유스티니아누스 2세 당시에 아랍인이 그곳을 탈취했을 때 난민으로서 트라키아로 이주한 것으로 여겨진다.

린 생애의 마지막 장에서 그는 세 가지 위업을 성취했다. 첫째로 그는 716~718년에 정교 기독교 세계를 무력으로 압도하고 콘스탄티노플을 탈취하려는 아랍인의 마지막 대대적인 공격을 분쇄했다. 다음으로는 그 세계에 로마제국의 망령을 불러내어 그 젊은 문명을 파멸의 구렁텅이에서 건짐과 동시에 그 사회의 안정적인 장래를 확보했는데, 이 영속적인 효과를 지닌 사업은 반세기 후 같은 망령을 불러냄에 있어 샤를마뉴가 행한 표피적이고도 일시적인 사업과는 현저한 대조를 보이는 것이었다. 그는 아랍인의 손에서 구해낸 아나톨리아를 중심으로 하고 콘스탄티노플을 유럽에 맞서는 교두보로 삼아 동로마 제국을 영토적으로 견고히 함과 동시에 내적으로는 정치와 경제 및 법률과 군사적인 기초를 다졌다. 그리하여 그 나라는 그의 치세 이후로도 5백 년이나 존속했으나 서구의 신성로마 제국은 그 건설자의 죽음과 동시에 망령의 망령으로 바뀌어 〈오토 1세〉의 정력이나 〈프리드리히 2세〉의 천재에 의해서도 재생하지 못했다. 셋째 사업으로써 그가 정교 기독교 교회의 역사에 남긴 영향, 즉 그가 확립한 교회에 대한 국가의 우월성은 항구적이었고 그가 시작한 우상파괴운동의 영향은 일시적이기는 했으나 중대했다. 그는 교회정책에 있어 그 성공 여부를 떠나 서구교회에서는 약 7세기 후에 종교개혁에 돌입할 때까지 발생하지 않은 사태를 3세기에 정교 기독교 세계에서 만들어 냈던 것이다. 이러한 레오의 생애에 있어서 '코카서스의 에피소드'로 대표되는 인퇴와 복귀의 운동은 그가 구제자로서 복귀하여 이룩한 창조적인 활동과 거대한 성과의 서곡이었다.

⑥ 무하마드

예언자 무하마드의 정치가로서의 생애에는 인퇴와 복귀의 모티브가 더욱 강하게 나타나 있다. 그는 로마제국과 아라비아의 관계가 위기에 봉착했고 6~7세기에 계속된 사회적인 방사의 누적적인 효과로 인해 아라비아에 대한 로마제국의 문화적인 영향이 포화점에 달한 시대에 로마제국의 아랍인 외적 P로 태어났다. 이러한 관계에 있어서 당연한 것으로서 로마에 대한 아라비아의 반동이 어떤 방향을 취할 것인가 하는 것은 상호적인 관계에 있어 양자의 운명을 결정짓는 것이었는데 무하마드는 바로 그 문제에 역사적인 해답을 제시했다. 이러한 그의 생애에 있어 두 중대한 전기의 서곡을 이룬 것은 바로 인퇴와 복귀의 운동이었다. 그가 관찰하여 깊은 인상을 받았으나 자기들은 갖지 않은 로마의 두 특징, 즉 종교에 있어서의 일신교와 정치에 있어서의 법과 질서에 주목하여 시작한 필생의 사업은 로마의 그 요소들을 아라비아 토착의 것으로 바꾸되 아라비아적 일신교와 토착화된 지배권을 사회 전체를 아우르는 종교체제로 통합하는 것이었다. 드디어 그가 스스로 제정한 그 제도에 거대한 추진력을 부여하기에 성공했을 때 아라비아인의 필요를 충족시키기 위해 만들어진 이 제도는 그 사회를 넘어 대서양 연안으로부터 유라시아 스텝 연안에 이르는 모든 시리악 세계를 포착했다. 그가 40세가 되었을 무렵인 609년에 시작한 이 사업은 그가 종교적인 사명에 몰입한 단계와 정치적인 사업에 전념한 단계를 거쳐 달성되었다. 그는 아라비아의 오아시스와 로마제국의 시리아권 오아시스들을 연결하는 대상(隊商)으로의 부분적이었던 첫 인퇴(594년)로부터 복귀한 후 순수한 종교적 사명의 길로 나아갔고 고향인 메카에서 야트리브의 오아시스로 재차 인퇴[851]한 후 두 번째 단계의 정치적 사업을 시작했다. 도주하여 메카를 떠난 지 7년 만에 사면된 자로서가 아라비아의 절반 이상을 지배하는 자로서 메카로 귀환한 그의 생애에 있어서 첫 단계는 솔론의 생애와 유사하며 둘째 단계는 카이사르의 생애를 닮았는데 이 또한 현저한 인퇴와 복귀의 모티브인 것이다.

　⑦ 러시아의 혁신가들

---

851. 이슬람교도가 '헤지라'라고 부르는 이 인퇴는 무하마드의 생애 중 가장 중대한 사건이므로 이슬람교는 이때를 기원으로 삼고 있다. '야트리브의 오아시스'는 헤지라 이후로 'Medina-예언자의 도시'로 알려져 있다.

표트르 대제와 레닌의 사업은 아라비아 만족(蠻族)의 면목을 크게 바꾼 무하마드의, 과격하지만 효과적인 정치 수완에 필적하는 것이다. 이 두 사람은 연이은 사회적 혁명의 두 잇따른 장에 있어서 정교 기독교 세계 러시아의 면모를 일변시키는 데 성공했다. 러시아 정교 기독교국의 왕실에 완전히 서구적이되 서구에서도 2세기 후에나 출현한 기질을 갖춘 천재가 태어난 것은 운명의 장난이었을 것이다. 근대 서구사회의 대표자들이 보기에 표트르는 하나의 불가해한, 그러기에 더욱 비위에 거슬리는 기형아[852]였다. 그들은 표트르가 자기들의 미래상을 보이고 있다는 것과 자기들이 2세기 후에 시대를 장악하게 될 전형적인 서구인을 보고 있다는 것을 추측하려 하지 않았고 생각할 수도 없었으나 그들의 후예인 우리들은 주저함 없이 그를 〈에디슨〉〈포드〉〈노드클리프〉〈스트레이커〉[853] 등과 같은 인물의 동열에 놓는 것이다. 그에 관한 저명한 연구에 의하면 표트르의 성격 속에는 어김없이 서구의 새로운 기계적인 만족(蠻族)의 특성이 깃들어 있다. 그는 스스로 조선공(造船工)의 일을 했듯이 어떤 일을 시킬 때는 언제든지 앞장서서 일했고 모든 것을 독력 독행하여 왕자임에도 군대에서 밑바닥부터 차례로 승진해 올라갔으며 왕궁에서도 비잔틴 양식을 걷어치우고 평민처럼 생활했다. 그는 서구를 방문할 때 고문을 선발대로 보낸 후 신분을 감추고 수행원이나 해군의 견습생으로 여행하기도 했는데 그의 기계에 대한 취미를 말한다면 첫 외국방문 전인 12세 때 이미 온갖 기계적인 도구나 장치의 사용방법을 익혔을 정도였다. 또 서구를 방문하는 중에 치과기술과 에칭까지 익혔고 포술의 실제적인 지식은 남들을 놀라게 할 정도였으며 해부학도 얼마간 연구했다. 그러나 그의 가장 서구적인 특성은 탐광(探鑛)과 기업에 대해 날카로운 안목

---

852. 전하는 바에 따르면 영국의 사교(司敎)인 〈버네트〉는 표트르를 "졸렬한 정신을 소유한 자, 젊고 유능한 조선공이고 군주지만 야만스러운 자"라고 평가했고, 네덜란드 국왕 〈윌리엄 3세〉는 그를 "미적인 감각이 없고 네덜란드어는 선박 용어 밖에는 아는 게 없는 촌뜨기"라고 했다고 함.
853. 전자는 영국 데일리 메일의 창시자, 후자는 〈버나드 쇼〉의 저작인 「인간과 초인」의 주인공.

을 갖추고 있었다는 것인데, 예로써 그는 러시아가 페르시아의 카스피 해 연안을 일시적으로 점령했을 때 그곳의 천연자원을 조직적으로 조사했고 그의 날카로운 눈은 바쿠에서 석유의 미래를 꿰뚫어 보았다. 그는 정교 기독교 세계의 러시아에서 태어난 서구인이자 서구보다 2세기나 빨리 탄생한 서구인이라는 점에서 확실히 기형아였던 것이다. 자연이 그에게 천재를 베풀고 운명이 그의 손에 강대한 나라의 독재를 허용했다고 말할 때 역사상 그와 닮은 인물은 이집트의 이크나톤밖에 없다. 그러나 자신이 그 속에서 정신적 이방인이 된 사회에서 전제적인 권력을 상속받은 이크나톤은 사회를 자기 생각대로 개조하려다가 실패했지만 표트르는 같은 환경 속에서 똑같은 곡예를 실험하여 눈부신 성공을 거두었다. 이 두 역사적인 변종(變種)의 극단적인 운명의 차이는 부분적으로는 기질의 차이 때문이지만 표트르의 생애에 있어서는 현저했으되 이크나톤의 삶에서는 결여되었던 요인은 바로 인퇴와 복귀의 운동이었다. 이크나톤은 이집트 사회에서 인퇴한 후 피난처, 즉 스스로 〈텔 엘 아마르나〉라고 부른 마법의 궁전으로 들어간 후 다시는 현실 세계로 복귀하지 않았다. 그러나 표트르는 정교 기독교 세계에서 이질감을 느끼자 정신적으로 친근했던 서구로 떠났으나 스트렐치[854]가 폭동을 일으키자 18개월 만에 그 결정적인 여행을 중지하고 러시아로 귀환했다. 돌아온 표트르는 내적으로 완전히 다른 인간으로 변해 있어서 그것이 러시아 민화(民話)로 전해지지만 이 옛이야기에는 소박한 러시아 농민이 이해하는 이상의 것이 들어있다. 변화를 겪은 표트르는 정교 기독교도의 관점에서 볼 때 틀림없이 반(反)그리스도적이라고 여겨질 사업을 수행하려는 생각을 품고 귀환했던 것이다. 이 다재(多才)한 소년이 본국에 머물러 목수 같은 일에나 몰두하여 본래의 사회적 환경인 보수적인 비잔틴식 궁전의 앙팡테리블[855]이 되

---

854. 1550년에 〈이반 4세〉가 창설한 모스크바 대공국의 화승총 특수부대.

855. Enfant terrible. 〈장 콕토〉의 소설에서 유래한 용어로서 "무서운 아이", "태도나 행동이 보기보

었다면 그는 스킬레스[856]처럼 불행한 최후를 맞이했을 것이고 그의 특출한 호기심은 이크나톤의 그것처럼 역사의 진전에 아무런 영향을 끼치지 못했을 것이다. 표트르는 이 짧은 여행의 결과로서 정신적인 시야를 크게 확장하고 인간의 능력을 초월한 것으로 생각되지만 그럼에도 이크나톤이나 스킬레스의 전철을 밟지 않고 현실에서 개인적인 안전을 확보하는 방법이기도 했던 국가적 계획을 실현시킬 결심을 굳히고 러시아로 귀환했다. 그는 비잔틴주의의 유기된 잔해를 서구적인 정치조직으로 이룩된 하나의 강국으로 만들고 그것을 서구에 끼워넣어 러시아를 그 속에 상존(常存)시키고 그 결과로 러시아에서의 자기 상존을 도모한다는 결의를 품고 귀국했던 것이다. 그는 5개월 동안 네덜란드의 조선소에서 조선공으로 일하는 등 서구에서의 18개월 중 절반 이상을 조선기술을 익히는 데 사용했는데, 1697년에 그를 해외로 나가게 한 관심은 정치나 사회적인 것이 아니라 기술적인 것에 있었다. 그러나 이후로 영국 국교회의 행사나 퀘이커교도의 집회에 참석하기 위해 이따금 기술연구를 과감하게 중단했던 것은 그의 시야가 크게 확대되었음을 의미하는 것인바 그런 징후는 그의 귀국 후의 행동에서 확인된다. 그는 자기의 파괴적인 인격과 러시아의 전통적인 사회생활 사이에 가로놓인 싸움터 전반에 걸쳐 서구화의 싸움을 시작했고 그 전선의 모든 방면에서 공세를 취해 승리를 거두었다. 그는 스트렐치와 보야르[857]를 정복한 후 비잔틴 스타일의 전통(傳統)[858]과 스웨덴까지 정복했는데 이 놀랄만한 기

다 영악하고 조숙하여 별난 짓을 잘하는 아이"라는 뜻.

856. BC 450년경에 생존한 인물. 흑해 북안의 네덜란드 초원을 떠돌던 스키타이 유목민 집단의 수령이었던 그는 근처에 있던 그리스인 식민지를 통해 헬레닉의 문화를 접하고 그에 탐닉하여 그리스 여인을 취하고 그리스의 옷을 입는 등 그리스인처럼 살았다. 그는 유목민의 반발을 두려워하여 겉으로는 그것을 숨기고 이중생활을 했으나 결국에는 그것을 알아챈 동족에 의해 죽임을 당했다.

857. 러시아의 군벌(軍閥)과 귀족영주(貴族領主)

858. 1698년에 귀국했을 때 표트르는 영접하러 나온 고관들의 수염을 손가락으로 자르는 시늉을 했는데, 그것은 비잔틴 스타일의 전통에 대한 선전포고로서 유명한 사건이다. 표트르는 그 실행으로

록들로 요약된 그 필생의 사업은 18개월에 걸친 인퇴와 뒤를 이은 복귀의 결과물이었던 것이다.

레닌의 생애도 이와 같이 인퇴와 복귀에 의해서 풀리는 것인데, 레닌은 표트르에 의해 시작된 서구화의 사업을 고치려 하여 그것을 완성한 러시아 제2의 반(反)그리스도였다. 1870년에 태어난 그는 1893년에 동시대 다수의 인텔리겐치아[859]와 같이 혁명운동에 투신했는데, 1897년의 선동(煽動)이 실패로 돌아가자 시베리아로 추방된 후 형기(刑期)가 종료되자 스위스로 건너감으로써 러시아에서 인퇴했다. 그리하여 비로소 자기의 정신을 알게 된 그는 이때부터 자기의 의지를 동료들에게 피력하기 시작했고 1903년에 망명 러시아 마르크스주의자 회의에서 교묘하고도 비타협적인 태도로 러시아 마르크스주의 사회당을 멘셰비키(소수파)와 볼셰비키(다수파)로 분열시키는 것으로 무대의 전면에 등장했다. 볼셰비키의 지도자로서와 오랜 외유로 인해 러시아에서의 권위와 위신이 높아진 그는 1905년에 러시아로 복귀했으나 러시아 혁명의 실패는 그를 1907년에 재차 해외로 인퇴시켰다. 그리하여 10년을 더 인퇴한 후 단행된 그의 재복귀는 러시아 역사는 물론 서구와 전 인류의 역사에 있어서의 결정적인 사건으로 헤아려지고 있다. 18년의 유형(流刑)과 망명에 소요된 24년에 걸친 혁명사업 후 레닌은 드디어 그 필생의 사업에 생애를 바치고자 러시아로 복귀했는데 1924년에 죽기 전에 그는 러시아의 모든 영토와 국민과 자원의 지배자가 되었다. 그리고 그 지배력을 힘으로 삼고 표트르적인 잔인함을 무기로 하여 마르크스주의적인 유토피아를 대규모로 실현하려는 실험에 착수했는데, 선악과 성공 여부를

메흐메드가 자기의 군대에 서구식 제복을, 무스타파 케말이 모든 남자에게 서구의 옷을 강요했듯이 칙령으로 군대에 서구식 복장을 착용시켰다. 그러나 그것만으로는 만족할 수 없어서 경찰을 동원하여 귀족에게 프랑스식 예법을 가르치기도 했다.

859. Intelligentsia. 제정 러시아에서 일군(一群)의 혁명지향적인 지식인을 이르던 말이었는데, 이후로 지식과 교양을 갖춘 사람이나 지적인 노동에 종사하는 사람을 지칭하는 말이 되었음.

떠나 그 시도는 바로 그의 인퇴와 복귀의 운동에서 기인한 것이다.

⑧ 근대 서구의 두 영웅

〈주세페 가리발디〉는 1833년에 나폴레옹의 몰락으로 일반화된 서구의 자유주의운동에 투신하여 왕정복고로 재흥한 부르봉 왕조를 타도하려 했으나 그 도모(圖謀)가 실패하자 해외로 도주했다. 그러므로 그 생애의 첫 장은 레닌의 그것과 유사했으나 그 다음 단계는 필로포이멘의 생애에서 주목했던 단계를 연상케 한다. 젊은 필로포이멘이 군사와 정치의 기술을 배우려고 10년 동안 크레타 섬으로 인퇴했듯이 가리발디도 신세계에서 같은 기술을 배우기 위해 1836년부터 12년간 라틴아메리카로 인퇴했다. 그는 첫 라틴아메리카 전쟁[860]에서 게릴라전 능력을 습득했고 다음 전쟁[861]에서는 "이탈리아 붉은 셔츠대"[862]의 핵심 멤버를 몬테비데오로 모으는 데 성공했다. 드디어 1848년에 유럽에서 혁명이 발발했다는 소식이 몬테비데오에 닿았을 때 그는 이미 생애의 대사업에 뛰어들 준비를 마치고 있었으므로 열정과 무용을 이탈리아의 자유를 위한 싸움에 바치려고 귀국하는 배 위에서 그와 그의 동지들은 스스로 생명의 열정과 열망의 실현을 위한 길로 나가고 있음을 알고 있었다. 또한 이탈리아 국민들도 전해진 명성으로 그들이 패배한 망명자로서 떠났던 나라로 귀환하기 전부터 가리발디의 사업이 무엇인지 알고 있었다. 이탈리아 땅을 다시 밟았을 때 시작된 생애의 장(章)에 있어서 가리발디는 그 시대의 역사와 동포의 마음속에서 애국자라고 하는 빛나고도 영원히 떠나지 않은 지위를 향해 매진했던 것이다.

---

860. 브라질 황제가 〈리오그란데 도 술 공화국〉과 싸운 전쟁. 브라질 최남단에 위치한 'Rio Grande do Sul'은 브라질의 한 주(州)로 편입되었다.

861. 〈몬테비데오〉와 〈부에노스아이레스〉간의 전쟁.

862. 대부분 정치적 망명자로 구성된 몬테비데오의 이탈리아인 부대는 "가리발디 부대"의 시초였고, 유명한 붉은 셔츠를 처음 착용한 것도 그들이었다. 가리발디의 명성은 이탈리아에 울리고 있었는데, 로마에는 〈가리발디와 그의 이탈리아인 부대〉로 알려져 있었다.

〈폴 폰 힌덴부르크〉는 1870년에 이탈리아군을 로마로 입성시켜 필생의 사업을 완성한 가리발디보다 4살이나 많았으나 67세가 되던 해이자 제1차 세계대전이 발발한 1914년이 되기까지 그의 사업은 시작되어 있지 않았다. 프로이센군 장교의 아들로 태어난 그는 부친의 직업을 계승하여 전통적인 프로이센 장교로서의 생애를 살았고 오랜 평화의 시기를 복무한 후 유능했지만 별로 두드러지지 못한 장관으로 퇴역했다. 그러나 생애적인 기록의 종지부로 보였던 그 하노버로의 인퇴는 3년을 넘기지 않았는데, 그는 대전이 발발한 지 1개월도 지나지 않은 때에 인퇴에서 복귀하여 동(東)프로이센을 러시아군의 침공으로부터 구해냈다. 그것은 새로운 생애의 첫걸음으로서 힌덴부르크를 독일군 총사령관의 자리에 오르게 했는데 그의 필생의 사업은 그때 비로소 시작되었던 것이다. 이 연로하고 원숙한 원수(元帥)는 왕과 참모장을 따라 중립국으로 도망치지 않고 괴멸할 때까지 자기의 부대와 함께함으로써 국가적 위기에서 동포가 보내준 신뢰에 보답했다. 그는 전쟁이 끝나자 1917년 7월에 재차 하노버로 인퇴했으나 그의 국민은 1925년에 77세인 그를 독일제국의 대통령으로 선출하여 다시 불러냈던바 힌덴부르크는 낯선 행동무대에서 최고의 책임을 지는 제3의 생애로 접어들었던 것이다. 이 놀랄만한 생애에 있어서의 인퇴와 복귀의 모티브는 이 노인의 재간을 기적적으로 높여서 1911년에 퇴역한 프로이센의 장교를 1925년의 국부(國父)로 변용시켰던 것이다.

(3) 역사가

여기에서 우리가 주목하는 일군의 역사가는 군인이나 정치가로 시작했다가 그들을 추방하거나 포로나 망명자로 몰아낸 세계에 역사가로서 복귀함으로써 활동 영역을 전환한 사람들이다. 생애의 첫걸음에서 실제적인 문제, 즉 당대의 역사를 만들어내는 개인들의 직접적인 작용에 참가했던 이 관찰자 겸 기록자들은 첫 행동 분야에서는 타고난 재능을 발휘할 기회를 발견하지 못했다. 이 미래의 역사가들은 어떤 우연한 단절에 의해 실제적인 문제와 무거운 사회적 의무로부터 해방됨으로써 전환이 없었을 때 이루었으리라고 예상되는 것보다 더 큰 성취와 명성을 역사가로서 복귀함으로써 열린 생애의 마지막 장에서 달성했는데, 앞으로 고찰하는 8인의 생애는 우리가 성장의 기준으로 여긴 영성화의 현저한 실례를 제공한다. 그들은 현실적인 행동의 장에서는 의지(意志)라는 천박한 매체에 매달려 단순하고 직접적이되 유한한 방법을 썼으나 그러한 활동을 금지시킨 강제적인 인퇴는 그들로 하여금 활동의 국면(局面)과 매체(媒體)를 변화시킬 것을 강요했다. 타인의 의지를 움직이는데 사용될 수 없게 된 정력은 먼저 인퇴자의 감수성과 상상력 및 감정을 강하게 고조시키는 것이고 그런 변화는 그 열정을 타인의 정신에 같은 것을 환기시키는 것으로써 행동으로 귀환하는 것이다. 이러한 변화에 의해 의지로써 다른 의지를 움직인다는 현실에서의 행동은 보다 높은 수준에서 보다 영성적인 매체를 통한 행동으로 재현되는 것이다. 모든 활동에 있어서 행위의 영향력이 미치는 범위는 그 터전의 성질에 의해 한정되는 것인데, 실제적인 문제의 답을 구하는 행동인의 범위는 그가 그것을 통해 활동하는 개인적이고도 제도적인 관계가 갖는 한계에 의해 설정된다. 그러므로 의지력을 매체로 하는 전달의 영향은 그것이 감각적인 만큼 좁고도 피상적이지만 표현과 접근의 새로운 방법을 채용함으로써 가능해지는 새로운 국면에 있어서의 새로운 형태의 활동은 보다 영성적인 만큼 보다 효과적이다. 새로운 유형의 활동은 인간적인 격정과 적의를 모두 일소하여 활동을 의지라는 천박한 매체로부터 감수성과 감정 및 상상력이라는 영성적인 매체로 바꿀 때 비로소 시간과 공간의 한계를 초월하여 무한히 펼쳐지는 장(場)으로 들어가게 되는 것이다. 우리는 우리의 8인이 실제적인 문제에 몰입했을 때의 흔적을 찾을 수 없으므로 그 기념비에 〈셸리〉의 냉혹한 시[863]를 새길 수밖에 없지만

---

863. "일부는 검으로 싸움터를 베어내고 그들이 죽이던 자리에 월계수를 심을지 모르지만 그들은 아직

이 실패한 군인이나 정치가들을 카이사르나 나폴레옹의 운명에서 구해낸 것은 그들 생애에 있어서의 단절이었다. 그들은 실제적인 문제에서의 인퇴를 여지없이 강요당함으로써 불후성(不朽性)을 달성한 분야의 활동으로 복귀할 수 있었던 것인바 우리는 거기에 루크레티우스의 선포[864]를 헌정하게 되는 것이다. 우리는 그 8인이 한정되어 좁고도 짧은 재세 중에 활발히 살아있어서 후인들과의 영성적인 대화를 통해 생생하게 활동하고 있음을 보게 되므로 창조적인 존재로서의 이 전직 군인과 정치가들은 셸리의 조롱[865]을 용납하지 않는다. 다른 영역으로 복귀하기 위해 하나의 영역에서 인퇴한 그들은 목숨 잃기를 단행[866]했기에 그 활동은 사라지지 않고 무한히 계속되고 있는 것인바 이것이 우리의 위대한 역사가들의 생애에 나타난 인퇴와 복귀라는 모티브의 정신적인 의미인 것이다.

청년기에 일어난 전쟁(BC431~404)의 시기를 아테네 시민으로 살아낸 〈투키디데스〉는 전쟁 전의 헬레닉 사회도 알고 있었거니와 그 사회가 성장을 멈추고 큰 파국에 이어서 긴 쇠퇴와 몰락의 비극적인 운동에 돌입한 것을 볼 수 있었다. 그 결정적인 좌절은 그의 세대가 겪어야 했던 도전이었는데, "이 전쟁은 인류가 경험한 전쟁 중 그 규모와 영향이 가장 큰 동란이다"라고 설파했듯이 그는 그 큰 파국의 의미를 충분히 알고 있었다. 전쟁이 일어나자 그 8차년에 장관회의의 일원으로 일한 후 Amphīpŏlis를 방어하는 임무를 맡았던 그는 그 요새[867]

한 가지 이겨내지 못한 것이 있으므로 그들의 강한 기력도 마침내 굴복하지 않으면 안 된다. 조만간 그들은 운명 앞에 무릎을 꿇고 창백한 죄수의 몸으로 죽음 곁으로 다가갈 때 숨을 멈추지 않으면 안 되리라."

864. "따라서 그 정신의 활발한 힘은 누구든 정복시키지 못함이 없고 세계의 끝, 불타오르는 벽을 넘어서 멀리 전진하고 상상과 사색으로 온갖 무한의 세계를 밟고 다녔다."

865. "화관은 그대들의 이마 위에서 시드나니 그대들이 이룬 업적을 자랑하지 말라."

866. 〈마 10:39〉을 참조.

867. 다르다넬스로 가는 길목에서 Struma 강의 도하점을 장악한 암피폴리스는 육군이 강한 펠로폰네소스 동맹군이 제해권을 장악한 아테네 해군을 피해 아테네로 돌입할 수 있는 유일한 통로였다.

를 스파르타에 빼앗겼는데, 그로 인해 유형에 처해진 것은 하나의 다행스러운 불운으로서 그에게 필생의 대사업을 성취시킬 기회를 제공했다. 그는 50세도 채우지 못하고 죽었지만 계획했던 저술의 2/3 이상을 완성한 후 제1부의 서문에서 "일시적인 곡예가 아니라 영원한 재보[868]를 만들어 낼 것이다"라고 선언했다. 독특하고도 엄격한 지적 태도로써 신약성서의 교훈[869]을 예견했던바 투키디데스는 자신들의 사회가 치명상을 입고 그 피가 자신들과 후손들 위에 쏟아질 것을 알았던 그리스의 불행한 세대가 겪은 그 고뇌를 영원히 멸하지 않을 인간 경험으로 바꾸어 놓았던 것이다.

투키디데스의 사업을 계승한 〈크세노폰〉은 50년에 걸친 파멸의 이야기를 투키디데스가 중단한 곳에서 시작하여 「Hellenica」를 저술했다. 27년 전쟁이 최고조에 달했을 때에도 미성년이었던 크세노폰은 그렇기에 전쟁상태를 당연시하는 경향을 가지고 군에 복무했으나 그의 군대에서의 경험은 삶에 대한 그의 희망을 만족시키지 못했다. 소크라테스의 제자이기도 했던 그는 전쟁이 끝났을 때 스승의 만류에도 불구하고 아케메네스 제국의 키루스에 종군한다는 군사적인 모험[870]에 투신했고 그로 인해 스승의 예언대로 추방형을 받았다. 그러나 이 완강한 전사는 그 정치적 불운 때문에 새로운 진로를 찾게 되었는데 그를 군인에서 저술가로 바꾼 변화가 그의 생애에서 마침내 일어난 것은 스파르타가 그의 공로를 인정하여 그에게 스킬루스에 영지를 주었을 때였다. 그는 그곳에서의 20년 동안에 그 필생의 저술을 완성했으나 그 후 스킬루스를 탈환한 엘레우시

---

868. 투키디데스 본인은 이것을 '지식에 대한 영구적인 공헌'이라고 표현했다.

869. "너희를 위하여 보물을 땅에 쌓아 두지 말라 거기는 좀과 동록이 해하며 도둑이 구멍을 뚫고 도둑질하느니라. 오직 너희를 위하여 보물을 하늘에 쌓아두라 거기는 좀이나 동록이 해하지 못하며 도둑이 구멍을 뚫지도 못하고 도둑질도 못하느니라. 네 보물이 있는 곳에 네 마음도 있느니라"〈마 6:19~21〉

870. 아케메네스 제국은 스파르타를 맹주로 하는 펠로폰네소스 동맹을 원조했는데, 키루스를 섬기고자 했던 투키디데스는 키루스에 의해 스파르타 왕 아게실라오스의 수행원으로 파견되었다.

스인에 의해 다시 추방되었다.

유대의 세습 성직자 명문에서 태어나 전통적인 유대 문화 속에 예루살렘에서 성장한 〈요세푸스〉가 유대-로마전쟁(66~70)에 휩쓸린 것은 20대 말이었으므로 그는 그때 이미 전쟁 전의 유대사회를 충분히 알고 있었고 그 전쟁, 즉 팔레스타인의 유대인 사회를 철저히 파괴하고 그로써 유대인을 사방으로 흩어지게 만든 커다란 파국을 직접 목격했다. 기원전 168년에 셀레우코스조에 대한 마카베오스의 반란으로 시작된 오랜 항전의 마지막 결정적인 싸움으로써 헬레니즘의 지배에 맞선 유대인의 그 저항은 처음부터 희망이 없는 것이었다. 그리고 그 전쟁이 250년 동안이나 계속된 것[871]은 이 불가피한 결말의 비극성을 더욱 고조시켰는데, 철저한 군사적 타격으로 팔레스타인의 유대인 사회는 괴멸되었고 그로 인해 동시대의 유대인은 비극을 겪지 않을 수 없었다. 그는 자기를 그 마당으로 불러들인 전쟁에 의해 군사적 생애를 단절하고 관찰자가 되는 운명을 부여받았는데 그에게 있어서 그것은 벌인 동시에 하나의 특권이었다. 벌은 포로로 잡힌 것과 유대인과 정신적으로 불화해야 할 상황에 놓여 동포로부터 배반자로 간주된 것이고 특권은 로마군 사령관이었다가 로마황제가 된 〈베스파시아누스〉의 신임과 애호를 얻은 것이었다. 그리하여 로마로 가게 된 그는 거기서 그를 오늘날까지 살아남게 한 「로마-유대 전쟁사」와 「유대 고대사」 및 기타의 역사적 쟁론을 저술했다. 귀결된 것으로서 투키디데스와 요세푸스의 생애에는 큰 유사성이 있으나 같은 도전이 두 인격에 불러일으킨 정신적 반응에는 큰 차이가 있는데 투키디데스의 그것은 비극적 카타르시스의 고귀한 실례였다면 요세푸스의 카타르시스는 불완전한 것이었다. 투키디데스는 이기심과 적의를 모두 소화하여 경험을 영원한 재보로 바꿈에 있어 사회에 엄습한 파국에 비

---

871. 팔레스타인에 거주하던 유대인의 헬레니즘 대한 저항은 로마에 의한 셀레우코스조의 멸망, 유프라테스 강 동쪽에의 아르사케스조의 발흥, 헤롯의 교묘한 미봉책 등으로 오래 지속되었다.

해 자기의 개인적인 불행은 하찮은 것으로 돌리되 그 파국으로 인한 깊고 격렬한 감정마저 조심스러운 문장에의 전율하는 긴장으로만 엿볼 수 있을 정도로 엄격히 억제했다. 그러나 요세푸스는 신랄한 문장과 논쟁적인 톤으로 섬멸전쟁의 괴로운 체험을 생명의 서[872]에서 말살된 민족과 문화의 기념비로 바꾸려는 동시에 자신을 헬레니즘에 대한 유대사회의 고전적인 해석자로 만들었다. 또한 그것으로 헬레니즘과 논쟁함으로써 칼을 버리고 적에 가담한 죄를 용서받고 폐허화된 고국에 반하여 안락을 구한 것으로 말미암은 양심의 가책을 진정시키려 했다. 환언한다면 그는 후반생에 시작한 문필의 사업을 새로운 매체로 하여 이전의 현실적인 사업을 추구하거나 지속했던 것인데, 존재나 행위에 있어서의 그러한 괴리는 올리비에의 문필 사업에도 뚜렷이 나타나 있다.

1825년에 태어나 1848년에 정치에 투신한 〈에밀 올리비에〉는 1869년 말부터 1870년 8월 9일 그 운명의 날까지 프랑스 제국의 실질적인 수상으로서 황제(나폴레옹 3세)에 버금가는 지위에 있었다. 200년 동안 계속된 유럽에 대한 프랑스의 정치, 군사적 지배를 종식시킨 보불전쟁에서의 패배는 패퇴가 아니라 전체적인 붕괴에 의한 것이었으므로 프랑스로서는 그것이 최대의 파국이자 굴욕이었고 올리비에로서는 엄청난 비극이었다. 부득이 이탈리아로 망명했다가 1873년에 귀환했을 때 고국은 일체의 죄를 그에게 뒤집어 씌웠으므로 48세의 나이에 황야의 속죄양이 된 그의 생애는 파탄에 이르렀다. 그리하여 그 격심한 운명에 대해서 올리비에가 택한 보복은 스스로도 한 축이었던 불행한 프랑스 역사를 기록하는 것이었는데, 그는 「자유의 제국」이라는 드라마로 1815년의 평화협정 직후부터 그 운명의 날까지를 웅장하게 그려냈다. 70세인 1895년에

872. "그러나 합의하시면 그들의 죄를 사하시옵소서 그렇지 않사오면 원컨대 주의 기록하신 책에서 내 이름을 지워버려 주옵소서" 〈출 32:32〉 및 "이기는 자는 이와 같이 흰옷을 입을 것이요 내가 그 이름을 생명책에서 반드시 흐리지 아니하고 그 이름을 내 아버지 앞과 그 천사들 앞에서 시인하리라" 〈계 3:5〉

제1권을 출판한 이래로 마지막 16권을 출판한 1912년은 그가 서술한 전쟁의 결과를 뒤집는 1914~18년의 전쟁을 불과 2년 앞둔 해였다. 올리비에는 이처럼 정치에서 추방된 정력을 역사 연구로 돌렸으나 그가 목표한 것은 카타르시스나 영성화의 달성이 아니라 자기에게 남겨진 최후의 수단으로써 정치적 목적의 추구를 지속하는 것이었다. 그로 하여금 87세가 되도록 멈추지 않게 한 추진력의 하나는 그가 스스로 밝히고 있듯이 조국을 옹호하는 애국심이었고 다른 하나는 애써 숨기고 있지만 자신의 몰락을 대단원의 장대한 Finale로 그렸음에서 드러나는바 자기를 옹호하는 마음이었다.

올리비에가 우리의 8인 중 다소 희미한 별이라면 투키디데스만큼 찬란한 별인 〈니콜로 마키아벨리〉는 샤를 8세가 이탈리아를 유린했을 때 25세의 피렌체 시민이었으므로 만족의 침입으로부터 안전했던 시대의 이탈리아 사회를 충분히 알고 있는 세대에 속해 있었다. 또한 그는 1494년 이후로 이탈리아가 주변 만족들의 각축장이자 그들의 번갈은 승리의 전리품으로 전락한 것을 목도했는데, 마키아벨리의 세대는 이탈리아에 대한 이러한 압박에 맞서지 않을 수 없었으되 그들에 있어서 그것은 250년 이래로 겪어보지 못했던 지극히 곤란한 도전이었다. 신성로마 제국 황제 〈프리드리히 2세〉의 죽음(1250년)으로 이탈리아에 찾아온 자유와 번영은 프랑스의 침입(1494)으로 파괴되었는데 그 기간에 이탈리아의 도시국가들은 통상으로는 아랍과 정교 기독교 사회 및 서구 기독교 사회를 지배했고 동부 지중해와 흑해 연안에는 통상과 군사용 항만을 운용했다. 당시에 베네치아 공화국과 피렌체 대공(大公)은 각각 크레타 섬과 아테네를 지배했고 제노바인은 동로마 제국의 발길을 금각만(金角灣)에 묶어두었으므로 그들의 깃발은 돈강 하구에서 아조프 해까지 펄럭였고 베네치아의 마르코 폴로, 제노바의 콜럼버스 같은 탐험가의 활동도 그 시기에 시작되었다. 그리하여 외부로부터의 정치, 군사적 자유를 쟁취하여 누리던 그 기간에 이탈리아의 천재들이 이룬 업적은 해박한 것이 아니라 집중적인 것이었고 물질적인 것이라기보다는 정신적인 것이었다. 이탈리아인은 서구 기독교 세계의 품에 안긴 이탈리아 반도에서 질적으로 달라진 새로운 세계를 창조했던 것이고 그리하여 15세기 말엽에 문명에 있어서 다른 서구인을 크게 능가하게 되었던 것이다. 그것을 의식했던 이탈리아인은 알프스와 티레네 바다[873] 건너편의 서구인을 부를 때 만족이라는 말을 다시 사용하기 시작했다. 그러나 바로 그때 그 만족은 정치와 군사적인 면에서 빛의 아들[874]보다 현명하다는 것을 증명하려는 듯이 그 격에 맞는 활동을 개시했다. 새로운 이탈리아 문화의 방사는 주변국의 문화적 성장을 촉진했고 그것은 문화에 비해 정묘하지 않은 분야인 정치와 군사적인 기술에서 선행되었는데, 그로 인해 '서구 기독교 세계의 만족(蠻族)'은 다른 분야에서는 여전히 야만이되 정치와 군사의 기술에 있어서는 교사인 이탈리아를 추월하기 시작했다. 그리고 그들은 습득한 그것을 단위(單位)에 있어 이탈리아식 도시국가가 아니라 그들의 온전한 국가에 적용함으로써 규모를 크게 확대시켰다. 이러한 상황에서는 마키아벨리 시대의 이탈리아 정치가는 불리한 입장에 놓이게 되고 만족 정치가는 하나의 법칙으로서 한 사회가 독립적인 여러 단위로 분절할 때 작용하는 세력균형의 도움을 받게 된다. 서구문명의 제2기(1075~1475)에 여타의 서구 기독교 세계로부터 외적으로 분화하고 바로 그 방식에 따라 내적으로 분절되어 있었던 이 이탈리아판 정치구조에는 처음부터 세력균형이 도입되어 있었다. 새로운 이탈리아 세계를 창조하려는 운동은 국가적인 차원이 아니라 도시국가 단위로 이루어졌으므로 그 도시국가들은 신성로마 제국으로부터 벗어난다는 공통의 사업을 완성하기 전부터 세력균형을 유지 회복 수정하기 위해

---

873. 지중해의 이탈리아, 코르시카, 사르디니아, 시칠리아 등으로 둘러싸인 바다.

874. "주인이 이 옳지 않은 청지기가 일을 지혜 있게 하였으므로 칭찬하였으니 이 세대의 아들들이 자기 시대에 있어서는 빛의 아들들보다 더 지혜로움이니라"〈눅 16:8〉

맹렬히 다투고 있었다. 그 싸움의 영향은 위와 같이 문화를 방사하는 동안에는 파괴적이지 않았지만 만족이 위와 같은 진보를 달성하자 하나의 법칙으로써 작용을 시작한 대외적 세력균형의 운동이 이탈리아에서 1494년 이후의 상황을 초래했던 것이다. 마키아벨리 세대의 이탈리아인들이 어떤 정신 상태와 어떤 상황에 놓여 있었는지를 이해하려면 이러한 세력균형의 실제적 작용이 어떤 것인지를 파악해야 하는데, 국가나 사회의 관계에 있어서 세력균형의 운동은 그러한 관계에 있는 국가나 사회들을 그 힘의 척도[875]에 있어서 평균을 지향하게 하는 방향으로 작용하는 경향이 있다. 그러므로 문명을 방사하는 국가는 주변국으로부터의 온갖 압력에 의해 평균을 향해 끌어내려지는 작용에 직면하게 되는바 그것은 그 힘을 평균 이상으로 증대시킬 위험이 있는 국가는 자동적으로 같은 집합에 속한 다른 국가들로부터 압력을 받게 된다는 것이다. 그러므로 중심부로 갈수록 점점 더 강해지는 압력 때문에 중심에 있는 국가는 영토를 조금만 늘리려 해도 심각하고도 치열한 반발에 직면하게 되는 것이며 거기에서는 일류 정치가가 최고의 재지(才智)를 발휘하고 최대의 노력을 들여도 그런 압력 때문에 별다른 성과를 거두지 못하는 경우가 많다. 그러나 압력이 약한 주변부에서는 범용한 정치가조차도 경이적인 사업을 성취하는 수가 있는데 그는 중심부의 유능한 정치가가 작은 촌락이나 요새를 병합하려 해도 직면하게 되는 반발이나 저항에 부딪히지 않으므로 규모가 큰 영지나 하나의 왕국 혹은 하나의 대륙까지도 병탄하는 수가 있다. 예를 들자면 독일이나 프랑스의 일류 정치가가 알자스나 포젠을 도전받음 없이는 취할 수 없던 시대에 미국과 러시아는 대서양 연안과 발트해에서 태평양 연안까지 영토를 확장함에 있어 아무런 방해를 받지 않았다. 이렇듯 정치적 압력이 지역적으로 극히 불균등하게 분포하는 것은 세력균형의 귀결인 것인바 이에 따라 우리는 세력균형의 원리를 다음과 같

875. 인구와 영토, 경제와 정치력 등.

이 공식화할 수 있다. 그것은 "어떤 사회가 정치적으로 분절하여 그 정치구조와 역학에 세력균형이 도입되고 문명을 방사하면서 지리적으로 확대하여 하나의 새로운 사회를 형성하면 그 사회의 중핵을 이루는 나라는 머지않아 그 방사로 인해 흥기(興起)하되 그 힘의 합계가 중심국을 능가하는 국가들이 만들어내는 새로운 질서에 압도되어 그 지배를 받게 된다"는 것이다. 현재 유럽이 처한 상황도 이에 관한 여러 역사적인 사례 중의 하나인데 유럽은 분절된 민족국가들이 내적 세력균형으로 인해 분쟁하면서 문명을 방사하여 전 지구적인 새 사회를 형성하고 있다. 이러한 지금의 유럽은 이미 대국으로 성장한 미국과 그럴 가능성을 보이고 있는 중국, 러시아, 인도, 캐나다, 남아공, 오스트레일리아 등이 형성한 새로운 질서에 의해 집단적인 도전을 받고 있는데 앞에서 분석한 법칙에 비춰 볼 때 유럽의 이 상대적인 왜소화(矮小化)는 유럽이 여러 국가에 의해 정치적으로 분할되고 그들의 관계가 세력균형의 원리에 지배되는 상황에서 이루어진 지리적 확대에 따른 것이다. 유럽이 높은 문화를 방사하여 그 영향 아래로 끌어들이기에 성공한 외부세계에 의해 왜소화되는 것을 목격하는 것과 지난 4세기에 걸친 진보 끝에 만들어낸 새 사회의 지배자가 아니라 머슴으로 전락할지 모른다고 생각하는 것은 기묘한 일이다. 외부에서 출현하고 있는 '멋진 신세계'를 바라볼 때 유럽인은 당혹과 슬픔 분노와 아니꼬움이 뒤섞여 불유쾌한 기분에 빠지는 것이지만 이것이 바로 마키아벨리와 동시대를 산 이탈리아인의 정신적인 상태였다. 세력균형의 피할 수 없는 귀결인 위와 같은 상황, 즉 방사되어 공동의 것이 된 문명을 창조한 자와 지키는 자는 지도력을 상실하게 되고 아직 어설픈 만족에게로 지배권이 옮겨가는 것은 상대적으로 왜소화된 중심국만이 아니라 그 확장된 사회 전체의 재액(災厄)이다. 이 재액을 회피하는 것은 중심국과 주변국 모두에게 이익이고 그 책임은 중심국 정치가에게 있지만 정치적 분열과 불일치를 발생시키는 압력을 행사하는 것은 바로 국제적 집합체의 중심부이기 때문에 중심국의 정치가가 그 해결책으로서 복수적(複數的) 갈등의 정치를 일치적(一致的) 결속의 정치로 바꾸는 것은 기적에 가까운 일이다. 바로 그것이 마키아벨리 세대의 이탈리아 정치가와 우리 시대의 유럽 정치가가 직면한 임무였던바 이것이야말로 천부적인 천재만이 해결할 수 있는 문제일 것이다. 그런데 당시의 마키아벨리는 시대적인 인물로서 천성적으로 완벽에 가까운 정치적 수완을 갖추었고 그 능력을 행사하려는 열의에 불타고 있었다. 더구나 운명은 그에게 다음과 같이 실력을 쌓을 기회를 주었는데 그것은 그가 반도의 유력한 도시국가인 피렌체 시민으로 태어난 것과 29세라는 어린 나이에 공화국의 서기장이 된 것이었다. 그는 외교적인 임무로 14년 동안 이탈리아의 여러 도시국가와 프랑스, 나아가 신성로마 제국 등으로 파견된 것을 계기로 이탈리아의 정치가에게 실제적인 이해관계가 있고 정치적으로도 중요한 주변 국민국가들의 정치적 구조와 특징을 깊이 이해하게 되었다. 그리하여 그는 이탈리아를 정치적으로 구제한다는 긴급한 사업을 수행함에 있어서 당시의 이탈리아인 중 최고의 적임자로 성장했지만 운명은 그런 그를 모든 실제적인 활동의 분야에서 떠나게 했다. 그 천성적인 정치가는 피렌체 내정의 급격한 변화로 1512년에 해임되고 다음 해에는 투옥되어 고문을 받은 후 교외의 농장에 유폐되었는데 그가 그 속에서 활동했던 일체의 국사와 정치로부터 결별한 생애에 있어서의 그 단절은 완전한 것이었다. 그러나 이전의 동료에게 보낸 서신에 드러난바, 석방되기 전에 현실 정치가로서의 그를 내친 세계에 정치 철학자로 복귀할 준비를 끝내고 그 큰 시련과 도전에 응전할 결의를 다진 이 인퇴한 정치가는 그 결의를 실현할 힘이 있음을 사실로써 증명했다. 그 실제로 달성한 상황은 유폐지에서 프란체스코 베토리에게 보낸 편지[876]에 드러나 있다. 그는 문제의 현장

---

876. "학문은 생각이 지난날에 포착한 것을 보존하는 일 없이는 존재할 수 없다'라고 단테가 말한 바 있으므로 나는 옛 교사들과의 대화에서 얻은 정신적인 자산을 기록하고 그것을 바탕으로 「군주론」이

에 투입하지 못하게 된 정력을 창조적인 일에 돌림으로써 내쳐진 처지에서도 문제의 해결에 도움이 되고자 하는 희망으로 이탈리아 정치에 있어서의 중대한 문제와 재차 맞붙었던 것이다. 당시의 이탈리아 군주들[877]이 군주론에서 정신적인 고취를 얻었거나 마키아벨리의 방법을 채용했더라면 이탈리아는 마키아벨리의 생전에 정치적 통일을 달성했을지도 모르고 또 그 결과로서 알프스 저쪽의 만족을 몰아내고 지난날 서구사회를 문학과 미술이라는 영성적인 방면에서 지배했던 것에서 나아가 좌절된 침략자들을 정치와 군사적인 방면에서 지배할 수 있었을지도 모른다. 그러나 군주론의 동기가 된 그 정치적 희망은 실망으로 끝났고 그 결과로 마키아벨리가 목도한 상황은 이탈리아 정치가들의 무능으로 인해 400년 이상 지속되었다. 그리하여 이탈리아는 1870년에 겨우 정치적 통일을 이루고 가장 허약한 국가로서 유럽 강국들의 대오에 합류했으나 그것은 군주론이 실패했다는 것을 의미하지는 않는다. 그것은 이 몰락한 정치가가 완전한 인퇴로 얻은 자유 덕분에 보다 크고 광범위한 영향력을 지닌 영성적인 분야에서 세계로 복귀했기 때문인데, 고인(古人)과의 대화에서 참다운 영양분을 발견한 그는 그것으로써 생애의 대사업을 이루었던 것이다. 근심과 번뇌를 초월하는 이 마술적인 카타르시스의 시간에 마키아벨리는 실질적인 문제에 쓰지 못한 정력을 「군주론」 「리비우스론」 「전술론」 「피렌체사」 등 위대한 노작에 돌리는 데 성공했다. 그리하여 근대 서구 정치철학의 씨앗이 된 그 저술이 세계에 선사한 사상은 오늘날에도 살아있어 우리들의 사상 속에서 여전히 작용하고 있는 것이다.

〈폴리비오스〉는 그리스가 지금의 유럽이나 마키아벨리 시대의 이탈리아와

라는 제목의 에세이를 썼다. 나는 그 속에서 이 문제를 가능한 한 깊이 궁구하여 통치권이란 무엇인지, 어떤 종류가 있고 어떻게 획득되며 어떻게 유지되다가 어떤 원인으로 상실되는지를 논했다"
877. 메디치, 에스테, 곤자가, 스포르자 등.

똑같은 곤경에 처했을 때 그리스 중심부의 도시국가인 메갈로폴리스에서 태어났다. 문명의 원천이었던 그 소국은 주변에서 발생한 대국들[878]에 의해 압도당하고 있었는데 널리 알려진 당시의 정세는 폴리비오스의 시대에 파국에 이르렀다. 우리는 장차 근대의 대사회(大社會)와 유럽의 싸움이 그러하기를 기대하거니와 〈샤를 8세〉부터 〈나폴레옹 3세〉에 이르기까지 이탈리아를 무대로 삼아 벌어진 싸움은 대국들 간의 세력균형의 작용으로 말미암아 〈Edward Gibbon〉이 말한 바 "온화하고 결정적이 아닌 전투"였지만 그리스를 무대로 로마가 카르타고와 마케도니아를 대적한 전쟁과 한니발 전쟁은 물불을 가리지 않는 필사적인 싸움이었다. 그리고 필사적으로 저항하던 마케도니아가 로마에 의해 타도된 후 그리스 도시국가들이 아카이아 동맹을 결성한 것은 자살적인 행위였다. 그 결과로 카르타고와 고린도가 전멸[879]하고 그 동맹이 붕괴된 것은 그리스의 번영과 독립에 대한 최후의 타격이었고 폴리비오스에 있어서는 그 시대를 살아서 결국에는 그에 대한 역사가가 되게 한 압도적인 경험이었다. 그는 그것을 계기로 필생의 사업이었으되 자신의 시대사인 「세계사」를 쓴 것이지만 출생과 교육에 의해 젊었을 때 현실정치에 뜻을 두었던 그의 생애는 역사가로서 시작된 것은 아니었다. 폴리비오스는 기원전 206년에 태어났고 메갈로폴리스는 그보다 30여 년 빨리 아카이아 동맹에 참가했는데, 그 미약한 동맹을 그리스 통일에 있어서의 정치적 중핵이 되게 한 메갈로폴리스의 참가는 명석하고도 고매한 성격을 지닌 리디아다스의 결단[880]에 의한 것이었다. 그 고결한 결정을 함에 있

---

878. 동쪽으로는 알렉산더가 단행한 군사적 정복의 결과로 탄생한 셀레우코스조(아케메네스 제국의 그리스계 후계국가), 서쪽으로는 비그리스계 도시국가로서 그리스의 충격에 저항함과 동시에 헬레니즘에 굴복하는 과정에서 제국으로 분장(分長)한 로마와 카르타고.

879. 카르타고와 고린도는 BC 146년에 멸망했고 그에 앞선 한니발 전쟁(BC 212~168)과 1~3차 로마-마케도니아 전쟁에서는 시라쿠사, 타렌툼, 아이기나, 안티키라, 할리아르투스, 코로네아 등의 도시국가들과 이피로스의 70개 도시가 희생되었다.

880. 리디아다스는 메갈로폴리스 및 그리스 전체의 정치적 이익에 봉사하기 위해 자진해서 지위와 권

어 리디아다스는 마케도니아를 몰아낸 후 조국(시키온)을 비아키아계로서는 처음으로 아카이아 동맹에 참가시킨 아라투스의 정책을 채택한 것인바 그 두 사람은 마키아벨리가 이탈리아를 위해 생각했던 것과 같은 것을 꿈꾸었던 것이다. 그들은 국력이 월등한 대국들에 포위된 상황에서 그리스 도시국가들이 전래의 불화와 상쟁을 계속하는 것은 위험하다는 사실을 깨달았다. 아겔라우스의 연설[881]이 핵심을 말하는 그 정책은 펠로폰네소스의 아라투스가 제창하고 메갈로폴리스가 세습 정치학교의 교훈으로 채택했던 것이다. 그리하여 리디아다스가 붙든 그 사업은 필로포이멘과 리코르타스라는 탁월한 두 메갈로폴리스인에 의해 다음 세대로 이어졌는데 리코르타스는 폴리비오스의 부친이다. 이처럼 오랜 공공봉사의 전통이 있는 사회적 환경에서 성장한 폴리비오스는 당연한 일로서 정치에 투신했는데, 그는 법정연령(法定年齡)에 미달했음에도 불구하고 부친과 〈아라투스 2세〉의 동료로서 아카이아 동맹의 대외 사절단원으로 임명되었다. 그는 정치적인 분야에서 이토록 순조롭게 출발했지만 그리스에 찾아온 짧은 평화 끝에 발발한 제3차 로마-마케도니아 전쟁은 그의 생애를 완전히 다른 방향으로 돌려놓았다.[882] 그 전쟁 후 로마로 끌려감으로써 정치활동이 급격히 단절된 것은 그의 생애에 있어서 중요한 분기점이 되었고 이후 그의 생애는 현실정치에서의 강제적인 인퇴와 정사(政事)에의 괴로운 복귀가 교대되었다. 그는 최초의 강제적인 인퇴로 본국에서의 정치적 생애가 단절된 운명에 순응하여 정치적인 시야와 인적 교제의 범위를 확대하면서 로마를 그 안에서 알게 되었고, 로마에서 가장 유망한 차세대였던 〈Scipio Aemillianus〉와 사귀어 그의

력을 포기했다.

881. Agelaus. "그들의 나라와 그들 자신을 협동으로 구제하기 위해 절대적인 통일을 유지하며 손을 맞잡고 만족의 공격을 물리칠 수 있다면 그들은 깊이 감사해야 하리라."

882. 마케도니아를 정복한 로마제국이 그리스의 유력자들을 대대적으로 유폐할 때 폴리비오스도 거기에 포함된 것.

교사가 되었으며, 그 결과로 해금(解禁)되어 기원전 147년에 스키피오를 따라 카르타고로 가는 것[883]으로 정치에 복귀했다. 그리하여 그는 최강국의 하나인 카르타고의 비극적인 종말을 목도했거니와 그곳에서 로마와 아카이아 동맹이 전쟁에 돌입했다는 소식과 함께 그리스로 소환되었으나 그가 도착했을 때 코린토스는 이미 카르타고와 같은 운명의 습격을 받고 있었다. 거기서 그는 예상하지 못했던 직책에서의, 상상할 수 없는 고충이 따르는 정치활동을 재개하라는 강요를 받았다. 그것은 정복된 적국의 전후 처리를 위한 위원회의 고문으로 임명된 것이었는데, 전후 처리에 관한 통례적인 업무가 끝나자 로마는 해산된 아카이아 동맹의 처리 문제[884]를 폴리비오스에게 위임했다. 그는 그 일을 행함에 있어서 전에 없을 정도로 고국을 위해 헌신했고 동포들은 그러한 그의 노력에 감사했으나 그것은 오래 갈 일이 아니었으므로 그 일을 끝으로 그는 정치로부터 최종적으로 인퇴했다. 폴리비오스는 강요된 인퇴와 정치로의 격렬한 복귀가 이상하게 교차되는 삶 속에서도 천품(天稟)과 참된 가치를 발휘하여 로마 자체[885]와 주변 세계의 쇠퇴에서 끊임없이 경험을 얻고 특성을 발휘했다. 그는 그 대저(大著)[886]에서 "… 운명의 움직임을 지켜보고 … 인류에 대한 그 질투적인 작용의 진수를 터득하며 … 운명의 법칙이 거시적으로 작용하는 것을 그렸다"라고 피력했듯이 발

---

883. 제3차 로마-카르타고 전쟁으로 카르타고에 대한 압도적인 우세를 장악한 로마는 그 상황에서 필사적으로 저항하는 카르타고를 최종적으로 멸망시키고자 스키피오가 위 전쟁의 첫 전투에서 공을 세운 유일한 무장이라는 점에 주목하여 법정연령에 미달했음에도 집정관으로 선출한 후 아프리카 방면 군사령관에 임명했다.

884. 전후(戰後)에 고린도는 철저한 물리적 파괴에 더하여 정치적 존재마저 말살되었고 마케도니아는 로마 총독이 통치하는 로마의 한 주로 병합되었으나 해체된 아카이아 동맹의 다른 나라들은 마케도니아 총독의 감독 하에 독립과 자치권을 유지했다.

885. 폴리비오스는 로마가 마케도니아를 타도한 후 그 지배계급의 젊은 세대가 드러낸 타락상을 기술했고 장수하여 한니발 전쟁을 빌미로 로마가 남이탈리아를 파괴한 보응인 독재의 성립으로 종결된 백년혁명이 발발하는 것도 목격했다.

886. 2권의 프롤로그와 30권의 본문 및 8권의 에필로그로 구성된 그 저작은 첫 여섯 권만 현존한다.

휘하지 못한 능력과 정치의 현장에서 불태우지 못한 열의를 창조적인 활동으로 돌림으로써 운명의 도전에 맞섰던 것인데, 이 사업에서 역사가로서의 폴리비오스는 정치가로서는 시도하거나 미치지 못했을 창조적인 활동을 성취했다. 그의 「세계사」는 투키디데스의 저작에 필적할 정도로 가치가 큰 진주는 아닐지라도 독자적인 의미에서 하나의 영원한 보배이다. 두 사람은 공히 현실 정치에서 절정에 달했을 때 추방되었다가 20년 후에 귀환하여 고국이 정치적으로 몰락해 황폐화된 것을 목격했다. 그러나 그들에 있어서 참된 복귀는 영구한 도성(都城)[887]을 갖지 못했던 그 육체적인 귀환이 아니라 귀환하기 전에 이미 〈케크롭스의 도시〉를 떠나 〈제우스의 도시〉에서 영구히 살고자 했던[888] 바로 그 복귀였다.

〈에드워드 하이드〉의 생애는 Clarendon 백작(伯爵)으로서 〈찰스 1세〉를 섬기던 중 33세가 되던 1642년에 발생한 국왕과 의회의 격돌로 인해 격동과 평온이 교차하게 되었다. 그 격돌은 정신적인 뿌리까지 흔들린 서구사회의 밑바닥에서 일어난 거대하고도 새로운 힘에 의한 것이었는데, 300년 전에 잉글랜드를 화구(火口)로 하여 용암처럼 분출한 민주주의라는 거대한 정치운동은 사회적인 경험의 거대한 저장고로부터 분출하는 에너지를 무서운 추력으로 대지의 끝까지 발산시켰다. 그의 시대는 실로 이 화산이 폭발한 시기였던 것인데, 폴리비오스의 운명을 휩쓴 가공할 경험에 뒤지지 않을 이 격렬한 사회적인 변동에 의해 생애가 거칠게 짓밟힌 이 영국인의 사업도 폴리비오스의 그것처럼 외적인 변동에 대한 내면적인 응전의 산물이었다. 그는 자신의 인퇴와 복귀의 경험을 「The Life of Edward Earl of Clarendon」이라는 3인칭의 자서전으로 기록했는데, 그의 생애를 살핌에 있어서 그 고결한 일절은 우리의 말로 바꾸기보다는 그 자신의 말로 직접 듣는 것이 좋을 것이다. "…신이 내려준 무한한 축복 중에서 그가

---

887. "우리가 여기에는 영구한 도성이 없으므로 장차 올 것을 찾나니" 〈히 13:14〉
888. 〈Marcus Aurelius〉의 「명상록-Meditaitions」에서의 인용. Cecrops는 아티카의 첫 번째 왕.

가장 소중히 여긴 것은 세 개의 휴가와 인퇴라고 부른 세 건의 묵종이었다. 그 모두에 있어서 신은 은총을 베풀어 과거를 반성하고 자신이 행한 것에 더하여 다른 이들이 행하는 일과 고통을 관찰할 지혜와 기회를 그에게 주었다. … 이들 묵종이나 휴가 중 최초의 것은 이제는 그의 국왕이 된 'Prince of Wales'가 프랑스로 갔을 때 그가 저어지에 체류한 것이었고 다음은 그가 대사로서 스페인에 파견된 것이었으며 마지막은 국왕의 노여움과 판결에 의해 그가 최종적으로 은퇴하게 된 것이었다. 이를 통해 그는 보다 많은 것을 배웠고 자신과 남을 더 잘 이해하게 되었으며 실제로 활동할 때보다 더 헌신적으로 국가에 봉사했다. 그는 젊어서 벗과 어울리느라 책을 읽지 못한 것을 후회했고 너무나 편하고 게으른 생활로부터 많은 지식과 노력 및 경험이 필요한 실무에 너무 빨리 뛰어든 자신을 비난했다. 그는 변호사가 되자 곧바로 법무에 종사했으되 여전히 친교에 몰입했으며 스코틀랜드에서 일어난 분쟁으로 두 번의 단기의회가 소집되었을 때 양측 의원 간의 소용돌이치는 정치문제에 휩쓸려서 미뤄두었던 공부를 하지 못했던 것이다. … 그는 반란 초기에 추밀원에 임명되어 재무대신이 되었는데 그로 인해 겪은 고통과 기울인 노력은 잘 알려져 있다. 첫 인퇴로서 그 직에서 물러난 것은 행한 것에 대한 반격으로 인한 격정을 진정시키고 휴식과 사색으로 지난 일들을 반성할 기회와 시간을 얻은 것이었다. 이제야 그는 반성을 통해 참된 추구와 성공의 의미를 파악하고 업무로 접촉하거나 함께 했던 사람들에 대한 관찰이나 경험을 통해 이해를 증진하며 자신의 기질적인 결점을 고치는데 필요한 시간을 얻었다. 이 모든 불가피한 반성으로 그는 이전의 생각과 행동이 얼마나 어리석었고 인간성에 대한 이해가 얼마나 부족했는지를 깨달았으며 갑자기 사멸한다는 다행 중에도 우매와 악이 영속하는 이 세계에서 무엇을 기대한다는 것은 헛된 것이라는 결론에 도달했다. 이 첫 휴가에서 많은 책을 읽었고 충정을 국왕과 국가의 재화(災禍)에 돌려 '시편에 대한 명상'을 쓴 데 이어 군대에 억류되어 있던 국왕의 권유로 '근년의 반란과 내전의 역사'를 완성했다. 그는 가족과 떨어져 저어지에서 2년을 지내던 중 국왕(찰스 1세)의 명으로 'Prince of Wales'에게 갔다. 그 후 대사로서 스페인으로 갔다가 웨세스터의 전투 직전에 돌아온 제2의 인퇴에서 그는 숱한 굴욕을 받았지만 또한 많은 것을 배웠다는 것을 인정하고 있다. 프랑스에서 기적적으로 탈출한 국왕(찰스 2세)을 섬긴 16여 년을 가장 복된 인퇴라고 불렀던 그는 그 기간에 폭넓게 독서하면서 자기비판과 사회적 반성의 글을 남겼다. 드디어 그는 염원하던 '근년에 발생한 내분의 유래와 국왕의 귀국(1660년)에 대한 조치'를 완성하고 국왕께 귀국하기를 권고했다. 이어서 자녀에게 '시편(詩篇)에 대한 명상과 기도'를 써준 그는 홉스의 'The Leviathan'에 대한 답변으로서 '국왕께 바치는 서한'임을 밝힌 저작을 완성했다. 이후로도 신학과 도덕 및 정치에 관한 수많은 에세이를 쓴 그는 그중에서 '교황의 지배권 확립 이후의 교황들의 구실과 행함에 대한 역사적 논술'이 삼가야 할 찬탈자로부터 국왕의 권력과 권위를 해방시켰다고 생각했다. 그는 영국의 역사를 보다 유익하고 정확하게 전달하기 위해 역사의 새로운 해석을 주창했고 다양한 논문을 남기며 많은 저작에 손대고 있었으므로 그 인퇴의 기간 중에 결코 태만하지 않았다."

〈Ibn Khaldun, 1332~1406〉은 튀니스에서 태어나 단 한 번의 인퇴로 시야의 넓이와 깊이 및 지적능력에 있어서 투키디데스나 마키아벨리의 저작에 필적하는 대저(大著)를 남겼는데, 그는 그가 속해 있던 창공에서 빛나는 단 하나의 별이었으되 그것이 비치는 천공이 어두웠기에 더욱 찬란한 별이었다. 아라비아 문명의 사회생활이 외롭고 험악하며 거칠고도 짧았던[889] 시절에 하나로 오롯이 드러났던 그는 어떤 선인에게서도 감화를 받은 바 없었고 동시대인 중에서 어떠한 정신적 근친자도 발견하지 못했으며 영감의 불꽃을 전할 어떠한 후인도 발견하지 못했다. 그럼에도 그는 「세계사 서론」에서 단언컨대 가장 위대한 역사철학을 창안하여 그것을 계통적으로 서술했는데, 그에게 그 창조적인 사고를 문학으로 정리할 기회를 부여한 것은 4년에도 미치지 못하는 묵종(默從)이었다. 시리악 사회의 세계국가였던 우마이야조와 아바스조의 잇따른 붕괴로 인한 공

---

889. 토머스 홉스가 Leviathan에서 미개인의 생활을 묘사하여 유명해진 서술.

백기(975~1275)에 유아기의 아라비아 문명이 새로운 질서를 만들고자 안간힘을 쓰고 있을 때, 세 대륙에서 몰려든 만족들[890]은 튀니스가 속한 유기된 시리악 세계의 서단을 파괴하고 그곳에 남아 있던 구질서를 일소했다. 카스티야인이 세빌리아를 정복할 것[891]을 예상하여 그가 태어나기 100여 년 전에 아프리카로 이주한 명문의 후예인 이븐 할둔은 가족의 역사와 체험을 통해 그 파괴를 통절히 느꼈고 지난 3세기에 일어난 악화는 외적의 침공[892]으로 말미암은 것이라고 확신했다. 그는 「세계사」에서 이프리키야[893]와 마그리브[894]의 참상(慘狀)을 언급하고 있거니와 그 파괴를 이해함으로써 그의 정신 속에서 움직이기 시작한 사고(思考)는 그의 천재에 의해 줄기차게 성장했다. 그는 유목생활과 정주생활의 차이를 고찰하여 그 특성을 분석하고, 사막의 도전에 대한 유목민의 심리적 반응을 살폈으며, 그들의 단결심과 제국 건설 및 제국 수립과 종교적 포교의 인과관계를 추적했다. 그리하여 결국에는 시야를 광대히 넓혀 제국의 흥망과 문명의 발생과 성장 및 좌절과 붕괴를 포섭하여 망라하기에 이르렀던 것이다. 이프리키야의 과거와 현재의 대조를 본 젊은 할둔의 정신에 맺힌 씨앗은 이윽고 뻗어 오른 줄기와 균형 잡힌 가지들로 된 사상의 거목으로 자라났지만 이 거목을

---

890. 피레네 산맥에서 몰려온 아스투리아인과 프랑크인, 아프리카에서 베르베르족이라는 이름으로 나타난 아틀라스의 고지인과 사하라 유목민, 북아라비아 스텝에서 밀려든 야만적인 아모르계 바두족.

891. Siviglia. 에스파냐 남부 안달루시아 지방의 세빌리아는 15세기 이후 서인도와의 무역을 독점하여 번성했는데, 카스티야 인은 침입하여 코르도바(1236), 카르모나(1243), 세빌리아(1244), 하엔(1246) 등을 차례로 약탈했다.

892. 마그리브가 반역하자 시리아와 이집트를 지배하던 파티미드조는 Badawi족(바누 힐랄과 바누 술라임)을 부추겨 마그리브와 이프리키야를 침공하게 했다.

893. Ifriqiya는 라틴어의 '아프리카'를 아라비아어로 이르는 말로서 지금의 튀니지보다는 넓은 지역이었는데 그 지역의 잇따른 중심은 카르타고, 알카이라완, 마디야, 튀니스였다.

894. '서쪽'을 뜻하는 Maghreb는 아라비아의 정치 지리용어에서 일반적으로는 '이집트 이서(以西)의 아랍 세계'를, 자세히는 '북서 아프리카에 있는 아랍의 영토'를 의미하는 말. 현재는 지리 용어로서 리비아, 튀니지, 알제리를 포함하는 아프리카 북서부를 지칭한다.

키움에 있어 그는 처음부터 책상에 앉는 것으로 그 생애를 시작하지는 않았다. 고통과 혼란에 빠진 이프리키야에 질서다운 것을 세우는 것이 긴급하고도 중요하다고 생각했던 그는 그것이 가계의 전통에 의해서나 자신의 생계를 위해서나 그에게 요청된 일이기도 했으므로 20세에 튀니스 공국에서 공무에 투신했다. 그러나 이후로 22년에 걸친 그의 공무의 삶은 특기할 사항이 없는 것으로 되었는데, 그것은 그가 자전에서 "실로 밤에 만나 아침에 헤어지는 생활"이라고 서술한 것처럼 그동안 7명의 군주가 어린 나이에 바뀌었기 때문이었다. 그래서 그는 튀니스 공국에 정주하지 못하여 그라나다, 페즈(Fez), 세르비아 등의 도시를 전전(轉轉)했다. 이 편력에 있어서 스스로 의도하여 조용히 이루어진, 그의 생애에 있어서 최후이자 유일한 도피는 다음과 같은 사정으로 달성되었다. 그는 정치의 일에서 떠나 트렘센에서 교수가 되었으나 얼마시 않아 그곳의 왕은 정치적 임무를 주어 그를 두와위다족 유목민에게 파견했는데, 그는 그 경위를 다음과 같이 서술하고 있다. "… 그들의 환대 속에 가족을 데려와 그들과 함께 살면서 그들로 하여금 내가 받은 모든 임무를 동시에 수행하는 것은 불가능하다고 술탄을 설득하게 했다. 그리하여 정치문제의 노고와 소란에서 벗어나 그곳에서 4년간 체재하며 세계사에 관한 저술을 시작하여 서론을 완성했는데, 그것은 계획에 있어서 완전히 독창적이고 다대한 연구의 정수로 성립된 저술이다. … 나는 저작 이외의 것은 아무것도 생각하지 않았다." 그리고 그는 클라렌던이 세 가지 묵종을 통해 이룬 것보다 더 위대한 천재적인 저술을 끌어낸 그 묵종을 끝낸 경위를 다음과 같이 적고 있다. "서론을 완성하고 아랍, 베르베르, 제나타의 역사로 들어갔을 때 참고할 서적과 자료가 필요했고 조상의 고향인 튀니스를 다시 보고 싶어서 나는 재입국 허가를 신청하여 술탄으로부터 특사의 편지와 함께 자기에게로 오라는 초청을 받았다." 그리하여 복귀한 정치적인 삶에 있어서 그는 모국에서 정착하지도, 그 소용돌이에서 탈출하지도 못했다. 그래서 4년 후 그는 여전히 혼란한 서녘이었던 튀니스를 떠나 보다 안정된 사회인 알렉산드리아로 갔으나 이윽고 높아진 그의 명성을 시기하는 대적들은 그의 삶을 더욱 팍팍한 것으로 만들었다. 그는 카이로에서 최고 법관에 임명되었으나 다른 법관들의 법률적 무지와 금전적 비리를 폭로하다가 네 번이나 임면을 거듭한 후 재차 임명되고서는 열흘도 못 되어 과로로 법석에서 사망했다. 그 법률적 시비의 사건은 그의 삶에서 주목할 만한 것이고 이집트로 오는 항해에서 전 가족과 모든 재산을 잃어버린 것은 이 철학자에 있어서 지대한 사건이었으나 그의 이집트에서의 삶에 있어서 가장 중대한 사건은 그가 다마스커스에서 '절름발이 티무르'를 만난 것[895]이었다. 그는 그런 소란 중에서도 세계사 6권을 완료했는데 그것은 콸라트 이븐 살라마에서 완성한 「서론」이 제공한 추진력 때문에 가능했던 것이므로 어쩔 수 없이 그 서론과 다른 6권 중에서 하나를 선택해야 한다면 우리는 망설임 없이 전자를 택할 것이다. 그의 생애에 있어 인퇴했던 곳을 떠나 분주한 정치활동으로 돌아온 것은 단순한 복귀가 아니라 불후의 철학자로 변용(變容)한 것이었고 그 사상은 「서론」을 읽는 모든 독자들의 마음속에 지금도 살아있다.

(4) 철학자 – 공자와 칸트

중국문명의 좌절이 시작[896]되고 이어서 내전이 급격해지던 시대에 중국세계에서 태어난 공자(孔丘)는 전래의 의식, 습관, 제도를 체계화하고 그것을 지키게 함으로써 사회의 붕괴를 막겠다는 신념을 가지고 정치에 투신하려 했다. 그러

---

895. 이집트 술탄은 1400년에 시리아를 통과하려는 티무르를 막기 위해 출병하면서 할둔을 다마스커스에 있게 했는데, 초전에 패한 술탄이 급하게 후퇴하자 할둔은 다마스커스에서 적에게 포위됐다. 이러한 곤경에 빠지자 무궁한 지략을 소유한 이 철학자는 다마스커스 시민 대표단을 결성하고 그 단장으로서 정복자에게로 가서 티무르를 대화로 설득하려고 자기의 「세계사」 중 티무르의 생애를 다룬 부분을 읽어주면서 사실과 다른 곳이 있으면 정정해달라고 하여 정복자의 마음을 샀다. 그래서 티무르는 다마스커스는 전례대로 가혹하게 다뤘지만 할둔은 무사히 카이로로 돌려보냈다.

896. 이 해는 주(周)와 진(秦)의 전쟁이 발발된 BC 634년이고 그 전쟁은 중국 중심부에 위치한 소국들의 패권 쟁탈전을 야기했는데 그 다툼은 결국 춘추전국 시대를 초래했다.

나 모험적인 생존경쟁에 돌입한 지방 군주들의 냉소적인 심성에 학자의 봉사는 쓸모가 없는 것이어서 그는 고국인 노나라에서 얻은 하급 행정직도 오래 보존하지 못했다. 그래서 일국의 대신이 되어 뜻을 펼치고자 14년 동안 여러 나라를 배회했으나 그 방랑은 복직의 제안이 아니라 단순한 호의에 불과한 노나라의 초청으로 끝났다. 그는 68세에 실망을 안고 돌아왔으나 그것은 14년 전에 미련을 남기고 떠났던 정치로의 복귀는 아니었다. 이후로 실행에 옮기고자 했던 교의(教義)를 소수의 제자에게 가르치는 것으로 위안을 얻을 수 없었던 그는 현실에 쓰지 못한 에너지를 학문과 교육에 쏟고 전래의 문학적 유품을 수집하여 책으로 편찬했는데, 그의 방랑을 수행했던 제자들도 스승을 본받아 스승의 입에서 나오는 가르침을 수집하여 편찬했다. 그리하여 완성된 「논어」는 내전을 끝낸 중국사회가 그 뼈저린 경험을 통해 학구적인 공자의 기질이 지니고 있는 안정적인 힘을 이해했을 때 공적인 정치규범으로 채택되었다. 그렇게 시작된 죽은 공자의 지배는 한제국(漢帝國) 붕괴 후의 공백기와 만족의 침입을 초월하고 혁명적인 대승불교까지 뛰어넘어 유교를 기본으로 하는 시험제도가 폐지된 1905년까지 계속되었다. 근간에 중국인의 생활에 강력한 충격을 준 서구문명은 이 성자를 왕좌에서 끌어내리고 중국에 대한 그의 영성적인 지배에 위협을 가하고 있으나 존경을 넘어 신격화된 그의 인격과 가르침은 중국인의 저변에 스며있어서 중국은 여전히 이 철학자를 신봉하는 학자에 의해 지배되고 있다.

　공자보다 더 학구적이었던 〈칸트(1724~1804)〉의 인퇴는 의도적이고 계획적인 것이어서 그는 다른 대학들의 초빙을 거절하면서 고향인 쾨니히스베르크에서 교수가 되려고 15년을 기다렸다. 가까운 발트해를 항해한 일도 없고 출생지에서 40마일 이상을 여행한 적도 없는 그의 일과는 시민들이 그가 산책하는 것을 보고 시계를 맞출 정도로 단조롭고 규칙적이었다. 그러나 인퇴의 삶을 산 그 보잘것없게 생긴 철학자는 프로이센의 작은 도시로 많은 학생을 끌어들이고 자기의 사상을 지구 끝까지 방사했다.

(5) 시인 - 단테

같은 모티브를 시인에게서 구하고자 할 때 우리는 '가장 위대한 피렌체인'인 〈단테〉를 떠올리게 되는데 그 역시 인퇴를 통해 필생의 대 저술을 완성했다. 사랑했으나 딴 남자와 결혼한 〈베아트리체〉를 그녀가 죽을 때에야 다시 볼 수 있었으며 후에 정치에 투신했다가 당파의 일로 추방[897]되어 끝내 돌아오지 못했던 그는 피렌체에서의 생득권(生得權)을 잃음으로써 세계의 시민권을 획득했다. 연애를 방해받은 데 이어 정치에서도 실패한 이 천재는 유랑 중에 필생의 사업을 성취할 길을 발견했는데, 전작(前作)에 비춰 볼 때[898] 그는 베아트리체가 죽기 전인 1290년에 이미 「신곡」을 구상하고 있었을 것이다. 하지만 〈하인리히 7세〉의 죽음은 끝내 정치적인 희망을 버리지 않았던 그를 시대와 공간의 속박에서 해방하여 영원한 걸작을 창작하는 세계로 들어가게 했는데, 그것은 그로부터 4반세기와 베아트리체의 죽음으로부터 24년이 지난 때였다.

(6) 신화 - 햄릿

개인의 생애에 있어서의 인퇴와 복귀의 작용에 대한 조사는 사실의 영역에서 신화의 영역으로 돌아가서 〈셰익스피어〉의 천재에 의해 지식인의 원형으로 바뀐 스칸디나비아 신화의 인물을 생각함으로써 결론지을 수 있을 것이다. 밝혀

---

897. 로마 교황을 지지하는 피렌체의 전통적인 구엘프당이 아니라 신성로마 제국 황제를 지지하는 진보적인 기벨린당에 참가한 단테는 이탈리아인에 의한 이탈리아의 독재를 주창한 마키아벨리보다 2세기나 앞서서 이탈리아의 안전은 상쟁하는 도시국가들이 강력(强力)에 의해 정치적 통일을 이룸으로써 보장된다고 생각했다. 마키아벨리의 시대보다 소박한 시대를 살았지만 단테는 같은 목표를 위해 만족을 불러들이는 일에 아무런 혐오를 느끼지 않았고 그로 인해 "돌아오는 즉시 사형에 처하라"는 조건이 붙은 추방 판결을 받았다.

898. 「신생」으로서 본문의 단서는 그 19절의 "…머지않아 지옥에서 '악덕한 무리여 지복한 자의 희망을 보았노라'고 말할 사람이 사는 곳에서"라는 송시에 의한 것이다.

진 모친의 죄로 인해 오레스테스[899]의 행위를 수행해야 한다는 국면에 처하여 유약한 기질과 경험 부족 때문에 양심이 요구하는 응전을 하지 못한다는 도전에 직면한 비텐베르크의 공상적인 학도(學徒) 〈햄릿〉은 헬레닉 세계의 선배와는 다른 방법으로 인퇴했다. 모(母)와 그 정부(情夫)의 손아귀에서 몰래 끌려 나와 후에 아르고스로 돌아가 부친의 원수를 갚을 자로 키워지고 어려서부터 그것이야말로 필생의 사업이라는 것을 믿으며 성장한 오레스테스와는 달리 성인이 지나서야 갑작스러운 암시에 의해 자기의 운명을 알게 된 햄릿은 비텐베르크로 돌아가지 말고 덴마크에 머물라는 어머니의 요구를 계획적으로 받아들인다. 육체적인 도주로는 정신적인 고뇌에서 벗어날 수 없다는 것을 처음부터 알았던 햄릿은 거기에서 소우주의 심층부로 인퇴하고 때가 왔을 때 오레스테스적인 행위를 수행하기 위해 마력적인 행동가로 변용하여 대우주로 돌아온 것이다.

(7) 집단과 사회

① 사춘기

개인의 생애에서와 같은 인퇴와 복귀의 모티브는 하나의 자연적이고도 필연적인 질서로서 존재하며 사춘기의 변신을 통해 성인이 되는 과정에 있는 소년으로 구성되는 모든 시대 온갖 사회의 소수자 집단에도 현저히 나타나는데, 결혼할 시기에 이른 성인 남자로 복귀케 하려고 사춘기의 전야에 소년들을 사회로부터 인퇴시키는 것은 미개사회의 일반적인 현상인 동시에 문명화 과정에 있는 사회에서도 신화와 남아 있는 습관에서 더듬어 볼 수 있는 사회적인 현상이다. 미개사회의 소년들이 사춘기에 일시적으로 격리되는 것은 인류학에서의 상식이고, 그 습관이 신화에 반영되었음은 켄타우로스 케이론의 영웅학교[900]로 예증

---

899. 그리스 신화에서 아가멤논과 클리타임네스트라의 아들. 아버지를 살해한 어머니와 그녀의 정부를 죽인 죄로 복수의 신에 쫓겨 광인이 되었다가 회복되어 부왕을 계승했다.
900. 그리스 신화. 펠리온 산의 황무지에 있었다고 전해지고 있음.

되며, 그것이 하나의 제도로서 역사와 사회에 잔존하고 있음은 스파르타의 〈리쿠르구스적 아고게〉와 영국의 〈퍼블릭 스쿨〉이라는 제도에 의해 입증된다.

② 압박받는 소수자 집단

같은 모티브로서 압박받는 소수자 집단은 압박 때문에 인퇴했다가 복귀하여 창조성을 발휘하는 인물이나 단체를 배출하는데, 우리는 〈유대인 중의 바리새인〉 〈네스토리우스파〉 〈콘스탄티노플의 그리스인 파나리오트〉 〈영국의 국교 반대자〉 등을 그 예로 들 수 있다. 헬레니즘의 영향으로 인한 도전에 직면한 유대인의 역사에서 바리새인은 문화운동만이 아니라 무력항쟁[901]으로부터도 인퇴해 있었으나 강한 정신적 추력을 발휘하여 "위대한 바리새인"으로 성장한 바울을 비롯한 일부의 바래새인은 2세기만에 복귀하여 전 인류를 위한 구제수단으로 변용한 예수의 유대주의를 설교하는 것으로서 유대인과 그리스인 사이에 있던 일체의 문화적 장벽을 해소했다. 이슬람에 쫓겨 고향인 시리악 사회로부터 유라시아 스텝의 깊숙한 곳으로 인퇴했던 네스토리우스파는 같은 운동으로 때가 되자 몽골인 침입의 물결을 타고 정복자로서 복귀했으며 정복자인 오스만의 제재로 상업의 영역으로 인퇴한 콘스탄티노플의 그리스인은 2세기 후에 파나리오트로서 정치의 영역으로 복귀했다. 또한 내란과 공화정 시대에 돌풍처럼 등장했던 영국의 비국교도들은 왕정복고(1660)로 콘스탄티노플의 그리스인처럼 상공업의 영역으로 인퇴했으나 선거법 개정(1832)에 힘입어 산업혁명을 주도하는 권능자로서 정치의 영역에 복귀했다.

---

901. Pharisees(바리새)의 문자적인 의미는 '스스로 분리하는 사람들'인바, 위선과 형식주의 때문에 비난받던 그들은 대부분 확정적인 인퇴로서 스파르타 군인이나 헬레닉 철학자처럼 막다른 골목으로 나갔으나 일부는 바울과 같이 예수에게서 그리스도를 발견하고 그 전도의 길로 나아갔다. 문화운동은 BC 2세기에 제사장 〈요수아〉가 제창한 그리스화 운동이고, 무력항쟁은 BC 166~167년에 마카바이오스(Makkabaios)가 셀레우코스조의 안티오코스(Antiochus)에 대항하여 일으킨 반란이다.

③ 만족의 후위부대

위에서 살핀 바와 같이 켈트족과 튜턴족은 각각 둘로 갈라서서 전위부대가 375~675년의 민족이동으로 유기된 로마제국의 영토에 침입했을 때 후위부대는 본거지를 지키고 있었다. 저돌적으로 쳐들어간 전위부대는 헬레닉 사회의 내적 P에 의해 용이하고도 급속히 정복되었으나 본거지에 남아 자기들의 싹트는 문명을 낳는 일에 집중하던 후위부대는 때가 오자 마침내 그 인퇴로부터 복귀하여 기독교 세계와 대등한 입장에서 싸울 수 있게 되었는데, 그 결과 7~9세기에는 어느 쪽이 서구에서 일어나는 문명의 주인이 될지 알 수 없게 되었다. 가톨릭 교회는 극서 기독교 문명과 태아적(胎兒的)인 스칸디나비아 문명 속에서 갈라티아의 칼날처럼 유연한 고트족이나 프랑크족과는 성질이 다른 적을 발견했다. 후자들이 가톨릭 교회와의 싸움에서 매우 아슬아슬하게 졌다는 사실은 그들이 이전에 갈라섰던 고트 만족(蠻族)보다 우월했다는 것을 말해 주는 것인데, 그 우월성은 이 두 후위는 때를 기다리고 있었음에 반해 고트족은 너무 성급히 복귀했음에서 기인한 것이었다.

④ 헬레닉 사회 성장의 제2기에 있어서의 아테네

인퇴와 복귀의 또 다른 현저한 예는 기원전 8세기에 헬레닉 사회가 직면한 인구증가의 도전에 대하여 2세기 동안 인퇴했다가 헬라스의 학교로서와 아케메네스 제국에 맞서는 정치, 군사적 강국으로 복귀한 아테네이다. 상고한 바와 같이 아테네는 그 도전에 소극적으로 대응하여 스파르타의 정책이나 다른 나라들의 방책[902]을 따르지 않았으며 국가 간의 관계에 있어서도 수동적인 태도와 일종의 인퇴로서 계획적인 격리의 길을 걸었다. 그러나 아테네는 그 인퇴의

---

902. 스파르타가 인구과잉이라는 도전에 대하여 도시국가의 영토를 정복하고 같은 그리스인을 농노로 만드는 불건전한 정책을 실행했음은 상술(上述)했음. 다른 나라들의 방책이란 에레트리아, 칼키스, 코린도, 메가라 등이 해외에서 새로운 농경지를 획득하고 식민한 것.

기간에 정체에 빠진 것이 아니라 국외적인 문제에 말려들지 않은 그 격리로 인구과잉 문제의 해결에 집중했는데, 그에 대한 그들의 해결책은 스파르타나 칼키스의 해법이 수확체감을 초래했을 때에도 계속 효과를 발휘하여 그 우월성을 증명했다. 오랫동안 공들인 이 제도를 새로운 생활양식에 맞게 고친 아테네는 때가 되자 마침내 헬레닉 사회가 여태껏 갖지 못했던 힘을 갖춘 존재로 복귀했던 것인데, 그것은 아케메네스 제국에 도전한다는 놀라운 태도로써 선언된 복귀였다. 이오니아의 지원 요청[903]에 응한 이후로 헬라스와 아케메네스 제국이 벌인 전쟁(BC499~449)의 주역으로서 두각을 나타낸 아테네가 그로부터 262년까지 수행한 역할[904]은 지난날의 같은 기간에 연출한 역할과는 정반대였다. 그러던 중 주변의 강국에 절망적으로 능가당하고 있음을 알았을 때에도 대국으로서의 지위와 책임을 포기하지 않으려 노력한 아테네는 크레모니데스 전쟁에서 마케도니아에 격파되어 정치와 군사적으로 인퇴하게 되었다. 그러나 아테네가 헬레닉 사회의 생활 일반에 활발히 참가하는 것은 그것으로 끝난 것이 아니었는데, 그 이유는 아테네가 다른 모든 분야에서 헬라스의 모범으로서 그 문화에 후인의 안목으로도 뚜렷이 알 수 있는 항구적인 아티카의 각인을 새겨 놓았기 때문이다.

⑤ 헬레닉 사회 성장의 제1기에 있어서의 이오니아

앞에서 우리는 아테네가 헬레닉 사회 제2의 성장기에 있어서 인구과잉이라는 공통의 문제에 대해 집약적인 경제발전이라는 특유의 해법을 창안하여 헬라스의 모범이 된 것에서 인퇴와 복귀의 모티브를 확인했는데, 인구과잉의 문

---

903. 도리아인의 침입으로 그리스인이 도항(渡航)하여 건설한 도시국가이자 호메로스의 나라인 이오니아는 아케메네스 제국의 침공에 대항하여 아테네에 지원을 요청했다.
904. 헬라스와 아케메네스 제국의 전쟁은 BC 499~449년에 일어났고 262년은 크레모니데스 전쟁이 끝난 해인데, 아테네는 그 기간에 이전의 계획적인 격리와는 달리 헬레닉 사회의 정치적 각축의 중심에 있었다.

제는 헬레닉 사회가 직면한 최초의 도전이 아니었고 그 첫 도전에 대한 성공적인 응전은 도시국가라는 시스템이 있었기에 가능했다.[905] 기록은 없지만 그리스의 첫 도시국가는 2부에서 살핀 바와 같이 도리아인의 침입으로 인한 피난민에 의해 건설되었다고 믿을 만한 근거가 있고 그리스 본토의 도시국가들은 그것을 모방하여 설립되었음을 말해 주는 형적(形跡)이 있다. 그들의 도해이주는 곧 하나의 인퇴였고 본토에 도시국가 제도를 전파시킨 것은 바로 그들의 복귀였는데, 우리는 어느 도시국가가 그 복귀를 주도했는지에 대한 증거를 정치적인 영역에서는 찾을 수 없지만 문화적인 영역에서는 이오니아의 역할을 부정할 수 없는 기념비를 가지고 있다. 그것은 '헬라스의 영원한 재보'인 이오니아의 서사시가 대륙의 그리스를 정복했다는 것인바 헬레닉 문화는 아테네가 인퇴와 복귀의 운동으로 거기에 끝까지 이어진 '아티카의 각인'을 찍기 전에 이미 이오니아의 영향을 받고 있었다. 아테네 시인으로서 아티카의 프로메테우스적 약진의 체현자(體現者)인 〈에스킬루스〉는 "내 연극은 호메로스 향연(饗宴)의 찌꺼기이다"라고 선언했고, 아테네 사람들은 「일리어드」와 「오디세이」에 그리스 문학에 있어서의 최고의 지위를 부여했으며, 아티카의 후계자들은 〈호메로스〉를 도저히 따를 수 없는 최고봉(最高峰)으로 여겼던 것이다.

⑥ 헬레닉 사회 붕괴의 제2기에 있어서의 아카이아 동맹

헬레닉 사회 성장의 두 단계에서 연속된 도전은 창조적 소수자의 인퇴와 복귀에 의해 위와 같이 처리되었으나 그 사회는 인구증가에 대한 아테네 스타일의 응전이 초래한 도전[906]에 대한 응전에 실패하여 성장을 멈추었다. 그 결과는

---

905. 헬레닉 사회가 직면했던 최초의 도전은 평원의 진보적인 주민에 대한 야성적인 고지민의 도전으로 말미암은 혼란이었는데, 헬레닉 사회는 도해이주한 자들의 도시국가 제도를 도입하여 고지민을 지배함으로써 그 도전을 극복했다.

906. 첫 도전이었던 인구과잉의 문제를 생산력 증진과 교역을 통해 해결한 결과로써 평화와 질서를 바탕으로 하는 국제적인 체제를 구축해야 했던 도전.

기원전 431년의 좌절과 이후로 오랫동안 진행된 붕괴였는데, 그 과정에서 일어
난 퇴보와 회복의 교차에도 인퇴와 복귀의 모티브가 다시 나타난다. 우리는 그
도전, 즉 지리적 확대 능력이 외곽으로 이동함에 따라 주변에서 출현한 강국에
의해 왜소화되고 압도당한 중심부를 구제한다는 문제에 있어서 제2의 인퇴를
모색함에 이어 동맹을 결성한 것과 그로 말미암은 미약한 성공에서 귀에 익은
리듬의 고동을 듣게 되는 것이다. 이미 보았듯이 아테네는 크레모니데스 전쟁
(BC 266~262)으로 심한 타격을 받은 후 가급적 국제정치에 참가하지 않았고 이어
기원전 228년에 마케도니아의 점령으로부터 해방된 후에는 5세기 전과 같이
다시 인퇴하려 했다. 그러나 그리스의 일부 정치가들은 알렉산더가 주도하는
당시의 질서에서 대국의 뜻대로 움직여야 하는 중심부의 소국은 인퇴마저 뜻대
로 할 수 없으므로 인퇴의 자유를 회복하고 마케도니아와 이집트로부터 중립
을 보장받으려면 도시국가들이 동맹을 맺어야 한다는 것을 깨닫고 있었다. 그
것은 규모가 작았던 아카이아 동맹을 보다 크고 강한 동맹으로 바꾸는 것으로
서 폴리비오스의 인퇴와 복귀를 살필 때 고찰한 바와 같다. 아라투스의 정책[907]
은 실패하고 헬레닉 사회의 첫 반격은 퇴보를 향해 좌절되었기에 헬레닉 사회
의 이 인퇴에는 그에 따르는 복귀가 없었으나 그 정책이 아라투스의 강력한 추
진으로 25년 동안이나마 성공적이었던 것은 인퇴에 따르는 일종의 복귀였다.

⑦ 서구사회 성장의 제2기에 있어서의 이탈리아

앞에서 살핀 마키아벨리의 사례는 인퇴에서 복귀하여 문명을 방사하던 이탈
리아 도시국가들이 곤경에 빠졌을 때의 일인데, 13~15세기에 알프스 이북의

---

907. 강력한 동맹을 맺으려는 운동은 그리스를 구제할 수도 있었지만 Arātus는 그 운동에서 실패했다.
그것은 당시에는 아테네가 동맹에 참가하기를 거부했고 스파르타는 혁명운동으로 그 동맹과 충돌
했기 때문이다. 그리고 아라투스는 클레오메네스에게 패했을 때 마케도니아에 지원을 요청함으로
써 자신의 사업을 망쳤다. 그리스는 이후로 〈스파르타와의 전쟁〉-〈아카이아 동맹과 마케도니아
연합이 스파르타와 아에톨리아의 동맹과 싸운 전쟁〉-〈로마와 연합하여 마케도니아에 맞선 아에
톨리아에 의해 한니발 전쟁의 마당이 된 것〉등의 과정을 거쳐 붕괴되었다.

서구의 제국(諸國)으로부터 이탈리아 도시국가들이 실행한 그 인퇴는 그것이 성공적이었다는 점에서 아라투스 시대의 그리스 도시국가들이 단행한 인퇴보다는 기원전 8~6세기에 구현된 아테네의 인퇴에 비교될만한 것이다. 우리는 그 두 인퇴가 완전하고도 지속적이었고 직면한 문제에 대한 독창적인 해결 방안을 강구했으며 복귀한 사회에 창조한 결과로써 영향을 끼쳤다는 유사성을 가지고 있음을 알고 있거니와 양자가 해결한 경제적인 문제와 초래한 결과도 거의 동일한 것이었다. 환언하면 경제에 있어서는 공히 전통적인 농업사회에서 상공업사회로 전환했고 정치에 있어서는 가문(家門)을 바탕으로 하는 귀족정체(貴族政體)와 봉건제도로부터 재산을 바탕으로 하는 부르주아적인 정체와 정부와 시민이 직접적인 관계를 갖는 제도로 이행했던 것이다. 그러나 아테네와 이탈리아의 도시국가들의 역사는 다르게 전개되었는데, 그 이유는 각 사회에서의 그 두 정체(政體)의 지위가 본질적으로 달랐기 때문이었다. 도시국가로서 인퇴한 아테네는 공히 도시국가를 단위로 하고 있는 사회로 복귀한 것이지만 서구사회는 이탈리아의 소수자가 바탕으로 했던 도시국가 제도가 아니라 봉건제도를 바탕으로 하고 있었던 것이다. 그러므로 헬라스 사회의 다수자였던 비(非)아테네인은 농업과 귀족정치를 상공업과 민주정치로 바꿀지언정 사회의 본질적인 성격이나 규모를 바꾸는 일 없이 아테네의 진보를 수용할 수 있었으나 이탈리아인이 아닌 서구사회의 다수자가 이탈리아의 도시국가제도를 그대로 수용하기에는 곤란한 점이 있었다. 봉건제는 원초적인 기반이었으므로 서구사회는 그곳에 바탕을 두고 혼란이라는 도전에 대처하여 스칸디나비아 문명에 승리한 것이고 도시국가제도는 서구문명 성장의 제2단계에 있어서 봉건제도를 바탕으로 하는 기독교 세계와의 정치적인 분규 때문에 인퇴하여 스스로를 격리시킨 그룹이 몇몇 정치, 경제적인 조건이 갖추어지자 이탈리아 북부를 필두로 하여 출현시킨 제도였다. 이탈리아가 인퇴로부터 복귀하여 발흥시킨 후 북유럽으로 전파되면서 3세기에 걸쳐 눈부신 증식을 이룬 도시국가제도는 경제에 있어서의 상공업화와 정치에 있어서의 민주화를 달성함으로써 서구사회 성장의 제2기를 밝히는 찬란한 빛이 되었다.

우리는 여기서 같은 모티브로써 인퇴와 복귀의 리듬을 듣게 되거니와 도시국가 자체는 소멸되었으나 인퇴 후 복귀한 이탈리아의 발명으로써 보다 규모가 큰 왕국이나 국민국가를 거쳐 전 세계로 확산된 그 찬란한 빛은 우리로 하여금 그 궤적을 살피는 길로 나가게 한다. 교황과 신성로마 제국 및 주변의 세계국가적인 왕국들이 대치하던 상황에서 도시국가가 발현하려면 그 대치로 인한 엄정한 세력균형의 공백지대가 있어야 한다는 정치적인 조건과 나타나는 도시국가가 농업에만 의존하는 것이 아니라 상공업을 영위할만한 시장과 공급원이 있어야 한다는 경제적인 조건이 필요한 것인바 그러한 조건이 처음으로 갖추어진 곳은 북이탈리아였다. 이탈리아는 정치적으로는 서구 기독교 세계의 지배권을 다투던 교황과 신성로마 제국의 항쟁에 있어서 무인지대로 되어 있었고 경제적으로는 중세 기독교 세계가 보다 크고 풍족했던 시리아 및 정교 기독교 세계와 교역함에 있어서의 교두보였다. 그리하여 이탈리아는 북유럽과의 정치적인 분규에서 인퇴하여 소수자가 되고, 그 격리를 통해 기독교 세계의 다수자로부터 자신을 분화시킨다는 가장 현저한 방법으로써 사회의 기초를 봉건제에서 도시국가로 바꾸는 분절을 일으켰던 것이다. 그리고 그것을 방사함으로써 제기된 문제, 즉 이탈리아의 발명이 서구사회의 교육이 되는 것은 상술한 아테네와의 차이 때문에 봉건제 국가들이 도시국가로 분절하거나 그 발명이 수정될 필요가 있었다. 알프스 이북의 유럽을 이탈리아적인 도시국가로 분절시키는 것에서는 다음과 같은 시도들이 있었으나 이탈리아의 발명은 결국 보다 규모가 큰 왕국에 적용되는 것으로 귀결되었다. 그 시도의 예로써 독일에서도 이탈리아와 비슷한 정치, 경제적인 조건이 형성됨에 따라 남서쪽 플란더스의 도시국가들과 웨스트 왈라키아[908]를 가로질러 라인강 기슭에서 발트해에 이르는 한자동맹 도시들 및 스와비아와 라인란트를 가로지르는 지역의 도시국가들이 출현했다. 그리하여 낡은 봉건적 틀 속에 형성되어 가고 있던 도시국가의 새로운 세계는 3세기 동안 증식되어 창조적인 활동으로 어둠 속에서 빛나고 있었으나 암흑은 그것을 이해하지 못했다. 빛이 암흑을 이길 것인가? 아니면 암흑이 빛을 삼킬 것인가? 서구사회는 이 양립할 수 없는 것 중 하나를 선택해야 했고 그 문제는 다음과 같은 과정으로 14세기 종반에 결정되었는데, 그것은 어떤 압도적인 파국이 아니라 하나로는 그다지 중요하지 않지만 수다한 지역적 투쟁의 중첩된 결과 때문이었다. 이탈리아에서는 그 빛이 치오키아 전쟁[909]으로 약화되었는데, 이탈리아의 도시국가들은 그 14세기의 마지막 4/4반기에 상쟁으로 서로의 힘을 약화시키고 있었던 것이다. 그리고 같은 시기에 야심찬 정책을 추진하던 독일의 도시국가들은 지방의 봉건영주(封建領主)에 의해 힘을 잃어가고 있었다. 합스부르크 정권에 대항할 힘을 갖게 된 스위스 동맹에 자극되어 결성된 독일의 두 도시동맹[910]은 서로 연맹한 후 스위스 동맹의 일부 유력한 가맹국을 포섭했지만 그 유효성은 스위스 동맹과 레오폴트 합스부르크 간의 전쟁으로 시험대에 올랐다. 그 전쟁에서 자유도시의 대 결합을 달성한다는 명목으로 스위스를 편들었던 그들은 위기에 봉착하자 꽁무니를 뺐고 독력(獨力)으로 적을 격퇴하여 독립을 쟁취한 스위스는 2년 후 지방의 봉건영주와 싸운 그들을 돕지 않았다. 그리하여 독일의 두 도시국가 동맹은 결정적으로 격파된 데 이어 "그것은 신과 국왕과 황제와 법률에 반하는 것이다"라고 선포한 신성로마 제국의 벤체슬라스에 의해 정식

---

908. West Wallachia. 루마니아 남동부의 역사적인 명칭, 옛 공국의 이름.

909. 중요한 해상 무역국이었던 제노바와 베네치아 간의 1378~1381년의 전쟁. 1378년은 유럽에서 과학적이고도 직업적인, 그래서 더욱 파괴적인 전쟁이 시작된 해로 알려져 있다. 이때부터 〈샤를 8세〉가 출현하기까지 160년 동안은 이탈리아 용병의 전성시대였다.

910. 스와비아 도시동맹과 라인 도시동맹.

으로 해산되었다. 비슷한 시기에 같은 비운이 더 크고 오래되었으며 보다 강했던 한자동맹과 플란더스의 도시국가를 엄습했는데, 그 중요성으로 보아 이탈리아에 버금가는 도시국가 체제의 성채였던 플란더스는 1384년에 부르고뉴가(家)에 굴복했고 한자동맹은 개종하여 팽창하던 서구 기독교 세계에 편입된 북쪽과 동쪽의 만족에게 가했던 정치적 압력의 응보를 받았다. 이탈리아의 발명을 더 광대한 영토에 적용하기에 성공한 나라와 싸우는 것은 불가능했으므로 이후로 플란더스는 부르고뉴가와 그 후계자 및 스페인과 오스트리아의 두 합스부르크 왕가의 지배를 받았고, 질적인 열세를 양적인 우세로 극복한 만족에 의해 힘의 균형을 잃은 데 이어 리투아니아와 폴란드의 정치적 결합으로 큰 타격을 입은 한자동맹은 스칸디나비아의 통일로 좌절되어 다음 5세기 동안 더 큰 정체(政體)에 반복적으로 흡수되는 수난을 겪었다. 이후로 마지막까지 남았던 함부르크, 뤼베크, 브레멘의 도시국가가 북독일연방과의 합병을 결의함으로써 서구 기독교 세계에서의 5세기에 걸친 도시국가라는 제도적 실험은 종식되었다.

⑧ 서구사회 성장의 제3기에 있어서의 잉글랜드

이리하여 서구 기독교 세계의 정세(政勢)는 그 문화의 신이탈리아판을 북유럽으로 이식하는 것을 촉진하기 위해 도시국가 사회로 다시 분절되어서는 안 된다는 것으로 결정되었는데, 그로 말미암아 양립할 수 없는 두 체제 중 파멸을 맞이한 것은 도시국가 체제였다. 그것은 이탈리아의 발명이 이식 또는 유지되기 위해서는 그것이 최소한 왕국 이상의 규모에 적용되어야 한다는 것을 증명한 것이며 그런 상황 때문에 서구사회는 도시국가 규모에서 발아된 이탈리아와 플란더스의 생활방식을 왕국의 규모에 적용할 방안을 찾아야 한다는 문제에 직면했다. 이것을 도전으로 받아들인 것은 스위스, 네덜란드, 잉글랜드 등이었던바 이들은 공히 자연적인 환경에 의해 인간적인 환경의 도전으로부터 보호되어 있어서 원하기만 하면 지역사회의 분쟁으로부터 인퇴하여 그 문제의 해결에 몰입할 수 있었다. 그들 중 서구사회를 위한 답을 찾은 것은 잉글랜드였는데 그 원인은 그들을 인퇴시킨 자연적 환경의 차이 때문만은 아니었다. 스위스는 14세기 후반에 도시국가 세계의 위기를 위와 같이 극복한 후 부르고뉴와의 전쟁(1474~7)으로 정치적 자유를 지키기에 성공했고, 네덜란드는 스페인의 합스부르크 권력과의 전쟁(1572~7)에 승리하여 정치적 자유를 지켜낸 후 스위스와 마찬가지로 웨스트팔리아 조약(1648)의 일방으로서 신성로마 제국으로부터 독립했다. 잉글랜드는 대륙으로 진출하여 제국이 되려고 했던 백년전쟁(1337~1453)으로 정력을 낭비하고 아키텐과 칼레를 상실한 후 대륙에 대한 야심을 버렸으나 메리 여왕이 스페인의 필립 왕과 결혼(1544년)한 이후로는 대륙에서 브리튼 섬을 침공하려는 대국이 생겨나고 있음을 보게 되었다. 그 후 30년에 걸친 불리한 전투 끝에 스페인 함대를 궤멸시킨 1588년에 겨우 위험에서 벗어났으되 그 승리는 1429~53년과 1558년의 굴욕으로 영국인이 갖게 된 생각을 강화시켰으므로 이후로 영국은 1914~18년의 대전까지 가능한 한 대륙의 정세에 휩쓸리지 않는 것을 정책의 기본으로 삼았다. 이와 같이 이 세 소수자 집단은 공히 인퇴의 길을 걸었으나 기술의 발달은 그들을 인퇴시킨 자연적인 환경의 성능을 여실히 판별했는데, 싸움터가 공중으로 확대되고 대포가 발명되자 스위스의 산악과 네덜란드의 방벽은 격리의 능력에 있어서 영국을 여전히 별세계로 만들어주던 영국해협에 미치지 못했다. 그리하여 루이 14세에 대한 40년의 투쟁(1672~1713)으로 허덕이고 있을 때 유럽의 정세에 의해 주목된 네덜란드는 18세기와 19세기의 전환기에 스위스와 함께 나폴레옹 제국에 합병되기도 했다. 그러나 잉글랜드는 3세기 동안 완전한 별세계에 있다가 우리 세대에 와서야 창의의 소산인 기계로 인해 대륙의 정치 군사조직과 밀접히 결합했는데, 이미 대서양마저 넓지 않은 것으로 되었으므로 20세기에 복귀한 영국의 운명은 18세기에 있어서의 네덜란드의 운명처럼 될 것이라고 생각될 수도 있었다. 그러나 영국이 네덜란드보다 더 길게 200년 동안 격리를 유지한 것은 중요한 것이어서 영국은 문제에 대한 독창적인 해결책을 가지고 복귀한다는 창조적 소수자의 역할에 있어서 네덜란드를 능가하고 대신할 수 있게 되었다. 세 소수자 집단 간의 창조적 역할의 경쟁에 있어서 영국은 지리적 이점 외에 다른 두 나라보다 더 큰 혜택을 받은 것이 있었던바 그것은 영국이 스코틀랜드와의 통합을 이룬 18세기에 있어서 영토로도 알프스 이북의 국가에 준하는 하나의 대국이었으되 효과적인 정치 경제적 단위로 통합된 것으로는 가장 큰 국가였다는 것이다. 그 규모의 효과가 영국을 도시국가의 신발명(新發明)을 왕국 규모에 적응시킨다는 당시의 큰 문제를 해결할 훌륭한 연구소로 만들었던 것이다. 스위스와 네덜란드는 서구사회의 다른 지역에서 사멸한 체제를 산악과 방벽 덕택에 보존하고 있던 유산된 도시국가 세계의 잔재였고 스위스 동맹과 네덜란드 연합은 실질적으로는 도시국가의 두 지역적 결합체로서 제도적인 관점에서는 시대착오였으므로 이들은 처음부터 그 문제를 해결할 수 없었다. 문제의 본질은 봉건적인 유산을 가진 왕국에 도시국가 체제의 업적을 적용하는 것, 즉 정치의 귀족적인 형태를 민주적인 것으로 바꾸고 농업 경제를 상공업 경제로 바꾸며 정치 경제의 운용에 새롭고 실질적인 능률을 도입하는 것이었다. 그 적용이 가장 빨리 이루어진 분야는 속성상 정치면에 있어서의 능률 향상이었는데, 도시국가들에서도 달성한 정치적 능률을 보다 큰 규모에 적용하려는 시도로써 도시국가들을 공화국으로 통합하는 운동이 일어났다. 이탈리아에서는 14세기에 70~80개에 달했던 도시국가가 마키아벨리가 사망한 1527년에는 10개로 감소했는데 스위스와 네덜란드도 그 운동의 기념비였지만 어떤 점에서는 더 성공적이었다. 스위스와 네덜란드가 달성한 도시국가 연방제는 도시국가 체제에서의 정치적 생활의 근본인 민주주의를 희생시키지 않는 공화국으로의 통합이었으나 이탈리아는 대등한 통합이 아니라 제국 건설을 지향하여 정복을 통한 통합을 시도했으므로 정치적 자유는 그 대상(代償)이 되었다. 이와 같이 이탈리아에서의 두 정치적 전개, 즉 강제적인 통합을 이루려는 정복과 제국을 건설하려는 시도는 때를 같이하면서도 서로 연관되어 있었던 것인데, 그것은 인접한 지역을 정복하려는 도시국가는 아마추어적인 시민군과 공화정 체제로는 야심을 달성할 수 없었고 제국주의가 필요로 하는 직업적인 용병군단은 국가의 자원을 통제하여 자기들을 뒷받침할 독재적인 정부를 요구했기 때문이다. 이탈리아는 그런 방식으로 도시국가를 70~80개에서 10개로 줄였지만 그 열 나라도 자신을 지키기에는 규모가 너무 작았기 때문에 이탈리아가 치른 대가는 헛된 것이 되었다. 이탈리아의 도시국가들이 문명을 방사하지 않았고 알프스 이북의 나라들에 그 빛이 비춰지지 않았다면 이탈리아의 새로운 나라들, 특히 14세기의 밀란공국이나 베네치아 공화국이 앙주(Anjou)가(家)나 룩셈부르크가로부터 자신을 수호할 수 있었을 것이다. 그러나 그들의 업적 중에서 북유럽이 흡수하여 자기들의 규모에 맞추기 쉬웠던 것은 그 독재정치의 정치적인 능률이었으므로 15세기가 끝나기 전에 이탈리아의 새로운 공국들은 프랑스의 루이 14세, 스페인의 페르디난드와 이사벨라, 영국의 헨리 7세 등 새로이 이탈리아화한 독재자들에게 결정적으로 압도되었다.

이탈리아 독재정치의 이와 같은 알프스 이북으로의 전파는 전달한 자를 파멸시킨 것이지만 북유럽은 이탈리아가 잃어버린 이탈리아의 정치적 민주주의와 동등한 것을 스스로 발견하기까지는 이탈리아가 줄 수 있는 최대의 선물에는 손도 대려 하지 않았다. 그래서 알프스 이북의 나라들은 어떤 형태로든 정치적 민주주의를 실현하지 못하면 농업에서 상공업으로 진전한다는 이탈리아의 경제적 업적을 모방할 수 없었는데, 그 난관은 사회 자체의 성질에 내재하는 것이었다. 모든 사회조직은 하나의 통일체이므로 사회적 조직의 일부만을 선택적으로 받아들이는 것은 곤란한 것인바 그 난관은 독재체제는 받아들였으나 다른 부분에는 손도 대지 않은 것에 그 원인이 있었다. 중세 이탈리아 도시국가의 자연적인 진화에 있어서의 부르주아의 정치와 경제에 있어서의 발흥을 의미하는 민주주의의 성장과 상공업의 진흥은 서로 보완적인 것이었으므로 사회의 어떤 계급도 사회생활의 전반에 걸친 성장 없이 한 방면에서만 상승할 수 없었던 것이다. 그래서 이탈리아에서 부르주아의 정치적 자유가 새로운 독재체제에 의해 잠식되자 경제적 번영이 기울기 시작했던 것이고 정치면에서의 독재체제만을 수용한 알프스 이북의 나라들에서는 부르주아의 발흥이 일어나지 않았던 것이다. 알프스 이북의 나라들에 있어서 독재정치라는 새로운 제도의 도입은 전통적인 봉건제도를 약화시키기는 했으나 그에 대신할 새로운 제도를 불러일으키지 않았는데 그 결과는 정치적인 정체(停滯)였다. 이 활기 없는 정치적 분위기 속에서는 신대륙의 부(富)는 스페인의 상공업이 쇠퇴하는 것을 막을 수 없었고 프랑스는 상공업을 보호 육성하려는 콜베르의 노력에도 불구하고 경제면에서 네덜란드나 영국을 따를 수 없었던 것이다. 민주정치를 도시국가 규모에서 왕국 규모로 옮기기에 성공한 것은 영국이었는데, 서구의 상공업은 그 영국에서 처음으로 초국가적인 규모의 새로운 활동단계로 진입했다. 새로운 독재정치는 스페인과 프랑스에서는 그들을 무감각하게 만든 어떤 정치적 효과를 지녔지만 영국에서는 그것이 응전을 요구하는 도전으로 받아들여져서 반대의 결과가 생겨났다. 그에 대한 영국의 응전은 영국이 스페인 프랑스와 공히 물려받은 전통적인 정치체제에 새로운 생명을 불어넣고 새로운 기능을 받아들이는 것이었다. 알프스 이북 유럽의 전통적인 제도의 하나인 국왕과 국민 등 각 계층 간의 직접적인 관계는 대표제로 바뀌었는데, 그 대의적 집회제도는 봉건군국체제에서는 효과적이었으나 이탈리아식 독재체제를 도입한 후로는 왕과 신하의 소통 창구라는 본래의 목적에 적합하지 않았다. 그런데 17세기에 영국은 이 제도를 국왕의 대권행사에 관련시켜 단순히 국왕과 상담하거나 교섭하는 것이 아니라 국왕의 기능을 인수한다는 임무에 적응시키기에 성공했다. 정치활동의 두 계통으로서 심의 및 교섭과 행정활동은 차이가 큰 것이어서 전혀 다른 견해와 습관 및 능력을 요구하거나 환기시킨다. 그래서 의회제도는 알프스 이북의 유럽, 특히 영국에서 잘 확립되어 있었지만 14, 15세기에는 그것이 15세기부터 16세기에 걸쳐 왕국규모의 정치조직을 위한 새로운 자치제의 싹이 되리라는 징조는 없었다. 안광이 예리한 마키아벨리의 연구에도 그 경향을 엿보게 하는 것은 없으며 어떤 이탈리아의 관찰자가 그로부터 100년 후에 영국을 방문했다면 그는 의회라는 지역적인 제도가 새로운 이탈리아의 독재제도에 굴복할 운명에 있다고 언명했을 것이다. 그는 그 세기가 끝나기 전에 영국인이 의회라는 알프스 이북의 제도를 〈마테오 비스콘티〉〈헨리 튜더〉〈루이 발로아〉[911]와 같은 사람들의 개인적인 정부보다 훨씬 더 효과적인 행정기관으로 바꾼다는 헌법적인 곡예를 달성해서 알프스 이북에 있어서의 독재정치의 눈부신 전진을 막아내리라고는 상상조차 하지 못했을 것이다. 그러므로 우리는 "영국은 어떻게 알프스 이북의 다른 왕국들이 대처할 수 없었던 도전을 받아들여 그것을 보기 좋게 극복할 수 있었던 것인가?", "알프스 이북의 봉건 군주제가 프랑스에서는 절대 군주제에 굴복했음에도 어떤 이유로 영국에서는 입헌 군주제로 성장했던 것인가?"라는 의문을 갖게 되는데, 이에 대해서는 이 문제에 대한 저명한 학자의 연구를 참고하는 것이 좋을 것이다. 〈C. H. Mcllwaine〉은 "… 그것은 프랑스의 군주제가 철두철미 봉건적이었을 때 영국의 군주제는 봉건적인 것을 그만두기 전부터 국민적인 것이 되어 있었기 때문이다. … 봉건적인 요소가 소멸했을 때 영국에서는 그 지위가 Estates[912]가 이미 참가하기 시작한 정부에 의해 대체되었으나 프랑스에는 절대 왕의 무제한적인 권력 외에는 봉건 군주제에 대체될 권력이 없었다. 이 차

---

911. 〈마테오 비스콘티(1250~1322)〉는 밀라노의 독재자로서 북이탈리아에서 영토를 확장했고, 〈헨리 튜더〉는 〈헨리 7세, 1485~1509〉로서 튜더왕조의 기초를 다졌으며, 〈루이 발로아〉는 〈루이 13세, 1610~1643〉로서 귀족세력을 분쇄했다.

912. 귀족, 성직자, 서민의 세 계급을 지칭하는 말.

이는 Estates의 사전적(事前的)인 참가에서 연유하는바, 프랑스에서는 봉건적인 조건이 융성한 때에 그 참가가 없었고 봉건제가 쇠퇴한 후에도 새로운 참가가 일어나지 않았다. 그리하여 봉건제는 이론상으로는 아니더라도 실제로는 절대적인 것에 의해 대체되었던 것인데, 영국에서의 성과를 결정한 요인은 일찍이 실현된 행정의 중앙집권화였다. 영국이 로마의 영향을 거의 받지 않은, 관습법을 가진 유일한 나라로 된 것은 이 때문이었고 영국을 절대 군주제가 아니라 입헌 군주제의 나라로 만든 까닭도 여기에 있는 것이다"라고 분석하고 있다. 이것이 영국으로 하여금 다른 알프스 이북의 나라들이 맞서지 않으려고 했던 도전을 받아들여서 멋지게 극복한 전제조건이었지만 그렇다 해도 영국인이 〈르네상스 이탈리아의 행정적 능률이라는 새로운 술〉을 〈중세 알프스 이북의 의회주의라는 낡은 병〉에 부어 넣고도 그 병을 깨트리지 않았다는 것은 입헌주의의 승리로서 경탄할만한 수완이라고 인정해야 한다. 국사의 집행과 정부에 대한 비판을 격리시킴으로써 생긴 도랑을 의회로 메운 이 수완은 영국의 창조적인 소수자가 그 인퇴기간에 서구사회를 위해 수행한 창조적인 정치행위였다. 이 정치적인 발명은 산업주의라는 영국의 2차적 발명에 대해 하나의 알맞은 사회적 조건을 제공했다. 정부가 국민의 대표인 의회에 책임을 지는 정치제도라는 의미에서의 민주주의와 인간이 기계에 봉사하기 위해 공장으로 모이는 기계적 생산조직이라는 의미로서의 산업주의는 우리시대의 서구세계를 아직도 지배하는 2대 제도이다. 그것은 이탈리아 도시국가 문화의 업적을 왕국 규모에 적용하는 문제에 대해서 찾아낼 수 있는 최선의 해결방법을 제공하기 때문에 널리 시행된 것인데, 그 두 제도는 영국이 서구세계의 일반적인 생활로부터 초연해 있던 시기에 서구세계를 위해 고안해 낸 것이다.

⑨ 서구의 역사에 있어서 러시아는 어떤 역할을 하게 될 것인가?

이상의 고찰에 이어 관심을 서구사회가 도달한 대사회의 현대사로 돌릴 때 우리는 "그것이 아직 성장 중에 있다는 징후[913]를 분별할 수 있을까? 환언하면 이전의 문제에 대한 이탈리아의 해결책이 제기한 문제가 영국의 해결책을 불러 일으켰으니 이번에는 민주주의와 산업주의라는 영국의 해결책이 새로운 문제를 생겨나게 하는 것일까?"라는 의문을 품게 된다. 우리는 영국의 해결책이 제기하는 대사회의 상호관계에 있어서 모종의 정치적인 세계질서 및 고차원적인 자제와 관용을 요구한다는 새로운 두 도전을 감지하고 있는바 그것은 그 해결책이 세계를 시장으로 하는 산업적 생산을 전문화했고 인간의 온갖 사회적 행동에 전대미문의 강력한 추진력을 제공한 것에서 기인한 것이다. 그러나 이 고찰의 목적은 최근에 제기된 그 도전을 상세히 살피는 것이 아니라 그것이 인퇴와 복귀 운동의 새로운 실례를 발생시켰는지를 관찰하는 것이므로 여기서는 그 도전이 다른 시대에 모든 사회가 직면했던 도전과 다르지 않다고 말해 두는 것으로 그친다. 그에 대한 응전도 역시 초보적인 단계에 있으므로 지금으로서는 관찰하기가 쉽지 않지만 추후에 잘못으로 판정될지도 모른다는 단서를 붙인다면 그것과 유사한 것으로서 러시아의 정교 기독교 사회가 취하고 있는 태도를 그 도전에 대한 응전에 연계하여 고찰할 수 있을 것이다. 앞에서 다른 주제로 러시아의 정교 기독교 사회를 분석하려고 했을 때 그것은 명백한 자기모순으로 우리를 당혹케 했다. 우리는 거기에서 러시아 공산주의 운동이 표트르 대제에 의해 강요된 서구화 운동에서의 이탈을 주창한 것은 가면일 뿐이고 실체는 서구화의 열광적인 노력이었음을 간파했고 억지로 서구화된 러시아가 서구에 대한 반항의 표시로 채택한 서구적 혁명운동은 러시아의 서구화에 있어서 서구의 어떤 사회적인 신조보다 더 강력한 원동력이 되었다고 결론지었다. 거기서 우리는 사회 간의 외면적 접촉이었던 러시아와 서구의 교류를 러시아가 그 속으로 포섭된 대사회(大社會)의 내적 경험으로 전화(轉化)했다는 말로 표현하

---

913. 원본에는 '평형을 잃어가는 경향의 징후'가 첨언되어 있음.

려고 했거니와 이제는 그 경험의 본질을 더욱 상세히 정의하고 그것이 취해 갈 형태를 좀 더 분명히 식별하며 공산주의 러시아가 서구에 대해 구심력과 원심력을 함께 갖는다는 모순을 그들이 포섭될 줄 알면서 끌려들어간 사회의 생활에서 인퇴하려 한다는 방식으로 설명할 수 있지 않을까? 더하여 러시아는 대사회가 봉착한 문제에 대한 해결책을 만들려고 노력하는 소수자가 되기 위해 인퇴를 시도하는 것이라고 설명할 수 있지 않을까? 이것이 러시아가 그런 길을 걷는 이유라면 러시아인의 정신이 어째서 이런 방향으로 끌리고 있는지를 이해하는 것은 어렵지 않다. 러시아가 이러한 상황에서 그런 목적으로 인퇴하려는 것은 그것이 그들의 강한 욕망, 즉 전통에서 계승한바 서구와의 투쟁에서 도피하려는 충동을 만족시켜 주기 때문이다. 그 결과로 서구와 영구적으로 결별하는 것은 불가능하다는 것이 판명된다 해도 러시아인은 그를 통해 서구적인 생활양식을 얼마쯤 러시아적인 것으로 개조한다는 창조적인 역할로써 서구사회에 복귀할 수 있으리라는 희망을 갖는 것이다.

3) 문명의 역사에 있어서의 인퇴와 복귀의 작용

위에서 우리는 창조적 개인에 이어 창조적 소수자의 인퇴와 복귀를 조사했는데 이제는 마무리로서 이 운동의 특징이 어떤 것인지를 확증할 수 있을 것이다. 그 방법은 창조적인 존재가 주역을 맡았을 때 어떤 현상이 일어나는지를 살피는 것인데 창조적 개인은 창조적 소수자의 중핵이지만 그 근저에 깔려 있어서 규명되지 않는 것이 보통이므로 우리는 이 살핌에서 창조적인 존재를 창조적 소수자로 한정해야 한다. 인퇴와 복귀의 어떤 집단운동에 있어서도 첫걸음은 잠재된 창조적 소수자가 사회의 일반적인 생활로부터 탈출하는 것인데, 그것은 다음과 같은 네 가지 형태로 나타난다. 첫째는 영국이 1429~1558년에 대륙으로부터 격리되었듯이 그 탈출이 자기 뜻에 반하여 이뤄지는 것이고 다음은 스페인의 합스부르크가와 싸운 네덜란드인과 호엔슈타우펜가의 권력에 대항한 롬바르디아인 및 지난날 스파르타와 싸운 아테네인처럼 의식적으로 관계를 끊는 것이다. 세 번째는 처음에는 의지에 반하여 인퇴했으나 그 되어가는 모양이 전화위복임을 깨닫고 이후로는 분규에 휘말리지 않으려고 싸우는 것인데 이것이 바로 영국의 사례였다. 즉 영국은 백년전쟁의 초기단계에서 대륙에 건설한 제국을 배제하려던 잔 다르크의 승리로 끝난 프랑스의 노력에 완강히 저항했으나 이후로는 영국을 다시 대륙에 결합시키려는 스페인의 〈필립 2세〉 및 프랑스의 〈루이 14세〉와 〈나폴레옹〉의 시도에 극렬히 저항했다. 네 번째는 기원전 8~6세기에 인접국이나 만족을 정복하는 도시국가들의 확장 운동에 참가하지 않은 아테네처럼 주변의 움직임에 동참하지 않는 것이다. 인퇴는 이처럼 다양한 방법으로 단행되지만 어느 경우에도 인퇴한 소수자가 이웃나라와의 문제에 몰두하는 것에서 벗어나 정력을 창조적인 사업에 집중하는 것은 일반이다. 이 운동의 다음 걸음은 인퇴한 소수자가 고립하는 단계로서 이 기간에 창조적인 사업이 이루어진다. 이 기간은 일반적으로 창시기와 건설기로 나뉘는데 창시기는 시와 로망스 및 정서적인 고양과 지적 발효가 이루어지는 청춘기이고 건설기는 산문이 발달하고 양식(良識)이 증진되며 조직화되는 성년기이다. 이 두 시기 사이에 위와 같은 심리적 추이는 급격히 일어나는 경우가 있다. 이탈리아 역사에서는 이 추이가 〈단테〉와 〈보카치오〉의 기질적인 차이에 명백히 나타나 있고 영국사에서는 〈밀턴〉과 〈드라이든〉의 비교적인 차이에 나타나 있다. 아티카의 역사에서는 급진적인 정신이 기원전 404년의 참화 후에 보수적으로 바뀐 것에 나타나 있으며 그 시대에 아테네의 시가 산문으로 변화된 추이는 아리스토파네스의 문체에 나타난 변화로 시사되고 있다. 아티카의 역사에서 창시기는 솔론의 세대로부터 아테네-펠레폰네소스 전쟁까지 계속되었고 건설기는 그 파국으로부터 알렉산더의 세대까지 지속되었다. 이탈리아의 역사에서는 창시기가 정치에서의 민주주의 운동과 미술에서의 토스카나 화파(畵派)에 의해 대표되는 반면 건설기는 베네치아 화파와 행정적인 능률을 제고한 독재체제로 대표되고 있다. 영국의 역사에서는 창시기가 엘리자베스 여왕의 즉위로 시작되어 왕정복고에 의해 건설기에 진입했다고 볼 수 있다. 이 건설기는 1660년대부터 1860년대까지 계속되어 그 기간에 학사원(Royal Society) 창립, 명예혁명, 북미로의 식민, 「로마제국 쇠망사」 발행, 증기기관 발명, 인도제국 건설, 「종의 기원」 출판, 자치국민으로 구성되는 영연방 건설이라는 업적을 달성했다. 이 운동의 셋째 걸음은 창조적 소수자가 그 창조적인 사업을 수행하려고 일시적으로 인퇴했던 사회와의 교제를 회복하는 것인데 이 복귀하는 방식은 창조활동의 창시기로부터 건설기로의 추이에 의해 준비된다. 복귀도 대체로 인퇴와 같은 방법으로 나름대로의 고통과 굴욕을 수반하여 이루어지는바 복귀하는 소수자는 워즈워스의 시에 나오는 어린이[914]처럼 환멸을 맛보며 플라톤의 철학자가 동굴로 돌아올 때 겪는 것과 같은 냉대를 받게 된다. 소수자와 다수자의 조우는 상호적인 도전[915]인데, 복귀한 소수자가 다수자를 개종시키지 못한다면 그 인퇴와 복귀의 운동은 무효로써 유산되었음이 폭로되지만 기록된 말씀[916]과 같이 사람들을 모으기에 성공한다면 이 미메시스에 필요한바 다수자가 새로운 생활에 적응하는 것은 때로는 혁명처럼 과격하게 이루어진다. 어느 쪽이든 이 상호적인 도전은 온갖 종류의 마찰이나 투쟁과 격동을 발생시키므로 창조적인 존재의 눈부신 승리 속에는 대체로 비극적이고 아이러니한 여운이 있다. 그 때문에 창조자

---

914. 그 시에서 어린이는 "영광의 구름을 휘날리며 천국에서 지상으로 내려와 자기가 감옥의 암흑에 둘러 싸인 것을 발견하는 것"으로 묘사되어 있다.

915. 창조적 소수자는 다수자에게 자기를 따를 것인지 여전히 문제로 괴로워 할 것인지를 선택하도록 도전하고 다수자는 소수자에게 그 방책이 옳다는 것을 입증하라고 도전하는 것.

916. "주인이 종에게 이르되 길과 산울타리가로 나가서 사람을 강권하여 데려다가 내 집을 채우라" 〈눅 14:23〉

는 생명을 버려서 그 가르침의 가치를 증명하여 사후에 신자를 얻기도 하며 어떤 경우에는 중개자의 개입을 통해 간접적으로 개종자를 획득하기도 한다. 모세가 이스라엘 백성을 이끌고 출애굽하여 그들을 광야로 인도했을 때 약속된 땅으로 들어가는 것을 완수한 것은 모세가 아니라 여호수아였고 다윗은 이스라엘과 유다왕국을 손에 넣고 성전을 세울 준비를 철저히 했으나 그것을 세운 것은 다윗이 아니라 솔로몬이었다. 호메로스의 시는 음유시인에 의해 전해졌고 예수의 복음은 바울의 해석을 통해 헬레닉 세계를 거창하게 정복했다. 서구사회를 위한 이탈리아와 영국의 발명이 널리 전파되기에는 프랑스라는 매체가 필요했는데 이탈리아 르네상스의 신문화가 마침내 전 세계로 퍼진 것은 프랑스판(版) 이탈리아 문화였고 영국의 의회제도도 그 프랑스판을 통해서 세계로 퍼졌던 것이다. 성경에 기록된 바[917] 예언자가 그를 살해한 자의 자손들에게 존경받고 창조자의 것이 널리 시행되려면 그것을 창조할 수 없는 선전가(宣傳家)에 의존해야 한다는 것은 하나의 아이러니지만 그것은 개인적인 관점에서 주관적으로 바라볼 때 창조적인 인격의 경험에 투사되는 하나의 교차광선에 불과하다. 그러므로 이 경험을 창조의 근원인 행위자들의 상호작용에서의 부수적인 사건으로 생각하면 우리는 창조자 자신의 희생은 본질적으로 그의 사업을 확장시키는 데 도움이 된다는 것을 알게 된다. 예언자가 그를 죽인 자들의 자손에 의해서 성자로 숭배되는 것은 예언자의 관점에서는 복귀의 아이러니컬한 결과지만 누구를 안다는 것은 그에 대한 모종의 관념을 일으킨다는 것이므로 다수자의 관점에서는 심리적으로 정상이고 이치로도 당연한 것으로 생각된다. 그러

---

917. "화 있을진저 너희는 선지자들의 무덤을 만드는도다 그들을 죽인 자도 너희 조상들이로다 이와 같이 그들은 죽이고 너희는 무덤을 만드니 너희가 너희 조상의 행한 일에 증인이 되어 옳게 여기는도다"〈눅 11:47, 48〉및 "화 있을진저 외식하는 서기관들과 바리새인들이여 너희는 선지자들의 무덤을 만들고 의인들의 비석을 꾸미며 이르되 만일 우리가 조상 때에 있었더라면 우리는 그들이 선지자의 피를 흘리는 데 참여하지 아니하였으리라 하니 그러면 너희가 선지자를 죽인 자의 자손임을 스스로 증명함이로다"〈마 23:29~31〉

므로 교회의 씨앗인 흘려진 피가 결실되어 복음이 전파됨에는 '시간이 약이다'라는 말이 적용될 것인데, 해설자가 창조자를 말소하는 것은 모방자로서 창조자의 위업을 찬양하는 일이다. 기록된 율법은 사람을 죽이고 영은 사람을 살린다는 고린도 후서의 말씀이 진실인 것에 의해 영혼이 행하는 창조의 기적은 말로 표현하거나 흉내 낼 수 없다는 말도 진실인 것으로 되지만 율법학자의 죽이는 율법은 굳은 채 그대로 남아서 서툴게라도 복사되게 되어 있다. 이것은 인퇴와 복귀의 운동에 있어서의 3단계, 즉 창조적 소수자가 복귀하여 사회와의 교제를 회복할 때 창조자의 독창성은 그 자체로 다수자가 그것을 모방함에 장애가 되는 일이 있다는 사실을 증명하는 것인 동시에 창조자의 사업에 대한 해설자의 역할을 설명하는 것이다.

인퇴와 복귀의 집단운동은 위와 같은 순서로 이루어지는 것인바 창조자의 복귀가 비창조적인 다수자의 개종을 일으킨다면 그 3단계 이후로 폭풍은 무풍에게, 투쟁은 평화에게, 불안감은 행복감에 자리를 양보할 것이다. 그러한 시대를 상상력이 넘치고 웅변적인 구절로 표현했을 때 〈H. W. Davis〉의 뇌리에는 교황의 교회와 봉건제도라는 두 제도가 균형을 이루어서 서구인에게 만족할만하다고 생각되었던 서구사회 제3기의 어떤 순간이 있었을 것인데, 그것은 〈도미니크〉와 〈프란체스코〉라는 두 성인과 〈프레데릭 2세〉 및 〈프랑스의 성 루이〉가 동시에 재세(在世)했던 5년간이라고 볼 수 있을 것이다. 그리고 우리는 서구사회 제3기의 18세기[918]에서 같은 순간을 발견하게 되는데 그때는 서구사회 전체가 프랑스라는 매체를 통해 방사되는 이탈리아의 르네상스 문화에 만족감을 찾아내고 있었다. 이 두 시대가 적절한 예라면 어느 것이나 그 순간이 드물고 단명했다는 우리의 판단을 확증하는 것인바 그것은 그 전성기에 있어서 서구문명의 가장 빼어난 대표자였던 〈프레데릭 2세〉의 생애 자체가 그 시대의 평

---

918. 구체적으로는 종교전쟁이 끝나가던 때로부터 민주주의 전쟁과 산업주의가 시작되기 전까지.

형은 순간적이었다고 단정하는 증거이기 때문이다. 프레데릭이 헛되이 공격한 그 지배적인 제도, 즉 교황의 기독교 연방은 교황 편에 서서 호엔슈타우펜가와 싸웠던 이탈리아 도시국가로부터 새로운 문화의 공격을 받았다. 문명 과정에 있는 사회에서의 인퇴와 복귀의 운동이 성공한 결과는 현실과 이상의 조화로 나타나지만 그 순간은 선험적으로 단명한 것이다. 그 순간에 만연했던 안정감과 충만감은 인간의 목표가 달성되었을 때 인류가 향수(享受)하는 행복이 어떤 것인지를 말해 주지만 그런 목표는 사회 전체가 인류의 역사에 있어서 성자(聖者)만이 그 범주에 들어가는 새로운 종의 개인으로 구성되기까지는 실현되지 않는다. 그 이유는 성자의 사회에서는 사회적 관계라는 난제가 극복되어 안녕이 계속될 수 있기 때문이지만 이제까지 세상에 출현했던 성자는 자기 인격과 일부 희귀한 정신을 지닌 무리[919]의 인간성을 변모시킬 수 있었을 뿐 원시적인 인간성과 인류 전반의 창조성을 자기의 영역으로 끌어 올릴 수는 없었다. 그래서 성자는 창조적 에너지를 영혼에서 영혼으로 직접 불붙일 수 없는 비창조적인 다수자에게 우리가 미메시스라고 부르는 원시적인 사회훈련을 통해 영향을 끼쳤던 것이지만 지름길이기는 하되 하나의 사회적 편법인 미메시스에 의지한다는 것 자체가 아직 인간적인 노력의 목표가 달성되지 않았음을 입증하는 것이다. 앞에서 언급했던 등반자는 아직 위험한 벼랑에 매달려서 발을 헛디디거나 힘이 빠져 추락해 죽을 운명에서 벗어나지 못한 것이다. 그것은 〈J. B. S. Haldane〉이 조류와 식물의 진화에 대하여 "…어떤 종에 있어서 하나의 형태가 진화할 때마다 무수한 퇴화가 일어난다. 퇴화는 그다지 눈에 띄지 않지만 진화보다 일반적인 현상이므로 종의 일반적인 경향은 진화가 아니라 퇴화이다"라고 설파했거니와 문명의 성장도 다르지 않은 것이어서 일시적인 미봉책에 불과한 미메시스가 가져다주되 현실과 이상이 조화를 이루는 순간은 냉정할 정도로 덧없이 지나가

---

919. 이들은 성자와의 교제를 통해 성령의 불을 포착함으로써 성자의 반열에 오르는 존재들이다.

버린다. 성장하는 사회가 그 순간이 가져다주는 행복을 잃을까 두려워하여 일시적인 평형상태에 매달려 있으려 한다면 결국 행복만이 아니라 생명까지 잃게 될 것이다. 미메시스의 몸짓에서 비창조적인 존재의 추종은 외면적일 뿐이므로 그들과 창조적 소수자 사이에 놓인 도랑은 영적으로 메워져 있지 않다. 그러므로 이 상황에서 그 양자가 서로 움직이지 않고 맞서고만 있으면 결과는 비창조적인 다수자가 이끌려 올림을 받는 것이 아니라 창조적인 소수자가 끌려 내림을 당하는 현상, 즉 소금이 그 맛을 잃는 상황이 초래된다. 또한 인퇴와 복귀의 운동에 있어서의 소수자와 다수자의 관계인 상호적인 도전은 보행자의 다리 운동과 비슷한 것이다. 소수자의 인퇴는 전진하려고 한쪽 발을 드는 것과 같고 고립 기간은 발이 공중에 떠 있는 기간에, 복귀는 발이 땅으로 돌아왔을 때에 해당한다. 두 발이 서로를 쫓아가는 것은 모방의 기동(起動)인데, 그리하여 두 발이 나란히 되어 근육의 노력이 최소화되는 순간에 행복감을 느끼는 것이다. 그러나 보행자가 그 행복의 순간을 늘리려고 멈춰 서면 그는 목표한 곳에 도달하지 못할뿐더러 그때까지 걸어온 것은 무의미하고 정지해 있는 것이 목적지를 향해 걷는 것보다 답답하다는 것을 알게 될 것이다. 보행에 있어서의 한 걸음, 특히 그 반걸음은 긴 여로에 있어서의 한 동작일 뿐 그 자체가 하나의 완전하거나 만족스러운 운동인 것은 아니다. 그러므로 보행에 있어서의 한 걸음 한 걸음은 보행자가 가고자 하는 거리를 완주할 때까지 다음의 걸음을 예상하고 또 요구하는 것이다.

　문명의 성장은 걸음의 연속이므로 사회적 전진의 발걸음은 보행(步行)이 아니라 주행(走行)인데, 이 비유에 있어서 주행자의 두 발이 동시에 공중에 있게 되는 것은 사회적 분절이나 재분절(再分節)을 의미하는 것으로서 그것은 창조적 소수자의 인퇴와 복귀의 운동이 중첩해서 일어나는 것을 의미한다. 그 중첩은 선행하는 하나의 인퇴와 복귀의 운동이 종결되지 않은 상태에서도 새로운 인퇴와 복귀의 운동이 발생한다는 것인데, 13~14세기의 서구세계에 있어서 대부분의 사회에서 선행한 인퇴와 복귀운동의 결과인 농업경제 체제와 그에 대응하는 제도들[920]이 기반을 넓히던 때에 새로운 인퇴와 복귀의 결과로서 도시국가가 자급적인 농업사회를 외향적인 상공업사회로 바꾸고 있었던 것이 그 예이다. 또 다음 단계에서는 17~18세기에 민주주의와 산업주의라는 이탈리아의 발명을 도시국가 규모에서 왕국 규모로 바꾸는 문제가 새로운 인퇴와 복귀의 운동으로 영국에서 해결되고 있었음에도 다른 사회들은 기존의 이탈리아 스타일을 흡수하는 데 열중하고 있었다. 한 문제에 대한 해결 방법이 일반적인 승인을 얻기 전에도 새로운 문제를 낳게 되는 성장의 이 주기적인 운동은 우리가 앞에서 살핀 음과 양이 교대하는 리듬의 명백한 사례인바 우리는 현존하는 미개사회의 정적인 상태와 문명 과정에 있는 사회의 동적인 운동에 있어서의 대조를 관찰함으로써 이 리듬의 맥동에 접촉할 수 있었다. 그때는 우리가 두 개의 알려져 있는 종의 사회가 관계하는 도전과 응전, 인퇴와 복귀의 이 특정한 연쇄에 있어서의 하나의 맥동[921]을 관찰하는 형편이었을 뿐이지만 이후로 문명의 성장 과정에 대한 연구를 통해 그 과정 속에 음과 양이 교대하는 리듬이 있다는 것을 발견했다. 더하여 우리는 그 리듬의 파장이 매우 짧은 경우도 있다는 사실을 알았으므로 다수의 연속되는 맥동에 걸쳐 있는 많은 사례를 통해 그 파장을 관찰할 수 있게 되었다. 우리는 성장하는 문명에 있어서의 개인 간의 상호작용은 충분히 검토했으나 다음 장에서 하나의 성장하는 문명과 그 성장이 가져올 다른 문명으로부터의 분화를 일별(一瞥)하는 것은 문명의 성장에 대한 연구의 마무리가 될 것이다.

---

920. 봉건제도와 당시의 종교체제.

921. 성자들이 소수의 인간사회를 미개인에 의해 달성된 음의 상태로부터 그들도 어렴풋이 파악할 뿐인 목표로서의 양의 활동으로 이끌어가는 맥동.

3. 성장을 통한 분화

1) 전진적 분화

우리는 문명의 성장에 관한 조사를 통해 문명이 성장하는 과정은 언제나 동일하다는 것을 확인했다. 하나의 개인이나 소수자 및 단체와 사회가 하나의 도전에 응전하고 그 응전이 처음 도전에 응답함과 동시에 새로운 응전을 요구하는 또 다른 도전을 유발할 때 성장이 이루어지는 것이며 그리하여 교란과 그 회복, 평형과 그것의 교란이 반복되는 이 운동이 유지되는 한 어떠한 경우에도 성장은 계속되는 것이다. 그러나 그 과정은 동일할지라도 그 과정을 겪는 여러 당사자의 경험은 모두 다른 것인바 단일한 사회일지라도 그 안에서 분절된 공동사회들의 경험을 비교하면 공통된 도전에 대한 각자의 경험이 다르다는 것이 뚜렷해진다. 도전에 직면한 공동사회에 있어서 그 일부는 응전에 실패하여 멸망하지만 혹자는 인퇴와 복귀의 창조적인 운동을 통해 성공적인 응전을 이끌어내고 또 다른 일부는 버티고 있다가 성공적인 응전을 추종하는데, 그것으로 볼 때 성장하는 문명에 대해 연속되는 도전은 그 하나하나가 그 문명을 구성하는 개인이나 공동사회의 경험을 그런 방식으로 분화시키는 경향이 있다. 그러므로 그 분화는 누적적인 것이고 반복하는 도전과 응전의 연쇄가 길면 길수록 관계자의 경험에 있어서의 전진적인 분화도 더욱 커진다. 따라서 성장 과정에 있어서의 연속적인 도전이 성장하는 사회의 내적 분화를 이처럼 발생하게 한다면 동일한 과정은 하나의 성장하는 사회를 다른 사회로부터 분화시킬 것이 분명하다. 그것은 도전·응전·도전의 연쇄는 동일한 것이 아니라 별개의 것으로서 다양하기 때문인바 이와 같이 문명의 성장은 성장하는 사회의 경험과 다른 사회의 경험 사이에 전진적인 분화를 만들어내는 것이다.

2) 경험의 분화

우리는 앞에서 사물을 바라보는 견해에 있어서 경험의 다양성에 소급할 수 있는 다양성의 현저한 사례[922]에 주목하여 역사가들의 사고(思考)가 그에 응전하는 과정에서 오히려 산업주의와 민주주의라는 지배적인 제도에 지배당하고 있다는 결론에 도달했는데, 그것이 바로 역사적 사고의 영역에서 각기 다른 문명의 천차만별인 경험이 각양각색의 사물을 판단하는 방법에 반영되어 있다는 증거이다. 그리고 우리는 같은 종류의 다른 사례를 예술분야에서 찾을 수 있는 바 역사적 사고의 상대성이라는 개념은 생소한 데 반해 그것들은 미적 직관에 의해 직접적으로 파악되고 일반적으로 받아들여지므로 더욱 확실한 예증이 된다. 예로써 이집트의 예술양식을 보면 왕조시대 이전의 미술은 아직 그 특색이 형성되지 않았으나 콥트미술[923]은 이미 이집트적인 특징을 버리고 있는데 이 사실에 의해 우리는 탄생에서 붕괴에 이르기까지의 이집트 역사의 시간적인 확대를 정확히 파악할 수 있다. 동일한 미학적 분석에 의해 우리는 헬레닉 문명이 미노스적인 껍질을 깨트리고 출현한 시대와 붕괴하여 정교 기독교 문명에 자리를 양보한 연대를 판정할 수 있으며 같은 분석은 중국사회와 극동사회를 구분하는 확증[924]을 제공한다. 또 같은 방법에 의해 우리는 인도사회를 헬레니즘의 침입 전과 그 이후로 구별할 수 있는데, 예술적 양식의 개성은 매우 심오하기 때문에 그것은 〈O. Spengler〉가 설파한 바와 같이 소박 단순한 공예품에도 그 흔적을 남기는 것이다. 그러나 모든 문명은 서로 소통하며 상호적인 영향을 미치는 통일체이므로 성장하는 모든 문명이 독자적이고도 특징적인 자기의 미

---

922. 서론에서 언급했던 역사적 사고의 상대성.

923. 639년부터 아랍인의 지배를 받게 된 이래의 이집트 미술.

924. 모(母)에 해당하는 중국사회의 미술은 토착적임에 반해 자에 해당하는 극동사회의 미술은 인도-그리스적인 색채가 뚜렷하다.

술양식을 창조한다고 주장하는 그의 견해에 전적으로 동의할 수 없는 것인바 그 견해가 수용되려면 양식의 본질인 질적 독자성이 사회생활의 특정한 영역에서만 나타날 수 있다는 것이 사실로 입증되어야 한다. 이에 대한 슈펭글러의 대답은 확고한 부정이지만 그것은 우리가 역사적 사고와 예술의 영역에서 인정한 상대성이 수학이나 자연과학에서도 인정된다고 주장하는 것으로서 상대성의 교의(敎義)를 칸트적인 사고의 범주와 윤리의 영역에까지 끌어들이는 것이다. 그러나 그 교의를 사회생활의 전 분야로까지 확대하는 주장에는 장대한 논리가 있으므로 영국의 경험주의자가 그 초월론자의 논리를 그의 사유법(思惟法)에 따라 반삼단논법(反三段論法)으로 반박하는 것은 쉽지 않다. 그래서 경험주의자는 같은 문제를 다른 각도에서 다루어서 우선 그가 문명(種)의 각 사회와 모든 사회에 공히 돌리고 있는 절대적이자 편재적인 속성은 "문명은 질적으로 고정되고 그에 따라 정적인 것이다"라고 단정하는 것이라는 점을 지적할 것이다. 왜냐하면 슈펭글러 자신의 형이상학적인 용어에 따르면 그것은 "문명은 정적인 존재의 영역에 속한 것이되 생성의 영역에 속한 것은 아니다"라는 의미로서 그자신의 교의에 모순됨과 동시에 경험주의자의 관찰에도 반하기 때문이다. 경험주의자는 더하여 "그가 현실에서 보는 그대로의 문명은 정적인 것이 아니라 동적인 과정과 운동 및 약진으로서 원시적인 인간성으로부터 그 무엇을 창조하려는 노력이다"라고 지적할 것이다. 나아가 그는 "경험은 원시적인 인간성과 성자(초인적인 선구자)의 성질 사이에 있는 특수한 차이에 해당하는 것을 계시하고 있다"는 점에 주목하여 "소재와 조물주가 그로부터 만들고자 하는 작품 사이에는 특수한 차이가 있을 수 있다"고 생각할 용의도 있을 것이므로 이 경험에서 우리는 성경의 기록[925]을 특별히 추론할 수도 있다. 질적으로 고정된 정적인 것

---

925. "기록된 바 첫 사람 아담은 생령이 되었다 함과 같이 마지막 아담은 살려 주는 영이 되었나니"〈고전 15:45〉및 "첫 사람은 땅에서 났으니 흙에 속한 자이거니와 둘째 사람은 하늘에서 나셨느니

이라면 문명은 정적인 존재로부터 인간적인 노력이 실현되지 않은 목표인 또 다른 성질을 지향하는 노력[926] 이외의 아무것도 아닌 것이 되는데, 그것은 미개사회만이 아니라 문명사회 상호 간의 절대적이고도 질적인 차이로서의 특정적인 개성을 성자나 초인이 아니라 문명에 돌리는 것이 된다. 그러나 문명은 한 존재로부터 다른 존재로 옮아가는 운동이지 어떤 사물로 존재하는 것이 아니라고 한다면 그것은 고정되어 있을 수 없으며 또 자기모순이 없다고 할 수도 없는 것이다. 나아가 종의 대표라고 한다면 그것은 절대적으로 유일한 것이 될 수 없으므로 논리가 있든 없든 우리는 슈펭글러의 주장을 여기까지 따를 수는 없는 것이다. 나아가 그가 사회적인 양식의 다양성은 본질의 차이가 아니라 강조점의 차이 때문에 발생한다고 해석하는 것은 우리로 하여금 그가 보다 견실한 기초 위에서 흥미로운 탐구를 열어간다고 느끼게 할 수도 있으나 이에 대해 경험주의적인 역사가는 그 다양성 역시 기호나 경향 또는 강조의 분화된 결과라고 할 것이다. 말하자면 헬레닉 문명은 슈펭글러의 말을 빌리면 주로 미적인 상태로의 경향이 뚜렷한데 그것은 헬레닉 사회에서 관념적인 용어가 혼용된 사례[927]로 입증된다. 또한 인도문명과 힌두문명은 주로 종교적인 상태를 지향하여 역시 뚜렷한 경향을 나타내며 서구문명은 알려진 대로 기계에 대한 강한 기호를 가지고 있다. 서구의 이 경향은 생각보다 오래된 것[928]인데, 졸렬하지만 헬레닉

라"〈고전 15:47〉

926. 정적인 존재는 인간성의 기정사실, 목표는 그것을 지향하여 모든 피조물이 함께 신음하고 함께 해산의 고통을 겪고 있는 목표, 노력은 초인적이거나 신성(神性)을 지향하려는 양자택일적이고 평행적이며 철학적으로 동시대적인 노력.

927. 헬레닉 사회는 미적 관념이 매우 강했는데, 그것은 '미적으로 아름다운 것'을 의미하는 그리스어의 형용사인 〈카로스($\kappa\alpha\lambda\acute{o}\varsigma$)〉가 '도덕적으로 선한 것'이라는 의미로도 사용되었다는 사실로 입증된다.

928. 저자는 서구인이 11세기에 십자군으로 동로마 제국을 침공했을 때와 19세기에 극동으로 진입했을 때 그들이 표트르에게서 느꼈던 것과 같은 인상, 즉 '기계적 재능을 갖춘 야만인'으로 느껴졌다는 것과 석궁과 총포의 발명 및 근대 과학철학의 선구자인 〈베이컨〉의 출현을 그 예로 들고 있다.

적인 관점과 기준으로는 로마제국에서의 경이적인 발명이라고 할 만한 갈리아의 추수기에서 서구의 기계적 경향의 조기 현상을 본다는 것은 지나치게 공상적인 것일까?

성장하는 문명 간의 전진적인 분화에 대한 이상의 고찰은 그것들이 별개인 것일까? 아니면 어떤 연관성을 갖는 것일까? 라는 의문을 제기하는바 세심한 주의를 기울여야겠지만 우리는 이에 대해 한 문명의 편향적인 취향이 다른 특정 문명의 그것에 대응한다는 사실을 어떤 예(例)로써 시사(示唆)할 수 있을지도 모른다. 예를 들면 근대 서구인은 도덕적 잔학행위의 추악함에 대한 민감성929을 가지고 있는데 이것은 고대 그리스와 중세 이탈리아인의 잔학성에 대한 둔감성과 시각 영역에서의 예리한 민감성이 결합되어 있었던 것과는 반대이다. 그러나 결여에 대한 보상이라는 심리적 차원에서 본다면 이 두 현상은 〈W. R. Inge〉가 설파한 바와 같이 질적으로 동등한 것이라고 말할 수 있다. 생각을 같은 계통에 따라 진전시킬 때 우리는 〈Charles Elliot〉의 견해를 따라서 인도에서의 종교적 융성은 유럽에 있어서의 정치의 융성에 대응하는 것이라고 말할 수 있을 것이다. 더하여 우리는 헬레닉 문명의 지배적인 예술로서 인체를 주제로 삼은 환조예술(丸彫藝術)을 음악이 중요한 역할을 한 서구의 예술에 대응시킨 슈펭글러의 말을 따라도 좋다. 그는 예술을 아폴론적인 것과 파우스트적인 것으로 군별(群別)하여 전자는 헬레닉 예술의 특징이고 후자는 서구예술의 특징이라고 생각했다.

3) 다양성과 일체성

여기까지가 공상(空想)의 미로에 빠져드는 일 없이 문명의 성장에 수반하는

---

929. Text에는 이 구절 앞에 "공업지대의 시각적인 추악함에 대한 둔감성에 결부되어 있는"이라는 문구가 기재되어 있다.

분화(分化)를 탐구할 수 있는 최대의 한도일 것인데, 우리는 그 결과로서 문명의 성장은 어떤 종류의 분화를 발생시킨다는 것을 사실로 확립했다. 그것은 바로 어떤 시대의 어떤 사회에서도 모든 사회적인 활동은 그 시대와 그 장소의 지배적인 경향에 의해 지배된다고 결론지은 제1부의 출발점으로 돌아온 것이지만 인종개념에 대한 비판에서 말했듯이 인간의 성정(性情)과 생활 및 제도에 나타나 있는 다양성은 그 저변에 깔린 일체성을 훼손하는 일 없이 은폐하는 표면적인 현상이므로 여기서 그 논점을 확인하는 것으로 그친다면 우리는 이 연구의 이 부분을 잘못된 논조(論調)로 마치는 것이다. 앞에서의 비유로도 알 수 있듯이 절벽을 기어오르는 자들은 개별적인 존재지만 모두 한 문명의 대표자로서 같은 사업에 종사하는 것인바 모두는 같은 출발점에서 같은 목표를 향해 같은 벼랑을 기어오르는 것이다. 밑바닥에 깔린 일체성은 이것으로 뚜렷한데 비유를 바꿔서 문명의 성장을 씨 뿌리는 사람의 우화로 생각해도 그것은 확연히 드러난다. 뿌려지는 씨앗은 각기 다른 운명을 갖는 별개의 씨앗들이어서 어떤 것은 길옆에, 혹은 돌밭이나 풀숲에 떨어지고 일부의 씨앗만이 기름진 땅에 떨어져 열매를 맺는다. 그러나 그 씨앗들은 모두 동종의 것으로서 한 사람이 같은 기대를 가지고 뿌리는 것이므로 뿌린 사람의 목적에 봉사하는 것은 새에게 먹히고 햇볕에 타며 풀숲에서 질식하는 씨앗들도 열매 맺는 씨앗과 일반인 것이다. "모든 것은 그가 있는 데로 돌아오는 법"[930]이므로 성장의, 분화하는 양(陽)의 운동이 통합의 목표인 음(陰)의 상태를 향해 매진하는 것이다.

---

930. 「코란」 제10장 제4절.

역사의 연구
A STUDY OF HISTORY
Volume One

개정판 1쇄 발행 2023. 12. 8.

지은이 아놀드 토인비
엮은이 김진원
펴낸이 김병호
펴낸곳 주식회사 바른북스

편집진행 박하연
디자인 양헌경

등록 2019년 4월 3일 제2019-000040호
주소 서울시 성동구 연무장5길 9-16, 301호 (성수동2가, 블루스톤타워)
대표전화 070-7857-9719 | **경영지원** 02-3409-9719 | **팩스** 070-7610-9820

•바른북스는 여러분의 다양한 아이디어와 원고 투고를 설레는 마음으로 기다리고 있습니다.

이메일 barunbooks21@naver.com | **원고투고** barunbooks21@naver.com
홈페이지 www.barunbooks.com | **공식 블로그** blog.naver.com/barunbooks7
공식 포스트 post.naver.com/barunbooks7 | **페이스북** facebook.com/barunbooks7

ⓒ 김진원, 2023
ISBN 979-11-93647-01-1 03900